PC Underground

Windows 7 Dirty Tricks

Nico Kuhn

DATA BECKER

Folgen Sie uns auf Facebook und Twitter:
www.facebook.com/databecker
www.twitter.com/data_becker

Besuchen Sie unseren Internetauftritt:
www.databecker.de

Copyright	© by DATA BECKER GmbH & Co. KG Merowingerstr. 30 40223 Düsseldorf
Produktmanagement und Lektorat	Manuel Morschel
Umschlaggestaltung	Inhouse-Agentur DATA BECKER
Textverarbeitung und Gestaltung	Thorsten Schlosser, Kreuztal (www.buchsetzer.de)
Produktionsleitung	Claudia Lötschert
Druck	CPI Books GmbH

Alle Rechte vorbehalten. Kein Teil dieses Buches darf in irgendeiner Form (Druck, Fotokopie oder einem anderen Verfahren) ohne schriftliche Genehmigung der DATA BECKER GmbH & Co. KG reproduziert oder unter Verwendung elektronischer Systeme verarbeitet, vervielfältigt oder verbreitet werden.

ISBN 978-3-8158-3091-8

Wichtiger Hinweis

Die in diesem Buch wiedergegebenen Verfahren und Programme werden ohne Rücksicht auf die Patentlage mitgeteilt. Sie sind für Amateur- und Lehrzwecke bestimmt.

Alle technischen Angaben und Programme in diesem Buch wurden von den Autoren mit größter Sorgfalt erarbeitet bzw. zusammengestellt und unter Einschaltung wirksamer Kontrollmaßnahmen reproduziert. Trotzdem sind Fehler nicht ganz auszuschließen. DATA BECKER sieht sich deshalb gezwungen, darauf hinzuweisen, dass weder eine Garantie noch die juristische Verantwortung oder irgendeine Haftung für Folgen, die auf fehlerhafte Angaben zurückgehen, übernommen werden kann. Für die Mitteilung eventueller Fehler sind die Autoren jederzeit dankbar.

Wir weisen darauf hin, dass die im Buch verwendeten Soft- und Hardwarebezeichnungen und Markennamen der jeweiligen Firmen im Allgemeinen warenzeichen-, marken- oder patentrechtlichem Schutz unterliegen.

Wir möchten Sie darauf hinweisen, in jedem Fall die Lizenzbestimmungen der in diesem Buch erwähnten Programme zu lesen und auch einzuhalten. Darüber hinaus können wir keine Gewähr dafür übernehmen, dass die Beschreibungen und Anleitungen in diesem Buch auch zu dem von Ihnen gewünschten Ergebnis führen. Einige der Beschreibungen und Anleitungen in diesem Buch können auch Eingriffe in das System eines Computerprogramms darstellen, die wiederum zu Veränderungen sowie dem Verlust von Gewährleistungs- und Garantieansprüchen führen können. Demnach erfolgt die Anwendung immer auf eigenes Risiko. Für etwaige Schäden übernehmen wir keine Haftung.

Inhaltsverzeichnis

Einleitung 19

1. User zweiter Klasse? – Wie Microsoft Ihnen die coolsten Features vorenthält 23

1.1 Wenn alte Treiber oder Programme zicken 24

1.2 Kein XP-Modus für Home Premium:
So basteln Sie sich selbst einen! 25
Woher nehmen, wenn nicht stehlen?
Windows XP legal herunterladen 27

1.3 Aero Glass ist nicht verfügbar? Basteln Sie sich
die Effekte eben selbst 29
Das langweilige Basisdesign austauschen 29

1.4 Windows-Version ohne Verschlüsselung? – Trotzdem sicher! 30
USB-Sticks verschlüsseln und komfortabel an jedem PC nutzen 31
Das gesamte System verschlüsseln – sicherer geht's kaum! 34

1.5 Die besten gestrichenen Betafeatures zurückholen 38
Die praktische Taskleisten-Steuerung des Media Player
zurückholen 38
Das Hintergrundbild des Windows Media Player ändern 39
War endlich mal was Neues: der Energy-Bildschirmschoner 39
DreamScene reloaded: So bringen Sie den Desktop in
Bewegung 40

1.6 Microsofts mächtige Insider-Tools 41

1.7 Gefühlvoll: Das ermöglicht die neue Windows-Sensortechnik 41
So passt sich der PC-Bildschirm automatisch der
Umgebungshelligkeit an 42
Wo bin ich? Ortsbasierte Dienste mit Ihrem PC! 42

1.8 Die Windows-Firewall endlich richtig ausreizen 43
Ein kleines Tool hilft bei der Konfiguration 44
Der manuelle Weg für Bastler 45
Ausgehende Regeln erstellen 47

1.9 Nur heiße Luft? Ihre Daten in der Windows-„Cloud" 48

1.10	Tricks & Hacks oder dubiose Software gefahrlos testen	50
	Ein zweites Windows 7 zum sicheren Surfen etc. aufsetzen	53
	Den Internet Explorer sicher als virtuelle Anwendung ausführen	56
	Versteckt: virtuelle Festplatten als Laufwerke einbinden	56
	Lieber probieren statt installieren: Linux auf einer virtuellen Maschine	58
1.11	Mit mehreren Benutzern gleichzeitig auf einem Rechner arbeiten und aus der Ferne helfen	58

2. Schluss mit der Bevormundung – Windows 7-Gängeleien abstellen ... 63

2.1	Versteckter Superuser: das verborgene Administratorkonto aktivieren	64
	Der Superadministrator soll Ihren Namen tragen? Kein Problem!	65
2.2	Lästig und doch nicht sicher: die Benutzerkontensteuerung	66
	Bringt die Benutzerkontensteuerung überhaupt etwas?	67
	Mutig? So deaktivieren Sie die Benutzerkontensteuerung vollständig	68
	Kurios: die Benutzerkontensteuerung restriktiver und somit „besser" machen	68
	Benutzerkontensteuerung für einzelne Anwendungen umgehen	70
	Nervende Bildschirmverdunkelung: den sicheren Desktop deaktivieren	72
	Benutzerkontensteuerungseinstellungen in der Registry	73
	Mehr Benutzerkonteneinstellungen für Nutzer der Home-Premium-Version	74
2.3	Get the power: Administratorrechte erlangen und endlich alles machen können!	75
	Die Eingabeaufforderung oder PowerShell als Administrator ausführen	76
	Eine Anwendung immer als Administrator ausführen	77
2.4	Erobern Sie sich die Rechte an Ihren Dateien zurück!	77
	So führen Sie eine Datei in Ihren Besitz über	78
	So geht's per Windows-Dialog	79
	Verschiedene Wege: So erlangen Sie auch die Bearbeitungsrechte für Dateien	80

	Versteckte und „super versteckte" Dateien anzeigen	82
	Gefährlich: einige Dateien werden immer ausgeblendet!	83
	Datei wird verwendet – aber von wem?	83
2.5	Windows 7 64 Bit – brauchen Sie es?	84
	Kein Ruhezustand mit 8 GByte RAM und mehr? Von wegen!	85
	Mehr als 4 GByte RAM mit Windows 7 32 Bit nutzen – das funktioniert!	86
2.6	Weg mit dem Signierzwang für Treiber und Systemdateien	91
	Manchmal gibt's nur alte 32-Bit-Treiber	93
	Geht immer: der einfachste, aber auch umständlichste Weg	93
	Funktioniert nicht mehr: Treibersignierung ganz abschalten	93
	Signierzwang für Treiber und Systemdateien umgehen	94
	Die Treibersignierung manuell umgehen	94
	Signierung für den Privatgebrauch	96
2.7	Kein DVD-Laufwerk oder keine Original-DVD? So installieren Sie Windows 7 von anderen Quellen	97
	Windows 7 DVD-Abbilder ganz legal im Netz!	98
	Windows 7 vom USB-Speicher oder einer Speicherkarte installieren	98
	Nie wieder Setup-DVD: So erstellen Sie sich eine „Rettungspartition"!	100
2.8	Windows fernab offizieller Pfade installieren und verwenden	102
	Pst! Die Upgrade-Versionen funktionieren auch ohne XP- oder Vista-Lizenz!	102
	Die Windows 7-Probierversion – und wie Sie deren Laufzeit verlängern	103
	Jede beliebige Windows 7-Version mit nur einer DVD installieren!	104
	So können Sie den Produktschlüssel Ihrer Windows-Installation auslesen, nachträglich ändern oder gar erst eingeben	105
	Das Windows 7-Komplettpaket – 32-Bit- und 64-Bit-Version auf einem Installationsdatenträger!	106
	Downgrade impossible? Von wegen!	107
	Windows 7 ohne versteckte System-reserviert-Partition installieren	108
2.9	Das Service Pack in den Installationsdatenträger integrieren	110
2.10	Windows 7 zwischen den Welten: mit dem Start von einer virtuellen Festplatte ein halb virtuelles, halb normales PC-System nutzen	114
	So erstellen Sie einen virtuellen Datenträger unter Windows 7	114

Den Windows-Start von einem virtuellen Datenträger
ermöglichen 115
Genial: Windows 7 direkt von der Installationsroutine in
eine VHD installieren 116

2.11 Viel Hardware getauscht? So geht's doch ohne Neuinstallation 117

2.12 Nervensägen – störende „Features" dauerhaft ausschalten 119
Warnungen des Wartungscenters rauswerfen 119
Den Infobereich ganz deaktivieren 120
Den Windows Defender ausschalten 121
Die lästigen „Sprechblasen" deaktivieren 121
Automatischen Neustart durch Windows Updates verbieten –
für immer! 122
Updates nur über Windows Update? Von wegen! 124
Wenn Windows-Updates Ärger machen – so deinstallieren
und ignorieren Sie spezielle Updates 125
In ein Windows-Update hineinsehen: Was wird geändert? 128
Diese Datei stammt von einem anderen Computer – Ja und? 129
Möchten Sie diese Datei ausführen? – Na klar! 129
Es findet sowieso nichts: Suche nach unbekannten
Dateiendungen deaktivieren 130
Dateityp immer mit dem ausgewählten Programm öffnen?
Nein, niemals! 131
Ordnertypen definieren und den Ordnerinhalt immer so
darstellen, wie es Ihnen gefällt 131
ZIP-Archive nicht wie Ordner behandeln 132
Verknüpfungen im Startmenü hinzufügen 133
Wenn die Datenausführungsverhinderung nervt 134
Schnelles Löschen – ungefährlich! 134
Diese Anwendung funktioniert nicht mehr – sag bloß! 135

2.13 Alles besser?!? Wenn bestimmte neue Features nerven 135
Anzeige aller Programme wie bei XP – easy! 135
So holen Sie das klassische Windows XP-Startmenü ganz zurück 137
Aussehen und Funktion der Taskleiste wie bei Vista! 138
Reaktivieren Sie die Schnellstartleiste 138
Auch das Desktop-anzeigen-Icon stellen Sie ruck, zuck wieder her .. 140
Den neuen Desktop-anzeigen-Button ausblenden 141
So zeigt das Netzwerk-Icon wieder Aktivität an 141

So holen Sie Vistas Sidebar für die Windows 7-Gadgets zurück 142
Aero Shake nervt? So deaktivieren Sie es 145
Aero Snap deaktivieren: eine Einrastfunktion zum Ausrasten! 145
Bibliotheken ade: einen anderen Explorer-Startordner festlegen 145
Die Bibliotheken aus dem Explorer rausschmeißen 146
So deaktivieren Sie das Heimnetzgruppen-Feature 147
Im Navigationsbereich des Explorers und der Datei-Dialoge
aufräumen! 148
Die Abstände zwischen Icons wieder verringern und
mehr auf einmal anzeigen 150
Feature vergessen: Windows 7 speichert die Ordnerpositionen
nicht mehr 151
Fenster putzen – so entfernen Sie den Schmutzrand! 153
Und es geht doch: ein Netzlaufwerk in eine Bibliothek einbinden 154
Sprungleisten ausschalten 154
Praktische Windows-Anwendungen ohne Live-Schnickschnack 155
Nutzen Sie auch den Windows-Kalender von Vista und XP
weiterhin 156
XP-Style reaktivieren – ohne langes Suchen und Fummeln! 156

3. Mehr Power? – Mit den richtigen Tricks wirklich die Leistung pushen 158

3.1 Leistungstricks, die was bringen! 159
Software blitzschnell laufen lassen mit einer RAMDisk 159
ReadyBoost – USB-Flashspeicher als Leistungsboost
für schwächere PCs 161
USB-Speicher ohne ReadyBoost-Zertifikat verwenden – so geht's! 162
Mobilitätscenter auch für Desktop-PCs 163
Gasfuß fürs Dateisystem – ohne Rücksicht auf Verluste 163
Wird Ihre SSD voll ausgereizt? Schauen Sie nach! 164
Superschnell Dateien kopieren ? Windows 7 macht's möglich! 165
Prozesse einem Prozessorkern zuweisen 165
Mehr Power für Ihre Lieblingssoftware, weniger für den Rest 166

3.2 „Windows-Legenden" – die größten Tuning-Lügen? 167
Die ewige Diskussion: Kommt Windows nicht von Haus aus
mit den besten Einstellungen? 167
Unnütze Dienste pauschal abschalten? Bringt allenfalls Ärger! 167

	Beschleuniger SuperFetch – warum Sie ihn in Ruhe arbeiten lassen sollten	168
	Die Auslagerungsdatei beim Herunterfahren löschen? Dann dauert das Ausschalten ewig!	170
	Die Registry entrümpeln – bringt's was?	171
	Manuell defragmentieren bringt nichts mehr – oder doch?	172
	Manuelle Prozessoranzahl-Wahl beschleunigt den Bootvorgang	173
3.3	Windows PowerShell – die in Windows 7 integrierte Power-Skriptsprache	175
	PowerShell – die mächtigere Eingabeaufforderung	175
	Sicherheitsfeature: Die Skriptausführung müssen Sie erst aktivieren	177
	PowerShell-Skripte schreiben	178
	So starten Sie ein Skript per Verknüpfung	179
	Neue Befehle hinzufügen oder selbst entwickeln	181
	PowerShell und die Registry – lieber über Umwege zugreifen!	184
3.4	Nicht gebrauchte Windows-Teile wirklich entfernen	184
	Endlich unnötige Windows-Komponenten wirksam entfernen	185
	Windows-Komponenten per Eingabeaufforderung oder Skript deaktivieren	185
	Wenn Sie den Ruhezustand eh nicht nutzen: hiberfil.sys entfernen	186
	Nach der Installation des Service Packs aufräumen	186
	Die Reste einer vorherigen Windows-Installation sicher entfernen	187
	Mit der Datenträgerbereinigung noch gründlicher sauber machen	188
3.5	Minutenlanges Warten nervt: das Hoch- und Runterfahren beschleunigen	190
	Mit automatischer Anmeldung ohne lästige Passwortabfrage booten	190
	Entfernen Sie lähmende Startbremsen	191
	Keine Kaffeepause mehr nach der Passworteingabe: den Desktop schon mal vorladen lassen	192
	So geht's: Windows 7 in wenigen Sekunden herunterfahren	196
3.6	Dienste abschalten – was bringt es und welche sind sicher?	197
	Windows-Dienste im Task-Manager stoppen	198
	Automatisch, manuell und deaktiviert – diese Starttypen gibt es	198
	Dienste im Kurzüberblick	199
	So deaktivieren Sie Dienste – schnell und dauerhaft	205

	Individuelle Dienstprofile für jeden Geschmack – und jeden Aufgabenbereich	207
	Regelmäßig nachsehen und die frechen Apple- und Google-Dienste deaktivieren!	208
	Fehler durch abgeschaltete Dienste vermeiden	209
3.7	Internet und Netzwerk: endlich ungebremst!	210
	Freie DNS-Server für noch mehr Speed und gegen Netzsperren	210
	Microsoft ruderte zurück: kein Limit mehr für Filesharer – oder doch nicht?	211
3.8	Das schnellste Windows aller Zeiten	212
	Werkzeugvielfalt zum Abspecken: Qual der Tool-Wahl	212
	So kommen die wichtigsten Updates auf den Datenträger	214
	Die spannendste Funktion: Windows-Ballast endgültig entfernen	215
	Etliche Registry-Hacks schon voreinstellen	216
	Windows kann's auch ganz allein	216
	Sofort installiert: mein Bild, mein Sound, mein Theme	217
	So schnell steht die neue Windows 7-Light-DVD!	217
3.9	Vollkommen gratis – Windows 64 Bit installieren und nur die 32-Bit-Version besitzen	218
	Noch mal Windows kaufen? Nicht nötig!	218
	Upgrade auf Umwegen	219
	Pseudo-Upgrade mit EasyTransfer	219
3.10	Schneller und ausdauernder: Windows 7 auf Notebooks, Tablets und „grünen" PCs	223
	Langer Atem für den PC: Energiesparen leicht gemacht	223
	Aufgedeckt: Windows-Tool offenbart die Energieverschwender Ihres Systems	225
	Akku sparen – mit selbst gemachtem Skript!	226
3.11	Die Windows 7 Starter-Edition und deren künstliche Beschränkungen	227
	Mit diesen Einschränkungen müssen Windows 7 Starter-Benutzer rechnen	228
	Kniffe, Hacks, Alternativen – so widersetzen Sie sich den Starter-Repressalien	228
	Netzwerk auf der grünen Wiese: ein Windows 7-Notebook in einen WLAN-Hotspot verwandeln	230
3.12	Multitouch mit Windows 7 – keine Selbstverständlichkeit	232

4. So geht's doch – individueller Windows-Look statt Einheitsbrei 235

4.1 Individuelle Noten an den unterschiedlichsten Orten hinterlassen 235
Die versteckten Einstellungen der Windows-Bildschirmschoner 236
Wie tauscht man den Start-Button gegen einen eigenen aus?
Na so! 237
Coole Animationen fürs Startmenü 239
Der blaue Rahmen um das Benutzerbildchen nervt? Weg damit! 240
Ausführen & Co. – auch Dialoge können Sie verändern! 241
Aero komplett: voll transparente Systemanwendungen 242
OEM-Informationen des Rechners anpassen 243
Statt Windows-Versionsnummer einen eigenen Text anzeigen 244
So schummeln Sie beim Windows-Leistungsindex 245

4.2 Icons finden, selbst erstellen und ändern 248
Die in DLL-Dateien etc. vorhandenen Icons auslesen 248
Icons blitzschnell selbst erstellen 249
Drucker, Jugendschutz etc. mal anders: die Icons der
Systemsteuerung ändern 249
Hübscher nachschlagen: So ändern Sie das Icon einer Bibliothek 252

4.3 Offizielle Themepacks von Microsoft herunterladen und
selbst erstellen 252
Sounds, Wallpaper & Co. aus einem Themepack extrahieren 253
Eigene Designs festlegen 254
Nach der Wallpaper-Slideshow kommt nun noch die
Farb-Slideshow 255

4.4 Verifizierung geknackt: beliebige Themes verwenden 256
So knacken Sie die Theme-Verifizierung und nutzen Themes
von Dritten 256
Theme-Verifizierung per Zusatzdienst geknackt 257
Sichere Quellen für Themes aus dem Netz 258

4.5 Der perfekte Desktop 259
Den lästigen Pfeil bei Verknüpfungen entfernen 259
... oder gegen einen selbst gewählten Pfeil austauschen 259
Die Position der Desktop-Icons speichern und wiederherstellen 260
Wenn einer nicht reicht: mehr Desktops = mehr Ordnung?! 261
Videos als animierte Hintergrundbilder – völlig kostenlos! 262

	Desktop-Slideshow in Slow Motion	265
	Die Kurznotizen formatieren	265
	Jeden Tag ein neues Wallpaper – RSS-Feeds von Flickr & Co. machen es möglich	265
	Halten Sie Ihre Icons im Zaum – und Zaun!	267
	Flip 3D: Wie viele Fenster dürfen es sein?	269
	Flip 3D aufgebohrt	269
4.6	**Wunderbare Superbar – die neue Taskleiste optimal nutzen**	270
	Die Gruppierung der Tasklisten-Icons entfernen – einmal anders	270
	Lieber mittig? So zentrieren Sie die Taskleisten-Buttons	271
	Die Taskleiste über mehrere Monitore ziehen	272
	Bei Apple abgeguckt: Dock statt Taskleiste	273
	Taskleiste aus der Versenkung auftauchen lassen – so schnell Sie wollen	274
	Beschleunigen Sie die Thumbnails der Taskleiste	275
	Die Vorschau-Thumbnails der Taskleiste deaktivieren	275
	So pinnen Sie einen einzelnen Ordner an die Taskleiste	275
	So kommt Aero Peek schneller ...	276
	... und so kommt Aero Peek gar nicht	276
4.7	**Personalisierter Windows-Start**	277
	„Finger weg!" – einen Begrüßungstext für den Login-Bildschirm festlegen	277
	So verändern Sie den Login-Bildschirm spielend	278
	Bei jedem Systemstart zufällig aus mehreren Login-Bildschirmen auswählen lassen	279
	So passen Sie selbst die Schriftschatten und Buttons des Login-Bildschirms an	280
	Aussehen und Position der Login-Bildschirmelemente verändern	281
	Haste Töne: einen anderen Startsound festlegen	281
	Detailliertere Informationen beim Hoch- und Herunterfahren einblenden	282
4.8	**Aus, an, unterbrochen? De- und Reaktivieren der Aero-Oberfläche**	283
	Die Aero-Oberfläche per Knopfdruck de- oder reaktivieren	283
	Aero beim Start eines leistungshungrigen Spiels automatisch deaktivieren	284

4.9	Das Media Center im komplett individuellen Look	284
	Den langweiligen blauen Hintergrund austauschen	284
	Das komplette Media Center inklusive Startmenü umgestalten	286
	Das Media Center blitzschnell direkt in die Lieblingsfunktion starten	286

5. Praktischer als Microsoft erlaubt – mit verborgenen Einstellungen zum „Super-Windows" … 288

5.1	Alle Tastatur-Shortcuts im Blick	288
	Generelle Windows-Funktionen	289
	Die neuen Kommandos der neuen Taskleiste	290
	Zwischen Anwendungen und Elementen hin und her schalten	291
	Unheimlich nützlich: die Shortcuts für Aero Snap und Freunde mehrerer Monitore	292
	Tastaturkommandos für den Windows-Explorer	294
	Sehschwierigkeiten? Die Windows-Lupe hilft!	294
	Maus kaputt? Den Rechner nur mit Tastatur bedienen	295
	Neue Tastatur-Shortcuts selbst erstellen oder sogar die alten auf andere Tasten umlegen!	296
5.2	Tippen statt Klicken: die Dateinamen und Kürzel der wichtigsten Dienstprogramme und Einstellungen	299
5.3	Ihr optimierter und ganz individueller Explorer	301
	Die Elemente der Explorer-Werkzeugleiste bearbeiten	301
	Praktische Funktions-Buttons für normale Verzeichnisse	303
	Entfernen Sie die Werkzeugleiste des Explorers	304
	Die Info-Leiste nach oben setzen	304
	Die Info-Darstellung animieren	305
	Tabbed exploring: Register statt vieler Fenster	306
5.4	Den Computer im Griff behalten	308
	Den Computer um Einträge wie den Papierkorb etc. bereichern – oder erleichtern!	308
	Eigene Verzeichnisse in die Computer-Ansicht integrieren	308
	Netzwerkverbindungen im Computer anzeigen	309
	Im Computer wirklich nur Laufwerke anzeigen lassen – und nichts weiter	309
	Unliebsame Eingabehistorie des Explorers	310
	Die Explorer-Suchhistorie löschen	310

	Die versteckte Dateivorschau nutzen, statt alles durchzuklicken	310
	Für etliche Tricks zu gebrauchen: die wichtigsten CLSID-Werte zum Abkürzen	311
	Eigene CLSID-Codes für verschiedene Kniffe selbst erstellen	314
	Abkürzungen zu den wichtigsten Windows-Systemverzeichnissen	315
	Der versteckte Dateientpacker für selbstextrahierende EXE-Dateien	317
	Deutlicher darstellen, welche Verzeichnisse geöffnet sind	319
5.5	Rechtsklick so praktisch wie nie: eigene Sprungleisten und Kontextmenüs	320
	Eine eigene Sprungleiste nach Belieben erstellen	321
	Da passt mehr rein: Ändern Sie die Zahl der Sprungleisteneinträge	322
	Shift schafft mehr Optionen: das erweiterte Kontextmenü	323
	Unnütze Funktionen ins erweiterte Kontextmenü verbannen	324
	Im Kontextmenü Neu aufräumen	324
	Dateien und Verzeichnisse blitzschnell kopieren oder verschieben	325
	Den Hintergrund des Kontextmenüs anpassen	326
	Besitz- und Bearbeitungsrechte per Rechtsklick übernehmen	326
5.6	Das Desktop-Kontextmenü voll im Griff	328
	Fügen Sie eine Verknüpfung zu Ihrer Lieblingsanwendung hinzu	328
	Verknüpfungen zu beliebten Funktionen der Systemsteuerung erstellen	329
	Unliebsame Einträge der Grafikkartensoftware & Co. rausschmeißen	330
5.7	Die geheime Kommandozentrale für alle Windows-Aufgaben	331
5.8	Schneller finden – so tunen Sie die Suchfunktion	332
	Wirklich überall und nach jedem Dateityp suchen	332
	Nie wieder Google aufrufen: Websuche direkt im Explorer oder Startmenü	335
	Mit Microsofts Bing doch alle Webseiten per Explorer durchsuchen	337
	Die Internetsuche wieder ins Startmenü zurückbringen	339
	Noch mehr Websuchen per Startmenü	340
	Jedes Programm bequem über die Startmenü-Suchleiste starten	341
	Tippen statt Klicken: die Dateinamen und Kürzel der wichtigsten Dienstprogramme und Einstellungen	342

6. Privatsphäre zurückerobern – wo Windows Ihre Daten versteckt ... 343

6.1 So leicht können Benutzerpasswörter ausgelesen oder entfernt werden ... 343
So werden die Passwort-Hashes angegriffen ... 344
Rainbow Tables als Wunderwaffe ... 344
Benutzerpasswörter knacken ... 345
Benutzerpasswörter entfernen ... 347
Fürs WLAN & Co.: gespeicherte Passwörter blitzschnell herausfinden ... 350
Passwörter sicher in einem Passwort-Safe hinterlegen ... 351
Passwortfelder automatisch ausfüllen ... 355

6.2 Enthalten längst gelöscht geglaubte Daten: Volume-Schattenkopien ... 356
Wie viel Platz belegen die Volume-Schattenkopien schon auf Ihrem PC? ... 357
Speicherhunger der Schattenkopien einschränken ... 358
So löschen Sie Dateien auch aus den Schattenkopien ... 359

6.3 Private Daten wirklich wirksam löschen ... 360
Unbekannt.exe – so finden Sie den Zweck jeder Datei heraus ... 361
Stöbern mit dem Hex-Editor ... 361
Vorsicht vor verräterischen Miniaturansichten! ... 363
Wo der Arbeitsspeicher in Ruhe ruht ... 364
Verräterische Zeitstempel von Dateien ... 365
Der File Slack – die Rumpelkammer des Dateisystems ... 366
Dateiursprung: Internet – woher weiß Windows das? ... 370
Von außen im Windows-Papierkorb stöbern ... 372
Mit den richtigen Tools Daten komplett entfernen ... 373
Hier müssten Sie überall Hand anlegen ... 374
Wer sicher löschen will, muss komplett verschlüsseln?!? ... 375

6.4 Datenträger richtig säubern – simples Formatieren genügt nicht! ... 376
Versteckte Tools der Festplattenhersteller helfen weiter ... 376
Windows 7 bringt einen einfachen Datenschredder schon mit ... 376
Sicheres Formatieren für jedermann ... 377
Die physischen Grenzen der Spurenbeseitigung – und wie Sie diese durchbrechen ... 378

6.5   Welche Anwendung greift aufs Internet zu?
      So finden Sie es heraus! 378
      Die Plaudertaschenprogramme und ihre offene Ports –
      alle Prozesse mit Internet- oder Netzwerkzugriff auflisten 379
      Das alles erfahren Microsoft & Co. über Sie und Ihren PC! 380
      Datendieben das Leben schwer machen: Schreib- und
      Lesezugriff auf Laufwerke und USB-Speichermedien sperren 383

7. Echte Hilfe bei Crashs statt kryptisch-blöder Fehlermeldungen 385

7.1   Hier hat Microsoft die wirklich nützlichen Tools
      zur Fehlersuche versteckt! 385
      Mit der Zuverlässigkeitsüberwachung Problemverursacher
      aufspüren 385
      Mit der Problemaufzeichnung lästige Hausbesuche sparen 386
      Die Windows-Problembehandlung kennt die gängigsten
      Probleme und deren Lösungen 389
      Treiberleichen entfernen 390
      Wo hängt's: die Performance beim Hoch- und Runterfahren
      sowie Umschalten in den Stand-by- und Ruhezustand messen 391

7.2   Schnelles Troubleshooting mit Windows 7 394
      Hängenden Prozessen auf den Zahn fühlen 395
      Die Ereignisanzeige zum Troubleshooten nutzen 396
      Lieber Bluescreen als automatischer Neustart! 396

Anhang – diese Basics muss jeder kennen! 399

Platzhalter und Pfadangaben 399
Keine Angst vor der Kommandozeile – so einfach bedienen
Sie die Eingabeaufforderung 401
Praktische Tastatur-Shortcuts für die Eingabeaufforderung 403
Programme oder Skripte automatisch oder versteckt ausführen 404
Eine Anwendung für Ihren PC zur regelmäßigen
Arbeitsaufgabe machen 404
Eine Anwendung im Verborgenen ausführen 406
PC-Notfallhilfe: gegen PC-Pannen richtig vorbeugen und
Probleme zuverlässig lösen 407

Systemwiederherstellungspunkte setzen	407
Wiederherstellungspunkte per Skript erstellen und einsehen	409
Im Notfall die Systemwiederherstellung nutzen	410
Keine Setup-DVD zur Hand? Einen Reparaturdatenträger erstellen!	412
Wenn's schon beim Booten hängt	413
So schützen Sie sich vor Viren und kaputten Downloads	414
Endlich für alle: die vollautomatische Windows-Sicherung	**415**
Eine Windows-Sicherung erstellen	415
Den PC per Sicherung wiederherstellen	417
Statt Backup: Synchronisieren statt Sichern	417
Systemdateien austauschen	**419**
Vista-Systemdateien ohne vorhandenes Vista auftreiben	421
Das richtige Werkzeug zum Systemdateien-Hack	422
Extrem flexibel: Umgebungsvariablen wie %WINDIR% statt harter Pfade nutzen!	**423**
Sparen Sie das Eintippen und Durchklicken langer Pfade, indem Sie eigene Systemvariablen festlegen	424
Symbolische Verknüpfungen verstehen und nutzen	425
Im Herzen von Windows 7 Änderungen vornehmen	**427**
Der Registrierungs-Editor als einfachste Möglichkeit, die Registry zu editieren	428
Die fünf Bereiche der Registry – das steckt drin	430
Registry-Pfade und deren Speicherort im Dateisystem	431
Einen neuen Schlüssel oder Wert erstellen	431
Sicherung von Einträgen oder der kompletten Registry – schnell und manuell	432
Komplette Sicherung der Registry	432
Besitz- und Bearbeitungsrechte in der Registry	433
Alternative zum Registrierungs-Editor: reg.exe	435
Veränderungen an der Windows-Registrierung aufspüren	437
Registry-Pfade direkt per Skript öffnen	438

Stichwortverzeichnis   440

Einleitung

Liebe Leser,

nach drei Jahren mit Windows Vista und nun schon einem halben Jahr mit Windows 7 schüttelt es mich immer, wenn ich an einem Windows XP-Rechner arbeiten muss. Es wird Zeit, dass Windows XP abgelöst wird. Mit Windows 7 scheint Microsoft nun den richtigen XP-Nachfolger gefunden zu haben, der mithilfe all der positiven Presseberichte und Vorschusslorbeeren bereits allerlei XP-Nutzer überzeugte und zum Umstieg bewegte.

Warum von 6.0 auf 6.1?

Ein kleiner Kult rankt sich um die Versionsnummern der verschiedenen Windows-Versionen: Windows XP hatte die Versionsnummer 5.0, Vista die 6.0. Doch Windows 7 läuft unter 6.1! Ein weiterer Indikator dafür, dass Windows 7 nur ein kostenpflichtiges Vista-Update ist, wie viele munkeln? Laut Microsoft hat der kleine Sprung einen anderen Grund: Man wollte schlicht die Kompatibilität mit den vorhandenen Anwendungen und Treibern für Vista verbessern. Was eine Versionsnummer dazu beitragen kann? Einige Anwendungen prüfen die Windows-Versionsnummer beim Ausführen und entscheiden dann, ob und wie sie sich auf dem Rechner ausführen lassen. Dabei achten die meisten Anwendungen nur auf die Versionszahl vor dem Punkt. Bei einer Versionsnummer 6.1 gehen sie hingegen nur von einem größeren Update (Service Pack) aus, nicht aber von einem völlig neuen Windows.

Natürlich ist Windows 7 nicht perfekt, aber „gefühlt" wesentlich besser als Windows Vista – und als das in die Jahre gekommene Windows XP allemal. Dabei ist Windows 7 eigentlich nichts anderes als ein überarbeitetes Vista – ein sinnvoll überarbeitetes Vista! Denn die Verbesserungen sind zwar an vielen Stellen nur klein, aber wirkungsvoll. Und zahlreich.

Wie funktioniert dies, wie funktioniert das ... ? Der Anhang erklärt's!

Sollten Sie nicht wissen, wie der Registrierungs-Editor geöffnet wird oder man die nötigen Bearbeitungsrechte für Systemdateien erhält – und diese sogar austauschen kann –, ist das keine Schande. Denn dafür ist der Anhang ab S. 399 da. Beherzigen Sie bitte besonders die Seiten über Sicherheitskopien und Backups!

Was Microsoft für Windows 7 strich

Braucht man für Windows 7 dann eigentlich noch Dirty Tricks? Na klar. Vielleicht sogar noch mehr denn je. Windows 7 ist zwar schneller und schlanker als Vista, doch zu welchem Preis? Microsoft hat nicht nur Features überarbeitet, sondern zugleich allerlei gestrichen. Eine kleine Auswahl gestrichener Funktionen:

- das klassische Startmenü (s. aber S. 137);
- den Mini-Player des Windows Media Player (s. aber S. 38);
- Windows Mail, Windows Movie Maker, Windows-Fotogalerie (können aber nun als sogenannte Windows Live Essentials separat unter *http://windows.microsoft.com/de-DE/windows7/products/features/windows-live-essentials* heruntergeladen werden);
- den Windows-Kalender;
- die Sidebar für die Minianwendungen (Gadgets) des Desktops (s. aber S. 142);
- die Windows Ultimate-Extras wie DreamScenes, die nur für Vista Ultimate verfügbar waren, es für Windows 7 aber nicht sind – auch nicht für Windows 7 Ultimate (s. aber S. 262).

Keine Ultimate-Extras mehr

Ein zentrales Feature der Ultimate-Version von Windows Vista waren die sogenannten Ultimate-Extras – Downloads und Extras, die nur Nutzern von Windows Vista Ultimate vorbehalten blieben. Tatsächlich wurde es schnell recht ruhig um diese „Ultimate-iven" Zugaben und die Klagen enttäuschter Ultimate-Nutzer häuften sich. Außer den DreamScenes – animierten Bildschirmhintergründen – und ein, zwei Spielen erschien nichts Vernünftiges. Es sei denn, Sie bezeichnen Hintergrundbilder und Soundschemata als ultimativ. Wie dem auch sei: Für Windows 7 Ultimate gibt's keine Ultimate-Extras mehr. Immerhin hat man aber schon das einstige Ultimate-Extra-Spiel Tinker veröffentlicht. Um es kostenlos herunterladen zu können, müssen Sie allerdings Games for Windows Live (*http://www.microsoft.com/games/en-us/live/pages/livejoin.aspx*) installieren. Wann das andere Ultimate-Extra-Spiel Hold'Em veröffentlicht wird, steht indes noch in den Sternen. Angekündigt wurde es aber – ebenso gratis und ebenso für Windows 7. Suchen Sie mal im Web danach, wenn Sie dieses Buch in den Händen halten.

Lohnt der Aufpreis zu Windows 7 Ultimate also noch? Das muss jeder selbst wissen. Ein Feature der Ultimate-Fassung ist auf jeden Fall der Umstand, dass jedes Feature in Ultimate enthalten ist und man sich keine Gedanken machen muss, ob man ein bestimmtes Feature überhaupt nutzen kann oder nicht. Traurig, aber wahr.

Mit adäquaten Alternativen von Drittherstellern, Registry-Hacks oder verborgenen Einstellungen lassen sich aber viele dieser Features zurückholen – oder gar erst richtig ausreizen!

Das ist (nicht) neu am Service Pack 1

Die Ihnen hier vorliegende zweite Auflage der Windows 7 Dirty Tricks berücksichtigt das erste Windows 7 Service Pack. Doch die Veränderungen und neuen Features, die das erste Windows 7 Service Pack bringt, sind nicht der Rede wert. Sie sollten es natürlich trotzdem installieren. Schließlich sind alle sicherheitskritischen Updates enthalten sowie einige kleinere Hotfixes, die teilweise noch gar nicht separat über Windows Update bereitgestellt wurden.

So kommen Sie ans Service Pack

Normalerweise wird das Windows 7 Service Pack über Windows Update bereitgestellt und somit automatisch heruntergeladen und installiert. Natürlich können Sie es aber auch als eigenständige EXE-Datei von der Microsoft-Webseite herunterladen. Den entsprechenden Download finden Sie, getrennt nach der 32-Bit- (*windows6.1-KB976932-X86.exe*) und 64-Bit-Version (*windows6.1-KB976932-X64.exe*), hier: *http://www.microsoft.com/downloads/de-de/details.aspx?FamilyID=c3202ce6-4056-4059-8a1b-3a9b77cdfdda*. So ein „Standalone Service Pack" ist beispielsweise nötig, wenn Sie das Service Pack in den Windows-7-Installationsdatenträger integrieren möchten. Wie's gelingt, verrät Seite 110.

TWIN 7 Tweaker – der Testsieger unter den Tuning-Tools

So manchen Kniff und Registry-Hack aus diesem Buch erledigen Tweak-Tools wie der TWIN 7 Tweaker (*http://www.tvista.de/twin7tweaker/*) auf Knopfdruck. Der Spaß am Herumspielen geht damit natürlich etwas verloren. Ebenso ein paar Euro, die die Vollversion des TWIN 7 Tweaker kostet. Dafür gibt's aber auch eine kostenlose Probierversion zum Testen. In Deutsch gehalten ist das Programm allemal, zudem in der Fachpresse immer wieder mit guten bis sehr guten Noten ausgezeichnet.

Wer bereits die „Windows Vista – Dirty Tricks" besitzt, wird den einen oder anderen Trick vielleicht schon kennen. Ich bitte dann um Nachsehen, schließlich funktionieren viele Kniffe unter Windows 7 noch genauso. Da Microsoft das Rad mit Windows 7 nicht neu erfand (sondern nur etwas runder schliff), sind einige Hacks eben gleich geblieben.

Die Webseite zum Buch: Klicken statt Eintippen

Einige der in diesem Buch aufgeführten Links sind recht lang. Sollte Sie solch ein langer Link interessieren, müssen Sie ihn jedoch nicht umständlich abtippen. Rufen Sie einfach unter *http://7.inoxa.de* die Webseite zu diesem Buch auf. Sie finden dort sämtliche hier verwendeten Links. Mit der Suchfunktion Ihres Browsers (Tastenkombination [Strg]+[F]) finden Sie den gewünschten Link übrigens schneller, indem Sie einen Teil der URL oder den passenden Begriff zum Download-Link eingeben. Zum Beispiel spüren Sie den Download-Link *http://www.microsoft.com/downloads/details.aspx?FamilyId =21EABB90-958F-4B64-B5F1-73D0A413C8EF&displaylang=en* schnell auf, wenn Sie nach *21EABB* suchen.

Gegenüber den „Windows Vista – Dirty Tricks" sind die Trickbeschreibungen und Anleitungen etwas straffer, zugleich weniger redundant. Für absolute Windows-Einsteiger ist dieses Buch nichts. Wer einen ausführlichen Überblick über sämtliche Windows-Funktionen sucht, ist mit „Das große Buch: Windows 7" (DATA BECKER, 2011) oder „Das große Buch: Die Windows 7 Bibel" (DATA BECKER, 2010) sicher besser versorgt.

Viel Spaß beim „Herumtricksen",

Nico Kuhn

1. User zweiter Klasse? – Wie Microsoft Ihnen die coolsten Features vorenthält

1.1	Wenn alte Treiber oder Programme zicken	24
1.2	Kein XP-Modus für Home Premium: So basteln Sie sich selbst einen!	25
1.3	Aero Glass ist nicht verfügbar? Basteln Sie sich die Effekte eben selbst	29
1.4	Windows-Version ohne Verschlüsselung? – Trotzdem sicher!	30
1.5	Die besten gestrichenen Betafeatures zurückholen	38
1.6	Microsofts mächtige Insider-Tools	41
1.7	Gefühlvoll: Das ermöglicht die neue Windows-Sensortechnik	41
1.8	Die Windows-Firewall endlich richtig ausreizen	43
1.9	Nur heiße Luft? Ihre Daten in der Windows-„Cloud"	48
1.10	Tricks & Hacks oder dubiose Software gefahrlos testen	50
1.11	Mit mehreren Benutzern gleichzeitig auf einem Rechner arbeiten und aus der Ferne helfen	58

Bei Windows XP waren die Verhältnisse klar, denn es gab im Wesentlichen nur zwei Versionen: eine Windows XP Home-Version für Privatanwender und eine Professional-Variante für Business-PCs und solche, die gern welche sein wollten. Für Windows Vista genügten Microsoft zwei sogenannte SKUs (Stock-Keeping Unit) offenbar nicht, denn Vista erschien auf dem europäischen Markt gleich in fünf Versionen: Home Basic, Home Premium, Business, Enterprise und Ultimate. Das Chaos war hierbei perfekt: Home Premium fehlte etwa die BitLocker-Laufwerkverschlüsselung, war dafür aber mit dem Windows Media Center ausgerüstet. Die etwas teurere Vista Business-Variante hatte eine vernünftige Backup-Funktion inklusive, ihr fehlte jedoch das Media Center. Was für ein Theater!

Leider ist Microsoft für Windows 7 nicht von der Fünf-SKU-Politik abgewichen. So sind in Deutschland Windows 7 Starter, Home Premium, Professional, Enterprise und Ultimate erhältlich, wobei Windows 7 Starter und Enterprise aber nicht über den freien Verkauf erworben werden können. Immerhin lernte Microsoft dazu: Der Funktionsumfang der Windows 7-Versionen baut nun linear aufeinander auf. Je teurer die Version, desto mehr Features enthält sie. So enthält nun auch Windows 7 Professional, der Vista Business-Nachfolger, das Media Center.

Möglicherweise nutzen Sie aber gar nicht Windows 7 Professional, sondern Home Premium. Wenn Sie in dieser Windows 7-Version ein Feature vermissen, können Sie es gegebenenfalls nachrüsten oder die gleiche Funktionalität mit einer kostenlosen Softwarealternative erlangen. Die folgenden Seiten geben Hilfestellung und Anregungen.

1.1 Wenn alte Treiber oder Programme zicken

Beim Wechsel des Betriebssystems werden Sie immer auf Software oder Gerätetreiber stoßen, die eigentlich nicht für das neue Betriebssystem – sprich: Windows 7 – gedacht und gemacht sind. Vorausgesetzt natürlich, Sie kaufen nicht für jede Windows-Version einen komplett neuen Rechner mitsamt neuer Peripheriehardware.

So war es bei mir beispielsweise ein Druckertreiber, der als ausführbare EXE-Datei zur Verfügung stand und sich partout nur unter Vista, nicht aber unter Windows 7 installieren lassen wollte. Offensichtlich hatten die Treiberentwickler eine sehr restriktive Windows-Versionsprüfung in das Installationsprogramm eingebaut. Mit dem Kompatibilitätsmodus für Windows Vista konnte ich den Treiber dennoch installieren. Seither arbeitet der Drucker auch unter Windows 7 fehlerfrei.

Mit manch älterer Software hat Windows 7 Probleme, weil sie manchmal nicht mit der Benutzerkontensteuerung bzw. der schon für Windows Vista überarbeiteten Systemarchitektur zurechtkommt. Existiert kein Windows 7 unterstützendes Update, etwa weil das Programm schon seit Jahren nicht mehr weiterentwickelt wird, sollten Sie auch hier zunächst einmal den Kompatibilitätsmodus probieren.

Dessen Einstellungen finden Sie in den Eigenschaften einer jeden ausführbaren Datei im Register *Kompatibilität*. Setzen Sie dort ein Häkchen bei *Programm im Kompatibilitätsmodus ausführen für*. Die passende Einstellung finden Sie allerdings nur durch Probieren. Beginnen Sie am besten bei den Kompatibilitätsmodi für Windows XP (Service Pack 3) oder Windows 2000 und gehen Sie dann langsam in der Windows-Geschichte zurück. Manchmal genügt es aber schon, ein älteres Programm als Administrator auszuführen. Dafür gibt es ebenfalls eine Einstellung im Register *Kompatibilität*: *Programm als ein Administrator ausführen*. Darstellungsproblemen entgegnen Sie meist schon, indem Sie *Desktopgestaltung deaktivieren* mit einem Häkchen versehen. Dadurch wird die Aero-Oberfläche beim Start des Programms abgeschaltet.

Sollte das zunächst inkompatible Programm auch weiterhin inkompatibel bleiben, gibt's noch die Möglichkeit des Windows XP-Modes. Oder Sie installieren Windows XP parallel zu Windows 7 und nutzen somit ein Dual-Boot-System. Eine besonders schöne Lösung ist das jedoch nicht und sollte regelmäßig die allerletzte Option sein.

Programmhilfen im alten HLP-Format unter Windows 7 nutzen

Ältere Software speichert Programmhilfen oft noch im HLP-Format, mit dem Windows 7 nichts mehr anfangen kann. Um diese Hilfedateien doch noch lesen zu können, benötigen Sie die Datei *WinHlp32.exe*, die es auf der Microsoft-Website zum kostenlosen Download gibt. Öffnen Sie dazu die Website *http://www.microsoft.de* und verwenden Sie deren Suchfunktion, um nach der Download-Webseite der *WinHlp32 für Windows 7* zu suchen.

1.2 Kein XP-Modus für Home Premium: So basteln Sie sich selbst einen!

So neu wie genial ist der sogenannte Windows XP-Modus, der in den teureren Versionen ab Windows 7 Professional Einzug gehalten hat: Läuft eine alte Software nämlich selbst mit dem Kompatibilitätsmodus (s. S. 24) nicht mehr, installieren Sie sie per Windows XP-Modus einfach in einem virtuellen XP-Rechner.

Das muss Ihre Hardware können

Ursprünglich lief der Windows XP-Modus nur auf PCs mit Prozessoren, die eine sogenannte Hardwarevirtualisierung unterstützen. Inzwischen hat Microsoft jedoch ein Update für den Windows XP-Modus veröffentlicht, mit dem selbiger auch auf PCs ohne entsprechenden Prozessor läuft. Das Update finden Sie hierbei gleich mit auf der offiziellen Download-Webseite. Benötigen werden es aber sicher nur wenige, da moderne Prozessoren eine Hardware-Virtualisierung anbieten und das Update bei installiertem Windows 7 Service Pack 1 obsolet ist.

Warum man aber den Nutzern der Home Premium-Version dieses Feature vorenthielt, ist nicht ganz klar. Haben die keine alten, zu Windows 7 inkompatiblen Programme? Oder doch einfach zu wenig Geld für die Windows-Lizenz gegeben? Doch keine Sorge: Sofern Sie noch eine alte Windows XP-Lizenz herumliegen haben, können Sie sich einen XP-Modus selbst basteln. Der funktioniert dann genauso wie jener für Windows 7 Professional, nur dass Sie eben die Lizenz beisteuern müssen. Nutzer von Windows 7 Professional und aufwärts müssen das nicht. So geht's:

1 Laden Sie zunächst die Virtualisierungssoftware von Microsoft, den Windows Virtual PC, herunter und installieren Sie ihn. Den kostenlosen Download der 32- und 64-Bit-Versionen führt Microsoft als KB958559. Sie finden das Update-Paket am einfachsten über *http://www.microsoft.com/ windows/virtual-pc/download.aspx*. Wählen Sie dort Ihre Windows 7-Version sowie die Sprache aus, laden Sie aber nur den Windows Virtual PC, nicht auch die mit ca. 500 MByte recht große Windows XP-Mode-Datei.

2 Besorgen Sie sich nun noch eine Windows XP-Lizenz mitsamt passendem Installationsdatenträger. Beides benötigen Sie nun, um Windows XP als virtuelle Maschine zu installieren. Beachten Sie, dass nur Windows XP Professional in einer virtuellen Maschine verwendet werden darf (s. auch S. 52).

3 Erzeugen Sie nun einfach eine neue virtuelle Maschine und installieren Sie darin Windows XP mit Ihrem Windows XP-Lizenzschlüssel. Nach erfolgreicher Installation lassen Sie in der virtuellen Maschine erst einmal Windows Update durchlaufen und hierbei das Service Pack 3 installieren, wenn es auf Ihrem XP-Installationsdatenträger nicht schon vorhanden war.

4 Ist das virtuelle XP auf dem neusten Stand, installieren Sie noch die Integrationsfeatures. Sie finden den entsprechenden Menüpunkt im Fenster des Windows Virtual PC unter *Extras*, dann *Integrationsfeatures installieren*. Installieren Sie zugleich die Updates für das Integrationsfeature.

5 Führen Sie einen Neustart der virtuellen Maschine durch und wählen Sie im Fenster des Windows Virtual PC erneut *Extras*, dann aber *Integrationsfeatures aktivieren*.

Sobald Sie nun Anwendungen in der virtuellen XP-Maschine installieren, sollten Verknüpfungen dazu auch im Startmenü Ihres Windows 7 Host-PCs eingeblendet werden – nämlich unter *Alle Programme/Windows Virtual PC/ Windows XP-Anwendungen*.

Woher nehmen, wenn nicht stehlen? Windows XP legal herunterladen

Eigentlich sind die Internet Explorer Application Compatibility VPC Images für einen anderen Zweck gedacht: (Die wenigen) Fans des Internet Explorer sollen damit die Möglichkeit haben, die Internet Explorer-Versionen 6, 7 und 8 parallel zu betreiben. Dazu stellt Microsoft kostenlos allerlei Images bereit, die z. T. nichts anderes als ein Windows XP mit installiertem Internet Explorer 6, 7 oder 8 sind.

Diese Windows XP-Images sind für den Virtual PC gedacht, schon voraktiviert und nur etwas mehr als 700 MByte groß. Zwei kleine Haken gibt es allerdings: Zum einen sind diese speziellen Windows XP-Images nur in englischer Sprache erhältlich, zum anderen verfallen sie zu festgelegten Zeitpunkten. Da Microsoft diese Verfallsdaten aber immer wieder nach hinten verschiebt, stehen die Chancen gut, dass die Images noch eine Weile erhältlich sind. Sollten Sie die englische Sprache und das Verfallsdatum nicht abschrecken, können Sie die Images unter folgender URL herunterladen: *http://www.microsoft.com/ downloads/details.aspx?FamilyId=21EABB90-958F-4B64-B5F1-73D0A413C 8EF&displaylang=en.*

Damit es mit der heruntergeladenen virtuellen Maschine klappt, muss die VHD-Datei erst als Systemdatenträger in einen neuen virtuellen Computer eingebunden werden.

Neben ReadMe-Datei und Lizenzvereinbarung enthält der Download einer kostenlosen XP-Maschine eigentlich nur ein virtuelles Festplattenimage in Form einer VHD-Datei. Eine „fertige" virtuelle Maschine ist das noch nicht ganz. So müssen Sie im Windows Virtual PC erst noch einen neuen virtuellen Computer erstellen, wählen dann aber im Schritt *Fügen Sie eine virtuelle Festplatte hinzu* die Option *Eine vorhandene virtuelle Festplatte verwenden* und geben entsprechend die heruntergeladene VHD-Datei an.

Das für die Integrationsfeatures nötige Administratorpasswort finden Sie übrigens in der *ReadMe.txt*, die in jenem Verzeichnis erstellt wurde, in das Sie die heruntergeladene EXE-Datei entpackten.

Ein großer Nachteil der kostenlosen XP-Images ist freilich ihr Verfallsdatum. Ist es überschritten, fährt das virtuelle System schlicht nicht mehr hoch. Aber das nächste Gratis-XP-Image zum Testen des Internet Explorer ist dann sicher schnell heruntergeladen.

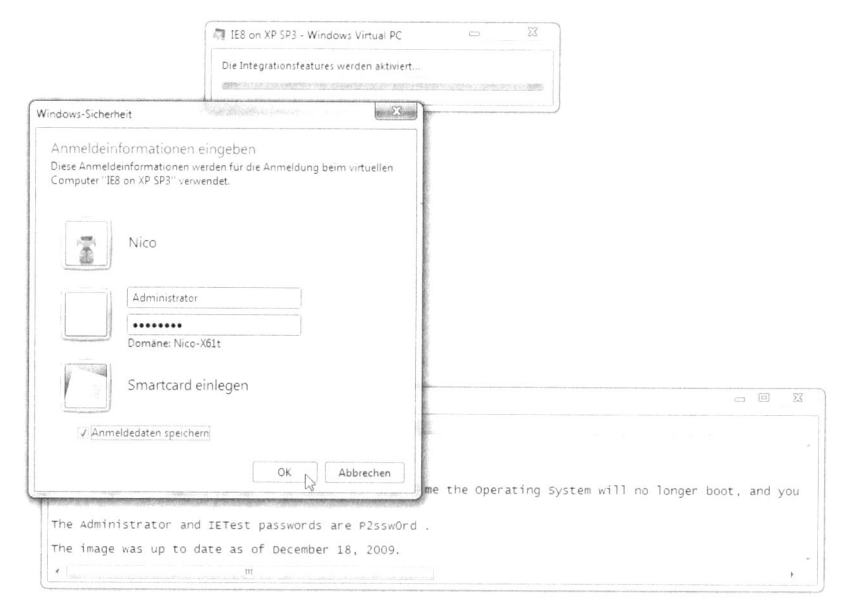

Achtung: Wird für die Aktivierung der Integrationsfeatures nach Anmeldeinformationen gefragt, kommen Sie mit den Daten Ihres Benutzerkontos nicht weiter. Stattdessen wählen Sie „Administrator" und das Passwort, das in der ReadMe.txt aufgeführt ist. In diesem Beispiel war der verantwortliche Microsoft-Mitarbeiter scheinbar gut gelaunt und setzte „P2ssw0rd".

1.3 Aero Glass ist nicht verfügbar? Basteln Sie sich die Effekte eben selbst

Der Reiz der Aero-Oberfläche von Windows 7 (und auch schon Windows Vista) besteht vor allem in den netten Transparenzeffekten. Die bekommt aber nicht jeder zu sehen. Wer knausrig ist und nur Windows 7 Starter verwendet oder eine Grafikkarte einsetzt, die nicht die Aero-Grundlage DirectX 9 unterstützt, schaut nur auf eine langweilige Oberfläche ohne Transparenz – das Windows 7-Basisdesign. Gut, dass es eine Möglichkeit gibt, unter solchen Umständen trotzdem Aero-ähnliche Effekte darzustellen.

Um nun Transparenzeffekte herzustellen, benötigen Sie ein Tool wie *True-Transparency.exe*. Den kostenlosen Download finden Sie an vielen Stellen im Netz. Bemühen Sie am besten eine Suchmaschine Ihrer Wahl und suchen Sie nach TrueTransparency. Eine offizielle Webseite gibt es leider nicht (mehr).

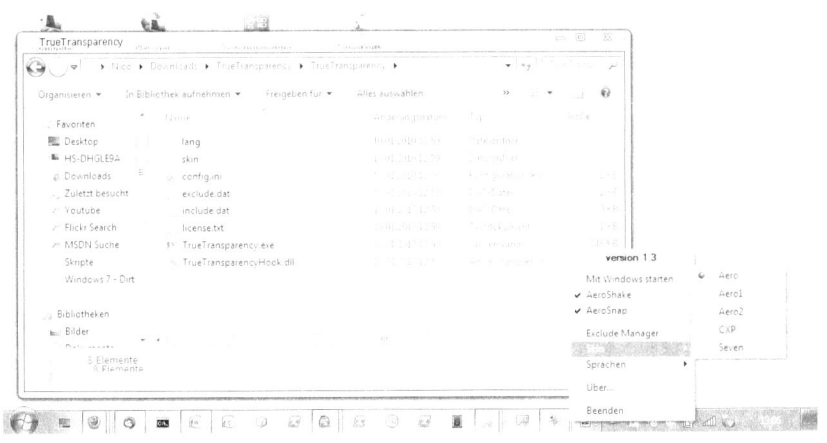

Anhand des Verzeichniskopfes können Sie den mit TrueTransparency erzeugten Effekt nachvollziehen. Unterschiedliche Skins enthält das Programm ebenso.

Das langweilige Basisdesign austauschen

Transparenzeffekte allein machen noch kein hübsches Windows 7. Schließlich gibt es noch das Design bzw. „Theme" selbst, das als Windows 7-Basis nicht besonders hübsch aussieht. Haben Sie die Theme-Verifizierung (s. S. 256) geknackt, laden Sie das Theme Windows7 Build 7068 Basic Blue von LLiam-Garner herunter. Sie finden es unter der URL *http://lliamgarner.deviantart.com/art/Windows7-Build-7068-Basic-Blue-119643544*. Im Wesentlichen handelt es sich nur um eine *aero.msstyles*, mit der Sie die gleichnamige Originaldatei in *%WINDIR%\Resources\Themes\Aero* ersetzen. Natürlich müssen Sie sich vorher noch die obligatorischen Bearbeitungsrechte einholen. Eine Sicherheitskopie der Original-*aero.msstyles* wäre ebenfalls nicht verkehrt. Nach einem Neustart wird das Theme angezeigt – sofern Sie das Windows 7-Basisdesign ausgewählt haben.

1.4 Windows-Version ohne Verschlüsselung? – Trotzdem sicher!

Datendiebstahl ist ein ernst zu nehmendes Problem. Vor allem für Unternehmen, deren Firmen-Notebooks oft brisante Daten enthalten und schnell gestohlen werden können. Aber auch Sie kann es treffen: USB-Speichermedien fassen immer mehr Daten, sodass man geneigt ist, beispielsweise auch größere private Fotosammlungen darauf zu speichern und herumzutragen. Blöd, wenn der USB-Speicher dann aber verloren geht. Vielleicht sind die Bilder nicht besonders brisant, ein blödes Gefühl bleibt aber doch, wenn ein Fremder vermutlich durch Ihre Fotos oder andere Dokumente „zappt".

Wie könnten Sie sich davor schützen? Indem Sie den USB-Stick verschlüsseln! Mit Windows 7 weitet Microsoft die BitLocker-Verschlüsselungstechnik, die seit Vista ganze Laufwerke verschlüsseln kann, auch auf USB-Speichermedien aus: BitLocker To Go heißt das Feature, mit dem Sie einen USB-Stick ganz bequem komplett verschlüsseln könnten ... wenn Sie denn Windows 7 Professional oder Ultimate nutzen!

Wer nur Home Premium oder gar Starter auf einem Netbook hat, muss aber nicht verzagen: Seit Jahren gibt es das komplett kostenlose TrueCrypt, mit dem Sie einen Datenträger bequem und vollständig verschlüsseln können. Laden Sie TrueCrypt doch zunächst einmal herunter: *http://www.truecrypt.org/downloads/*.

TrueCrypt in Deutsch

Um TrueCrypt einzudeutschen, starten Sie und wählen in dessem Hauptfenster erst *Settings*, danach *Language*. Zunächst steht nur Englisch zur Verfügung. Sehr wohl enthält das nun geöffnete Fenster aber einen Link *Download language pack*. Klicken Sie darauf, öffnet sich die Webseite *http://www.truecrypt.org/localizations* in Ihrem Browser. Dort laden Sie das deutsche Sprachpaket in Form einer ZIP-Datei herunter. Beenden Sie zunächst TrueCrypt und entpacken Sie anschließend den Inhalt des ZIP-Archivs in das TrueCrypt-Programmverzeichnis. In der Regel ist dies *%ProgramFiles%\TrueCrypt*. Beim nächsten Aufruf können Sie über *Settings/Language* die Option *Deutsch* auswählen und TrueCrypt somit eindeutschen.

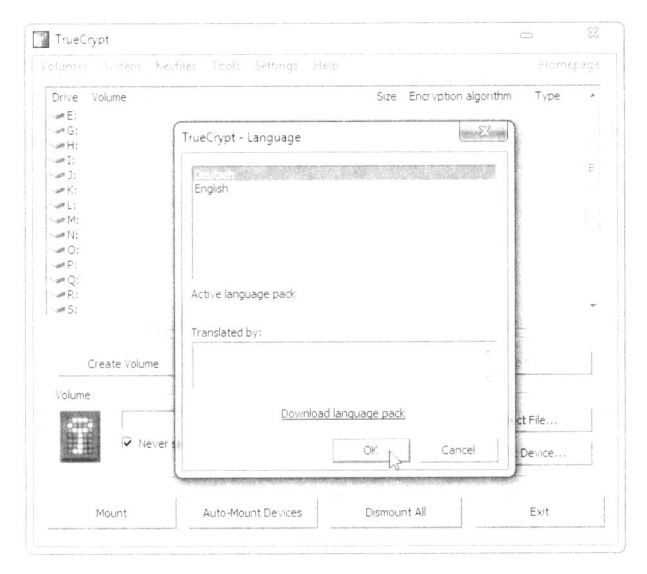

Da TrueCrypt doch relativ viel Text enthält, kann die Einrichtung des deutschen Sprachpakets einen Sinn ergeben, sollten Sie im Englischen nicht so ganz sattelfest sein.

USB-Sticks verschlüsseln und komfortabel an jedem PC nutzen

Die Verschlüsselung von USB-Sticks & Co. ist keine Hexerei, aber im Hinblick auf eine gewisse Interoperatibilität zwischen verschiedenen PCs etwas problematisch. Schließlich dienen USB-Speicher vornehmlich dem Transport von Daten zwischen mehreren PCs – PCs, auf denen vielleicht gar keine Verschlüsselungssoftware wie TrueCrypt installiert ist oder nicht installiert werden kann.

Mit einer mobilen Version von TrueCrypt machen Sie die verschlüsselten Daten aber auf jedem Rechner lesbar. Zusammen mit einer verschlüsselnden Containerdatei wird sie auf den Stick kopiert. An einem anderen Rechner startet man dann nur die mobile TrueCrypt-Version vom USB-Stick, gibt das Kennwort ein und erhält sogleich Zugriff auf die verschlüsselten Daten. Eine Installation ist dafür nicht notwendig.

So packen Sie ein mobiles TrueCrypt, die sogenannte Traveler Disk Installation, mitsamt verschlüsseltem Datencontainer auf einen USB-Stick, eine Speicherkarte o. Ä.:

1   Wählen Sie im TrueCrypt-Programmfenster zunächst *Extras*, dann *Traveler Disk Installation*. Viele Optionen haben Sie im nun geöffneten *TrueCrypt Traveler Disk Installation*-Fenster nicht. Aber hinter jeder steckt eine starke Funktion.

2   Zunächst kopieren Sie die TrueCrypt-Software auf den USB-Speicher, wobei ebenfalls ein Assistent für die Erstellung von TrueCrypt-Volumes mit auf den Stick kopiert werden kann (dann ein Häkchen setzen). Wählen Sie dazu per *Durchsuchen* das Stammverzeichnis des Speichergerätes. Ist Ihr USB-Stick beispielsweise als Laufwerk G: ins System eingebunden, lautet das Stammverzeichnis auch einfach nur *G:*.

3   Nun zur Autostart-Konfiguration, die die Aktionen bestimmt, die ein PC beim Anstecken des Speichers ausführt. Am besten ist es wohl, die Konfiguration bei *Nichts machen* zu belassen.

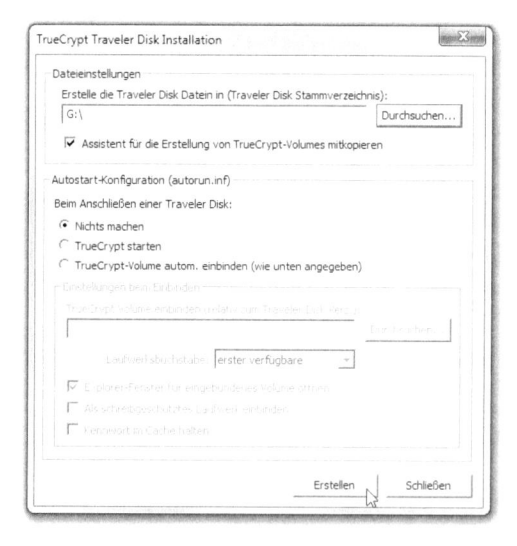

Achtung: In diesem Schritt werden nur die TrueCrypt-Programmdateien auf den USB-Stick übertragen. Verschlüsselt wird dabei noch gar nichts. Stattdessen muss die entsprechende Containerdatei selbst noch erzeugt werden. Nutzen Sie dazu am besten die Datei TrueCrypt Format.exe, die in diesem Schritt auf den Speicherstick kopiert wird.

4   Sobald Sie auf *Erstellen* klicken, werden die TrueCrypt-Programmdateien auf den Speicherstick oder die Speicherkarte kopiert. Konkret entsteht auf dem Speicher nun ein neues Verzeichnis *TrueCrypt*, das etwa 3,4 MByte Speicherplatz verbraucht – inklusive Formatierungs-Assistenten, der etwa 1,4 MByte benötigt und wie erwähnt optional ist. Praktisch ist zudem,

User zweiter Klasse? – Wie Microsoft Ihnen die coolsten Features vorenthält | 33

dass die deutsche Sprachbibliothek gleich mitkopiert wird. Selbst auf älteren Sticks mit wenig Kapazität sollte TrueCrypt deshalb noch bequem Platz finden.

Anschließend gilt es noch, auf dem Speichergerät einen verschlüsselten Container zu erstellen. Das können Sie beispielsweise mit dem mitkopierten Formatierungs-Assistenten erledigen, mit der Datei *TrueCrypt Format.exe*.

1 Starten Sie den Assistenten und wählen Sie *Einen verschlüsselten Datei-Container erstellen*. Bestätigen Sie mit *Weiter* und entscheiden Sie sich dann für *Standard TrueCrypt-Volume*.

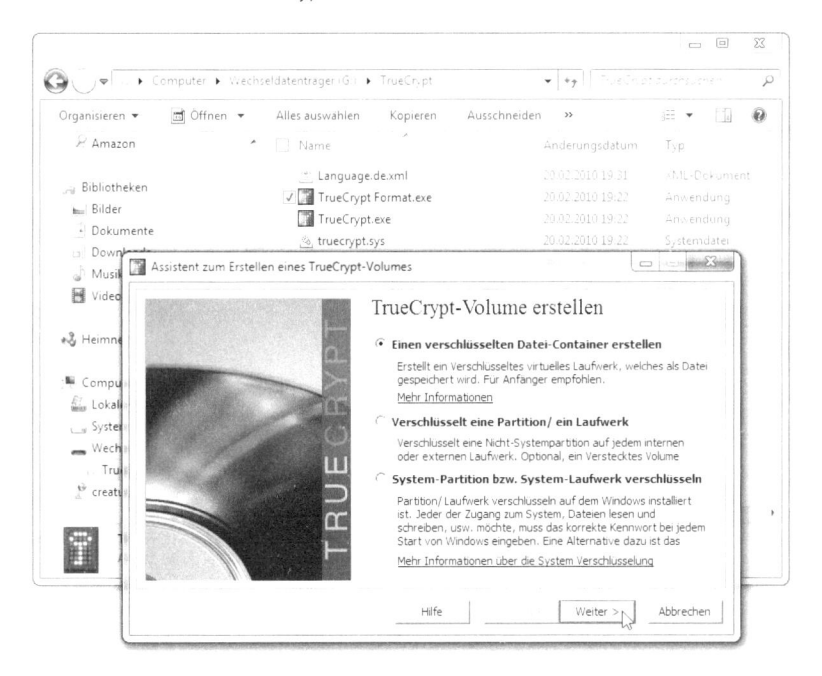

2 Wählen Sie *Weiter* und geben Sie nun den Volume-Speicherort an. Also den Pfad, in dem der Dateicontainer abgelegt werden soll. Das wäre in diesem Fall ein Ordner des Speichersticks, beispielsweise das Stammverzeichnis (bei Speichergeräten mit Laufwerkbuchstaben G: eben G:\). Einen Dateinamen müssen Sie dem Container ebenfalls zuweisen, wobei es auf die Dateiendung im Prinzip nicht ankommt. Empfehlenswert ist aber *.tc*, die Standarddateiendung. Auf PCs mit installiertem TrueCrypt ist sie bereits registriert, sodass ein Doppelklick auf *.tc*-Dateien auch gleich das TrueCrypt-Hauptprogramm startet.

Automatisches Einbinden eines verschlüsselten USB-Datenträgers

Als neues Feature der Version 7.0 wurde für TrueCrypt eine Automount-Funktion eingeführt. So können Sie verschlüsselte USB-Sticks etc. automatisch ins System einbinden lassen – sofern natürlich das zugehörige Passwort bzw. die entsprechende Schlüsseldatei im System hinterlegt ist. Mit diesem Feature wird das Verschlüsseln noch komfortabler. Zugleich schwinden die Ausflüchte, die gegen die manchmal etwas umständliche und mühselige Chiffrierung von USB & Co. sprechen. So geht's:

Binden Sie zunächst das verschlüsselte Laufwerk oder die Containerdatei, die künftig automatisch eingebunden werden soll, ins System ein. Ist dies geschehen, wählen Sie das eingebundene Volumen mit der rechten Maustaste aus und klicken dann auf *Zu Favoriten hinzufügen*. Sodann wird der Dialog *Favoriten-Volumen* geöffnet. Hier entscheiden Sie sich sodann schlicht für *Ausgewähltes Volumen einbinden, wenn sein Host-Gerät angeschlossen wird*. Künftig ploppt sofort ein TrueCrypt-Dialog auf, wenn das Gerät angeschlossen wird.

Das gesamte System verschlüsseln – sicherer geht's kaum!

Nicht nur USB-Sticks, auch ganze Notebooks und insbesondere Netbooks können verloren gehen oder gestohlen werden. Beides ist schlecht, denn dem „Finder" steht Ihr System offen wie ein Scheunentor. Vorausgesetzt, er hat ein bisschen Ahnung von PCs. Wie leicht ein Benutzerpasswort geknackt oder entfernt ist, sehen Sie ab S. 345 ff. Startet man den Rechner von einem Livesystem oder hängt die Festplatte an einen anderen Rechner, ist nicht einmal das nötig.

Wie können Sie sich schützen? Einfach, aber konsequent: Verschlüsseln Sie Ihre gesamte Festplatte inklusive Windows-System! Dazu bringt Windows seit Vista die BitLocker-Laufwerkverschlüsselung mit, die allerdings nur in den teuren Professional- und Ultimate-Versionen enthalten ist. Nutzer von Home Premium oder Besitzer eines Netbooks mit Windows 7 Starter bleiben außen vor. Zumindest was BitLocker betrifft. Schließlich gibt es immer noch die kostenlose Alternative TrueCrypt. So verschlüsseln Sie damit ein System:

1 Starten Sie TrueCrypt und wählen Sie im Dateimenü gleich *System*, dann *System-Partition/Laufw. verschlüsseln.*

2 Wählen Sie nun zunächst *Normal*, sobald der Assistent nach der Art der Systemverschlüsselung fragt. Mittels *Weiter* erreichen Sie sogleich eine weitere Abfrage nach dem Bereich der Verschlüsselung: Soll nur die Systempartition (die Partition, auf der Windows installiert wurde) verschlüsselt werden, wählen Sie *Die Windows-System-Partition verschlüsseln*. Besser

wäre es indessen, mit *Gesamtes Laufwerk verschlüsseln* die Festplatte, auf der Ihr Windows-Betriebssystem liegt, komplett zu verschlüsseln. In dieser Schrittanleitung sei angenommen, dass Sie sich für die Verschlüsselung des gesamten Laufwerks entschieden haben. Fragt der Assistent, ob eine Verschlüsselung des Host-geschützten Bereichs vorgenommen werden soll, antworten Sie am besten mit *Ja*. Das Programm wird daraufhin nach versteckten Bereichen suchen, aber mit Sicherheit nichts finden.

3   Im nächsten Schritt fragt TrueCrypt, ob auf Ihrem Rechner ein oder mehrere Betriebssysteme installiert sind. In der Regel werden Sie vermutlich nur ein Windows-Betriebssystem nutzen und entscheiden sich dann für *Ein Betriebssystem*. Haben Sie hingegen noch Linux parallel installiert, wählen Sie unbedingt *Mehrere Betriebssysteme*! Wahrheitsgemäßes Antworten ist hier wichtig, denn TrueCrypt ersetzt im Rahmen der Komplettverschlüsselung den Bootloader, der Sie beim Start des PCs zwischen den installierten Betriebssystemen wählen lässt. Eine falsche Angabe würde Linux & Co. fortan beim Bootvorgang ausblenden.

4   Genau wie bei der Erstellung eines virtuellen, verschlüsselten Datenträgers dürfen Sie bei der Vollchiffrierung Ihres Systems zwischen mehreren Verschlüsselungsmethoden (*Verschlüsselungseinstellungen*) wählen. Mit einem Benchmark prüfen Sie zusätzlich, wie schnell Ihr PC mit dem gewählten Algorithmus zurechtkommt. Grundsätzlich ist der aktuelle Standard, *AES*, eine gute Wahl.

Verschiedene Verschlüsselungsalgorithmen können Sie auswählen, AES sollte aber schon reichen. Kombinationen mehrerer Algorithmen verlangsamen den Festplattenzugriff zudem nur.

5   Wählen Sie nun ein Passwort. Empfehlungen erhalten Sie direkt vom Programm. Mindestens 20 Zeichen sollte es, maximal 64 Zeichen darf es haben. Zwar erscheint in diesem Dialog gleichermaßen die Option *Schlüsseldat.[eien] verw.[enden]*, doch unterstützt zumindest TrueCrypt 6.3a diese Funktion noch nicht.

AES, Blowfish, Twofish – die Qual der Wahl?

Der Advanced Encryption Standard (AES) wurde in einem Wettbewerb auserkoren. Der Algorithmus, der diesen Wettbewerb gewann und sich nun als Standard bezeichnen darf, hieß eigentlich Rijndael. Aber auch Blowfish war ein Kandidat im Ausschreibungsverfahren des AES-Standards. Twofish ist dessen Nachfolger. Welchen sollten Sie wählen? Nun, Rijndael gewann den Wettbewerb nicht ohne Grund. Vor allem seine Schnelligkeit überzeugte. Von dieser können Sie sich mit dem TrueCrypt-Benchmark ebenfalls leicht überzeugen. Als Verschlüsselungsstandard wird es zudem weltweit eingesetzt und gilt für die nächste Zeit als ausreichend sicher. Greifen Sie also zu – oder vielmehr: Wählen Sie ihn aus, wenn er zur Wahl steht. Gegen Bruce Schneiers Blowfish, Twofish & Co. spricht freilich ebenfalls nichts. Beide Algorithmen wurden noch nicht geknackt. Allerdings versuchen auch nicht so viele, die Schneier-Kreationen zu knacken, wie sie mit AES beschäftigt sind. Als Standard steht Letzterer nämlich ganz oben auf der „Abschussliste".

6 Indem Sie im nächsten Schritt mit dem Mauszeiger über dem kleinen Bereich *Aktueller Inhalte-Pool* herumfuchteln, werden Zufallsdaten erzeugt, die zusammen mit Ihrem Passwort in die Verschlüsselung einfließen. Fuchteln Sie möglichst lang darin herum, um die Sicherheit zu steigern. Mit Klick auf *Weiter* werden die Schlüssel erzeugt.

7 Der Assistent möchte unbedingt einen sogenannten Rettungsdatenträger erstellen. Im Notfall, also wenn Windows gar nicht mehr startet und nur noch extern repariert werden kann, können Sie Ihre verschlüsselte Systempartition oder Festplatte damit auch ohne Eingabe Ihres Schlüssels komplett dechiffrieren. Ergo: Dieser Rettungsdatenträger wird unbedingt benötigt. Dieser Überzeugung ist ebenfalls der Assistent, und der ist dabei gleich so penetrant, dass er erst fortsetzt, nachdem Sie die in *%USERPROFILE%\Eigene Dokumente* hinterlegte *TrueCrypt Rescue Disk.iso* auf eine CD/DVD gebrannt haben. Mit einem Netbook o. Ä., das gar nicht mit einem CD/DVD-Brenner ausgestattet ist, wird das zum Problem. Doch Sie können den Assistenten austricksen und die ISO-Datei in ein virtuelles Laufwerk wie Virtual CloneDrive (*http://www.slysoft.com*) einbinden. Sobald das Autostart-Menü der virtuellen TRD-CD lädt, ist der Assistent besänftigt. Übertragen Sie die ISO-Datei aber dennoch baldmöglichst auf einen PC mit CD/DVD-Brenner und brennen Sie sie – wirklich! Am besten machen Sie das, noch bevor TrueCrypt das gesamte System verschlüsseln konnte. Da die Initialchiffrierung eine ganze Weile (= Stunden) dauert, sollte dafür ausreichend Zeit bleiben.

8   Haben Sie die Hürde der Rescue Disk genommen, sind nur noch wenige Schritte bis zur eigentlichen Chiffrierung zu vollziehen. Zum Beispiel die der Festlegung des sogenannten Löschmodus. Dahinter verbirgt sich die Möglichkeit, die Festplatte während der Chiffrierung mit Zufallsdaten zu bearbeiten, sodass Dateiwiederherstellungstools später keine Chance mehr haben, ehemals unverschlüsselte Daten aufzuspüren. Als Löschmodi stehen *US DoD 5220.22-M* in drei oder sieben Durchgängen sowie der *Gutmann*-Modus mit 35 Durchgängen zur Auswahl. Jeder dieser Modi verlängert den Zeitraum, der zur Initialverschlüsselung benötigt wird, natürlich beträchtlich. Deshalb nimmt es Ihnen keiner übel, wenn Sie auf jegliches sicheres Löschen verzichten und *Ohne (am schnellsten)* auswählen. Verschlüsseln Sie ein frisches Betriebssystem auf einer nagelneuen Festplatte, die vorher keine geheimen Daten enthielt, hat ein solcher Löschalgorithmus ohnehin nichts zu tun. Wer eine Festplatte allerdings schon lange nutzt, sie also im File Slack (s. S. 366) und anderswo etliche Spuren enthält, sollte sich die Zeit aber nehmen.

9   Endlich kann der System Encryption Pretest beginnen, bei dem der True-Crypt-Bootloader installiert wird und Ihr PC einen Neustart vollzieht. Beim Neustart müssen Sie dann schon einmal Ihr gewähltes Passwort eingeben. Zum Üben, sozusagen. Sobald der Rechner erneut hochgefahren ist, kann der Verschlüsselungsvorgang immer noch abgebrochen werden – falls Sie doch lieber einen Rückzieher machen wollen.

10 Verlief der Pretest ohne Probleme, fuhr Windows 7 also problemlos wieder hoch, beginnt ein Klick auf den Button *Verschlüsselt* den eigentlichen Verschlüsselungsprozess. Endlich – in vielerlei Hinsicht, denn selbst die Chiffrierung ist irgendwann zu Ende. Eine Weile dauert's aber schon.

1.5 Die besten gestrichenen Betafeatures zurückholen

Ein neues Windows, neue Features und für eine breite Masse verfügbar – mit den Windows-Betaversionen heizt Microsoft die Vorfreude an. Blöd nur, dass es nicht alle Features aus den Betaversionen in die finale Version schaffen, d. h., irgendwann in der Endphase der Entwicklung gestrichen werden. Einige der sinnvolleren Features aus den frühen Windows 7-Betas können Sie aber leicht wiederherstellen. Die folgenden Seiten verraten, wie's gelingt.

Die praktische Taskleisten-Steuerung des Media Player zurückholen

Für viele ist der Windows Media Player nicht unbedingt die erste Wahl, wenn es um die Wiedergabe von Musikstücken geht. Besser als iTunes ist er aber allemal. Eine seiner Stärken war unter Vista die kleine Toolbar, die sich in die Taskleiste heftete und die grundlegendsten Funktionen zur Wiedergabe von MP3-Dateien etc. bot. Leider fehlt sie in Windows 7, obwohl sie in den ersten Betaversionen noch enthalten war.

Eigentlich gar nicht mehr für Windows 7 gedacht, aber dennoch enthalten: die kleine Media Player-Steuerung für die Taskleiste.

Wenn Sie nicht darauf verzichten wollen, können Sie die Toolbar schnell wieder holen. Alles, was Sie dafür benötigen, ist die *wmpband.dll* aus Vista oder einer der früheren Windows 7-Betaversionen. Haben Sie beides nicht zur Hand, finden Sie die Datei für Windows 7 32 Bit beispielsweise unter dieser URL: *http://sibbl.bplaced.net/wmpband.zip*. So geht's dann weiter:

1 Laden Sie das ZIP-Archiv herunter und entpacken Sie es.

2 Die darin enthaltene *wmpband.dll* müssen Sie nun registrieren. Am schnellsten gelingt das, indem Sie die Eingabeaufforderung mit Administratorenrechten öffnen und *regsvr32 [VOLLER PFAD ZUR WMPBAND.DLL]* eingeben. Die Eingabe könnte also beispielsweise lauten: *regsvr32 "C:\Users\Nico\Downloads\wmpband\wmpband.dll"*.

3 Starten Sie nun den Windows Media Player und minimieren Sie sogleich das Fenster. Mit einem geöffneten Windows Media Player-Fenster funktioniert dieser Kniff nicht!

4 Klicken Sie anschließend mit der rechten Maustaste auf eine freie Stelle der Startleiste und wählen Sie unter den Symbolleisten den Windows Media Player aus. Die Ministeuerung für die Taskleiste sollte sodann eingeblendet werden und ist voll funktionsfähig.

Zune Medienplayer mit nativer Taskleistensteuerung

Scheuen Sie die Fummelei mit den Media-Player-DLLs, möchten aber dennoch nicht auf eine praktische Taskleistensteuerung verzichten, könnten Sie Microsofts Zune-Software probieren. Hierbei handelt es sich – salopp formuliert – um Microsofts Antwort auf Apples iTunes. Und dieser Mediaplayer enthält auch eine Taskleistensteuerung. Den kostenlosen Download finden Sie unter *http://www.zune.net/de-de/products/software/download/*. Aktiviert wird die Steuerung, indem Sie mit der rechten Maustaste auf die Taskleiste klicken und unter *Symbolleisten* den Eintrag *Zune* mit einem Häkchen versehen.

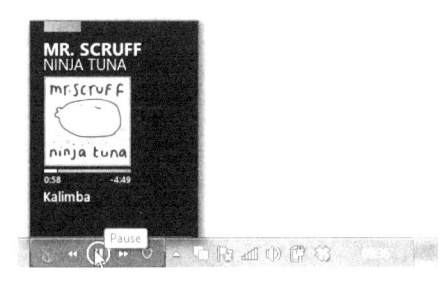

Nicht nur die kleine Taskleistensteuerung, auch der eigentliche Zune-Player sieht ganz schick aus. Beides gleichzeitig geht aber nicht, da die Taskleistensteuerung nur bei minimiertem Zune-Player eingeblendet wird.

Das Hintergrundbild des Windows Media Player ändern

Der Hintergrund der Medienbibliothek des Windows Media Player ist dezent – und änderbar. Suchen Sie einfach den Registry-Pfad *HKEY_CURRENT_USER\Software\Microsoft\MediaPlayer\Preferences* auf. Darin finden Sie einen DWORD-Wert namens *LibraryBackgroundImage*. Standardgemäß ist dessen Wert 6, kann aber alle Dezimalzahlen von 0 bis 6 annehmen, wobei je Wert je ein anderes Hintergrundbild angezeigt wird.

War endlich mal was Neues: der Energy-Bildschirmschoner

Was die Entwicklung neuer Bildschirmschoner betrifft, hält sich Microsoft vornehm zurück: Mystify, Seifenblasen – alles schon alt und bekannt. Dabei boten die ersten Windows 7-Betaversionen doch sogar einen neuen Bildschirmschoner namens Energy. Leider fiel er im Laufe der Entwicklung dem

Rotstift zum Opfer. Einige Energy-Fans hält das jedoch nicht davon ab, ihn von der Beta losgelöst im Netz anzubieten.

So finden Sie den Bildschirmschoner unter anderem unter dieser URL: *http://www.sevenforums.com/tutorials/7222-windows-energy-screen-saver-restore.html*. Laden Sie ihn dort einfach in Form eines ZIP-Archivs herunter und entpacken Sie die darin enthaltene Datei *ssBranded.scr* nach *C:\Windows\System32*. Sogleich können Sie den Bildschirmschoner ganz gewöhnlich über das Menü konfigurieren. Er wird dort als *Branded* geführt.

DreamScene reloaded: So bringen Sie den Desktop in Bewegung

Ein exklusiv für Windows Vista Ultimate entwickeltes Feature machte viele Nutzer der niedrigeren Vista-Versionen neidisch: Als sogenannte DreamScenes konnte man in der teuersten Vista-Version Videos als Bildschirmhintergrund abspielen. Mehr als eine nette Spielerei war das allerdings nicht. So wurde das Feature für Windows 7 deshalb wohl auch wieder gestrichen.

Wer trotzdem ganz fasziniert von dem Gedanken ist, ein Video in Endlosschleife als Bildschirmhintergrund zu verwenden, soll nicht enttäuscht werden. So könnten Sie beispielsweise DeskScapes von Stardock nutzen (*http://www.stardock.com/products/deskscapes*), das wenigstens als kostenlose Demoversion erhältlich ist und sogenannte Dreams abspielt – ein proprietäres Format, das allein mit der Stardock-Software funktioniert.

Gehackte Dateien aus dem Untergrund

Oder Sie holen sich die DreamScene-Dateien von Windows Vista Ultimate aus dem Internet. So richtig legal ist das nicht und wird deshalb an dieser Stelle nicht behandelt. Wenn Sie allerdings nach *„Windows 7" dreamscene patch* o. Ä. googeln, werden Sie sicher fündig. Habe ich gehört. Alternativ kann ich Ihnen das kleine Tool Windows DreamScene Activator empfehlen, das Sie unter *http://www.door2windows.com/windows-7-dreamscene-activator-activate-dreamscene-in-windows-7/* finden. Es aktiviert die DreamScene-Funktionalität auf Knopfdruck.

1.6 Microsofts mächtige Insider-Tools

Für Windows-Freaks ist Mark Russinovich ein Held. Seit Jahren veröffentlicht er mit ein paar Koautoren immer wieder neue Windows-Tools, die mitunter einen tiefen Einblick in Windows geben oder schlicht nützlich sind.

Dementsprechend passend firmierte er vor vielen Jahren unter dem Namen Sysinternals. Schon vor einiger Zeit wurde das Unternehmen von Microsoft aufgekauft. Die Tools sind trotzdem auch weiterhin kostenlos zum Download erhältlich, die wichtigsten gar in der sogenannten Sysinternals Suite gebündelt. Diese Toolsammlung sollte jeder haben, der mit Windows 7 herumspielen will. Sie finden sie unter der URL *http://www.microsoft.com/technet/sysinternals/ Utilities/SysinternalsSuite.mspx*. Drei Tools dieser Sammlung begegnen Sie an anderen Stellen dieses Buches: Autoruns ist die Spürnase für Setup-Bremsen, die Sie ab S. 191 bekämpfen; der Process Explorer ist eine wesentlich umfangreichere Alternative zum Windows-Task-Manager (s. S. 41); und schließlich der Process Monitor – er kann u. a. eingesetzt werden, um „live" die Veränderungen in der Registry nachzuvollziehen (s. S. 437).

Der Process Explorer als starke Alternative zum Task-Manager

Der Process Explorer ist eine leistungsfähigere Alternative zum gewöhnlichen Windows 7-Task-Manager. Wenn Sie wollen, können Sie Letzteren auch komplett durch den Process Explorer ersetzen. Gehen Sie dazu im Dateimenü des Process Explorer-Fensters auf *Options/ Replace Task Manager*.

1.7 Gefühlvoll: Das ermöglicht die neue Windows-Sensortechnik

Neu in Windows 7 ist die sogenannte Windows Sensor and Location-Platform. Als Endnutzer werden Sie davon sicher noch nichts gehört haben, noch weniger etwas damit anzufangen wissen. Tatsächlich handelt es sich dabei vornehmlich um eine Schnittstelle für Programmierer, denen so die „Sensoren" eines PCs leichter zugänglich gemacht werden. Dazu zählen beispielsweise GPS-Empfänger, aber auch die in vielen Notebooks eingebaute Webcam!

So passt sich der PC-Bildschirm automatisch der Umgebungshelligkeit an

Ein Beispiel für eine Anwendung, die von dieser Schnittstelle Gebrauch macht, ist BLUntrl von Sven Killig. Per Webcam ermittelt das Programm die Umgebungshelligkeit und regelt in hellen Umgebungen die Bildschirmhelligkeit hoch, in dunklen herunter. Das soll Augen, aber auch die Umwelt schonen, verbraucht ein Display mit niedrigerer Helligkeit doch weniger Energie als auf Maximaleinstellung.

Neben einer Webcam wird natürlich auch ein entsprechendes Display benötigt, das die Bildschirmhelligkeitsveränderung per Software unterstützt. Hauptproblem ist hierbei vor allem der Displaytreiber. Mit neueren Geräten, insbesondere Net- und Notebooks, sollte der Spaß jedoch problemlos funktionieren. Probieren Sie das Tool doch einmal aus. Den kostenlosen Download finden Sie unter *http://sven.killig.de/BLUntrl/*.

Wo bin ich? Ortsbasierte Dienste mit Ihrem PC!

Nicht umsonst heißt die neue Technik Sensor and Location Platform! So soll sie auch die Entwicklung ortsbasierter Dienste mit einem Windows 7-PC erleichtern. Bislang hat das aber nur wenige Entwickler angelockt. Vermutlich ist die Zurückhaltung der Tatsache geschuldet, dass kaum ein PC mit einem GPS-Empfänger ausgestattet ist. Allerhöchstens ein paar Notebooks. Und eine externe GPS-Maus nutzen auch wohl nur wenige am PC.

Vielleicht ändert sich das, wenn sich Windows 7-Tablets mit integriertem UMTS- und somit häufig auch GPS-Empfänger in den Händlerregalen stapeln. Bis dahin können Sie Ihrem PC aber vorgaukeln, dass er über einen GPS-Empfänger verfügt. Möglich macht es der Geosense-Treiber, den Sie unter *http://www.geosenseforwindows.com* finden. Er ermittelt Ihre Position anhand Ihrer IP-Adresse bzw. mithilfe von WLAN-Netzen, sofern verfügbar. Letzteres wird aber nur in größeren Ballungsräumen, in denen WLAN-Netze schon einmal „verortet" wurden, vernünftig funktionieren.

Wollen Sie Geosense einmal ausprobieren, müssen Sie den Treiber natürlich zunächst installieren und danach den „Pseudo"-Geosensor erst einmal aktivieren. Öffnen Sie dazu die Systemsteuerung. Unter *Hardware und Sound* finden Sie sodann den Eintrag *Ortungs- und andere Sensoren aktivieren*. Hier muss sodann ein entsprechendes Häkchen gesetzt werden.

Und was bringt es nun, wenn Ihr PC seinen „Aufenthaltsort" kennt? Wie schon erwähnt – derzeit nicht viel. Selbst die Entwickler des Geosense-Treibers hatten ihre Schwierigkeiten, Software zu finden, die die Funktionalität des Treibers demonstrieren konnte. Immerhin eine passende „Anwendung" ist bei Windows 7 schon dabei: das Wetter-Gadget. Statt dort einen Ort manuell festzulegen, können Sie *Standort automatisch bestimmen* auswählen. Aber nur, wenn ein GPS-Empfänger bzw. der Geosense-Treiber installiert ist.

Sobald das Wetter-Gadget auf die automatische Standortbestimmung umgestellt wurde, macht ein kleines zusätzliches Icon neben dem Städtenamen darauf aufmerksam. Außerdem scheut sich Microsoft nicht, bei jeder Standortbestimmung eine kleine Information im Infobereich der Taskleiste zu hinterlegen. Datenschutz – dazu zählt auch der Schutz des eigenen Aufenthaltsortes – nimmt man in Redmond schon etwas genauer. Bloß gut, dass die Positionsbestimmung per Sensor and Location Platform so unwichtig und ungenutzt ist, dass sich kaum ein Virenautour die Mühe machen wird, damit Schindluder zu treiben.

1.8 Die Windows-Firewall endlich richtig ausreizen

Seit Windows Vista gehört eine Firewall zum festen Windows-Bestandteil. Allerdings bleibt sie auch in Windows 7 zunächst weit unter ihren Möglichkeiten. Mit Standardeinstellungen überwacht sie nämlich nur eingehende Verbindungen. Also jene Daten, die übers Internet Ihren PC erreichen. Abgehend, nach außen in die weite Netzwelt, darf hingegen jedes Programm völlig unkontrolliert senden.

Mit ein paar Einstellungen könnten Sie das schnell ändern, indem Sie ausgehende Verbindungen generell blockieren und nur einige Ausnahmen für Browser oder E-Mail-Programm zulassen. Allerdings fragt Sie die Windows 7-Firewall dann nicht nach Erlaubnis, wenn ein neues Programm erstmalig den Kontakt ins Internet sucht. Es wird einfach geblockt. Blöd, wenn Sie sich dann wundern, wieso eine bestimmte Funktion oder das gesamte Programm nicht funktioniert. Eine Lösung für dieses Problem stellt das kleine Zusatzprogramm Firewall Control dar.

Ein kleines Tool hilft bei der Konfiguration

Suchen Sie eine komfortable Möglichkeit, die Windows 7-Firewall zu konfigurieren, sollten Sie sich einmal Windows 7 Firewall Control (*http://www.sphinx-soft.com/Vista/index.html*) ansehen. Schon in der Basisversion, die Sie auf der Hersteller-Website zum kostenlosen Download finden, ist das Programm unheimlich praktisch.

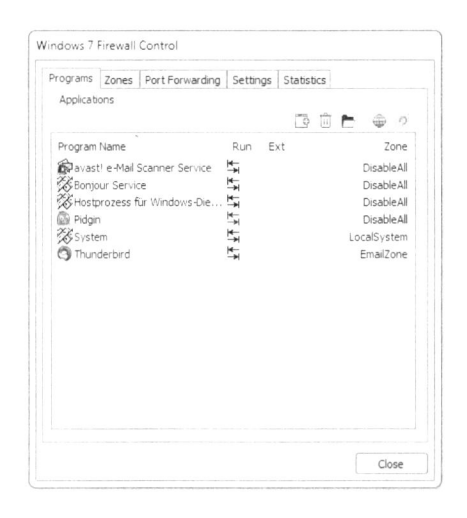

Manche Anwendungen funktionieren nur, wenn Sie „alle Rohre" freigeben, d. h., als Zone EnableAll auswählen. Klicken Sie die Abfrage hingegen einfach weg, wird das Programm automatisch auf DisableAll gesetzt und darf gar nicht mehr mit der Internet-außenwelt kommunizieren. Zumindest solange Sie die Einstellung nicht wieder ändern.

Haben Sie Windows 7 Firewall Control zum ersten Mal gestartet, geht das Programm sämtliche aktiven Prozesse durch, die gerade auf das Internet zugreifen wollen. Für jedes dieser Programme müssen Sie eine sogenannte Zone festlegen. Das sind eigentlich nichts anderes als Profile, die sämtliche Ports eines bestimmten Internetdienstes freischalten. Konfigurieren Sie beispielsweise den Thunderbird für die EmailZone, darf er über die POP-, SMTP-Ports etc. auf das Internet zugreifen. Mit der Zone EnableAll sind Sie hingegen immer auf der sicheren Seite, denn damit werden sämtliche Ports freigeschaltet.

In den Einstellungen des Programms können Sie sich einen Überblick über die vorgefertigten Zonen machen und die Ports einsehen, die von einer Zone freigeschaltet werden. Fortgeschrittene können an diesen Einstellungen freilich ebenso nach Belieben herumspielen.

Der manuelle Weg für Bastler

Wer Windows 7 Firewall Control nicht installieren möchte oder schlicht Spaß am manuellen Herumfummeln hat, sperrt ausgehende Verbindungen mit der folgenden Schrittanleitung.

1 Öffnen Sie die Einstellungen *Windows-Firewall mit erweiterter Sicherheit*, indem Sie *wf.msc* in die Suchleiste des Startmenüs eintippen.

2 Klicken Sie in der linken Spalte der nun geöffneten Management-Konsole auf *Überwachung*, um herauszufinden, mit welchem Profil Ihre Firewall für die aktuell bestehende Internetverbindung konfiguriert ist. In der Regel wird es das private Profil sein.

In dieser Übersicht finden Sie schnell heraus, mit welchem Firewall-Profil der Rechner im aktuellen Netzwerk geschützt ist. Hierbei steht a7TZ30x5 für den Access Point eines WLAN-Netzwerks, mit dem der Rechner verbunden ist.

3 Wählen Sie nun in der linken Spalte den ersten Menüpunkt *Windows-Firewall mit erweiterter Sicherheit – Lokaler Computer*, um wieder auf die erste Seite der Management-Konsole zu gelangen. Dort angekommen, klicken Sie in der mittleren Spalte auf den Verweis *Windows-Firewalleigenschaften*.

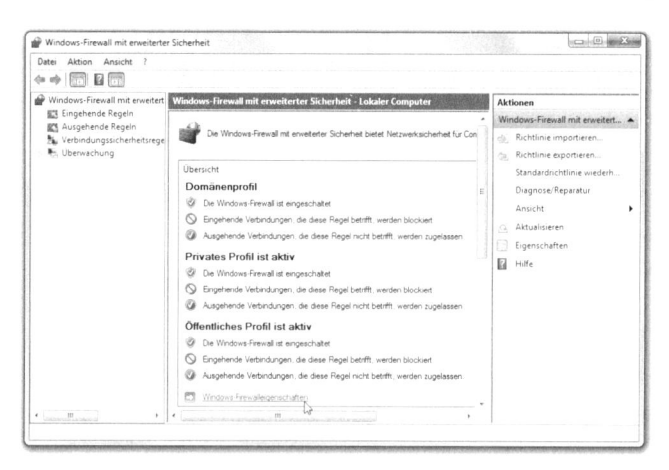

Vielleicht erinnern Sie sich noch an die Installationsroutine, die Sie unter anderem nach dem Standort des Computers fragt. Haben Sie dort Zu Hause ausgewählt, wird das private Profil für die Firewall aktiviert. Da obige Abbildung auf einem Rechner entstand, der hin und wieder auch in öffentlichen WLAN-Netzwerken unterwegs ist, ist auch das öffentliche Profil aktiviert.

4 Je Firewall-Profil gibt es ein Register. Wählen Sie das Ihrem Firewall-Profil entsprechende Register aus (in der Regel *Privates Profil*).

5 Den Wert des Drop-down-Menüs *Ausgehende Verbindungen* ändern Sie von *Zulassen (Standard)* auf *Blockieren*, um künftig jede ausgehende Verbindung kontrollieren zu können.

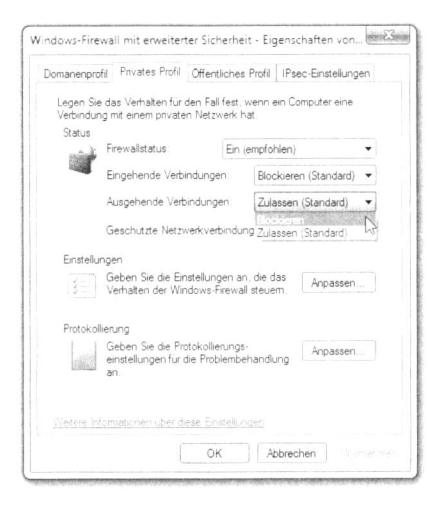

Die Standardeinstellungen lassen jeglichen Datenverkehr „nach draußen" zu. Da Sie dies ändern wollen, wählen Sie Blockieren.

Nach einem Klick auf den *OK*-Button wird die Firewall umkonfiguriert und sämtliche Programme, für die keine ausgehenden Regeln konfiguriert wurden, werden geblockt. Das sind i. d. R. sämtliche Anwendungen Ihres PCs, nicht jedoch der Internet Explorer, für den schon „von Haus aus" eine ausgehende Regel besteht. Der Spaß beginnt hier also erst richtig, denn nun müssen Sie Ausnahmeregeln für Ihre Software erstellen.

Ausgehende Regeln erstellen

Es gibt zwei Möglichkeiten: Entweder Sie erlauben einem Programm sämtliche ausgehenden Verbindungen oder Sie geben nur die Ports frei, die Ihre Software nutzen soll – und darf. Die erste Methode ist die einfachste, deshalb sei sie ebenfalls als Erstes beschrieben.

1 Klicken Sie zunächst in der linken Spalte der Management-Konsole auf *Ausgehende Regeln*, um eine Übersicht über alle bisher angelegten Regeln für die Kommunikation nach außen zu erhalten. Wählen Sie anschließend in der rechten Spalte *Aktionen* den Verweis *Neue Regel*.

2 Die Standardauswahl *Programm* ist schon der richtige Regeltyp. Klicken Sie deshalb einfach auf *Weiter*. Wählen Sie im nächsten Schritt die ausführbare Programmdatei aus, der sämtliche Kommunikation nach außen erlaubt werden soll.

3 Der dritte Schritt des Assistenten fragt nach der gewünschten Aktion. Aktivieren Sie hier die erste Wahlmöglichkeit *Verbindung zulassen*.

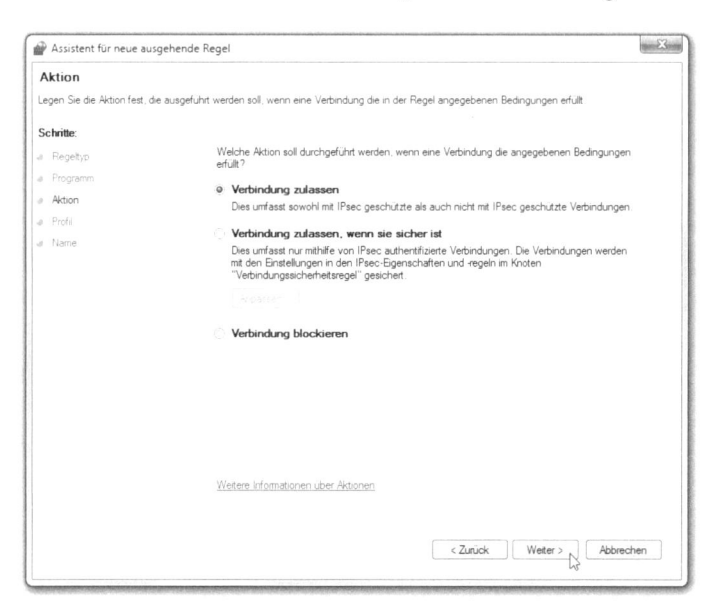

4 Im vierten Schritt des Assistenten legen Sie fest, für welches Firewall-Profil die Regel gelten soll. Lassen Sie am besten alle Häkchen gesetzt. Nach einem erneuten Mausklick auf den *Weiter*-Button geben Sie der Ausnahmeregel noch einen Namen und speichern sie.

1.9 Nur heiße Luft? Ihre Daten in der Windows-„Cloud"

Sicher kennen Sie die Windows 7-TV-Werbung: mit Windows 7 ab in die Cloud und so. Doch was ist diese Cloud? Eigentlich nichts anderes als ein dezentraler (Web-)Speicher, der vorzugsweise zur Synchronisierung von Daten oder Programmeinstellungen dient. Die Cloud trägt der Tatsache Rechnung, dass man heutzutage mit vielen internetfähigen Geräten agiert – auf diesen aber stets Zugriff auf die persönlichen Daten haben möchte.

Verschiedene Cloud-Dienste buhlen um Ihre Gunst. Dropbox (*http://www.dropbox.com*) ist etwa einer der bekannteren, zugleich kostenlosen Anbieter. Für Windows-Freunde interessanter ist wohl der Microsoft-Dienst Windows Live Mesh. Er ist Bestandteil des Windows Live Essentials-Pakets, das Sie unter *http://explore.live.com/windows-live-essentials* finden, und soll Windows 7 den Anschluss ins Himmelszelt erlauben. Zur Drucklegung des Buches war die Windows Live Mesh-Software allerdings nicht besonders grandios. So wurde der Webspeicher beispielsweise nicht im „Computer" als Netzlaufwerk eingebunden. Microsoft versprach aber, nachzubessern. Vielleicht gibt es ja schon eine komfortablere Version, wenn Sie diese Zeilen lesen.

Im Augenblick ist der Funktionsumfang des Windows Live Mesh-Dienstes recht überschaubar: Grundsätzlich können Sie nach kurzer Registrierung beliebige Dateien auf den virtuellen Speicher laden bzw. synchronisieren und von anderen Geräten mit Ihren Zugangsdaten darauf zugreifen. Etwas interessanter sind die sogenannten Programmeinstellungen: So lassen sich die Favoriten des Internet Explorer über Windows Live Mesh mit verschiedenen Geräten synchronisieren. Ebenso können Sie Ihre Office-Stile, Vorlagen, benutzerdefinierte Wörterbücher und E-Mail-Signaturen synchronisieren. Weitere „Programmeinstellungen" kennt Windows Live Mesh derzeit offiziell nicht. Dabei gäbe es noch viel mehr Einstellungen zu synchronisieren. Das Desktop-Layout beispielsweise. Oder die bei vielen Windows 7-Nutzern beliebten Kurznotizen.

Gleiche Programme und Einstellungen auf jedem PC

Software müssen Sie normalerweise installieren. Und Software hinterlegt getätigte Konfigurationen in der Regel in der Registry oder anderen Konfigurationsdateien, die nur zur Verwendung auf einem Rechner gedacht sind.

Verfügen Sie über eine schnelle Internetverbindung, könnten Sie allerdings sogenannte portable Versionen der Anwendungen nutzen, die Sie in der „Cloud" hinterlegen und so mit gleichen Einstellungen auf verschiedenen Rechnern nutzen können. Eigentlich sind diese „Portables" vor allem für die Verwendung auf USB-Sticks gedacht: ohne Installationszwang sollen sie auf verschiedensten Windows-PCs nutzbar sein. So soll's ja auch über die Cloud funktionieren.

Weil die Explorer-Integration von Windows Live Mesh fehlt, greifen Sie am besten auf den schon genannten kostenlosen Dropbox-Dienst (*http://www.dropbox.com*) zurück. Hierbei richten Sie ein Benutzerkonto für den Dienst ein. Zugleich legt die Software in Ihrem Windows-Benutzerverzeichnis ein

Dropbox-Unterverzeichnis an, bindet den Webspeicher somit also in den Explorer ein, sodass er unter *%USERPROFILE%\Dropbox* jederzeit erreichbar ist.

Kopieren Sie nun einfach die Programmdateien der portablen Anwendung in Ihr Dropbox-Verzeichnis und führen Sie die Software künftig von dort aus. Vielleicht mögen Sie auch noch eine Verknüpfung auf den Desktop oder an andere Stelle legen.

Jede Menge portable Anwendungen finden Sie auf der Seite *http://portableapps.com*. Darunter sind bekannte Anwendungen wie Mozillas Firefox und Thunderbird oder Googles Chrome-Browser. Auch vom Passwort-Safe KeePass (s. S. 351) gibt es eine mobile bzw. „portable" Version.

1.10 Tricks & Hacks oder dubiose Software gefahrlos testen

Backups sind eine Möglichkeit der Absicherung. Doch wenn Sie ein Backup zurückspielen, war es ja eigentlich schon zu spät, d. h., das System ist mindestens zum Teil zerschossen. So weit muss es vielleicht gar nicht erst kommen, wenn Sie einen Kniff oder eine Änderung an einer Systemdatei zunächst in einer virtuellen Maschine testen. Auch dubiose Software aus den düsteren Ecken des Internets können Sie so – relativ – gefahrlos testen. Haben Sie das System der virtuellen Maschine zerstört, können Sie sie einfach löschen und neu aufsetzen oder – sofern unterstützt – auch auf einen vorherigen Stand zurücksetzen.

Doch was sind diese virtuellen Maschinen überhaupt? Emulatoren sind Ihnen sicher als eine Möglichkeit geläufig, alte Konsolen- und Gameboy-Spiele am PC zu spielen. Im Grunde bildet ein Emulator dabei eine Hardware samt Betriebssystem nach. Je nach Umfang des emulierten Gerätes muss der PC, auf dem der Emulator läuft, unterschiedlich rechenstark sein. Lange Zeit war es beispielsweise ein Problem, PlayStation-1- und später auch PlayStation-2-Spiele ruckelfrei auf einem Windows-PC abzuspielen. Inzwischen, mit moderner Hardware, ist das jedoch kein Problem mehr (rechtlich ist es natürlich immer noch ein Problem ;o)).

Viel weiter als ein Emulator geht eine Virtuelle Maschine (VM). Sie ist nicht nur ein Programm, das eine alte Spielkonsole nachbildet, sondern gleich ein ganzer PC, der aber nicht vollständig emuliert wird, sondern die Hardware des sogenannten Host-PCs, auf dem die virtuelle Maschine läuft, nutzen kann. Dessen Software bzw. Datenspeicher nutzt die VM jedoch nicht. Zumindest nicht im Normalfall. Stattdessen wird das virtualisierte Gast-System in einen virtuellen Datenträger installiert. Microsofts Windows Virtual PC nutzt dazu das VHD-Format. Für den Host ist eine VHD-Datei nur eine riesige, da häufig etliche GByte große Datei. Für das virtualisierte Gast-System hingegen eine (virtuelle) Festplatte bzw. Partition.

Fertig konfigurierte Windows 7-VMs zum Gratisdownload

Probierversionen von Software erhalten Sie in aller Regel in Form einer Demo oder einer Version mit zeitlich beschränkter Nutzungsdauer. Relativ ungewöhnlich ist es, die Demo in Form einer virtuellen Maschine auszuliefern. Das macht beispielsweise Microsoft und stellt eine 90-Tage-Testversion von Windows 7 Enterprise als VM-Image zur Verfügung. Den Download in Form eines ISO-Abbilds finden Sie unter *http://technet.microsoft.com/de-de/evalcenter/cc442495.aspx*.

Es stellt sich die Frage, wie viel Rechenpower nötig ist, um einen kompletten PC mit einem Microsoft- oder Linux-Betriebssystem zu emulieren. Schließlich simuliert die virtuelle Maschine nicht nur eine kleine Spielkiste, sondern gleich einen vollständigen Computer mit etlichen Hardwarekomponenten. Nun, so viel Leistung benötigt eine virtuelle Maschine eigentlich nicht. Trotzdem entschloss sich Microsoft, den Windows Virtual PC nur auf PCs lauffähig zu machen, die eine sogenannte Hardwarevirtualisierung unterstützen. Hierbei wird die Leistung noch einmal gesteigert bzw. die Last vom Host-Computer genommen. Ob Ihr PC die Hardwarevirtualisierung unterstützt, hängt i. d. R. vom eingebauten Prozessor ab. Die meisten modernen Rechner unterstützen die Hardwarevirtualisierung aber. Doch dazu später mehr.

Lizenzbestimmungen als größte Virtualisierungsbremse

Schriftliche Grundlagen für Geschäfte sind richtig und wichtig. Eine schriftliche Geschäftsgrundlage in Bezug auf Windows 7 ist die EULA (End User License Agreement), die Sie während jeder Windows-Installation annehmen müssen. Kaum einer wird sie jemals gelesen haben. Dabei enthält sie gerade in Bezug auf die Virtualisierung wichtige Informationen. Zitat aus den Lizenzbestimmungen von Windows 7 Home Premium bis Ultimate:

„Verwendung mit Virtualisierungstechnologien. Statt die Software direkt auf dem lizenzierten Computer zu verwenden, sind Sie berechtigt, die Software innerhalb nur eines virtuellen (oder anderweitig emulierten) Hardwaresystems auf dem lizenzierten Computer zu installieren und zu verwenden."

Übersetzt: Zwar dürfen Sie Windows 7 in „einer" virtuellen Maschine installieren und aktivieren, doch darf diese Version dann nicht woanders laufen. Nicht einmal als Host-System für die virtuelle Maschine. Microsoft betrachtet eine VM somit wie einen vollwertigen PC. Einfach so noch eine virtuelle Maschine aufsetzen und mit Ihrem schon benutzten Lizenzschlüssel aktivieren – das geht nicht. Schade eigentlich.

Virtualisierung in Windows 7

Während Mac-Freunde die Virtualisierungslösungen wie Parallels (*http://www.parallels.com/de/products/desktop/*) vor allem dazu gebrauchen, „Windows-only"-Software unter Mac OS auszuführen, spielt Virtualisierung per virtueller Maschine in Windows 7 eine andere Rolle, gibt es doch erstmals einen offiziellen Windows XP-Modus. Der ist zwar immer noch nicht fester Windows-Bestandteil und muss heruntergeladen werden, ist außerdem nur für Professional und höher erhältlich, zeigt aber eine Richtung auf, in die sich Windows künftig entwickeln könnte. So können Sie den Windows XP-Modus nicht nur zur Weiterverwendung von alter, mit Windows 7 inkompatibler Hard- und Software einsetzen, sondern ebenfalls, um dubiose Software erst einmal zu testen, bevor Sie sie auf Ihrem eigentlichen Windows 7-PC installieren.

Basis des Windows XP-Modus ist der sogenannte Windows Virtual PC – ein kleines Programm, das die virtuelle XP-Maschine, die für den XP-Modus benötigt wird, ausführt. Sie können mit dem Windows Virtual PC aber auch andere Betriebssysteme virtualisieren. Etwa ein zweites Windows 7, Vista oder – mit Einschränkungen wegen unzureichender Kompatibilität – auch Linux.

Rufen Sie die Downloadseite (*http://www.microsoft.com/windows/virtual-pc/download.aspx*) des Windows Virtual PC auf und wählen Sie als System Windows 7 Professional oder höher aus. Sie können die Installationsdatei des Windows Virtual PC sogleich herunterladen und auch auf einem Home Premium System installieren. Der Download der Windows XP-Mode-Dateien lohnt sich mit Windows 7 Home Premium jedoch nicht, da der XP-Mode wie bereits erwähnt nur mit Professional aufwärts funktionieren will.

Gut, dass es noch Alternativen zu Microsoft Windows Virtual PC gibt. VirtualBox (*http://www.virtualbox.org*) und der VMware Player bzw. VMware Server (*http://www.vmware.com*) etwa. Beide sind gratis und interessieren sich überhaupt nicht dafür, auf welcher Windows 7-Version sie denn nun laufen. Zudem sind sie einen Deut leistungsfähiger (und mit Linux-Betriebssystemen kompatibler) als der Windows Virtual PC, aufgrund größeren Funktionsumfangs aber vielleicht etwas schwerer zu bedienen. Wichtiger aber ist, dass sie auf Rechnern funktionieren, die keine Hardwarevirtualisierung bieten. Wunderwerke in Sachen Performance darf man aber auf einem Netbook nicht erwarten. Eines geht allerdings trotzdem nicht – eine 64-Bit-Version von Windows auf einem Netbook zu virtualisieren, das keine 64 Bit unterstützt. Dem Atom ist's geschuldet. Zumindest VirtualBox soll in diesem Buch als m. E. noch beste Kostenlos-Alternative zum Windows Virtual PC auch noch eine kurze Erwähnung finden.

Ein zweites Windows 7 zum sicheren Surfen etc. aufsetzen

Sowohl Windows Virtual PC als auch VirtualBox enthalten gute Assistenten, mit denen Sie ruck, zuck eine neue virtuelle Maschine erstellen können. Folgendes ist aber zu beachten:

- Wie Sie sicher wissen, benötigt Windows 7 etliche GByte Festplattenspeicher. Ein virtualisiertes Windows 7 ist nicht genügsamer. So sollten Sie mindestens 20 GByte veranschlagen, wenn Sie eine neue virtuelle Maschine und somit einen neuen virtuellen Datenträger erstellen.
- Natürlich sollten Sie eine entsprechende Windows 7-Lizenz besitzen!

Virtuelle Maschinen fressen Ihren Speicherplatz auf? Zwei Lösungsvorschläge!

Wenn nicht anders angegeben, speichert der Windows Virtual PC die virtuellen PCs im Benutzerverzeichnis des angemeldeten Benutzers unter *%USERPROFILE%\Virtual Machines*. Wird der Platz knapp, verschieben Sie die virtuelle Festplatte in Form einer VHD-Datei einfach auf eine andere Festplatte bzw. Partition. Natürlich dürfen Sie es dann nicht versäumen, den neuen Pfad der VHD-Datei in den Eigenschaften der virtuellen Maschine anzupassen.

Eine andere Idee: Haben Sie einen dynamisch vergrößernden virtuellen Datenträger erstellt, lohnt es sich, die NTFS-Kompression einzuschalten. Und das sowohl im virtuellen PC selbst als auch für den virtuellen Datenträger. Damit sparen Sie schließlich jede Menge Platz. Konkret bis zu 30 %. Und wenn Ihr Prozessor nicht der langsamste ist, dekomprimiert er die zusammengestauchten Daten schneller als Ihre Festplatte, die andernfalls viel größere Dateien lesen bzw. schreiben könnte. Schließlich bewegen sich virtuelle Datenträger im GByte-Bereich, sodass selbst schnellere Festplatten einiges zu tun haben.

Die NTFS-Kompression erreichen Sie über den Eigenschaften-Dialog einer Datei und den Button *Erweitert*. Setzen Sie dort ein Häkchen bei *Inhalt komprimieren, um Speicherplatz zu sparen*. Natürlich müssen Sie die virtuelle Maschine, die den ausgewählten Datenträger nutzt, vorher noch ausschalten.

Virtuelle Anwendungen im Host-System nutzen

Eines der tollsten Features von Windows Virtual PC sowie VirtualBox ist die Fähigkeit, die in einer VM installierten Anwendungen auch direkt dem Host-Betriebssystem zur Verfügung zu stellen. Der Windows Virtual PC führt dieses Feature als AutoVeröffentlichen. In VirtualBox gelingt Ähnliches über den sogenannten nahtlosen Modus. Konkret heißt das: Sobald Sie eine Anwendung in der virtuellen Maschine installieren, steht sie über das Startmenü des Host-Systems auch dem Host-System direkt zur Verfügung und kann dort künftig nahtlos, also ohne vorheriges Starten der VM, genutzt werden.

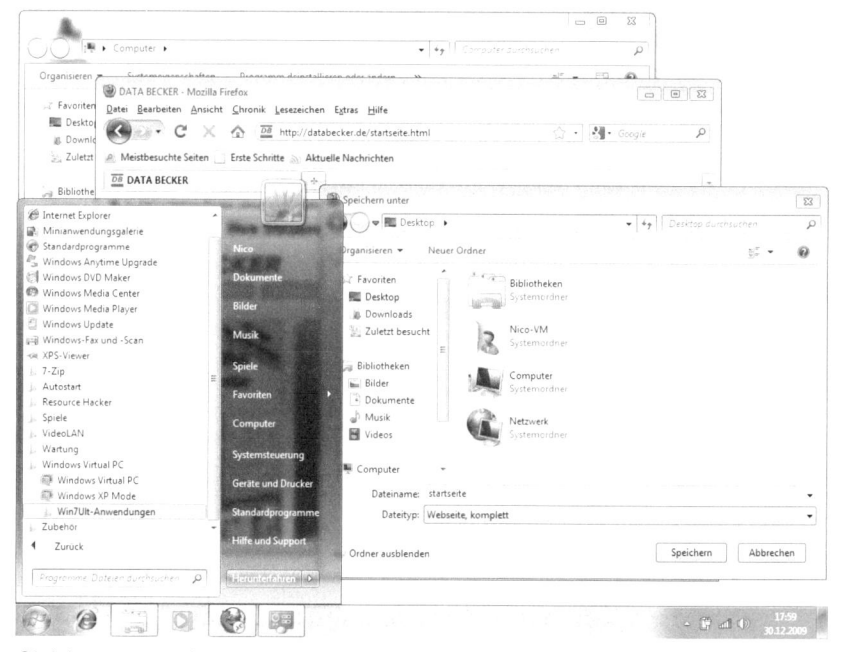

Gleich mehrere Informationen verstecken sich in dieser Abbildung: 1.) Die dem Host-System zur Verfügung gestellten Anwendungen finden Sie im Startmenü unter Windows Virtual PC. Jede virtuelle Maschine, die Anwendungen „veröffentlicht", führt dabei einen eigenen Unterordner mit Verknüpfungen zu den Anwendungen. 2.) Virtuelle Anwendungen, wie hier Firefox, werden leider nicht mit den hübschen Aero-Glass-Transparenzeffekten dargestellt – obwohl sowohl Host- als auch Gast-System (im Fenster) dies unterstützen. 3.) Sämtliche Dateien, die Sie mit dem virtualisierten Firefox herunterladen, landen i. d. R. nicht auf dem Host-System, sondern der virtuellen Festplatte des Gast-Systems. Natürlich können Sie entsprechende Freigaben und gemeinsam genutzte Verzeichnisse einrichten, um auch direkt in die Verzeichnisse des Hosts herunterladen zu können.

Gleiches Benutzerkonto/Passwort für Host und Gast

Um Probleme zu vermeiden, sollte das Benutzerkonto des Gast-Systems, also der virtuellen Maschine, den gleichen Namen sowie das gleiche Passwort haben wie Ihr Benutzerkonto auf dem Host-System.

Integration ins Host-System

Damit Integrationsfeatures wie AutoVeröffentlichen funktionieren, sind in den virtualisierten Gast-Systemen stets Zusatzkomponenten zu installieren. Im Windows Virtual PC heißen sie Integrationskomponenten, bei VirtualBox hingegen Gasterweiterungen. Erst wenn diese Zusätze installiert sind, kann eine nahtlose Integration gelingen. Beachten Sie, dass die Integrationskomponenten des Windows Virtual PCs nicht nur im Gast-System installiert, sondern danach auch noch aktiviert werden müssen, um etwa die Aero-Glass-Transparenzeffekte nutzen zu können.

Dabei ist zu beachten, dass die Integrationsfeatures des Windows Virtual PC nur unterstützt werden, wenn Sie als Gast-System Windows XP Professional SP3, Windows Vista Ultimate SP1 oder Windows 7 Enterprise bzw. Ultimate verwenden. Kurzum: jeweils die teuersten Versionen. VirtualBox kennt hingegen für den nahtlosen Modus keine solche Beschränkung.

Eine Anwendung kann zudem auch nur eingebunden werden, wenn sie in der VM für alle Benutzer installiert wurde, mindestens aber eine Verknüpfung im Startmenü von *Alle Benutzer* existiert. Zur Not können Sie die Verknüpfung aber noch manuell im Pfad *%SYSTEMDRIVE%\ProgramData\Microsoft\Windows\Start Menu\Programs* der virtuellen Maschine anlegen.

Windows 7-Standardanwendungen „sicher" per VM ausführen

Wieso können Standardanwendungen wie Paint, die ebenfalls in der virtuellen Maschine installiert sind, eigentlich nicht als virtuelle Anwendungen auf dem Host-System ausgeführt werden? Weil sie über eine Registry-Einstellung in der virtuellen Maschine gesperrt sind. Öffnen Sie in der VM doch einmal mit dem Registrierungs-Editor den Registry-Pfad *HKEY_LOCAL_MACHINE\Software\Microsoft\Windows NT\CurrentVersion\Virtual Machine\VPCVAppExcludeList*. Hier finden Sie allerlei Systemprogramme aufgeführt, die fürs AutoVeröffentlichen blockiert sind, aber leicht freigeschaltet werden können, wenn Sie nur den entsprechenden Registry-Eintrag entfernen.

Den Internet Explorer sicher als virtuelle Anwendung ausführen

Allein – der Internet Explorer, die Standardanwendung schlechthin, die es sich als virtuelle Anwendung zu nutzen lohnt, ist nicht in dieser Liste enthalten. Er muss nämlich gar nicht blockiert werden, da eine Verknüpfung zum Internet Explorer nicht im Startmenü für alle Benutzer enthalten ist. Das können Sie schnell ändern: Starten Sie zunächst die virtuelle Maschine und öffnen Sie über deren Explorer *%SYSTEMDRIVE%\ProgramData\Microsoft\Windows\Start Menu\Programs*. Hier erstellen Sie nun eine neue Verknüpfung zum Internet Explorer (*iexplore.exe*), den Sie im virtuellen XP unter *%PROGRAMFILES%\Internet Explorer* finden.

Versteckt: virtuelle Festplatten als Laufwerke einbinden

Um schnell auf Daten zuzugreifen, die auf virtuellen Datenträgern gespeichert sind, können Sie die VHD-Dateien als Laufwerke direkt in Windows 7 einbinden. Die Funktion ist etwas versteckt: Öffnen Sie die Systemsteuerung, darin dann *System und Sicherheit* und *Verwaltung*. Klicken Sie anschließend auf *Computerverwaltung*.

Auf die Formatierung kommt es an

Virtuelle Datenträger unterliegen in Windows 7 den gleichen Einschränkungen wie die reellen: Nur mit NTFS oder FAT32 formatierte Festplatten kann Windows 7 ohne Zusatztreiber bearbeiten. Planen Sie, die virtuellen Datenträger einer Linux-VM mit dem Ext2- bzw. Ext3-Dateisystem zu öffnen, benötigen Sie einen entsprechenden Treiber – beispielsweise den Open-Source-Ext2-File-System-Treiber, den Sie über die Projektwebseite *http://sourceforge.net/projects/ext2fsd* erhalten und der auch das Ext3-Dateisystem unterstützt.

Backup der Windows-Sicherung als virtuellen Datenträger einbinden

Wenn Sie per Windows-Sicherung ein Backup erstellen, werden die Inhalte Ihres Rechners in Form einer VHD-Datei gespeichert, dem Format für virtuelle Datenträger. Dementsprechend können Sie Ihr Backup als Laufwerk in einen virtuellen PC einbinden, um beispielsweise nur auf eine gesicherte Datei zugreifen zu können.

Nun wählen Sie in der linken Spalte *Datenträgerverwaltung* aus. Endlich können Sie über das Dateimenü *Aktion* die beiden Funktionen *Virtuelle Festplatte erstellen* und *Virtuelle Festplatte anfügen* auswählen. Letztere ermöglicht das Einbinden der virtuellen Festplatte. Zumindest bis zum nächsten Neustart bleibt der virtuelle Datenträger dann auch eingebunden.

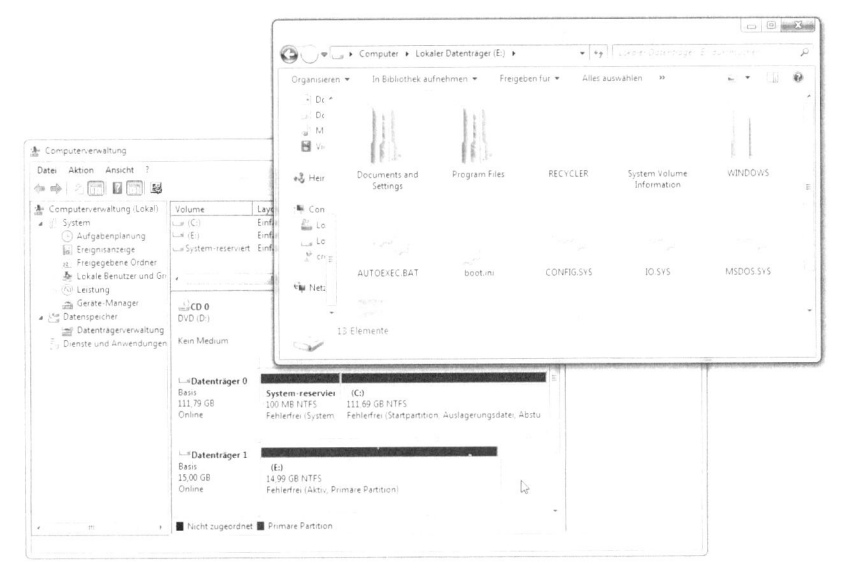

Warum umständlich mit Freigaben herumfummeln, wenn Sie Dateien in eine virtuelle Maschine kopieren wollen, wenn Sie doch einfach die virtuelle Festplatte der VM ins System einbinden können? Für die Abbildung wurde die VHD eines virtuellen XPs eingebunden. Mit einem Exemplar von „Windows XP – Dirty Tricks" könnte man nun sicher ein paar Systemdateien finden, die es auszutauschen lohnt.

Hinweise zum Tastenspektakel: Host-Taste ändern

Sobald Sie mit dem Mauszeiger in das Fenster der virtuellen Maschine klicken, ist er darin gefangen. Um ihn zu befreien, müssen Sie die sogenannte Host-Taste drücken. In den Standardeinstellungen ist das in Windows Virtual PC die Tastenkombination [Strg]+[Alt]+[←] bzw. die rechte [Strg]-Taste in VirtualBox. Über die Einstellungen beider Anwendungen können Sie diese sogenannte Host-Taste aber auch ändern.

Ein ähnliches Phänomen tritt bei der Anwendung von [Strg]+[Alt]+[Entf] auf. Diese Tastenkombination ist auch weiterhin an das Host-Betriebssystem gebunden. Um sie mit der virtuellen Maschine zu nutzen, gehen Sie über das *Datei*-Menü des VM-Fensters und wählen bei Aktion *Strg-Alt-Entf*.

Lieber probieren statt installieren: Linux auf einer virtuellen Maschine

Schon seit Jahren prophezeien IT-Profis den kometenhaften Aufstieg von Linux als Windows-Ersatz für Normalverbraucher. Na ja, manchmal sind selbst Prophezeiungen nicht mehr als Wunschdenken. Trotzdem: Linux wird immer anwenderfreundlicher. Besonders die Ubuntu-Distribution, die alle halbe Jahre in neuer Version erscheint, entwickelte sich zum relativ einsteigerfreundlichen Linux-Betriebssystem – solange man nicht auf Spiele und andere Windows-Software angewiesen ist.

Um immer mal die Fortschritte der Linux-Distributionen zu prüfen, eignet sich eine virtuelle Maschine wunderbar. Greifen Sie dabei aber besser nicht auf den Microsoft Virtual PC zurück, denn Microsofts Interesse, Linux in irgendeiner Art zu unterstützen, ist gering. Dementsprechend schlecht laufen Linux-Installationen auf dem Virtual PC. Mit VirtualBox ist die Installation des neusten Ubuntu aber kein Problem. Besorgen Sie sich einfach die ISO des Betriebssystems, laden Sie sie in eine neue virtuelle Maschine und spielen Sie damit herum. Weil v. a. Ubuntu auch als Livesystem direkt von der DVD (bzw. ISO) läuft, müssen Sie das System nicht einmal installieren.

1.11 Mit mehreren Benutzern gleichzeitig auf einem Rechner arbeiten und aus der Ferne helfen

Mehrere Nutzer gleichzeitig auf einem System angemeldet – das funktioniert in den Server-Versionen von Windows wunderbar, mit dem herkömmlichen Windows 7 allerdings nicht ... eigentlich nicht! Natürlich haben Bastler eine Möglichkeit gefunden, die sogenannte Concurrent-Sessions-Funktionalität freizuschalten – also die Möglichkeit, sich mit mehreren Benutzerkonten parallel über die Remoteunterstützung an einem Windows 7-Rechner anzumelden.

Ergibt das überhaupt einen Sinn? Klar: Heimkino-Fans können damit auf ihren Windows 7-Wohnzimmer-PC mit Media Center zugreifen und Wartungsarbeiten durchführen, während der PC zur Filmwiedergabe o. Ä. genutzt wird. Oder Sie melden sich aus der Ferne auf dem Rechner eines Computeranfängers an, wenn der über PC-Probleme klagt. Dazu müsste der Hilflose Ihnen nur seine aktuell zugewiesene Internet-IP durchgeben, und schon können Sie übers Internet nach dem Rechten sehen – ganz ohne ellenlange Erklärungen und Rätselraten dank ungenauer Fehlerbeschreibungen. Natürlich müssten Sie dessen Rechner aber vorher doch einmal vor Ort entsprechend konfigurieren.

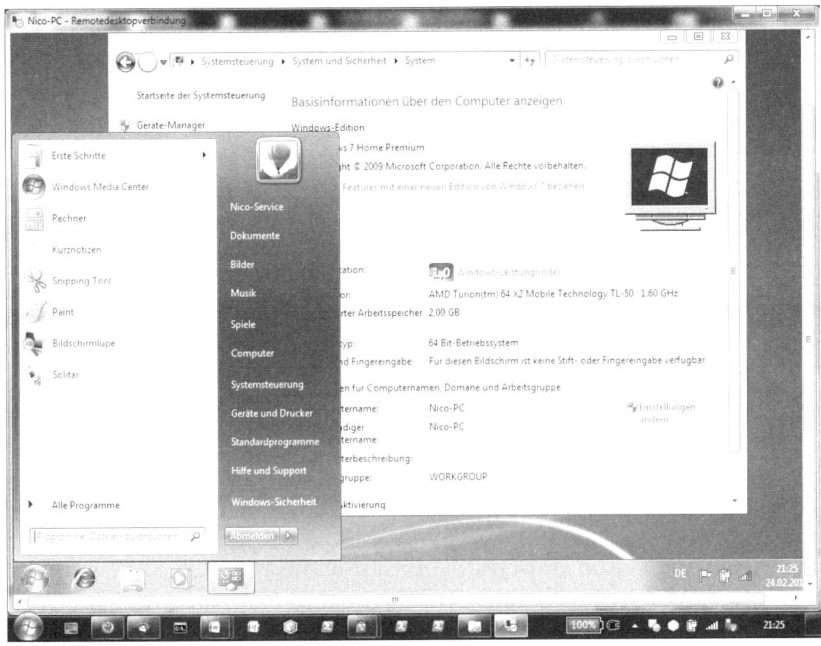

So sieht's dann aus, wenn per Remoteunterstützung auf einen anderen Rechner zugegriffen wird. Dass noch ein anderer Benutzer auf dem gleichen Rechner angemeldet ist, bemerken Sie höchstens beim Ausschalten – dann gibt's nämlich diesen Hinweis: An diesem Computer sind andere Personen angemeldet. Das Herunterfahren von Windows kann zu Datenverlusten führen.

Ohne lange Erläuterungen: So finden Normalos die Internet-IP ihres Rechners heraus

Indem Sie den Unkundigen auf die Webseite *http://www.wieistmeineip.de* schicken, umgehen Sie lange Erklärungen, wie man die Internet-IP von Rechner oder Router herausfindet.

So geht's

Die Aktivierung mehrerer Multiuser-Sessions ist recht einfach. Nutzen Sie Windows 7 Professional und höher, müssten Sie nur die *termsrv.dll* in *%WINDIR%\System32* gegen eine gehackte Version aus dem Netz tauschen. Wer jedoch Windows 7 Home Premium einsetzt, benötigt noch weitere Dateien und Registry-Einträge. Das Problem hierbei ist nämlich: Offiziell enthält Windows 7 Home Premium gar keine Remote-Host-Funktionalität, kann also gar nicht als Server bzw. Host einer Remotedesktopsitzung fungieren. Damit diese Schrittanleitung relativ kurz bleibt, verweise ich Sie deshalb auf ein Tool, das fast alles automatisch macht und auch die nötigen Zusatzdateien für Windows 7 Home Premium mitbringt: *http://7.inoxa.de/Dateien/concurrent.zip*.

Alternativen – ohne Systemdateientausch!

Wenn Ihnen die Freischaltung der Concurrent Sessions zu riskant, umständlich, gefährlich etc. ist, behelfen Sie sich eben mit der Windows 7-Remoteunterstützung. Oder Sie melden sich bei LogMeIn Free (*http://www.logmein.com*) an, einem Webservice, der ebenfalls den Support aus der Ferne unterstützt und sogar über den Webbrowser läuft.

Ruck, zuck die Dateien tauschen

1 Besorgen Sie sich zunächst die Besitz- und Bearbeitungsrechte an der *termsrv.dll* in *%WINDIR%\System32*. Grundsätzlich macht dies das Skript selbst, doch will es die Rechte den Benutzerkonten *Administrators* zuschanzen. In den deutschen Windows 7-Versionen heißt die Gruppe allerdings *Administratoren*.

2 Öffnen Sie dann die *install.cmd* aus dem heruntergeladenen Archiv mit Administratorrechten.

3 Den ersten Bildschirm klicken Sie mit [Enter] weg, den folgenden bestätigen Sie vielleicht mit *Y* (oder eben *N*) – wenn es nämlich darum geht, mehrere Anmeldungen mit nur einem Benutzerkonto zu erlauben. Noch einmal könnten Sie daraufhin *Y* eingeben, um auch die Anmeldung mit einem passwortlosen Benutzerkonto zu gestatten. Aus Sicherheitsgründen sollten Sie hier aber lieber *N* eingeben und nur Benutzerkonten mit sicherem Passwort benutzen.

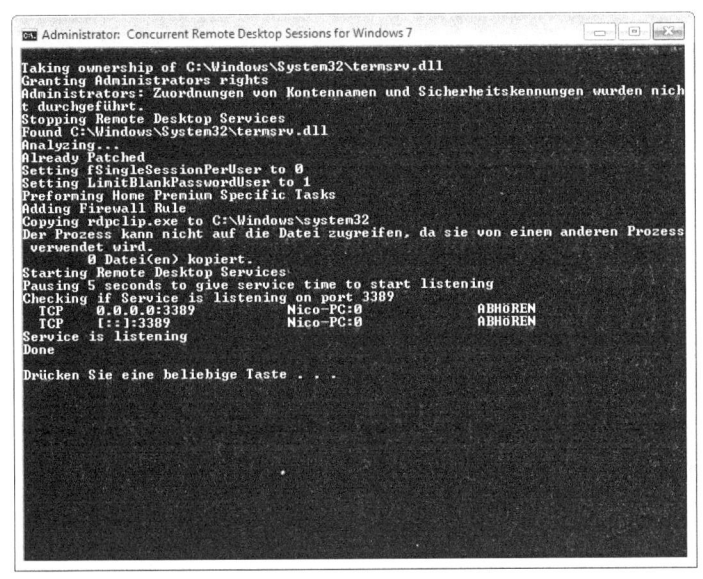

```
Administrator: Concurrent Remote Desktop Sessions for Windows 7
Taking ownership of C:\Windows\System32\termsrv.dll
Granting Administrators rights
Administrators: Zuordnungen von Kontennamen und Sicherheitskennungen wurden nich
t durchgeführt.
Stopping Remote Desktop Services
Found C:\Windows\System32\termsrv.dll
Analyzing...
Already Patched
Setting fSingleSessionPerUser to 0
Setting LimitBlankPasswordUser to 1
Preforming Home Premium Specific Tasks
Adding Firewall Rule
Copying rdpclip.exe to C:\Windows\system32
Der Prozess kann nicht auf die Datei zugreifen, da sie von einem anderen Prozess
verwendet wird.
        0 Datei(en) kopiert.
Starting Remote Desktop Services
Pausing 5 seconds to give service time to start listening
Checking if Service is listening on port 3389
    TCP    0.0.0.0:3389           Nico-PC:0              ABHÖREN
    TCP    [::]:3389              Nico-PC:0              ABHÖREN
Service is listening
Done

Drücken Sie eine beliebige Taste . . .
```

Auf Rechnern mit Windows 7 Home Premium hat der Installer ein wenig mehr zu tun. Die nötigen Rechte an der termsrv.dll müssen Sie aber in jedem Fall manuell einholen.

Diese Registry-Einstellungen werden gesetzt

Während der Installation per *install.cmd* werden die folgenden Registry-Werte gesetzt, die freilich nachträglich auch wieder von Ihnen geändert werden können – etwa um die Anmeldung mit passwortlosen Benutzerkonten doch noch zu gestatten oder zu deaktivieren:

In *HKEY_LOCAL_MACHINE\ SYSTEM\ CurrentControlSet\ Control\ Terminal Server* der DWORD-Wert *fDenyTSConnections* mit 0 fürs Aktivieren von Concurrent Sessions und 1 fürs Deaktivieren sowie der DWORD-Wert *fSingleSessionPerUser* mit 0, um mehrere Anmeldungen unter einem Benutzerkonto zu erlauben, oder eben 1, um sie zu verbieten.

Weiterhin finden Sie noch in *HKEY_LOCAL_MACHINE\ SYSTEM\ CurrentControlSet\ Control\ Lsa* den DWORD-Wert *LimitBlankPasswordUse*. Ist er mit dem Wert 0 bedacht, ist die Anmeldung mit einem Benutzerkonto ohne Passwort erlaubt, setzen Sie den Wert auf 1, entsprechend verboten.

Verbindung herstellen

Geht's oder geht's nicht? Gleich werden Sie es erfahren. Nämlich dann, wenn Sie die Remotedesktopverbindung auf dem Rechner starten, mit dem Sie auf den anderen zugreifen wollen. Eine Verknüpfung zur Remotedesktopverbindung finden Sie u. a. im Startmenü unter *Alle Programme/Zubehör*. Geben Sie dort zunächst die IP-Adresse oder – sofern Sie sich nur lokal verbinden wollen – den Computernamen ein. Klicken Sie anschließend auf *Verbinden*, müssen Sie unter Anmeldeinformationen die Daten des Benutzerkontos angeben, unter dem Sie sich auf dem anderen Rechner anmelden möchten.

Gegebenenfalls noch den Router konfigurieren

Wenn Muttis PC an einem Router mit integrierter Firewall angeschlossen ist, müssen Sie natürlich noch den TCP-Port 3389 für eingehende Verbindungen vom Router an den PC weiterleiten. Wie das genau funktioniert, erfahren Sie im Handbuch des Routers.

Nachteile – die gibt es auch!

Ein paar Nachteile hat die Freischaltung von Concurrent Sessions auf einem Windows 7-PC natürlich ebenfalls.

- Potenzielle Sicherheitslücke: Indem Sie eine Zugriffsmöglichkeit übers Internet zu einem anderen Rechner schaffen, öffnen Sie den PC theoretisch für die ganze Welt. Wählen Sie daher für das Remotebenutzerkonto ein starkes und sicheres, d. h. v. a. langes Passwort. Aber das machen Sie sowieso schon immer, oder?

- Wer mit Computern nur wenig anfangen kann, hat nicht unbedingt eine Flatrate. Oft begnügen sich Gelegenheits-PC-Anwender mit Volumentarifen. Das sollten Sie bedenken, wenn Sie die doch recht datenintensive Remoteunterstützung verwenden.

- Performance-Einbußen: Es ist ganz logisch: Wenn zwei Benutzer gleichzeitig an einem System angemeldet sind und damit arbeiten, geht die Leistungsfähigkeit des betreffenden PCs in die Knie. Den neusten Ego-Shooter sollte Ihre Mutter also nicht spielen, wenn Sie parallel auf ihrem Rechner tätig sind.

2. Schluss mit der Bevormundung – Windows 7-Gängeleien abstellen

2.1	Versteckter Superuser: das verborgene Administratorkonto aktivieren	64
2.2	Lästig und doch nicht sicher: die Benutzerkontensteuerung	66
2.3	Get the power: Administratorrechte erlangen und endlich alles machen können!	75
2.4	Erobern Sie sich die Rechte an Ihren Dateien zurück!	77
2.5	Windows 7 64 Bit – brauchen Sie es?	84
2.6	Weg mit dem Signierzwang für Treiber und Systemdateien	91
2.7	Kein DVD-Laufwerk oder keine Original-DVD? So installieren Sie Windows 7 von anderen Quellen	97
2.8	Windows fernab offizieller Pfade installieren und verwenden	102
2.9	Das Service Pack in den Installationsdatenträger integrieren	110
2.10	Windows 7 zwischen den Welten: mit dem Start von einer virtuellen Festplatte ein halb virtuelles, halb normales PC-System nutzen	114
2.11	Viel Hardware getauscht? So geht's doch ohne Neuinstallation	117
2.12	Nervensägen – störende „Features" dauerhaft ausschalten	119
2.13	Alles besser?!? Wenn bestimmte neue Features nerven	135

Windows 7 ist sehr hübsch. Doch nicht die Aero-Oberfläche oder Flip 3D und andere nette Effekte prägen den Windows-Alltag, sondern Funktionen wie die Benutzerkontensteuerung, die – nun zwar entschärft – allerlei Windows 7-Nutzern auf die Nerven geht. Oder Funktionen, die es offiziell gar nicht (mehr) gibt. So wie den versteckten Superadministrator. Wie Sie die Benutzerkontensteuerung und andere Störer ausschalten, umgehen oder austricksen sowie verborgene, aber nützliche Features reaktivieren, das erfahren Sie in diesem Kapitel.

2.1 Versteckter Superuser: das verborgene Administratorkonto aktivieren

Das Benutzerkonto, das Windows 7 Ihnen bei der Installation erstellt, ist ein Administratorkonto – allerdings in der „Light"-Variante. So wird es immer noch durch die Benutzerkontensteuerung eingeschränkt. Klar, die könnten Sie leicht abschalten (s. S. 68).

Aber Sie könnten auch das vollwertige Administratorkonto namens *Administrator* aktivieren, das Windows 7 in den Standardeinstellungen vor Ihnen versteckt und nicht von der Benutzerkontensteuerung eingeschränkt wird. So geht's:

1 Öffnen Sie unter Ihrem normalen Benutzerkonto die Eingabeaufforderung mit administrativen Rechten. Geben Sie sogleich *net users Administrator /active:yes* in die Eingabeaufforderung ein. Nachdem Sie mit [Enter] bestätigt haben, sollte die Eingabeaufforderung eine positive Rückmeldung geben: *Der Befehl wurde erfolgreich ausgeführt.*

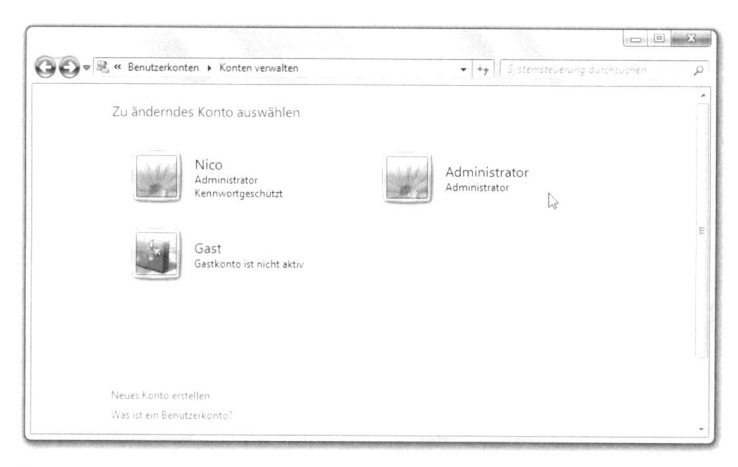

Erst wenn das verborgene Administratorkonto aktiviert wurde, taucht es auch in den Benutzerkonteneinstellungen der Systemsteuerung auf.

2 Der versteckte Superadministrator ist nun freigeschaltet, aber noch nicht passwortgeschützt. Öffnen Sie deshalb flugs die Einstellung *Benutzerkonten* der Systemsteuerung, die nun ebenfalls besagten *Administrator* aufführt. Statten Sie ihn sogleich mit einem Klick auf *Kennwort erstellen* mit einem Passwort aus. Freilich können Sie die Passwortvergabe auch unterlassen, doch hätte dann jeder uneingeschränkten Zugriff auf all Ihre Dateien.

Die geheime Administrator-Freigabe aktivieren!

Von einem anderen Rechner möchten Sie über das Netzwerk auf den Ihrigen zugreifen, doch ausgerechnet das Verzeichnis, aus dem Sie eine Datei entnehmen wollen, haben Sie noch nicht freigegeben. Nervig, wenn etliche Meter zwischen den PCs liegen. Vielleicht deaktivieren Sie fürs „nächste Mal" deshalb einfach die geheime Administrator-Freigabe! Öffnen Sie dazu die Registry im Pfad *HKEY_LOCAL_MACHINE\SOFTWARE\Microsoft\Windows\CurrentVersion\Policies\System*. Sie finden dort einen DWORD-Wert namens *LocalAccountTokenFilterPolicy*. Setzen Sie dessen Wert auf *1*, wird die Admin-Freigabe nach einem Rechnerneustart aktiviert. Fortan können Sie etwa durch Aufruf von \\[COMPUTERNAME]\\C$ auf das gesamte Laufwerk *C:* des Rechners *[COMPUTERNAME]* zugreifen. Zuvor werden Sie natürlich noch um die Anmeldedaten Ihres Administratorkontos gebeten. Ganz brach liegt Ihr Rechner damit also nicht – sofern Sie dem Benutzerkonto ein vernünftiges Passwort zugewiesen haben.

Der Superadministrator soll Ihren Namen tragen? Kein Problem!

Sie haben den Superadministrator aktiviert und wollen ihn als Hauptkonto nutzen? Kein Problem. Aber wenn Ihnen der Name des Benutzerkontos (*Administrator*) nicht so recht zusagt und Sie es so benennen möchten wie Ihr bei der Installation erzeugtes Benutzerkonto, wird's ein bisschen schwieriger.

Grundsätzlich ist das Umbenennen natürlich einfach: Melden Sie sich mit Ihrem Benutzerkonto an und öffnen Sie die Systemsteuerung. Darin klicken Sie sich durch *Benutzerkonten und Jugendschutz/Benutzerkonten/Anderes Konto verwalten* und wählen *Administrator*. Über *Kontonamen ändern* könnten Sie ihm nun einen neuen Namen geben – aber nicht jenen Ihres aktuellen Benutzerkontos! Eigentlich ist das aber auch einleuchtend.

Nicht gleich klar ist indes, dass Sie dem Administrator immer noch nicht den Benutzernamen Ihres gewöhnlichen Benutzerkontos geben können, selbst wenn Sie dieses vorher umbenannt haben. Wenn Sie ein Benutzerkonto umbenennen, bleibt dessen alter Name immer noch mit ihm verknüpft. Das äußert sich etwa darin, dass das Benutzerverzeichnis des Kontos nicht umbenannt wird, bei einer Umbenennung des Kontos *Nico* in *Peter* also das Benutzerkonto *Peter* immer noch die Daten in *%WINDIR%\Users\Nico* nutzt. Löschen Sie das Benutzerkonto allerdings, können Sie dem *Administrator* dann auch den Namen des gelöschten Kontos geben. Natürlich müssten Sie dann noch ein anderes Benutzerkonto erstellen, über das Sie den *Administrator* umbenennen.

Noch ein Problem: Um den Administrator umzubenennen, müssen Sie ihn natürlich zunächst freischalten. Dabei wird das Benutzerverzeichnis %WINDIR%\ Users\Administrator\ erzeugt. Benennen Sie nun etwa den *Administrator* in *Nico* um, nutzt *Nico* nach wie vor %WINDIR%\Users\Administrator\ als Benutzerverzeichnis. Die einzige Möglichkeit, dies zu ändern, führt über die Local Security Policy (*secpol.msc*), die aber nur in Windows 7 Professional oder höher enthalten ist. Gehen Sie darin über *Lokale Richtlinien* auf *Sicherheitsoptionen* und wählen Sie *Konten: Administrator umbenennen*. Führen Sie die Umbenennung vor der Freischaltung durch, wird dann beim Freischalten gleich der „neue" Kontoname für das Benutzerverzeichnis verwendet. Die Freischaltung selbst können Sie übrigens über *Konten: Administratorkontostatus* vornehmen, indem Sie die Einstellung auf *Aktiviert* setzen.

2.2 Lästig und doch nicht sicher: die Benutzerkontensteuerung

Eines der Hauptärgernisse von Windows Vista war die aufdringliche Benutzerkontensteuerung (engl.: User Account Control oder UAC). Immer dann, wenn eine Anwendung tiefer ins System eingreifen, also administrative Aufgaben übernehmen oder Systemeinstellungen verändern wollte, hakte Vistas Benutzerkontensteuerung nach und warnte. Eigentlich sinnvoll. Doch in der Praxis schaffte es Probleme, denn Anwendungsentwickler waren es gewohnt, mit ihrer Software tief ins System eingreifen zu können. Das neue Credo lautete indes: Anwendungen sollen nach Möglichkeit nur noch mit Standard-, nicht aber mit Administratorrechten laufen.

Zeitgleich erfolgte eine Degradierung der Benutzerkonten: Obwohl Windows schon seit Längerem Standardbenutzerkonten unterstützt, nutzt fast jeder ein Administratorkonto. Nicht verwunderlich, denn das bei der Windows-Installation erstellte Benutzerkonto ist ein Administratorkonto. Wenige werden mehr als eines auf dem Rechner eingerichtet haben. Seit Windows Vista werden Administratorkonten aber wenn immer möglich auf Standardrechte eingeschränkt. Wichtige Systemeinstellungen kann auch ein Administrator nur vornehmen, wenn er vorher die Abfrage der Benutzerkontensteuerung bestätigt.

Der Unterschied zum Standardbenutzerkonto besteht darin, dass Standardnutzern nicht nur eine Warnmeldung der Benutzerkontensteuerung angezeigt wird, die sie bestätigen müssen, sondern dass sie ebenfalls ein Administratorkonto auswählen und dessen Passwort eingeben müssen, sollte eine Anwendung höhere Rechte benötigen. Kennen sie das Passwort nicht, können sie auch keinen Unfug anstellen.

Bringt die Benutzerkontensteuerung überhaupt etwas?

Sicher bat Sie die Windows 7-Benutzerkontensteuerung schon unzählige Male um Bestätigung. Aber wie oft haben Sie dabei darüber nachgedacht, was Sie eigentlich bestätigen? Anfangs vielleicht intensiver, später vermutlich nur noch selten. Genau das war schon für Vistas Benutzerkontensteuerung die Befürchtung vieler Sicherheitsexperten: Zu viele Nachfragen führen zu einer Desensibilisierung. Über kurz oder lang bestätigen Sie gedankenlos alles – selbst die Anfragen von Schadsoftware.

Wollen Sie der drohenden Gedankenlosigkeit vorbeugen, können Sie die Benutzerkontensteuerung so konfigurieren, dass nicht mehr nur ein Klick auf einen Button genügt, sondern zusätzlich Ihr Passwort eingegeben werden muss. Der Vorteil liegt auf der Hand: Sie nehmen die Anfragen bewusster wahr, da das Bestätigen etwas länger dauert und umständlicher ist. Der daraus resultierende Nachteil ist freilich ebenso sonnenklar. Da die Windows 7-Benutzerkontensteuerung tendenziell weniger Anfragen stellt als unter Vista, ist diese Idee sicher gar nicht so abwegig. So funktioniert's:

Öffnen Sie mit dem Registrierungs-Editor *HKEY_LOCAL_MACHINE\Microsoft\Windows\CurrentVersion\Policies\System* und ändern Sie den Wert des darin enthaltenen DWORD-Wertes *ConsentPromptBehaviourAdmin* von 2 auf 3. Die Änderung ist sofort wirksam.

Haben Sie den Wert von Consent-PromptBehaviorAdmin auf 3 gesetzt, erscheint zusätzlich zur UAC-Warnmeldung nun auch immer die Abfrage des Administratorkennworts. Haben Sie das versteckte Administratorkonto aktiviert, wird auch dieses Konto aufgeführt.

Mögliche Werte für den DWORD-Wert ConsentPromptBehaviorAdmin

2 und 3 – dann gibt es bestimmt auch eine 0? Klar gibt es die! Das steckt hinter den Werten:

Wert	Bedeutung
3	Die Benutzerkontensteuerung ist noch strikter. So müssen nun auch Administratoren das Benutzerpasswort ihres Kontos eingeben, um eine Anfrage der Benutzerkontensteuerung zu bestätigen.
2	Die Benutzerkontensteuerung im Standardmodus. Benötigt ein Programm höhere Rechte, müssen Sie den Vorgang mit einem Klick auf *Fortsetzen* oder *Zulassen* bestätigen.
1	Die Benutzerkontensteuerung ist weiterhin aktiv – und sogar noch strikter als unter 3. Neben dem Passwortzwang für Administratoren überlagert diese Einstellung auch die Wirkung des DWORD-Wertes *PromptOnSecureDesktop* (s. S. 72). Haben Sie den sicheren Desktop also abgeschaltet, ist er hier mit dieser Einstellung wieder aktiviert.
0	Jede Anwendung erhält automatisch höhere Rechte, falls benötigt. Die Benutzerkontensteuerung wird damit praktisch ausgeschaltet.

Mutig? So deaktivieren Sie die Benutzerkontensteuerung vollständig

Die Benutzerkontensteuerung ganz zu deaktivieren, ist nicht besonders schwer, denn Sie müssen nur die nötige Einstellung in der Systemsteuerung treffen. Sie finden sie dort unter *System und Sicherheit*, dann *Einstellungen der Benutzerkontensteuerung ändern*. Ziehen Sie den Schieberegler dann schlicht bis ganz nach unten.

Kurios: die Benutzerkontensteuerung restriktiver und somit „besser" machen

Mit der in den Standardeinstellungen abgeschwächten Benutzerkontensteuerung kommt Microsoft all jenen entgegen, denen Vistas Benutzerkontensteuerung zu weit ging; denen sie zu aufdringlich war. Vielleicht können Sie über all die Nachfragen hinwegsehen und mögen's lieber etwas sicherer. Kein Problem: Öffnen Sie in der Systemsteuerung zunächst *Benutzerkonten und Jugendschutz*, danach *Benutzerkonten*, schließlich *Einstellungen der Benutzerkontensteuerung ändern*. Hier setzen Sie den Schieberegler ganz nach oben, auf *Immer benachrichtigen*. Fortan müssen Sie auch Warnmeldungen bestätigen, wenn Sie selbst – also mit Maus und Tastatur – wichtige Windows-Einstellungen aufrufen und verändern.

Noch besser als die Benutzerkontensteuerung zu verschärfen: Standardbenutzerkonten!

Beinah jeder in diesem Buch beschriebene Trick führt ins Innere Ihres Windows-Systems, hin zu Registry-Einträgen und Systemdateien, die teilweise durch „gehackte" Dateien aus den grauen Ecken des Internets ersetzt werden sollen. Die Benutzerkontensteuerung und all die anderen Sicherheitsmaßnahmen von Windows 7 sind dabei nur hinderlich.

Dennoch will und soll nicht jeder an einem Windows-System herumfummeln. Das gilt insbesondere für Computeranfänger, mit denen Sie sich einen PC teilen. Laden diese Schadsoftware aus dem Netz und ignorieren fröhlich die Warnungen der Benutzerkontensteuerung, liegt Ihr gesamter PC offen. Richten Sie für die „Unbedarften" deshalb normale Benutzerkonten ein, die ganz ohne Administratorrechte auskommen.

Der perfekte Schutz vor Systemfummlern und Virenmagneten – aber nicht für Windows 7!

Mit Windows SteadyState veröffentlichte Microsoft einst ein praktisches Tool, mit dem man Benutzerkonten erstellen konnte, die nach einem Neustart des PCs wieder in den Ausgangszustand zurückgesetzt wurden. Zugleich hatte man als Administrator die Möglichkeit, den Systemzugriff für diese Benutzerkonten arg zu beschränken. SteadyState stellte somit eine leistungsfähige Alternative zur Benutzerkontensteuerung dar. Für öffentliche Computer mit einem breiten (und anonymen) Publikum war Windows SteadyState wie geschaffen. Leider hat Microsoft die Weiterentwicklung von Windows SteadyState eingestampft. Eine Verson für Windows 7 hat es nie gegeben.

Dabei sollte sogar der PC Safeguard, ein Ableger von Windows SteadyState, zum festen Bestandteil von Windows 7 werden. In den Windows 7-Betaversionen war diese Systemkomponente noch enthalten, wurde dann aber vor der Fertigstellung des Betriebsystems herausgestrichen. Derzeit gibt es für Windows 7 somit weder Windows SteadyState noch das gestrichene Feature PC Safeguard, sodass Sie auf eine Lösung eines Drittherstellers zurückgreifen müssten. Das wären etwa der HDGUARD (*http://www.hdguard.de*) oder Deep Freeze (*http://www.faronics.com/de/Products/DeepFreeze*). Gratis sind diese Programme aber nicht.

Und setzen Sie auch durch, dass diese normalen Benutzerkonten verwendet werden! Selbst wenn das bedeutet, dass Sie sich für viele Programminstallationen etc. mit einem Administrator-Benutzerkonto anmelden müssen. Besonders kurz nach der Systeminstallation kann das nerven. Einen besseren Virenschutz gibt es aber nicht.

Benutzerkontensteuerung für einzelne Anwendungen umgehen

Die Benutzerkontensteuerung ist eine sinnvolle Sache und sollte deshalb nach Möglichkeit nicht deaktiviert werden. Leider können Sie sie nicht für einzelne Anwendungen deaktivieren. Aber umgehen! Wäre es nicht toll, die Eingabeaufforderung stets mit höheren Rechten, aber ohne die Nachfrage der Benutzerkontensteuerung ausführen zu können? So geht's (und analog auch für alle anderen Anwendungen auf Ihrem Rechner):

1 Öffnen Sie zunächst die Aufgabenplanung, etwa indem Sie schlicht *Aufgabenplanung* in das Suchfeld des Startmenüs eingeben. Sie finden sie aber ebenso im Startmenü unter *Alle Programme/Zubehör/Systemprogramme*.

2 Klicken Sie nun in der rechten Spalte *Aktionen* auf *Aufgabe erstellen*. Ein neuer Dialog *Aufgabe erstellen* wird geöffnet, in dem Sie der zu erstellenden Aufgabe einen Namen und eine *Beschreibung* nach Belieben geben können – beispielsweise *Eingabeaufforderung mit höheren Rechten*.

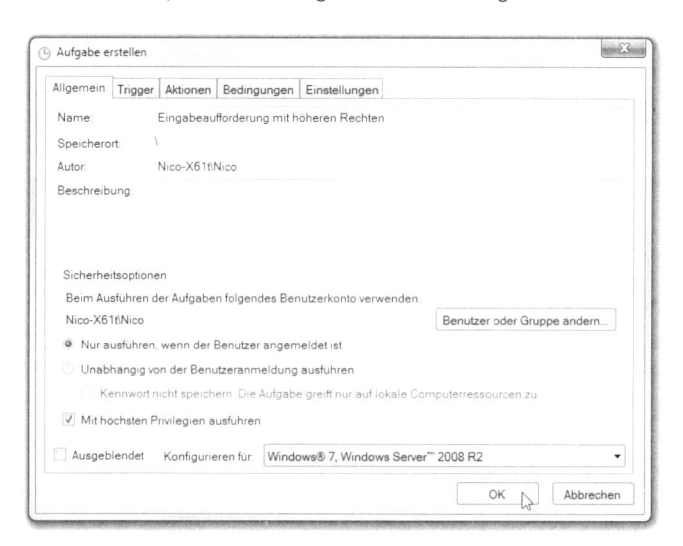

3   Im gleichen Register (*Allgemein*) finden Sie ebenso die Checkbox *Mit höchsten Privilegien ausführen*. Setzen Sie darin ein Häkchen, lassen Sie sämtliche anderen Einstellungen unangetastet und wechseln Sie dann in das Register *Aktionen*.

4   Dort angekommen klicken Sie auf den *Neu*-Button, um eine *Neue Aktion* zu erstellen. Der aufploppende Dialog hat die Aktion *Programm starten* schon vorausgewählt, sodass Sie per *Durchsuchen* nur noch die ausführbare Programmdatei jener Anwendung suchen müssen, die Sie mit höheren Rechten starten möchten. Jene *cmd.exe* der Eingabeaufforderung finden Sie im Pfad *%WINDIR%\System32\cmd.exe*. Bestätigen Sie mit *OK* und wechseln Sie dann in das Register *Einstellungen*.

5   Dort sollten alle passenden Einstellungen eigentlich schon gesetzt sein und müssen von Ihnen nur noch kontrolliert werden: Ist das Häkchen bei *Ausführung der Aufgabe bei Bedarf zulassen* gesetzt und bei *Folgende Regel anwenden, falls die Aufgabe bereits ausgeführt wird* die Auswahl *Keine neue Instanz starten* ausgewählt? Vermutlich. (Ansonsten bitte entsprechend ändern.) Bestätigen Sie abschließend mit *OK*.

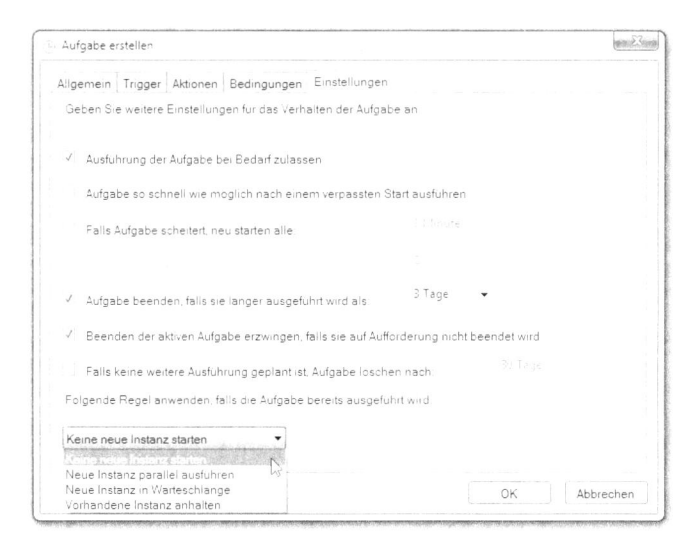

6   Sie haben nun eine neue Aufgabe erstellt, die die Benutzerkontensteuerung umgeht. Noch haben Sie aber nicht viel davon. Schließlich fehlt noch eine Verknüpfung, die diese Aufgabe startet. Der einfachste Weg: Klicken Sie mit der rechten Maustaste auf eine freie Stelle des Desktops oder Explorers und wählen Sie *Neu/Verknüpfung*. Geben Sie als Spei-

cherort des Elements Folgendes ein: *schtasks /run /TN "[AUFGABEN-NAME]"*, wobei *[AUFGABENNAME]* entsprechend durch den Namen der Aufgabe ersetzt werden muss, die Sie vorhin erstellten. In diesem Beispiel lautet die Eingabe also *schtasks /run /TN ?Eingabeaufforderung mit höheren Rechten?*. Beenden Sie den Assistenten, startet die neu erstellte Verknüpfung nun jene von Ihnen gewählte Anwendung mit höheren Rechten, aber ohne Nachfrage der Benutzerkontensteuerung.

Ein PowerShell-Skript ohne UAC-Nachfrage ausführen

Praktisch ist obige Anleitung ebenso für PowerShell-Skripte, die höhere Rechte benötigen. Beispielsweise für das Skript *AkkuSparen.ps1* (s. S. 226). Um es ohne Nachfrage der Benutzerkontensteuerung auszuführen, müsste ich als Pfad in Schritt 4 *%WINDIR%\System32\WindowsPowerShell\v1.0\powershell.exe -file "%USERPROFILE%\Desktop\PowerShell Skripte\akku sparen.ps1"* angeben. Der Assistent erkennt dabei automatisch, dass es sich bei *-file* um einen Parameter bzw. ein Argument handelt, und ändert auf Nachfrage die Angaben entsprechend.

Nervende Bildschirmverdunkelung: den sicheren Desktop deaktivieren

An Vistas Benutzerkontensteuerung störte mich vor allem der „sichere Desktop" Secure Desktop, der sich für den Nutzer dadurch bemerkbar macht, dass er den gesamten Bildschirm abdunkelt und nur noch die Nachfrage der Benutzerkontensteuerung zu sehen ist. Technisch wird das umgesetzt, indem ein Screenshot Ihres Desktops erstellt und um 50 % abgedunkelt wird. Zugleich wird der „normale", also interaktive Desktop blockiert.

Eingeführt wurde der sichere Desktop, damit Schadsoftware nicht über simulierte Mausklicks und Tastatureingaben mit Ihrem Desktop herumspielen kann, während ein Vorgang um höhere Rechte bittet. Wäre sie entsprechend programmiert, könnte sie die Bestätigung schließlich einfach selbst durchführen. Theoretisch zumindest. Im Grunde ist der sichere Desktop deshalb ein Feature, das die Sicherheit Ihres Computersystems durchaus erhöht. Leider haben einige PCs aber durchaus Probleme mit der Darstellung und legen immer erst ein paar Gedenksekunden ein, bevor sie den sicheren Desktop mitsamt Benutzerkontensteuerungsnachfrage deaktivieren.

Konnte der sichere Desktop in Vista nur über die Registry deaktiviert werden, gelingt's in Windows 7 nun endlich auch ganz offiziell per Einstellung. Öffnen

Sie einfach die Systemsteuerung und wählen Sie darin *System und Sicherheit*, danach *Einstellungen der Benutzerkontensteuerung ändern*. Setzen Sie den Regler nun auf die vorletzte Stufe, ist der sichere Desktop künftig deaktiviert. Windows 7 bezeichnet das als *Desktop nicht abblenden*.

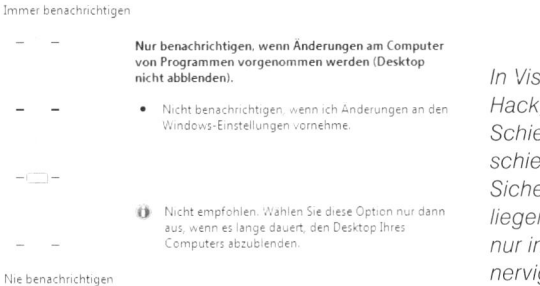

Immer benachrichtigen

– –   Nur benachrichtigen, wenn Änderungen am Computer
         von Programmen vorgenommen werden (Desktop
         nicht abblenden).

– –   • Nicht benachrichtigen, wenn ich Änderungen an den
         Windows-Einstellungen vornehme.

–☐–

       ⓘ Nicht empfohlen. Wählen Sie diese Option nur dann
         aus, wenn es lange dauert, den Desktop Ihres
– –   Computers abzublenden.

Nie benachrichtigen

In Vista ging's nur per Registry-Hack, nun ist's auch bequem per Schieberegler möglich. Der Unterschied zwischen der abgebildeten Sicherheitsstufe und der darüber liegenden besteht auch wirklich nur im Aus- bzw. Einblenden des nervigen „sicheren Desktops".

Benutzerkontensteuerungseinstellungen in der Registry

Möchten Sie die Einstellungen der Benutzerkontensteuerung noch weiter bearbeiten, werfen Sie mit dem Registrierungs-Editor am besten einmal einen Blick in *HKEY_LOCAL_MACHINE\Software\Microsoft\Windows\CurrentVersion\Policies\System*. Die interessantesten DWORD-Werte in diesem Schlüssel sind:

DWORD-Wert	Beschreibung
EnableInstallerDetection	Windows 7 versucht automatisch zu erkennen, ob eine Installationsroutine höhere Rechte benötigt oder nicht, und fordert dann entsprechend zur Bestätigung auf. Setzen Sie diesen Wert auf 0, wird die Erkennung abgeschaltet und sämtliche Installationsroutinen müssten dann von Ihnen händisch als Administrator ausgeführt werden.
EnableLUA	Mit diesem Schlüssel schalten Sie die Benutzerkontensteuerung ein (1) oder aus (0).
EnableVirtualization	Diese Einstellung hat nichts mit virtuellen Maschinen zu tun, sondern mit der Virtualisierung von Systemverzeichnissen und Registry-Pfaden, auf die ältere Anwendungen eigentlich gar nicht mehr zugreifen dürfen. Im Sinne der Abwärtskompatibilität gaukelt Windows 7 den Programmen aber vor, dass sie noch in diese Systemverzeichnisse und Registry-Schlüssel schreiben dürfen. Setzen Sie *EnableVirtualization* auf 0, wird wohl einige ältere Software nicht mehr richtig laufen.

DWORD-Wert	Beschreibung
PromptOnSecureDesktop	Steuert den sicheren Desktop, den Sie mit 1 ein- oder mit 0 ausschalten können.
dontdisplaylastusername	Der Login-Bildschirm zeigt stets den zuletzt angemeldeten Benutzer an. Das ist praktisch, verrät anderen aber Ihren Benutzernamen. Haben Sie zudem kein Kennwort vergeben, kann sich jeder einfach per Mausklick anmelden. Indem Sie den Wert dieses DWORD-Wertes von 0 auf 1 ändern, wird der zuletzt angemeldete Benutzer nicht mehr angezeigt. Natürlich geben Tools wie Ophcrack (s. S. 345) trotzdem schnell Auskunft über alle Konten eines Windows 7-PCs.
shutdownwithoutlogon	Mögen Sie den kleinen Herunterfahren-Button im Login-Bildschirm nicht, deaktivieren Sie ihn, indem Sie diesen Wert auf 1 setzen.
FilterAdministratorToken	Dieser Wert schaltet die Benutzerkontensteuerung für den integrierten Superadministrator (s. S. 64) ein (1) oder aus (0). Standardeinstellung ist 0.
DisableCAD	Setzen Sie diesen Wert auf 0, müssen Sie künftig beim Login zuerst [Strg]+[Alt]+[Entf] drücken, um dann ein Benutzerkonto auswählen zu können.

Mehr Benutzerkonteneinstellungen für Nutzer der Home-Premium-Version

Nutzer von Windows 7 Home Basic und Premium finden in der Systemsteuerung unter *Benutzerkonten* und *Jugendschutz* nur wenige Konfigurationsmöglichkeiten rund um die Windows-Benutzerkonten. Die maximale Gültigkeit eines Passworts festlegen? Oder die Mindestlänge eines Passworts? Das geht offiziell nur über den Gruppenrichtlinieneditor und somit erst ab Windows 7 Professional – denn in den Windows 7 Home-Versionen ist er nicht enthalten.

Als Nutzer einer Home-Version können Sie die oben genannten Einstellungen aber dennoch vornehmen. Und noch viele mehr. Am einfachsten gelingt das über das kostenlose Tool Accounts Tuner, das Sie unter der URL *http://smsoft.ru/en/acctuner/* finden. Der schmale Download enthält zugleich eine deutsche Lokalisation, sodass bei der Bedienung keinerlei Probleme auftreten dürften.

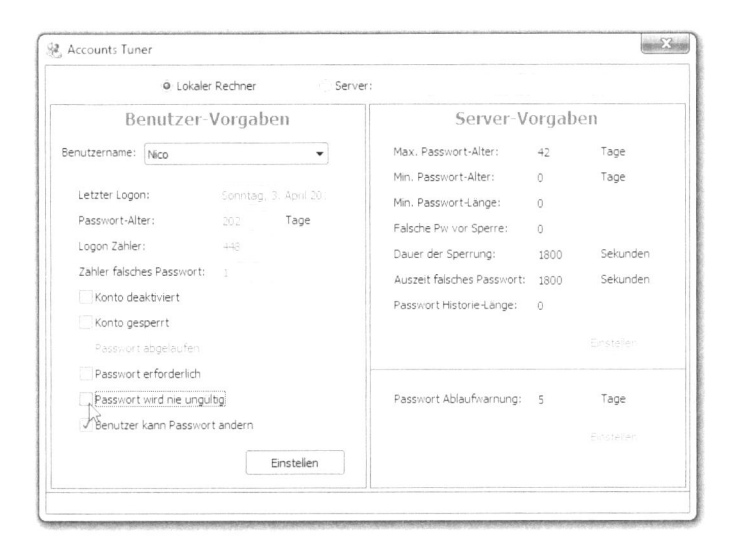

Normalerweise verlieren die Passwörter von Benutzerkonten auf Privat-PCs ihre Gültigkeit nicht. Letztlich fehlt den Windows 7 Home-Versionen die passende Konfigurationsmöglichkeit. Der Accounts Tuner gibt sie Ihnen aber. Überraschen Sie doch mal Ihre Computermitbenutzer mit den Einstellungen dieses Tools. Sinnvoll ist nicht nur die begrenzte Lebensdauer eines Kennworts, sondern auch die Forderung einer minimalen Passwortlänge. So wird der Nachwuchs gleich ans Ausdenken (einigermaßen) sicherer Passwörter gewöhnt.

2.3 Get the power: Administratorrechte erlangen und endlich alles machen können!

Zwar ist das erste Benutzerkonto, das bei der Windows 7-Installation eingerichtet wird, ein Administratorkonto, uneingeschränkt schalten und walten kann man damit aber trotzdem nicht. Dafür sorgt die Benutzerkontensteuerung, die das Benutzerkonto wann immer möglich in die Schranken eines Standardbenutzers verweist. Das soll Schadsoftware daran hindern, in Ihrem System zu wildern. Doch viele Tricks dieses Buches können Sie nur durchführen, wenn Sie uneingeschränkte Rechte besitzen oder zumindest wissen, wie man sich diese für Dateien, Registry-Bereiche oder die Arbeit mit Tools und Eingabeaufforderungen holt. Die folgenden Seiten verraten Ihnen deshalb, wie Sie als Administrator administrative Rechte erlangen!

Die Eingabeaufforderung oder PowerShell als Administrator ausführen

Häufiger müssen Sie in diesem Buch ein paar Befehle eingeben. Viele dieser Kommandos benötigen höhere Rechte, also die Rechte eines Administrators. Entsprechend müssen Sie die Eingabeaufforderung oder PowerShell-Konsole, in die Sie die Befehle eingeben, auch als Administrator ausführen:

- Am schnellsten öffnen Sie die Eingabeaufforderung, indem Sie das Startmenü öffnen und *cmd* in das kleine Suchfeld eingeben. Windows 7 durchsucht nun die Indexdatenbank nach entsprechenden Einträgen. Relativ schnell sollte die Suche dabei auf die Datei *cmd.exe* stoßen und diese als Ergebnis aufführen. Klicken Sie nun mit der rechten Maustaste darauf und wählen Sie im aufklappenden Kontextmenü den Eintrag *Als Administrator ausführen*. Nachdem Sie die Nachfrage der Benutzerkontensteuerung bestätigt haben, startet die Eingabeaufforderung nun mit höheren Rechten. Analog verfahren Sie beim Öffnen der PowerShell-Konsole, indem Sie *powershell.exe* eingeben und diese per Rechtsklick als Administrator ausführen.

Unterschiede zwischen normaler Eingabeaufforderung und Eingabeaufforderung mit höheren Rechten

Ob die Eingabeaufforderung mit höheren Rechten geöffnet wurde, erkennen Sie schnell an zwei Dingen: Zum einen enthält der Fenstertitel den Zusatz *Administrator* und zum anderen ist das *Windows\System32*-Verzeichnis das Standardverzeichnis. Ohne Administratorrechte starten Sie hingegen in Ihrem Benutzerverzeichnis.

- Wenn Sie sich noch eine Tastenkombination einprägen können, sparen Sie zwei Klicks: Statt erst mit der rechten Maustaste auf die *cmd.exe* oder *powershell.exe* zu klicken und *Als Administrator ausführen* auszuwählen, drücken Sie einfach die Tastenkombination [Strg]+[Umschalt]+[Enter].

Die Ausgabe der Eingabeaufforderung in die Zwischenablage kopieren

Nicht unmöglich, aber mühsam ist das Kopieren von den Textausgaben der Eingabeaufforderung. Mit dem neuen Parameter | *clip* ist das aber vielleicht gar nicht mehr nötig. Er leitet die Ausgabe eines Befehls nämlich direkt in die Zwischenablage um und kann dann etwa in den Windows-Editor (*notepad.exe*) o. Ä. eingefügt und betrachtet werden. Probieren Sie es doch mal aus, z. B. mit *dir | clip*.

- Alternativ können Sie die Eingabeaufforderung oder PowerShell-Konsole natürlich auch an die Taskleiste anheften und die derart entstandene Verknüpfung so konfigurieren, dass sie die Eingabeaufforderung immer mit Administratorrechten startet. Der folgende Abschnitt beschreibt das Vorgehen dafür.

Eine Anwendung immer als Administrator ausführen

Im Idealfall benötigt ein Programm keine Administratorrechte und schaltet somit auch nicht die Benutzerkontensteuerung „scharf". Während neuere Software die Nachfragen der Benutzerkontensteuerung so zunehmend nur noch im äußersten Notfall aktiviert – also nur dann, wenn die Anwendung wirklich höhere Rechte benötigt –, erfordern ältere Anwendungen häufig noch administrative Rechte.

Die ständigen Rechtsklicks auf das Programm und die anschließende Auswahl von *Als Administrator ausführen* sparen Sie sich, indem Sie einmal mit der rechten Maustaste auf die Verknüpfung zum Programm klicken und *Eigenschaften* auswählen. Im Register *Verknüpfung* klicken Sie anschließend auf *Erweitert* und setzen im Anschluss ein Häkchen bei *Als Administrator ausführen*. Fortan startet das Programm über diese Verknüpfung immer mit Administratorrechten.

Haben Sie hingegen die Eigenschaften der Programmdatei selbst geöffnet, finden Sie im Register *Kompatibilität* ebenfalls die Checkbox *Programm als Administrator ausführen*. Systembestandteile wie die *cmd.exe* in *%WINDIR%\System32* können Sie so aber nicht verändern. Hier hilft nur obiger Weg über die Verknüpfung.

2.4 Erobern Sie sich die Rechte an Ihren Dateien zurück!

Ihr PC – Ihre Daten? Na ja, im Wesentlichen schon. Gäbe es da nicht ein paar technische Einschränkungen. Microsoft möchte nämlich nicht, dass Sie an den Systemdateien herumfummeln – sie bearbeiten oder gar austauschen. Aus diesem Grund fehlt Ihrem Benutzerkonto standardmäßig die Berechtigung, Systemdateien zu bearbeiten oder auszutauschen. Schlecht für alle, die gern an ihrem PC herumspielen. (Und gut für die, die gar keine Ahnung haben und sich ihr System sonst vielleicht zerschießen würden.)

Bezüglich der Berechtigungen ist in Besitz- und Bearbeitungsrechte zu unterscheiden. Wer an einer Systemdatei herumfummeln will, muss sein Benutzerkonto immer erst als Besitzer einer Datei angeben und danach erst die Bearbeitungsrechte einholen. Wie beides – auf unterschiedlichen Wegen – funktioniert, zeigen die folgenden Seiten. Für Windows-Fummler sind es wahrscheinlich die wichtigsten des ganzen Buches!

So führen Sie eine Datei in Ihren Besitz über

Natürlich ist es möglich, eine Datei per grafischer Oberfläche, also mithilfe eines *Eigenschaften*-Menüs, in den Besitz Ihres Benutzerkontos zu überführen und die Bearbeitungsrechte daran zu erlangen. Die Menüstruktur, die Microsoft dafür im Eigenschaften-Dialog einer jeden Datei und eines jeden Ordners bereithält, ist jedoch verworren und umständlich. Deshalb sei Ihnen an dieser Stelle gleich – und ausschließlich – der Weg per Eingabeaufforderung und PowerShell ans Herz gelegt:

Dateibesitz per Eingabeaufforderung übernehmen

1 Öffnen Sie die Eingabeaufforderung mit Administratorrechten.

2 Geben Sie *takeown /f* ein, gefolgt von dem Pfad der zu ändernden Datei. Ein Beispiel: *takeown /f C:\Windows\System32\explorerframe.dll*.

Wichtige Parameter für takeown

Eine Liste sämtlicher Parameter spuckt die Eingabeaufforderung aus, wenn Sie *takeown / h* eingeben. Die für Sie wohl wichtigsten finden Sie außerdem in nachstehender Tabelle:

Parameter	Beschreibung
/f	Teilt dem *takeown*-Befehl mit, dass der Dateiname folgt. Der Parameter muss immer angegeben werden. In den meisten Fällen ist /f der einzige Parameter, den Sie angeben müssen. Beispiel: *takeown /f C:\Windows\System32\explorerframe.dll*
/r	Dieser Parameter ändert den Besitzer sämtlicher Dateien und Unterordner im angegebenen Verzeichnis. Beispiel: *takeown /f C:\Windows\Resources\Themes\ /r*
/a	Fügen Sie diesen Parameter hinzu, um sämtliche Benutzerkonten mit Administratorrechten als Besitzer einzutragen. Beispiel: *takeown /f C:\Windows\System32\explorerframe.dll /a*

So geht's per Windows-Dialog

Über den Eigenschaften-Dialog einer Datei werden Sie auf folgendem Weg zum Besitzer Ihrer eigenen Dateien. Doch seien Sie vor der Umständlichkeit des Vorgangs gewarnt.

1. Klicken Sie mit der rechten Maustaste auf die Datei, deren Besitzrechte Sie erhalten wollen. Im aufklappenden Kontextmenü wählen Sie *Eigenschaften*.

2. Wechseln Sie nun zum Register *Sicherheit* und klicken Sie auf den Button *Erweitert*.

3. Das Fenster *Erweiterte Sicherheitseinstellungen* öffnet sich. Klicken Sie hier auf das Register *Besitzer* und wählen Sie nun den *Bearbeiten*-Button.

4. Jetzt können Sie endlich den Besitzer wechseln, der für Systemdateien standardgemäß der *TrustedInstaller* ist. Um zu wechseln, wählen Sie Ihren Benutzernamen aus der Liste aus und klicken dann auf *OK*.

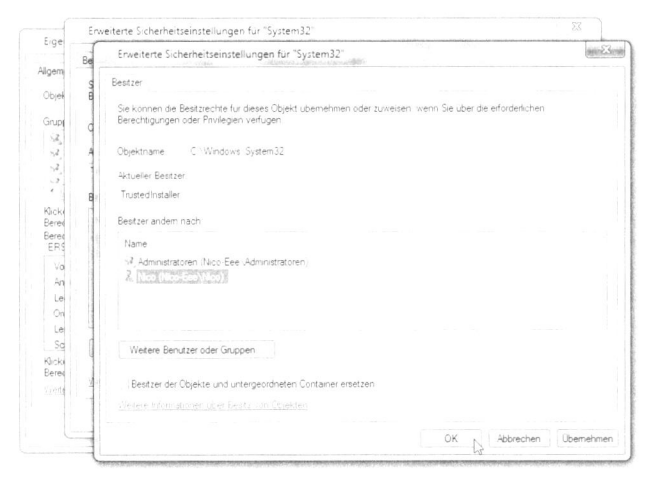

Die im Hintergrund geöffneten Fenster deuten schon an, dass der „offizielle" Weg über die Dateieigenschaften nicht der bequemste ist.

TrustedInstaller – was ist das?

Standardeigentümer einer jeden Systemdatei ist der sogenannte Trusted-Installer. Dabei handelt es sich um einen Windows-Dienst, der den Schreibzugriff auf Systemdateien nur für Programme mit Microsoft'scher Signatur freigibt. Das kann zu Problemen führen, etwa wenn die Dateien einer Systemfunktion durch „Gehacktes" ausgetauscht werden sollen.

Verschiedene Wege: So erlangen Sie auch die Bearbeitungsrechte für Dateien

Haben Sie den Besitz einer Datei erlangt, gibt es noch eine zweite Hürde, die Sie überwinden müssen, um Systemdateien umzubenennen, zu ersetzen oder zu löschen: Sie benötigen ebenfalls Bearbeitungsrechte. Diese über das Eigenschaften-Menü zu erlangen, ist ebenso umständlich wie bei den Besitzrechten. Deshalb an dieser Stelle ebenso der flinke Weg über die Eingabeaufforderung und das Tool *icacls*.

Wichtige Parameter für icacls

Für den *icacls*-Befehl existieren ebenfalls allerlei Parameter. Sogar deutlich mehr als für *takeown*. Um eine vollständige Liste zu erhalten, tippen Sie einfach *icacls* in die Eingabeaufforderung – ganz ohne Zusätze, aber mit einem Tastendruck auf [Enter] zur Bestätigung. Wenn Sie nicht so viel Zeit haben: In der nachstehenden Tabelle stehen die wichtigsten Parameter:

Parameter	Beschreibung
/T	Wenn Sie nicht nur eine Datei, sondern gleich einen gesamten Ordner mitsamt Inhalt und Unterordnern bearbeiten möchten, empfiehlt sich der Parameter /T, mit dem *icacls* die Rechte des gesamten Ordnerinhalts verändert. Beispiel: *icacls %WINDIR%\Resources\Themes\ /grant Nico:F /T*
/C	Nicht immer funktioniert alles problemlos. Selbst beim Ändern von Bearbeitungsrechten können Fehler auftreten. Um die Bearbeitung vieler Dateien nicht durch einen Fehler stoppen zu lassen, hängen Sie den Parameter /C an. Fehlermeldungen werden dann immer noch angezeigt, halten aber nicht mehr den Betrieb auf. Beispiel: *icacls %WINDIR%\Resources\Themes\ /grant Nico:F /T /C*
/Q	Wenn Sie die Bearbeitungsrechte eines Ordners inklusive aller Unterordner und beinhaltender Dateien mit einem Schlag erlangen möchten, kann die ellenlange Liste der Erfolgsmeldungen recht lästig sein. Mit dem Parameter /Q können Sie diese unterbinden und sich nur auf etwaige Fehlermeldungen konzentrieren. Beispiel: *icacls %WINDIR%\Resources\Themes\ /grant Nico:F /T /Q*

Beachten Sie aber: Bevor Sie Bearbeitungsrechte an einer Datei oder einem Verzeichnis erlangen können, müssen Sie bzw. Ihr Benutzerkonto als Besitzer der Datei bzw. des Verzeichnisses eingetragen sein. Also immer zunächst *takeown* anwenden, danach erst *icacls*!

1 Öffnen Sie die Eingabeaufforderung mit Administratorrechten.

2 Übernehmen Sie nun die Bearbeitungsrechte einer Datei, indem Sie den Befehl *icacls* folgendermaßen verwenden: *icacls [PFAD ZUR DATEI] /grant [NAME IHRES BENUTZERKONTOS]:F*. Ein Beispiel: *icacls %WINDIR%\System32\explorerframe.dll /grant Nico:F*.

So geht's per Eigenschaften-Dialog

Keine Lust auf die Eingabeaufforderung? So übernehmen Sie die Bearbeitungsrechte per Eigenschaften-Dialog:

1 Klicken Sie zunächst mit der rechten Maustaste auf die Datei und wählen Sie dann *Eigenschaften*.

2 Begeben Sie sich im nun geöffneten Eigenschaften-Fenster zum Register *Sicherheit* und klicken Sie auf den oberen Button *Bearbeiten*.

3 Im nun offenen Fenster *Berechtigungen für* markieren Sie Ihr Benutzerkonto bzw. den Eintrag *Benutzer (Desktop/Benutzer)*.

4 Bei *Berechtigungen für Benutzer* setzen Sie am besten ein Häkchen bei *Vollzugriff*, um für jeden Bearbeitungsvorgang gerüstet zu sein.

Ganz schön viel Klickerei, nur um eine Datei austauschen zu können. Aber seit Windows Vista meint's Microsoft mit der Sicherheit (von Systemdateien) eben ernst. Wer gar keine Ahnung hat, soll auch nicht in die Verlegenheit kommen, einfach so etwas zu löschen oder auszutauschen.

Versteckte und „super versteckte" Dateien anzeigen

Wichtige Systemdateien schützt Windows nicht nur per Besitz- und Bearbeitungsrechten vor Ihnen, dem Nutzer, sondern blendet sie auch gleich noch aus. Indem sie nämlich als versteckte Dateien deklariert werden, die der Explorer – in den Werkseinstellungen – nicht anzeigt.

Sie wissen aber sicher bereits, wie man versteckte Dateien anzeigt: im Explorer auf den *Organisieren*-Button klicken, dann *Ordner- und Suchoptionen* wählen und im Register *Ansicht* unter *Erweiterte Einstellungen* den Punkt *Versteckte Dateien und Ordner* auf *Ausgeblendete Dateien, Ordner und Laufwerke anzeigen* setzen. Entfernen Sie außerdem das Häkchen bei *Geschützte Systemdateien ausblenden (empfohlen)*.

Wirklich super versteckt? Nicht vor Ihnen!

Aber wissen Sie auch, wie man sogenannte SuperHidden Files, also frei übersetzt „super versteckte Dateien" anzeigt? Eine Explorer-Einstellung gibt es dafür nicht. Aber eine in der Registry, nämlich im Pfad *HKEY_CURRENT_USER\ Software\Microsoft\Windows\CurrentVersion\Explorer\Advanced*. Dort finden Sie den DWORD-Wert *SuperHidden*. Ändern Sie dessen Wert von 0 auf 1, zeigt der Explorer künftig auch „super versteckte" Dateien an.

Eine Datei oder einen Ordner selbst „super verstecken"

Versteckte Dateien kennt nun wirklich (fast) jeder und kann sie entsprechend darstellen. Aber die „super versteckten" Dateien sind noch recht unbekannt. Nutzen Sie diese Tatsache und verstecken Sie Ihre geheimen Daten als SuperHidden File. Öffnen Sie dazu schlicht die Eingabeaufforderung und geben Sie *attrib* [PFAD] *+s +h* ein. Also beispielsweise *attrib C:\Users\Nico\Supergeheim +s +h*, um den Ordner *Supergeheim* im Benutzerverzeichnis *Nico* zu verstecken. Nach Anwendung dieses Kniffs bleibt der Ordner noch im Explorer sichtbar. Sobald Sie die Ansicht aber aktualisieren, verschwindet er. Vorausgesetzt, Sie lassen die „super versteckten Dateien" nicht per obigem Registry-Hack einblenden.

Zugreifen können Sie auf die „super versteckten" Dateien oder Ordner übrigens nach wie vor, indem Sie beispielsweise den vollen Pfad in den Explorer eingeben. Beachten Sie aber: Professionelle Schnüffeltools finden so versteckte Dateien natürlich problemlos. Sie können sie nur vor anderen PC-Nutzern verstecken, die von der Existenz von SuperHidden Files noch nichts gehört haben.

Gefährlich: einige Dateien werden immer ausgeblendet!

Sei es aus Komfort, sei es aus Schutz vor Viren und Trojanern, die sich als TXT-Datei tarnen – das Einblenden von Dateiendungen ist praktisch und wichtig. Die Dateiendungen herkömmlicher Dateien blenden Sie bequem über das Register *Ansicht* der Ordneroptionen (*Organisieren*, dann *Ordner- und Suchoptionen*) des Explorers ein, indem Sie das Häkchen bei *Erweiterungen bei bekannten Dateitypen ausblenden* entfernen.

Trotzdem werden Ihnen längst nicht alle Endungen angezeigt: PIF-, URL- oder SCF-Dateien etc. zeigt der Explorer beispielsweise weiterhin ohne entsprechende Endung. Gerade die ausführbaren PIF-Dateien sind gefährlich, denn sie werden allzu gern als Container für Viren genutzt. Mit einem kurzen Ausflug in die Registry blenden Sie aber selbst diese Dateiendungen ein:

Öffnen Sie mit dem Registrierungs-Editor den Registry-Pfad *HKEY_CLASSES_ROOT\piffile*. Benennen Sie die darin liegende Zeichenfolge *NeverShowExt* in *AlwaysShowExt* um. Nach einem Neustart wird damit die Endung *.pif* eingeblendet. Einige der wichtigsten Dateitypen, deren Endungen auch mit oben gesetzter Einstellung nicht eingeblendet werden und deren Registry-Einstellungen eine entsprechende Zeichenfolge *NeverShowExt* enthalten, entnehmen Sie der folgenden Tabelle. Benennen Sie auch dort einfach *NeverShowExt* in *AlwaysShowExt* um.

Dateityp	Registry-Pfad
PIF	*HKEY_CLASSES_ROOT\piffile*
SCF	*HKEY_CLASSES_ROOT\SHCmdFile*
URL	*HKEY_CLASSES_ROOT\InternetShortcut*
LNK	*HKEY_CLASSES_ROOT\lnkfile*
SHS	HKEY_CLASSES_ROOT\ShellScrap\
SHB	HKEY_CLASSES_ROOT\DocShortcut\

Datei wird verwendet – aber von wem?

Sicher haben Sie bereits diese Erfahrung gemacht: Ist eine Datei in einem Programm geöffnet, kann sie in der Regel nicht gelöscht oder verschoben werden. Manchmal ist es aber gar nicht so offensichtlich, welches Programm auf eine Datei zugreift und diese somit „blockiert".

Der für Windows 7 überarbeitete Ressourcenmonitor (s. S. 394) kann an dieser Stelle helfen. Starten Sie ihn und wählen Sie dessen Register *CPU*. Dort finden Sie den Block *Zugeordnete Handles*. Geben Sie hier den Dateinamen jener Datei ein, die von einem Ihnen unbekannten Programm geblockt wird, und lassen Sie entsprechend danach suchen. Sie sollten zügig fündig werden. Per Rechtsklick können Sie den gefundenen Prozess auch gleich beenden und die Datei auf diese Weise freigeben.

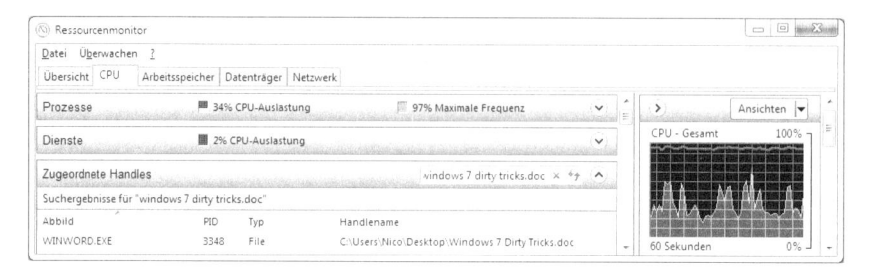

Möchten Sie eine Systemdatei austauschen, stellt sich Windows aber häufig quer. Nutzen Sie dann die Vorschläge von S. 419, um sie zu tauschen.

2.5 Windows 7 64 Bit – brauchen Sie es?

Endnutzer und 64-Bit-Systeme – das ist immer noch so eine Sache. Wer braucht das eigentlich? Nun, grundsätzlich kann für 64 Bit optimierte Software schneller laufen als die 32-Bit-Pendants. Leider sind 64-Bit-fähige Anwendungen aber rar. So ist eine Version des Mozilla Firefox, die 64 Bit explizit unterstützt und nutzt, nur nach expliziter Suche aufzutreiben. Die Normalo-Version des Firefox, die es im Internet buchstäblich an „jeder Ecke" gibt, ist mit 64 Bit nämlich nur kompatibel, unterstützt aber nicht explizit 64-Bit-Features.

Mehr RAM als wesentliches Argument für Windows 7 64 Bit

Mehr noch als eine etwaige Leistungssteigerung durch 64-Bit-fähige Software drängt Endnutzer wohl die Arbeitsspeicher-Problematik zum 64-Bit-Windows. Wie Sie bestimmt schon wissen, kann Windows 7 32 Bit nur maximal 4 GByte Arbeitsspeicher adressieren. Alles, was an RAM mehr im Gerät steckt, bleibt – normalerweise – ungenutzt. Da Arbeitsspeicher nicht mehr teuer ist, 8 GByte RAM und mehr also durchaus in einem PC stecken können, kommt man um ein 64-Bit-Windows praktisch nicht herum – sofern man nicht die Bastellösung von S. 86 probieren will.

Wieso die Beschränkung auf 4 GByte besteht, lässt sich so nachvollziehen: Trägt ein Bit entweder den Zustand 0 oder 1, gibt es für eine Folge aus 32 Bit insgesamt 232 = 4.294.967.296 mögliche Zustände. 4.294.967.296 geteilt durch 1.024 ergibt 4.194.304, noch einmal durch 1.024 dividiert 4.096 – die Zahl an MByte, die in 4 GByte RAM steckt. Dabei ist dieses Rechenstück nicht der einzige Grund. Tatsächlich ist es nämlich möglich, auch in Windows 7 32 Bit mehr als 4 GByte RAM zu nutzen, indem man die PAE-Technik (Physical Address Extensions) moderner Prozessoren nutzt. Allein Windows 7 32 Bit weiß damit von Haus aus nichts anzufangen, sodass nur spezielle Software per PAE auf den ungenutzten Arbeitsspeicher zurückgreifen kann. Ein solches Tool ist beispielsweise RAMDisk, das auf S. 159 beschrieben wird.

Geräte reservieren zusätzlichen RAM

Nun enthält der Arbeitsspeicher nicht nur die Daten der Windows-Komponenten und geöffneter Programme, sondern muss ebenfalls den Gerätetreibern einigen Datenspeicher zugestehen. Netto bleibt noch weniger vom Arbeitsspeicher übrig. Windows Vista war – vor Installation des ersten Service Packs – so ehrlich und zeigte in den Systemeigenschaften den tatsächlich nutzbaren Arbeitsspeicher an. Offenbar führte dies zu gehäuften Support-Anfragen von besorgten Usern, die ja einen Rechner mit 4 und nicht nur 3,5 GByte erwarben. Seit dem Service Pack 1 zeigt Windows (Vista) deshalb nur noch den installierten Arbeitsspeicher an, und so führt es Windows 7 fort.

Normalerweise genügt der Arbeitsspeicher nicht, um alle Daten einer Sitzung gleichzeitig vorzuhalten. Deshalb gibt es die Auslagerungsdatei *pagefile.sys*, in die gerade nicht benötigte Daten auf die Festplatte „abgeschoben" werden. Etwa jene des gestarteten Grafikprogramms, das Sie vor ein paar Stunden öffneten und benutzten, aber nicht wieder schlossen. Müssen die Daten nun erst wieder aus der Auslagerungsdatei in den RAM geholt werden, weil Sie doch wieder mit dem Programm arbeiten möchten, dauert das einen Augenblick. Bei wenig RAM und vielen geöffneten Anwendungen leidet so die Performance. Mehr RAM ist also umso besser!

Kein Ruhezustand mit 8 GByte RAM und mehr? Von wegen!

Ein 64-Bit-Betriebssystem ist vor allem dann sinnvoll, wenn Sie mehr als 4 GByte Arbeitsspeicher einsetzen möchten. Zum Beispiel 8 GByte oder noch mehr. Blöd nur, dass der allseits beliebte Ruhezustand auf PCs mit Windows 7 64 Bit und 8 GByte RAM oder mehr verschwunden zu sein scheint. Eigentlich wäre das nicht verwunderlich. Schließlich schreibt ein PC den gesamten Inhalt des Arbeitsspeichers auf die Festplatte, sobald er in den Ruhezustand wechselt. Ist der RAM nun 8 GByte groß oder größer, wird die Festplatte dadurch ganz schön gefüllt.

Der Ruhezustand ist aber dennoch verfügbar, nur die Verknüpfung fehlt. So können Sie den PC jederzeit per Eingabeaufforderung, Verknüpfung oder Skript in den Ruhezustand schicken, sofern Sie *shutdown.exe /h* aufrufen. Noch besser: Öffnen Sie das Startmenü und klicken Sie mit der rechten Maustaste auf den *Herunterfahren*-Button, sodass Sie dessen Eigenschaften auswählen können. Im nun geöffneten Dialog können Sie bei *Standardaktion für Beenden* u. a. auch (wieder) den Ruhezustand auswählen.

Mehr als 4 GByte RAM mit Windows 7 32 Bit nutzen – das funktioniert!

Alle Welt erzählt, mit Windows in der 32-Bit-Fassung könne man maximal 4 GByte Arbeitsspeicher nutzen. Ja, noch nicht einmal die vollen 4 GByte. Die ganze Wahrheit ist das aber nicht. Schon für Windows Server 2003 erweiterte Microsoft die Größe des nutzbaren Arbeitsspeichers auf ein Maximum von 64 GByte. Möglich macht's die bereits erwähnte PAE-Technik, die auch viele Otto-Normal-PCs unterstützen. Aber eben nicht Windows 7. So steckt tief im System eine Sperre, die den Zugriff auf Speicher über 4 GByte verhindert.

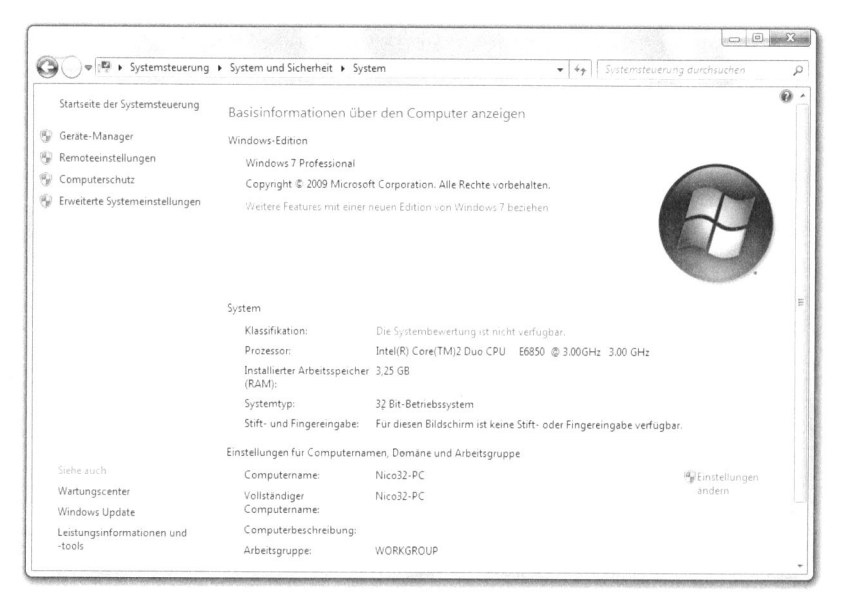

Vor dem Hack führte dieser PC nur 3,25 GByte RAM zur freien Verfügung auf – dabei waren 8 GByte eingebaut! Aber anders kennt man es ja nicht von den Windows-32-Bit-Versionen.

Wie steht es um Ihre Russischkenntnisse?

Diese Sperre können Sie mit einem kleinen Tool aufbrechen. Nennen wir es mal *4GB-7600.RTM.x86.04.08.2009.exe*. Allerlei Downloadmöglichkeiten finden Sie über Google: *http://www.google.de/search?q=4GB-7600.RTM.x86. 04.08.2009.exe*. Zum überwiegenden Teil sind es Downloadportale vom Schlage RapidShares, auf denen die Datei lagert. Besonders anheimelnd ist der Download von diesen Webseiten nicht. Und wenn Sie das kleine Programm erst einmal heruntergeladen und starten ...

Sicher verstehen Sie kein Wort. Immerhin: Viel falsch machen können Sie mit dem Programm eigentlich nicht. Es hat ja nur einen Button.

Vielleicht liegt es nur an meiner Russischphobie, aber einen besonders vertrauenswürdigen Eindruck macht dieses Tool nicht. Doch keine Sorge – das 4-GByte-Limit können Sie auch selbst aufbrechen.

Die Sperre selbst entfernen

Dieser Kniff funktioniert nur, wenn Sie Windows 7 in den Testmodus versetzen und für die in dieser Anleitung geänderte Systemdatei eine Testsignatur erzeugen. Dafür benötigen Sie die *makecert.exe* & Co. aus dem Windows SDK (s. S. 95). Zusätzlich wird ein Hex-Editor benötigt, etwa HxD. Diese deutschsprachige Freeware finden Sie unter der URL *http://mh-nexus.de/de/hxd/*.

Kopieren Sie zunächst die *NTKRNLPA.exe* aus dem *%WINDIR%\System32*-Verzeichnis an einen beliebigen Ort Ihrer Festplatte. Später wird die Datei noch umbenannt, muss aber zunächst einmal mit dem Originaldateinamen bearbeitet werden. Denn was Sie hier wissen sollten: In dieser Anleitung wird keine Systemdatei ausgetauscht, sondern nur eine „zweite Version" der *NTKRNLPA.exe* ins System eingepflegt.

Öffnen Sie die *NTKRNLPA.exe* nun mit einem Hex-Editor, also etwa mit HxD. Gesucht ist nun die Byte-Folge *7C __ 8B 45 FC 85 C0 74 __*, wobei die Unterstriche unbekannte Bytes markieren, die variieren. Sie werden diese Zeichenfolge in der Datei zweimal finden. Beide Male ist sie zu ersetzen. In Windows 7 finden Sie die Byte-Folgen in den „Zeilen" (sogenannte Offsets) *0x0035C240* und *0x0035C280*. Ersetzen Sie hier die Bytes *8B 45 FC 85 C0 74 __* durch *B8 00 00 02 00 90 90*. Im Endeffekt ersetzen Sie also die Byte-

Folge *8B 45 FC 85 C0 74* plus ein weiteres Byte durch die Folge *B8 00 00 02 00 90 90*. Speichern Sie die Änderungen sodann per *Speichern*.

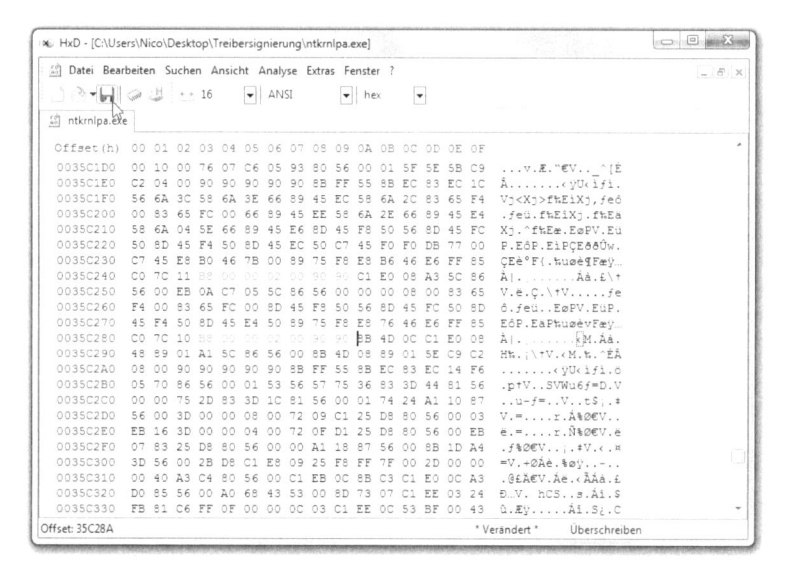

Gar nicht so einfach, in diesem Zeichenwirrwarr die richtigen Bytes zu finden. Aber indem Sie ganz links zu den Offsets 0035C240 und 0035C280 herunterscrollen, finden Sie die Bytes schnell. In dieser Abbildung wurden sie übrigens schon entsprechend ersetzt.

Den gehackten Kernel signieren

Nun gilt es, die neue Kernel-Datei noch mit einer selbst erstellten Testsignatur zu versehen. Dafür benötigen Sie die *makecert.exe* sowie *signtool.exe* aus dem Windows 7 SDK (s. auch S. 95). Sind die Tools vorhanden, kann es losgehen: Öffnen Sie zunächst die Eingabeaufforderung mit höheren Rechten oder nutzen Sie die CMD-Shell des Windows SDK. Doch Obacht: Auch die muss mit höheren Rechten gestartet werden, da sonst später die Signierung fehlschlägt und *signtool* nur den kryptischen Fehler *Falscher Parameter* zurückgibt.

Falls noch nicht vorhanden, erzeugen Sie nun ein eigenes Testzertifikat. Geben Sie dazu *makecert -r -ss PrivateCertStore -n "CN=[NAME]"* ein, wobei Sie *[NAME]* noch entsprechend durch eine selbst gewählte Zeichenfolge ersetzen. Im Beispiel: *makecert -r -ss PrivateCertStore -n "CN=Win7DirtyTricks"*. Signieren Sie nun die *ntkr128g.exe*, indem Sie *signtool -s PrivateCertStore -n "[NAME]" ntkr128g.exe* eingeben. Also etwa *signtool -s PrivateCertStore -n "Win7DirtyTricks" ntkr128g.exe*.

Und noch den Bootloader konfigurieren

Benennen Sie die nun signierte Datei jetzt noch einmal um, etwa in *NTKR128G.exe*. *128G* steht hierbei für 128 GByte – denn so viel RAM unterstützt Windows 7 nach Anwendung dieses Tricks. Sie können die Datei aber auch anders benennen, müssen sie aber in jedem Fall umbenennen. Denn was Sie hier wissen sollten: In dieser Anleitung wird keine Systemdatei ausgetauscht, sondern nur eine „zweite Version" der *NTKRNLPA.exe* ins System eingepflegt. Damit das Original nicht überschrieben wird, muss die geänderte Datei eben umbenannt werden. Kopieren Sie die *ntkr128g.exe* endlich nach *%WINDIR%\System32*. Damit ist es nun aber immer noch nicht getan, denn nun muss noch der Bootloader entsprechend umkonfiguriert werden.

Öffnen Sie dazu die Eingabeaufforderung mit Administratorrechten – wenn sie nicht ohnehin noch offen ist. Geben Sie hier zunächst *bcdedit /copy {current} /d "Windows 7 Unlimited"* ein, wobei Sie sich statt *Windows 7 Unlimited* auch etwas anderes (Albernes) einfallen lassen können. Dieser Text wird dann beim Booten in der Betriebssystemauswahl angezeigt.

Sie haben nun einen neuen Bootloader-Eintrag erzeugt. Diesem Eintrag weist Windows 7 eine zufällig generierte GUID zu, die Sie gleich noch benötigen werden. Geben Sie nun nacheinander die folgenden Befehle ein, wobei *[GUID]* stets durch die zurückgegebene GUID zu ersetzen ist:

bcdedit /set [GUID] pae ForceEnable

bcdedit /set [GUID] kernel ntkr128g.exe

bcdedit /set [GUID] testsigning on

In mehreren kurzen Schritten richten Sie per bcdedit nun noch einen neuen Eintrag für den Windows-Start-Manager ein, mit dem Sie dann de facto die gleiche Windows 7-Installation nur unter Verwendung eines anderen Kernels laden.

Funktioniert's denn?

Finito! Starten Sie nun den PC neu, können Sie beim Booten zwischen dem normalen *Windows 7* und dem *Windows 7 Unlimited* wählen – oder wie Sie Letzteres auch nannten. Sobald das System hochgefahren wurde, möchten Sie vielleicht erst einmal in der Systemsteuerung unter *System und Sicherheit/System* nachschauen. Hoffentlich sieht's dann bei Ihnen auch so aus wie bei mir:

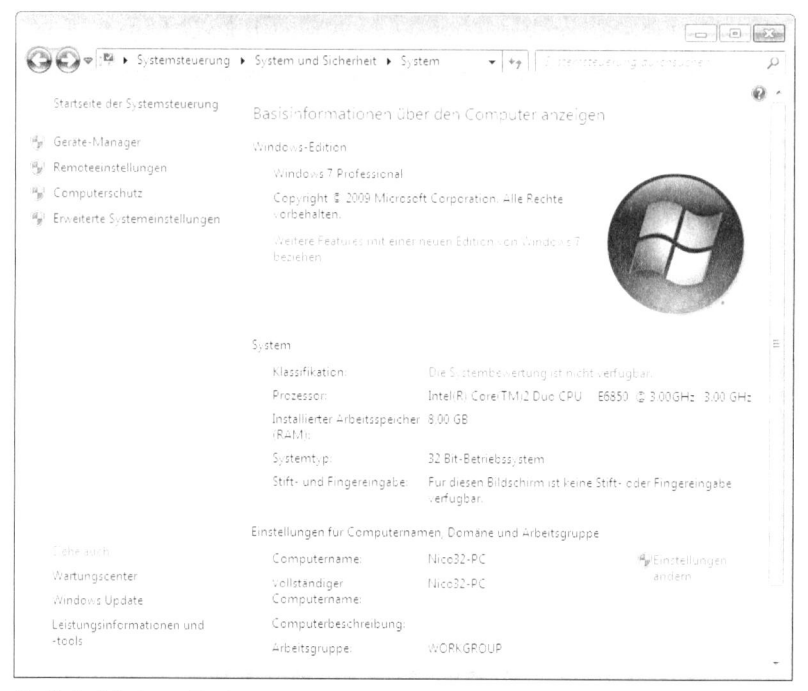

Endlich: Windows 7 erkennt auch in der 32-Bit-Fassung, dass mehr als 4 GByte im Rechner stecken. Nämlich 8 GByte!

Fraglich ist nur, ob es sich hierbei nicht um einen Etikettenschwindel handelt. Schließlich zeigt Windows 7 in der normalen 32-Bit-Fassung schon 4 GByte RAM an, wenngleich nur etwas mehr als 3 GByte nutzbar sind. Doch etwa mit der RAMDisk (s. S. 159) könnten Sie testen, ob Windows 7 tatsächlich über 4 GByte RAM adressieren kann. Nun unterstützt das Tool selbst nur RAMDisks mit einer Maximalgröße von 4 GByte. Da aber auch Windows 7 selbst noch ein bisschen Arbeitsspeicher benötigt, kommen Sie damit locker über 4 GByte.

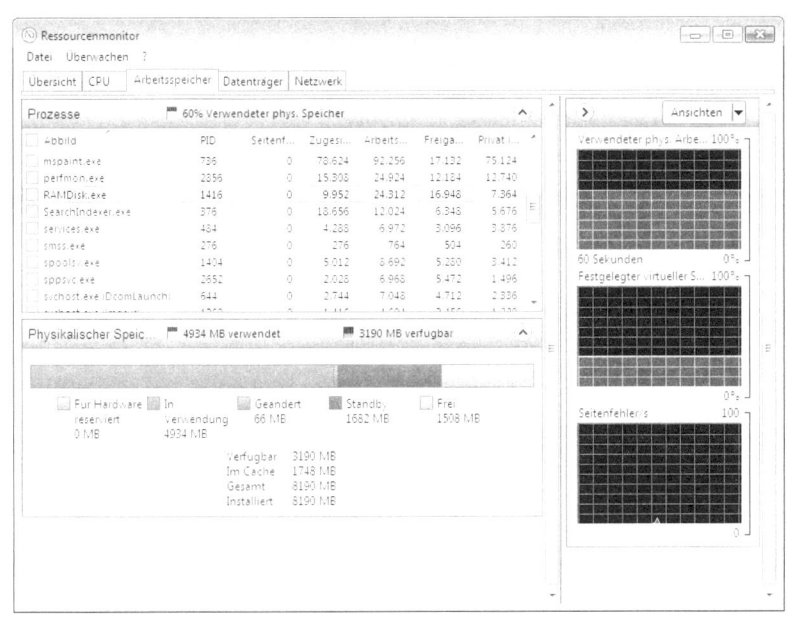

Gleicher Rechner, doch nun mit dem gehackten Kernel NTKR128G.exe geladen. Die eingebauten 8 GByte RAM werden nun nicht nur erkannt, sondern auch genutzt.

Doch noch ein Hinweis: Die Dataram RAMDisk bietet auch unabhängig von diesem Kniff die Möglichkeit, in Windows 7 32 Bit den RAM-Speicher über 4 GByte zu adressieren. Sie aktivieren diese Funktion im Register *Advanced* des *Dataram RAMDisk Configuration Utility*. Für dieses Beispiel wurde diese Option jedoch nicht aktiviert.

2.6 Weg mit dem Signierzwang für Treiber und Systemdateien

Windows 7 gestattet in der 64-Bit-Version nur die Installation von signierten Treibern. Unsignierte bleiben außen vor. Dabei ist die sogenannte Treibersignierung nicht auf die 64-Bit-Variante beschränkt. Seit dem ersten Windows Vista Service Pack unterliegen auch einige Systemtreiber in den 32-Bit-Versionen von Vista – und fortfolgend auch von Windows 7 – einem Signierzwang. Einfach so die *tcpip.sys* auszutauschen, das geht nicht mehr. (Es ist aber auch gar nicht nötig, da Windows 7 keine Beschränkung für offene Verbindungen mehr enthält.) Im Unterschied zur 64-Bit-Variante ist es aber in der 32-Bit-Version von Windows 7 weiterhin möglich, unsignierte Dritthersteller-Treiber zu installieren. Wenn Sie einen unsignierten Treiber installieren wollen, sehen Sie die in der folgenden Abbildung gezeigte Warnmeldung sowohl in der 32-Bit- als auch in der 64-Bit-Fassung von Windows 7. Nur: Unter einem unveränderten Windows 7 64 Bit bringt es eigentlich gar nichts, auf *Diese Treibersoftware trotzdem installieren* zu klicken. Es geht nämlich dank Signierzwang – „trotzdem" – nicht.

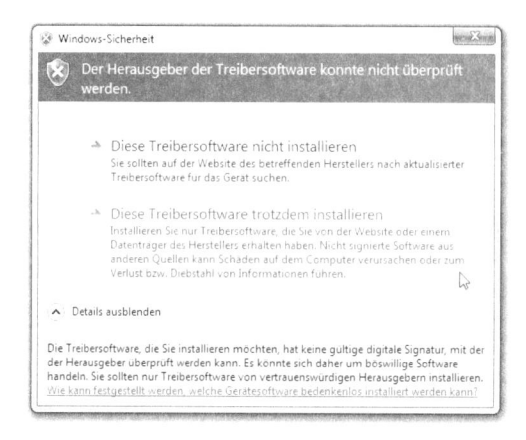

Dass einem die Fehlermeldung nur selten begegnet und Sie sie vielleicht noch nie gesehen haben, zeugt von Microsofts Erfolg. Offenbar gelang es, praktisch alle Hardware- und Softwareanbieter auf signierte Treiber einzuschwören. Ein paar Hundert Dollar fallen für HP & Co. auch nicht ins Gewicht. Und sinnvoll ist sie ja eigentlich, die Treibersignierung. Leider tun sich Hobby-Programmierer oder selbstständige Entwickler schwer, das Geld für die Treibersignatur aufzutun.

Tja, denkste: Trotz Klick auf Diese Treibersoftware trotzdem installieren bricht die Installation eines unsignierten Treibers unter Windows 7 64 Bit ab. Aber wozu haben Sie denn dieses Buch ...

Manchmal gibt's nur alte 32-Bit-Treiber

Einmal abgesehen von den Programmen, deren Autoren kein Geld für eine Signierung aufbringen können oder wollen: Inzwischen bieten Hardwarehersteller für fast jeden Scanner, Drucker etc. 64-Bit-Treiber an. Das war nicht immer so. Und gerade für Hardware, die vier bis fünf Jahre oder älter ist, gibt es häufig nur 32-Bit-Treiber. Von 64 Bit hatte man damals nämlich im Privatbereich fast noch nichts gehört.

So wie die passenden 64-Bit-Treiber für eine uralte Webcam etc. fehlen, so fehlt für diese Treiber natürlich auch eine Signatur. Doch verzagen Sie nicht – mit folgender Anleitung signieren Sie diese alten Treiber selbst und können Sie dann auch in vielen Fällen noch mit Windows 7 64 Bit nutzen. Auch wenn es eigentlich gar keine 64-Bit-Treiber sind – signiert und für Windows 7 schon gar nicht.

Geht immer: der einfachste, aber auch umständlichste Weg

Die einfachste Möglichkeit, um die Treibersignierung abzuschalten: Halten Sie beim Systemstart [F8] gedrückt und wählen Sie *Erzwingen der Treibersignatur deaktivieren*. Möchten Sie unsignierte Treiber dauerhaft nutzen, müssten Sie das aber bei jedem Systemstart machen. Besonders komfortabel ist das nicht.

Zusatztreiber drückt jedes Mal [F8]

Das Tool ReadyDriver Plus (*http://www.citadelindustries.net/readydriverplus/*) verändert den Bootloader so, dass *Erzwingen der Treibersignatur deaktivieren* bei jedem Systemstart automatisch ausgewählt wird. Gefällt Ihnen nicht, dass ein solch kleines Tool aus dem Netz in Ihrem Bootloader herumfummelt, lesen Sie einfach weiter.

Funktioniert nicht mehr: Treibersignierung ganz abschalten

Wer im Netz nach der Treibersignierung forscht, stößt immer wieder auf den Ratschlag, die Signierung doch per *bcdedit.exe -set loadoptions DDISABLE_INTEGRITY_CHECKS* zu deaktivieren. Auch für Windows 7 64 Bit wird dieser Ratschlag immer wieder erteilt, doch funktioniert das Ganze schon seit dem Windows Vista SP 1 nicht mehr. Denn mit dem ersten Service Pack für Vista hat Microsoft *DDISABLE_INTEGRITY_CHECKS* deaktiviert. Sie können obige Zeile zwar immer noch in eine mit höheren Rechten ausgeführte Eingabeaufforderung hämmern, ohne eine Fehlermeldung zu erhalten, doch bewirkt das rein gar nichts. Fakt ist leider: Die Treibersignierung kann auf herkömmlichem Weg nicht mehr dauerhaft deaktiviert werden.

Signierzwang für Treiber und Systemdateien umgehen

Indem Sie Ihre Windows 7-Installation in einen sogenannten Testmodus versetzen, klappt's auch dauerhaft mit unsignierten Treibern. Kleiner Nachteil: Damit es wirklich funktioniert, müssen Sie sodann für die zu installierenden, unsignierten Treiber eine Testsignierung erstellen. Die kostet nichts und kann mit Gratistools von Microsoft erzeugt werden.

Die Treibersignierung manuell umgehen

Haben Sie keine Lust auf Tools von Unbekannten aus dem Netz, signieren Sie unsignierte Treiber- oder Systemdateien eben selbst. Dafür benötigen Sie aber das Windows SDK.

Ein Tool macht's automatisch

Bevor ich Sie mit der Selbstbau-Anleitung quäle: In Form des Driver Signature Enforcement Overrider (DSEO) existiert ein Gratistool, das für unsignierte Treiber ebenfalls Testsignaturen erstellen kann. Sie finden das Programm unter *http://www.ngohq.com/home.php?page=dseo*. Wählen Sie hier *Sign a System File* und wählen Sie anschließend die (Treiber-)Datei, die signiert werden muss.

Zusätzlich zur Treibersignierung kann das Programm auch gleich noch den Testmodus aktivieren (*Enable Test Mode*) bzw. deaktivieren (*Disable Test Mode*). Außerdem verweist es per Auswahl von *Remove Watermarks* auf ein kleines Tool, das für Sie das lästige Testmodus-Branding entfernt.

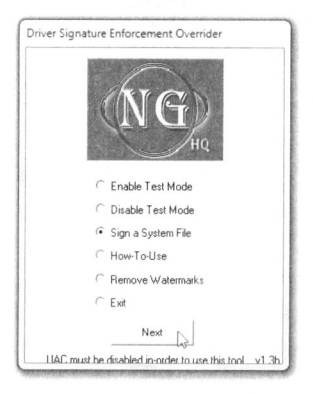

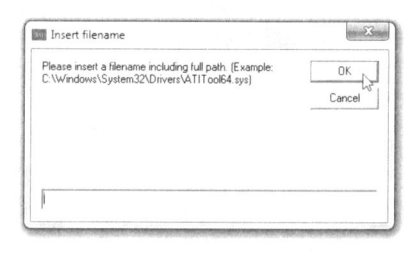

Besonders kompliziert zu bedienen ist der Driver Signature Enforcement Overrider (DSEO) nicht: Sign a System File markieren, auf Next klicken und dann die (Treiber-)Datei auswählen, die Sie mit einem Testzertifikat versehen wollen. Das war's schon, macht aber freilich auch nicht so viel Spaß, wie es selbst zu machen.

Das Windows SDK herunterladen

Zunächst benötigen Sie ein paar Tools: die Dateien *makecert.exe*, *certmgr.exe* und *sign.exe*. Sämtlich sind diese kleinen Programme im Microsoft Windows Software Development Kit (SDK) enthalten. In der Version Microsoft Windows SDK for Windows 7 and .NET Framework 3.5 SP1 finden Sie es zum kostenlosen Download unter *http://www.microsoft.com/downloads/details.aspx? FamilyID=c17ba869-9671-4330-a63e-1fd44e0e2505&displaylang=en*. Haben Sie das SDK heruntergeladen und installiert, finden Sie o. g. Programme vermutlich im Pfad *%PROGRAMFILES%\Microsoft SDKs\Windows\v7.0\Bin*. Haben Sie während der Installation einen anderen Pfad gewählt, müssen Sie an entsprechend anderer Stelle suchen. So geht's dann weiter:

Den Rechner in den Testmodus versetzen

Zunächst versetzen Sie Ihren Rechner in den Testmodus. Öffnen Sie dazu die Eingabeaufforderung mit Administratorrechten und geben Sie *bcdedit.exe -set testsigning on* ein. Führen Sie nun noch einen Neustart durch, um Windows 7 im Testmodus zu starten.

Wenn es doch damit schon getan wäre ...

Signaturzwang reaktivieren

Möchten Sie die mit obigen Trick getätigten Änderungen rückgängig machen, geben Sie in die mit höheren Rechten gestartete Eingabeaufforderung einfach zunächst *bcdedit.exe -set loadoptions ENABLE_INTEGRITY_CHECKS*, danach *bcdedit.exe -set testsigning off* ein. Nach einem Neustart setzt Windows 7 dann wieder für jeden Treiber eine Signatur voraus.

Signierung für den Privatgebrauch

Deshalb ein Szenenwechsel: Das RightMark CPU Clock Utility (RMClock) ist ein Tool zum Auslesen diverser Prozessordaten wie Temperatur und Spannung. Es funktioniert theoretisch auch unter Windows 7 64 Bit, benötigt dafür aber einen Treiber, der leider nicht signiert ist. Sie können das Tool ja einmal unter *http://cpu.rightmark.org/download.shtml* herunterladen. Die im Downloadarchiv enthaltene *RTCore64.sys* ist diese Treiberdatei, die Windows 7 64 Bit partout nicht installieren will. So erstellen Sie dafür ein Testzertifikat, mit dem der Treiber dann doch noch installiert werden kann:

Das hässliche Testmodus-Branding entfernen

Sobald Sie den Testmodus aktivieren und den Rechner neu gestartet haben, blendet Windows 7 in der rechten unteren Desktopecke ein unschönes Testmodus-Branding ein. Aber keine Sorge, mit dem Resource Hacker können Sie es entfernen. Dazu besorgen Sie sich zunächst die nötigen Besitz- und Bearbeitungsrechte an der *user32.dll.mui* in *%WINDIR%\System32\de-DE*. Öffnen Sie diese Datei nun mit dem Resource Hacker, finden Sie unter *String Table\47\1033* in der Zeile 738 den *Testmodus*. Ersetzen Sie *Testmodus* durch ein Leerzeichen. Auch in *String Table\45\1033* tauschen Sie die Werte der Zeilen 716 und 718 durch ein Leerzeichen aus. Vollziehen Sie die Änderungen immer fleißig mit *Compile Script* und speichern Sie die Datei anschließend. Nach einem Neustart ist das Branding verschwunden!

Das Testmodus-Branding ist nicht so hübsch, immerhin aber unaufdringlicher als der Testmodus-Hinweis von Windows Vista, der in allen vier Desktopecken angezeigt wurde.

Möchten Sie einen Treiber nur für die Verwendung auf dem eigenen PC signieren, genügen schon die Windows SDK-CMD-Shell und zwei Zeilen. Starten Sie dazu zunächst besagte CMD-Shell. Eine Verknüpfung dazu finden Sie im Startmenü unter *Alle Programme/Microsoft Windows SDK v7.0*.

Die erste Eingabe darin muss nun lauten: *makecert -r -ss PrivateCertStore -n "CN=[BELIEBIGERNAME]"*. Im Beispiel also etwa *makecert -r -ss PrivateCert Store -n "CN=Win7DirtyTricks"*. Damit erzeugen Sie zunächst ein Zertifikat, mit dem Sie die Datei im nächsten Schritt signieren.

Zwei Zeilen genügen, um einen unsignierten Treiber provisorisch – aber auch dauerhaft – mit einer Testsignatur zu versehen. Nur den Rechner müssen Sie natürlich stets noch im Testmodus hochfahren.

Anschließend geben Sie *signtool sign -s PrivateCertStore -n "[BELIEBIGER-NAME]" [PFADZURDATEI]* ein. Achten Sie darauf, dass *[BELIEBIGERNAME]* dann doch nicht so beliebig ist – d. h., der gleiche sein muss wie bei der Erzeugung des Zertifikats. Im Beispiel: *signtool sign -s PrivateCertStore -n "Win7DirtyTricks" %USERPROFILE%\Desktop\Treibersignierung\RTCore64.sys*. Sogleich ist der Treiber mit Ihrem Testzertifikat signiert und sollte auf dem Rechner installiert und geladen werden können, sofern der sich (stets) im Testmodus befindet.

2.7 Kein DVD-Laufwerk oder keine Original-DVD? So installieren Sie Windows 7 von anderen Quellen

Zwei meiner aktuell vier Rechner sind nicht mit einem optischen Laufwerk ausgestattet. Das eine Gerät ist ein Netbook, die ohnehin nur ohne DVD-Laufwerk angeboten werden. (Ausnahmen bestätigen die Regel.) Der andere PC ist ein Tablet-PC, der nun schon fast drei Jahre auf dem Buckel hat. Schon damals hatte dessen Hersteller auf DVD & Co. verzichtet. Ich vermisse ein DVD-Laufwerk in beiden Geräten aber auch nicht.

Spannend wird es bei beiden Geräten aber immer, wenn etwa eine Windows-Neuinstallation ansteht. Wenn man sich über Monate mit Windows-Tricks beschäftigt, ist das recht häufig nötig. Doch kein Problem – abseits der Windows 7-Installations-DVD gibt's mehrere Möglichkeiten, Windows 7 zu installieren. Und wenn Ihnen sogar die Windows 7-Installations-DVD fehlt, ist das auch kein Problem!

Windows 7 DVD-Abbilder ganz legal im Netz!

Es war immer etwas merkwürdig, dass Microsoft die Windows-Installations-CDs und später -DVDs nie so richtig offiziell zum Download im Netz anbot. Ohne Lizenzschlüssel ist der Datenträger letztlich wertlos. Und wer raubkopieren wollte, ließ sich davon nicht abhalten.

So richtig offiziell gibt es auch die Windows 7-Installations-DVD nicht im Netz. Doch die Server von Digital River, unter anderem Distributor der Windows 7 Studentenversion, stehen offen im Netz. Und die direkten Links auf die dort liegenden ISO-Abbilder funktionieren problemlos.

So finden Sie das deutsche Windows 7 Home Premium in der 32-BitFassung unter *http://msft-dnl.digitalrivercontent.net/msvista/pub/X15-65740/X15-65740.iso*, als 64-Bit-Version hingegen unter *http://msft-dnl.digitalrivercontent.net/msvista/pub/X15-65741/X15-65741.iso*.

Die deutsche Version von Windows 7 Professional gibt es ebenso. Als 32-Bit-Variante finden Sie sie unter *http://msft-dnl.digitalrivercontent.net/msvista/pub/X15-65812/X15-65812.iso*, für 64-Bit-Systeme indes unter *http://msft-dnl.digitalrivercontent.net/msvista/pub/X15-65813/X15-65813.iso*.

Mit diesen Links sollte (fast) jeder glücklich werden. Und wer dennoch eine andere Windows 7-Version benötigt, lädt trotzdem eine der ISO-Abbilder herunter und wirft einfach die *ei.cfg* hinaus, um dann bei der Windows-Installation die Version frei auswählen zu können. Wie's funktioniert, verrät Seite 104.

Windows 7 vom USB-Speicher oder einer Speicherkarte installieren

Die neue Geräteklasse der Netbooks hat den PC-Markt überrannt. Klein und leistungsarm sind sie eher etwas für zwischendurch und unterwegs. Trotzdem sind selbst die Geräte mit einem 1,6-GHz-Atom-Prozessor in der Lage, Windows 7 vernünftig auszuführen. Doch wie kommt Windows 7 aufs Netbook, fehlt doch fast allen Modellen ein (optisches) DVD-Laufwerk? Kurze Antwort: Mit einem USB-Stick, der mindestens eine Kapazität von 4 GByte hat, und mit der folgenden Anleitung.

Schneller mit Microsofts Zusatztool

Inzwischen bietet Microsoft auch selbst ein Tool an, das einen Windows 7-Installations-USB-Stick erstellen kann. Voraussetzung dafür ist nur eine vorhandene ISO-Datei oder Installations-DVD des Betriebssystems, die Sie aber auch für die manuelle Vorgehensweise benötigen. Sie finden das sogenannte Windows 7 USB/DVD Download Tool unter der URL *http://wudt.codeplex.com*.

Der manuelle Weg, ohne Microsofts Zusatztool, gelingt so:

1 Öffnen Sie die Eingabeaufforderung mit Administratorrechten und starten Sie sogleich durch Eingabe von *diskpart* das gleichnamige Systemprogramm.

2 Durch Eingabe von *list disk* listet Ihnen das Tool zunächst alle angeschlossenen und angesteckten Laufwerke auf. Dazu gehört auch der USB-Stick, den Sie hoffentlich schon angeschlossen haben.

3 Tippen Sie nun *select disk [Datenträgernummer]* ein, wobei Sie *[Datenträgernummer]* natürlich durch die entsprechende Nummer Ihres USB-Sticks ersetzen. Danach tippen Sie nacheinander die folgenden Befehle ein (zwischendurch müssen Sie nur hin und wieder ein paar Augenblicke warten, etwa wenn DiskPart den Stick formatiert):

clean
create partition primary
select partition 1
active
format fs=fat32 quick
assign
exit

Eine kleine Anmerkung: Bei der Eingabe von *format fs=fat32 quick* veranlasst der Zusatz *quick* die Schnellformatierung des Datenträgers. Lassen Sie ihn weg, wird der USB-Stick „ganz normal" formatiert, was u. U. recht lang dauert.

4   Nun kopieren Sie den Inhalt der Installations-DVD oder gemounteten ISO auf den Stick. Am besten mit dem Befehl *xcopy*. Geben Sie ihn in dieser Form ein: *xcopy [LAUFWERKBUCHSTABE DVD-LW]:*.* /s/e/f [LAUFWERKBUCHSTABE USB-STICK]:*. Im Beispiel lautet die Eingabe folglich: *xcopy e:*.* /s/e/f m:*.

5   Sobald der Kopiervorgang abgeschlossen ist, ist der USB-Installationsdatenträger fertig. Sie können nun also von ihm booten und installieren.

Nie wieder Setup-DVD: So erstellen Sie sich eine „Rettungspartition"!

Kein DVD-Laufwerk im Rechner und keine Lust, das Windows 7-Installationsmedium ständig auf USB-Stick vorzuhalten? Packen Sie doch den Inhalt der Windows 7-Installations-DVD auf Ihren Rechner. Ganz so, wie es auch die PC-Hersteller tun, die das Geld für eine Installations-DVD sparen wollen.

1   Booten Sie den Rechner von einem Windows 7-Installationsdatenträger – also einer Setup-DVD oder einem entsprechend eingerichteten USB-Stick.

2   Statt *Jetzt installieren* anzuklicken, drücken Sie [Umschalt]+[F10], um eine Eingabeaufforderung zu öffnen. Starten Sie durch Eingabe von *diskpart* das gleichnamige Systemprogramm.

3   Lassen Sie sich nun durch Eingabe von *list disk* alle Laufwerke des Computers anzeigen.

4   Wählen Sie mit *select disk [DATENTRÄGERNUMMER]* die Partition aus, in der Sie die Sicherungspartition erstellen wollen. Anschließend erzeugen Sie mit den folgenden Eingaben eine neue FAT32-Partition mit knapp 5 GByte Größe:

create partition primary size=5000
format fs=fat32 quick
active
assign
exit

5 Vermutlich wird der Partition durch Eingabe von *assign* der Laufwerkbuchstabe *C:* zugewiesen. Das DVD-Laufwerk mit eingelegter Installations-DVD wird indes den Buchstaben *D:* tragen. Kopieren Sie nun mit *xcopy* die Installationsdaten vom Installationsdatenträger auf die neu erstellte Partition, die einmal Ihre Rettungspartition sein soll. Und zwar so: *xcopy [INSTALLATIONSDATENTRÄGER]:*.* /s/e/f [RETTUNGSPARTITION]:* – im Beispiel also *xcopy d:*.* /s/e/f c:*.

6 Wechseln Sie nun durch Eingabe von *c:* mit der Eingabeaufforderung in die Rettungspartition. Geben Sie *cd boot* ein, um in den dort liegenden *boot*-Unterordner zu gelangen. Lassen Sie nun noch die Eingabe *bootsect /nt60 c:* folgen, um einen entsprechenden Bootmanager zu erstellen.

7 Nun können Sie die Eingabeaufforderung schließen und Windows 7 ganz normal in dem übrigen, noch nicht partitionierten Bereich installieren. Oder Sie entfernen den eingelegten Installationsdatenträger, starten den PC neu und booten direkt von der neu erstellten Rettungs-/Installationspartition. Auch davon ist nun eine Windows 7-Installation möglich. Schließlich haben Sie sie dafür erzeugt. Sobald Windows 7 installiert wurde, sollte der Windows-Start-Manager sodann auch zwei Einträge führen – *Windows 7* als Standard sowie *Windows Setup [EMS aktiviert]*, um die Rettungspartition zu laden.

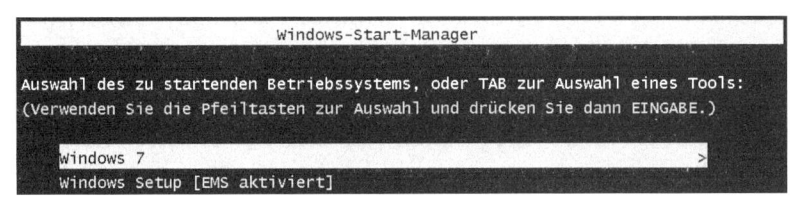

Hat alles geklappt, stehen beim Rechnerstart künftig zwei Einträge zur Auswahl: Windows 7, um das System zu starten, sowie ein Eintrag, der die auf Festplatte installierte Setup-Routine lädt.

Die Wartezeit des Bootmanagers verkürzen

Normalerweise wartet der Windows 7-Bootmanager 30 Sekunden, bevor er das Standardbetriebssystem hochfährt. Vielleicht dauert Ihnen das zu lang. Ändern Sie die Einstellung, indem Sie die Eingabeaufforderung mit Administratorrechten starten und *bcdedit / timeout [Sekunden]* eingeben. Statt *[Sekunden]* wählen Sie freilich einen Wert in Sekunden, zum Beispiel 10: *bcdedit / timeout 10*.

2.8 Windows fernab offizieller Pfade installieren und verwenden

Als Leser dieses Buches haben Sie Windows 7 garantiert schon installiert. Hat es dann noch einen Sinn, über etliche Seiten auf den Installationsvorgang einzugehen? Ich denke schon, denn die hier beschriebenen Kniffe haben mit der Otto-Normal-Windows-Installation nicht viel zu tun.

Und als Fortgeschrittener bzw. Hobby-Windows-Experte im Bekannten- und Freundeskreis werden Sie Windows 7 sicher häufiger aufsetzen. Wenn nicht auf Ihrem eigenen, dann sicher auf einem anderen Rechner.

Pst! Die Upgrade-Versionen funktionieren auch ohne XP- oder Vista-Lizenz!

Die Windows 7-Upgrade-Versionen sind einer der günstigsten Wege, um Windows 7 auf einen Rechner zu bekommen. Wie das Wort „Upgrade" andeutet, sind diese Versionen eigentlich für eine Aufwertung bestehender Windows XP- oder Windows Vista-Installationen gedacht.

Man könnte deshalb meinen, dass sie sich nur installieren lassen, wenn bereits ein Windows XP oder Vista vorinstalliert ist. Weit gefehlt – denn auch auf komplett leeren Festplatten können Sie eine Windows 7-Upgrade-Version installieren und müssen während der Installation nicht einmal den Lizenzschlüssel Ihres alten Windows XP oder Vista eingeben.

Dass Microsoft eine Upgrade-Installation ohne vorinstalliertes XP oder Vista ermöglicht, ist sehr löblich. Schließlich können Sie so eine saubere Installation durchführen und „sauber" in die Windows 7-Welt starten, ohne mit etwaigen Problemen zu kämpfen, die im Rahmen eines Upgrades entstehen können.

Beachten Sie jedoch: Erwerben Sie eine Upgrade-Lizenz und besitzen gar kein Windows XP oder Vista, das Sie dafür in den „Ruhestand" schicken, begehen Sie einen Lizenzbruch. Das installierte Windows 7 ist dann genauso legal wie eine Raubkopie ...

Windows 7-Retail-Versionen und Anytime Upgrades – pure Geldverschwendung!

Wenn Ihnen der Funktionsumfang von Windows 7 Starter oder Home Premium nicht ausreicht und Sie ein Upgrade durchführen möchten, werfen Sie Ihr Geld bitte nicht zum Fenster heraus. Klar: Mit den Windows 7-Upgrade-Versionen, die Sie im Handel erwerben können, gelingt ein Upgrade recht unkompliziert. Doch sind die Updates wahnsinnig teuer. Preiswerter aktualisieren Sie, wenn Sie eine sogenannte Systembuilder-Version kaufen. Die gibt es v. a. bei Onlinehändlern und kann auch von Privatpersonen ohne Einschränkungen verwendet werden. Die deutsche Systembuilder-Version von Windows 7 Ultimate kostete zur Drucklegung dieses Buches beispielsweise ca. 140 Euro. Das Anytime Upgrade von Windows 7 Home Premium auf Ultimate hingegen fast 200 Euro! Und hierbei erwerben Sie nicht einmal eine neue Lizenz. Gegenüber den Retail-, also Vollversionen des Betriebssystems ist der Preisunterschied noch krasser. Na gut, dafür sind die Retail-Varianten wenigstens schöner verpackt als die Systembuilder-Versionen, die meist nur in einer schnöden DVD-Hülle ausgeliefert werden.

Günstige Angebote für Systembuilder-Versionen finden Sie über Preisvergleichsseiten wie *http://www.geizhals.at/de* oder *http://www.preissuchmaschine.de*, indem Sie nach *Windows 7 SB* oder *Windows 7 OEM* suchen. Achten Sie dabei aber nicht nur auf den Preis, sondern ebenfalls auf die Bewertungen der Anbieter, um schludrige Händler zu meiden.

Die Windows 7-Probierversion – und wie Sie deren Laufzeit verlängern

Seit Windows Vista benötigen Sie zur Windows-Installation keinen Produktschlüssel mehr! Überspringen Sie nämlich die Eingabe des Produktschlüssels, können Windows Vista und 7 trotzdem installiert und zunächst 30 Tage „probiert" werden. Natürlich kann man ein ohne Produkt-Key installiertes Windows Vista bzw. 7 nicht uneingeschränkt nutzen. So nervt Windows 7 nach 30 Tagen ohne Aktivierung regelmäßig mit Meldungen, dass die Windows-Installation doch – sinngemäß – „bitte" zu aktivieren sei. Mit einem Trick können Sie den Zeitraum aber auf bis zu 120 Tage verlängern. Öffnen Sie dazu nach Ablauf der ersten 30 Tage einfach die Eingabeaufforderung mit höheren Rechten und geben Sie *slmgr.vbs -rearm* ein, um die Aktivierung um weitere 30 Tage hinausschieben zu können. Um auf das Maximum von 120 Tagen zu kommen, können Sie diesen Kniff insgesamt dreimal wiederholen. Danach ist dann aber wirklich Schluss!

Beachten Sie, dass es rechtlich „nicht so ganz" einwandfrei ist, Windows 7 ohne gültige Lizenz zu nutzen. Wollen Sie Windows 7 mit diesem Trick ohne Aktivierung „testen", bräuchten Sie also trotzdem einen entsprechenden Lizenzschlüssel, um auf der „sicheren Seite" zu sein.

Echte Windows 7-Probierversion

Möchten Sie eine „richtige" Windows 7-Demo, können Sie auf eine 90-Tage-Testversion von Windows 7 Enterprise zurückgreifen. Den Download in Form einer ISO-Datei finden Sie unter *http://technet.microsoft.com/de-de/evalcenter/cc442495.aspx*.

Jede beliebige Windows 7-Version mit nur einer DVD installieren!

Der Windows Vista-Installationsprozess bot ein tolles Novum: Gab man keinen Produkt-Key an, konnte man im nächsten Schritt auswählen, welche Vista-Version man denn installieren wollte. Denn die Vista-Installationsdatenträger enthielten alle Versionen – von Vista Home Basic bis Vista Ultimate. Selbst wenn auf dem Datenträger explizit nur die Home Premium Version o. Ä. erwähnt war.

Auch Windows 7 können Sie ohne Eingabe eines Produkt-Keys installieren und 30 bis maximal 120 Tage lang „testen". Aber: Die Versionsauswahl ist im Installationsprozess scheinbar weggefallen. Steht Home Premium auf der DVD, mag die 7-Installation auch nur Windows 7 Home Premium installieren. Mit einem Trick können Sie aber dennoch die Versionsauswahl aktivieren: Löschen Sie einfach die *ei.cfg*-Datei, die sich auf dem Installationsdatenträger im Verzeichnis *sources* befindet.

Die ei.cfg in einer ISO-Datei ausknipsen

Das ist leichter gesagt als getan, schließlich ist eine Installations-DVD ja nicht wiederbeschreibbar und somit schreibgeschützt. Sie müssen den 7-Installationsdatenträger also zumindest erst einmal im ISO-Format auf der Festplatte haben. Etwa, indem Sie die Installations-DVD „rippen" oder eine Original-Windows-ISO aus dem Internet herunterladen. Leider lässt sich aber auch das ISO-Format nicht so leicht verändern. Mit Tools wie 7-Zip (*http://www.7zip.org*) können Sie zwar Dateien aus ISO-Images extrahieren, aber nicht löschen. Und auch keine neuen ISOs erstellen. Spezielle ISO-Editoren wie MagicISO (*http://www.magiciso.com*) gibt es für Windows praktisch nicht als Freeware, andere ISO-Editoren funktionieren zum Teil ohnehin nicht unter den neuen Windows-Betriebssystemen Vista und 7. Nur zum Entfernen der *ei.cfg* wurden aber inzwischen mehrere kleine Tools veröffentlicht, die eine Windows 7-ISO so bearbeiten, dass die *ei.cfg* darin „unsichtbar" wird. Ein solches Tool ist beispielsweise das ei.cfg Removal Utility (*http://code.kliu.org/misc/win7utils/*). Im Grunde besteht es nur aus einem *Öffnen*-Dialog, mit dem Sie die ISO-Datei auswählen, und einer Bestätigungsmeldung.

Sicherer per USB-Installationsdatenträger

Am sichersten ist es aber, mit der Anleitung von S. 97 einen USB-Installationsdatenträger zu erstellen und von diesem dann die *ei.cfg* aus *sources* zu löschen. Weil der USB-Stick beliebig wiederbeschreibbar ist, gelingt da der Löschvorgang per Explorer so einfach und schnell wie das Löschen jeder anderen Datei auch.

So können Sie den Produktschlüssel Ihrer Windows-Installation auslesen, nachträglich ändern oder gar erst eingeben

Mit Bordmitteln können Sie den Produktschlüssel Ihrer Windows 7-Installation nicht auslesen. Er befindet sich zwar in der Registry, ist dort aber nur verschlüsselt hinterlegt. Sehr wohl gelingt's aber mit kleinen Gratistools aus dem Netz. Beispielsweise mit dem Product Key Finder (*http://www.ottsolutions.com/products.htm*), der mit Windows 7 32 Bit und 64 Bit funktioniert. Ganz nebenbei vermag das Tool auch Schlüssel von Office etc. auszulesen, sofern es installiert ist.

Den Produktschlüssel ändern

Sie müssen den Produktschlüssel Ihrer Windows 7-Installation nachträglich ändern oder gar erst eingeben? Kein Problem – in Windows 7 funktioniert das zügig und ganz ohne Tools von Dritten. Öffnen Sie in der Systemsteuerung einfach *System und Sicherheit*, dann *System*. Am unteren Rand der Basisinformationen finden Sie eine Verknüpfung namens *Product Key ändern*. Der Rest ist selbsterklärend. Eine erneute Aktivierung wird bei einem Produktschlüssel freilich notwendig.

Wer schneller tippt als klickt kann auch eine Eingabeaufforderung mit höheren Rechten starten und *slmgr.vbs -ipk [NEUER PRODUKT-KEY]* eingeben. Mit *slmgr.vbs -ato* starten Sie im Anschluss die (erneute) Aktivierung.

Das Windows 7-Komplettpaket – 32-Bit- und 64-Bit-Version auf einem Installationsdatenträger!

Immer dieses Theater mit den separaten Datenträgern für Windows 7 32 Bit und Windows 7 64 Bit. Hätte Microsoft nicht beide Ausgaben auf eine DVD packen können? Klar hätten sie das. Denn unmöglich ist es nicht, wie folgende Schrittanleitung beweist. Zwei Zutaten benötigen Sie für dieses „Kochrezept": die Windows 7-DVDs bzw. ISO-Dateien der 32-Bit- und 64-Bit-Fassung sowie das sogenannte Windows Automated Installation Kit (WAIK). So geht's nun:

Das Windows Automated Installation Kit (WAIK) herunterladen

Woher beziehen Sie das WAIK für Windows 7? Natürlich aus dem Internet. Schauen Sie mal hier: *http://www.microsoft.com/downloads/details.aspx?displaylang=de&FamilyID=696dd665-9f76-4177-a811-39c26d3b3b34*. Beachten Sie zugleich: Mit jeder neuen Windows-Version und i. d. R. auch schon mit jedem neuen Service Pack wird das Windows Automated Installation Kit aktualisiert. Stöbern Sie also immer mal auf der Microsoft-Webseite, um die jeweils neuste Version zu finden.

1 Kopieren Sie den Inhalt der Windows 7-32-Bit-DVD (oder ISO) an einen beliebigen Ort Ihrer Festplatte. Beispielsweise nach *%USERPROFILE%\Desktop\Win7_32Bit*.

2 Wurden die Daten kopiert, löschen Sie im Unterordner *sources* die *ei.cfg*, um später zwischen mehreren Windows 7-Versionen wählen zu können (s. auch S. 104).

3 Öffnen Sie nun die Windows 7-64-Bit(!)-DVD bzw. mounten Sie deren ISO – etwa mit Virtual CloneDrive (*http://www.slysoft.com*). Sie benötigen von diesem Datenträger nur die *install.wim*, die sich dort ebenfalls im Verzeichnis *sources* befindet. Kopieren Sie sie an einen beliebigen Ort Ihrer Festplatte – aber bitte nicht in das Verzeichnis, in dem schon die Daten der 32-Bit-Fassung liegen. Wie wäre es beispielsweise mit *%USERPROFILE%\Desktop\Win7_64Bit*?

4 Wenn Sie den Vorschlägen dieser Anleitung gefolgt sind, müsste nun in *%USERPROFILE%\Desktop\Win7_32Bit* der komplette Inhalt des Windows 7-32-Bit-Installationsdatenträgers liegen, in *%USERPROFILE%\Desktop\Win7_64Bit* hingegen nur die *install.wim* der 64-Bit-Fassung. Ja? Gut. Starten Sie dann die Windows-PE-Tools-Eingabeaufforderung mit

Administratorrechten. Eine Verknüpfung dazu finden Sie im Startmenü unter *Alle Programme/Microsoft Windows AIK*.

5 Es gilt nun, die *install.wim* der 32-Bit-Version um die Inhalte der *install.wim* der 64-Bit-Version zu erweitern. Das gelingt recht einfach mit dem WAIK-Tool *ImageX*. Geben Sie nacheinander einfach die folgenden Zeilen ein. Haben Sie andere Pfade verwendet, müssen Sie diese freilich anpassen. Auch können Sie etwa die erste Zeile weglassen, wenn Sie ohnehin nie Windows 7 Home Basic in der 64-Bit-Variante installieren wollen bzw. werden. Dann kann diese Version aber auch nicht mit dem Datenträger genutzt werden.

ImageX -export "%USERPROFILE%\Desktop\Win7_64Bit\install.wim"
1 "%USERPROFILE%\Desktop\Win7_32Bit\install.wim"
"Windows 7 HOMEBASIC (x64)"

ImageX -export "%USERPROFILE%\Desktop\Win7_64Bit\install.wim"
2 "%USERPROFILE%\Desktop\Win7_32Bit\install.wim"
"Windows 7 HOMEPREMIUM (x64)"

ImageX -export "%USERPROFILE%\Desktop\Win7_64Bit\install.wim"
3 "%USERPROFILE%\Desktop\Win7_32Bit\install.wim"
"Windows 7 PROFESSIONAL (x64)"

ImageX -export "%USERPROFILE%\Desktop\Win7_64Bit\install.wim"
4 "%USERPROFILE%\Desktop\Win7_32Bit\install.wim"
"Windows 7 ULTIMATE (x64)"

6 Waren diese Eingaben soweit erfolgreich, müssen Sie nun nur noch alles wieder zusammenschnüren, also eine bootfähige ISO-Datei erstellen, die dann auf DVD gebrannt wird oder für die Verwendung mit einem USB-Stick geeignet ist. Dazu nutzen Sie am besten das WAIK-Tool *oscdimg*. Und zwar so: *oscdimg.exe -l WIN7_DVD -m -u 2 -b %USERPROFILE%\ Desktop\Win7_32Bit\Boot\etfsboot.com %USERPROFILE%\Desktop\ Windows7_Komplettpaket.iso*. Hiermit wird dann eine *Windows7_Komplettpaket.iso* auf dem Desktop erzeugt. Sagt Ihnen das nicht zu, können Sie Pfad und Dateinamen freilich anpassen. In jedem Fall war das der letzte Schritt. Die Komplett-DVD ist damit fertiggestellt.

Downgrade impossible? Von wegen!

Offiziell können Sie zwischen den verschiedenen Windows 7-Versionen nur in eine Richtung wechseln: nach oben. Von Home Basic auf Ultimate, von Home Premium auf Professional – alles kein Problem. Doch was ist, wenn Sie etwa von einer bestehenden Ultimate-Installation auf Home Premium wechseln möchten? Die Upgrade-Funktion der Windows 7-Installationsroutine verweigert sich dann.

Ist solch ein Szenario überhaupt realistisch? Wer will denn schon von Ultimate auf Home Premium wechseln? Nun, zumindest für die „grauen Schafe" unter den Windows-Nutzern, die erst einmal ein Windows 7 Ultimate „probieren" möchten, sich dann aber irgendwann doch auf ihre nur für Windows 7 Home Premium vorhandene Lizenz besinnen, könnte ein Downgrade recht praktisch sein: So können sie ihre vorhandenen Daten behalten und trotzdem auf ein legales, aktiviertes Windows wechseln.

So funktioniert das Downgrade: Öffnen Sie mit dem Registrierungs-Editor den Pfad *HKEY_LOCAL_MACHINE\Software\Microsoft\Windows NT\CurrentVersion*. Hierin interessieren zwei Zeichenfolgen *(REG_SZ) EditionID* und *ProductName*. Verwenden Sie Windows 7 Ultimate, trägt die Zeichenfolge *EditionID* wohl den Wert *Ultimate*, *ProductName* hingegen *Windows 7 Ultimate*. Möchten Sie diese Version auf die niedrigste Windows 7-Version, Home Basic, downgraden, müssen Sie beide Werte entsprechend ändern. Dabei genügt es, dem System vorzugaukeln, dass bereits Home Basic installiert ist. Ändern Sie dazu die *EditionID* in *HomeBasic*, die Zeichenfolge *ProductName* hingegen in *Windows 7 HomeBasic*. Beachten Sie das fehlende Leerzeichen. Es wird auch für Home Premium (*HomePremium*) ausgelassen.

Haben Sie die Werte entsprechend angepasst, können Sie nun die Windows 7-Installationsroutine starten und im Rahmen einer Upgrade-Installation auch auf Home Basic oder höher „upgraden".

Windows 7 ohne versteckte System-reserviert-Partition installieren

Bei einer Windows 7-Installation wird i. d. R. stets eine versteckte Systempartition angelegt, die genau 100 MByte groß ist. Sie enthält die Daten der Computer-reparieren-Funktion und wird benötigt, wenn Sie die BitLocker-Laufwerkverschlüsselung einsetzen wollen. Möchten Sie das unterbinden, gehen Sie bei der Windows 7-Installation wie folgt vor:

1 Für diesen Trick wird davon ausgegangen, dass die Systemfestplatte Ihrer zukünftigen Windows 7-Installation noch nicht formatiert wurde, es sich also um noch nicht zugewiesenen Speicherplatz handelt. Löschen Sie ansonsten etwaig schon vorhandene Partitionen, insbesondere die Partition *System-reserviert*, falls sie noch von einer vorherigen Windows 7-Installation vorhanden ist.

2   Markieren Sie nun im Installationsschritt Wo *möchten Sie Windows installieren?* den nicht zugewiesenen Speicherplatz und klicken Sie auf *Neu*. Wählen Sie anschließend *Übernehmen*. Die Information, dass Windows während der Installation eventuell eine weitere Partition für Systemdateien erstellt, klicken Sie mit *OK* weg.

3   Die Installationsroutine wird nun zwei neue Partitionen erstellen: zunächst die besagte *System-reserviert*-Partition vom Typ *System*, die ca. 100 MByte Speicher belegt; anschließend noch die eigentliche, zukünftige Systempartition vom Typ *Primär*. Letztere wird vermutlich als *Datenträger 0 Partition 2* angezeigt. Markieren Sie die primäre Partition und löschen Sie sie – aber nicht die Partition *System-reserviert*! Bestätigen Sie die Warnmeldung mit *OK*.

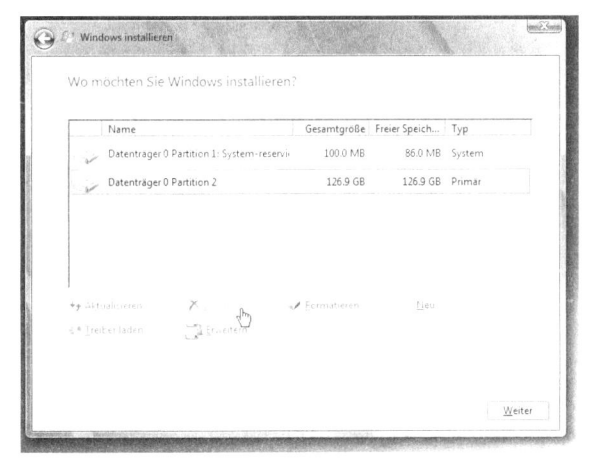

Wundern Sie sich nicht – in diesem Trick löschen Sie zunächst die eigentliche Systempartition, bevor Sie die Recovery-Partition namens System-reserviert loswerden können.

4   Die gelöschte Partition wird nun wieder zum nicht zugewiesenen Speicherplatz. Markieren Sie nun die Partition *System-reserviert* und wählen Sie *Erweitern*. Wählen Sie als Größe den gesamten noch zur Verfügung stehenden Speicherplatz und klicken Sie auf *Übernehmen*. Eventuelle Warnmeldungen bestätigen Sie erneut mit *OK*.

5   Es sollte nun nur noch die Partition *System-reserviert* zu sehen sein. Markieren Sie sie und wählen Sie dann *Formatieren*. Wieder erscheint eine Warnung ... klicken Sie auf *OK*.

6   Wurde die Formatierung abgeschlossen, sollte die Partition nun vom Typ *System* sein sowie nicht mehr *System-reserviert* heißen. Klicken Sie auf *Weiter*, um nun endlich in der Windows 7-Installationsroutine fortzusetzen.

Nach Abschluss der Installation können Sie ja mal in die Datenträgerverwaltung (*Systemsteuerung/System und Sicherheit/Verwaltung/Computerverwaltung*) schauen. Sie werden keine vom System reservierte Partition mehr finden. Die Funktion *Computer reparieren* (s. S. 411) gibt es aber immer noch, wenn Sie beim Booten [F8] drücken. Die Installationsroutine hat die dafür benötigten Dateien nun aber auf Ihrer Systempartition abgelegt.

2.9 Das Service Pack in den Installationsdatenträger integrieren

Das erste Windows 7 Service Pack ist draußen und wurde von Ihnen hoffentlich installiert. Zwar dauert eine Service-Pack-Installation in der Regel nicht mehr länger als eine halbe Stunde – zu Windows XP-Zeiten war das noch ganz anders –, doch ist so eine Service-Pack-Installation doch immer recht störend. Vor allem, wenn Sie Windows 7 häufiger (neu) installieren – ob nun auf dem eigenen oder anderen Rechnern.

Praktisch wäre es also, das Service Pack gleich in das Installationsmedium zu integrieren, um sich nach der Windows-Installation die obligatorische Service-Pack-Installation zu sparen. Grundsätzlich gelingt dieser sogenannte Slipstream des Service Packs unter Windows 7 bereits mit Bordmitteln. Also ohne zusätzliche Software. Der Vorgang ist allerdings wahnsinnig umständlich. Deshalb sei die Integration des Service Packs an dieser Stelle gleich mit einem Tool vorgeführt. Nämlich mit RT Se7en Lite (*http://www.rt7lite.com*), dessen Möglichkeiten und Funktion an anderer Stelle des Buches noch genauer beleuchtet werden (s. S. 212 ff.).

In deutscher Sprache geht's einfacher

Praktisch: RT Se7en Lite kommt bereits mit einer deutschen Sprachdatei. Automatisch fürs Deutsche konfiguriert wird das Programm aber nicht, sodass Sie am besten zunächst die Auswahl von *Change UI language* in – Sie erraten es – *German* ändern. Die folgende Anleitung bezieht sich auf die deutsche Sprachversion.

RT Se7en Lite gibt es sowohl in einer 32-Bit- als auch in einer 64-Bit-Variante. Laden Sie die Ihrer Windows 7-Version entsprechende Variante herunter. Hierbei gilt es zu beachten, dass Sie mit der 32-Bit-Version auch nur das 32-Bit-Service-Pack in den 32-Bit-Windows-7-Installationsdatenträger integrieren können. 64-Bit-Datenträger können Sie damit also nicht bearbeiten. Die

64-Bit-Fassung des Tools kann hingegen sowohl die 32- als auch 64-Bit-Version bearbeiten bzw. integrieren – aber sie läuft eben auch nur unter Windows 7 64 Bit. Alles klar? Dann geht's ganz fix los:

1 Öffnen Sie per *Suchen*-Button das Windows 7 Image, in das Sie das Service Pack integrieren möchten. Sie können hierbei eine Windows 7-Installations-DVD oder ein ISO-Abbild dieser DVD nutzen. Ebenso ist es möglich, die Installationsdateien direkt in einem Verzeichnis auf der Festplatte abzulegen. In diesem Beispiel wurde die 32-Bit-ISO von Windows 7 Professional genutzt.

2 Sobald das Tool das Image entpackt bzw. geladen hat, sollten Sie jenes Image auswählen, das Sie konfigurieren möchten. Einfacher gesagt: Sie wählen nun die Windows 7-Version, die Sie später mit integriertem Service Pack installieren möchten. Denn leider muss die Service-Pack-Integration für jede Windows 7-Version separat durchgeführt werden. Letztlich wird bereits hier sehr deutlich, dass der Service-Pack-Slipstream ganz und gar nicht offiziell von Microsoft unterstützt wird, sondern nur eine Bastellösung darstellt. Weil im Beispiel eine unveränderte Windows 7 Professional ISO-Datei verwendet wurde, fällt die Wahl hier entsprechend auf die Professional-Version. Ebenso wichtig ist es, ein Häkchen bei *Slipstream Service Pack* zu setzen.

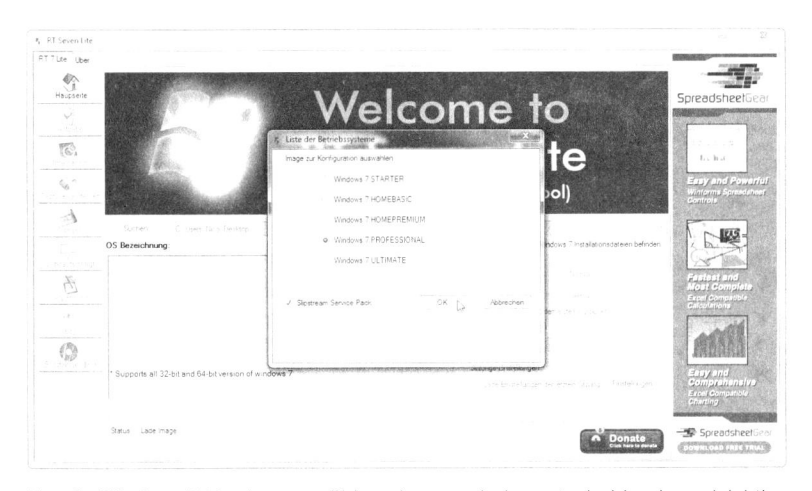

Erst die Windows 7-Version auswählen, dann noch das entscheidende und richtige Häkchen setzen – viel schwerer wird es nicht. Ganz anders wäre das Gefummel mit Windows-Bordmitteln gewesen, das ich Ihnen an dieser Stelle gern erspare.

3 Haben Sie die Angaben bestätigt, geben Sie in einem folgenden Dialog den Speicherort des Service Packs – in seiner Form als EXE-Datei – an. Klicken Sie dann auf den *Start*-Button, beginnt die Integration bzw. der Slipstream. Sobald der mehrminütige Vorgang endet, kehren Sie per *Proceed*-Button zum Programm zurück.

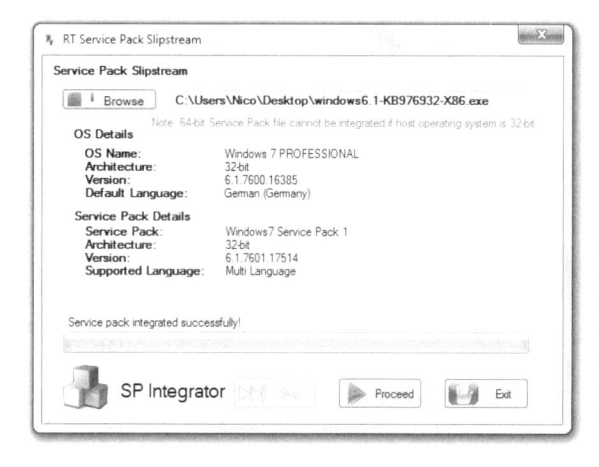

Trotz deutscher Spracheinstellung ist RT Se7en Lite in weiten Teilen nur mit englischen Texten bestückt. Sicher lag's aber nur am Betastatus der Version 2.6.0.

4 Wurde das Image und Service Pack geladen, wechseln Sie zum Register *Aufgabe*. Wenn Sie wirklich nur das Service Pack integrieren und keine weiteren Tweaks o. Ä. aktivieren möchten, setzen Sie nur noch ein Häkchen bei *Bootbares ISO*. Für alle weitergehenden Punkte konsultieren Sie am besten Seite 212 ff.

5 Wechseln Sie nun zum Register *Bootfähiges ISO*. Unter *Modus* wählen Sie aus, wie das Windows 7 Image finalisiert werden soll. *Create Image* erzeugt beispielsweise wiederum ein ISO-Abbild. Per *Direct Burn* brennen Sie gleich eine neue Installations-DVD. Oder Sie wählen *USB Bootable*, um einen USB-Installationsdatenträger zu erstellen. Die beste Wahl ist aber sicherlich *Create Image*. Schließlich können Sie aus einer ISO schnell mal eine DVD brennen oder einen USB-Installationsdatenträger erzeugen (s. S. 98).

6 Haben Sie sich entschieden, beginnt die eigentliche Arbeit – für RT Se7en Lite – mit einem Klick auf den Button rechts unten. Im Beispiel ist er mit *Erstelle ISO* betitelt, da als Modus *Create Image* gewählt wurde. Der Vorgang dauert einige Zeit. Geduld müssen Sie deshalb mitbringen. Vergessen Sie abschließend nicht, auf den *Fertig*-Button zu klicken, um die vom Programm generierten temporären Dateien löschen zu lassen.

Gleich noch den brandneuen Internet Explorer 9 integrieren

Wenn Sie den Internet Explorer mögen und nutzen, können Sie dessen aktuelle Version ebenfalls in einen Windows 7-Installationsdatenträger integrieren, also „slipstreamen". Ursprünglich enthält die Windows 7-DVD nämlich nur den Internet Explorer 8, aktuell war zur Drucklegung dieses Buches aber bereits die schnellere und schickere Version 9. So geht's in Kurzform:

In RT Se7en Lites Register *Aufgabe* setzen Sie zunächst zusätzlich das Häkchen bei *Integration*, sodass das gleichnamige Register aktiviert wird. Wählen Sie es und klicken Sie dort auf dessen „Unterregister" *Updates*. Hier wird nun die Internet Explorer 9 Installationsroutine hinzugefügt. Tricky: Sie benötigen diese nicht als EXE-Datei, sondern im MSU-Format – also dem Windows-Update-Format. Doch nicht verzagen, die 32-Bit-Fassung der notwendigen MSU-Datei finden Sie unter *http://go.microsoft.com/fwlink/?LinkId=210145*, den Internet Explorer 9 für 64 Bit hingegen unter *http://go.microsoft.com/fwlink/?LinkId=210143*. Integrieren Sie nur diese Datei als Update, wird der Internet Explorer 9 aber nur in seiner englischen Sprachversion integriert. Mögen Sie ihn lieber in Deutsch, benötigen Sie noch das deutsche Sprachpaket, ebenfalls als MSU-Datei. Sie finden es als *IE9-Windows6.1-LanguagePack-x64-deu.msu* auf folgender Microsoft-Webseite: *http://www.microsoft.com/downloads/en/details.aspx?FamilyID=5a1870ba-96ad-4e47-bb9e-1671b6a64495*. Fügen Sie beides dem Register *Updates* hinzu, klappt's auch mit dem Slipstream. (Natürlich müssen Sie noch die Änderungen per *Anwenden* bestätigen, eine bootfähige ISO-Datei o. Ä. erzeugen etc.)

Noch ein paar relativierende Worte zum Schluss: Irgendwann – vielleicht schon, wenn Sie dieses Buch lesen – wird es neue, offizielle Windows 7-Installationsdatenträger mit bereits integriertem Service Pack 1 geben. Schauen Sie am besten einmal unter den auf Seite 98 genannten Links nach oder starten Sie eine entsprechende Google-Anfrage. Denn so eine richtig offizielle Windows 7-SP1-DVD oder ISO-Datei ist obiger Selbstbaulösung aus mehreren Gründen vorzuziehen: So wird das Selbstbau-Image nämlich immer etwas größer als das „Original", denn obige Anleitung ersetzt nicht die alten Systemdateien durch die vom Service Pack aktualisierten, sondern fügt die neuen Dateien des Service Packs lediglich hinzu. Auch werden die Dateien der Windows 7-Setup-Routine nicht durch neue ersetzt. Das kann problematisch werden, etwa wenn Sie Windows 7 über eine USB-3.0-Schnittstelle installieren, weil erst das Service Pack 1 eine vernünftige Unterstützung des neuen Schnittstellenstandards mitbringt.

2.10 Windows 7 zwischen den Welten: mit dem Start von einer virtuellen Festplatte ein halb virtuelles, halb normales PC-System nutzen

VHDs sind sogenannte Containerdateien oder auch „virtuelle" Partitionen bzw. Festplatten. Sie sind das Standarddateiformat, mit dem der Microsoft Virtual PC virtuelle Maschinen speichert. Mit dem Windows 7-Bootloader führte Microsoft nun eine Möglichkeit ein, den Rechner von einer VHD zu booten. Was Sie damit anstellen können, verraten die folgenden Seiten.

So erstellen Sie einen virtuellen Datenträger unter Windows 7

Die neue Datenträgerverwaltung (*Systemsteuerung/System und Sicherheit/ Verwaltung/Computerverwaltung/Datenträgerverwaltung*) von Windows 7 erstellt und bindet VHDs nativ ein: nämlich über das Dateimenü *Aktion* und die Punkte *Virtuelle Festplatte erstellen* und *Virtuelle Festplatte anfügen*.

Virtuelle Datenträger mit fester Größe sind allgemein empfohlen, weil auch der Zugriff auf deren gespeicherte Daten noch etwas schneller gehen soll als bei dynamisch vergrößerbaren VHDs. Letztlich sind sie aber auch unflexibler. Wenn nicht nur Windows 7, sondern auch ein paar Anwendungen in die VHD installiert werden sollen, wird der Speicherplatz schnell knapp.

Den Windows-Start von einem virtuellen Datenträger ermöglichen

Interessanter wird es, wenn Sie von einer per Datenträgerverwaltung erstellten VHD booten möchten. Hierfür bietet Windows 7 keine grafische Oberfläche. Aber mit der Eingabeaufforderung mit Administratorrechten gelingt's recht fix.

Geben Sie zunächst *bcdedit /copy {current} /d "Windows 7 VHD"* in die Eingabeaufforderung ein. *Windows 7 VHD* stellt hierbei den Namen des Bootloader-Eintrags dar, den Sie freilich auch nach eigenem Ermessen vergeben können. Nach Eingabe und [Enter] erhalten Sie eine Rückmeldung, die unter anderem auch die sogenannte GUID des neuen Eintrags enthält. Die brauchen wir noch.

Anschließend folgt die Eingabe von *bcdedit /set* [GUID] *device vhd=[C:]\ [PFAD DER VHD]*. Die Platzhalter *[GUID]* und *[PFAD DER VHD]* müssen Sie natürlich entsprechend anpassen. Im Beispiel sieht die Eingabe so aus: *bcdedit /set {64d74824-1c72-11df-a7f1-bf78a406f73a} device vhd=[C:]\win7ult.vhd*.

Zu guter Letzt folgt fast noch einmal die gleiche Eingabe. Sie unterscheidet sich nur durch die zwei zusätzlichen Buchstaben *os* vor *device: bcdedit /set [GUID] osdevice vhd=[C:]\[PFAD DER VHD]*. Im Beispiel also: *bcdedit /set {64d74824-1c72-11df-a7f1-bf78a406f73a} osdevice vhd=[C:]\win7ult.vhd*. Fortan kann die VHD beim Systemstart ausgewählt und davon gebootet werden.

Abtippen müssen Sie die lange GUID natürlich nicht. Schließlich gibt's per Rechtsklick in die Eingabeaufforderung und Markieren eine fummelige, aber dennoch funktionierende Kopiermöglichkeit.

Genial: Windows 7 direkt von der Installationsroutine in eine VHD installieren

Vor Ihnen steht ein Windows XP- oder Vista-PC. Auf diesen möchten Sie Windows 7 installieren, aber möglichst ohne große Verrenkungen durchzuführen – also etwa die Festplatte neu zu partitionieren etc. Da bietet sich doch die Installation in eine VHD-Datei an.

Doch auf den vorangegangenen Seiten fanden sich nur Anleitungen, die ein bereits installiertes Windows 7 voraussetzen. Es geht aber auch ohne Windows 7, nur mit Windows XP oder Vista. (Streng genommen müsste sogar gar kein Betriebssystem installiert sein.) So geht's:

1 Zunächst benötigen Sie einen Windows 7-Installationsdatenträger (DVD, USB-Stick etc.), von dem der PC booten kann – und muss. Booten Sie also davon und wählen Sie die Installationssprache aus.

2 Zeigt der Assistent den *Jetzt installieren*-Button an, klicken Sie nicht auf ihn. Es wird nun Zeit, aus der gewohnten Installationsroutine auszubrechen. Drücken Sie nun [Umschalt]+[F10], um eine Eingabeaufforderung zu öffnen.

3 Der Arbeitspfad der Eingabeaufforderung ist *X:\Sources*. Geben Sie nun *diskpart* ein, um das altbekannte Tool zu starten. Lassen Sie *list volume* folgen, um eine Übersicht über die vorhandenen Laufwerke/Partitionen und deren Datenträgerbezeichnungen zu erhalten. Vermutlich wird es C:\ sein, auf dem Sie die Windows 7-VHD erstellen wollen.

4 Geben Sie nun *create vdisk file=?[VHD-PFAD]? type=[TYP] maximum= [GRÖSSE DER VHD IN MBYTE]* ein, wobei Sie die Platzhalter entsprechend ersetzen. Als *[TYP]* ist sowohl *fixed* (feste Größe) als auch *expandable* (wächst automatisch bei Bedarf) möglich. Im Beispiel: *create vdisk file= "7.vhd" type=expandable maximum=10000*. Damit wird die – zunächst noch leere – VHD erstellt.

Auslagerungsdatei ... ausgelagert!

Genial: Weil die Auslagerungsdatei nicht in der VHD, sondern auf der Festplatte des Hosts angelegt wird, müssen Sie gar nicht so viel freien Speicherplatz zur Verfügung haben. 10 GByte sollten es aber trotzdem sein, um noch etwas installieren zu können.

5   Im nächsten Schritt müssen Sie die just erstellte VHD auswählen und anschließend einbinden. Das geschieht zunächst durch Eingabe von *select vdisk file="[VHD-PFAD]"*, gefolgt von der kurzen Eingabe *attach vdisk*. Im Beispiel also zunächst *select vdisk file="7.vhd"*, danach *attach vdisk*. Die Eingabeaufforderung können Sie sogleich schließen. Zügig gelingt das per Klick auf den Schließen-Button rechts oben.

6   Sie können nun die Installation fortsetzen, also endlich *Jetzt installieren* anklicken. Entscheiden Sie sich im weiteren Verlauf für die Installationsart *Benutzerdefiniert (erweitert)*.

7   Wo möchten Sie Windows installieren? Natürlich in der VHD! Sie ist der nicht zugewiesene Speicherplatz auf jenem Datenträger, auf dem die VHD liegt. Ist nur eine Festplatte installiert, ist es regelmäßig Datenträger 0. Wählen Sie ihn als Installationsort aus, auch wenn Windows eine Fehlermeldung anzeigt. Es wird schon gehen ... Setzen Sie die Installation dann wie gewohnt fort. Der Bootmanager wird dabei automatisch eingerichtet.

2.11 Viel Hardware getauscht? So geht's doch ohne Neuinstallation

Eigentlich hat das kleine Tool Sysprep einen ganz anderen Zweck: Administratoren können damit etwa Windows-Installationen vorbereiten und mit der fürs jeweilige Unternehmen notwendigen Software oder entsprechenden Treibern ausstatten, bevor sie das System automatisiert auf vielen PCs in einem Netzwerk verteilen.

Als Privatanwender können Sie die *sysprep.exe* aber auch nutzen. Etwa um einen PC wieder in den Ursprungszustand zurückzusetzen, d. h., erneut eine Geräteerkennung durchzuführen und den Windows-Willkommen-Assistenten auszuführen. Gern wird das Tool etwa genutzt, wenn wichtige Hardwarekomponenten wie Mainboard und/oder CPU getauscht wurden, eine Windows-Neuinstallation aber vermieden werden soll.

Die *sysprep.exe* müssen Sie dabei nicht herunterladen und nicht installieren – sie ist bei Windows 7 schon dabei und befindet sich im Verzeichnis *%WINDIR%\System32\sysprep*. Um das Programm über eine Eingabeaufforderung auszuführen, müssen Sie allerdings stets den vollen Pfad zur *sysprep.exe* angeben oder vorher in genanntes Verzeichnis wechseln.

Normalerweise funktioniert Sysprep so: Sie setzen eine Windows 7-Installation auf, installieren alle nötigen Programme und führen dann Sysprep aus, um die Installation auf einen Ursprungszustand zurückzusetzen. Dabei werden die Benutzerkonten sowie deren SIDs, der Computername und allerlei andere „persönliche" Einstellungen entfernt. Nicht aber die von Ihnen installierten Programme wie Firefox & Co. Mit einem Imageprogramm können Sie diese Installation dann klonen und auf den unterschiedlichsten Rechnern installieren. All diese Rechner haben dann ein neues, d. h. noch nicht aktiviertes und mit „persönlichen" Einstellungen „verunreinigtes" Windows 7, das allerdings schon die von Ihnen installierten Anwendungen enthält.

An dieser Stelle soll es aber genügen, eine Windows 7-Installation mit Sysprep in den Ursprungszustand zurückzuversetzen. Dazu starten Sie *sysprep* und wählen bei *Systembereinigungsaktion* die Option *Out-of-Box-Experience (OOBE) für System aktivieren* aus und setzen zudem ein Häkchen bei *Verallgemeinern*. Damit setzen Sie Ihre Windows-Installation „mehr oder weniger" auf Werkseinstellungen zurück. Nach einem Neustart wird das System deshalb auch mit einer Hardwareerkennung beginnen sowie die üblichen Willkommen-Schritte durchgehen: Benutzerkonto einrichten etc. Das bereits bestehende Benutzerkonto wird dabei jedoch nicht gelöscht.

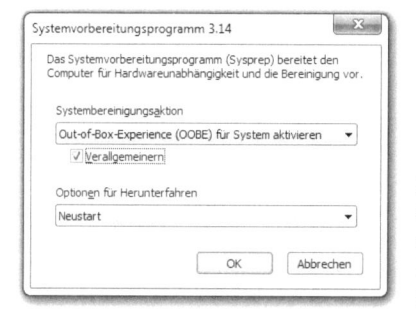

Statt diesen Dialog zu nutzen, könnten Sie Sysprep auch gleich per Eingabeaufforderung mit ein paar Parametern füttern: Die Eingabe von sysprep /oobe /generalize bewirkt nämlich das Gleiche.

Nützlich ist das immer dann, wenn Sie einen größeren Hardwarewechsel planen, also etwa Mainboard und CPU austauschen wollen. Doch Vorsicht: Microsoft rät explizit davon ab, Sysprep auf PCs zu verwenden, deren Windows-Installation bereits „benutzt" wurde; rät also davon ab, diesen Trick anzuwenden :o).

2.12 Nervensägen – störende „Features" dauerhaft ausschalten

„Plops" und „Blinks" wurden mit Windows 7 zwar reduziert, gehören an einigen Ecken des Betriebssystems aber auch weiterhin dazu. Nach wie vor sind die Warnungen und Pop-ups aber mit relativ kleinem Aufwand abschaltbar.

Warnungen des Wartungscenters rauswerfen

Ganz neu in Windows 7 ist das sogenannte Wartungscenter. Eigentlich recht unaufdringlich, richtet es sich als kleines Fähnchensymbol im Infobereich ein und zählt die (vermeintlichen) Probleme Ihres PC auf. Wenn es Sie stört, lassen Sie das Fähnchen verschwinden, indem Sie das ganz profane Windows-Menü nutzen: Klicken Sie mit der rechten Maustaste auf eine freie Stelle des Infobereichs (oder die Uhr) und wählen Sie *Benachrichtigungssymbole anpassen*. Suchen Sie den Eintrag fürs Wartungscenter und setzen Sie die Einstellung auf *Symbol und Benachrichtigungen ausblenden*.

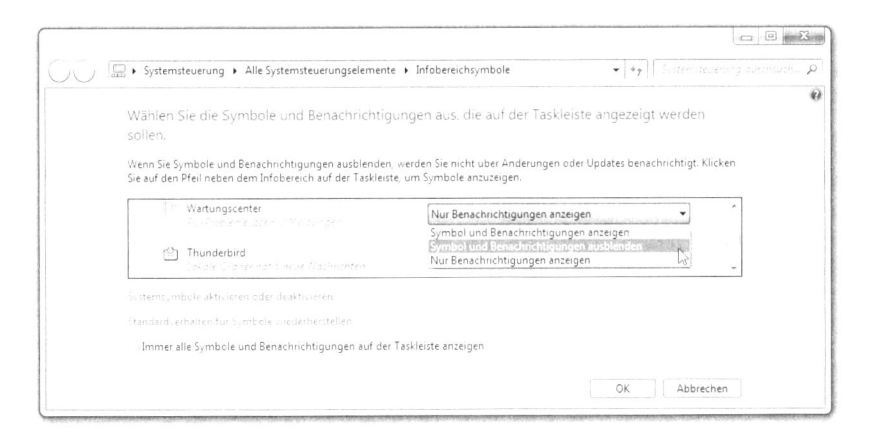

Drag & Drop statt Anpassen

Statt das Verhalten eines Symbols im Infobereich per *Anpassen*-Option zu ändern, können Sie auch mit Drag & Drop arbeiten. Ziehen Sie etwa ein Symbol aus der Liste der ausgeblendeten Symbole bei gedrückter linker Maustaste in den Infobereich, wird dessen Verhalten automatisch auf *Symbol und Benachrichtigungen anzeigen* geändert. Andersherum geht es freilich ebenso.

Den Infobereich ganz deaktivieren

Um den Infobereich sogar vollständig zu deaktivieren, öffnen Sie mit dem Registrierungs-Editor den Pfad HKEY_CURRENT_USER\Software\Microsoft\ Windows\CurrentVersion\Policies\Explorer\. Erstellen Sie darin einen neuen DWORD-Wert (32 Bit) mit dem Namen NoTrayItemsDisplay und geben Sie ihm den Wert 1. Nach einem Neustart des Explorers (s. S. 419) wird die Änderung wirksam.

Endlich mehr Platz – für noch mehr angeheftete Programmverknüpfungen! Zur Not können Sie außerdem noch die Uhr deaktivieren. Bedenken Sie aber, dass einige Programme wie z. B. ICQ-Clients standardmäßig so konfiguriert sind, dass sie nur ein Icon im Infobereich anzeigen. Passen Sie deren Einstellungen dann entsprechend an, sodass sie auch ein Taskleisten-Icon anzeigen. Aber das kriegen Sie schon allein hin.

Versteckt: So können die Taskleisten-Uhr, das Netzwerk-Icon etc. aus- oder wieder eingeblendet werden

Versteckte Einstellung: Für Windows 7 änderte Microsoft die Verortung der Uhreinstellung in der Taskleiste. Um diese aus- oder wieder einzublenden, müssen Sie nämlich jetzt auf den nach oben gerichteten Pfeil links des Infobereichs klicken und *Anpassen* auswählen. Klicken Sie anschließend noch einmal auf *Systemsymbole aktivieren oder deaktivieren*, können Sie sodann auch die Uhr sowie das Lautstärke-, Netzwerk-, Stromversorgungs- und (auch hier) Wartungscenter-Icon ein- und ausschalten.

Hier lagert der Icon-Müll

Für jedes kleine Icon des Infobereichs speichert Windows 7 Einstellungen. Selbst für jene, deren Programme Sie schon längst deinstalliert haben. Um die bestimmt schon sehr lange Liste der Icon-Einstellungen einzusehen, klicken Sie auf den kleinen Pfeil links des Infobereichs und wählen *Anpassen*, um einen Blick auf allerlei Icons und deren Verhaltenseinstellungen werfen zu können.

Um diese Liste zu löschen, öffnen Sie den Registrierungs-Editor und navigieren mit mehreren Klicks durch den Pfad *HKEY_CURRENT_USER\Software\ Classes\Local Settings\Software\Microsoft\Windows\CurrentVersion\TrayNotify*. Am Ende des Pfades angekommen, löschen Sie einfach die Binärwerte *IconStreams* und *PastIconsStream*. Öffnen Sie nun den Task-Manager ([Strg]+[Umschalt]+[Esc]) und beenden Sie die *explorer.exe*. Führen Sie danach einen Neustart durch. Schon ist der Icon-Müll verschwunden.

Den Windows Defender ausschalten

Der in Windows 7 integrierte Windows Defender hilft gegen Spyware und Adware. Also gegen all die Schnüffelprogramme, die keiner auf dem PC haben will. An sich ganz gut, ist er aber relativ unnütz, wenn Sie sich für eine andere Antiviren- und Antispywarelösung entschieden haben. So schalten Sie ihn dann ab:

Am schnellsten öffnen Sie die Windows-Defender-Einstellungen, indem Sie in die Suchleiste des Startmenüs *defender* eintippen und dann das Suchergebnis *Windows Defender* auswählen. Wählen Sie nun *Extras*, dann *Optionen*. In der linken Spalte markieren Sie den Punkt *Administrator* und entfernen anschließend das Häkchen bei *Dieses Programm verwenden*. Speichern Sie die Änderung, wird der Windows Defender deaktiviert.

Die lästigen „Sprechblasen" deaktivieren

Ganz so viele Sprechblasen bzw. Balloon-Tipps gibt es in Windows 7 nicht mehr. Aber dennoch: Wer auch die letzten nicht mehr sehen möchte, geht wie folgt vor:

1 Öffnen Sie mit dem Registrierungs-Editor den Registry-Pfad *HKEY_CURRENT_USER\Software\Microsoft\Windows\CurrentVersion\Explorer\Advanced*.

2 Erstellen Sie darin einen neuen DWORD-Wert mit dem Namen *Enable BalloonTips* und geben Sie ihm den Wert 0. Fortan sollten Sie keine „Blasen" mehr belasten.

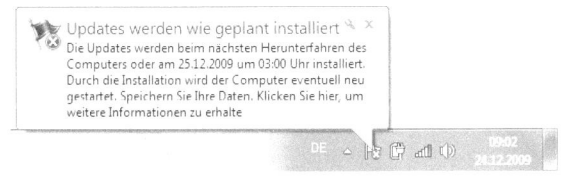

Ganz ausgestorben sind sie noch nicht, die lästigen Sprechblasen. Nach wie vor lassen sie sich aber leicht über die Registry deaktivieren.

Automatischen Neustart durch Windows Updates verbieten – für immer!

Dass Windows Update automatisch neue (wichtige) Updates für Ihren PC herunterlädt und installiert, ist eine praktische Sache. Doch der nervige automatische Neustart, den Windows nach der Installation wichtiger Updates aufzwingt, nervt gewaltig.

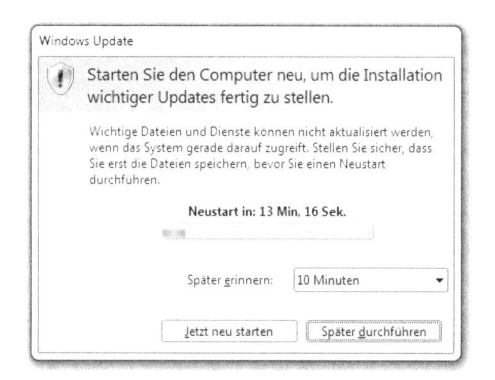

Wer nicht aufpasst, fliegt raus. Kaum zu glauben, dass es keine Möglichkeit gibt, den automatischen Neustart in jeder Windows 7-Version per Menü zu deaktivieren.

Um den automatischen Neustart zu deaktivieren, setzen Professional- und Ultimate-Nutzer eine entsprechende Gruppenrichtlinie: Öffnen Sie den Gruppenrichtlinien-Editor und wählen Sie dort im Bereich *Computerkonfiguration* erst *Administrative Vorlagen*, dann *Windows-Komponenten* und schließlich *Windows Update*. Sie finden sogleich eine Einstellung namens *Keinen automatischen Neustart für geplante Installationen automatischer Updates durchführen, wenn Benutzer angemeldet sind*. Per Doppelklick können Sie die Einstellung editieren und auf *Aktiviert* setzen.

Alle anderen müssen den Weg in die Registry gehen: Öffnen Sie mit dem Registrierungs-Editor den Pfad *HKEY_LOCAL_MACHINE\Software\Policies\ Microsoft\Windows\WindowsUpdate\AU*. Gegebenenfalls fehlen die Schlüssel *WindowsUpdate* und dessen Unterschlüssel *AU*, sodass Sie diese erst noch erstellen müssen. Erzeugen Sie in *AU* außerdem einen DWORD-Wert mit dem Namen *NoAutoRebootWithLoggedOnUsers* und setzen Sie dessen Wert auf 1. Das war's schon.

Schwachstellen finden: Sicherheitslücken aufspüren

Laut einer Veröffentlichung des dänischen Unternehmens Secunia sind 98 % aller Windows-PCs durch bekannte Sicherheitslücken gefährdet. Sie sind also nicht auf dem neusten Update-Stand. „Kann doch nicht sein", meinen Sie vielleicht, da Sie und Ihr Bekanntenkreis regelmäßig die neusten Windows-Updates aus dem Netz laden oder automatisch beziehen. Doch Secunia bezog nicht nur die per Windows Update vertriebenen Aktualisierungen mit ein, sondern verglich die Versionen aller wichtigen installierten Programme mit den jeweils aktuellen Fassungen. So beispielsweise vom installierten Webbrowser, aber auch des Flash-Plug-ins und der Java-Version etc. Nur 2 % der untersuchten Computer betrieben alle kritischen Anwendungen in der jeweils neusten Version. Alle anderen hatten mindestens eine Anwendung installiert, die unter einem bekannten Sicherheitsproblem litt. Davon waren auf über 45 % der Computer sogar elf oder mehr Programme im Einsatz, die unbedingt aktualisiert werden müssten.

Zu diesen Daten gelangte man über das hauseigene Programm Personal Software Inspector (PSI). Es wird von Secunia unter *http://secunia.com/ vulnerability_scanning/personal* kostenlos angeboten und kann auch den „Update-Stand" Ihres Computers ermitteln. Zum „Dank" sendet es allerdings die gewonnenen, jedoch anonymisierten Daten in die dänische Firmenzentrale, in der sie unter anderem in solchen Statistiken aufgehen.

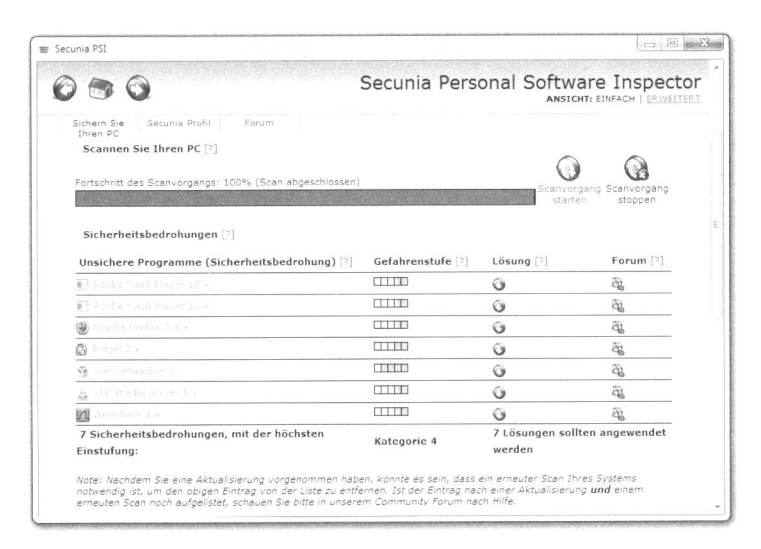

Nach kurzem Scanvorgang listet der Secunia Personal Software Inspector sämtliche Anwendungen auf, die einer Aktualisierung bedürfen, d. h., wegen in der installierten Version eventuell nicht geschlossener Sicherheitslecks ein Risiko darstellen.

Updates nur über Windows Update? Von wegen!

Windows Update ist nicht die einzige Möglichkeit, Windows 7 zu aktualisieren. Das wäre auch schlimm, soll es doch immer noch PCs ohne Internetverbindung geben.

Um Updates auf einem Rechner manuell herunterzuladen und später beispielsweise auf einem anderen PC ohne Internetverbindung zu installieren, können Sie z. B. WSUS Offline Update (*http://download.wsusoffline.net*) nutzen. Die deutschsprachige Freeware bietet zahlreiche Optionen, um den Umfang der herunterzuladenden Updates einzuschränken. Außerdem vermag das Tool gleich ein ISO-Image zu erzeugen, sodass Sie die geladenen Updates bequem auf eine DVD bannen können. Alternativ können Sie die heruntergeladenen Dateien auf einen USB-Stick kopieren.

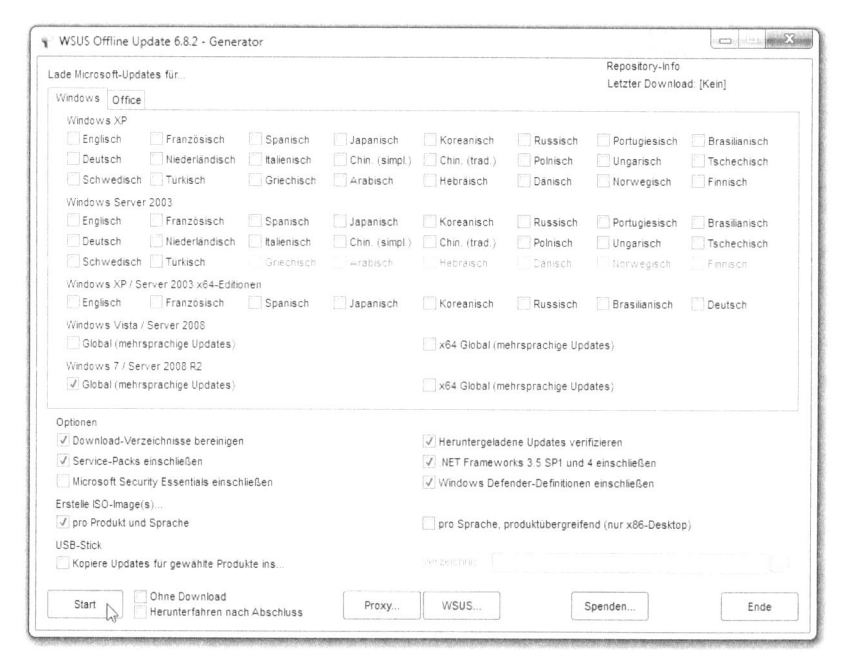

Nicht nur für Windows 7, auch für ältere Windows-Versionen kann WSUS Offline Update eingesetzt werden und lädt dabei nicht nur schnöde Updates, sondern auch Service Packs oder die neusten Windows Defender Definitionen herunter.

Nicht wundern oder lange suchen: Sobald Sie den Download der gewählten Updates gestartet haben, öffnet sich eine Eingabeaufforderung, mit der Sie den Download-Fortschritt nachvollziehen können. Ist der Download beendet und das ISO-Image erzeugt, finden Sie Letzteres im Unterordner *iso* des WSUS Offline-Verzeichnisses.

Wenn Windows-Updates Ärger machen – so deinstallieren und ignorieren Sie spezielle Updates

Obwohl Windows-Updates von Microsoft relativ sorgfältig getestet werden, kann es nach der Installation eines Updates bei einigen Anwendern zu größeren Problemen kommen. „KB0815 hat mein Windows 7 zerstört", heißt es dann hin und wieder – aber gottlob nicht allzu häufig. Mit der Systemwiederherstellung können Sie die verhängnisvolle Update-Installation meist wieder rückgängig machen.

Wieder andere Updates tauschen vielleicht die von Ihnen eigenmächtig ausgetauschten Systemdateien gegen überarbeitete Originaldateien aus. Somit werden etwa die *uxtheme.dll* & Co. immer mal von einem Windows-Update ausgetauscht, sodass selbst erstellte Themes (s. S. 256) dann nicht mehr funktionieren. Zwar sind die „Hacker" meist darauf bedacht, die neuen Systemdateien zügig zu verändern, doch kann es trotzdem eine ganze Weile dauern, bis eine erneut geknackte Version der *uxtheme.dll* etc. zur Verfügung steht. Aber gut, für die Theme-Verifizierung existiert ja nun der UxStyle Service (s. S. 257), der das Knacken der Themenverifizierung unabhängig vom Dateientausch macht.

Ein Windows-Update deinstallieren

Beides kann ganz schön lästig sein, sodass Sie das eine oder andere Update möglicherweise gleich wieder entfernen möchten. Kein Problem:

1   Öffnen Sie im Startmenü *Alle Programme*, dann *Windows Update* und klicken Sie dann in der unteren linken Ecke des Fensters auf *Installierte Updates*. Alternativ erreichen Sie die Einstellung in der Systemsteuerung zunächst unter *Programme*, dann *Programme und Funktionen*. In der linken Spalte klicken Sie auf *Installierte Updates anzeigen*.

2   Suchen Sie die vermeintlich böse Aktualisierung, die Ihnen Probleme bereitet. In der Regel wird es eines der letzten Updates sein, die installiert wurden. Die Spalte *Installiert am* kann Ihnen beim Aufspüren behilflich sein.

3   Klicken Sie mit der rechten Maustaste auf das Update, das Sie deinstallieren möchten, und wählen Sie – wer hätte es gedacht – *Deinstallieren*. Den Rest schaffen Sie allein.

Herunterfahren bei neuen Updates deaktivieren

Mindestens einmal im Monat veröffentlicht Microsoft neue Updates. Ist Windows 7 entsprechend konfiguriert, werden diese Updates automatisch heruntergeladen. Die Installation erfolgt dann beim nächsten Herunterfahren. Ob neue Updates zur Installation bereitstehen, erkennen Sie am Ausschaltbutton des Startmenüs, dessen Standardeinstellung dann durch die Funktion *Herunterfahren und Automatische Updates installieren* ersetzt wird. Das mag für viele ganz praktisch sein, aber bei Weitem nicht für jeden. Wenn Sie statt der Funktion *Herunterfahren* lieber den Ruhezustand benutzen, erleben Sie beim nächsten sorglosen Klick auf den Ausschaltbutton eine böse Überraschung. Dann fährt der PC nämlich herunter und installiert die Updates, statt in den Ruhezustand zu wechseln. Wollen Sie den frechen Funktionsaustausch verhindern, öffnen Sie mit dem Registrierungs-Editor den Pfad *HKEY_CURRENT_USER\ Policies\ Microsoft\ Windows\ WindowsUpdate\ AU* und erstellen darin einen neuen DWORD-Wert mit dem Namen *NoAUShutdownOption*. Weisen Sie ihm anschließend noch den Wert *1* zu.

Windows-Updates von zukünftigen Aktualisierungen ausblenden

Nach abgeschlossener Deinstallation müssen Sie den Rechner i. d. R. neu starten. Aber warten Sie noch einen Augenblick. Schließlich steht das eben deinstallierte Update nach dem Neustart freilich wieder per Windows Update bereit, wird gegebenenfalls wieder automatisch heruntergeladen und installiert. Sie müssen es deshalb ausblenden, um es nicht versehentlich – oder gar automatisch – erneut zu installieren. Und das geht so:

1 Starten Sie die Funktion Windows Update. Vielleicht behauptet jene, dass Ihr PC auf dem neusten Stand sei. In gewisser Weise stimmt das sogar. Sie sollten sich davon aber nicht beeindrucken lassen. Klicken Sie stattdessen lieber in der linken Leiste auf *Nach Updates suchen*.

2 Windows Update sollte nach kurzer Suche mindestens jenes Update anzeigen, das Sie soeben deinstalliert haben. Klicken Sie sodann auf den Link *Verfügbare Updates anzeigen*, der sich unter dem Button *Nach Updates suchen* befindet.

3 Klicken Sie nun mit der rechten Maustaste jenes Update an, dass Sie „nie mehr" – oder zumindest nicht in nächster Zeit – sehen wollen. Wählen Sie dann *Update ausblenden*. Das Update ist künftig nur noch in grauer Schriftart aufgeführt.

Um ein Update auszublenden, muss der Registrierungs-Editor gottlob nicht bemüht werden. Ein paar Klicks reichen schon, wie Sie sehen.

Updates später wieder einblenden und erneut installieren

Ein Update wieder zu entfernen, sollte höchstens eine Übergangslösung sein. Grundlos werden die Aktualisierungen jedenfalls nicht verteilt. Um ausgeblendete Updates wieder einzublenden und zu installieren, müssen Sie keinen großen Aufwand betreiben. Öffnen Sie schlicht Windows Update und klicken Sie in der linken Fensterspalte auf *Ausgeblendete Updates anzeigen*. Setzen Sie sogleich ein Häkchen an sämtliche ausgeblendeten Updates, die Sie wieder installieren möchten, und wählen Sie anschließend *Wiederherstellen*.

Falls Updates nicht nur ausgeblendet, sondern sogar verschwunden sind

Wenn Sie Windows Update irgendwann einmal wieder öffnen, um die einst verdrängten Updates wieder zu installieren, könnten Sie beim Klick auf *Ausgeblendete Updates anzeigen* erschrecken. Dann ist die Liste nämlich leer. Aber keine Panik. Gehen Sie einfach wieder einen Schritt zurück und herzen Sie den Button *Nach Updates suchen* ganz kräftig mit der linken Maustaste. Zwar wird Ihnen Windows vermutlich nach kurzer Suche mitteilen, dass Ihr PC auf dem neusten Stand sei – doch zeigt Ihnen die Funktion *Ausgeblendete Updates anzeigen* dann wieder die einst verschmähten Aktualisierungen.

In ein Windows-Update hineinsehen: Was wird geändert?

Damit Sie in ein Update hineinsehen können, müssen Sie es zunächst entpacken. Das geht so: Hotfixes verbreitet Microsoft als EXE-Dateien, die sich leicht ausführen und somit auch extrahieren lassen. Die Mehrzahl der Windows-Updates wird aber als sogenannte MSU-Dateien verteilt. Sie sind nicht so leicht zu öffnen, zumindest nicht mit dem Explorer. Sie benötigen vielmehr die Eingabeaufforderung und das *expand*-Kommando. Erstellen Sie am besten vorher noch ein Verzeichnis an beliebiger Stelle, in das Sie die Inhalte des Updates zur Ansicht extrahieren. Etwa ein Verzeichnis *Update-Inhalt* in *%USERPROFILE%\Desktop*.

Geben Sie nun *expand -F:* [MSU-UPDATE-PFAD] [ZIEL]* ein, wobei der erste Platzhalter den Pfad zur Windows-Update-MSU-Datei und der zweite, *[ZIEL]*, den Pfad zu dem Ordner, in den Sie das Update entpacken wollen, darstellen soll. Beispiel: *expand -F:* "%USERPROFILE%\Desktop\" "%USERPROFILE%\Desktop\Update-Inhalt\"*.

Gegebenenfalls sind Sie nach erstmaliger Anwendung des expand-Kommandos auch nicht viel schlauer. Nämlich dann, wenn wie im Screenshot „nur" CAB-Dateien extrahiert wurden – ein Dateityp ähnlich der ZIP-Dateien. Allerdings könnten Sie expand dann auch noch einmal einsetzen, geben dabei aber statt einer MSU-Datei die extrahierte CAB an.

Diese Datei stammt von einem anderen Computer – Ja und?

Laden Sie eine Datei aus dem Netzwerk oder Internet, warnt Windows hin und wieder beim Ausführen einer solchen Datei: *Diese Datei stammt von einem anderen Computer*. Um diese Meldung auszuschalten, wählen Sie den schnellen Weg über die Registry:

1 Öffnen Sie mit dem Registrierungs-Editor den Pfad *HKEY_CURRENT_USER\Software\Microsoft\Windows\CurrentVersion\Policies\Attachments*.

2 Setzen Sie abschließend den DWORD-Wert *SaveZoneInformation* von 0 auf 1.

Aber woher weiß Windows 7 eigentlich, dass eine Datei von einem anderen Rechner stammt? Ganz einfach, anhand der sogenannten Alternate Data Streams. Mehr Informationen dazu finden Sie auf S. 370.

Möchten Sie diese Datei ausführen? – Na klar!

Laden Sie eine unsignierte EXE-Datei aus dem Internet herunter und wollen diese ausführen, fragt Windows 7 lieber noch mal nach: *Möchten Sie diese Datei ausführen?* Bestimmt möchten Sie das, sonst hätten Sie ja nicht darauf geklickt! Um diese Nachfrage künftig zu umgehen, gehen Sie einfach wie folgt vor:

1 Öffnen Sie den Registrierungs-Editor und navigieren Sie damit auf folgendem Pfad durch die Registry: *HKEY_LOCAL_MACHINE\SOFTWARE\MICROSOFT\WINDOWS\CurrentVersion\Policies*.

2 Sofern noch nicht vorhanden – und das ist wahrscheinlich – erstellen Sie im Schlüssel *Policies* einen weiteren Schlüssel *Associations*.

3 In diesem Schlüssel legen Sie nun einen DWORD-Wert mit Namen *Default FileTypeRisk* an. Für dessen Dezimalwert gibt es mehrere Möglichkeiten. Entscheiden Sie sich hier für die Standardrisikostufe *Mittleres Risiko*, also den Dezimalwert 6151.

Dezimal-wert	Standard-risikostufe	Beschreibung
6150	Hohes Risiko	Die per Zeichenfolge *HighRiskFileTypes* als riskant eingestuften Dateitypen werden nicht ausgeführt, sofern sie aus unsicherer Quelle stammen.
6151	Mittleres Risiko	Die per Zeichenfolge *ModRiskFileTypes* als weniger riskant eingestuften Dateitypen werden nach Rückfrage ausgeführt, sofern sie aus unsicherer Quelle stammen.
6152	Niedriges Risiko	Die per Zeichenfolge *LowRiskFileTypes* als wenig riskant eingestuften Dateitypen werden ohne Nachfrage ausgeführt, ganz gleich, woher sie stammen.

4 Nun müssen Sie noch angeben, welcher Dateityp lediglich ein mittleres Risiko darstellt und somit ohne Nachfrage ausgeführt werden kann. In der Regel werden es EXE-Dateien sein, die Sie immerzu bestätigen müssen. Legen Sie deshalb eine Zeichenfolge namens *ModRiskFileTypes* an und geben Sie ihr den Wert *.exe*. Nach einem Neustart wird die Änderung wirksam.

Es findet sowieso nichts: Suche nach unbekannten Dateiendungen deaktivieren

Die Computerwelt kennt unheimlich viele Dateiendungen, Windows 7 jedoch nur einen Bruchteil davon. Endungen wie *.tar.gz*, *.rar* oder *.perl* sind einige populäre Dateiformate für Archive und Perl-Skripte, mit denen Windows 7 ohne Zusatzsoftware nichts anfangen kann.

Versucht man eine Datei mit einer für Windows 7 unbekannten Endung zu öffnen, möchte das System zunächst in einer Webdatenbank nach einem passenden Programm suchen. Leider wird es dabei nur selten fündig. Nicht selten wissen Sie sowieso schon, welche Software Sie benötigen. Dann stört dieser Zwischenschritt, den man aber auch schnell deaktivieren kann:

1 Öffnen Sie mit dem Registrierungs-Editor den Registry-Pfad *HKEY_LOCAL_MACHINE\SOFTWARE\Microsoft\Windows\CurrentVersion\Policies\Explorer*.

2 Erstellen Sie darin einen neuen DWORD-Wert mit dem Namen *NoInternetOpenWith* und geben Sie ihm den Wert 1. Künftig überspringt Windows 7 die Frage nach der Webdienstsuche und öffnet gleich das Fenster *Öffnen mit*.

Dateityp immer mit dem ausgewählten Programm öffnen? Nein, niemals!

Den *Öffnen mit*-Dialog kennen Sie bestimmt. Ebenso dessen Häkchen bei *Dateityp immer mit dem ausgewählten Programm öffnen*. Allzu schnell hat man damit versehentlich das Standardprogramm für einen Dateityp geändert, obwohl man das gar nicht wollte. Solch ein Versehen ist zwar schnell behoben, dennoch nervt es, das Häkchen immer entfernen zu müssen, sobald man eine Datei einmal mit einer anderen Anwendung öffnen möchte. So entfernen Sie die Option dauerhaft:

Öffnen Sie mit dem Registrierungs-Editor *HKEY_CURRENT_USER\Software\ Microsoft\Windows\CurrentVersion\Policies\Explorer* und erstellen Sie darin einen neuen DWORD-Wert namens *NoFileAssociate* und geben Sie ihm den Wert 1.

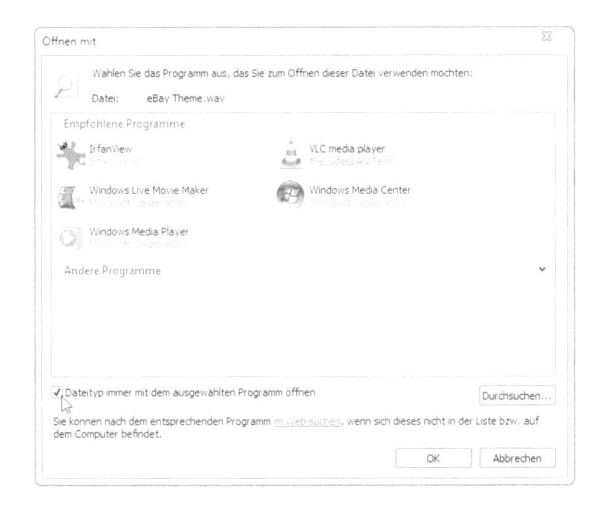

Nervig, mit diesem Trick aber leicht auszublenden: Dateityp immer mit dem ausgewählten Programm öffnen.

Ordnertypen definieren und den Ordnerinhalt immer so darstellen, wie es Ihnen gefällt

Vielleicht haben Sie noch gar nicht so intensiv darüber nachgedacht, vielleicht ist es Ihnen noch gar nicht so recht aufgefallen – doch woher weiß der Windows-Explorer eigentlich, um welchen Ordnertyp es sich bei einem Verzeichnis handelt. Was einen Ordnertyp charakterisiert, sehen Sie beispielsweise in *%USERPROFILE%\Music*. Vielleicht ist das Verzeichnis bei Ihnen genauso leer wie bei mir. Dennoch führt der Explorer einen *Alle wiedergeben*-Button auf oder zeigt in der *Details*-Darstellung bereits die Kategorien *Titel*,

Mitwirkende Interpreten etc. Ursache ist die Zuordnung des Verzeichnisses zum Verzeichnistyp *Musik*.

Nichts drin und trotzdem als Musik-Verzeichnis wahrgenommen – woher weiß der Explorer eigentlich, um was für einen Ordnertyp es sich handelt?

Windows 7 unterscheidet zwischen fünf Verzeichnistypen: *Allgemeine Elemente*, *Dokumente*, *Musik*, *Bilder* und *Videos*. Die Zuordnung eines Verzeichnisses zu einem Ordnertyp können Sie über das Register *Anpassen* des *Eigenschaften*-Menüs verändern. So könnten Sie beispielsweise auch das Verzeichnis *%USERPROFILE%\Music* dem Typ *Allgemeine Elemente* zuordnen.

ZIP-Archive nicht wie Ordner behandeln

Windows 7 stellt – wie auch schon Windows Vista – ZIP-Archive mit normalen Ordnern gleich. Das heißt, dass diese Archive in der Baumstruktur des Explorers auftauchen und dort wie Verzeichnisse behandelt werden. Finden Sie das irritierend, schalten Sie dieses Verhalten am besten ab:

1 Öffnen Sie den Registrierungs-Editor und navigieren Sie damit zum Eintrag *HKEY_CLASSES_ROOT\CLSID*.

2 Besorgen Sie sich zunächst die Bearbeitungsrechte für die beiden Unterschlüssel *{E88DCCE0-B7B3-11d1-A9F0-00AA0060FA31}* und *{0CD7A5C0-9F37-11CE-AE65-08002B2E1262}*. Siehe dazu auch S. 433.

3 *Exportieren Sie die beiden Schlüssel zunächst, um später ein Backup zu haben. Im Anschluss löschen Sie beide einfach. Die Änderung ist sofort wirksam.*

Sollten Sie die Zip-Funktion später wieder aktivieren wollen, genügt ein Doppelklick auf die gespeicherten REG-Dateien, in denen Sie die Schlüssel gesichert haben.

Passwortschutz für ZIP-Dateien abgeschafft

ZIP-Dateien können seit Windows Vista nicht mehr mit Bordmitteln mit einem Passwort versehen werden, da der Passwortschutz von ZIP-Archiven laut Microsoft ohnehin kein sicherer Schutzmechanismus ist. Tatsächlich: Überall im Netz gibt es kleine Programme, die passwortgeschützte ZIP-Archive in Windeseile knacken können. Um auch weiterhin ZIP-Dateien mit einem Passwort zu schützen, verwenden Sie etwa 7-Zip (*http://www.7-zip.org*).

Verknüpfungen im Startmenü hinzufügen

Wurde eine neue Anwendung erst einmal installiert, aber keine Verknüpfung zu ihr im Startmenü abgelegt, können Sie das noch nachholen. Erstellen Sie zunächst eine Verknüpfung zu der Anwendung und gehen Sie anschließend wie folgt vor:

- Soll die Verknüpfung nur im Startmenü Ihres Benutzerkontos entstehen, könnten Sie die neue Verknüpfung einfach per Drag & Drop in das Startmenü hereinziehen. Oder Sie öffnen im Explorer *%USERPROFILE%\App Data\Roaming\Microsoft\Windows\Start Menu* bzw. geben *shell:start menu* in die Adressleiste ein. Öffnen Sie hier den Unterordner *Programme*, der sozusagen für *Alle Programme* steht. Hier können Sie nun neue Unterordner erzeugen oder die Verknüpfung zu der Anwendung direkt ablegen.

- Möchten Sie die Verknüpfung für alle Benutzerkonten eines Rechners einrichten, finden Sie das entsprechende *Programme*-Verzeichnis unter *%PROGRAMDATA%\Microsoft\Windows\Start Menu*.

Den Ausführen-Dialog wieder ins Startmenü zurückholen

Möchten Sie wieder eine Verknüpfung zum Ausführen-Dialog ins Startmenü setzen, klicken Sie mit der rechten Maustaste auf den Start-Button und wählen *Eigenschaften*. Klicken Sie im Register *Startmenü* anschließend auf *Anpassen*. Setzen Sie dann ein Häkchen bei *Befehl ?Ausführen?*. Das war's!

Wenn die Datenausführungsverhinderung nervt

Wie bei all den anderen Sicherheitsmechanismen steckt im Kern der Datenausführungsverhinderung (Data Execution Prevention – kurz: DEP) eine gute Idee: Sie schließt Programme, wenn diese in für Windows reservierte Speicherbereiche zu schreiben versuchen. Leider werden damit nicht immer nur Schadprogramme abgeschaltet, sondern ebenso legitime Anwendungen, die nur etwas schluderig programmiert wurden. Haben Sie solche Probleme mit der Datenausführungsverhinderung, gibt es zwei Möglichkeiten:

- Sie könnten die Datenausführungsverhinderung für ein konkretes Programm deaktivieren. Dazu öffnen Sie in der Systemsteuerung den Punkt *System und Sicherheit*, klicken dann auf *System* und anschließend auf *Erweiterte Systemeinstellungen*. Damit werden die Systemeigenschaften geöffnet. Klicken Sie hier im Register *Erweitert* auf den Button *Einstellungen* (im Bereich *Leistung*). Wieder ploppt ein neuer Dialog auf. In dessen Register *Datenausführungsverhinderung* können Sie die Auswahl nun endlich auf *Datenausführungsverhinderung für alle Programme und Dienste mit Ausnahme der ausgewählten einschalten* setzen. Über den *Hinzufügen*-Button wählen Sie sodann die ausführbare Programmdatei der Anwendung aus, die mit dem DEP Probleme macht.

- Oder Sie deaktivieren die Datenausführungsverhinderung ganz, indem Sie eine Eingabeaufforderung mit höheren Rechten starten und *bcdedit /set {current} nx alwaysoff* eingeben. Führen Sie im Anschluss einen Neustart durch. Sie deaktivieren damit allerdings einen Sicherheitsmechanismus, der zusammen mit Benutzerkontensteuerung, Windows Defender etc. erheblich zur Sicherheit Ihres PCs beiträgt. Sollten Sie die DEP später wieder einschalten wollen, geben Sie in eine mit höheren Rechten gestartete Eingabeaufforderung *bcdedit /set {current} nx alwayson* ein und starten anschließend neu.

Schnelles Löschen – ungefährlich!

Löschen Sie eine Datei über den Explorer, fragt Windows stets noch einmal nach: *Möchten Sie diese Datei wirklich in den Papierkorb verschieben?* Diesen Dialog können Sie sich sparen, wenn Sie mit der rechten Maustaste auf das Papierkorb-Symbol auf dem Desktop klicken und *Eigenschaften* auswählen. Entfernen Sie nun nur noch das Häkchen bei *Dialog zur Bestätigung des Löschvorgangs anzeigen*. Da die Dateien nicht sofort entfernt werden, ist das Tätigen dieser verborgenen Einstellung sicher kein Problem.

Diese Anwendung funktioniert nicht mehr – sag bloß!

Programmabstürze gehören auch unter Windows 7 noch zum Alltag. Zwar ist es dabei grundsätzlich ganz nett, dass Windows mit einer Fehlermeldung auf den Absturz bzw. das Nicht-mehr-Reagieren von Firefox und Co. hinweist, doch kann die entsprechende Warnmeldung ganz schön nervig sein. Mit einem kleinen Eingriff in die Registry deaktivieren Sie die Meldung leicht.

Öffnen Sie dazu in der Registry einfach den Pfad *HKCU\Software\Microsoft\ Windows\Windows Error Reporting* und ändern Sie dort den DWORD-Wert *DontShowUI* auf *1*. Sodann sollten Sie von obig beschriebenem Dialog verschont werden. Die Absturzanalyse mit einem Tool wie AppCrashView, das kostenlos unter *http://www.nirsoft.net/utils/app_crash_view.html* erhältlich ist, ist dann immer noch möglich, für den Otto-Normalnutzer aber nur schwer verständlich. Sie könnten die Aufzeichnung für Anwendungsabstürze deshalb auch gleich ganz abschalten, indem Sie in obig genanntem Registry-Pfad den DWORD-Wert *Disabled* ebenfalls auf *1* ändern.

2.13 Alles besser?!? Wenn bestimmte neue Features nerven

Zwei Schritte vor, einen zurück – so ist es immer bei Microsoft, wenn ein neues Windows-Betriebssystem eingeführt wird. So hat auch das allgemein als überdurchschnittlich gut gelungen bezeichnete Windows 7 ein paar neue Macken, die im Marketing-Deutsch wohl gern als „Feature" verkauft werden. Besonders für Umsteiger von Windows XP, die Vista ausgelassen haben, dürfte der Kulturschock groß sein.

Anzeige aller Programme wie bei XP – easy!

Sie möchten *Alle Programme* in Ihrem Startmenü wie zu XP-Zeiten in einer aufklappenden, mehrspaltig fortlaufenden Liste darstellen lassen? Kein Problem. Der folgende Kniff tauscht einfach die *Favoriten* des Startmenüs gegen ein weiteres *Alle Programme* aus. Natürlich muss dazu auch der Punkt *Favoriten* im Startmenü angezeigt werden. Klicken Sie hierzu mit der rechten Maustaste auf eine freie Fläche des Startmenüs und wählen Sie *Eigenschaften*. Über den Button *Anpassen* öffnen Sie einen Eigenschaften-Dialog, in dem Sie ein Häkchen bei *Menü „Favoriten"* setzen müssen. Die Umwandlung von Favoriten in *Alle Programme* geschieht indes so:

1 Öffnen Sie mit dem Registrierungs-Editor den Pfad *HKEY_CURRENT_ USER\Software\Microsoft\Windows\CurrentVersion\Explorer\Shell Folders*.

2 Sie finden dort die Zeichenfolge (*REG_SZ*) *Favorites*. Ändern Sie deren Wert in *%PROGRAMDATA%\Microsoft\Windows\Start Menu\Programs*.

3 Öffnen Sie nun den Registry-Pfad *HKEY_CURRENT_USER\Software\ Microsoft\Windows\CurrentVersion\Explorer\User Shell Folders*. Auch hier befindet sich eine Zeichenfolge (*REG_EXPAND_SZ*) *Favorites*. Ändern Sie deren Wert ebenfalls auf *%PROGRAMDATA%\Microsoft\Windows\ Start Menu\Programs*.

4 Starten Sie den Rechner neu oder melden Sie sich ab und wieder an, um die Änderungen zu übernehmen.

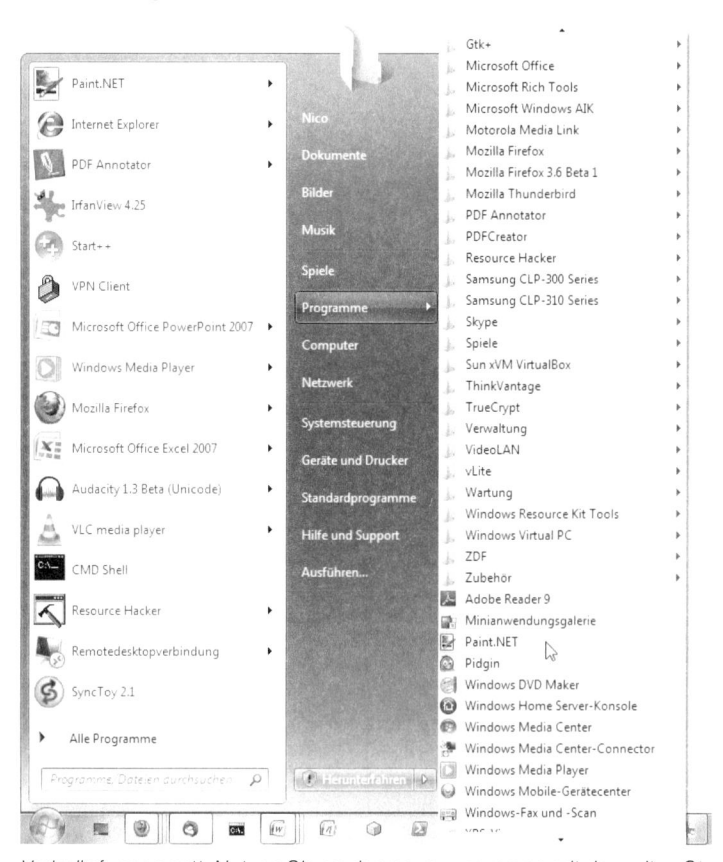

Verknüpfungen satt: Nutzen Sie so das neue zusammen mit dem alten Startmenü.

So holen Sie das klassische Windows XP-Startmenü ganz zurück

Microsoft vertraute bei der Entwicklung von Windows 7 wohl zu sehr auf den Weiterentwicklungswillen der Windows-Nutzer und strich das „klassische Startmenü" endgültig. Eigentlich vernünftig, denn schon zu XP-Zeiten war es bereits „alt". Nostalgiker können trotzdem zum Aufbau des alten Startmenüs zurückkehren, müssen dafür aber Zusatzsoftware installieren.

Als ganz hübsch stellt sich das Classic Windows Start Menu dar. Es kann sowohl für 32-Bit- als auch für 64-Bit-Versionen von Windows 7 u. a. von den Kollegen der CHIP kostenlos bezogen werden. Den Download der 32-Bit-Fassung finden Sie unter *http://www.chip.de/downloads/Classic-Windows-Start-Menu-32-Bit_39058764.html*, die 64-Bit-Variante hingegen hier: *http://www.chip.de/downloads/Classic-Windows-Start-Menu-64-Bit_42225100.html*. Als kleine Besonderheit bietet es auch einige Transparenzeffekte, kann aber auch ohne solchen optischen Schnickschnack genutzt werden. Eine deutsche Version ist ebenfalls verfügbar.

Eine Alternative heißt ganz ähnlich, nämlich Classic Start Menu, und kann über *http://www.classicstartmenu.com* bezogen werden. Schauen Sie einfach mal, welches „Imitat" Ihnen besser gefällt.

Links das Classic Start Menu; die Startmenüs in der Mitte und rechts zeigen hingegen das Classic Windows Start Menu mit jeweils anderen Designs.

So verschwindet der Start-Button

Einige Startmenü-Alternativen wie die „Selbstbaulösung" sind schön und gut, doch den normalen Start-Button lassen sie bestehen. Nutzen Sie dann ein Tool wie Start Killer (http://www.tordex.com/startkiller/), um den Button verschwinden zu lassen. Ganz nützlich ist das auch als Ergänzung zum Taskbar Eliminator (s. S. 274), der die Windows-Taskleiste versteckt, damit etwa eine Dock-Lösung wie RocketDock (s. S. 273) genug Platz hat.

Aussehen und Funktion der Taskleiste wie bei Vista!

Wer mit der neuen Windows 7-Taskleiste nicht zurechtkommt oder die alte schlicht schöner fand, kann Windows 7 entsprechend umkonfigurieren. Ein richtiger „Trick" ist dies deshalb nicht, sondern eher eine Bedienungsanleitung. So gehen Sie vor:

1 Klicken Sie zunächst mit der rechten Maustaste auf eine freie Stelle der Taskleiste und wählen Sie *Eigenschaften*. Setzen Sie ein Häkchen bei *Kleine Symbole verwenden* und ändern Sie die Einstellung *Schaltflächen der Taskleiste* auf *Nie gruppieren*.

2 Nun gilt es, sämtliche angepinnten Programme zu entfernen. Klicken Sie dazu mit der rechten Maustaste auf jedes Icon und wählen Sie in der Sprungleiste *Dieses Programm von der Taskleiste lösen*.

3 Stellen Sie nun mit dem folgenden Trick die Schnellstartleiste wieder her, wenn Sie möchten.

Mögen Sie sich mit der neuen Taskleiste nicht anfreunden, können Sie leicht auch den Vista-Stil wiederherstellen, der auch der XP-Startleiste stark ähnelt.

Reaktivieren Sie die Schnellstartleiste

Windows XP hatte sie, Vista ebenso: Die kleine Schnellstartleiste, mit der man Verknüpfungen zu den beliebtesten Programmen in der Taskleiste hinterlegen konnte, scheint in Windows 7 zunächst nicht enthalten zu sein. So schlimm ist das vielleicht auch gar nicht, bildet die neue Windows 7-Taskleiste doch in gewisser Weise die Funktionalität der alten Schnellstartleiste ab.

Wenn Sie die alte Schnellstartleiste trotzdem lieber mögen, holen Sie sie auf diese Weise zurück:

1   Klicken Sie zunächst mit der rechten Maustaste auf eine freie Stelle der Taskleiste und entfernen Sie das Häkchen bei *Taskleiste fixieren*.

2   Klicken Sie erneut mit der rechten Maustaste auf die Taskleiste und wählen Sie *Symbolleisten/Neue Symbolleisten*. Ein Dialog erscheint, mit dem Sie einen Ordner auswählen sollen. Klicken Sie sich zu *%USERPROFILE%\ AppData\Roaming\Microsoft\Internet Explorer* durch. (Hinweis: Das Verzeichnis *AppData* und dessen untergeordnete Ordner sind in den Standardeinstellungen versteckt. Aktivieren Sie deshalb die Ansicht versteckter Dateien und Ordner (s. S. 82) oder geben Sie den Pfad manuell ein.) Sogleich sollten Sie ein Verzeichnis namens *Quick Launch* entdecken. Markieren Sie es mit einem einfach Mausklick und bestätigen Sie Ihre Wahl anschließend mit einem Klick auf den Button *Ordner auswählen*.

3   Eine neue Symbolleiste *Quick Launch* befindet sich nun auf der Taskleiste, rechts neben dem Icon-Bereich. Greifen und halten Sie nun den gepunkteten Balken links von *Quick Launch* mit der linken Maustaste und ziehen Sie ihn so weit nach links wie möglich. Gegebenenfalls müssen Sie mehrfach ansetzen, um die *Quick Launch*-Leiste direkt rechts neben den Start-Button zu platzieren. Richtig schön sieht's noch nicht aus. Klicken Sie deshalb mit der rechten Maustaste auf den *Quick Launch*-Bereich und entfernen Sie im aufploppenden Kontextmenü die Häkchen bei *Text anzeigen* und *Titel anzeigen*.

4   Letztendlich können Sie die Taskleiste wieder fixieren, damit die hässlichen gepunkteten Balken wieder verschwinden.

Funktionsfähiger Papierkorb für die Taskleiste

Mit obigem Kniff können Sie auch den Papierkorb in die Taskleiste einbinden, der per Kontextmenü geleert werden kann. Reaktivieren Sie einfach die Schnellstartleiste wie oben beschrieben und ziehen Sie dann den Papierkorb einfach per Drag & Drop in die Schnellstartleiste, sodass eine Verknüpfung erstellt wird.

Auch das Desktop-anzeigen-Icon stellen Sie ruck, zuck wieder her

Es ist umständlich, aber es geht: Wer will, kann das aus den Windows 7-Vorgängern bekannte Icon *Desktop anzeigen* zurück in die Taskleiste holen.

1 Öffnen Sie zunächst den Windows-Editor und geben Sie diesen Text ein:

[Shell]

Command=2

IconFile=shell32.dll,34

[Taskbar]

Command=ToggleDesktop

Das alte XP-Icon verwenden

Möchten Sie für die neue Verknüpfung lieber das alte XP-Icon für die Desktop-anzeigen-Funktion verwenden, geben Sie statt *shell32.dll,34* dieses hier ein: *explorer.exe,3*. Die vollständige Zeile lautet dann also *IconFile=explorer.exe,3*.

2 Speichern Sie Ihr Werk nun nicht als Textdatei, sondern einmal als *DesktopAnzeigen.exe* o. Ä. und einmal als *DesktopAnzeigen.scf*. Name und Speicherort der beiden Dateien sind egal, die Dateiendungen *.exe* und *.scf* jedoch nicht.

3 Suchen Sie nun das Verzeichnis auf, in dem Sie die beiden Dateien erstellt haben. Die EXE-Datei klicken Sie mit der rechten Maustaste an und wählen *An Taskleiste anheften*. Logisch, was diese Funktion bewirkt.

4 Klicken Sie nun das neu geschaffene Icon der *DesktopAnzeigen.exe* in der Taskleiste bei gedrückter (Umschalt)-Taste mit der rechten Maustaste an und entscheiden Sie sich sodann für *Eigenschaften*. Ändern Sie nun nur noch das Verknüpfungsziel von *DesktopAnzeigen.exe* auf *DesktopAnzeigen.scf*. Sodann bewirkt ein Klick auf das Icon endlich das Anzeigen des Desktops. Nach einem Neustart bzw. wiederholten Einloggen wird dann auch das gewünschte Icon angezeigt. Mit gedrückter linker Maustaste können Sie dessen Position dann noch verändern.

Den neuen Desktop-anzeigen-Button ausblenden

Praktisch ist er, besonders schön aber nicht: der Button *Desktop anzeigen* in der Taskleiste. Nutzen Sie ihn nicht, können Sie ihn entfernen. Am einfachsten gelingt das mit dem kleinen Tool Windows 7 Show Desktop Button Remover, das Sie unter *http://www.door2windows.com/windows-7-show-desktop-button-remover-remove-windows-7-show-desktop-button-with-one-click/* finden.

Das Programm besteht aus lediglich zwei Buttons: der eine blendet den *Desktop anzeigen*-Bereich aus, der andere wieder ein. Achten Sie darauf, dass Sie das Tool mit Administratorrechten ausführen. Sonst funktioniert es nicht.

Kleines Manko: der frei gewordene Platz kann nicht vom Symbolbereich oder anderen Teilen der Taskleiste genutzt werden. Ein „Aufrücken" der Taskleistenelemente ermöglicht das Tool also nicht.

So zeigt das Netzwerk-Icon wieder Aktivität an

Windows 7 bringt viel Neues mit, u. a. auch ein neues Netzwerk-Icon für den Infobereich. Das blinkt nun nicht mehr so lebhaft wie noch sein Vorgänger in älteren Windows-Versionen. Mancher mag das ganz gut finden, doch lässt sich so die Netzwerkaktivität gar nicht mehr über den Infobereich feststellen. Allein ob mit dem Netz alles in Ordnung ist, zeigt das neue Icon an.

Wer das alte Icon auch unter Windows 7 nutzen will, muss zu dem kleinen Programm Network Activity Indicator for Windows 7 greifen. Den kleinen und zugleich kostenlosen Download finden Sie unter *http://itsamples.com/network-activity-indicator.html*. Entpacken Sie das ZIP-Archiv einfach an einen Ort Ihrer Wahl und führen Sie die darin enthaltene *NetworkIndicator.exe* aus. Eine Installation ist nicht notwendig, sehr wohl kann das Programm aber über *Settings* und ein Häkchen bei *Load at Windows Startup* zum Autostart hinzugefügt werden. Vergessen Sie natürlich nicht, den Infobereich entsprechend anzupassen und die Einstellung des Network Activity Indicator von *Nur Benachrichtigungen anzeigen* auf *Symbol und Benachrichtigung anzeigen* zu ändern.

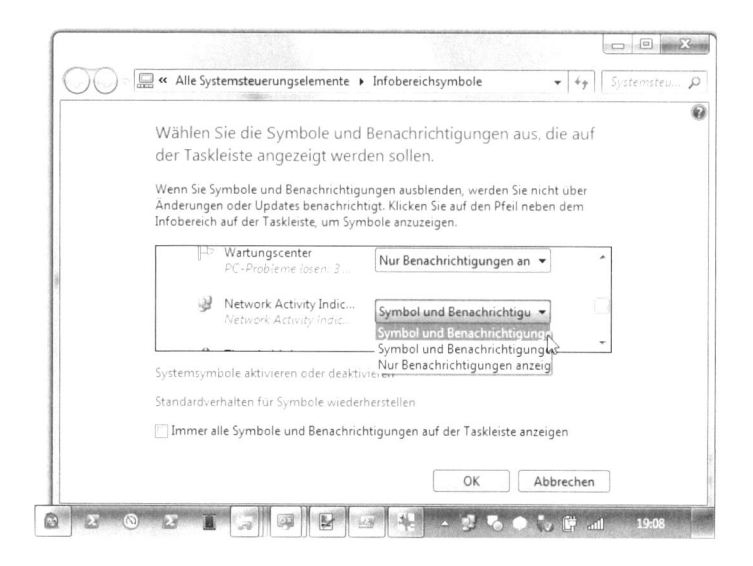

So holen Sie Vistas Sidebar für die Windows 7-Gadgets zurück

Endlich dürfen Sie die Minianwendungen alias Gadgets frei auf Ihrem Desktop positionieren. Das ging in Windows Vista noch nicht. Dort waren sie an die sogenannte Sidebar, die man entweder links oder rechts einblenden konnte, gebunden. Blöd, dass Microsoft den Gadgets nicht nur die Freiheit gab, sondern Windows 7 zugleich die Sidebar nahm.

Verborgene Einstellung für noch mehr Minianwendungen

Folgen Sie in der Gadget-Auswahl dem Link *Weitere Minianwendungen online beziehen*, führt Sie Ihr Browser in die Gadget-Abteilung der Windows Live Gallery (*http://gallery.live.com*). Dort können Sie sodann zwischen etlichen Gadgets auswählen. Noch viel mehr Gadgets stehen aber zur Auswahl, wenn Sie bei *Filter nach* von *Deutsch* auf *Alle Sprachen* wechseln. Diese kleine Einstellung wird oft übersehen.

Die aus Windows Vista bekannte Sidebar können Sie aber in Windows 7 zurückholen. Zwei Möglichkeiten gibt es: eine für Bastler, eine für den Rest.

Die Bastellösung: alte Vista-Systemdateien zweckentfremden

Alles, was Sie dafür benötigen, ist ein wenig Zeit – und eine Windows Vista-Version. So geht's:

1 Schließen Sie zunächst alle geöffneten Gadgets und stellen Sie mit dem Task-Manager oder durch einen Neustart sicher, dass die *sidebar.exe* nicht mehr ausgeführt wird. Öffnen Sie nun über *%PROGRAMFILES%* das Programmverzeichnis Ihres PCs und besorgen Sie sich die Besitz- bzw. Bearbeitungsrechte für den *Windows Sidebar*-Ordner samt Inhalt (s. S. 75 ff.).

2 Fertigen Sie nun eine Sicherheitskopie des *Windows Sidebar*-Verzeichnisses an und ersetzen Sie es schlussendlich durch das *Windows Sidebar*-Verzeichnis der Vista-Version. Auch unter Vista finden Sie die Sidebar-Dateien im Standardprogrammverzeichnis *%PROGRAMFILES%*.

3 Öffnen Sie jetzt das Kontextmenü des Desktops und wählen Minianwendungen, sollte die Sidebar sogleich erscheinen. Blöd nur: Sie können in der Sidebar nur Gadgets anzeigen lassen, die auch unter Vista funktionieren. Mit den neuen Windows 7-Gadgets kann die alte Sidebar nichts anfangen.

Sie mochten die Vista-Sidebar und vermissen Sie unter Windows 7? Kein Problem, schnell ist sie zurückgeholt. Doch ganz unproblematisch ist der Einsatz der alten Vista-Sidebar-Dateien unter Windows 7 nicht. Abgesehen von der rechtlichen Problematik können Sie dann nämlich auch nur noch die alten Vista-Minianwendungen nutzen. Ein Mischbetrieb von neuen Windows 7-Gadgets und den alten ist nicht möglich.

4 Um die Sidebar wieder endgültig zu entfernen, löschen Sie den Inhalt des *Windows Sidebar*-Ordners einfach und stellen die gesicherten Originaldateien wieder her.

Sollten Sie kein Vista zur Hand haben, erhalten Sie die benötigten Dateien beispielsweise über *http://www.ziddu.com/download/3042059/Win7-SidebarFix.zip.html*. Aber pssst!

Die andere Lösung: ein Sidebar-Gadget

Wer die vorangegangene Bastellösung scheut, greift zum 7 Sidebar Gadget, das Sie unter *http://nes.bplaced.net/sidebar7.html* finden. Hierbei handelt es sich um eine Minianwendung, die als Container für all Ihre anderen Minianwendungen bzw. Gadgets dient. So wie die Vista-Sidebar. Zwar nicht ganz so schick, aber elegant genug. Übrigens: Selbst mit aktiviertem Sidebar-Gadget können Sie andere Minianwendungen aber dennoch außerhalb und frei auf dem Desktop platzieren.

Kein umständliches Gefummel mit alten Vista-Systemdateien und dennoch so schick, praktisch und funktionsstark wie Vistas Gadget-Sidebar: die 7 Sidebar Minianwendung kann ich Ihnen wirklich empfehlen.

Aero Shake nervt? So deaktivieren Sie es

Schütteln Sie ein Fenster mit der Maus, werden alle anderen Fenster minimiert. Ein nettes Gimmick, das Nutzern mit zittriger Hand auf den Wecker geht – zu oft wird es von ihnen nämlich versehentlich aktiviert. Dabei ist es leicht deaktiviert: Erstellen Sie im Registry-Pfad *HKEY_CURRENT_USER\Software\ Policies\Microsoft\Windows* einfach einen neuen Schlüssel namens *Explorer*, darin wiederum einen neuen DWORD-Wert *NoWindowMinimizingShortcuts*, dem Sie zusätzlich den Wert 1 zuweisen.

Aero Snap deaktivieren: eine Einrastfunktion zum Ausrasten!

Das zumindest auf Breitbildschirmen recht praktische Aero Snap gefällt nicht jedem. Falls Sie nicht wissen, was sich dahinter verbirgt: Es ist jenes Feature, das Fenster beim Ziehen an den Bildschirmrand automatisch über eine Bildschirmhälfte oder den gesamten Desktop zieht. Deaktiviert wird es schlicht, indem Sie den Registry-Pfad *HKEY_CURRENT_USER\Control Panel\Desktop* aufrufen und den Wert der Zeichenfolge *WindowArrangementActive* auf 0 setzen.

Bibliotheken ade: einen anderen Explorer-Startordner festlegen

Öffnen Sie den Explorer über die Taskleiste, landen Sie zunächst in der Bibliotheken-Übersicht. (Anders übrigens bei der Tastenkombination [Win]+[E], die den Explorer mit dem Startordner *Computer* öffnet.) Vielleicht finden Sie diesen Fakt so unpraktisch wie ich und möchten den Startordner des Explorers ändern. Kein Problem:

Klicken Sie mit der rechten Maustaste auf das Explorer-Icon in der Taskleiste, um dessen Sprungleiste zu öffnen. Darin finden Sie im unteren Bereich einen Eintrag *Windows-Explorer*, den Sie wiederum mit der rechten Maustaste anklicken und nun *Eigenschaften* wählen. Es öffnet sich *Eigenschaften von Windows-Explorer*. Besonders interessant ist das Eingabefeld *Ziel*. Geben Sie dort beispielsweise *%SystemRoot%\explorer.exe /n,/e,C:* ein und bestätigen die Änderung, öffnet der Explorer künftig direkt das Laufwerk C:\.

Anders reagiert der Explorer bei der Eingabe von *%SystemRoot%\explorer. exe /root,::{20D04FE0-3AEA-1069-A2D8-08002B30309D}*. Dann führt er nämlich gleich in den Startordner *Computer*. Übrigens: Der Ausdruck in der geschweiften Klammer ist nichts anderes als die CLSID des Ordners *Computer*.

Statt ihrer können Sie freilich auch jede andere aus der Liste von S. 311 einsetzen und einen entsprechend anderen Startordner wählen.

Mehr Parameter für die explorer.exe

Es gibt noch mehr Parameter, mit der Sie die *explorer.exe* starten können: */e* schaltet die linke Baumnavigation des Explorers ein, */n* versteckt indes die linke Navigationsleiste. Ein */root* wird gesetzt, wenn der gewählte Pfad das Stamm- bzw. Ausgangsverzeichnis darstellen soll. Einfach gesagt: Man kann dann nicht weiter zurückblättern. Mit */select* gefolgt von einem Datei- oder Ordnernamen setzt man den Fokus gleich auf die angegebene Datei, markiert sie also sogleich beim Öffnen. Beispiel: *%SYSTEMROOT%\ explorer. exe /N,"%USERPROFILE%\ Desktop\ Windows 7 Dirty Tricks" /select,"Windows 7 Dirty Tricks.doc"*

Und noch ein Hinweis: Folgen Sie obiger Anleitung, ändern Sie nur den Startpunkt für die Explorer-Verknüpfung in der Taskleiste. Starten Sie den Explorer hingegen über das Startmenü (*Alle Programme/Zubehör/Windows-Explorer*), landen Sie ebenfalls wieder in den Bibliotheken. Diese Verknüpfung im Startmenü müssten Sie dann also auch noch anpassen, d. h., deren Ziel auf oben angegebenen Wert ändern.

Was bringen Bibliotheken überhaupt?

Ein mögliches Szenario für Bibliotheken: Ist die Festplatte voll, bauen Sie einfach eine weitere ein. Darauf werden dann Ordner für Bilder, Downloads, Videos etc. erstellt und separat mit den jeweiligen Bibliotheken verbunden. Schon steht wieder genug Platz zur Verfügung, um etliche GByte neuer Dateien zu speichern. An ein neues Verzeichnis müssen Sie sich dabei nicht gewöhnen, sondern speichern weiterhin fröhlich in die jeweilige Bibliothek.

Die Bibliotheken aus dem Explorer rausschmeißen

Wer die Bibliotheken gar nicht mag, wirft sie eben auch ganz aus dem Explorer heraus. Zielsicher, aber etwas umständlich gelingt das nur über die Registry: Öffnen Sie zunächst den Registrierungs-Editor und löschen Sie einfach den Schlüssel *HKEY_LOCAL_MACHINE\SOFTWARE\Microsoft\Windows\ CurrentVersion\Explorer\Desktop\NameSpace\{031E4825-7B94-4dc3-B131-E946B44C8DD5}*.

Möchten Sie die Bibliotheken ganz tilgen, sind noch weitere Schlüssel zu entfernen. Und zwar:

HKEY_CLASSES_ROOT\CLSID\{031E4825-7B94-4dc3-B131-E946B44C8DD5}

HKEY_LOCAL_MACHINE\SOFTWARE\Classes\CLSID\{031E4825-7B94-4dc3-B131-E946B44C8DD5}

HKEY_LOCAL_MACHINE\SOFTWARE\Microsoft\Windows\CurrentVersion\Explorer\FolderDescriptions\{2112AB0A-C86A-4ffe-A368-0DE96E47012E}

HKEY_LOCAL_MACHINE\SOFTWARE\Microsoft\Windows\CurrentVersion\Explorer\FolderDescriptions\{491E922F-5643-4af4-A7EB-4E7A138D8174}

HKEY_LOCAL_MACHINE\SOFTWARE\Microsoft\Windows\CurrentVersion\Explorer\FolderDescriptions\{7b0db17d-9cd2-4a93-9733-46cc89022e7c}

HKEY_LOCAL_MACHINE\SOFTWARE\Microsoft\Windows\CurrentVersion\Explorer\FolderDescriptions\{A302545D-DEFF-464b-ABE8-61C8648D939B}

HKEY_LOCAL_MACHINE\SOFTWARE\Microsoft\Windows\CurrentVersion\Explorer\FolderDescriptions\{A990AE9F-A03B-4e80-94BC-9912D7504104}

Zu guter Letzt müssen Sie den Wert des Schlüssels *HKEY_LOCAL_MACHINE\ SOFTWARE\Microsoft\Windows\CurrentVersion\Explorer\HideDesktopIcons\ NewStartPanel\{031E4825-7B94-4dc3-B131-E946B44C8DD5}* von 1 auf 0 ändern.

Nach einem Neustart werden die Änderungen übernommen. Damit verschwinden auch die Menüpunkte *Bilder*, *Musik* etc. im Startmenü. Übrigens: Statt in die Bibliotheken startet der Explorer (ohne zusätzliche Parameter – s. S. 146) sodann standardmäßig in das Verzeichnis *Eigene Dokumente* des aktiven Benutzerkontos.

So deaktivieren Sie das Heimnetzgruppen-Feature

Die neuen Heimnetzgruppen sind sicher nicht übel, aber nicht jedem dienlich und nützlich. Wer das Feature deaktivieren will, muss nicht viel tun – und entfernt dabei nicht nur den Heimnetzgruppen-Verweis aus dem Explorer, sondern schaltet zugleich zwei überflüssige Dienste ab. Deaktivieren Sie dazu einfach die beiden Dienste *Heimnetzgruppen-Anbieter* (*HomeGroupProvider*) und *Heimnetzgruppen-Listener* (*HomeGroupListener*). Wie Sie einen Dienst deaktivieren, steht auf S. 205. Nach einem Neustart sind die Änderungen aktiv.

Im Navigationsbereich des Explorers und der Datei-Dialoge aufräumen!

Die linken Spalten alias Navigationsbereiche von Explorer und den Datei-Dialogen *Öffnen* sowie *Speichern* etc. sind mit ihrer Möglichkeit, das Dateisystem in einer Baumstruktur zu erkunden, unheimlich praktisch. Seit Windows Vista finden Sie in diesen Spalten aber nicht nur die lokalen Laufwerke aufgelistet. In Windows 7 gesellen sich noch weitere Funktionen hinzu, sodass zuerst sämtliche Favoriten, dann Bibliotheken und noch die Heimnetzgruppen eingeblendet werden, bevor man die lokale Festplatte durchstöbern kann. Mit den folgenden Tricks schmeißen Sie die für viele überflüssigen Funktionen aus der Spalte hinaus.

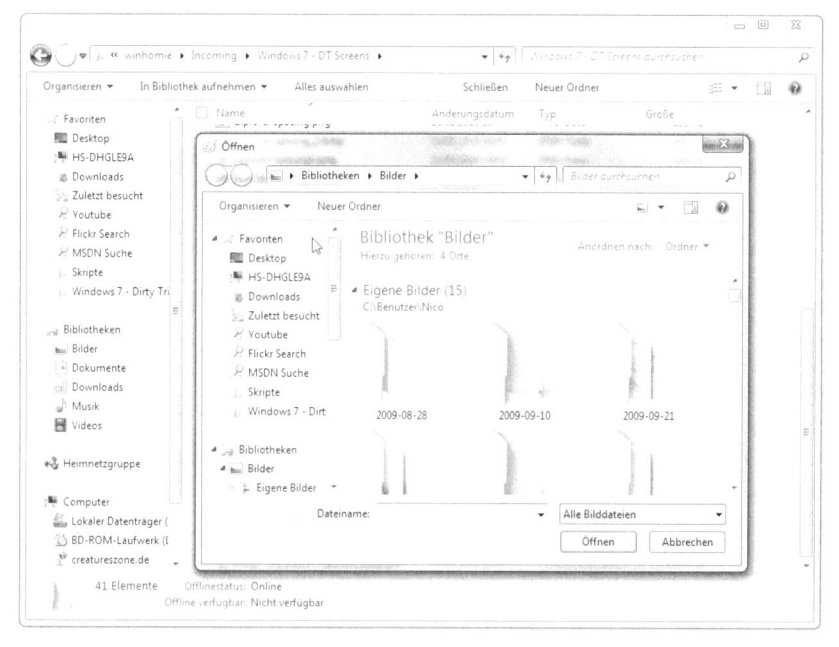

Der Werkszustand: Favoriten, Bibliotheken, Heimnetzgruppe ... erst danach kommt Computer, was eine vollständige Navigation durch das Windows-Dateisystem ermöglicht. In den ohnehin schon kleinen Öffnen- und Speichern-Dialogen müssen Sie sogar noch scrollen, um den Dateibaum einzusehen.

Jetzt fliegen die Favoriten aus dem Explorer

Können Sie auch mit den Favoriten nichts im Explorer anfangen, fliegen diese ebenfalls leicht heraus. Öffnen Sie zunächst im Registrierungs-Editor den Registry-Pfad *HKEY_CLASSES_ROOT\CLSID\{323CA680-C24D-4099-B94D-446DD2D7249E}\ShellFolder* und besorgen Sie sich dafür die Besitz- und Bearbeitungsrechte (s. S. 433). Ändern Sie anschließend den Wert des DWORD-Wertes *Attributes* von *a0900100* auf *a9400100* (Hexadezimal). Melden Sie sich ab und wieder an, ist die Änderung vollzogen.

Um die Favoriten auch aus der linken Spalte des *Öffnen-* bzw. *Speichern-*Dialogs zu entfernen, öffnen Sie in der Registry *HKEY_CLASSES_ROOT\Wow6432Node\CLSID\{323CA680-C24D-4099-B94D-446DD2D7249E}\ShellFolder*. Auch hier müssen Sie sich zunächst die nötigen Zugriffsrechte einholen. Ändern Sie anschließend wiederum den Wert von *Attributes* von *a0900100* auf *a9400100* (Hexadezimal).

Die Bibliotheken rausschmeißen

Möchten Sie die Bibliotheken nicht ganz deaktivieren, aber zumindest aus der linken Spalte haben, löschen Sie in *HKEY_LOCAL_MACHINE\SOFTWARE\Microsoft\Windows\CurrentVersion\Explorer\Desktop\NameSpace* den Schlüssel *{031E4825-7B94-4dc3-B131-E946B44C8DD5}*. Aus den Datei-Dialogen fliegen die Bibliotheken indes, wenn Sie in *HKEY_LOCAL_MACHINE\SOFTWARE\Wow6432Node\Microsoft\Windows\CurrentVersion\explorer\Desktop\NameSpace* den Schlüssel *{04731B67-D933-450a-90E6-4ACD2E9408FE}* entfernen. Ein vorheriges Backup per Exportieren ist natürlich angeraten. Melden Sie sich ab und wieder an, um die Änderungen zu vollziehen.

Die Heimnetzgruppe entfernen

Wie Sie die Verknüpfungen zur Heimnetzgruppe entfernen, erfahren Sie in einem ausgegliederten Kniff auf S. 147.

Das Netzwerk ausblenden

Um auch das Netzwerk aus der linken Spalte des Explorers rauszuwerfen, entfernen Sie in *HKEY_LOCAL_MACHINE\SOFTWARE\Microsoft\Windows\CurrentVersion\Explorer\Desktop\NameSpace* den Schlüssel *{F02C1A0D-BE21-4350-88B0-7367FC96EF3C}*. Aus den Datei-Dialogen verschwindet der Eintrag, wenn Sie in *HKEY_LOCAL_MACHINE\SOFTWARE\Wow6432Node\Microsoft\Windows\CurrentVersion\explorer\Desktop\NameSpace* den Schlüssel *{F02C1A0D-BE21-4350-88B0-7367FC96EF3C}* entfernen.

Keine Lust auf die Registry?

Die Bibliotheken etc. können Sie natürlich auch mit einem kleinen Tool aus der Navigationsleiste des Explorers schmeißen. Windows 7 Navigation Pane Customizer heißt es, ist auch ohne Englischkenntnisse recht selbsterklärend und kann kostenlos unter *http://www.door2windows.com/windows-7-navigation-pane-customizer-show-hide-rename-items-in-windows-explorer-navigation-pane/* heruntergeladen werden.

Die Abstände zwischen Icons wieder verringern und mehr auf einmal anzeigen

Wer häufig mit proppenvollen Verzeichnissen arbeitet, möchte möglichst wenig scrollen müssen. Leider wurden die Abstände zwischen den Verzeichnisinhalten aber erhöht, sodass der Explorer etwa in den Ansichten *Liste* oder *Details* weniger Elemente auf einmal anzeigt.

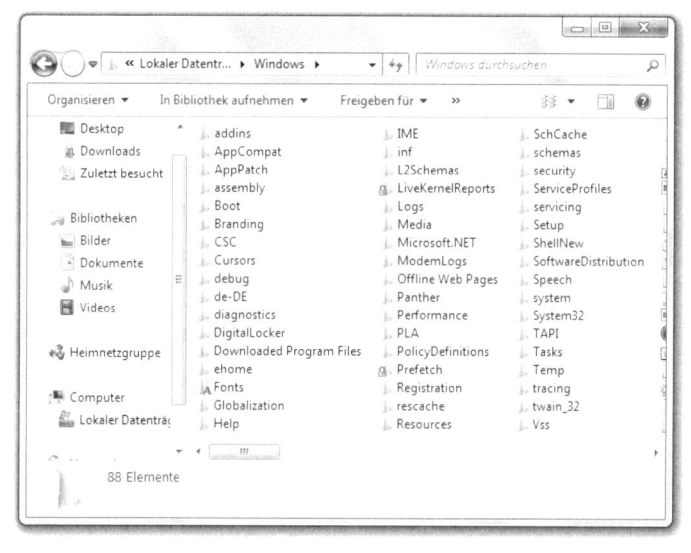

Na und? Sieht aus wie ein gewöhnlicher Ordner? Vergleichen Sie die Ansicht doch mal mit jener in Ihrem Explorer – die Abstände zwischen den Elementen sind sicher größer und somit ebenfalls weniger Ordnerinhalte gleichzeitig zu sehen.

1 Möchten Sie die Abstände verkleinern, feuern Sie zunächst den Resource Hacker an. Die damit zu editierende Datei ist – mal wieder – die *ExplorerFrame.dll*. Öffnen Sie darin zunächst den XML-Code unter *UIFILE\ 40960\1033*.

2 Nutzen Sie die Suchfunktion, um in der unübersichtlichen Darstellung zunächst nach dem mit *<UICollection resid="collection.list.groups"* beginnenden Codebereich zu suchen. Ein paar Befehle hinter diesem Ausdruck werden Sie auf *padding="rect(14rp,0,0,0)"* stoßen. Ändern Sie hier die *14rp* in eine *0*, sodass dann nur noch *padding="rect(0,0,0,0)"* im Code steht.

3 Von *padding* aus verfolgen Sie den Code weiter nach rechts und ändern in dem Codebereich nach *<UICollection resid="collection.list.ungrouped"* nicht nur *padding="rect(14rp,0,0,0)"* in *padding="rect(0,0,0,0)"*, sondern ebenfalls *columnwidth="20rp"* in *columnwidth="17rp"* sowie *itemspacing= "size(10rp,1rp)"* in *itemspacing="size(6rp,0rp)"*.

4 Ein letzter Codebereich ist nach *<UICollection resid="collection.list.inside group"* anzupassen, wobei hier nur *columnwidth="20rp"* in *columnwidth= "17rp"* sowie *itemspacing="size(10rp,1rp)"* in *itemspacing="size(6rp,0rp)"* zu ändern ist.

5 Sichern Sie die Änderungen per *Compile Script* und tauschen Sie die *ExplorerFrame.dll* wie gewohnt aus. Nach einer Ab- und erneuter Anmeldung sollten die Änderungen sichtbar sein.

Achtung! Unter Windows 7 64 Bit kann's mit diesem Kniff Probleme geben. Prüfen Sie daher vor dem Austausch der originalen *ExplorerFrame.dll*, ob das Original und die bearbeitete Fassung in etwa die gleiche Dateigröße haben. Ist das nicht der Fall, sehen Sie besser von dem Dateiaustausch ab.

Feature vergessen: Windows 7 speichert die Ordnerpositionen nicht mehr

Windows XP hatte es, Windows Vista hatte es: In den Ordner- und Suchoptionen gab's im Register *Ansicht* einen Punkt *Ansichtsoptionen für jeden Ordner speichern*. Unter Windows 7 werden Sie diese Funktion vergeblich suchen. Sie wurde nämlich abgeschafft. So öffnet nun auch jedes ausgewählte Verzeichnis an der Stelle, an der sich der Explorer zuletzt befand – und auch in der gleichen Größe. Eine individuelle Speicherung der Größe und Position des Explorer-Fensters je Verzeichnis gibt es nicht mehr.

Wenn Sie für Ihre Verzeichnisse individuelle Einstellungen vornehmen wollen, können Sie das gestrichene Feature über einen Umweg – nämlich über ein Gratistool – wieder nachrüsten. Das nötige Programm heißt ShellFolderFix und kann über *http://www.sevenforums.com/customization/40916-shellfolderfix-manage-folder-window-positions-size.html* bezogen werden.

Damit's funktioniert, muss ShellFolderFix permanent im Hintergrund laufen. Möchten Sie die Anwendung nicht nach jedem PC-Neustart händisch öffnen, setzen Sie ein Häkchen bei *Start automatically at logon*. Keine Sorge: Besonders viele Ressourcen (RAM) benötigt das kleine Programm nicht.

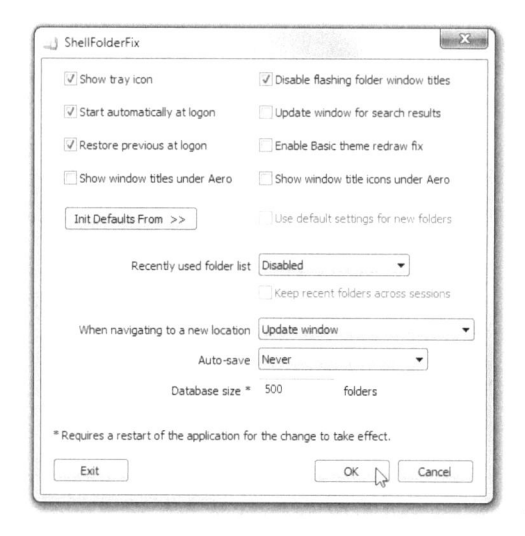

So viele Einstellungen ... wirklich relevant sind aber nur wenige.

Die wichtigste Einstellung verbirgt sich unter *When navigating to a new location*: Hiermit definieren Sie, was passiert, sobald Sie im Explorer navigieren und dabei auf ein Verzeichnis stoßen, für das ShellFolderFix bereits einen Datensatz gespeichert hat. Standardeinstellung ist *Update window*, bei dem das Explorer-Fenster sogleich in Größe und Position angepasst wird. Möglich ist aber auch *Use window as is*, bei dem die aktuelle Fenstergröße und -position als neue Konfiguration für das Verzeichnis gespeichert wird. Oder *Temporarily window as is*, wobei keine Anpassung des Explorer-Fensters erfolgt und die gespeicherte Fenstergröße und -position für das Verzeichnis nicht überschrieben wird.

Fenster putzen – so entfernen Sie den Schmutzrand!

In den früheren Windows 7-Betaversionen war es noch möglich, die matten Fensterränder durch glasklare zu ersetzen. Die finale Windows 7-Version führt diese Einstellungen leider nicht mehr. Natürlich ist es dennoch möglich, die Fensterränder vollständig transparent zu schalten.

Damit die Ränder verschwinden, müssen Sie im Wesentlichen nur zwei Systemdateien austauschen, eine Registry-Einstellung vornehmen und den Desktop Window Manager (DWM) neu starten. Kein Problem, oder?

Die beiden zu tauschenden Systemdateien sind die *dwm.exe* und *udwm.dll*, die durch ihre Vorfahren aus der Windows 7-Betaversion ersetzt werden müssen. Die nötigen Betadateien bekommen Sie dabei unter anderem über *http:// www.deviantart.com/download/137636666/Disable_Blur_Tool_for_Windows 7 _by_PacMani.zip*. Leider funktionieren die beigelegten BAT-Stapeldateien, die den Austausch der Systemdateien automatisieren sollen, in den deutschen Windows 7-Versionen nicht. Tauschen Sie die Dateien deshalb am besten manuell:

1 Beenden Sie den Desktop-Window-Manager-Dienst, etwa indem Sie eine Eingabeaufforderung mit Administratorrechten öffnen und *net stop uxsms* eingeben.

2 Besorgen Sie sich die Bearbeitungsrechte für die *dwm.exe* und *udwm.dll* im Verzeichnis *\%WINDIR%\System32*. Etwa indem Sie den Hinweisen ab S. 75 folgen. Erstellen Sie außerdem noch Sicherheitskopien der beiden Dateien.

3 Tauschen Sie nun die *dwm.exe* und *udwm.dll* durch die gleichnamigen Dateien aus dem heruntergeladenen Zip-Archiv bzw. dessen Unterordner *Files* aus. Nutzer von Windows 7 64 Bit verwenden dazu entsprechend die *dwm64.exe* und *udwm64.dll*, wobei die *64* im Dateinamen zu entfernen ist.

4 Öffnen Sie mit dem Registrierungs-Editor den Pfad *HKEY_CURRENT_ USER\Software\Microsoft\Windows\DWM* und erstellen Sie darin einen DWORD-Wert (*REG_DWORD*) namens *HideBlur* und geben Sie ihm den Wert 1.

5 Hoffentlich haben Sie die mit Administratorrechten ausgeführte Eingabeaufforderung noch nicht geschlossen, gilt es doch nun, den DWM per *net start uxsms* wieder zu starten.

Fortan sollten die Fensterränder völlig transparent sein. Um doch wieder einen „Blur" zu aktivieren, stellen Sie entweder die Originaldateien wieder her oder setzen den Wert von *HideBlur* in der Registry auf 0.

Und es geht doch: ein Netzlaufwerk in eine Bibliothek einbinden

Theoretisch erlaubt Windows 7 durchaus, eine Netzwerkfreigabe – beispielsweise von Ihrer externen Netzwerkfestplatte – in eine Bibliothek einzubinden. Dazu müssen Sie die Netzwerkfreigabe nur offline verfügbar machen. „Nur" ist gut, denn tatsächlich bedeutet dies, dass Windows sämtliche Dateien der Netzwerkfreigabe versteckt auf Ihren PC kopiert. Reichlich sinnlos, wenn man doch gerade Mediendateien o. Ä. bewusst ausgelagert hat. Gott sei Dank geht es auch anders, nämlich per symbolischer Verknüpfung (s. auch S. 425).

Erstellen Sie zunächst einen Ordner an beliebiger Stelle. Vielleicht in Ihrem Benutzer-Verzeichnis (*%USERPROFILE%*), also etwa unter *C:\Benutzer\Nico*. Verknüpfen Sie nun die Bibliothek mit diesem Ordner. Anschließend löschen Sie den eben erstellten Ordner wieder. Dass er in die Bibliothek eingebunden ist, scheint Windows 7 nicht zu stören.

Öffnen Sie nun die Eingabeaufforderung mit Administratorrechten und geben Sie Folgendes ein: *mklink /d [ORDNER] [NETZWERKORDNER]*, wobei die Platzhalter freilich entsprechend zu ersetzen sind. Im Beispiel lautet die Eingabe wie folgt: *mklink /d C:\Users\Nico\VideosNetzwerk\ \\HS-DHGLE9A\Film*. (Achtung: Geben Sie den Pfad zum einst erstellten Ordner mit *C:\Benutzer*... an, wird das *mklink*-Kommando ihn nicht finden.)

Sprungleisten ausschalten

Die in Windows 7 neu enthaltenen Sprungleisten sind praktisch, aber wieder so eine Datensammelstelle, die allerlei über den Benutzer offenbart. Dabei können Sie die Einträge *Zuletzt verwendet* oder *Häufig verwendet* in der Sprungleiste eines Programms leicht deaktivieren. Klicken Sie dazu mit der rechten Maustaste auf eine freie Stelle der Taskleiste und wählen Sie *Eigenschaften*. Im Register *Startmenü* finden Sie einen Bereich *Datenschutz*. Entfernen Sie dort das Häkchen bei *Zuletzt geöffnete Elemente im Startmenü und in der Taskleiste speichern und anzeigen*. Schon sind die „kritischen" Funktionen der Sprungleisten deaktiviert.

Praktische Windows-Anwendungen ohne Live-Schnickschnack

Ehrlich gesagt nutze ich schon seit Outlook Express nicht mehr die Windows-eigenen E-Mail-Programme. Trotzdem soll es Windows-Nutzer geben, denen Vistas Windows Mail (und vorher Outlook Express) völlig ausreichte. Vielleicht staunen die nicht schlecht, dass Windows 7 zunächst gar kein Windows Mail mehr enthält. Stattdessen gibt's nun Windows Live Mail als Bestandteil der sogenannten Windows Live Essentials zum kostenlosen Download (*http://download.live.com/*).

Hierbei handelt es sich um eine Weiterentwicklung von Vistas Windows Live Mail, das mit Microsofts Windows Live (*http://home.live.com*) eng verzahnt ist – so eng, dass das Programm keine Ruhe gibt, bis Sie nicht einen (kostenlosen) Windows-Live-Account eingerichtet und mit dem E-Mail-Programm verbunden haben. Wer das und auch den Umstieg auf Thunderbird (*http://de.www.mozillamessaging.com/de/thunderbird/*) o. Ä. nicht will, wird hier fündig:

Das alte Windows Mail liegt versteckt auf jeder Windows 7-Festplatte!

Warum Windows Mail eigentlich gar nicht zum Lieferumfang von Windows 7 gehört, dann aber doch verborgen mit jeder Windows 7-Installation auf die Festplatte kommt, ist nicht ganz nachvollziehbar. Schauen Sie doch einmal in *%PROGRAMFILES%\Windows Mail* vorbei! Dort liegt auch eine *WinMail.exe*. Sie ist allerdings versteckt bzw. eine sogenannte geschützte Systemdatei, also nur mit der entsprechenden Einstellung (s. S. 82) sichtbar. Wenn Sie sie starten, passiert aber leider nichts.

Wer Windows Mail reaktivieren will, muss deshalb Dateien tauschen. Aber eigentlich nur eine. So genügt es schon, die *msoe.dll* im Verzeichnis *%PROGRAMFILES%\Windows Mail* gegen jene einer Windows Vista-Installation auszutauschen, um Windows Mail auch unter Windows 7 wieder lauffähig zu bekommen. Um sie auszutauschen, benötigen Sie freilich die entsprechenden Bearbeitungsrechte für die *msoe.dll* (s. S. 75).

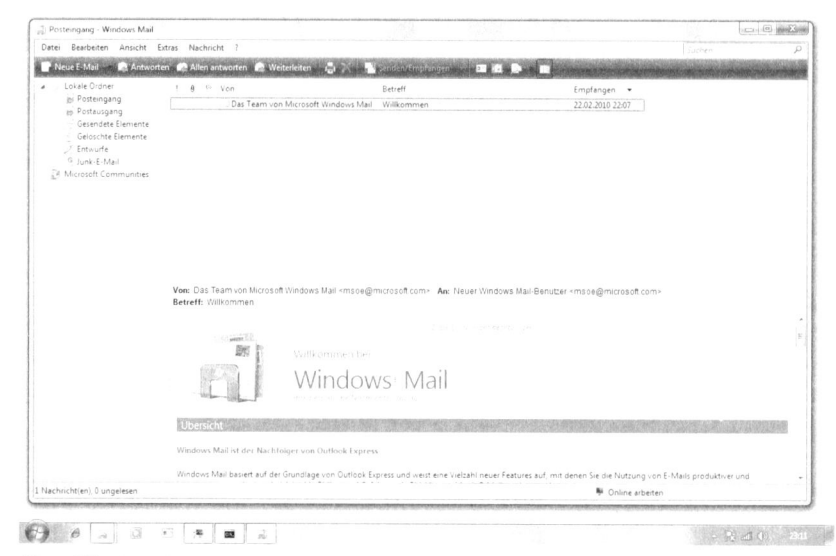

Altes Windows Mail in neuem Windows: kein Problem, auch nicht mit Windows 7 64 Bit.

Nutzen Sie auch den Windows-Kalender von Vista und XP weiterhin

Nicht nur Windows Mail, auch der Windows-Kalender wurde für Windows 7 gestrichen. Ein Ersatz ist Bestandteil des Pakets Windows Live Essential. Wer darauf keine Lust und einen Windows Vista-PC in der Nähe hat, kann aber auch den alten Vista-Kalender unter Windows 7 nutzen. Dazu kopieren Sie vom Vista-Rechner einfach die Verzeichnisse *%PROGRAMFILES%\Windows Calendar* sowie *%USERPROFILE%\AppData\Local\Microsoft\Windows Calendar* auf Ihren Windows 7-PC – und zwar an die gleiche Stelle, also in die gleichen Pfade. Die erforderlichen Besitz- und Bearbeitungsrechte benötigen Sie natürlich vorher.

XP-Style reaktivieren – ohne langes Suchen und Fummeln!

Mit einigen Tricks reaktivieren Sie die eine oder andere nützliche Windows XP-Funktion oder schaffen ein funktionsadäquates Pendant. Wen es nach einer vollständigen Rückkehr zum Windows XP Look und dessen Bedienung verlangt, kommt mit Registry- und kleinen Ressourcen-Hacks aber nicht sehr weit. Manches verlangt einfach nach umfangreicherer Bearbeitung und Programmierkenntnissen. Beides kann in diesem Buch nicht erläutert werden.

Gut für Sie, dass es aber fleißige Programmierer gibt, die sich nach den guten XP-Zeiten sehnen. Anders ist die Existenz des Softwarepakets Classic Shell schließlich nicht zu erklären. Das kostenlose und auch deutschsprachige Programm finden Sie unter *http://classicshell.sourceforge.net*. Dessen Features aufzuzeigen, würde viele Seiten verschlingen. Deshalb nur eine kurze Auswahl: Beinahe schon obligatorisch ist das klassische Startmenü mit ausklappbarem *Alle Programme*-Bereich. Ein Up-Button für den Explorer, mit dem Sie ohne größeres Gefummel zum übergeordneten Verzeichnis wechseln, gehört ebenfalls zum umfangreichen Funktionsumfang. Besonders interessant ist der klassische Kopieren-Dialog. Statt der bildschirmfüllenden Box, die es immer wieder genau zu erfassen gilt, will man nicht versehentlich die falsche Aktion auslösen, bringt Classic Shell den alten Dialog zurück. Gibt es da beim Kopieren etwas zu ersetzen, fragt er präzise: *Ja*; *Ja, alle*; *Nein*? Ganz ohne zusätzliches Häkchen, das es bei mehreren Dateien meist neben *Vorgang für die nächsten XX Konflikte durchführen* zu setzen gilt.

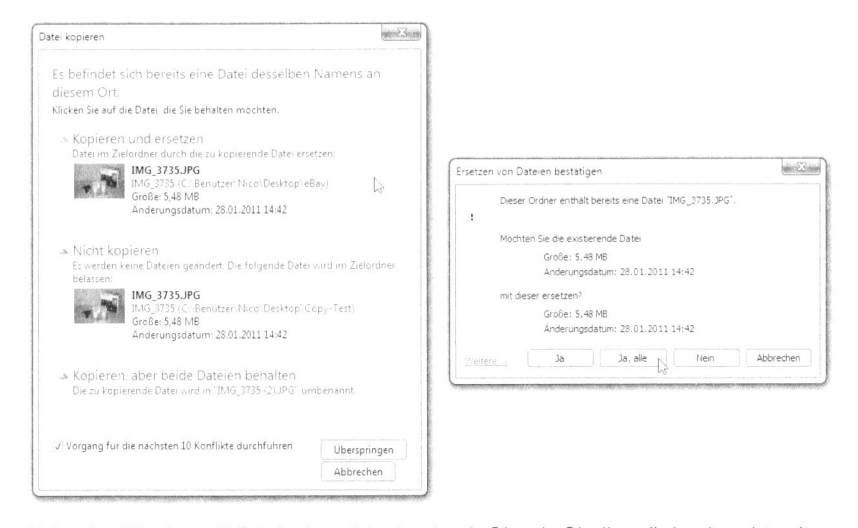

Links das Windows 7 Original, rechts der durch Classic Shell zurückgebrachte alte, viel praktischere Ersetzen-Dialog. Manchmal sind es eben die kleinen Dinge, die Freude bereiten ...

3. Mehr Power? – Mit den richtigen Tricks wirklich die Leistung pushen

3.1	Leistungstricks, die was bringen!	159
3.2	„Windows-Legenden" – die größten Tuning-Lügen?	167
3.3	Windows PowerShell – die in Windows 7 integrierte Power-Skriptsprache	175
3.4	Nicht gebrauchte Windows-Teile wirklich entfernen	184
3.5	Minutenlanges Warten nervt: das Hoch- und Runterfahren beschleunigen	190
3.6	Dienste abschalten – was bringt es und welche sind sicher?	197
3.7	Internet und Netzwerk: endlich ungebremst!	210
3.8	Das schnellste Windows aller Zeiten	212
3.9	Vollkommen gratis – Windows 64 Bit installieren und nur die 32-Bit-Version besitzen	218
3.10	Schneller und ausdauernder: Windows 7 auf Notebooks, Tablets und „grünen" PCs	223
3.11	Die Windows 7 Starter-Edition und deren künstliche Beschränkungen	227
3.12	Multitouch mit Windows 7 – keine Selbstverständlichkeit	232

Ein frisch installiertes Windows läuft fix und schnell. Doch wehe, Sie installieren einige Programme, die Sie täglich oder auch nur hin und wieder benötigen. Dann wird Windows deutlich langsamer. Nicht umsonst sprechen Computerfreaks oft davon, dass sie ihren PC einmal wieder „plattmachen" müssten, also mit einer frischen Neuinstallation von vorn beginnen. Vielleicht versuchen Sie aber vorher, Ihrem Windows 7-PC wieder ein bisschen Beine zu machen. Die folgenden Seiten wollen hierfür Anregungen geben.

3.1 Leistungstricks, die was bringen!

Wenn Ihr Rechner wirklich lahmt, dann stocken Sie am besten erst einmal den Arbeitsspeicher auf! Mit 4 GByte RAM läuft Windows 7 noch viel besser als mit 2 GByte. Und wenn noch weniger Arbeitsspeicher im Rechner steckt, ist ein RAM-Upgrade sowieso fast Pflicht.

Wer schon zu viel RAM hat – obwohl man eigentlich nie zu viel hat – kann diesen mit einer RAMDisk sinnvoll nutzen und die Festplatte entlasten. Im Vergleich zum Arbeitsspeicher ist die ohnehin viel langsamer. Wenn Programme direkt aus dem RAM gestartet werden oder ihre temporären Dateien dorthin auslagern, kann das deshalb nur nützlich sein. RAMDisk und noch mehr Leistungsbeschleuniger – wie immer auf den folgenden Seiten.

Software blitzschnell laufen lassen mit einer RAMDisk

Seit DOS-Zeiten nutzen Geschwindigkeitsfanatiker sogenannte RAMDisks als Speichergerät für Anwendungen, die besonders schnell laufen sollen, bzw. für die temporären Dateien besagter Anwendungen. Dahinter steckt im Prinzip nichts anderes als Arbeitsspeicher, der als virtueller Datenträger genutzt wird.

Mit Windows 7 funktioniert das ebenfalls, einen speziellen Treiber vorausgesetzt. Einen Sinn ergibt der Spaß aber erst ab mindestens 2 GByte RAM, da der abgezwackte Arbeitsspeicher dem Betriebssystem schließlich nicht mehr zur Verfügung steht.

Zahlreiche RAMDisks sind für Windows 7 erhältlich oder funktionieren unter Windows 7 wenigstens noch, sie kosten aber zum Teil so einiges. Beispielsweise die RAMDisk 11 von SuperSpeed (*http://www.superspeed.com/desktop/ramdisk.php*). Zwar gibt's davon eine Probierversion, doch ist die im Funktionsumfang beschnitten und fällt durch nervige Benachrichtigungen auf.

Eine Gratis-RAMDisk, die auch unter Windows 7 64 Bit problemlos läuft, bietet Dataram an. Ohne Registrierung können Sie sie aber nur nutzen, solange die RAMDisk nicht größer als 4 GByte sein soll. Für den Anfang sollte das aber reichen. Die Registrierung, die das Limit erhöht, ist aber auch kostenlos. Den Download finden Sie hier: *http://memory.dataram.com/products-and-services/software/ramdisk?/*.

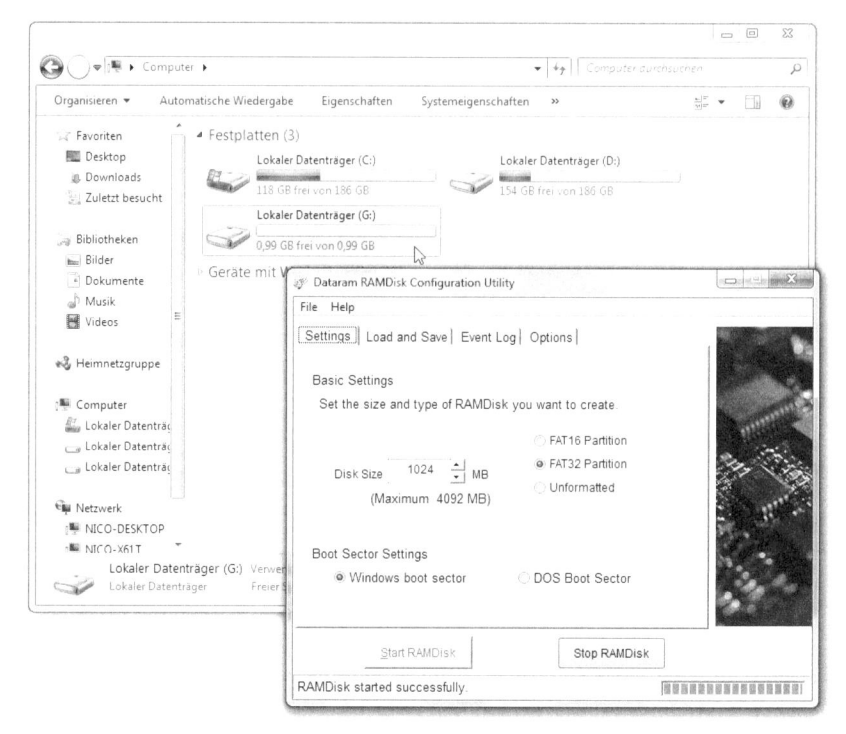

Hat die Installation und Einrichtung funktioniert, sollte die RAMDisk als weiteres Laufwerk im Explorer auftauchen und kann fortan als Speicherort für temporäre Verzeichnisse o. Ä. verwendet werden.

Haben Sie das MSI-Paket installiert, ist die Verwendung denkbar einfach: Starten Sie das Dataram RAMDisk Configuration Utility über das Startmenü, können Sie im Register *Settings* sogleich die gewünschte RAMDisk-Größe (*Disk Size*) sowie Formatierung festlegen. FAT32 bietet sich hier an.

Per Klick auf Start *RAMDisk* sollte der virtuelle Datenträger flink erstellt sein. Bedenken Sie jedoch: Wenn Sie es hierbei belassen, geht der Inhalt der RAM-Disk bei jedem Herunterfahren oder Neustart verloren, ist es im Endeffekt eben doch nur flüchtiger Arbeitsspeicher.

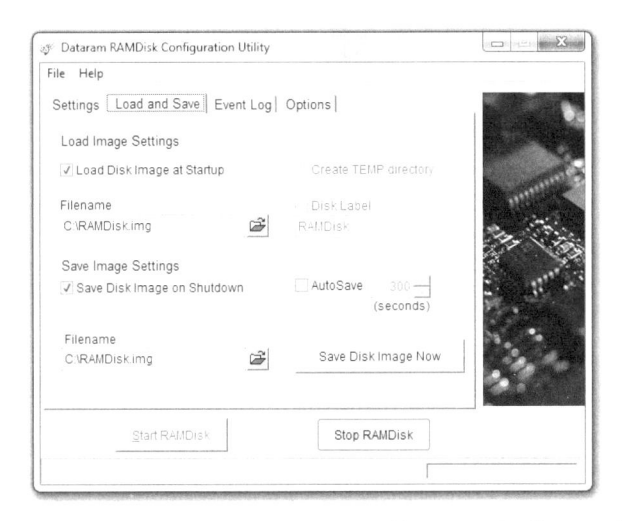

Damit die RAMDisk auch nach einem Neustart oder Herunterfahren des PCs wieder automatisch zur Verfügung steht, nehmen Sie im Register Load and Save die notwendigen Einstellungen vor. Wichtig sind hierbei vor allem die beiden Häkchen, die auch in der Abbildung gesetzt wurden, sowie ein übereinstimmender Speicherort der Datei, in die der Inhalt der RAMDisk geschrieben wird.

ReadyBoost – USB-Flashspeicher als Leistungsboost für schwächere PCs

Langsamen PCs mit wenig Arbeitsspeicher will ReadyBoost Beine machen. Die Technologie wurde mit Vista eingeführt und nutzt die Eigenschaft von Flashspeichern wie USB-Sticks, kleine Datenpakete blitzschnell zur Verfügung stellen zu können. ReadyBoost lagert also kleine, häufig genutzte Datenschnipsel auf einem USB-Speicher aus. Den müssen Sie dafür natürlich erst einmal haben: Damit ReadyBoost funktioniert, wird nämlich ein Speicherstick oder eine Speicherkarte mit einer mittleren Zugriffszeit von ungefähr 2,5 MByte/s für Datenblöcke mit 4 KByte Größe und 1,75 MByte/s für 512 KByte große Daten vorausgesetzt. Außerdem muss die Speicherkapazität mindestens 256 MByte betragen. Im Handel sind einige USB-Sticks mit ReadyBoost-Zertifikat erhältlich, die diese Spezifikationen erfüllen.

Vielleicht haben Sie so einen schnellen USB-Stick (mit einem Trick können Sie aber auch einen langsameren nehmen – siehe S. 162). Trotzdem muss sich der Einsatz von ReadyBoost nicht unbedingt lohnen. Tatsächlich ist der Geschwindigkeitszuwachs nur schwer messbar, sofern überhaupt vorhanden. Auf einem schnelleren Rechner wird wohl gar keine Veränderung spürbar sein, die i. d. R. schwachbrüstigen Netbooks könnten allerdings davon profitieren. Probieren Sie dieses Feature einfach einmal aus, wenn Sie einen passenden Flashspeicher zur Hand haben. Ansonsten sollte ein Aufrüsten des Arbeitsspeichers die erste Wahl sein, wenn Sie Ihren PC beschleunigen wollen.

Performance eines USB-Sticks selbst prüfen

Sobald Sie einen USB-Stick anschließen, können Sie ihn über dessen Eigenschaften-Menü auf seine ReadyBoost-Kompatibilität testen. Genaue Zahlenwerte gibt dieser Test jedoch nicht zurück, er meldet allenfalls „leistungsfähig genug" oder eben „nicht leistungsfähig genug".

Öffnen Sie die Eingabeaufforderung mit Administratorrechten und geben Sie dann zunächst *winsat.exe disk -read -ran -ransize 4096 -drive [Laufwerkbuchstabe]* ein, also beispielsweise *winsat.exe disk -read -ran -ransize 4096 -drive M*. Damit ermitteln Sie die Lesegeschwindigkeit für die 4-KByte-Blöcke. Die Eingabe für den etwas umfangreicheren Test mit 512 KByte lautet hingegen: *winsat.exe disk -read -ran -ransize 524288 -drive [Laufwerkbuchstabe]*.

USB-Speicher ohne ReadyBoost-Zertifikat verwenden – so geht's!

Mit wenigen Veränderungen an der Windows-Registry können Sie auch langsamere Flashspeicher verwenden, die eigentlich nicht für ReadyBoost vorgesehen sind. Ob Sie mit denen noch eine Leistungsverbesserung bemerken, sei dahingestellt und ist stark vom jeweiligen Speichermedium und Ihrem PC abhängig. Eine allgemeingültige Formel gibt es dafür also nicht, sondern nur den Rat: Probieren geht über Studieren!

1 Schließen Sie den USB-Speicher an den Rechner an.

2 Öffnen Sie den Explorer und klicken Sie mit der rechten Maustaste auf den USB-Wechseldatenträger, um mit einem Klick auf *Eigenschaften* das Optionsmenü zu öffnen.

3 Wählen Sie das Register *ReadyBoost* aus. Falls noch nicht geschehen, führen Sie eine Prüfung auf ReadyBoost-Kompatibilität durch. Um den Stick in den kommenden Schritten leichter zu finden, sollten Sie ihn ebenso umbenennen. Eine entsprechende Möglichkeit finden Sie im Register *Allgemein*.

4 Öffnen Sie nun den Registrierungs-Editor und navigieren Sie darin zu *HKEY_LOCAL_MACHINE\SOFTWARE\Microsoft\Windows NT\Current-*

Version\EMDMgmt. Hier finden Sie für jedes einmal angeschlossene USB-Speichergerät einen Schlüssel. Haben Sie den USB-Stick wie empfohlen umbenannt, sollten Sie den passenden Schlüssel schnell finden können – trotz der mitunter langen und kryptischen Bezeichnungen. Im Beispiel trägt der verwendete USB-Stick die Bezeichnung *EOS_DIGITAL*. Der dafür erstellte Schlüssel lautet dementsprechend: *_??_USBSTOR# Disk&Ven_Generic&Prod_Flash_HS-CF&Rev_5.39#080131407694&0#{ 53f56307-b6bf-11d0-94f2-00a0c91efb8b}EOS_DIGITAL_0*.

5   Im Schlüssel des Speichers finden Sie einen DWORD-Wert *DeviceStatus*. Ändern Sie dessen Wert auf 2.

6   Klicken Sie nun abermals mit der rechten Maustaste im Explorer auf den USB-Speicher und wählen Sie *Eigenschaften*. Im Register *ReadyBoost* sollten Sie nun die entsprechenden Einstellungen tätigen können, die für den Betrieb mit ReadyBoost notwendig sind.

Mobilitätscenter auch für Desktop-PCs

Seit Vista kommen Notebook-Nutzer in den Genuss des sogenannten Mobilitätscenters, das eine Reihe nützlicher Funktionen schnell abrufbar macht. Etwa die Möglichkeit, den Bildschirm zu drehen oder dessen Helligkeit zu verändern etc. Über [Win]+[X] ist es schnell aufgerufen, kann aber ansonsten auch durch Ausführen der *mbctr.exe* in *%WINDIR%\System32* gestartet werden.

Leider bleibt das Mobilitätscenter nur Notebook-Nutzern vorbehalten. Mit einem Registry-Hack können Sie es aber auch auf Desktop-PCs nutzen. Öffnen Sie dazu die Registry im Pfad *HKEY_CURRENT_USER\Software\Microsoft\ MobilePC\AdaptableSettings* und erstellen Sie dort einen neuen DWORD-Wert namens *SkipBatteryCheck*, dem Sie anschließend den Wert 1 zuweisen. Fortan startet das Mobilitätscenter dann auch auf nicht mobilen Rechnern.

Gasfuß fürs Dateisystem – ohne Rücksicht auf Verluste

Dateien werden nicht einfach nur gespeichert, sondern immer auch mit Zusatzinformationen versehen. Manche sind wichtig, andere hingegen nicht. Einen Funken zusätzlicher Geschwindigkeit können Sie mit der folgenden Registry-Änderung aus dem Dateisystem herauskitzeln:

1   Öffnen Sie den Registrierungs-Editor und navigieren Sie damit zu *HKEY_ LOCAL_MACHINE\SYSTEM\CurrentControlSet\Control\FileSystem*.

2 Um die DOS-Kompatibilität aufzuheben, wählen Sie den Eintrag *NtfsDisable8dot3NameCreation* mit einem Doppelklick aus und setzen als Wert 1. Klicken Sie danach auf *OK*, um den neuen Wert zu speichern.

3 Mit einem Doppelklick auf *NtfsDisableLastAccessUpdate* befreien Sie das Dateisystem hingegen von Zeitstempeln, die jeder Datei anhaften und bei jedem Aufruf dieser Datei aktualisiert werden (s. auch S. 365). Um diesen Vorgang zu deaktivieren, setzen Sie hier ebenfalls den Wert auf 1. Aber Vorsicht: Einige Programme funktionieren nur mit eingeschaltetem Zeitstempel richtig!

Wird Ihre SSD voll ausgereizt? Schauen Sie nach!

Wer eine SSD im Rechner werkeln lässt, braucht nicht mehr zu defragmentieren. Und sollte es auch tunlichst vermeiden, um die SSD nicht sinnlos in Anspruch zu nehmen oder gar zu beschädigen! Gottlob ist Windows 7 clever und deaktiviert die Defragmentierung von SSDs automatisch.

Nein, das Defragmentieren-Pendant heißt nun TRIM-Befehl. Nicht jede SSD unterstützt es. Manche erst nach einem Firmware-Update. Wie es bei Ihrer Solid State Disk konkret aussieht, entnehmen Sie daher am besten den Herstellerangaben.

Nicht auf den SSD-Hersteller müssen Sie vertrauen, wenn es darum geht, ob Windows 7 den für die Performance der SSD ach so wichtigen TRIM-Befehl überhaupt ausführt. Doch zunächst ganz knapp: Was steckt hinter TRIM? Die SSD bzw. deren Controller weiß nicht, welche Daten auf ihr liegen: Was wird genutzt, was nicht? Jede Speicherzelle der SSD, die einmal beschrieben wurde, enthält aus Sicht der SSD wertvolle Daten. Doch vielleicht haben Sie die Daten, die in manchen Speicherbereichen der SSD liegen, bereits gelöscht? Hier ist Windows 7, das das Dateisystem verwaltet, besser informiert. Über den TRIM-Befehl, der erstmals in Windows 7 vollständig integriert ist, teilt das Betriebssystem der SSD mit, welche Speicherzellen unnütze Daten enthalten und überschrieben werden können. Die Schreibgeschwindigkeit wird so erhöht. Zudem auch die Zahl der Schreibzugriffe insgesamt reduziert, was die ohnehin eingeschränkte Lebensdauer einer SSD steigert.

Um nun zu prüfen, ob TRIM aktiv ist, öffnen Sie die Eingabeaufforderung mit Administratorrechten. Geben Sie hier schlicht *fsutil behavior query Disable DeleteNotify* ein. Erhalten Sie nach dieser Eingabe die Antwort *DisableDelete Notify = 0*, ist alles okay. Denn trotz *0* bedeutet das, dass TRIM aktiv ist. Gibt die Eingabeaufforderung hingegen *DisableDeleteNotify = 1* zurück, ist TRIM deaktiviert. Nun sollten Sie eine Recherche starten: Unterstützt Ihre SSD überhaupt den TRIM-Befehl, ist überhaupt die entsprechende Firmware installiert? Eine allgemeingültige Lösung gibt's leider nicht, sodass Sie an dieser Stelle dann leider an den Hersteller verwiesen sind.

Superschnell Dateien kopieren? Windows 7 macht's möglich!

Einst ein kleines Zusatztool zum Download von der Microsoft-Webseite, ist Robocopy nun seit Windows Vista fester Bestandteil des Betriebssystems. Leider ist das Tool dennoch recht unbekannt, was wohl auch daran liegt, dass es sich dabei nur um ein Kommandozeilenprogramm handelt und im Grunde auch nur eine Aufgabe hat: Dateien zu kopieren. Klar, das kann Windows bzw. der Explorer auch. Aber nicht mit so vielen Zusatzfunktionen! Geben Sie einfach einmal *robocopy /?* in die mit administrativen Rechten gestartete Eingabeaufforderung ein, um einen Überblick über die Funktionen zu erhalten.

Windows 7 enthält nun eine neue Robocopy-Version mit einem interessanten neuen Feature: der Fähigkeit, Kopiervorgänge in mehreren Threads parallel durchzuführen. Setzen Sie dazu einfach den zusätzlichen Parameter */MT:[ANZAHL DER THREADS]*, wobei *[ANZAHL DER THREADS]* entsprechend durch eine Zahl von 1 bis 128 zu ersetzen ist. Die Standard-Thread-Anzahl beträgt übrigens 8, sollten Sie nur den */MT*-Parameter ohne Thread-Anzahl nutzen. Spielen Sie doch einmal mit größeren Thread-Werten herum und sehen Sie dann, ob's was bringt.

Prozesse einem Prozessorkern zuweisen

Abgesehen von den Netbooks mit Atom-Prozessor ist heutzutage praktisch jeder PC mit einem Mehrkernprozessor bestückt. Normalerweise verteilt Windows 7 dabei die Last auf die Prozessoren automatisch. Vielleicht möchten Sie aber lieber manuell Hand anlegen und Anwendungen einen Prozessorkern zuweisen:

1   Öffnen Sie den Windows Task-Manager und wählen Sie im Register *Prozesse* den Prozess aus, dessen Prozessorkernzuweisung Sie ändern möchten.

2   Klicken Sie mit der rechten Maustaste auf den Prozess, können Sie dessen Zugehörigkeit festlegen und definieren somit, welche Prozessorkerne die Anwendung nutzen darf.

Mehr Power für Ihre Lieblingssoftware, weniger für den Rest

Alle Prozesse werden gleich behandelt. Ist das sinnvoll? Vielleicht haben Sie Ihre Lieblingsprozesse, die Sie künftig bevorzugen möchten. Indem Sie ihnen eine höhere Priorität zugestehen, lassen Sie sie auch bei hoher Systemauslastung immer noch rund und flüssig laufen. Wie das funktioniert? Ganz einfach:

1 Öffnen Sie den Windows Task-Manager und wählen Sie im Register *Prozesse* den Prozess aus, dessen Priorität Sie verändern wollen.

2 Mit einem Rechtsklick auf den Prozess öffnen Sie ein Kontextmenü, das den Eintrag *Priorität festlegen* enthält. Fahren Sie mit der Maus darüber und entscheiden Sie sich mithilfe des nun aufklappenden Menüs für eine Prioritätsstufe.

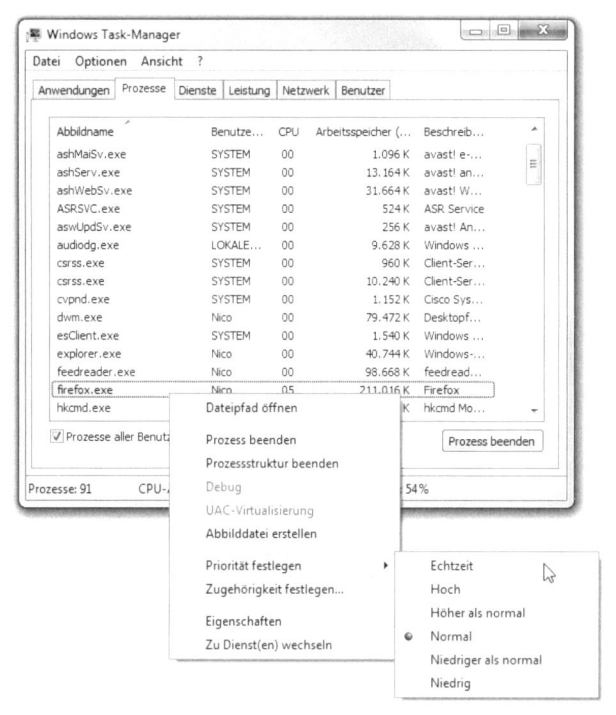

Es kann einen Sinn ergeben, Ressourcenfressern wie dem Firefox-Browser eine hohe Priorität zuzugestehen. Nichtsdestotrotz warnt nach einer Prioritätenänderung selbst Windows, dass anders gesetzte Prioritäten zu Instabilitäten führen können.

Den Task-Manager an die Taskleiste anheften

Möchten Sie eine Verknüpfung zum Task-Manager an die Taskleiste anheften, erstellen Sie an beliebiger Stelle eine neue Verknüpfung und geben als Speicherort des Elements *%WINDIR%\System32\taskmgr.exe* an. Über das Kontextmenü der Verknüpfung können Sie diese sodann an die Taskleiste anheften.

3.2 „Windows-Legenden" – die größten Tuning-Lügen?

Es ist immer schwer, die Wirkung sogenannter Tuning-Maßnahmen zu messen. Beim Windows-Start und erst recht im Windows-Betrieb laufen schließlich so viele Prozesse und Dienste parallel, dass selbst dann, wenn Sie nichts am System verändern, der Bootvorgang einmal schneller, einmal langsamer vonstattengeht. Kann der Erfolg eines Tunings per Registry-Hack oder verborgener Systemeinstellung deshalb verlässlich gemessen werden? Eher nicht. Ein paar Worte zu den größten Mythen finden Sie im Folgenden.

Die ewige Diskussion: Kommt Windows nicht von Haus aus mit den besten Einstellungen?

Grundsätzlich wird sich Microsoft hüten, ein absichtlich ausgebremstes Betriebssystem auf den Markt zu werfen. Das ergäbe keinen Sinn. Aber: Windows (7) ist ein Allround-Betriebssystem für jeden Einsatzzweck – und nicht nur speziell für Ihren. Mit ein paar Anpassungen ist es immer möglich, die Leistung des Betriebssystems zu erhöhen. Allerdings zulasten der Allround-Eigenschaft des Betriebssystems.

Unnütze Dienste pauschal abschalten? Bringt allenfalls Ärger!

Nicht jeder Dienst muss unbedingt laufen. Selbst Microsoft-Mitarbeiter schlagen in einem offiziellen Dokument zu Windows Vista vor, nicht benötigte Dienste zu deaktivieren, wenn man die Geschwindigkeit des PCs steigern möchte. (Offizielle Tipps zur Beschleunigung von Windows 7 enthalten diesen Hinweis übrigens nicht mehr.)

Doch wild im Windows-Dienste-Wald zu roden, bringt nur Probleme. Überlegen Sie deshalb sehr genau, ob Sie einen Dienst wirklich deaktivieren wollen – und welche Auswirkungen das hat. Später kann meist gar nicht mehr nachvollzogen werden, dass ein abgeschalteter Dienst Ursache für Programmabstürze etc. ist.

Beschleuniger SuperFetch – warum Sie ihn in Ruhe arbeiten lassen sollten

SuperFetch ist nicht ganz neu. Schon in Windows Vista war es enthalten. Und unter XP gab's eine Technologie namens Prefetch. Während Prefetch nur den Windows-Start beschleunigte, befeuert SuperFetch nun auch den Start einzelner Anwendungen.

Im Grunde lädt diese Technologie häufig benötigte Dateien schon in den Arbeitsspeicher vor, sodass sonst träge Anwendungen schnell gestartet werden können. Damit SuperFetch weiß, welche Anwendung Sie zu welcher Zeit höchstwahrscheinlich starten wollen, wird Ihr Nutzerverhalten genau mitgeschnitten.

Grundsätzlich können Sie SuperFetch über die Registry konfigurieren. So finden Sie in der Registry unter *HKEY_LOCAL_MACHINE\SYSTEM\CurrentControlSet\Control\Session Manager\Memory Management\PrefetchParameters* den DWORD-Wert *EnableSuperfetch*, mit dem SuperFetch konfiguriert werden kann. In den Standardeinstellungen trägt er den Dezimalwert 3. Drei andere Werte sind für *EnableSuperfetch* möglich:

Wert	Beschreibung
3	SuperFetch unterstützt Anwendungen und den Bootvorgang.
2	SuperFetch unterstützt nur den Bootvorgang.
1	SuperFetch unterstützt nur Anwendungen.
0	SuperFetch ist deaktiviert.

Grundsätzlich rate ich Ihnen aber, die Finger von diesen Einstellungen zu lassen. Natürlich könnten Sie die Startzeit mit und ohne aktiviertes SuperFetch einmal vergleichen. Sie werden feststellen, dass SuperFetch durchaus spürbar beschleunigt.

Aber was lädt SuperFetch eigentlich vor? Schauen Sie doch einmal nach. Die „gefetchten" Daten liegen nämlich in %SYSTEMROOT%\prefetch\. So richtig aussagekräftig ist das natürlich noch nicht. Mit dem kleinen Tool WinPrefetch-View von NirSoft (http://www.nirsoft.net/utils/win_prefetch_view.html) erlangen Sie einen besseren Einblick.

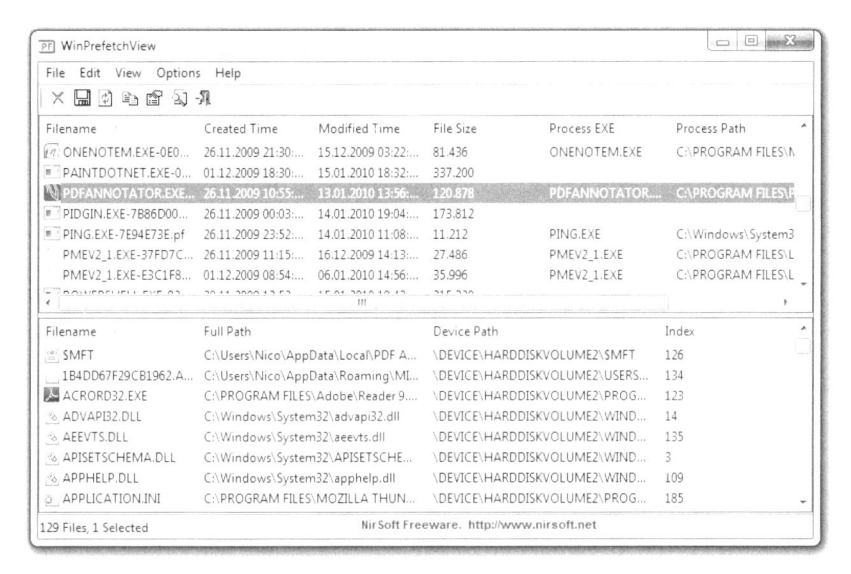

SuperFetch erkennt schnell, welche Ihre Lieblingsanwendungen sind, welche es sich also zu cachen lohnt. Und nicht nur das. Mit jedem Programm sind schließlich auch eine Fülle abhängiger Dateien verbunden, die ebenfalls vorgeladen werden müssen. Das Tool WinPrefetchView verrät, welche das sind.

Was zeigt das Tool an: Die obere Liste führt alle Prefetch- bzw. SuperFetch-Dateien Ihres Systems. Sobald Sie einen Eintrag auswählen, zeigt die untere Box eine Liste der Dateien, auf die in der Prefetch-Datei verwiesen wird. Im Endeffekt sind das alle Dateien, die die jeweilige Anwendung bei der letzten Verwendung geladen hatte. Besonders spannend ist die *NTOSBOOT-B00DFAAD.pf*, die Dateien aufführt, die während des Bootvorgangs geladen werden. Unter anderem mit diesem Eintrag sorgt SuperFetch nämlich für einen flinken Systemstart.

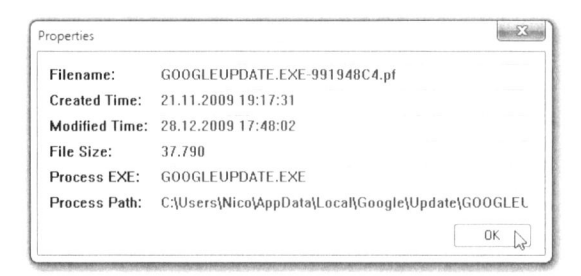

```
Properties
Filename:      GOOGLEUPDATE.EXE-991948C4.pf
Created Time:  21.11.2009 19:17:31
Modified Time: 28.12.2009 17:48:02
File Size:     37.790
Process EXE:   GOOGLEUPDATE.EXE
Process Path:  C:\Users\Nico\AppData\Local\Google\Update\GOOGLEU
                                                          OK
```

Das hat gerade noch gefehlt: Selbst der Google-Updater-Dienst, der unbemerkt im Hintergrund regelmäßig nach neuen Updates für die installierte Google-Software sucht, wird per SuperFetch beschleunigt. SuperFetch behandelt eben alle Anwendungen gleich.

Die Auslagerungsdatei beim Herunterfahren löschen? Dann dauert das Ausschalten ewig!

Die als Auslagerungsdatei bekannte *pagefile.sys* enthält sensible Daten. Häufig wird deshalb die Empfehlung gegeben, die Auslagerungsdatei bei jedem Herunterfahren zu löschen. Die entsprechende Einstellung ist gut versteckt. Öffnen Sie mit dem Registrierungs-Editor die Registry im Pfad *HKEY_LOCAL_MACHINE\SYSTEM\CurrentControlSet\Control\Session Manager\Memory Management*. Falls noch nicht vorhanden, erstellen Sie darin einen neuen DWORD-Wert (32 Bit) namens *ClearPageFileAtShutdown*. Geben Sie ihm den Wert 1. Künftig wird die Auslagerungsdatei beim Herunterfahren mit Einsen und Nullen überschrieben, was das Herunterfahren jedoch erheblich in die Länge zieht. Überlegen Sie sich deshalb gut, was Ihnen mehr wert ist – etwas mehr Privatsphäre oder ein schnelles Herunterfahren des PCs.

So könn(t)en Sie die Auslagerungsdatei deaktivieren

Die Auslagerungsdatei enthält nicht nur sensible Daten, sondern benötigt ebenso relativ viel Speicherplatz. Theoretisch könnten Sie die Auslagerungsdatei deaktivieren, praktisch ist das jedoch problematisch, da Programme abstürzen, sofern ihnen nicht genügend Arbeitsspeicher bzw. ausgelagerter Arbeitsspeicher zur Verfügung steht. Nur wer sehr viel RAM im Rechner stecken hat, also etwa 8 GByte, vermag wohl ohne Auslagerungsdatei ganz gut zurechtzukommen.

Die Konfiguration der Auslagerungsdatei ist gut versteckt: Sie finden sie in der Systemsteuerung unter *System und Sicherheit*, dann *System*, *Erweiterte Systemeinstellungen*. Im nun geöffneten Fenster mit dem Register *Erweitert* wählen Sie den Button *Einstellungen* im Bereich *Leistung*. Nun wird ein weiteres Fenster *Leistungsoptionen* geöffnet, unter dessen Register *Erweitert* Sie letztlich den Bereich *Virtueller Arbeitsspeicher* finden. Möchten Sie ihn deaktivieren, entfernen Sie das Häkchen bei *Auslagerungsdatei für alle Laufwerke automatisch verwalten* und wählen dann entsprechend *Keine Auslagerungsdatei*. Es ist aber nicht zu empfehlen.

Die Registry entrümpeln – bringt's was?

Wie gründlich deinstalliert sich ein Programm? Es könnte ja sein, dass Sie die Software erneut installieren und wie gewohnt weiterverwenden möchten. Wenn Sie also Glück haben, wird der Löwenanteil entfernt. Rückstände in der Registry gehören leider schon fast zum guten Ton, so zum Beispiel bei Apples iTunes. Selbst Tage nach der Deinstallation enthält die Registry noch Einträge des Programms, die zum Teil auf Dateien verweisen, die es gar nicht mehr gibt.

Die Registry-Rückstände sind ein Ärgernis, dem zahlreiche Reinigungs-Tools entgegenarbeiten wollen. Etwa der kostenlose Windows 7 Registry Cleaner (*http://www.registry-cleaner.net/windows-7-registry-cleaner.htm*) oder der zumindest in einer Testversion gratis nutzbare Registry Mechanic (*http://www.pctools.com/de/registry-mechanic/*). Andere Programme führen eine Registry-Komprimierung durch. Ein solches ist beispielsweise der **NT Re**gistry **Op**timizer (kurz: NTREGOPT), ein Bestandteil des Registry-Sicherungsprogramms ERUNT (s. S. 432) und ebenfalls mit Windows 7 kompatibel. Die Idee hiervon ist es, fragmentierte Registry-Bestandteile zu neuen zusammenzufassen und den Zugriff auf die Registry so wieder zu beschleunigen.

All diesen Tools ist eines gemeinsam: Ihr Nutzen ist nur schwer messbar, das Risiko, das von ihnen ausgeht, jedoch sehr hoch. So kann solche Cleaner- oder Komprimiersoftware nicht nur in der Registry aufräumen, sondern diese ebenso zerstören. Wenn Sie solche Tools nutzen wollen, geben Sie dafür bitte kein Geld aus – nutzen Sie also nur Freewarevarianten. Nutzen Sie ebenfalls immer nur ein solches Reinigungsprogramm. Ein ordentliches Backup und Wiederherstellungspunkte sind ebenso oberste Pflicht!

Manuell defragmentieren bringt nichts mehr – oder doch?

Am liebsten würde Microsoft wohl ganz auf ein Defragmentierungs-Dienstprogramm verzichten. Das NTFS-Dateisystem bräuchte schließlich kaum noch defragmentiert zu werden, so Microsoft. Entsprechend spärlich fiel der in Windows Vista enthaltene Defragmentier aus. Viele Vista-Nutzer waren damit gar nicht zufrieden. Für Windows 7 hat Microsoft den integrierten Windows-Defragmentierer aber wieder aufgemotzt.

Sogar völlig automatisch wird die Defragmentierung ausgeführt. Zumindest theoretisch, denn als Ausführungszeitpunkt der automatischen Defragmentierung ist Mittwoch um 01:00 Uhr eingestellt – eine Uhrzeit, zu der mein PC regelmäßig nicht (mehr) läuft. Leider holt der Rechner die Defragmentierung tagsüber nicht nach, sodass Ihr System vielleicht noch nie defragmentiert wurde. Schauen Sie einfach mal nach: Zur Defragmentierung gelangen Sie am schnellsten über das Startmenü, *Alle Programme/Zubehör/Systemprogramme*. Unter *Zuletzt ausgeführt* sehen Sie dann, ob Windows 7 die Defragmentierung überhaupt schon einmal startete.

Leider habe ich die Abbildung zu spät „geschossen". Tatsächlich wurde der Datenträger (C:) nämlich knapp zwei Monate lang nicht defragmentiert. Klar, dass da eine manuelle Defragmentierung sofort nötig war.

Defragmentieren ins Kontextmenü von Laufwerken einbinden

Sind Sie ein Freund der manuellen Defragmentierung, sparen Sie einige Klicks, wenn Sie einen neuen Menüpunkt *Defragmentieren* ins Kontextmenü Ihrer Laufwerke einbinden. Wie so oft gelingt das allerdings nur über die Registry: Öffnen Sie eben diese im Pfad *HKCR\ Drive\ shell* und erstellen Sie dort einen neuen Schlüssel namens *runas*. Setzen Sie dessen Schlüsselfolge *(Default)* auf *Defragmentieren*. In *runas* erzeugen Sie nun wiederum noch einen Schlüssel namens *command* und geben dessen *(Default)*-Zeichenfolge den Wert *defrag %1 -v*. Prompt können Sie gleich *Defragmentieren*, sobald Sie ein Laufwerk im Explorer mit der rechten Maustaste anklicken.

Manuelle Prozessoranzahl-Wahl beschleunigt den Bootvorgang

Heftig umstritten ist ein Kniff, der den Bootvorgang deutlich beschleunigen soll:

1 Geben Sie in die kleine Suchleiste des Startmenüs *msconfig.exe* ein und starten Sie somit die Systemkonfiguration.

2 Öffnen Sie das Register *Start* und klicken Sie auf *Erweiterte Optionen*.

3 Setzen Sie nun ein Häkchen bei *Prozessoranzahl*, können Sie per Dropdown-Liste auswählen, wie viele Ihrer Prozessorkerne zum Windows-Start genutzt werden sollen. Es sollten natürlich möglichst alle Kerne am Bootvorgang mitwirken.

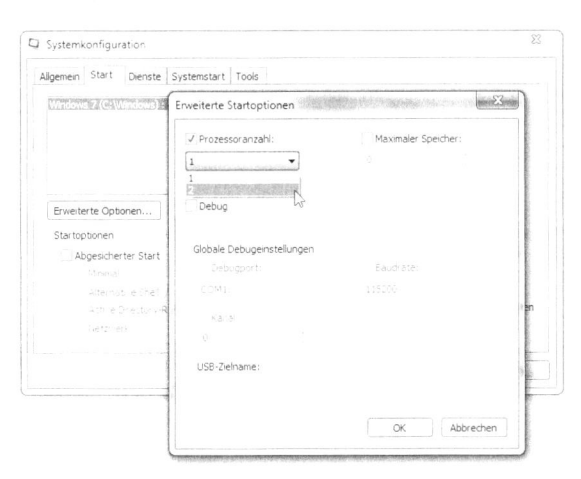

Bringt's was oder bringt's nichts? Vermutlich ist diese Einstellung nur eine Möglichkeit, den Rechner auszubremsen, nicht aber den Windows-Start zu beschleunigen. Einige schwören trotzdem darauf. Spielen Sie doch einfach einmal mit der Einstellung herum.

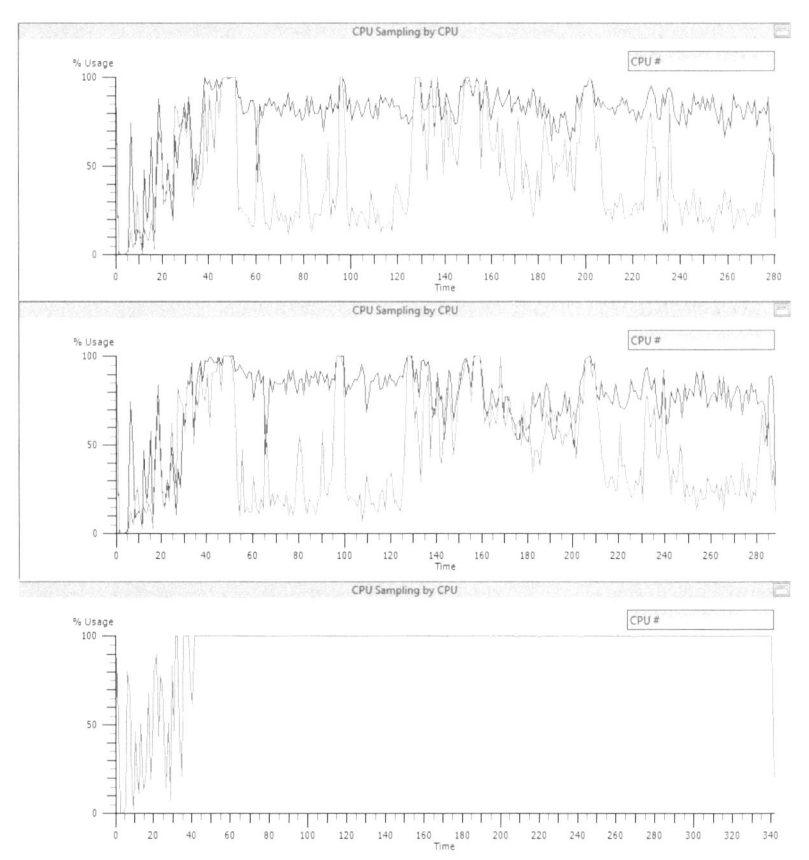

Bringt's was? Höchstwahrscheinlich nicht. Für diese Abbildung wurde der Windows Performance Analyzer (s. S. 391) angeworfen und ein Vergleich der Bootvorgänge gewagt: Ganz oben sehen Sie die CPU-Auslastung, wenn kein Häkchen bei Prozessoranzahl gesetzt, der Rechner also mit Standardeinstellungen gestartet wurde. Wie man leicht sieht, werden hierbei schon zwei Kerne genutzt. Der mittlere Graph zeigt die CPU-Auslastung während des Bootens, mit einer auf 2 gesetzten Prozessoranzahl. Kein großer Unterschied zu erkennen, oder? Dass das Booten hier sogar noch ein paar Sekunden länger dauerte, liegt wohl daran, dass ich mir mit der Eingabe des Benutzerkontos ein paar Sekunden Zeit ließ. Leider pausiert der Windows Performance Analyzer die Aufzeichnung dabei nicht. Ganz unten übrigens noch einmal die CPU-Auslastung, wenn nur ein Prozessorkern aktiv ist. Hier dauerte der Bootvorgang wirklich länger.

Immer wieder steht bei diesem Trick die Behauptung im Raum, Windows würde in den Werkseinstellungen nur einen Prozessorkern zum Booten nutzen und man könne dies durch entsprechende Auswahl aller Kerne zum Positiven verändern. Vielmehr scheint die Einstellung aber eine Beschränkungsmöglichkeit zu sein: Während Windows 7 in den Standardeinstellungen alle Kerne zum Starten heranzieht, können Sie es per obiger Einstellung einschränken. Indem Sie den maximal möglichen Wert auswählen, könnten Sie die Start-Performance also bestenfalls nicht beeinflussen. Dennoch gibt es überzeugte Anwender dieses Tricks, die auf dessen Wirkung schwören.

3.3 Windows PowerShell – die in Windows 7 integrierte Power-Skriptsprache

Unter dem Codenamen Monad werkelte Microsoft schon länger an einer neuen Windows-Skriptsprache, die v. a. die (automatisierte) Verwaltung von Windows-PCs in größeren Netzwerken vereinfachen sollte. Mit Fertigstellung von Monad erfolgte eine Umbenennung in PowerShell. Die Version 1.0 erschien dabei bereits zu Zeiten Vistas, wurde aber nie zum festen Windows-Bestandteil. Für Windows 7 wurde das geändert.

PowerShell – die mächtigere Eingabeaufforderung

Die PowerShell-Konsole ist der Eingabeaufforderung eigentlich ganz ähnlich, jedoch deutlich leistungsstärker. Grundsätzlich können Sie praktisch alle Eingaben, die Sie in der Eingabeaufforderung tätigen können, auch in die Power-Shell-Konsole einhämmern oder per PowerShell-Skript leicht abspeichern und später aufrufen bzw. automatisieren.

Eines der wichtigsten Zusatzfeatures ist die sogenannte Pipe. Das bedeutet nichts anderes, als dass Sie die Ausgabe eines Befehls direkt an ein anderes Kommando weiterleiten können. Dargestellt wird diese Weiterleitung mit einem | ([AltGr]+[<]). Ein Beispiel: Indem Sie *get-process* in die PowerShell-Konsole eintippen, erhalten Sie eine Auflistung aller laufenden Prozesse. Na gut, das hätten Sie mit dem Task-Manager auch erreicht. Doch dessen Ausgabe können Sie nicht an andere Befehle weiterleiten. So kopiert *get-process | clip* beispielsweise die von der PowerShell erzeugte Prozessliste in die Zwischenablage.

Oder etwas anderes: Mit *Get-ChildItem [VERZEICHNIS] | Where-Object {$_.name -like "[PLATZHALTER]"}* listen Sie alle Dateien des Ordners *[VERZEICHNIS]* auf, deren Dateinamen die Zeichenkette *[PLATZHALTER]* enthält. Beispiel: *Get-ChildItem "C:\Users\Nico\Desktop\Windows 7 – Dirty Tricks\" | Where-Object {$_.name -like "kap*.bmp"}* führt alle Dateien in *C:\Users\Nico\Desktop\Windows 7 – Dirty Tricks* auf, deren Dateiname mit *kap* beginnt und *.bmp* endet.

PowerShell-Skripte in diesem Buch

Auch wenn die PowerShell grundsätzlich für Administratoren größerer Netzwerke, also für „Profis" gedacht ist, kann selbst der Otto Normalanwender allerlei neckische Dinge damit anfangen. Sie finden deshalb auch in diesem Buch immer Mal einen Verweis auf die PowerShell oder gar ein Skript. Vielleicht weckt das in Ihnen die Lust, sich näher mit der PowerShell zu beschäftigen. Grundsätzlich können Sie nämlich all die Kniffe dieses Buches, die in die Registry führen oder per Eingabeaufforderung durchgeführt werden müssen, auch in PowerShell-Skripte packen und so oft ausführen, wie Sie lustig sind. Sie erreichen so die Funktionalität so manchen Tuning-Programms, wissen aber, was an Ihrem Rechner verändert wird. Die folgenden (fertigen) Skripte finden Sie in diesem Buch:

- Ein Skript, das beim Sparen von Akku-Leistung hilft und somit die Laufzeit eines Note- oder Netbooks verlängert, heißt *AkkuSparen.ps1* und kann auf S. 226 gefunden werden.
- Möchten Sie das Login-Hintergrundbild geschwind austauschen, könnten Sie das Skript *Change-LogonBackground.ps1* nutzen – s. S. 183.
- Noch etwas weiter spinnt *LogonShuffle.ps1* (s. S. 279) den Tausch des Login-Hintergrundbildes. Entsprechend per Aufgabenplanung eingerichtet, tauscht dieses Skript nämlich nach jedem Neustart den Login-Hintergrundbildschirm gegen ein zufällig ausgewähltes anderes Bild aus.
- Regelmäßig im Verzeichnis *%USERPROFILE%\Downloads* aufräumen und alle Dateien löschen, die älter als ein von Ihnen festgelegter Zeitraum sind – das ermöglicht *Clean-Downloads.ps1* von S. 189.
- Seite 180 verweist Sie auf ein Skript, mit dem man YouTube-Videos herunterladen und in ein Windows Media Player-kompatibles Format umwandeln kann. Das hat nicht wirklich etwas mit Windows 7 zu tun, zeigt aber, was man mit der PowerShell noch so alles anstellen kann.
- Den Registrierungs-Editor direkt in einem bestimmten Registry-Pfad öffnen – das gelingt mit der Funktion *Open-Reg.ps1* (s. S. 438).

Kommentare mit # setzen

Wie in so vielen anderen Skript- und Programmiersprachen kann man auch in der PowerShell Kommentare „ablassen". So ist alles, was in einer Zeile hinter dem Rautenzeichen (#) steht, ein Kommentar. Sollten Sie sich entschließen, ein Skript aus diesem Buch abzutippen, brauchen Sie meine Kommentare natürlich nicht abzuschreiben. Das Skript funktioniert schließlich auch ohne Erläuterung.

Cmdlets – gut beschrieben!

PowerShell-Befehle sind i. d. R. nach dem Muster „Verb-Substantiv" aufgebaut, wobei normalerweise eine Benennung in englischer Sprache erfolgt. Sie werden außerdem als Cmdlets bezeichnet. Davon bringt PowerShell in der Version 2.0 ca. 130 mit. Leider genügt der Platz in diesem Buch nicht, um jedes Cmdlet einzeln zu beschreiben. Das ist vielleicht auch gar nicht nötig, denn PowerShell bringt eine gute deutschsprachige Onlinehilfe mit. Grundsätzlich erhalten Sie nämlich per *get-help [CMDLET]* eine ganz gute Hilfestellung zu jedem offiziellen Cmdlet. Beispiel: *get-help get-content*. Hängen Sie noch ein *-examples* an, bringt Ihnen die Hilfefunktion zu jedem Cmdlet auch gleich noch einige Beispiele, die zum Verständnis beitragen. Eine Liste sämtlicher Hilfethemen, also möglicher Eingaben für *get-help*, erhalten Sie über *get-help* *.

Sicherheitsfeature: Die Skriptausführung müssen Sie erst aktivieren

Visual Basic Script (VBScript), sozusagen einer der Vorläufer der PowerShell, wurde schnell zu einem Liebling von Virenautoren: Die Skripte, die in der relativ leistungsstarken Sprache verfasst wurden, ließen sich auf jedem modernen Windows-PC per Doppelklick leicht ausführen. Unerfahrenen Nutzern konnte so schnell eine Schadsoftware untergejubelt werden, die sich als *Bild.jpg.vbs* o. Ä. nicht für jedermann offensichtlich in E-Mail-Anhängen und Ähnlichem verbarg.

PowerShell soll nicht des Virenautors Liebling werden. Deshalb ist das Ausführen von PowerShell-Skripten „werksseitig" deaktiviert. Möchten Sie also selbst erstellte oder heruntergeladene Skripte ausführen, müssen Sie die Skriptausführung zunächst aktivieren. Das gelingt, indem Sie die PowerShell-Konsole mit Administratorrechten öffnen und den Befehl *Set-ExecutionPolicy* zusammen mit einem bestimmten Parameter eingeben. Dieser kann beispielsweise *RemoteSigned* sein. Geben Sie also *Set-ExecutionPolicy RemoteSigned* in die PowerShell ein, können künftig all jene aus dem Internet heruntergeladenen Skripte ausgeführt werden, die vom Skriptanbieter digital signiert wurden. Nun werden Sie auf den meisten Webseiten keine signierten PowerShell-Skripte finden. Nutzen Sie deshalb *Set-ExecutionPolicy Unrestricted*, um alle Skripte ausführen zu können. Die Sicherheitsfunktion der *ExecutionPolicy* deaktivieren Sie damit natürlich – auf eigene Gefahr.

Umfangreiche Informationen zu den anderen Parametern des Cmdlets erhalten Sie durch Eingabe von *get-help Set-ExecutionPolicy -detailed*, unter *Parameter -ExecutionPolicy*.

Die Skriptausführungsregel per Registry definieren

Letztlich ändert der Befehl *set-ExecutionPolicy* auch nur einen Registry-Eintrag, nämlich die Zeichenfolge *ExecutionPolicy*, die Sie mit dem Registry-Editor im Pfad *HKLM\ Software\ Microsoft\ PowerShell\ 1\ ShellIds\ Microsoft. PowerShell* finden. Sie können die *ExecutionPolicy* demnach ebenso gut über die Registry anpassen, indem Sie den Wert der Zeichenfolge auf den vollständigen Namen der gewünschten Policy ändern, etwa auf *RemoteSigned* oder *Unrestricted*.

Sichere Skriptsprache

Und noch eine Hürde gibt es bzgl. des Ausführens von Skripten: Einfach nur den Dateinamen in die PowerShell-Konsole eingeben und hoffen, dass das Skript sogleich gestartet wird, funktioniert nicht. Stattdessen:

Befindet sich das Skript im aktuellen Verzeichnis, setzen Sie ein .\ vor den Dateinamen. Die Textzeile in der PowerShell-Konsole würde dann so aussehen:

- *PS C:\>.\Skript.ps1*

Ein weiterer Haken, aber vielmehr als ein Sicherheitsfeature gedacht, ist die Verknüpfung der PowerShell-Skripte mit dem Windows-Editor (*notepad.exe*) als Standardanwendung. Ein Doppelklick auf ein Skript führt ihn also nicht aus, sondern ermöglicht nur das Bearbeiten per Windows-Editor.

Achtung bei Skripten, die Administratorrechte brauchen!

Genau wie die Eingabeaufforderung muss PowerShell für die meisten Tricks mit Administratorrechten ausgeführt werden. Das gilt insbesondere für Registry-Hacks. Und auch dann, wenn Sie diese Registry-Hacks über ein Skript ausführen. Achten Sie also darauf, auch Skripte stets als Administrator auszuführen.

PowerShell-Skripte schreiben

Zum Schreiben eines Skripts genügt eigentlich schon der Windows-Editor alias *notepad.exe*. Besser ist indes, Sie nutzen die Windows PowerShell ISE. Dabei handelt es sich um eine grafische Entwicklungsumgebung, die ebenfalls zum Windows 7-Lieferumfang gehört. Eine Verknüpfung dazu finden Sie im Startmenü unter *Alle Programme/Zubehör/Windows PowerShell*.

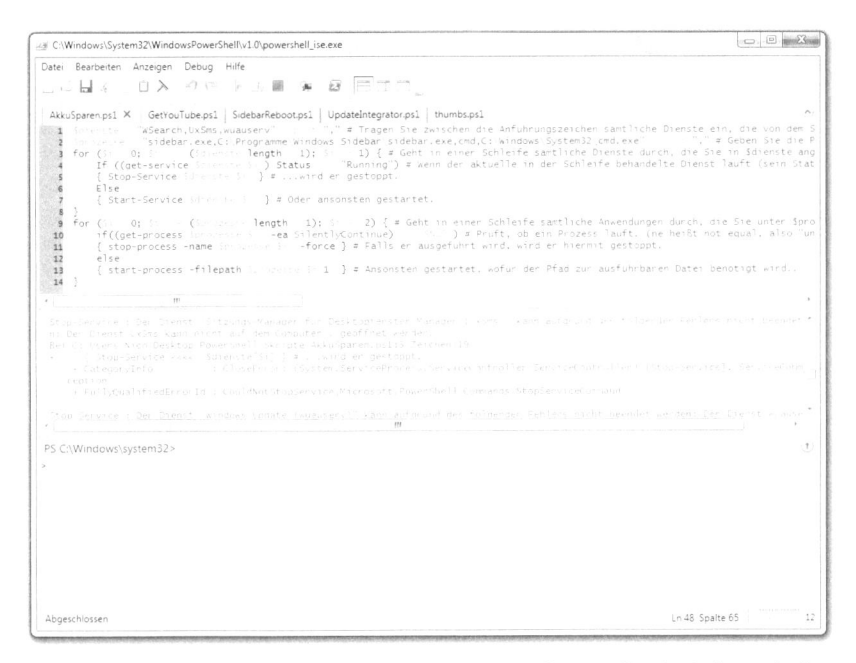

Wie so oft: Ohne Administratorrechte geht gar nichts. Starten Sie deshalb auch die Windows PowerShell ISE am besten stets mit Administratorrechten, um Skripte vernünftig testen zu können.

In der Windows PowerShell ISE können Sie so manches Skript auch gleich testen. Beachten Sie aber auch hier, dass Sie die Windows PowerShell ISE als Administrator ausführen müssen, um die „tollsten Sachen" auch wirklich testen zu können. Sonst gibt's eine Fehlermeldung – und Sie wissen nicht warum ...

So starten Sie ein Skript per Verknüpfung

Möchten Sie ein PowerShell-Skript per Verknüpfung starten, gibt es zwei Dinge zu wissen: Zum einen müssen Sie – aus Sicherheitsgründen – stets den vollen Pfad zur *powershell.exe* und dem Skript angeben. Zum anderen benötigen Sie den Parameter *-file*. Eine Verknüpfung könnte beispielsweise den folgenden Pfad haben:

%WINDIR%\System32\WindowsPowerShell\v1.0\powershell.exe -file "%USERPROFILE%\Desktop\PowerShell Skripte\AkkuSparen.ps1". Beachten Sie, dass der Pfad zum Skript aufgrund des Leerzeichens in einem der Ordnernamen in Anführungszeichen gesetzt wurde.

YouTube-Videodownload per PowerShell

Warum fragwürdige Tools oder Webdienste zum Download von YouTube-Videos verwenden, wenn's mit der PowerShell doch genauso gut klappt? Ein fertiges YouTube-Downloadskript auf Basis des BITS-Dienstes zeigt nur eine Möglichkeit für die PowerShell abseits der Welt der Systemadministration auf. Sie finden das Skript von Christian Haberl unter *http://blog.this.at/post/2009/08/09/PowerShell-v2-Youtube-Video-Downloader.aspx*. Kopieren Sie sich das dort angebotene Skript einfach in einen Editor und speichern Sie die Datei als *Get-YouTube.ps1* o. Ä. Achtung: Da das YouTube-Team einige Veränderungen an der Seite vornahm und die sogenannten Tokens verlängerte, müssen Sie aber aus der *44* in Zeile 8 eine *46* machen. Sonst funktioniert das Skript nicht.

Der Skriptaufruf selbst gelingt per *.\Get-YouTube [VIDEOCODE]*, wobei Sie *[VIDEOCODE]* durch jene Zeichenfolge ersetzen, die in der URL zum Video nach *v=* folgt. Um beispielsweise das Video von *http://www.youtube.com/watch?v=XU0noJELT_o* herunterzuladen, rufen Sie das Skript per *.\Get-YouTube XU0noJELT_o* auf. Speicherort der Videos ist im Übrigen *%USERPROFILE%\Videos*.

Sobald das Skript gestartet wurde, wird zunächst eine temporäre Datei in %USERPROFILE%\Videos\ abgelegt. Sie wird später durch die heruntergeladene Videodatei im MP4-Format ersetzt.

Neue Befehle hinzufügen oder selbst entwickeln

Mit den rund 130 Cmdlets, die PowerShell 2.0 in Windows 7 von Haus aus beiliegen, müssen Sie sich nicht zufriedengeben. PowerShell ist nämlich offen für neue Cmdlets, die Sie entweder aus dem Internet herunterladen oder selbst erstellen können.

Die Entwicklung neuer Cmdlets ist leider nicht so trivial und basiert auf den Windows-Programmiersprachen des Visual Studio. Sie müssten also schon mit VB.NET oder C# umgehen können, um ein neues Cmdlet zu erstellen. Es soll an dieser Stelle nicht vertieft werden.

Was Sie jedoch mit relativ wenig Aufwand und ohne Zusatzsoftware erstellen können, sind neue Funktionen für die PowerShell. Diese können wie Cmdlets benannt und ebenfalls mit Parametern aufgerufen werden. Im Grunde handelt es sich um nichts anderes als Skripte, die in der PowerShell-Profildatei gespeichert und bei jedem Aufruf der PowerShell-Konsole automatisch geladen werden.

Heruntergeladene Funktionen einfügen

Um eine neue Funktion dauerhaft in Ihrem Rechner zur Verfügung zu stellen, müssen Sie den Code zu Ihrem PowerShell-Profil hinzufügen. Das klingt schwieriger, als es ist.

Zunächst erstellen Sie ein PowerShell-Profil für Ihr Benutzerkonto, sofern noch nicht geschehen. Geben Sie dazu zunächst *new-item -path $profile -itemtype file -force* in die PowerShell-Konsole ein. Damit wird in *%USERPROFILE%\ Documents\WindowsPowerShell* eine *Microsoft.PowerShell_profile.ps1* erzeugt, die Sie leicht mit NotePad bearbeiten können. Etwa indem Sie *notepad $profile* in die PowerShell-Konsole eintippen.

Sogleich wird der Windows-Editor mit schon geladener Profildatei geöffnet. Fügen Sie hier nun den heruntergeladenen oder aus dem Netz kopierten Code ein. Speichern Sie anschließend die Datei. Nach einem Neustart der PowerShell-Konsole steht die Funktion dann zur Verfügung.

Eine Funktion zum direkten Registry-Aufruf erstellen

Ein Beispiel soll die Skriptidee von S. 438 als Funktion definieren, die dann per *open-reg [REGISTRYPFAD]* bequem über die PowerShell geöffnet werden kann.

Öffnen Sie zunächst die PowerShell-Profildatei *Microsoft.PowerShell_profile.ps1* mit dem Windows-Editor oder der Windows PowerShell ISE. Sie finden sie unter *%USERPROFILE%\Documents\WindowsPowerShell*.

Das PowerShell-Profil kann mit dem Windows-Editor (notepad.exe) leicht editiert und somit um weitere Funktionen ergänzt werden. Starten Sie danach die PowerShell-Konsole neu.

Um das Skript von S. 438 als neue Funktion zu deklarieren, umklammern Sie den Skriptcode eigentlich nur mit *function open-reg { und }*. So sieht die komplette Eingabe dann aus:

function open-reg {
 # Hiermit wird der Name bzw. das Kommando angegeben, unter dem die Funktion später erreichbar ist – hier also unter *open-reg*.
param ($RegistryPfad)
reg add HKEY_CURRENT_USER\Software\Microsoft\Windows\ CurrentVersion\Applets\Regedit /v LastKey /t REG_SZ /d ("Computer\" + $RegistryPfad) /f
start-process $env:WINDIR\regedit.exe
}

Vergessen Sie nicht, die Profildatei zu speichern. Nach einem Neustart der PowerShell-Konsole steht die neue Funktion zur Verfügung.

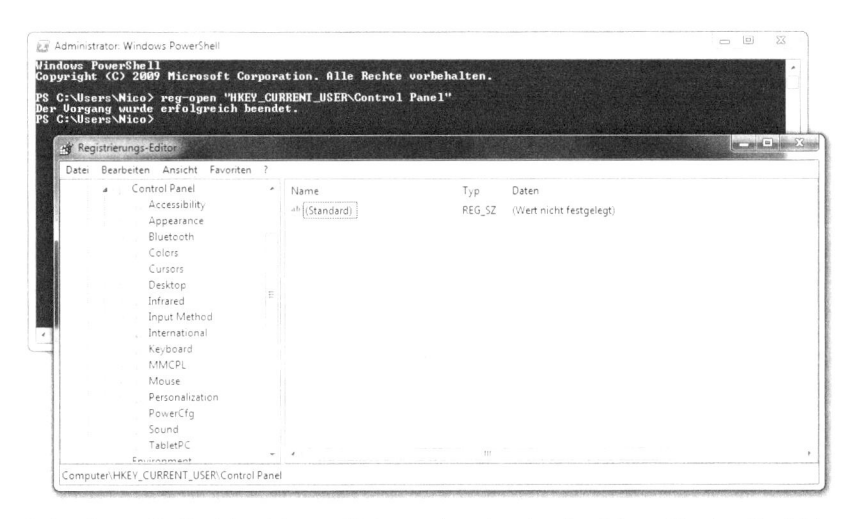

Schnell war die Funktion hinzugefügt – und noch schneller öffnen Sie den Registrierungs-Editor nun gleich im richtigen Pfad – sofern Sie die PowerShell-Konsole offen haben und der aus dem Internet kopierte Registry-Pfad im richtigen Format vorliegt. Das ist aber meist der Fall.

Geht sonst nicht so schnell: das Login-Hintergrundbild per PowerShell-Funktion ändern

Noch ein weiteres Beispiel: Seite 279 zeigt ein Skript, das – entsprechend per Aufgabenplanung eingerichtet – bei jedem Neustart das Hintergrundbild des Login-Bildschirms austauscht. In Anlehnung an dieses Skript könnten Sie auch eine wesentlich kürzere Funktion definieren, mit der Sie den Login-Hintergrund direkt gegen ein selbst gewähltes Bild austauschen. Achten Sie dabei aber auf die richtige Auflösung etc. Hinweise dazu gibt es auf S. 279. (Sie finden dieses Skript bzw. diese Funktion auch online unter *http://7.inoxa.de/ PS/change-logonbackground.ps1*.)

function change-logonbackground {
 # Benennt die Funktion *change-logonbackground*. Sie können natürlich ebenfalls etwas Eigenes, Kürzeres wählen.

param ($Dateipfad)
 # Parameter, die nach *change-logonbackground* folgen, werden dem String *$Dateipfad* übergeben.

move-item $Dateipfad -destination $env:WINDIR\system32\oobe\info\ backgrounds\backgroundDefault.jpg -force
 # Diese Zeile verschiebt das Bild in den Systemordner *Backgrounds* und

benennt es sogleich in *backgroundDefault.jpg* um, wobei -force das Überschreiben der vorhandenen Datei erzwingt. Ein „Backup" wird hierbei nicht angelegt.

Set-ItemProperty -path HKLM:\Software\Microsoft\Windows\CurrentVersion\ Authentication\LogonUI\Background\ -name "OEMBackground" -value 1
# Zur Sicherheit wird bei jedem Aufruf noch einmal der Registry-Wert gesetzt, der zum Einblenden eigener Login-Hintergrundbilder notwendig ist.
}

Verwendet wird diese Funktion nun über die als Administrator ausgeführte PowerShell-Konsole mit *change-logonbackground [DATEIPFAD]*. Auf meinem Rechner also beispielsweise mit *change-logonbackground "C:\Users\Nico\ Desktop\LogonShuffle\final_18.jpg"*.

PowerShell und die Registry – lieber über Umwege zugreifen!

Die PowerShell für Registry-Zugriffe zu nutzen, das ist so eine Sache. Dabei ist es eigentlich nicht schwer. Ich rate Ihnen – im Rahmen dieses Buches – aber dennoch dazu, lieber den Umweg über die *reg.exe* (s. S. 435) zu gehen. Die können Sie schließlich leicht über die PowerShell bzw. die entsprechenden Skripte aufrufen.

Registry-Export und -Import über Umwege

Verwenden Sie zum Registry-Export und -Import am besten nicht PowerShell direkt, sondern die *reg.exe*. Sie kann schließlich ebenfalls von der PowerShell angesprochen werden. Etwa so: *reg export "HKCU\Software\Microsoft\Windows\Shell\Bags\1\Desktop" $env:USERPROFILE\Iconposition_Backup.reg /y*. Noch einfacher ist der Registry-Import per *reg import [DATEINAME]*, also etwa *reg import $env:USERPROFILE\Documents\Iconposition_Backup.reg*.

3.4 Nicht gebrauchte Windows-Teile wirklich entfernen

Als Allround-Betriebssystem enthält Windows 7 allerlei Funktionen und Systemprogramme für vielfältige Einsatzzwecke. Wer aber etwa keinen Camcorder besitzt und auch keine Fotos auf eine Video- bzw. Bilder DVD brennen möchte, benötigt den Windows DVD Maker wahrscheinlich nicht. Trotzdem wird er installiert und nimmt Speicherplatz ein. Wie Sie ihn und auch andere Windows-Komponenten entfernen und deinstallieren, verraten die folgenden Seiten.

Endlich unnötige Windows-Komponenten wirksam entfernen

Mit dem Feature *Windows-Funktionen aktivieren oder deaktivieren*, das Sie in der Systemsteuerung unter *Programme* finden, können viele Windows-Komponenten leicht entfernt oder gar erst aktiviert werden. So fliegt damit beispielsweise der Internet Explorer 8 heraus, der trotz anfänglicher Querelen immer noch in europäischen Windows 7-Versionen enthalten ist. Aber auch den Windows DVD Maker, das Media Center oder den Media Player können Sie damit von der Festplatte putzen und Platz sparen.

Stöbern Sie doch einmal in der Auflistung der Windows-Funktionen. Vielleicht entdecken Sie interessante Funktionen, die Sie bislang gar nicht kannten, weil sie deaktiviert waren. Oder Sie stoßen das erste Mal auf den Windows DVD Maker und entscheiden sich spontan dafür, ihn zu entfernen.

Windows-Komponenten per Eingabeaufforderung oder Skript deaktivieren

Klar, viele Windows-Funktionen können Sie bequem per grafischer Oberfläche deaktivieren bzw. entfernen. Vielleicht möchten Sie es aber auch einmal per Eingabeaufforderung probieren? Das Windows-Tool *dism* ermöglicht das in Verbindung mit dessen Parameter */online*. Und ganz nebenbei können Sie damit auch Features per PowerShell-Skript entfernen.

Einen Überblick über die installierten – und somit auch entfernbaren – Windows-Komponenten erhalten Sie, indem Sie in die Eingabeaufforderung mit Administratorrechten *dism /online /get-features|more* eingeben. Grundsätzlich führt das Tool dabei die gleichen Komponenten auf wie das Feature *Windows-Funktionen aktivieren oder deaktivieren* in der Systemsteuerung, zeigt aber nur die weniger aussagekräftigen systeminternen Namen der Funktionen an.

Um nun eine installierte Komponente zu entfernen, geben Sie *dism /online /disable-feature /featurename:[KOMPONENTENNAME]* ein. Beachten Sie dabei die Groß-/Kleinschreibung der Komponenten. Wieder aktivieren, also installieren, können Sie ein Windows-Feature analog mit *dism /online /enable-feature /featurename:[KOMPONENTENNAME]*.

Mit *dism /online /get-drivers* führt das Tool hingegen alle Treiber von Dritten auf, die nach der Windows-Installation installiert wurden. Fügen Sie noch |*more* an den Befehl an, wenn es zu viele Einträge sind und die Eingabeaufforderung die ersten nicht mehr anzeigt.

Wenn Sie den Ruhezustand eh nicht nutzen: hiberfil.sys entfernen

Als Alternative zum Herunterfahren ist der Ruhezustand ganz praktisch. Dabei wird der Inhalt des Arbeitsspeichers auf die Festplatte geschrieben und beim erneuten Anschalten des PCs wieder geladen. Vielleicht unterstützt Ihr PC die Ruhezustandsfunktion aber gar nicht. Trotzdem legt Windows 7 eine Datei namens *hiberfil.sys* an, die ein Abbild des Arbeitsspeichers enthält. Je mehr GByte RAM in Ihrem PC stecken, desto größer ist diese Datei. Möchten Sie diese Datei löschen, gehen Sie wie folgt vor:

1 Zunächst müssen Sie den Ruhezustand deaktivieren. Öffnen Sie dazu die Eingabeaufforderung mit Administratorrechten und geben Sie *powercfg -H off* ein.

2 Nach einem Neustart können Sie die Datei *hiberfil.sys* löschen. In der Regel finden Sie sie direkt auf C:\. Da es sich um eine versteckte Datei handelt, müssen Sie die Anzeige der versteckten Dateien aktivieren, um sie sehen und auswählen zu können (siehe S. 82).

Um den Ruhezustand wieder zu aktivieren, führen Sie Schritt 1 aus, geben dann aber *powercfg -H on* in die Eingabeaufforderung ein.

Nach der Installation des Service Packs aufräumen

Wie schon bei den Service Packs früherer Windows-Versionen hinterlässt das erste Windows 7 Service Pack während der Installation Dateien, die eine Deinstallation des Service Packs ermöglichen. Regelmäßig sind diese Dateien aber einfach nur Datenmüll, da die wenigsten ein Service Pack später wieder deinstallieren werden. Sind Sie mit einem Windows Service Pack also zufrieden, können Sie die angesprochenen „Backup"-Dateien reinen Gewissens entfernen. Doch wie?

Der schnellste Weg führt über die mit Administratorrechten gestartete Eingabeaufforderung. Geben Sie hier schlicht *dism /online /cleanup-image /spsuperseded /hidesp* ein und warten Sie ein bisschen. Danach sind die Daten verschwunden und Ihre Festplatte (wieder) um rund ein GByte freien Speicher reicher.

```
Administrator: C:\Windows\System32\cmd.exe
Microsoft Windows [Version 6.1.7601]
Copyright (c) 2009 Microsoft Corporation. Alle Rechte vorbehalten.

C:\Windows\system32>dism /online /cleanup-image /spsuperseded /hidesp

Tool zur Abbildverwaltung für die Bereitstellung
Version: 6.1.7600.16385

Abbildversion: 6.1.7601.17514

Während der Installation des Service Packs erstellte Sicherungsdateien werden entfernt.Paket "Microsoft-Windows-UltimateEdition~31bf3856ad364e35~x86~~6.1.7600.16385" wird entfernt
[==========================100.0%==========================]
Der Service Pack-Bereinigungsvorgang wurde abgeschlossen.
Der Vorgang wurde erfolgreich beendet.

C:\Windows\system32>_
```

Der Weg über die Eingabeaufforderung gelingt immer, der unten beschriebene über die Datenträgerbereinigung aus unbekannten Gründen hingegen nicht. Entfernen Sie die Installationsreste also gleich wie die Profis von der Platte – per cmd.exe!

Wer diesen Weg scheut, kann die Dateien auch auf grafischem Wege beseitigen: Starten Sie zunächst die Datenträgerbereinigung, etwa indem Sie *cleanmgr* in die Suchleiste des Startmenüs eingeben. Sobald der Assistent geladen ist, klicken Sie auf *Systemdateien bereinigen*. Sie können nun ein Häkchen bei *Service Pack-Sicherungsdateien* setzen und diese (und weitere Daten) mit Klick auf *OK* endgültig entfernen.

Leider funktioniert dieser „grafische Weg" bei einigen Systemen nicht, da die Datenträgerbereinigung dort keine Service Pack-Sicherungsdateien anzeigt bzw. diese mit einer Größe von 0 Bytes angibt. Obwohl eigentlich welche da sind. Der vorher beschriebene Weg über die Eingabeaufforderung funktioniert dagegen immer.

Die Reste einer vorherigen Windows-Installation sicher entfernen

Haben Sie Windows 7 nicht „sauber" neu installiert, sondern sind den Weg eines Upgrades von Windows XP oder Windows Vista gegangen, hinterlegt Windows noch allerlei Systemdateien der vorherigen Windows-Version, von der

Sie das Upgrade durchführten. So wird sichergestellt, dass Sie Windows 7 wieder deinstallieren und zur alten Windows XP- oder Vista-Version wechseln können, ohne diese neu installieren zu müssen. Aber wer will das schon?

Die alten Systemdateien lagern direkt im Root-Verzeichnis der Systemfestplatte (i. d. R. C:\) in einem Verzeichnis namens *Windows.old*. Dies einfach zu löschen, ist gegebenenfalls etwas problematisch. Besser ist indes, Sie nutzen die Datenträgerbereinigung.

Klicken Sie dazu im Explorer (oder Computer) mit der rechten Maustaste auf das Icon Ihres Systemlaufwerks, also i. d. R. auf C:\, und wählen Sie *Eigenschaften*. Gleich im Register *Allgemein* entdecken Sie einen Button *Bereinigen*, mit dem Sie den Assistenten zur Datenträgerbereinigung starten. Dieser bietet Ihnen u. a. die Möglichkeit, vorherige Windows-Installationen zu entfernen – und damit die Reste alter Windows-Installationen zu löschen.

Mit der Datenträgerbereinigung noch gründlicher sauber machen

Apropos Datenträgerbereinigung: Damit können Sie auch sonst allerlei Unrat entfernen: Etwa temporäre Dateien, veraltete und somit überflüssige Systemdateien oder auch den Inhalt des Papierkorbs entfernt das kleine Tool auf Wunsch. Es kann aber noch ein bisschen mehr entfernen. Und das sogar regelmäßig im Hintergrund, wenn Sie es wollen. Und das geht so:

1   Zunächst müssen Sie die Datenträgerbereinigung konfigurieren. Öffnen Sie zunächst eine Eingabeaufforderung mit Administratorrechten und geben Sie *cleanmgr /d [Laufwerk] /sageset:[Konfigurationsnummer]* ein. Dabei ersetzen Sie *[Laufwerk]* durch den Laufwerkbuchstaben des zu bereinigenden Datenträgers und *[Konfigurationsnummer]* durch eine Zahl zwischen 0 und 65535, unter der die gleich getroffenen Einstellungen gespeichert werden. Eine korrekte Eingabe lautet beispielsweise *cleanmgr /d c: /sageset:1*.

2   Haben Sie die Eingabe mit [Enter] bestätigt, wird die Datenträgerbereinigung sogleich mit deutlich mehr Einstellungen geöffnet. Setzen Sie an den Dingen Häkchen, auf die Sie verzichten können. Bestätigen Sie Ihre Auswahl nun mit dem *OK*-Button, passiert allerdings überhaupt nichts. Ganz im Gegensatz zur herkömmlichen Datenträgerbereinigung – die sofort den Datenmüll löschen würde.

3   Um nun die Dateien zu entfernen, geben Sie *cleanmgr /sagerun:[Konfigurationsnummer]* in die Eingabeaufforderung ein. Wählen Sie dabei als *[Konfigurationsnummer]* natürlich die gleiche Zahl, die Sie auch im ersten Schritt wählten. Anknüpfend an obiges Beispiel wäre es *cleanmgr /sagerun:1*. Mit Bestätigung der Eingabe legt die Datenbereinigung sogleich los und zeigt nicht noch einmal eine Auswahl der zu löschenden Dateien an.

Künftig müssen Sie nun nur noch *cleanmgr /sagerun:1* mit den Rechten eines Administrators ausführen, um die markierten Dateien bequem zu löschen. Natürlich können Sie sich dazu auch eine Verknüpfung einrichten, bei der Sie als Speicherort des Elements schlicht *%SYSTEMROOT%\System32\cmd.exe /c cleanmgr /sagerun:1* angeben und diese entsprechend mit höheren Rechten ausführen lassen.

Die Datenträgerbereinigung regelmäßig laufen lassen

Warum immer manuell per Datenträgerbereinigung aufräumen, wenn's auch automatisiert gelingt? Nutzen Sie doch die Anleitung auf S. 404 und erstellen Sie eine Aufgabe per Aufgabenplanung, die die Datenträgerbereinigung regelmäßig automatisiert im Hintergrund durchführt. Als Pfad geben Sie hier schlicht *%SYSTEMROOT%\System32\cmd.exe / c cleanmgr / sagerun:1* ein, um die mit obiger Anleitung gesetzte „Reinigungskonfiguration" laden und ausführen zu lassen. Sicher ist es aber nicht sinnvoll, die Aufgabe täglich ausführen zu lassen.

Skriptidee: regelmäßig im Downloadordner aufräumen

Sind Sie so ein Daten-Messie wie ich und lassen immer alle „Dateien liegen"? Der Downloadordner *(%USERPROFILE%\Downloads\)* ist auf meinem Rechner immer proppenvoll, da ich nur fleißig herunterlade, aber nie etwas lösche. Dank einem kleinen PowerShell-Skript und der Aufgabenplanung lasse ich nun aber für mich aufräumen. So verschiebt das folgende Skript alle Dateien des *Downloads*-Verzeichnisses, die älter als zehn Tage sind, in den Papierkorb. (Sie finden dieses Skript online unter *http://7.inoxa.de/PS/clean-downloads.ps1*.)

$Alter = 10
  # Dateien älter als ... Tage löschen (im Beispiel: Dateien älter als zehn Tage werden gelöscht).
$LetzterSchreibZugriff = (Get-Date).AddDays(-$Alter)
  # Liest mit *Get-Date* das aktuelle Datum aus und zieht anschließend den Zeitraum (in Tagen) ab, den Sie per *$Alter* angegeben haben.

$Dateien = get-childitem "$env:USERPROFILE\Downloads\" | Where
{$_.LastWriteTime -le "$LetzterSchreibZugriff"}
Packt eine Liste aller Dateien, die im Downloads-Verzeichnis liegen und
älter als die mit $Alter definierten Tage sind, in $Dateien.
$shell = new-object -comobject "Shell.Application"
foreach ($Datei in $Dateien) {
# Für jeden Eintrag in $Dateien wird nun eine Funktion ausgeführt, die die
dazugehörige Datei in den Papierkorb verschiebt.
$item = $shell.Namespace(0).ParseName($Datei.FullName)
$item.InvokeVerb("delete")
}

Hinweis: Natürlich könnten Sie die Dateien auch per *remove-item*-Cmdlet direkt löschen. Aber dann sind sie auch gelöscht und landen nicht erst im Papierkorb.

3.5 Minutenlanges Warten nervt: das Hoch- und Runterfahren beschleunigen

Windows 7 ist schon recht flott, auch beim Hoch- sowie Herunterfahren. Etwas fixer geht es aber immer. Besonders wenn das System schon eine Weile installiert ist und zahlreiche Programme installiert wurden, die sich z. T. frech als bei jedem PC-Start auszuführende Anwendungen deklarieren. Schauen Sie einfach einmal, ob Sie Ihren PC mit den folgenden Tipps noch schneller hoch- und runterfahren können.

Zeitnehmer fürs Bootzeit-Kräftemessen

Möchten Sie die Zeit messen, die Ihr PC zum Hochfahren benötigt, kann Ihnen das kleine Tool BootRacer (*http://www.greatis.com/bootracer/*) recht nützlich sein.

Mit automatischer Anmeldung ohne lästige Passwortabfrage booten

Gibt es auf Ihrem PC mehr als ein Benutzerkonto, hat eine Benutzerauswahl mitsamt Passwortabfrage beim Windows-Start einen Sinn. Doch auf den meisten Windows-PCs wird es nur ein Benutzerkonto geben: nämlich Ihres. Trotzdem fragt Windows 7 bei jedem Systemstart, welches Benutzerkonto geladen werden soll. Etwa wenn Sie das verborgene Administratorkonto freigeschaltet haben (s. S. 64). Schnell können Sie diesen Zwischenstopp wieder deaktivieren:

1   Öffnen Sie das Startmenü und geben Sie *netplwiz* in das Suchfeld ein. Damit öffnen Sie den Einstellungsdialog *Benutzerkonten*.

2   Entfernen Sie hier das Häkchen bei *Benutzer müssen Benutzernamen und Kennwort eingeben* und bestätigen Sie die Änderung.

3   Nachdem Sie die Änderungen übernommen haben, fordert Windows Sie noch zur Eingabe des Benutzerkontos, das künftig automatisch beim Systemstart geladen werden soll, sowie dessen Benutzerpassworts auf. Bestätigen Sie die Eingaben, sollte Windows 7 fortan direkt und ohne Zwischenstopps in das angegebene Konto starten.

Obwohl Windows 7 das voreingestellte Benutzerkonto künftig automatisch lädt, sind etwaig zusätzlich vorhandene Benutzerkonten nicht verschwunden. Melden Sie sich nach abgeschlossenem Bootvorgang einfach ab, um auf alle anderen Benutzerkonten zugreifen zu können.

Weg über die Registry

Vielleicht sind Sie ja über die Registry schneller: Öffnen Sie den Registrierungs-Editor und navigieren Sie damit zu *HKEY_LOCAL_MACHINE\Software\Microsoft\Windows NT\CurrentVersion\winlogon*. Dort finden Sie die Zeichenfolge *AutoAdminLogon*. Geben Sie ihr den Wert 1. Erstellen Sie danach eine neue Zeichenfolge mit dem Namen *DefaultUserName*, der Sie als Wert den Namen Ihres Benutzerkontos zuweisen. Ist Ihr Benutzerkonto mit einem Passwort geschützt, erstellen Sie noch eine Zeichenfolge *DefaultPassword*, deren Wert das entsprechende Passwort sein soll. Das war's dann schon.

Entfernen Sie lähmende Startbremsen

Die Windows-Welt könnte so sorglos sein, würden sich nicht so viele Programme beim Start eines PCs automatisch ausführen. Denn das zieht den Systemstart ungemein in die Länge und knabbert zugleich an der Gesamtperformance des Systems.

In dieser Hinsicht besonders ungezogen sind Hersteller von Multimediasoftware wie Apple oder Real Inc., die mit QuickTime bzw. dem RealPlayer nicht nur besonders aufgeblähte Abspielsoftware feilbieten, sondern sich zugleich ungefragt bei jedem Systemstart in Erinnerung rufen. „Einfach nicht installieren!", das wäre die probate Lösung. Doch für jeden Internetsurfer ist das Dilemma: Beide haben weitverbreitete Video- und Streaming-Formate entwickelt. An irgendeiner Ecke des Internets trifft man immer auf eines der Formate, sodass man auf beider Software angewiesen ist. Trotzdem müssen sie nicht zwingend bei jedem Systemstart ausgeführt werden.

Keine Kaffeepause mehr nach der Passworteingabe: den Desktop schon mal vorladen lassen

Es gibt eine verrückte Idee, um Windows schneller starten zu lassen. Die besteht darin, die Wartezeit nach der Eingabe des Benutzerkennworts zu verkürzen. Dahinter steckt ein simpler Trick: Sie speichern einfach Ihre Anmeldedaten (s. S. 190), sodass eigentlich eine automatische Anmeldung erfolgt. Beim Systemstart wird dann aber ein Skript ausgeführt, das den Rechner sofort wieder sperrt und ein Passwort verlangt. Der Vorteil: Der Desktop inklusive aller nervigen Software, die beim Systemstart aktiviert wird, wird im Hintergrund schon einmal geladen. Gleichzeitig hat aber keiner die Chance, an Ihrem PC herumzuspielen, denn beim Start erfolgt schließlich ein sofortiges Sperren des PCs. Besonders sicher ist diese Methode natürlich nicht. Aber wie sicher ist schon ein Windows-Passwort (s. hierzu auch S. 343 ff.).

Hierzu muss ein Skript eingerichtet werden, das bei jedem Systemstart ausgeführt wird. Es geht aber noch einfacher, ganz ohne Skript:

1 Konfigurieren Sie Ihren PC zunächst für die automatische Anmeldung. Wie das gelingt, steht nur wenige Zeilen zuvor auf S. 190.

2 Richten Sie nun noch eine Aufgabe per Aufgabenplanung ein. Das grundsätzliche Vorgehen erfahren Sie ab S. 404. Die für diesen Kniff wesentlichen Punkte sind der *Aufgabentrigger*, den Sie auf *Beim Anmelden* setzen müssen, die *Aktion*, bei der Sie *Programm starten* wählen, sowie letztlich der Pfad, für den Sie bei *Programm/Skript rundll32.exe* und als zusätzliches Argument *user32.dll,LockWorkStation* eintippen. Wie Letzteres genau aussieht, verrät die Abbildung.

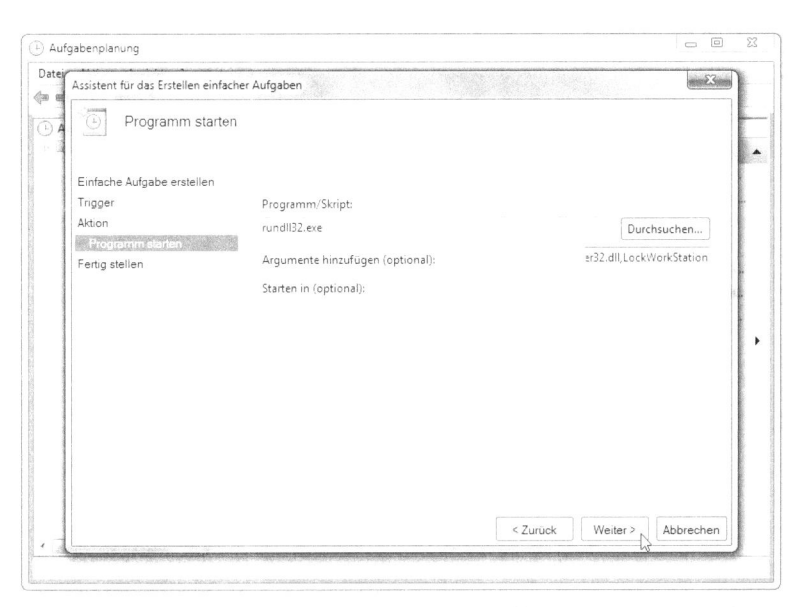

Coole Idee, einfache Lösung: mit wenigen Handgriffen beschleunigen all jene, die ihren Rechner immer „unbeaufsichtigt" starten lassen, den Ladevorgang des Rechners. Funktionieren tut's natürlich nur, wenn Sie die Argumente richtig setzen – denn damit wird der Bildschirm gleich nach dem Systemstart automatisch wieder gesperrt.

Autoruns entdeckt alle blinden Passagiere

Mit Bordmitteln wie der *msconfig.exe* oder dem Windows-Defender können einige der unerwünschten Autostarter abgeschaltet werden. Aber eben auch nur einige, da diese Systemtools längst nicht alle Startbremsen aufzulisten vermögen. Wesentlich genauer arbeitet das kleine Programm Autoruns, das viel mehr Orte kennt und listet, an denen sich beim Systemstart automatisch ausführende Programme und Dienste einnisten können. Dessen kostenlosen Download führen Sie über diese Microsoft-Webseite durch: *http://www.microsoft.com/technet/sysinternals/utilities/Autoruns.mspx*.

Eine Installation des Tools ist nicht notwendig. Stattdessen genügt es völlig, das Archiv zu entpacken und die *autoruns.exe* auszuführen. Nur ein Augenblick vergeht, schon sehen Sie im Register *Everything* sämtliche Programme, Dienste, DLL-Bibliotheken etc., die beim Windows-Start geladen werden. In erster Linie werden Sie sich vermutlich für die nervigen Autostarts der Anwendungen von Drittanbietern interessieren, die Sie im Laufe der Zeit installiert haben. Deshalb ist es sinnvoll, die von Microsoft stammenden Einträge auszublenden. So geht's:

1 Starten Sie Autoruns zunächst als Administrator. Klicken Sie im Dateimenü der Anwendung auf *Options* und setzen Sie jeweils ein Häkchen bei *Hide Microsoft and Windows Entries* und *Verify Code Signatures*. Achtung: Haben Sie Autoruns erst gestartet, kann es eine Weile dauern, bis das Menü *Options* verfügbar wird, da das Programm erst alle Autostart-Orte durchsucht.

2 Mit einem Klick auf den *Refresh*-Button oder einem Druck auf die Taste [F5] filtern Sie sogleich sämtliche Programme und Dienste heraus, die von Microsoft stammen und entsprechend signiert wurden. So listet Autoruns wirklich nur noch die Autostart-Einträge auf, die über Anwendungen von Drittherstellern wie Apple auf Ihren Rechner gelangten.

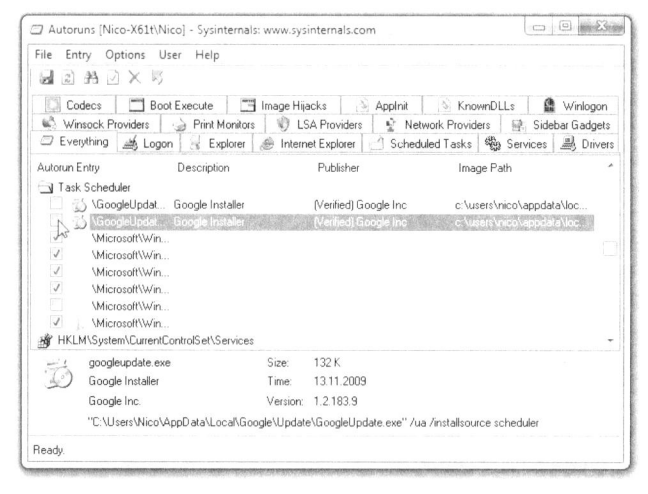

Dreist: GoogleUpdate gibt's auch gleich noch als Eintrag in der Aufgabenplanung (Task Scheduler).

3 Entfernen Sie nun die Häkchen bei all jenen Programmen, Diensten etc., die Sie künftig vom automatischen Ausführen beim Windows-Start ausschließen möchten. Doch zur Vorsicht sei natürlich auch geraten: So manches Programm funktioniert nicht mehr, wenn Sie dessen Autostart-Komponente entfernen. Dienste wie der Bonjour Service, der nach Updates für Apple-Software sucht, können aber praktisch gefahrlos deaktiviert werden. Im Zweifelsfall sollten Sie einen Eintrag bzw. dessen Häkchen aber bestehen lassen.

Wenn die Abschaltideen fehlen

Mit Autoruns können Sie die nervigen Autostartprogramme zuverlässig deaktivieren. Doch was darf und sollte man überhaupt deaktivieren? Kommt Ihnen außer den üblichen Verdächtigen – also den lästigen Diensten von Google, Apple & Co. nichts in den Sinn, kann Ihnen die neue Software Soluto behilflich sein. Das Programm war zur Drucklegung des Buches kostenlos als Betaversion unter *http://www.soluto.com* erhältlich. Was es kann, ist schnell erklärt: Nach der Installation führen Sie einen Neustart Ihres Rechners durch, bei dem Soluto wie all die anderen Autostartprogramme ebenfalls automatisch startet. Hierbei registriert das Tool genau, welche sinnvollen und weniger sinnvollen Anwendungen beim Windows-Start geladen werden. Sodann gibt's auch eine hübsche grafische Auswertung mit Abschaltempfehlungen, sortiert nach Autostartprogrammen und -diensten, die Sie auf jeden Fall abschalten können (*No-brainer*), möglicherweise deaktivieren sollten (*Potentially removable*) oder leider gar nicht mit Soluto deaktivieren können (*Cannot be removed with Soluto*).

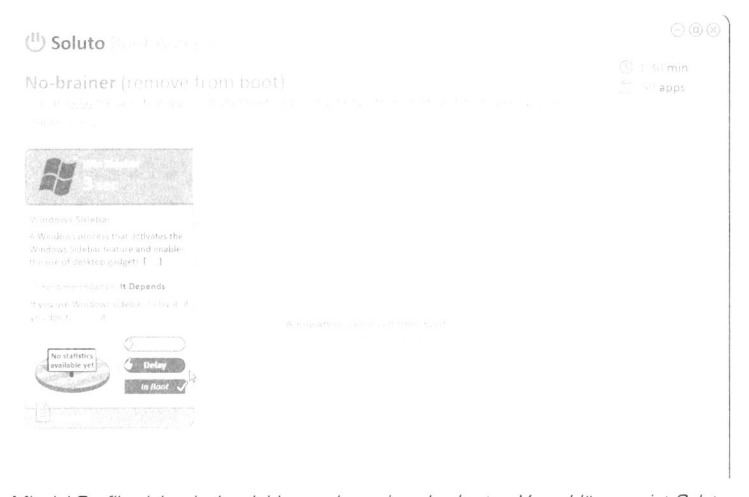

Mit viel Grafikspielerei, aber leider noch wenigen konkreten Vorschlägen zeigt Soluto Anwendungen auf, die Sie aus dem Autostart verbannen oder deren Start Sie per Delay-Button zumindest etwas verzögern können.

Die Krux an der Geschichte: Besonders viele Abschaltkandidaten findet und kennt Soluto noch nicht. Außerdem startet das Tool nicht nur einmal automatisch beim Windows-Start, sondern immer. Es nistet sich also ebenfalls als zusätzlicher Autostarter ein, der den Systemstart weiter hinauszögert. Probieren können Sie es aber trotzdem – und nach einmaligem Gebrauch wieder entfernen.

So geht's: Windows 7 in wenigen Sekunden herunterfahren

Eine Ursache für langsames Herunterfahren sind Programme oder Dienste, die sich aus verschiedenen Gründen nicht schließen wollen. Mit den Standardeinstellungen gibt Windows 7 diesen „Trantüten" zwölf Sekunden, um sich doch noch von selbst zu beenden.

Oft schaffen die das aber gar nicht mehr, da sie richtig hängen oder eingefroren sind und letztendlich nach den zwölf Sekunden Wartezeit zwangsabgeschaltet werden. Mit ein paar Registry-Einstellungen können Sie die Wartezeit verkürzen:

1 Öffnen Sie den Registrierungs-Editor und navigieren Sie zunächst zum Schlüssel *HKEY_LOCAL_MACHINE\SYSTEM\CurrentControlSet\Control*.

2 Ändern Sie hier den Wert von *WaitToKillServiceTimeout* von 12000 (Millisekunden) auf 2000 oder einen anderen, selbst festgelegten Wert. 0 ist dabei nicht zu empfehlen, denn zwei Sekunden sollten es schon sein (also 2000).

3 Navigieren Sie nun zum Schlüssel *HKEY_CURRENT_USER\Control Panel\Desktop*.

4 Erstellen Sie eine neue Zeichenfolge mit dem Namen *AutoEndTasks*. Weisen Sie ihr den Wert 1 zu.

5 Erstellen Sie eine weitere Zeichenfolge *HungAppTimeout*. Deren Wert soll die Zeitspanne (in Millisekunden) sein, die bis zum Erscheinen einer Fehlermeldung bei abgestürzten Programmen vergeht. Geben Sie beispielsweise 1000 für eine Sekunde an.

6 Noch eine weitere Zeichenfolge *WaitToKillAppTimeout* soll in *HKEY_CURRENT_USER\Control Panel\Desktop* erzeugt werden. Geben Sie hiermit an, nach wie vielen Sekunden eine Anwendung beim Herunterfahren automatisch beendet werden soll. Die Angabe erfolgt erneut in Millisekunden. Mit 2000 bzw. zwei Sekunden fahren Sie bestimmt gut.

7 Nach einem Neustart sollte Ihr PC nun deutlich schneller herunterfahren.

Unheimlich praktisch: Schicken Sie Ihren PC nach einem festgelegten Zeitraum schlafen

Spät am Abend starten Sie noch einen Download, den Sie am nächsten Tag auf der Festplatte haben wollen. Doch bis die große Datei vollständig heruntergeladen ist, wird viel Zeit vergehen.

Den PC wollen Sie aber auch nicht die ganze Nacht laufen lassen, sodass Sie zu folgendem Kniff greifen:

1. Erstellen Sie eine neue Verknüpfung mit beliebigem Namen an einem beliebigen Ort – außer vielleicht im *Autostart*-Verzeichnis.

2. Als Speicherort des Elements tragen Sie *%WINDIR%\system32\shutdown.exe -s -t [Sekunden]* ein. *[Sekunden]* ersetzen Sie dabei durch den Zeitraum, der bis zum Herunterfahren verstreichen soll. Zur Erinnerung: Eine Stunde besteht aus 3.600 Sekunden ;-). Beispiel: *%WINDIR%\system32\shutdown.exe -s -t 9000* fährt Windows 7 zweieinhalb Stunden nach dem Öffnen der Verknüpfung herunter.

3. Speichern Sie die Verknüpfung. Wenn der „Countdown" beginnen soll, öffnen Sie sie einfach.

Für den unwahrscheinlicheren Fall, dass Sie Ihren Rechner nach einem festgelegten Zeitpunkt lieber automatisch neu starten, statt herunterfahren möchten, ersetzen Sie einfach den Parameter *-s* im Speicherort durch *-r*. Beispiel: *%WINDIR%\system32\shutdown.exe -r -t 10800* startet Windows 7 drei Stunden nach dem Öffnen der Verknüpfung neu.

Natürlich können Sie die *shutdown.exe* auch über ein PowerShell-Skript aufrufen und den Rechner so vielleicht automatisch herunterfahren lassen, sobald ein Skript ausgeführt wurde.

3.6 Dienste abschalten – was bringt es und welche sind sicher?

Dienste sind im Grunde auch nur Systemprogramme. Im Gegensatz zu *calc.exe* und *notepad.exe* kommen sie aber ohne grafische Benutzeroberfläche aus, starten in der Regel unabhängig von einer Benutzeranmeldung beim Systemstart und laufen unbemerkt im Hintergrund. Auch Dritte können Dienste schreiben und auf Ihrem PC installieren.

Besonders beliebt scheinen derzeit sogenannte Updater-Dienste zu sein, mit denen Apple, Google, Adobe und viele andere regelmäßig prüfen, ob eine neue Version ihrer Software verfügbar ist – auch wenn die eigentliche Software nicht läuft. Obwohl diese Dienste vielleicht ganz nützlich sind und nicht besonders viel Rechenkapazität verbrauchen, können sie einen PC doch in Summe ganz schön beschäftigen.

Sollte man also Dienste, die man nicht benötigt, abschalten? Die Meinungen hierzu driften auseinander. Dabei empfahl selbst Microsoft das Abschalten von Diensten für Windows Vista – um dessen Leistung zu steigern. Glauben Sie nicht? Schauen Sie mal hier: *http://windows.microsoft.com/de-de/windows-vista/Optimize-Windows-Vista-for-better-performance*. Merkwürdig, dass der Windows 7-Leitfaden zur Leistungsverbesserung nicht mehr das Abschalten nicht benötigter Dienste empfiehlt.

Windows-Dienste im Task-Manager stoppen

Im Register *Dienste* des Windows 7 Task-Manager erhalten Sie Auskunft über die vielen (aber nicht alle) Dienste, die im Hintergrund laufen. Am schnellsten rufen Sie den Task-Manager mit der Tastenkombination [Strg]+[Umschalt]+[Esc] auf.

Möchten Sie mit dem frisch geöffneten Task-Manager einen Dienst stoppen, stoßen Sie zunächst auf eine *Zugriff verweigert!*-Fehlermeldung. Sie haben nun zwei Möglichkeiten: Entweder klicken Sie auf den Dienste-Button und öffnen somit die *services.msc*, über die Sie ebenfalls Dienste stoppen, starten usw. können – oder Sie wechseln im Task-Manager zunächst in das Register *Prozesse* und wählen hier *Prozesse aller Benutzer anzeigen*. Nach Bestätigung der Benutzerkontensteuerungsanfrage dürfen Sie dann auch im Register *Dienste* einen Dienst beenden oder ggf. (wieder) starten.

Automatisch, manuell und deaktiviert – diese Starttypen gibt es

Bevor Sie die Starttypen einiger Dienste verändern und somit einigen Ballast abwerfen (bzw. abschalten), sollten Sie sich über die vier verschiedenen Starttypen im Klaren sein:

- *Automatisch*: Der Dienst wird bei jedem Windows-Start sofort ausgeführt. Diesen Starttyp haben in aller Regel nur die wichtigsten Dienste. Und das sind die meisten. Einige dieser automatisch gestarteten Dienste beenden sich aber auch wieder von selbst, wenn sie nicht gebraucht werden. Das sind aber die wenigsten.

- *Automatisch (Verzögerter Start)*: Dienste mit diesem Starttyp werden ebenfalls automatisch nach jedem Windows-Start ausgeführt, starten jedoch erst einige Augenblicke nach Abschluss des Bootvorgangs. Dami

wird die Rechnerauslastung während des Systemstarts reduziert und dieser somit verkürzt.
- *Manuell*: Dienste mit manuellem Starttyp werden nur bei Bedarf aktiviert. Normalerweise werden sie außerdem wieder automatisch ausgeschaltet, wenn sie nicht mehr benötigt werden.
- *Deaktiviert*: Ist ein Dienst deaktiviert, kann Vista ihn nicht mehr starten. Weder beim Systemstart, noch manuell bei Bedarf. Wählen Sie diese Einstellung deshalb nur für Dienste, die Sie vollständig abschalten und nicht mehr nutzen möchten.

Dienste im Kurzüberblick

Wer an Diensten herumfummeln will, sollte zunächst wissen, welche Dienste zu den „Werkseinstellungen" gehören. Interessant ist dabei aber nicht nur deren Name sowie Kürzel, sondern auch deren standardgemäßer Starttyp. Diese können Sie aus folgender Tabelle ablesen. Doch vorher noch die Tabellenlegende:

St, HP, Pr und U listen die Standardstartverhalten des jeweiligen Dienstes auf, also die Standardeinstellung. St steht dafür für Windows 7 Starter, HP entsprechend für Home Premium, Pr für Professional und U für Ultimate. EK können Sie als „empfohlene Konfiguration" auffassen, die bei den meisten keine Probleme verursachen wird, aber auch nur wenige Dienste deaktiviert hat.

Mögliche Werte für die Spalten sind:

- A steht für den Starttyp *Automatisch*,
- AV für *Automatisch (Verzögerter Start)*,
- M für *Manuell* und
- D natürlich für *Deaktiviert*.
- Ein Bindestrich bedeutet hingegen „nicht in dieser Version enthalten". Denn auch das gibt es: Alle Dienste gibt es nicht in allen Versionen. Tendenziell laufen auf den niedrigeren Windows 7-Fassungen wie Windows 7 Starter die wenigsten Dienste – zumindest von Haus aus.

Name	Kürzel	St	HP	Pr	U	EK
ActiveX-Installer	AxInstSV	M	M	M	M	M
Adaptive Helligkeit	SensrSvc	-	M	M	M	M
Anmeldedienst	Netlogon	M	M	M	M	D
Anmeldeinformationsverwaltung	VaultSvc	M	M	M	M	M
Anschlussumleitung für Remotedesktopverbindung	UmRdpService	-	-	M	M	M
Anwendungserfahrung	AeLookupSvc	M	M	M	M	M
Anwendungsidentität	AppIDSvc	M	M	M	M	M
Anwendungsinformationen	Appinfo	M	M	M	M	M
Anwendungsverwaltung	AppMgmt	-	-	M	M	D
Arbeitsstationsdienst	LanmanWorkstation	A	A	A	A	A
Aufgabenplanung	Schedule	A	A	A	A	A
Automatische Konfiguration (verkabelt)	dot3svc	M	M	M	M	M
Automatische WLAN-Konfiguration	Wlansvc	M	M	M	M	M
Basisfiltermodul	BFE	A	A	A	A	A
Benachrichtigungsdienst für Systeme	SENS	A	A	A	A	A
Benutzerprofildienst	ProfSvc	A	A	A	A	A
BitLocker-Laufwerkverschlüsselungsdienst	BDESVC	M	M	M	M	M
Blockebenen-Sicherungsmodul	wbengine	M	M	M	M	M
Bluetooth-Unterstützungsdienst	bthserv	M	M	M	M	D
BranchCache	PeerDistSvc	-	-	M	M	D
CNG-Schlüsselisolation	KeyIso	M	M	M	M	M
COM+-Ereignissystem	EventSystem	A	A	A	A	A
COM+-Systemanwendung	COMSysApp	M	M	M	M	M
Computerbrowser	Browser	M	M	M	M	M
DCOM-Server-Prozessstart	DcomLaunch	A	A	A	A	A
Defragmentierung	defragsvc	M	M	M	M	M
Designs	Themes	A	A	A	A	A
DHCP-Client	Dhcp	A	A	A	A	A
Diagnosediensthost	WdiServiceHos	M	M	M	M	M
Diagnoserichtliniendienst	DPS	A	A	A	A	A

Name	Kürzel	St	HP	Pr	U	EK
Diagnosesystemhost	WdiSystemHost	M	M	M	M	M
Distributed Transaction Coordinator	MSDTC	M	M	M	M	M
DNS-Client	Dnscache	A	A	A	A	A
Druckwarteschlange	Spooler	A	A	A	A	A
Enumeratordienst für tragbare Geräte	WPDBusEnum	M	M	M	M	M
Erkennung interaktiver Dienste	UI0Detect	M	M	M	M	M
Extensible-Authentication-Protokoll	EapHost	M	M	M	M	M
Fax	Fax	M	M	M	M	M
Funktionssuchanbieter-Host	fdPHost	M	M	M	M	M
Funktionssuche-Ressourcen-veröffentlichung	FDResPub	A	A	A	A	A
Gatewaydienst auf Anwendungsebene	ALG	M	M	M	M	M
Gemeinsame Nutzung der Internet-verbindung	SharedAccess	D	D	D	D	D
Geschützter Speicher	ProtectedStorage	M	M	M	M	M
Gruppenrichtlinienclient	gpsvc	A	A	A	A	A
Heimnetzgruppen-Anbieter	HomeGroupProvider	M	M	M	M	D
Heimnetzgruppen-Listener	HomeGroupListener	M	M	M	M	D
IKE- und AuthIP IPsec-Schlüsselerst....	IKEEXT	M	M	M	M	M
Integritätsschlüssel- und Zertifika...	hkmsvc	M	M	M	M	M
Intelligenter Hintergrundübertragun...	BITS	M	M	M	M	M
IP-Hilfsdienst	iphlpsvc	A	A	A	A	D
IPsec-Richtlinien-Agent	PolicyAgent	M	M	M	M	M
Konfiguration für Remotedesktops	SessionEnv	M	M	M	M	M
Kryptografiedienste	CryptSvc	A	A	A	A	A
KtmRm für Distributed Transaction C...	KtmRm	M	M	M	M	M
Leistungsprotokolle und -warnungen	pla	M	M	M	M	M
Media Center Extender-Dienst	Mcx2Svc	-	D	D	D	D
Microsoft .NET Framework NGEN v2.0...	clr_optimizatio	M	M	AV	AV	M
Microsoft iSCSI-Initiator-Dienst	MSiSCSI	M	M	M	M	D
Microsoft-Softwareschattenkopie-Anbieter	swprv	M	M	M	M	M

Name	Kürzel	St	HP	Pr	U	EK
Multimediaklassenplaner	MMCSS	A	A	A	A	A
NAP-Agent (Network Access Protection)	napagent	M	M	M	M	D
Net.Tcp-Portfreigabedienst	NetTcpPortSharing	D	D	D	D	D
Netzwerklistendienst	Netprofm	M	M	M	M	M
Netzwerkspeicher-Schnittstellendienst	Nsi	A	A	A	A	A
Netzwerkverbindungen	Netman	M	M	M	M	M
NLA (Network Location Awareness)	NlaSvc	A	A	A	A	A
Offlinedateien	CscService	-	-	A	A	D
Parental Controls	WPCSvc	M	M	M	M	D
Peer Name Resolution-Protokoll	PNRPsvc	M	M	M	M	M
Peernetzwerk-Gruppenzuordnung	p2psvc	M	M	M	M	M
Peernetzwerkidentitäts-Manager	p2pimsvc	M	M	M	M	M
Plug & Play	PlugPlay					A
PnP-X-IP-Busenumerator	IPBusEnum	M	M	M	M	M
PNRP-Computernamenveröffentlichungsdienst	PNRPAutoReg	M	M	M	M	M
Programmkompatibilitäts-Assistent-Dienst	PcaSvc	M	M	M	M	M
RAS-Verbindungsverwaltung	RasMan	M	M	M	M	M
Remotedesktopdienste	TermService	M	M	M	M	M
Remoteprozeduraufruf (RPC)	RpcSs	A	A	A	A	A
Remoteregistrierung	RemoteRegistry	M	M	M	M	D
Richtlinie zum Entfernen der Smartcard	SCPolicySvc	M	M	M	M	D
Routing und RAS	RemoteAccess	D	D	D	D	D
RPC-Endpunktzuordnung	RpcEptMapper	A	A	A	A	A
RPC-Locator	RpcLocator	M	M	M	M	D
Sekundäre Anmeldung	seclogon	M	M	M	M	M
Server	LanmanServer	A	A	A	A	A
Server für Threadsortierung	THREADORDER	M	M	M	M	M
Shellhardwareerkennung	ShellHWDetection	A	A	A	A	A
Sicherheitscenter	wscsvc	AV	AV	AV	AV	AV

Name	Kürzel	St	HP	Pr	U	EK
Sicherheitskonto-Manager	SamSs	A	A	A	A	A
Sitzungs-Manager für Desktopfenster-Manager	UxSms	A	A	A	A	A
Smartcard	SCardSvr	M	M	M	M	D
SNMP-Trap	SNMPTRAP	M	M	M	M	D
Software Protection	sppsvc	AV	AV	AV	AV	AV
SPP-Benachrichtigungsdienst	sppuinotify	M	M	M	M	M
SSDP-Suche	SSDPSRV	M	M	M	M	M
SSTP-Dienst	SstpSvc	M	M	M	M	M
Stromversorgung	Power	A	A	A	A	A
SuperFetch	SysMain	A	A	A	A	A
Tablet-PC-Eingabedienst	TabletInputService	M	M	M	M	M
TCP/IP-NetBIOS-Hilfsdienst	lmhosts	A	A	A	A	A
Telefonie	TapiSrv	M	M	M	M	M
TPM-Basisdienste	TBS	M	M	M	M	M
Überwachung verteilter Verknüpfungen	TrkWks	A	A	A	A	D
Unterstützung in der Systemsteuerung	wercplsupport	M	M	M	M	M
UPnP-Gerätehost	upnphost	M	M	M	M	M
Verbessertes Windows-Audio/Video-Streaming	QWAVE	M	M	M	M	M
Verbindungsschicht-Topologieerkennungs-Zuordnungsprogramm	Lltdsvc	M	M	M	M	M
Verschlüsselndes Dateisystem (EFS)	EFS	M	M	M	M	M
Verwaltung für automatische RAS-Verbindung	RasAuto	M	M	M	M	M
Virtueller Datenträger	vds	M	M	M	M	M
Volume-Schattenkopie	VSS	M	M	M	M	M
Webclient	WebClient	M	M	M	M	M
Windows CardSpace	ldsvc	M	M	M	M	M
Windows-Defender	WinDefend	AV	AV	AV	AV	AV
Windows Driver Foundation – Benutzermodus	Wudfsvc	M	M	M	M	M
Windows Installer	Msiserver	M	M	M	M	M

Name	Kürzel	St	HP	Pr	U	EK
Windows Media Center-Empfängerdienst	ehRecvr	-	M	M	M	M
Windows Media Center-Planerdienst	ehSched	-	M	M	M	-
Windows Media Player-Netzwerkfreigabedienst	WMPNetworkSvc	M	AV	AV	M	D
Windows Modules Installer	TrustedInstaller	M	M	M	M	M
Windows Presentation Foundation-Schriftartcache...	FontCache3.0.0.0	M	M	M	M	M
Windows Search	WSearch	AV	AV	AV	AV	D
Windows Update	wuauserv	A	A	A	A	A
Windows-Audio	Audiosrv	A	A	A	A	A
Windows-Audio-Endpunkterstellung	AudioEndpointBuilder	A	A	A	A	A
Windows-Bilderfassung (WIA)	StiSvc	M	M	M	M	M
Windows-Biometriedienst	WbioSrvc	M	M	M	M	M
Windows-Dienst für Schriftartencache	FontCache	M	M	M	M	M
Windows-Ereignisprotokoll	eventlog	A	A	A	A	A
Windows-Ereignissammlung	Wecsvc	M	M	M	M	M
Windows-Farbsystem	WcsPlugInService	M	M	M	M	M
Windows-Fehlerberichterstattungsdienst	WerSvc	M	M	M	M	M
Windows-Firewall	MpsSvc	A	A	A	A	A
Windows-Remoteverwaltung (WS-Verwaltung)	WinRM	M	M	M	M	M
Windows-Sicherung	SDRSVC	M	M	M	M	M
Windows-Sofortverbindung – Konfigur...	Wcncsvc	M	M	M	M	D
Windows-Verwaltungsinstrumentation	Winmgmt	A	A	A	A	A
Windows-Zeitgeber	W32Time	M	M	M	M	M
WinHTTP-Web Proxy Auto-Discovery-Dienst	WinHttpAutoProxySvc	M	M	M	M	M
WMI-Leistungsadapter	wmiApSrv	M	M	M	M	M
WWAN – automatische Konfiguration	WwanSvc	M	M	M	M	M
Zertifikatverteilung	CertPropSvc	M	M	M	M	D
Zugriff auf Eingabegeräte	hidserv	M	M	M	M	M

Neben den in der Tabelle genannten Diensten läuft noch eine Reihe weiterer Dienste, die dann aber nicht zum Windows 7-Lieferumfang gehören, sondern von Anwendungen installiert wurden. Etwa installiert der avast!-Virenscanner (*http://www.avast.com*) die Dienste *avast! Antivirus*, *aswUpdSv*, *avast! Mail Scanner* und *avast! Web Scanner*. Na gut, ein Virenscanner darf ruhig im Hintergrund laufen.

So deaktivieren Sie Dienste – schnell und dauerhaft

Am schnellsten öffnen Sie das Dienste-Applet, indem Sie *services.msc* in die Suchleiste des Startmenüs eingeben. Die etwas längere Alternativroute führt hingegen über die Systemsteuerung, den Punkt *Verwaltung* und den Eintrag *Dienste*. Gehen Sie dann so vor:

1 Wählen Sie den Dienst, dessen Starttyp Sie verändern bzw. den Sie ausschalten möchten, mit einem Doppelklick aus.

2 Entscheiden Sie sich nun per Drop-down-Menü neben *Starttyp* für den gewünschten Starttyp. Wollen Sie einen Dienst komplett ausschalten, ist *Deaktiviert* die richtige Wahl.

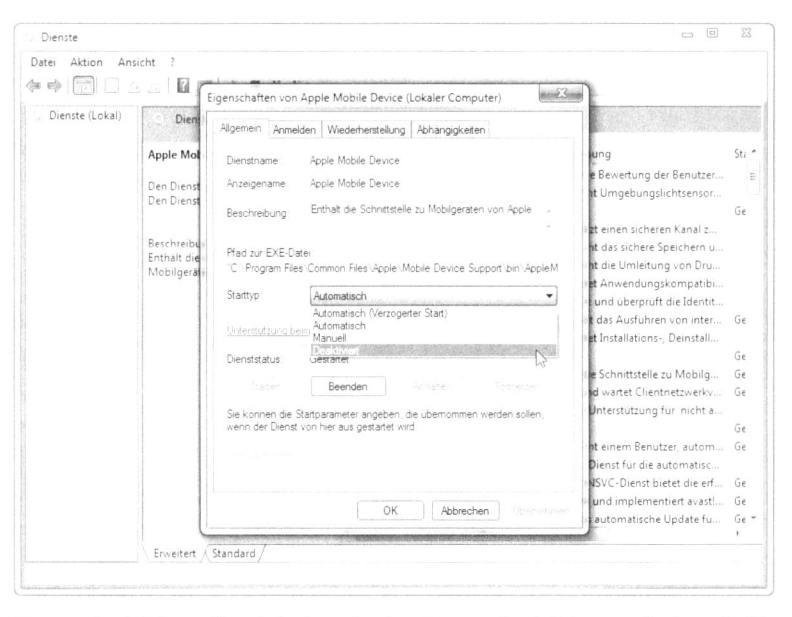

Dienste deaktivieren Sie einfach und schnell ... nur die richtigen zu finden, die Sie für Ihr Nutzungsprofil wirklich nicht benötigen, das ist manchmal schwer. Im Fall des Dienstes Apple Mobile Device aber überhaupt nicht!

3 Klicken Sie auf *OK* oder *Übernehmen*, um die geänderte Einstellung zu speichern. Wirksam wird sie jedoch nicht sofort, sondern erst nach einem Neustart des PCs.

Einen Dienst per Registry deaktivieren

Wo hinterlegt Windows die Dienste-Einstellungen? Natürlich in der Registry. Öffnen Sie mit dem Registrierungs-Editor am besten einmal den Registry-Pfad *HKEY_LOCAL_MACHINE\SYSTEM\CurrentControlSet\Services*. Jeder Dienst wird dort aber nur mit seinem Kürzel, nicht jedoch mit vollem Namen als separater Schlüssel aufgeführt. Eine Übersicht über alle Standard-Windows-Dienste und deren Kürzel finden Sie auf S. 199.

In jedem Schlüssel finden Sie einen DWORD-Wert (32 Bit) mit dem Namen *Start*. Er kann drei Werte haben, als da wären:

- 2: entspricht dem Starttyp *Automatisch*. Möchten Sie den Dienst automatisch, aber mit verzögertem Start ausführen, setzen Sie zusätzlich den DWORD-Wert *DelayedAutostart* auf 1. Er befindet sich ebenfalls im jeweiligen Dienst-Unterschlüssel.
- 3: entspricht dem Starttyp *Manuell*.
- 4: deaktiviert den Dienst.

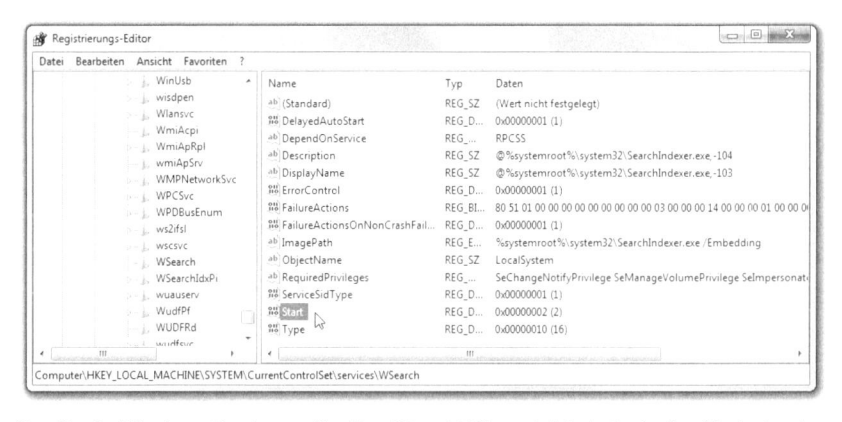

Der für die Windows-Suche zuständige Dienst WSearch ist ein typischer Vertreter der Dienste, die beim Windows-Start zwar automatisch, aber mit leichter Verzögerung gestartet werden. Logisch: Wer kann schon nach einer Datei suchen, wenn noch nicht einmal die grafische Oberfläche gestartet ist.

Individuelle Dienstprofile für jeden Geschmack – und jeden Aufgabenbereich

Windows-Dienste können Sie auch direkt über die Registry editieren. Diesen Umstand können Sie sich zunutze machen, indem Sie ihn mit den REG-Dateien (siehe S. 432) kombinieren. Mit einer etwas umfangreicheren REG-Datei könnten Sie beispielsweise den Starttyp sämtlicher Dienste auf einmal ändern. Dabei könnte es eine Datei für Spiele und Multimediaanwendungen geben sowie eine, die all den optischen Klimbim deaktiviert.

Power-Tipp: Dienste per PowerShell steuern

Dienste können ebenfalls über die PowerShell gesteuert werden. Dazu enthält die Skriptsprache mehrere Cmdlets:

Get-Service zeigt alle auf Ihrem PC installierten Dienste an.

Mit *Stop-Service [KÜRZEL]* stoppen Sie einen gestarteten Dienst. Die passenden Kürzel entnehmen Sie am besten der Tabelle auf S. 200 ff. Beispielsweise knippst *stop-service uxsms* den Sitzungs-Manager für Desktopfenster-Manager und damit auch Aero aus.

Start-Service [KÜRZEL] macht genau das Gegenteil und startet den gewählten Dienst (wieder).

Wer einen Dienst einfach nur neu starten, also beenden und gleich wieder starten will, nutzt *Restart-Service [KÜRZEL]*.

Mit *Suspend-Service [KÜRZEL]* bzw. *Resume-Service [KÜRZEL]* können Sie einen Dienst pausieren bzw. wieder weiterlaufen lassen. Allerdings unterstützt das nicht jeder Dienst.

Möchten Sie einen Dienst deaktivieren, genügt es natürlich nicht, ihn einfach nur zu stoppen. Aber obige Cmdlets eignen sich nur zur „Livebeeinflussung" von Diensten – ohne dass dabei Änderungen an der Dienstekonfiguration vorgenommen werden, die von Dauer wären. Anders mit *Set-Service [KÜRZEL] -startuptype [STARTTYP]*. Hierbei ist *[STARTTYP]* durch einen der drei Werte *Automatic*, *Manual* oder *Disabled* zu ersetzen.

Eine Vorlage mit Windows 7-Diensten finden Sie unter der URL *http://7.inoxa.de/ Dienste_Standard.reg*. Die Vorlage im REG-Format wurde auf Basis eines frisch installierten Windows 7 Ultimate erstellt. Sollten Sie darin keine Änderungen vornehmen, setzt diese REG-Datei für alle Dienste den entsprechenden Standardwert. Das ist mit Sicherheit nicht unbedingt in Ihrem Interesse, sodass Sie die über den Link bezogene Vorlage am besten mit einem Editor wie *notepad.exe* editieren. So sieht beispielsweise der Eintrag für den Dienst *WSearch* aus:

; Windows Search
[HKEY_LOCAL_MACHINE\SYSTEM\CurrentControlSet\Services\WSearch]
"Start"=dword:00000002
"DelayedAutoStart"=dword:00000001

Der DWORD-Wert *Start* mit dem Wert 2 legt den automatischen Start fest, der Zusatz *DelayedAutoStart* sorgt hingegen noch für eine leichte Verzögerung des Starts. Im Ergebnis erhält der Dienst damit den Starttyp *Automatisch (Verzögerter Start)*. Um den Starttyp des Dienstes zu verändern, ihn also beispielsweise zu deaktivieren, ändern Sie *"Start"=dword:00000002* in *"Start"=dword:00000004*.

Regelmäßig nachsehen und die frechen Apple- und Google-Dienste deaktivieren!

Im Laufe der Zeit werden Sie sicher immer mehr Anwendungen installieren. Einige dieser Anwendungen bringen auch neue Dienste mit. Die Google Updater-Dienste sind solche Dienste, die regelmäßig nach Aktualisierungen von installierter Google-Software suchen. Eigentlich ganz nett, aber diese Dienste müssen nicht wirklich sein. Schauen Sie deshalb regelmäßig nach neuen Diensten.

Um Dienste zu finden, die nicht von Microsoft stammen und somit auch kein Windows-Bestandteil sind, können Sie beispielsweise die Systemkonfiguration nutzen. Am schnellsten öffnen Sie sie, indem Sie *msconfig.exe* in die Suchleiste des Startmenüs tippen. Wählen Sie anschließend das Register *Dienste* und setzen Sie ein Häkchen bei *Alle Microsoft-Dienste ausblenden*. Haben Sie hier neue, unerwünschte Dienste entdeckt, können Sie sie ja deaktivieren. Besonders dreiste Dienste richten sich aber auch im Autostart ein. Nutzen Sie also parallel noch Autoruns (s. S. 191), um sinnlose Software von Google & Co. nicht permanent im Hintergrund rödeln zu lassen.

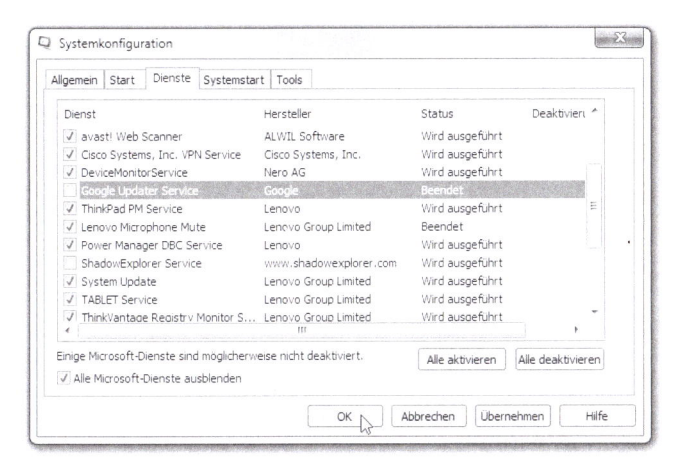

Auf den Google Updater Service kann man sich verlassen – sobald Sie eine Google-Software installieren, haben Sie ihn an der Backe. Überrascht hat mich indes, dass der ShadowExplorer – eigentlich ein nützliches kleines Tool zum Einsehen von Volume-Schattenkopien – ebenfalls einen Dienst installierte. Und dass dieser sogar noch ausgeführt wird. Gut, wenn man regelmäßig einmal nachsieht. Insbesondere wenn man den Rechner wild mit Software füllt.

Fehler durch abgeschaltete Dienste vermeiden

Das Abschalten von Diensten birgt immer zwei große Gefahren:

- Sie benötigen den abgeschalteten Dienst doch, wussten das aber vor dem Abschalten nicht. Im günstigsten Fall erhalten Sie noch eine Fehlermeldung, im ungünstigsten passiert gar nichts.

- Sie benötigen den Dienst zwar nicht sofort, aber irgendwann später. Eingeblendete Fehlermeldungen oder Untätigkeit Ihres Rechners können Sie dann nicht mehr sofort deuten, denn Sie haben vergessen, dass Sie einmal einen oder mehrere Dienste deaktiviert haben.

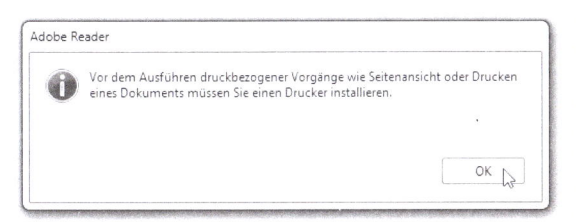

Kein Drucker installiert? Kann doch gar nicht sein! Tatsächlich wurde nur der Dienst Druckerwarteschlange deaktiviert – was der Adobe Reader leider nicht direkt artikulieren kann.

Setzen Sie deshalb vor jeder Änderung an den Diensteinstellungen einen Wiederherstellungspunkt. Die enthalten nämlich sämtliche Dienstkonfigurationen. Notieren Sie sich außerdem, welchen Dienst Sie wann abgeschaltet haben. Gibt es nach dem Abschalten plötzlich Probleme, stellen Sie die ursprüngliche Konfiguration wieder her.

3.7 Internet und Netzwerk: endlich ungebremst!

Können Sie unter Windows 7 mehr aus Ihrer Internetverbindung herausholen? Ja. Aber nicht mehr „so viel" wie früher, denn einige Bremsen wie beispielsweise das Limit für „halb offene Verbindungen" hat Microsoft endlich entfernt. Es ist also gut, dass Sie nicht mehr so viel herausholen können – denn es wird weniger gebremst!

Freie DNS-Server für noch mehr Speed und gegen Netzsperren

Allein mit einer URL wie *http://www.databecker.de* erreicht Ihr Computer keine Webseite. Vielmehr benötigt er die IP-Adresse(n), die hinter der Webadresse stecken, um deren Webserver ansprechen zu können. Eine URL wie *http://www.databecker.de* in eine IP-Adresse umzuwandeln, ist Aufgabe eines DNS-Servers. Gute DNS-Server sind dabei zusätzlich mit einem Cache ausgestattet, der die jeweils aktuelle Version einer beliebten Webseite speichert. Ruft jemand mit diesem DNS-Server eine Webseite auf, wird er nicht erst zum Webserver der Seite durchgereicht, sondern erhält viele Daten bereits aus dem Cache. Der Seitenaufbau wird dadurch wesentlich beschleunigt.

Bei Webseiten von Servern aus dem Inland ist der Geschwindigkeitszuwachs durch einen DNS-Cache vielleicht nicht so deutlich. Surfen Sie aber beispielsweise gern auf der Webseite des Chinesischen Amts für Umweltschutz (*http://www.sepa.gov.cn/*), brauchen Sie selbst mit einer schnellen DSL-Leitung einen langen Atem. Grafiken und Flashspielereien werden dann nämlich von chinesischen Servern abgefragt. Ein DNS-Cache wie ihn der OpenDNS-Service kostenlos anbietet, kann da helfen.

OpenDNS nur für einen Rechner einrichten

Wollen Sie den OpenDNS-Dienst zunächst nur auf einem Rechner testen, öffnen Sie die Eigenschaften Ihrer Netzwerk- bzw. Internetverbindung. Nach Auswahl von *Internetprotokoll Version 4 (TCP/IPv4)* können Sie die DNS-Serveradressen manuell festlegen. Verwenden Sie dabei jene, die OpenDNS auf *http://www.opendns.com* vorgibt. Zum Zeitpunkt der Drucklegung waren das 208.67.222.222 und 208.67.220.220. Es ist unwahrscheinlich, dass diese Adressen sich schnell ändern.

OpenDNS für alle PCs eines Netzwerks einrichten

Möchten Sie den OpenDNS-Service für sämtliche Rechner Ihres Heimnetzwerks konfigurieren, legen Sie die DNS-Adressen der OpenDNS-Server in den Einstellungen Ihres Routers fest. Die Vorgehensweise variiert von Modell zu Modell. Konsultieren Sie daher am besten das Handbuch Ihres Routers.

Microsoft ruderte zurück: kein Limit mehr für Filesharer – oder doch nicht?

Mit der Limitierung halb offener Verbindungen machte sich Microsoft unter den Filesharern und Peer-to-Peer-Nutzern keine Freunde. Denn man beachte: Nicht nur zum Download von Raubkopien werden diese Techniken genutzt. Spiele wie World of Warcraft erhalten beispielsweise Updates über das BitTorrent-Protokoll.

Was steckt nun hinter der Limitierung? Damit das Onlinefernsehen, die World-of-Warcraft-Updates etc. vernünftig funktionieren, muss ein Rechner parallel zu vielen Nutzern dieser Dienste Verbindungen herstellen können. Mit dem zweiten Service Pack für Windows XP schränkte Microsoft die Zahl der dafür nötigen, sogenannten halb offenen Verbindungen aber deutlich ein. Unter Vista besteht diese Einschränkung fort, die sich in der Ereignisanzeige als Ereignis 4226 bemerkbar macht.

Offiziell begründete Microsoft die Einführung des Limits mit der Angst vor Würmern, die sich von einem Rechner aus über möglichst viele Verbindungen des PCs auf andere Rechner im Internet oder Netzwerk übertragen. Deshalb erlaubte Microsoft in den meisten Vista-Versionen nur noch zehn gleichzeitige Verbindungsversuche. Wer allerdings die Billigstversion Vista Home Basic einsetzte, durfte nur noch zwei halb offene Verbindungen aufbauen.

Natürlich fanden Windows-Freaks schnell eine Möglichkeit, das Limit zu umgehen, indem sie eine Systemdatei (*tcpip.sys*) veränderten und austauschten. Gibt es einen solchen Hack auch für Windows 7? Nein, denn die Limitierung besteht unter Windows 7 nicht mehr. Microsoft ruderte zurück, sodass auch Vista mit installiertem Service Pack 2 keine Ereignis-ID 4226 mehr generiert. Zumindest, sofern sie niemand aktivierte. Ganz verschwunden ist das Limit nämlich nicht und kann jederzeit über einen DWORD-Wert namens *EnableConnectionRateLimiting* in *HKEY_LOCAL_MACHINE\SYSTEM\CurrentControlSet\Services\Tcpip\Parameters* aktiviert werden. Schauen Sie doch einmal nach, ob *EnableConnectionRateLimiting* bei Ihnen überhaupt existiert oder den Wert 0 besitzt. Fehlt er an angegebener Stelle oder ist 0, gibt's kein Limit. Mit dem Wert 1 ist die Limitierung halb offener Verbindungen hingegen aktiviert, sodass auch die Ereignisanzeige entsprechende Einträge unter der Ereignis-ID 4226 führen müsste. Natürlich könnten Sie das Limit auch absichtlich setzen, um exzessiven Filesharern in Ihrem Netzwerk die Downloadleistung zu schmälern.

3.8 Das schnellste Windows aller Zeiten

Manche Windows-Komponenten können Sie nachträglich mehr oder weniger bequem deinstallieren. Den Internet Explorer beispielsweise, indem Sie ihn als Windows-Funktion ganz offiziell über die Systemsteuerung deaktivieren (s. S. 185). Doch warum den unnützen Ballast überhaupt installieren? Mit den richtigen Werkzeugen, die von Microsoft natürlich nicht unterstützt werden, befreien Sie bereits den Windows 7-Installationsdatenträger von Features, die Sie ohnehin nicht nutzen möchten. Windows 7 speckt so mächtig ab – sowohl, was den Speicherplatzbedarf der Installation auf der Festplatte betrifft, als auch hinsichtlich des Ressourcenhungers.

Werkzeugvielfalt zum Abspecken: Qual der Tool-Wahl

Gleich mehrere Tools können ein Windows 7-Abbild von unnötigem Ballast befreien. Für Windows Vista war hierzu beispielsweise vLite (*http://www.vlite.net*) die erste Wahl. In der aktuellen Version unterstützt das Programm teilweise auch Windows 7. Leider wurde die Entwicklung mehr oder weniger eingestellt. Macht aber nichts, denn es gibt noch andere Abspeckwerkzeuge: den 7Customizer beispielsweise. Auch dieses Programm finden Sie kostenlos im Netz, nämlich unter *http://www.msfn.org/board/topic/139077-7customizer-a-windows-7-customization-and-deployment-tool/*.

Leider fehlt bei diesem Tool nicht nur eine offizielle Webseite, sondern auch Manpower, sodass die Weiterentwicklung nur schleppend vorangeht. Als neuen Shootingstar unter den Windows 7-Abspecktools sei Ihnen an dieser Stelle deshalb RT Se7en Lite vorgestellt. Vom Lite im Namen muss man sich aber nicht abschrecken lassen – es gibt nämlich keine andere Version. Zumindest keine, die nach dem Funktionsumfang differenziert. Sehr wohl unterscheiden die Entwickler auf der Downloadseite von *http://www.rt7lite.com* aber nach 32 Bit und 64 Bit. Zur Drucklegung des Buches war die Betaversion 2.6.0 aktuell.

Das Abspecken einer Windows 7-Installation geschieht konkret durch das Entfernen von Komponenten und das Deaktivieren von Features. Nebenbei kann RT Se7en Lite aber noch mehr. So können Sie Wallpaper und Themes hinzufügen, Updates und Treiber integrieren, Anwendungen von Drittherstellern in Form sogenannter Add-ons einbauen oder den Windows 7-Installationsdatenträger so konfigurieren, dass sich Windows 7 ganz allein und ohne weiteres Zutun installiert – im Fachjargon als unattended bezeichnet. Wie Sie zudem das Windows 7 Service Pack 1 in den Installationsdatenträger integrieren, verrät die Anleitung auf S. 110.

Schritt für Schritt zum Light-Windows

Sobald Sie RT Se7en Lite installiert haben, kann es losgehen. Stellen Sie nach dem ersten Start die Programmsprache am besten auf Deutsch um. Gleich auf der Startseite, unter dem Register *Home* gibt es hierzu die Auswahlbox *Change UI language*. *German* ist freilich die richtige Wahl.

Nutzen Sie sodann gleich den *Suchen*-Button, um entweder ein ISO-Abbild Ihres Windows 7-Installationsdatenträgers auszuwählen oder den Pfad anzugeben, in dem sich die Windows 7-Abbilddateien befinden. In diesem Schritt geben Sie also die Quelldateien für die Bearbeitung bzw. das Abspecken an. Etwas unglücklich war die deutsche Übersetzung des Buttons *Extract Path*, der lokalisiert lediglich *Pfad zum* heißt. Hiermit wählen Sie ein temporäres Verzeichnis, in das die Originaldateien extrahiert werden. Erstellen Sie hierzu am besten ein neues Verzeichnis auf dem Desktop, das Sie nach Belieben benennen können. Der Auswahldialog unterstützt Sie dabei.

Haben Sie die Datenquelle sowie ein temporäres Verzeichnis zum Extrahieren der Daten angelegt, beginnt RT Se7en Lite mit dem Entpacken. Das kann einige Minuten dauern. Prompt werden Sie aufgefordert, die zu bearbeitende Windows-Version zu wählen.

Weil im Beispiel eine unveränderte Windows 7 Professional ISO-Datei verwendet wird, fällt die Wahl an dieser Stelle leicht. Möchten Sie nicht nur Windows entschlacken, sondern zusätzlich das erste Service Pack bereits in das Installationsmedium integrieren (s. S. 110), setzen Sie zudem ein Häkchen bei *Slipstream Service Pack*. Das soll an dieser Stelle jedoch nicht geschehen.

Was wollen Sie überhaupt mit RT Se7en Lite anstellen? Im Register *Aufgaben* teilen Sie es dem Programm mit. Per Häkchen bei *Integration*, *Tweaks* oder einer der anderen Funktionen wird das entsprechende Register aktiviert. Wer eine Entscheidungshilfe benötigt, findet sie in Form der Drop-down-Liste *Schnellstart*. Möchten Sie auf Nummer sicher gehen, wählen Sie dort *Safe* – Sie können aber keine *Features entfernen*, weil dies als besonders kritischer Teil der Windows 7-Anpassung gilt. Alternativ setzen Sie die Häkchen einfach selbst. Die einzelnen Register nachfolgend im Kurzüberblick.

So kommen die wichtigsten Updates auf den Datenträger

Im Register *Integration* haben Sie unter anderem die Möglichkeit, einzelne Updates in Form von MSU-Dateien einzubauen. Ansonsten können auch Treiber in Form von INF-Dateien, Sprachpakete oder gleich ganze Anwendungsprogramme von Drittherstellern eingebunden werden. Entscheiden Sie sich für Letzteres, wird später während der Windows-Installation ein Zwischenschritt eingelegt, bei dem Sie die eingebundenen Anwendungen noch einmal auswählen und installieren können.

Grundsätzlich sollten Sie den Spaß aber lieber lassen und Batch-Installer wie Ninite (*http://www.ninite.com*) nutzen, um Anwendungen in der jeweils aktuellsten Version zügig zu installieren.

Woher die Updates nehmen?

Als gute und gepflegte Quelle für Windows 7-Updates kann man die Update Packs von *http://www.drwindows.de/windows-7-updates-and-patches/* bezeichnen. Als selbstextrahierende EXE-Datei geschnürt, enthalten die regelmäßig aktualisierten Pakete sämtliche aktuellen Betriebssystem-Updates im MSU-Format. Ein Installationsskript ist aber auch immer dabei. Der Download des Pakets ist dabei gratis, eine kostenlose Registrierung jedoch erforderlich.

Die spannendste Funktion: Windows-Ballast endgültig entfernen

Der wohl interessanteste Aspekt von RT Se7en Lite heißt *Features entfernen*. Zwei Baumstrukturen lassen Sie unter den Windows-Features gehörig wildern: Der rechte Kasten dient zum Deaktivieren von Features. Spannender ist der linke, mit dem Sie Windows-Funktionen und -Bestandteile aus Bereichen wie Treiber oder Multimedia dauerhaft entfernen. Achten Sie hierbei auf die rot markierten Einträge, die Grundlage für andere Funktionen sind. Und lesen Sie die Beschreibungen genau – auch wenn diese zumindest in der RT Se7en Lite Beta 2.6.0 teilweise noch recht unvollständig waren. So können Sie beispielsweise alle Samsung-Druckertreiber mit einem entsprechenden Häkchen herausschmeißen, sollten aber nicht den übergeordneten Punkt *Printers* anklicken, wenn Sie später noch einen Drucker (mit eigenem, nachinstalliertem Treiber) verwenden möchten.

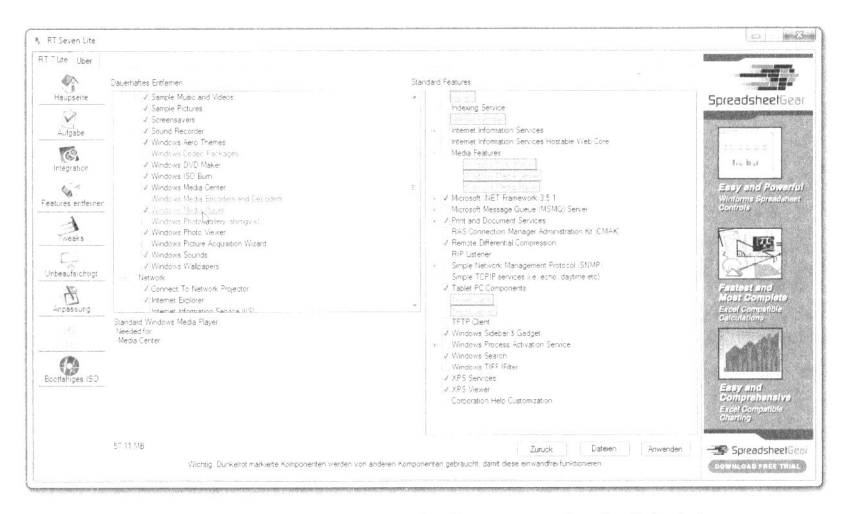

Etliche Streichmöglichkeiten unterstützt das Programm. Doch ob bei einem arg zusammengekürzten Windows 7 noch alles rund läuft, dafür gibt es keine Garantie. Probieren geht hier über Studieren. Und streichen Sie vielleicht lieber weniger als mehr aus dem Windows-Abbild.

Insgesamt ist die Option *Features entfernen* ein heißes Eisen. Wer zu viel oder das Falsche streicht, riskiert ein instabiles System. Übertreiben Sie es deshalb nicht. Und testen Sie jedes Light-Windows, das Sie mit RT Se7en Lite kreieren, zunächst ausgiebig in einer virtuellen Maschine.

Etliche Registry-Hacks schon voreinstellen

Das Register *Tweaks* enthält eine Fülle von Kniffen und Hacks. Einige sind bereits voreingestellt, sodass ein mit RT Se7en Lite erzeugtes Windows 7 an vielen Stellen von einer Standardinstallation abweicht. Beispielsweise aktiviert RT Se7en Lite standardmäßig das Einblenden versteckter Dateien und Ordner (*Show Hidden Files and Folders*) oder deaktiviert den automatischen Neustart nach einem Systemabsturz (*Auto Restart in the event of BSOD*). Auch die Systemsteuerung wird um einige Punkte erweitert, wenn Sie die Standardeinstellungen von RT Se7en Lite belassen. Klicken Sie sich einfach einmal durch die umfangreichen Konfigurationsmöglichkeiten. Vermissen Sie dort einen Registry-Hack aus diesem Buch, können Sie ihn in Form einer REG-Datei unter *Angepasste Registry* noch manuell hinzufügen. Alternativ entfernen Sie im Register *Aufgabe* einfach wieder das Häkchen bei *Tweaks* – dann bleibt Windows 7 „ungehackt".

Windows kann's auch ganz allein

Wer Windows 7 schon häufig installierte – sei es aus Spieltrieb, weil man mit tiefgreifenden Hacks das System mal wieder hoffnungslos zerschossen hat, oder sei es beim Aufsetzen zahlreicher virtueller Maschinen –, kennt die wenigen und immer wiederkehrenden Fragen der Installationsroutine sicher schon auswendig. Und meist gibt man stets die gleichen Antworten. Oder ein mögliches Szenario: Sie sind der „Computerheini" für einen absoluten Laien, der immer mal wieder seinen PC neu aufsetzen muss, sich aber vor dem Installationsprozess scheut. Basteln Sie ihm einen sogenannten Unattended-Installationsdatenträger, muss er nur die DVD einlegen und hat nach etwa einer halben Stunde wieder ein funktionsfähiges System.

Denn mithilfe des *Unbeaufsichtigt*-Registers von RT Se7en Lite sparen Sie sich leicht einige der immer gleichen Klicks und Angaben. Es erlaubt das leichte Erstellen einer sogenannten Autounattended.xml, einer „Antwortdatei". Im Grunde ist sie nur eine XML-Datei, die „Antworten" auf jene Fragen enthält, die normalerweise während des Installationsprozesses gestellt werden: Wie soll die Festplatte formatiert und die Partitionen erstellt werden. Mit welchem Netzwerk soll sich der PC standardmäßig verbinden, welche Windows Update-Einstellungen sollen gewählt werden etc.?

Die entsprechenden Konfigurationsmöglichkeiten finden Sie – wie bereits erwähnt – im *Unbeaufsichtigt*-Register von RT Se7en Lite. Sie sind auch recht selbsterklärend. Besonders lieb sind mir *Überspringe Produktschlüssel*, *Überspringe automatische Aktivierung*, *EULA zustimmen* ...

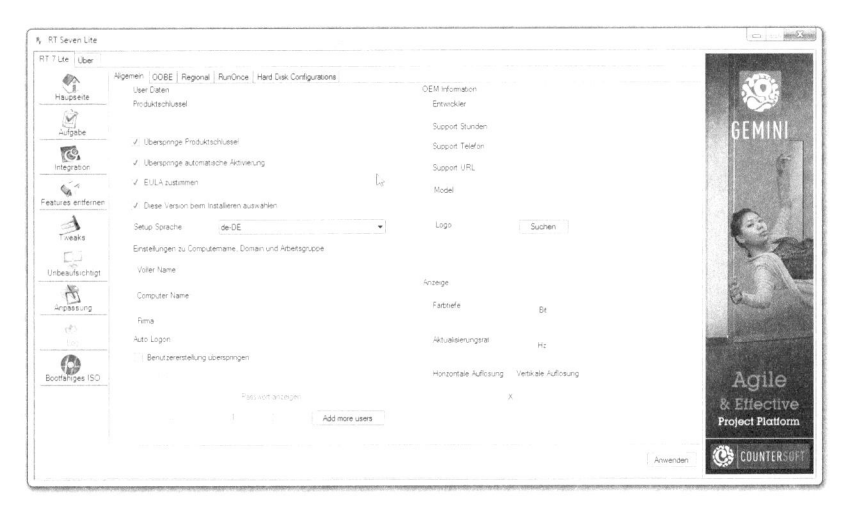

Ein wenig heikel ist der Punkt Hard Disk Configurations, wenn Sie mit dem Datenträger auf unterschiedlichen Systemen – mit unterschiedlicher Festplattengröße – arbeiten möchten. Lassen Sie lieber die Finger davon. Auch, um nicht andere Partitionen versehentlich zu überschreiben. Unkritischer ist's natürlich in der Regel für die Verwendung von virtuellen Maschinen mit immer gleichem (und leerem) virtuellen Datenträger.

Sofort installiert: mein Bild, mein Sound, mein Theme

Wer sich gern am individuellen Look seines PCs erfreut, kann sein Lieblingshintergrundbild, Soundschema und sogar Windows-Theme ebenfalls bereits in den Windows 7-Installationsdatenträger einbauen und als Standardeinstellung installieren lassen. Möglich macht's das Register *Anpassung* und dessen Unterpunkte.

So schnell steht die neue Windows 7-Light-DVD!

Alles klar? Dann lassen Sie RT Se7en Lite rödeln! Per Klick auf den *Anwenden*-Button, der fast in jedem Register in der unteren rechten Ecke klebt, wechseln Sie zum *Log*-Register. Drücken Sie dort *Commit*, setzt RT Se7en Lite das neue Windows 7-Abbild nach Ihren Wünschen zusammen. Eine Stunde kann das durchaus dauern, abhängig vom Umfang Ihrer getätigten Einstellungen.

Ganz am Ende müssen Sie das „selbst gebraute" Windows-Abbild natürlich noch auf einen Datenträger packen. Hierbei hilft das Register *Bootfähiges ISO*. Per *Modus* wählen Sie die „Endform" des abgespeckten Windows 7-Abbilds. So erzeugt der Modus *Create Image* ein ISO-Abbild, mit *Direct Burn* brennen Sie gleich eine neue Installations-DVD. Oder Sie erstellen mit *USB Bootable* einen USB-Installationsdatenträger. Die beste Wahl ist aber sicherlich *Create Image*. Schließlich können Sie aus einer ISO-Datei schnell mal eine DVD brennen oder einen USB-Installationsdatenträger erzeugen (s. S. 98). Haben Sie sich entschieden, beginnt die eigentliche Arbeit – für RT Se7en Lite – mit einem Klick auf den Button rechts unten. Haben Sie den Modus *Create Image* gewählt, ist er mit *Erstelle ISO* betitelt. Ansonsten eben analog zu Ihrer Moduswahl benannt. In jedem Fall dauert der Vorgang einige Zeit. Geduld müssen Sie deshalb mitbringen.

Beenden Sie RT Se7en Lite unbedingt per Klick auf den *Fertig*-Button, damit die temporären Dateien sauber gelöscht werden. Ansonsten kann's beim nächsten Start des Programms unangenehme Probleme geben.

3.9 Vollkommen gratis – Windows 64 Bit installieren und nur die 32-Bit-Version besitzen

Sie haben einen PC mit Windows 7 und 4 GByte RAM erworben, vorinstalliert war aber nur eine 32-Bit-Version von Windows 7? Dann können Sie den Arbeitsspeicher gar nicht vollständig nutzen. Noch schlimmer wird's, wenn Sie den PC aufrüsten und noch mehr Arbeitsspeicher installieren. Dann wird die 64-Bit-Fassung von Windows 7 eigentlich unumgänglich, wenn Sie nicht gerade die Bastellösung von S. 86 nutzen. Vorausgesetzt, Ihre Hardware, d. h. insbesondere Ihr Prozessor, unterstützt 64 Bit. Bei modernen Rechnern ist das aber eigentlich selbstverständlich.

Noch mal Windows kaufen? Nicht nötig!

Das Thema heißt dann nur noch: jetzt noch mal Windows 7 in einer 64-Bit-Variante kaufen? Nein! Denn: Ob ein Windows-Lizenzschlüssel nun für eine 32-Bit- oder 64-Bit-Installation genutzt wird, ist herzlich egal. Die Schlüssel funktionieren also mit beiden Versionen. Solange Sie eine Lizenz auch wirklich nur auf einem Rechner nutzen, ist es also kein Problem, nachträglich Windows 7 64 Bit zu installieren. Die dafür notwendigen Installations-DVDs finden Sie als ISO-Abbild schließlich problemlos im Internet (s. S. 98).

Upgrade auf Umwegen

Schwieriger wird der Wechsel vom 32-Bit- auf das 64-Bit-Windows 7. Ein einfaches Upgrade ist nicht möglich, da offiziell auch nicht vorgesehen. Mit Microsofts Tool Windows-EasyTransfer können Sie Ihre wichtigsten Daten und Einstellungen aber einigermaßen komfortabel übernehmen. Beachten Sie hierbei, dass Windows-EasyTransfer wirklich nur für den Wechsel von 32-Bit- auf 64-Bit-Windows-Versionen funktioniert. Andersherum, von 64 Bit auf 32 Bit, kann das Programm nicht eingesetzt werden.

Was kann Windows-EasyTransfer eigentlich? Grundsätzlich ist das Programm eigentlich für die Migration von Windows XP oder Vista auf Windows 7 gedacht und dient zur einfachen Übertragung Ihrer persönlichen Dokumente, Bilder, Videos etc. Außerdem sichert es Windows-Einstellungen und übernimmt diese im neuen System. Dazu wird der EasyTransfer-Assistent zunächst auf dem „alten" Windows-System (dem Quellcomputer) ausgeführt und die Daten werden automatisiert auf einem externen Speicher gesichert. In diesem Zusammenhang wäre dieses „alte" System bzw. der Quellcomputer natürlich die Windows 7 32-Bit-Variante, die Sie gegen eine 64-Bit-Fassung – im Duktus von Windows-EasyTransfer der sogenannte Zielcomputer – austauschen wollen.

Programme von Drittherstellern oder Treiber übernimmt EasyTransfer übrigens nicht. Das wäre beim Wechsel von 32 Bit auf 64 Bit auch alles andere als gut. Schließlich sollten Sie möglichst Software einsetzen, die 64 Bit auch richtig unterstützt und dessen Geschwindigkeitsvorteile ausnutzen kann. Nach dem „Pseudo"-Upgrade gilt es also, sämtliche Software wieder erneut zusammenzusuchen und zu installieren. Tools wie Ninite (*http://www.ninite.com*) machen das natürlich erträglicher.

Grundsätzlich wäre es sogar besser, eine saubere Neuinstallation zu wagen, ganz ohne EasyTransfer. Das hieße, sämtliche persönlichen Daten manuell zu sichern und ins neu installierte Windows 7 zu kopieren. Das klingt nicht sehr attraktiv. Doch Windows-EasyTransfer arbeitet nicht immer zuverlässig. Blöd, wenn es dann mit der Datenwiederherstellung doch nicht klappt.

Pseudo-Upgrade mit EasyTransfer

Eine Verknüpfung zu Windows-EasyTransfer finden Sie im Startmenü unter *Zubehör/Systemprogramme*. Alternativ können Sie auch *migwiz.exe* in die Suchleiste des Startmenüs eingeben. Die Bedienung des Systemtools ist recht selbsterklärend. Ganz naiv sollten Sie den Assistenten aber nicht bedienen. So können Sie über *Anpassen* und *Erweitert* detailliert einsehen, welche

Daten Windows-EasyTransfer überhaupt sichert. *Internetfavoriten* werden beispielsweise standardmäßig nur vom Internet Explorer übernommen, nicht aber von Firefox oder anderen alternativen Browsern, die ihre Daten in *%AppData%\Roaming* oder *%AppData%\Local* hinterlegen. Natürlich können Sie die Konfigurationsverzeichnisse von Mozilla & Co. aber manuell anwählen, d. h. mit einem Häkchen versehen. Windows-EasyTransfer schließt sie dann in die Sicherung mit ein und stellt sie später auf dem Zielcomputer an gleicher Stelle wieder her.

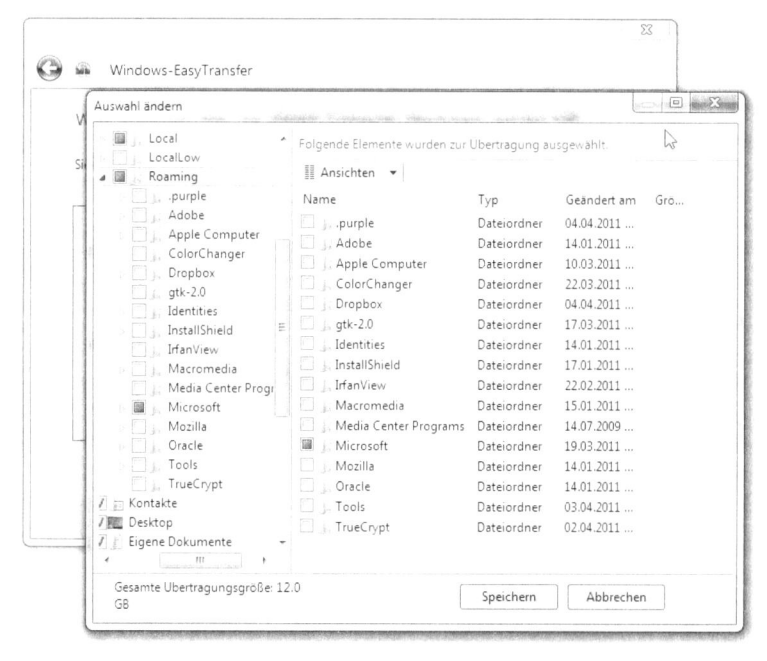

Viele wichtige Programmeinstellungen liegen im %AppData%-Verzeichnis Ihres Benutzerkontos. Die Konfigurationsdateien von Drittherstellerprogrammen übernimmt der EasyTransfer-Assistent dabei in der Regel nicht. Zumindest nicht standardmäßig.

Haben Sie die EasyTransfer-Datei erzeugt und auf einem externen Speicher hinterlegt sowie alle anderen wichtigen Daten manuell gesichert, kann's mit dem Pseudo-Upgrade losgehen. In kurzen Schritten:

1 Legen Sie die Windows 7-64-Bit-Installations-DVD ein oder stecken Sie einen entsprechend präparierten Installations-USB-Stick ein. Booten Sie direkt davon. Aus der bestehenden 32-Bit-Installation heraus funktioniert das Upgrade nämlich nicht.

2 Sobald die Installationsroutine nach der Installationsart fragt, wählen Sie *Benutzerdefiniert (erweitert)*. Auch hier funktioniert das Upgrade nicht. Nun können Sie sich entscheiden: Installieren Sie die 64-Bit-Variante einfach „drüber", indem Sie beim Installationsort einfach die bestehende Windows-Partition auswählen, wird die alte 32-Bit-Fassung in einem *Windows.old*-Verzeichnis konserviert. So könn(t)en Sie im Nachhinein noch auf die Systemverzeichnisse der alten Installation zurückgreifen. Gleichzeitig ist es natürlich auch möglich, das *Windows.old*-Verzeichnis nach geglückter Installation der 64-Bit-Fassung von der Festplatte zu löschen. Die Datenträgerbereinigung hilft hierbei (s. S. 187). Die andere Möglichkeit wäre: Partition erst löschen und dann installieren. Vom alten 32-Bit-Windows 7 fehlt dann (vorerst) jede Spur – bis zum Einsatz des Easy-Transfer-Tools nämlich.

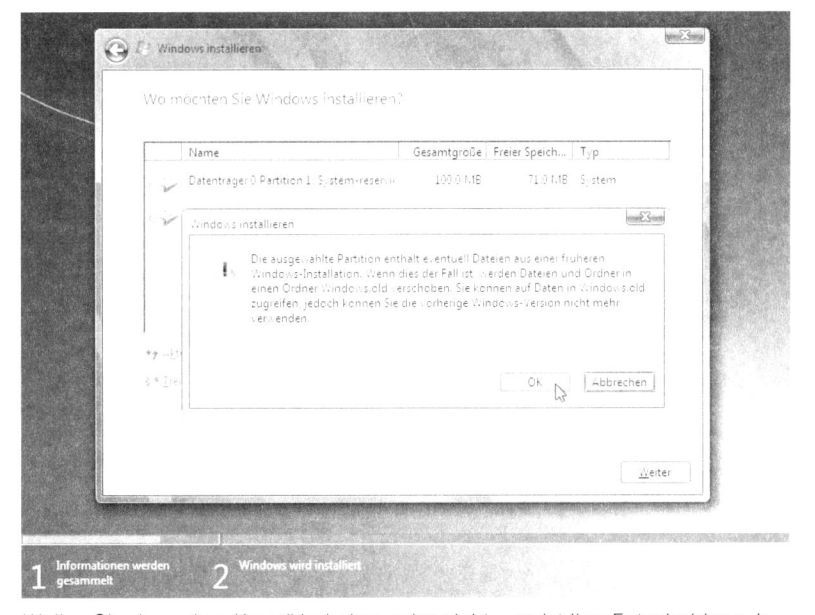

Wollen Sie den „alten Kram" behalten oder nicht – es ist Ihre Entscheidung. In jedem Fall können Sie die in Windows.old gesicherten Daten später relativ einfach und sauber mit der Datenträgerbereinigung entfernen.

3 Die weitere Installation ist so unspektakulär und normal wie jede andere Windows 7-Installation auch. Hinsichtlich der Einrichtung eines Benutzerkontos gibt es nur zu wissen: Offiziell stellt EasyTransfer das zuvor gesicherte Benutzerkonto wieder her, doch eigentlich überträgt das Tool nur die Einstellungen des alten Benutzerkontos auf das der neuen Maschine.

Eigentlich klar, denn sonst befänden sich schließlich zwei Benutzerkonten auf Ihrem (neuen) Zielcomputer. Für die Benutzerkonteneinrichtung während der Windows 7-Installation bedeutet das also: Benennen Sie das neue Konto wie das alte und vergeben Sie das gleiche Passwort – sofern Sie beides beibehalten wollen.

4 Wurde Windows 7 in der 64-Bit-Fassung erfolgreich installiert, gelingt die Wiederherstellung der mit EasyTransfer gesicherten Daten ganz einfach: Stöpseln Sie zunächst das externe Speichermedium an. Nun können Sie die von EasyTransfer erzeugte Datei per Doppelklick sofort starten, das gesicherte Benutzerkonto auswählen und die Wiederherstellung eine ganze Weile rödeln lassen. Praktisch: Am Ende der Wiederherstellung zeigt EasyTransfer eine Liste mit all jenen Anwendungen, die auf dem Quellcomputer – in diesem Fall also dem 32-Bit-Windows 7 – installiert waren. So fällt die Wiederherstellung etwas leichter, wenngleich Sie nun immer fleißig nach den 64-Bit-Varianten der Anwendungen suchen müssen bzw. sollten.

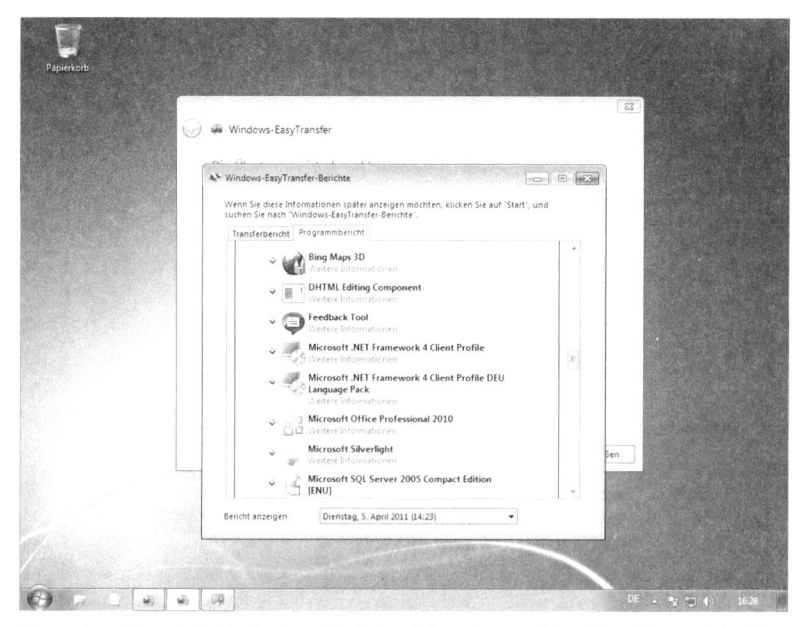

Ein nettes Gimmick: Nach dem Zurückspielen der per EasyTransfer gesicherten Daten zeigt ein Programmbericht, welche Drittherstellerprogramme auf dem Quellcomputer bzw. der alten 32-Bit-Installation vorhanden waren. Die Suche nach 64-Bit-kompatiblen Versionen dieser Anwendungen nimmt Ihnen der Assistent aber leider nicht ab.

3.10 Schneller und ausdauernder: Windows 7 auf Notebooks, Tablets und „grünen" PCs

Windows 7 wird immer mobiler: Nicht nur auf Note- und Netbooks kann man die ganze Windows-Welt umherschleppen. Inzwischen versucht sich Microsoft auch auf Konkurrenzprodukten zu Apples iPad. Es gibt also jede Menge Gründe, auf ein paar Eigenheiten von Windows 7 auf mobilen Geräten einzugehen.

Langer Atem für den PC: Energiesparen leicht gemacht

Haben Sie nur einen Desktop-PC und kein Notebook, sind Ihnen die sogenannten Energiesparpläne vielleicht noch gar nicht begegnet. Denn in aller Regel stolpern nur Notebook-Besitzer darüber, wenn sie im Infobereich der Taskleiste auf das Akkusymbol klicken.

Energiesparpläne – zu wichtig, um unbeachtet zu bleiben

Dabei sind Energiesparpläne aber auch für Desktops sinnvoll. Möchten Sie daheim Strom sparen, kann es sich lohnen, die Energieoptionen des eigenen PCs zu prüfen. Sie finden diese in der Systemsteuerung unter *System und Sicherheit*. Vermutlich ist der Energiesparplan *Ausbalanciert* vorausgewählt. Aber was heißt das schon? Erst ein Klick auf *Energiesparplaneinstellungen ändern* und anschließend *Erweiterte Energieeinstellungen ändern* verrät mehr.

Wie viele Optionen dort letztlich zur Auswahl stehen, hängt vor allem von der vorhandenen Hardware bzw. deren Treibern ab. Notebooks, deren Komponenten häufig besonderen Wert auf Energiesparsamkeit legen, offerieren hier naturgemäß mehr Konfigurationsmöglichkeiten.

Ein paar Energiesparanregungen, auch für PC-Nutzer: Vielleicht unterstützt Ihr PC-Monitor das Dimmen des Bildschirms. So ließe sich nämlich eine Menge Energie sparen. Ob es möglich ist oder nicht, erfahren Sie in den Energieoptionen unter *Bildschirm*. Finden Sie dort den Punkt *Bildschirm verdunkeln nach*, ist auch das Dimmen möglich – und sollte genutzt werden, bestimmt die Bildschirmhelligkeit doch maßgeblich den Stromverbrauch eines Monitors.

Das Verdunkeln-Feature von Windows 7 ist sehr nützlich, wird von Desktop-Monitoren aber leider noch viel zu selten unterstützt. In jedem Fall benötigen Sie dafür den passenden Monitortreiber vom Hersteller. Mit dem Windows-Standardbildschirmtreiber funktioniert das Dimmen nicht.

Wenn's einfach nur dunkler sein soll

Ohne Stromsparnutzen, aber mit positivem Effekt für die Augen kommt das kleine Tool Dimmer daher (*http://www.mylittlehost.com/dimmer.aspx*). Mit ihm legen Sie eine transparente Maske über den gesamten Bildschirm, deren Transparenz sich per Schieberegler stufenlos anpassen lässt. Das ist nachts ganz praktisch, wenn Sie im Dunkeln vor dem Rechner hocken und der Bildschirm viel zu hell leuchtet.

Ebenso können sich PC-Besitzer überlegen, ob der eigene PC wirklich immer mit voller Leistung rödeln muss. In der Prozessor-Energieverwaltung können Sie letztlich den maximalen Leistungsstand des Prozessors reduzieren und so ebenfalls einige Watt sparen. Läuft der Prozessor nur mehr mit 50 % maximaler Kraft, dauert das Öffnen eines kleinen Programms vielleicht nur ein wenig länger. Richtige Gamer mit leistungshungrigen Spielen sollten von dieser Einstellung natürlich die Finger lassen.

Energiesparpläne blitzschnell per Verknüpfung, Eingabeaufforderung oder Skript ändern

Einen Energiesparplan können Sie auch per Eingabeaufforderung wechseln, also auch über eine Verknüpfung oder ein Skript. Öffnen Sie dazu zunächst eine Eingabeaufforderung und geben Sie *powercfg -list* ein, um eine Auflistung über sämtliche Energiesparpläne und deren GUIDs zu erhalten. Mit *powercfg -setactive [GUID]* wählen Sie sodann einen Energiesparplan aus, wobei *[GUID]* entsprechend zu ersetzen ist. Beispielsweise aktiviert *powercfg -setactive 381b4222-f694-41f0-9685-ff5bb260df2e* den Energiesparplan *Ausbalanciert*. (Die GUIDs sind übrigens immer gleich.)

Aufgedeckt: Windows-Tool offenbart die Energieverschwender Ihres Systems

Auf der Suche nach der stromhungrigsten Komponente hilft eine in Windows 7 neue Funktion des *powercfg*-Systemtools, die über den Zusatzparameter *-energy* aktiviert wird. Geben Sie in eine mit Administratorrechten ausgestattete Eingabeaufforderung einfach *powercfg -energy* ein. Nach Drücken der [Enter]-Taste überwacht das Tool Ihr System für 60 Sekunden. Im Anschluss wird eine *energy-report.html* im *C:\Windows\System32*-Verzeichnis erstellt.

Probleme beim Öffnen?

Normalerweise können Sie den Energieeffizienzdiagnose-Bericht direkt öffnen, indem Sie schlicht *energy-report.html* in die Eingabeaufforderung eingeben. Unter Umständen macht dann jedoch der Internet Explorer, der vermutlich als Standardanwendung zum Öffnen von Webseiten konfiguriert ist, Schwierigkeiten. Ursache ist der Speicherort der *energy-report.html* – nämlich das *System32*-Verzeichnis, in dem Sie als Normalsterblicher eigentlich nichts zu suchen haben. Ginge es nach Microsoft. Streikt der Internet Explorer also und zeigt statt eines schönen Energieberichts nur eine Fehlermeldung, sollten Sie die *energy-report.html* zunächst aus dem Verzeichnis *%WINDIR%\System32* auf den Desktop oder ein anderes leicht zugängliches Verzeichnis kopieren. Dann klappt's normalerweise auch mit dem Öffnen.

Was diese so aufführt? Beispielsweise Fehlermeldungen, wenn ein USB-Gerät während des Tests nicht in den Stand-by-Modus wechselte. Weiterhin gibt es Warnmeldungen, wenn die Energierichtlinie der Funkverbindungen sich nicht in einem Energiesparmodus befindet oder ein Prozess wie die *Firefox.exe* eine hohe Prozessorauslastung aufweist. All das ist freilich im Netzbetrieb eines PCs bzw. Notebooks völlig normal. Sinnvoll ist der sogenannte Energieeffizienzdiagnose-Bericht deshalb vor allem dann, wenn ein Notebook im Akku-Modus läuft und dessen Stromverbrauch noch weiter verbessert, also reduziert werden soll.

Akku sparen – mit selbst gemachtem Skript!

Wer ein Notebook als mobile Schreibmaschine einsetzt und abgeschieden vom Internet einfach nur möglichst lange arbeiten will, ist freilich an der maximalen Akku-Laufzeit interessiert. Irgendwelche Netzwerkdienste oder Aero-Spielereien sind dabei eher unnötig. Windows Update brauchen Sie ebenso nicht, wenn keine Internetverbindung besteht.

Nun können Sie Windows-Dienste leicht deaktivieren (s. S. 197) und somit die Prozessorauslastung sowie den Energieverbrauch schnell senken. Gerade auf Note- und Netbooks macht sich das Ausschalten von Suchindizierung (Dienst *WSearch*) oder Aero (Dienst *UxSms*) im Hinblick auf die Akku-Laufzeit deutlich bemerkbar. Doch wenn das Gerät wieder am Stromnetz hängt, möchten Sie besagte Features vielleicht wieder nutzen. Denn immer ohne Aero – das wäre doch recht trist. Allein das manuelle De- und Reaktivieren der Features und Dienste ist zeitraubend und nervig. Gut, dass Sie die Windows PowerShell kennen!

Ein sehr einfaches Skript, das Stromfresser beim ersten Ausführen de-, beim zweiten Mal reaktiviert, sieht beispielsweise so aus (Sie finden das Skript online unter *http://7.inoxa.de/PS/AkkuSparen.ps1*):

$dienste = "WSearch,UxSms,wuauserv" -split ","
   # Tragen Sie zwischen den Anführungszeichen sämtliche Dienste ein, die von dem Skript abgeschaltet werden sollen. Trennen Sie die Einträge mit einem Komma und setzen Sie keine (!) Leerzeichen. Vorgegeben sind hier der Suchindizierungsdienst (*WSearch*), der für Aero Glass zuständige DWM-Sitzungs-Manager (*UxSms*) sowie *wuauserv* als Windows Update-Dienst.

$prozesse = "sidebar.exe,C:\Programme\Windows Sidebar\sidebar.exe" -split ","
   # Geben Sie die Prozesse in folgendem Muster an: zuerst der Prozessname, den Sie etwa über den Task-Manager herausfinden, danach ein Komma, gefolgt vom Pfad der ausführbaren Datei des Prozesses. Mehrere Angaben trennen Sie ebenfalls fortlaufend immer mit einem Komma. Im Beispiel hier werden nur die Gadgets (*sidebar.exe*) de- bzw. reaktiviert.

```
for ($i = 0; $i -le ($dienste.length - 1); $i += 1) {
    # Geht in einer Schleife sämtliche Dienste durch, die Sie in $dienste ange-
    geben haben. Bei jedem Durchlauf wird $i um 1 erhöht.
if ((get-service $dienste[$i]).Status -eq "Running")
    # Wenn der aktuelle, in der Schleife behandelte Dienst läuft (sein Status
    gleich/equal "Running" ist), dann ...
{ Stop-Service $dienste[$i] } # ... wird er gestoppt ...
else
{ Start-Service $dienste[$i] } # ... oder ansonsten gestartet.
}
for ($i = 0; $i -le ($prozesse.length - 1); $i += 2) {
    # Geht in einer Schleife sämtliche Anwendungen durch, die Sie unter
    $prozesse definiert haben.
if((get-process $prozesse[$i] -ea SilentlyContinue) -ne $Null)
    # Prüft, ob ein Prozess läuft. (ne heißt not equal, also „ungleich".)
{ stop-process -name $prozesse[$i] -force }
    # Falls er ausgeführt wird, wird er hiermit gestoppt.
else
{ start-process -filepath $prozesse[$i+1] }
    # Ansonsten wird der Prozess gestartet, wofür der Pfad zur ausführbaren
    Datei benötigt wird.
}
```

3.11 Die Windows 7 Starter-Edition und deren künstliche Beschränkungen

Haben Sie sich schon gewundert, warum die technischen Daten der unzähligen Netbooks immer nur leicht variieren? Schuld daran sind Intel und Microsoft, die den Netbook-Markt reglementieren. So gibt's von Microsoft nur eine verbilligte Windows-Netbook-Lizenz, wenn das Gerät bestimmte technische Daten nicht überschreitet. Windows 7 Starter darf beispielsweise nur auf Geräten mit (maximal) 10,2-Zoll-Bildschirm, einem Prozessor mit einem Kern sowie maximal 1 GByte Arbeitsspeicher vorinstalliert werden. Schließlich sollen die kleinen und zugleich sehr billigen Netbooks den großen Geräten nicht den Rang ablaufen. Wenn man sich die Verkaufszahlen anschaut, tun sie es aber auch so schon.

Mit diesen Einschränkungen müssen Windows 7 Starter-Benutzer rechnen

Windows 7 Starter ist die kleinste Windows 7-Version und speziell für Netbooks gedacht. Als stark abgespecktes Windows 7 hat Starter auch die wenigsten Features. Das ist vor allem dem niedrigen Preis geschuldet, den Microsoft von den Netbook-Herstellern für eine Windows 7 Starter-Lizenz verlangt. Die größten Einschränkungen sind:

- Eigentlich eine Kleinigkeit, aber ein gutes Beispiel für einen Rotstift von Sinnen: Sie können in der Windows 7 Starter-Edition das Desktophintergrundbild nicht verändern. Zumindest nicht offiziell. Witziger Fakt am Rande: Nicht einmal die Netbook-Hersteller können ein eigenes Hintergrundbild einsetzen. Aber das ist vielleicht gut so – wer würde ein riesiges Samsung-, Dell- oder Asus-Logo auch noch als Bildschirmhintergrund sehen wollen?

- Kein Aero: Sie mögen hübsche Grafikeffekte und transparente Fensterrahmen? Mit Windows 7 Starter müssen Sie leider darauf verzichten.

- Keine Themes: Ohne Aero und ohne Möglichkeit, das Hintergrundbild zu ändern – wer braucht dann noch Themes? Sie gibt es also auch nicht unter Windows 7 Starter.

- Das Windows Media Center fehlt ebenso, zugleich die Möglichkeit, DVDs abzuspielen. Nicht so schlimm, denn die Netbooks sind i. d. R. ohnehin nur ohne optisches Laufwerk und TV-Tuner erhältlich.

- Weniger gravierend ist womöglich die fehlende 64-Bit-Version von Windows 7 Starter, schließlich sind weder die kleinen Intel-Atom-Prozessoren 64-Bit-fähig, noch werden in naher Zukunft mehr als 4 GByte Arbeitsspeicher in den Netbooks verbaut.

Kniffe, Hacks, Alternativen – so widersetzen Sie sich den Starter-Repressalien

Die teils unsinnigen Beschränkungen der Windows 7 Starter-Edition müssen Sie sich nicht gefallen lassen. Wenn es keinen Hack gibt, der die Beschränkungen umgeht, so doch zumindest kostenfreie Alternativen. Ein paar Ideen:

Selbstbau-Aero

Aero können Sie nicht so einfach freischalten, aber natürlich ebenso die Tools verwenden, die Ihnen auf S. 29 vorgestellt wurden. Damit lassen sich immerhin einige Transparenzeffekte aktivieren.

Die verborgenen Personalisierungseinstellungen von Windows 7 Starter

Klicken Sie auf einem Windows 7 Starter-System mit der rechten Maustaste auf den Desktop, werden Sie im aufklappenden Kontextmenü den Eintrag *Anpassen* nicht finden! Schade, denn über den *Anpassen*-Dialog können Sie Sounds, Bildschirmschoner, Desktopsymbole, Mauszeiger und anderes editieren. Kann man diese Dinge in Windows 7 Starter deshalb gar nicht anpassen? Von wegen! Vom Ändern des Bildschirmhintergrunds und Designs einmal abgesehen, können Sie über Umwege all die Dinge anpassen, die Sie sonst im *Anpassen*-Dialog finden würden. Rufen Sie dazu einfach die Einstellungen direkt auf. Die folgende Tabelle listet die Bezeichnungen der Einstellungen auf. Geben Sie diese einfach in die Suchleiste des Startmenüs ein, um sie aufzurufen.

Funktion	Aufruf über ...
Bildschirmschoner	*Bildschirmschoner ändern*
Basisdesigns	*Farbschema ändern*
Desktopsymbole ändern	*Gemeinsame Symbole auf dem Desktop ein- oder ausblenden*
Mauszeiger ändern	*Darstellung des Mauszeigers ändern*
Sounds	*Systemsounds ändern*

Andere Themes verwenden

Offiziell ist der Themes-Tausch in Windows 7 Starter nicht erlaubt. Inoffiziell können Sie die Optik aber dennoch austauschen. Etwa mit Stardock MyColors (*http://www.stardock.com/products/mycolors/*), das in einer Grundfassung völlig kostenlos ist. Nur für zusätzliche und etwas ausgefallenere Designs müss(t)en Sie zusätzlich zahlen. Probieren Sie es einmal aus!

Windows Media Center-Alternative

Die Displays der üblichen Netbooks mögen nicht besonders groß sein, ergo nicht wirklich zum Filmeschauen einladen. Doch praktisch jedes Netbook kann auch über einen VGA- oder DVI/HDMI-Anschluss an einen LCD-TV angeschlossen werden. Ein vernünftiges Medien-Center wäre also wünschenswert. Versuchen Sie es doch mal mit dem Media Portal (*http://www.team-mediaportal.de*), das sich in den vergangenen Jahren als leistungsfähige, zugleich kostenlose Media Center-Alternative etablierte und dem in nichts nachsteht. Sogar mit einer Media Center-Fernbedienung können Sie das Media Portal bedienen – wenn Sie die Sache mit den Treibern hinkriegen ...

Starter-Nonsens: Ändern Sie das Hintergrundbild (auf Umwegen)

So ein Unsinn: Nicht einmal das Hintergrundbild können Sie in Windows 7 Starter ändern. Na ja, es geht trotzdem. Das Standardhintergrundbild liegt nämlich als *img0.jpg* in *%WINDIR%\web\wallpaper\windows*. Selbst wenn Sie sich die Besitz- und Bearbeitungsrechte der Datei holen und sie einfach austauschen, wird sich das Hintergrundbild aber nicht ändern, denn dessen Hash ist noch in einer Systemdatei gespeichert und wird regelmäßig verglichen.

Doch nicht verzagen – ein Gratistool macht unter Windows 7 Starter auch den Hintergrundbildwechsel möglich, d. h. editiert ebenfalls den gespeicherten Hash. Den sogenannten Oceanis Background Changer finden Sie beispielsweise unter *http://www.sevenforums.com/tutorials/47294-desktop-background-change-windows-7-starter.html*, per Google-Suche aber auch an anderen Stellen des Webs. Die Software ist zwar nur in englischer Sprache erhältlich, aber trotzdem einfach zu bedienen. Als zusätzliches Bonbon bietet das Tool eine Desktop-Slideshow, kann also automatisch zwischen mehreren Hintergrundbildern wechseln. Ganz so wie die „großen Windows 7-Versionen".

Netzwerk auf der grünen Wiese: ein Windows 7-Notebook in einen WLAN-Hotspot verwandeln

Mit UMTS kommt man inzwischen relativ günstig und vielerorts ziemlich schnell ins Internet. Aber nicht jeder hat UMTS oder einen passenden (günstigen) Datentarif. Vielleicht möchten Sie die UMTS-Verbindung Ihres Notebooks einmal auf einer grünen Wiese teilen. Sodass jeder beim Grillen in Park mit Handy, Notebook & Co. über eine UMTS-Verbindung ins Netz kommt und das gemeinsame Beisammensein per Twitter oder ähnlichen Schnickschnack kommentieren kann.

Denkbar wäre ebenfalls ein anderes Szenario: Gehen Sie über einen kostenpflichtigen WLAN-Hotspot ins Netz – etwa in einem Hotel –, wäre es doch gut, wenn andere die Verbindung mitbenutzen könnten.

Für diese und andere Szenarien enthält Windows 7 die sogenannte Virtual-Wi-Fi-Funktion, die Notebooks oder PCs in einen WLAN-Hotspot bzw. -Router verwandelt. Leider ist die Funktionalität nur grundsätzlich in Windows 7 enthalten, kann aber offiziell nicht über Systemfunktionen genutzt werden. Manche sprechen daher von einem „unfertigen Feature". Eine Möglichkeit, Virtual Wi-Fi einzusetzen, ist aber das kostenlose Programm Connectify (*http://www.connectify.me*).

Natürlich unterstützt Windows 7 bereits sogenannte Ad-hoc-Netzwerke, mit denen eine WLAN-Direktverbindung zwischen PCs aufgebaut werden kann. Im Unterschied dazu macht Connectify bzw. Virtual Wi-Fi Ihren PC aber zu einem richtigen WLAN Access Point und nutzt sogar die derzeit sicherste WLAN-Verschlüsselungstechnologie WPA2.

Eine Einschränkung gibt es aber: Connectify unterscheidet zwischen zwei Modi, dem Ad-hoc-Modus und dem Access Point Mode. Den Ad-hoc-Modus unterstützt laut Connectify-Programmierer-Team wohl nahezu jede WLAN-Karte, den Acces Point Mode aber nur einige wenige. Der Unterschied besteht darin, dass Sie eine WLAN-Karte nur im Access Point Mode sowohl für den Internetzugang als auch für den virtuellen WLAN-Router-Modus nutzen können, über den sich die anderen mit Ihnen verbinden. Beherrscht Ihre Karte nur den Ad-hoc-Modus, muss Ihr Notebook über ein zweites WLAN-Modul oder eben UMTS, Ethernet etc. mit dem Internet verbunden sein.

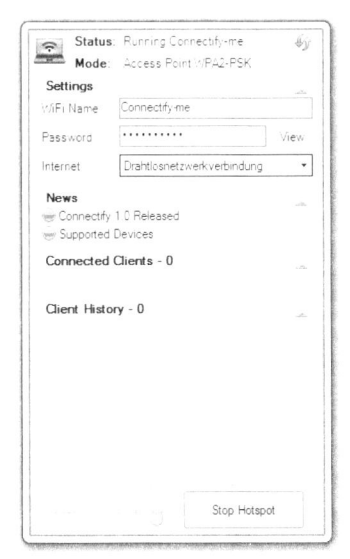

Hier hat's geklappt: Da der Intel-WLAN-Chipsatz des Netbooks, auf dem Connectify für diese Abbildung installiert wurde, den Access Point Mode unterstützt, genügt eine WLAN-Karte sowohl für den Internetzugang wie auch als Zugangspunkt für Dritte.

3.12 Multitouch mit Windows 7 – keine Selbstverständlichkeit

All-in-One-PCs oder Monitore mit Touchscreens sind nichts Neues. Das Bedürfnis, auf einem Bildschirm herumzutatschen, schuf in der breiten Masse aber wohl erst Apples iPad. Vom neuen Tablet- und Touchtrend versucht auch Microsoft zu profitieren und beschwört immer wieder die Tablet- und Touchfähigkeit von Windows 7. Kiar, Tablets sind keine Erfindung von Apple – sondern wohl eher von Microsoft. Microsofts Tablet-PC-Konzept trat jedoch nie aus seiner Nische hervor. Entsprechend fehlte wohl bei Microsoft die Motivation, eine wirklich fingerfreundliche Bedienoberfläche zu gestalten. Stattdessen ist Windows 7 zwar multitouchfähig, doch nur wenig multitouchtauglich.

Schrift und Buttons vergrößern – damit's der Sehschwache sieht oder der Finger trifft

Wer über entsprechende Hardware verfügt und Windows 7 per Finger bedienen will, kommt eigentlich nicht um eine Vergrößerung der Bedienelemente – sprich: Buttons – herum. Die entsprechende Einstellung finden Sie in der Systemsteuerung unter *Darstellung und Anpassung/Text und weitere Elemente vergrößern oder verkleinern*. Besonders schön sehen die Desktop- und Menüelemente allerdings in der größten Zoomstufe (150 %) nicht mehr aus. Dafür sollten sie einfacher mit dem Finger zu treffen sein.

In der Regel arbeiten Sie in Windows 7 viel mit Rechtsklicks. Mit dem Finger können Sie einen solchen unter Windows 7 simulieren, indem Sie den Finger einen Moment auf den Bildschirm gedrückt halten. Dadurch wird das Arbeiten natürlich insgesamt leicht ausgebremst. Ein ideales Touch- bzw. Multitouch-Betriebssystem verzichtet daher auf Kontextmenüs, die sich per „rechter Maustaste" einblenden lassen. Windows 7 ist ein solches System nicht.

Kaum Fingereinsatz möglich

Geht's um Windows 7 und dessen Touch-Fähigkeit, bringt Microsoft immer wieder die gleichen Beispiele: So blenden Sie die Taskleisten-Sprungleiste einer Anwendung ein, indem Sie mit dem Finger vom Taskleistensymbol der entsprechenden Anwendung „nach oben wischen". Das war es dann auch schon. „Wischfähig" ist das Startmenü beispielsweise nicht. Wer dort etwas aus *Zubehör/Systemprogramme* auswählen möchte, benötigt im wahrsten Sinne des Wortes allerlei Fingerspitzengefühl – oder hat Text und weitere Elemente eben vergrößert (s. o.).

Ähnlich traurig sieht es bei den Multitouch-Gesten aus. Eingaben bzw. Berührungen mehrerer Finger verstehen nur wenige Microsoft-Anwendungen. So können Sie im neuen Paint und WordPad, das zum Auslieferungsumfang von Windows 7 gehört, mit mehreren Fingern gleichzeitig malen. Die Windows-Fotoanzeige unterstützt zudem das Zoomen per Fingerspreizen. Und das war eigentlich schon alles Nennenswerte. Leider.

Browsen mit mehreren Fingern

Immerhin: Der Internet Explorer ist natürlich noch multitouchfähig und unterstützt die Standardgesten, die Sie zumindest aus Apples iPad-Werbung kennen. Aber warum sollten Firefox- oder Opera-Fans nun den Internet Explorer nutzen? Weil er Multitouch-Gesten unterstützt? Ob's das wirklich wert ist? Denn beispielsweise Firefox unterstützt in Version 4 zwar nun offiziell Multitouch, doch bezieht sich das auf die Unterstützung von multitouchfähigen Web-Applets, nicht auf die Browserbedienung als solche. Zoomen per Fingerspreizen funktioniert hier nicht ohne Weiteres.

Damit Microsoft überhaupt etwas einigermaßen Spektakuläres vorzeigen kann, gibt's im Netz das kostenlose Microsoft Touch Pack (*http://www.microsoft.com/downloads/de-de/details.aspx?FamilyID=b152fadd-82e4-4ddb-a46a-ae be49944428*). Es kann nur auf Geräten mit Multitouch-Display installiert werden. Geräten also, die mindestens zwei Finger gleichzeitig unterstützen. Neben ein paar multitouchfähigen Spielen enthält es eine Art Google-Earth-Globus, der gezoomt und gedreht werden kann und auf den Bing-Maps-Kartendaten basiert. Er bietet jedoch nicht die hohe Detailauflösung, die Sie für Großstädte direkt über den Browser unter *http://www.bing.com/maps* aufrufen können. Außerdem dabei ist Microsoft Surface Collage, mit dem Sie eigene Bilder drehen, vergrößern, verkleinern und zu Collagen zusammenfassen können, die wiederum als Desktophintergrundbild verwendet werden dürfen. Ein netter Spaß – für drei Minuten.

Flickr-Anwendung für Multitouch-Windows-PCs

Eine der wenigen multitouchfähigen Anwendungen eines Drittherstellers ist wohl die sogenannte Flickr-App für Windows 7. Sie erlaubt das Browsen in den Fotos des Onlinebilderdienstes per Fingerzeig. Den kostenlosen Download finden Sie unter *http://www.flickr.com/windows7/*.

Finger weg von Windows 7

Soll es ein Tablet à la Apples iPad sein – kaufen Sie keines mit Windows 7! Zwar könnten Sie damit theoretisch viel mehr machen als mit einem Android-Tablet und erst recht mit Apples iPad – ob Sie das aufgrund der mühseligen Fingersteuerung aber wirklich machen wollen, ist eine ganz andere Frage. Windows 7 sowie die Windows-Anwendungsentwickler sind schlicht nicht auf Multitouch eingestellt. Mit Android-Geräten oder dem iPad fahren Sie deutlich besser. Und so was steht in einem Windows 7 Buch.

Für Windows 8 wird Microsoft wahrscheinlich noch einmal ordentlich an der Touch-Fähigkeit arbeiten. Von einer separaten Benutzeroberfläche oder gar zusätzlichen Windows-Version nur für Tablets ist die Rede. Dann sind sicher auch Softwaredritthersteller bereit für den großen Fingerzeig. Die eigenentwickelten Bedienoberflächen, die etwa Fujitsu oder Acer im Augenblick noch ihren Windows 7-Tablets überstülpen, sind letztlich auch nichts anderes als proprietäre Bastellösungen, die auf Dauer wenig befriedigen.

4. So geht's doch – individueller Windows-Look statt Einheitsbrei

4.1	Individuelle Noten an den unterschiedlichsten Orten hinterlassen	235
4.2	Icons finden, selbst erstellen und ändern	248
4.3	Offizielle Themepacks von Microsoft herunterladen und selbst erstellen	252
4.4	Verifizierung geknackt: beliebige Themes verwenden	256
4.5	Der perfekte Desktop	259
4.6	Wunderbare Superbar – die neue Taskleiste optimal nutzen	270
4.7	Personalisierter Windows-Start	277
4.8	Aus, an, unterbrochen? De- und Reaktivieren der Aero-Oberfläche	283
4.9	Das Media Center im komplett individuellen Look	284

An der Windows-Oberfläche schrauben professionelle Designer. Entsprechend toll sieht sie aus. Doch vielleicht möchten Sie Ihrem Windows noch eine individuelle Note verpassen. Die folgenden Seiten helfen dabei.

4.1 Individuelle Noten an den unterschiedlichsten Orten hinterlassen

Bevor Sie erfahren, wie man beliebige Themes aus dem Internet installiert oder das Design des Windows Media Center komplett austauscht, finden Sie in diesem Abschnitt ein paar Kniffe, die sich nicht so recht in die anderen Themenbereiche dieses Kapitels einordnen lassen. Das macht sie aber nicht minder interessant!

Die versteckten Einstellungen der Windows-Bildschirmschoner

Einen Bildschirmschoner verwende ich schon lange nicht mehr. Aber Sie vielleicht. Und vielleicht nutzen Sie sogar einen der in Windows 7 mitgelieferten, etwa Seifenblasen, Mystify oder Schleifen. Offiziell gibt es für diese Bildschirmschoner keine Konfigurationsmöglichkeit, etwa um die Zahl der Seifenblasen zu ändern und so einmal für etwas Abwechslung zu sorgen. Inoffiziell gibt es die Einstellungen aber schon, nämlich in der Registry: Öffnen Sie dazu mit dem Registrierungs-Editor einfach *HKEY_CURRENT_USER\Software\Microsoft\Windows\CurrentVersion\Screensavers*. Sie finden darin Unterschlüssel für die drei Bildschirmschoner Seifenblasen (*Bubbles*), Mystify und Schleifen (*Ribbons*). Die für die Bildschirmschoner möglichen Einstellungen entnehmen Sie dabei der unten stehenden Tabelle, wobei hier jeweils der entsprechende DWORD-Wert immer erst erstellt werden muss.

Einstellungen für Seifenblasen (Bubbles)

DWORD-Wert	Wirkung	Mögliche Werte
MaterialGlass	Legt fest, ob die Blasen transparent oder deckend dargestellt werden.	1 zeigt transparente Blasen, 0 blickdichte.
Radius	Definiert den Radius der Blasen.	1130000000 (kleinster Radius) bis 1090000000 (größter Radius)
ShowBubbles	Legt fest, ob die Blasen auf dem Desktop oder einem schwarzen Bildschirm eingeblendet werden.	0 zeigt die Blasen auf dem Desktop, 1 zeigt sie auf einem schwarzen Bildschirm.
ShowShadow	Schaltet den Schatten der Blasen ein oder aus.	1 schaltet die Schatten ein, 0 zeigt keine Schatten.
SpanMultiMon	Definiert, ob der Bildschirmschoner auf mehreren Monitoren dargestellt werden soll (falls vorhanden).	1 für die Darstellung auf mehreren Monitoren gleichzeitig, 0 für die Darstellung nur auf dem Hauptmonitor
SphereDensity	Definiert die Anzahl der dargestellten Blasen.	1000000000 (niedrigste Zahl) bis 2100000000 (höchste Zahl)
Turbulence NumOctaves	Setzt die Geschwindigkeit, mit der die Blasen ihre Farbe ändern	0 (langsamst) bis 255 (schnellst)

Einstellungen für Mystify

DWORD-Wert	Wirkung	Mögliche Werte
CameraFOV	Definiert das Sichtfeld.	Je höher der Wert, desto kleiner ist das Sichtfeld.
LineWidth	Definiert die Dicke der Linien.	1000000000 (sehr dünn) bis 1080000000 (sehr dick)
NumLines	Definiert die Anzahl dargestellter Linien.	1 bis 100
SpanMultiMon	Definiert, ob der Bildschirmschoner auf mehreren Monitoren dargestellt werden soll (falls vorhanden).	1 für die Darstellung auf mehreren Monitoren gleichzeitig, 0 für die Darstellung nur auf dem Hauptmonitor

Einstellungen für Schleifen (Ribbons)

DWORD-Wert	Wirkung	Mögliche Werte
CameraFOV	Definiert das Sichtfeld.	Je höher der Wert, desto kleiner ist das Sichtfeld.
NumRibbons	Legt die Anzahl der dargestellten Schleifen fest.	1 bis 100
RibbonWidth	Definiert die Dicke der Schleifen.	1000000000 (sehr dünn) bis 1080000000 (sehr dick)
SpanMultiMon	Definiert, ob der Bildschirmschoner auf mehreren Monitoren dargestellt werden soll (falls vorhanden).	1 für die Darstellung auf mehreren Monitoren gleichzeitig, 0 für die Darstellung nur auf dem Hauptmonitor

Wie tauscht man den Start-Button gegen einen eigenen aus? Na so!

Keine Lust auf optischen Klimbim? Aber eine kleine kosmetische Änderung Ihres Windows 7 können Sie sich leisten. Wie wäre es mit einem angepassten Start-Button? Sie müssen die Grafik ja nicht unbedingt selbst erstellen, denn im Netz gibt's genug Start-Buttons für Windows 7.

Aber die entsprechenden Grafiken austauschen – das können Sie mit dieser Schrittanleitung selbst.

Die Grafik des Start-Buttons finden Sie natürlich in einer Ressource, genauer: in der *explorer.exe* in *%WINDIR%*. Öffnen Sie darin zunächst *Bitmap\6801\ 1033*. Diese Grafik könnte Ihren Ausgangspunkt darstellen, d. h., entsprechend exportiert und dann bearbeitet werden. Beachten Sie, die neue Start-Button-Grafik genau so aufzubauen: der Normalzustand oben, der Zustand beim drüberfahren mit der Maus in der Mitte und unten die Button-Grafik, die im angeklickten Zustand dargestellt wird. Wie immer wird Schwarz dann transparent. In diesem Beispiel soll die Grafik einmal gegen ein hübsches Button-Set aus dem Internet ausgetauscht werden, das Sie unter *http:// www.sevenforums.com/250066-post8.html* finden. Speichern Sie die Bilddatei unbedingt als BMP-Datei. Zum Ressourcentausch nutzen Sie im Resource Hacker die Funktion *Replace bitmap*.

Haben Sie *Bitmap\6801\1033* ausgetauscht, tauschen Sie auch *Bitmap\ 6805\1033* und *Bitmap\6809\1033* in der gleichen Datei. Diese Ressourcen sind jene für den normalen dpi-Wert. Wer einen höheren einsetzt, muss entsprechend andere Ressourcen austauschen. Für einen dpi-Wert von 125 % ersetzen Sie die Ressourcen *Bitmap\6802\1033*, *Bitmap\6806\1033*, *Bitmap\6810\1033*. Für einen Wert von 150 % tauschen Sie hingegen *Bitmap\ 6803\1033*, *Bitmap\6807\1033* und *Bitmap\6811\1033*.

Und so sieht der neue Start-Button dann im Normal- (links), Hover- (Mitte) und aktivierten (rechts) Zustand aus. Eigentlich ganz nett, oder?

Eine Sammlung weiterer, teils recht hübscher Start-Buttons finden Sie übrigens unter *http://tutoriales13.deviantart.com/art/Orbs-153450418*.

Start Orb Changer

Mögen Sie nicht selbst in der *explorer.exe* herumfummeln, gibt's für den Tausch des Start-Buttons natürlich auch ein Tool: Windows 7 Start Orb Changer heißt es und kann unter *http://kishan-bagaria.deviantart.com/art/ Windows-7-Start-Orb-Changer-v3-153001999* heruntergeladen werden.

Mit Windows Experience auf Abenteuerurlaub

Haben Sie Lust auf einen albernen Desktophintergrund oder Bildschirmschoner mit individueller Note? Dann schauen Sie mal bei *http://experience.windows.com/Landing.aspx?culture=de-DE* vorbei. Wählen Sie dort zunächst ein Thema aus, können Sie anschließend ein Passfoto herunterladen und Ihr Gesicht auf einen Avatar „kleben", der etwa im Dschungel-Outfit vor ein paar Zebras steht.

Leider wird der Desktophintergrund nicht als reine Bilddatei angeboten, sondern kommt zusammen mit einem Bildschirmschoner im EXE-Paket, das Sie erst installieren müssen. Achten Sie dabei auf die tückischen kleinen Häkchen, die Bing als Standardsuchmaschine und MSN als Startseite festlegen.

Nette Idee, aber eigentlich auch ganz schöner Quatsch: Mit Windows Experience reisen Sie in die Wildnis – zumindest virtuell.

Coole Animationen fürs Startmenü

Klicken Sie auf den Start-Button der Taskleiste oder drücken die [Win]-Taste, ploppt das Startmenü sofort auf. Wie wäre es einmal mit einer netten Animation? Zum Beispiel mit der Startmenu Animation 2. Die dafür nötige ausführbare Datei finden Sie unter *http://oo-mrhigh-oo.deviantart.com/art/Startmenu-Animation-2-149024877*.

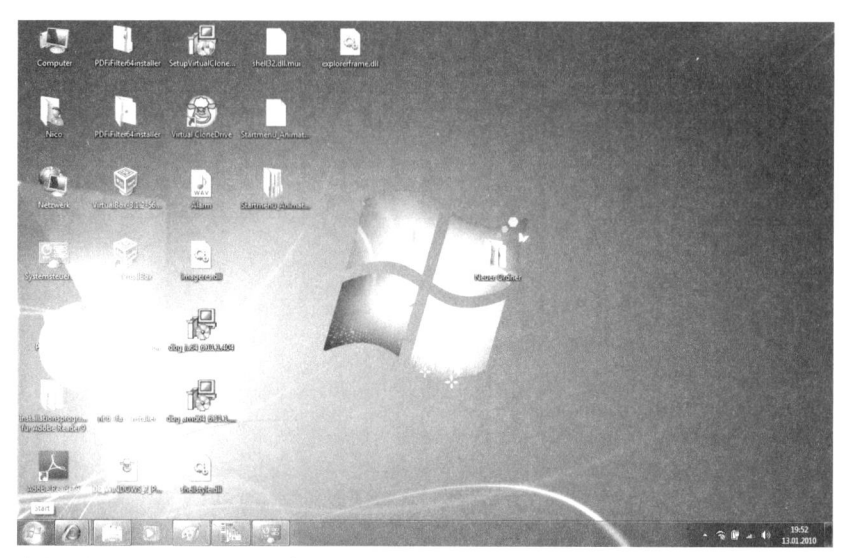

Animationen sind an dieser Stelle freilich nur schwer darzustellen. Vielleicht können Sie sich anhand dieses Screenshots dennoch schon ein Bild davon machen, wie das Startmenü bei ausgeführtem Tool Startmenu Animation 2 aufploppt.

Der blaue Rahmen um das Benutzerbildchen nervt? Weg damit!

Sie mögen den Rahmen nicht, der Ihr Benutzerbildchen im Startmenü und Login-Bildschirm umzäunt? Kein Problem, schnell haben Sie ihn ausgetauscht:

1 Besorgen Sie sich die Besitz- und Bearbeitungsrechte an der *explorer.exe* in *%WINDIR%*. Erstellen Sie zugleich noch eine Sicherheitskopie.

2 Öffnen Sie die *explorer.exe* nun mit dem Resource Hacker, finden Sie den Benutzerbildchenrahmen des Startmenüs unter *Bitmap\7013\1033* bis *Bitmap\7016\1033*. Bei Standard-dpi-Einstellung müssen Sie hierbei nur *Bitmap\7013\1033* bearbeiten bzw. austauschen.

3 Haben Sie die Bitmap ersetzt, ersetzen Sie die *explorer.exe* durch die veränderte. Ein Neustart des Rechners ist sodann nicht notwendig, sehr wohl aber einer des Explorers (s. S. 419).

Den Benutzerbildrahmen des Login-Bildschirms finden Sie hingegen in einer anderen Datei, der *authui.dll (%WINDIR%\System32\)*. Es ist dort unter *Image\ 14002\1033*, *Image\14003\1033* sowie *Bitmap\12223\1033* und *Bitmap*

12238\1033 zu finden. Sie können diese Ressourcen ebenso leicht austauschen wie jene des Explorers.

Ausführen & Co. – auch Dialoge können Sie verändern!

Mit dem Resource Hacker können Sie ebenfalls Dialoge ändern. Viele Systemdialoge finden Sie dabei in der *shell32.dll.mui*, bei deutschen Windows 7-Versionen in *%WINDIR%\System32\de-DE*.

Beispiel: den Ausführen-Dialog verkleinern

Öffnen Sie mit dem Resource Hacker doch einmal die *shell32.dll.mui* und darin *Dialog\1003\1031*. Klicken Sie nun auf den Button *Show Dialog*, blendet der Resource Hacker den *Ausführen*-Dialog ein. Per Drag & Drop können Sie dessen Aussehen leicht verändern, auch Bestandteile mit [Entf] herauslöschen oder per Rechtsklick auf den Dialog und *Insert Control* neue hinzufügen. So könnte ein überarbeiteter bzw. verkleinerter *Ausführen*-Dialog aussehen:

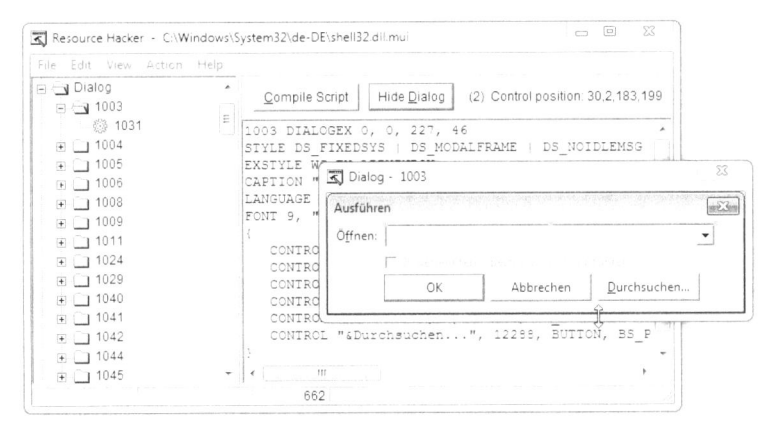

Klicken Sie sich mal durch: In der shell32.dll.mui befinden sich im Pfad Dialog allerlei Dialoge, die Sie mit dem Resource Hacker editieren können.

Weitere interessante Dialoge finden Sie unter *Dialog\1040\1033* bis *Dialog\1044\1033*, die das Aussehen einiger Eigenschaften-Dialoge definieren. Den Dialog *Öffnen mit* finden Sie hingegen unter *Dialog\1063\1033*. Jener Dialog, der angezeigt wird, sobald eine Datei aufgrund eines unbekannten Dateityps nicht geöffnet werden kann, ist indes unter *Dialog\1091\1031* zu finden. Die *shell32.mui.dll* ist voller solcher Dialoge. Schauen Sie sich einfach einmal darin um.

Einträge aus der Historie des Ausführen-Dialogs entfernen

Wenn Sie die Funktion *Ausführen* regelmäßig nutzen, möchten Sie vielleicht auch den einen oder anderen Eintrag aus der Befehlshistorie wieder löschen. Gespeichert werden die Einträge in der Registry, und zwar im Pfad *HKEY_CURRENT_USER\ Software\ Microsoft\ Windows\ CurrentVersion\ Explorer\ RunMRU*. Öffnen Sie diesen Pfad einfach mit dem Registrierungs-Editor und schmeißen Sie unliebsame Einträge hinaus.

Aero komplett: voll transparente Systemanwendungen

Leider ist es nicht so einfach, einer Anwendung einen vernünftigen Aero-Look zu verpassen, sie also so transparent zu machen, dass es auch professionell aussieht. Einige Windows-Fans haben sich dennoch die Mühe gemacht und Windows-Komponenten so verändert, dass sie mit aufwendigen Aero-Glass-Transparenzeffekten aufwarten. Einige Downloads im Kurzüberblick:

- Einen transparenten Windows-Editor (NotePad) finden Sie hier: *http:// www.deviantart.com/download/125901790/Glass_Notepad_by_theking 9794.zip*.

- Transparente Kalkulationen führen Sie mit dem Aero Calculator durch (*http://www.deviantart.com/download/149740088/AeroCalculator_by_ Solo_Dev.zip*).

- Die Eingabeaufforderung im Aero-Look gibt's hingegen unter *http:// www.deviantart.com/download/121457868/Glass_CMD_for_Vista_by_ komalo.rar*. Vielmehr handelt es sich dabei aber um ein Tool, das der normalen Eingabeaufforderung einen Transparenz-Look verleiht.

- Ein durchsichtiges PowerShell-Konsolen-Pendant heißt PSGlass und ist unter *http://www.compugeeksoftware.com/software/PSGlass.aspx/* erhältlich.

- Den Windows Media Player machen Sie durchsichtig, indem Sie das WMP full glass tool herunterladen (*http://phantommenace2020.deviantart.com/ art/wmp-full-glass-151123277*). Führen Sie das Tool aus und starten Sie Ihren Rechner neu.

- Und allerlei transparente Gadgets finden Sie unter *http://gersma.deviant art.com/art/Chameleon-Glass-EN-149960723*. Das dort kostenfrei angebotene Gadget-Paket enthält u. a. Pendants für die Windows 7-Standardminianwendungen, die allerdings allesamt nur in englischer Sprache gehalten sind. Irgendetwas ist ja immer.

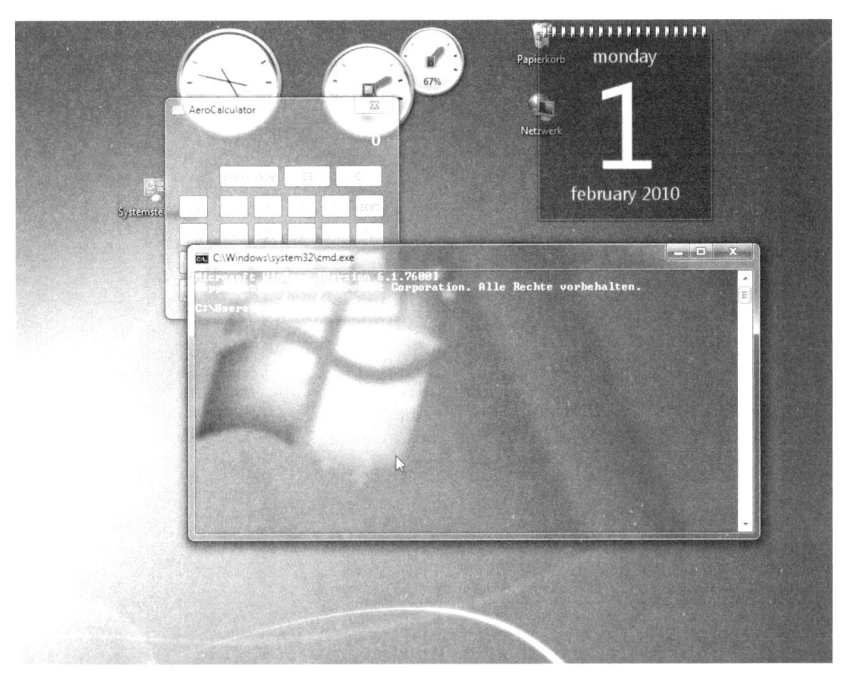

Transparenz ist schick, hat aber auch ihre Schattenseiten: Je nach Farbe des Hintergrundbildes ist der Text einer Anwendung dann nämlich nur noch schwer lesbar.

Und noch eine Theme-Empfehlung für alle, die's komplett transparent mögen: Das Theme Longhorn Full Glass for W7 treibt's mit der Transparenz von Startmenü, Taskleiste und Explorer-Fenstern auf die Spitze. Den kostenlosen Download finden Sie hier: *http://hotfile.com/dl/27408486/eaf91c7/Longhorn_Full_Glass_for_W7_by_Buster67.rar.html*. Damit Sie das Theme verwenden können, müssen Sie jedoch die Theme-Verifizierung aufbrechen, am besten mit UxStyle Core (s. S. 257).

OEM-Informationen des Rechners anpassen

PC-Hersteller wie HP oder Dell setzen in der *Systemsteuerung* unter *System und Sicherheit\System* häufig sogenannte OEM-Informationen. Neben einem Herstellerlogo sind dort oft noch Herstellername, Modellbezeichnung des PCs und Supportinformationen hinterlegt.

Wenn Sie diese Informationen löschen oder durch eigene Informationen und ein eigenes Logo austauschen wollen, öffnen Sie den Registrierungs-Editor und navigieren damit zum Pfad *HKEY_LOCAL_MACHINE\SOFTWARE\Microsoft*

Windows\CurrentVersion\OEMInformation. Hat der Hersteller Ihres PCs keine „Spuren" hinterlassen, wird es die in der Tabelle aufgeführten Zeichenfolgen (*REG_SZ*) vermutlich nicht geben, sodass sie zunächst erzeugt werden müssen. Sind sie vorhanden, können Sie sie einfach ändern. Ein Neustart ist daraufhin nicht nötig. Rufen Sie die *System*-Anzeige einfach noch einmal auf.

Name der Zeichenfolge	Bedeutung
Logo	Gleich das Wichtigste zu Beginn: ein Logo, das nur 120 x 120 Pixel groß sein darf und irgendwo auf Ihrer Festplatte im BMP-Format hinterlegt sein muss. Nicht jedes Bild wird korrekt angezeigt, bei einigen kommt es abhängig von der Farbtiefe zu Darstellungsproblemen.
Manufacturer	Name des Herstellers, z. B. *DELL*
Model	Die gewünschte Modellbezeichnung, z. B. *Super-Duper-PC*
SupportHours	Mit dieser Zeichenfolge geben Sie die Supportzeiten an. Statt Uhrzeitangaben funktioniert auch beliebiger Text, beispielsweise *Nie!!11elf*.
SupportPhone	Die Telefonnummer oder der Text, der neben *Rufnummer:* erscheinen soll.
SupportURL	Die URL einer beliebigen Webseite. Deren Beschriftung können Sie allerdings nicht ändern: Sie heißt in jedem Fall Onlinesupport, ganz gleich, ob sie *http://www.google.de* oder *http://www.databecker.de* eingeben.

Geht auch per Tool

Die OEM-Informationen können Sie auch mit einem Tool ändern. Etwa mit dem OEM Info Tool, das sie unter folgender URL zum kostenlosen Download finden: *http://www.trishtech.com/downloads/oem_info_tool/index.php*.

Statt Windows-Versionsnummer einen eigenen Text anzeigen

Damit die Windows-Versionsnummer überhaupt auf dem Desktop angezeigt wird, müssen Sie per Registrierungs-Editor zunächst *HKEY_CURRENT_USER\ Control Panel\Desktop* aufrufen. Darin finden Sie einen DWORD-Wert namens *PaintDesktopVersion*. Ändern Sie dessen Wert auf *1*. Nach Ab- und erneutem Anmelden finden Sie die Versionsnummer in der rechten unteren Ecke Ihres Desktops.

Allzu spannend ist das freilich noch nicht. Aber es gibt ja eine Möglichkeit, den Text anzupassen: Erlangen Sie zunächst die Besitz- und Bearbeitungsrechte der *user32.dll.mui* in *%windir%\System32\de-DE*. Öffnen Sie die Datei anschließend mit dem Resource Hacker. Unter *String Table\45\1033* finden Sie die Einträge *715* und *716*, die Sie nach Belieben verändern können. Speichern Sie die Änderungen anschließend per *Compile Script*. Nach einem Neustart sind sie wirksam.

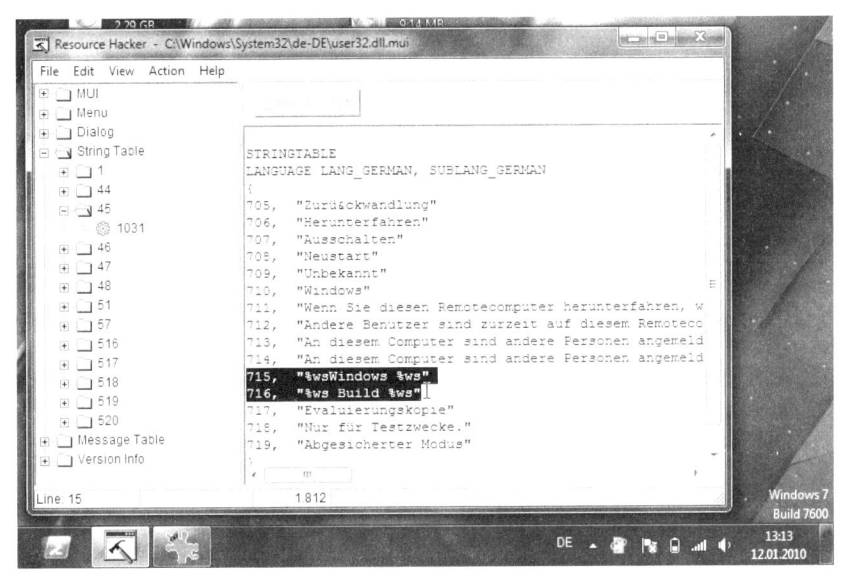

Mithilfe der Registry-Änderung im ersten Teil dieses Tricks wird die Versionsnummer in der rechten unteren Ecke des Desktops eingeblendet. Besonders spannend finden Sie das vielleicht nicht. Aber wofür gibt es schließlich den Resource Hacker?

So schummeln Sie beim Windows-Leistungsindex

An sich ist die Systembewertung eine gute Idee: Anhand einer nüchternen Dezimalzahl stellen Sie so fest, ob Ihr Rechner für das neuste Spiel gerüstet ist oder nicht.

Power-Tipp: Leistungsbewertung per PowerShell auslesen

Um die Ergebnisse der letzten Leistungsbewertung in PowerShell auszulesen, geben Sie in der PowerShell-Konsole schlicht *get-wmiobject win32_winsat* ein.

Manchmal kann das aber frustrieren. Wenn beispielsweise das neue Spiel höherwertigere Hardware fordert, als Sie ihm bieten können – und dann gar nicht erst starten will. Das passiert schneller, als Sie denken, und kann zugleich ebenfalls Besitzer recht moderner Hardware treffen. Schuld daran ist nicht unbedingt nur die Hardware, sondern auch die Art und Weise, wie der Computer bewertet wird. So entspricht die Gesamtbewertung keinem Durchschnittswert, sondern stets der Bewertung des schwächsten Bauteils. Eine alte und langsame Festplatte kann die Bewertung so ganz schön nach unten ziehen – trotz brandneuer CPU etc. So manch stures Spiel könnte daher den Start oder sogar schon die Installation verweigern – obwohl es, trotz langsamer Festplatte, eigentlich laufen müsste. Glücklicherweise lässt sich die Systembewertung aber per Windows-Leistungsindex leicht austricksen:

1 Führen Sie am besten zunächst noch einmal eine Berechnung des Windows-Leistungsindex durch. Die nötige Einstellung erreichen Sie über *Systemsteuerung/System und Sicherheit* und *Windows-Leistungsindex prüfen* (im Bereich *System*). Per *Aktualisieren* wird die Systembewertung vorgenommen.

2 Öffnen Sie das Verzeichnis *C:\Windows\Performance\WinSAT\DataStore*, in dem nach jeder Systembewertung eine XML-Datei abgelegt wird. Wurde der Leistungsindex bei Ihnen schon mehrfach berechnet, sollten mehrere Dateien in diesem Ordner liegen. Relevant ist an dieser Stelle aber nur die zuletzt erstellte Datei. Welche das ist, erkennen Sie ganz leicht am Dateinamen, der immer mit dem Erstellungsdatum beginnt und ein *Formal.Assessment (Recent).WinSAT* enthält. Sortieren Sie alternativ die Dateien nach Änderungsdatum, um die neuste Systembewertungsdatei aufzuspüren.

3 Bevor Sie die aktuellste XML-Datei öffnen, sollten Sie sich die notwendigen Besitz- und Eigentumsrechte an der Datei besorgen (s. S. 75).

4 Nun können Sie die XML-Datei in einem Editor wie beispielsweise WordPad öffnen. Die Systembewertung, zwischen *<SystemScore>* und *</SystemScore>* gequetscht, können Sie leicht ändern, indem Sie nur die Dezimalzahl anpassen. Die in der folgenden Abbildung ermittelte Systembewertung von *3,1* kann man so leicht erhöhen. Beachten Sie aber, dass Sie die Ziffern mit einem Punkt statt einem Komma trennen.

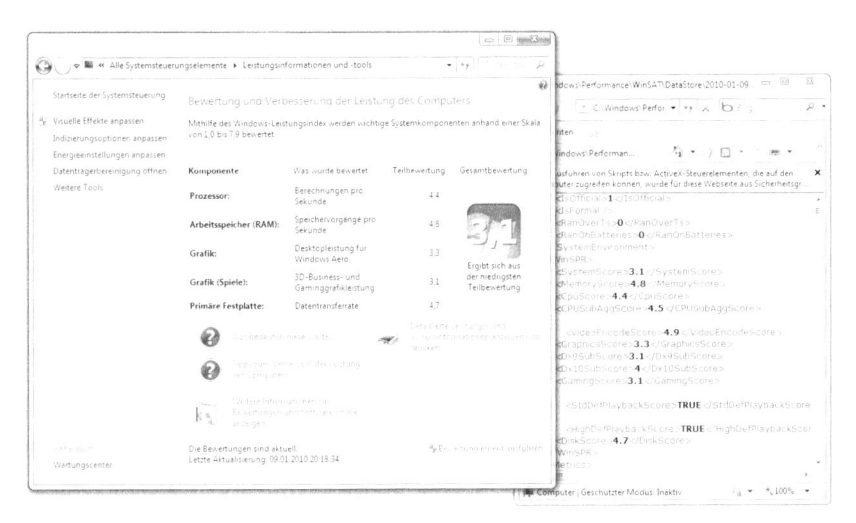

3,1 bei einer Skala von 1,0 bis 7,9 – viel ist das nicht. Aber mit diesem Trick können Sie ja leicht schummeln.

Wenn Sie den *SystemScore* entsprechend anheben, sollten Sie nun auch Software ausführen können, die vorher nicht starten wollte. Allerdings: Ohne Grund stellen moderne Spiele diese Anforderung natürlich nicht. Wundern Sie sich deshalb nicht, wenn das Spiel oder Programm nur „gerade so" und ruckelnd ausgeführt wird.

Wie lange läuft der Rechner schon?

Bei vielen läuft der PC im Dauerlauf, ohne Unterbrechung. Und so mancher dieser Poweruser ist stolz auf die Ausdauer, die sein PC anscheinend hat. Zum digitalen Kräftemessen taugt in dieser Hinsicht die sogenannte Uptime des PCs. Sie gibt an, wie lange der Rechner schon ohne Neustart etc. durchläuft.

Die Uptime Ihres Computers können Sie auf verschiedenen Wegen ermitteln. Einmal beispielsweise über den Task-Manager ([Strg]+[Umschalt]+[Esc]), der im Register *Leistung* eine *Laufzeit*-Angabe führt. Oder Sie nutzen das kleine Tool PsInfo von SysInternals (*http://technet.microsoft.com/de-de/sysinternals/bb897550.aspx*). Es ist ein Bestandteil der PsTools-Sammlung und über die Eingabeaufforderung aufzurufen.

4.2 Icons finden, selbst erstellen und ändern

Icons geben den Anwendungen, deren Verknüpfung sie symbolisieren, ein Gesicht und erleichtern die Orientierung. Haben Sie aber ein unpassendes Icon entdeckt, müssen Sie sich damit nicht zufrieden geben. Die folgenden Seiten zeigen, wo Sie u. a. neue Icons entdecken und wie Sie beispielsweise die von Bibliotheken oder den Elementen der Systemsteuerung austauschen können.

Die in DLL-Dateien etc. vorhandenen Icons auslesen

Hin und wieder müssen Sie genau angeben, welches Icon Sie verwenden möchten – in der Registry beispielsweise. Ein kleines Tool namens Icon-Viewer (*http://www.botproductions.com/iconview/download.html*) kann Ihnen bei der Ermittlung des Icon-Pfades helfen. Beachten Sie, dass es dieses Programm sowohl als 32-Bit- wie auch als 64-Bit-Version gibt.

Um eine richtige Software handelt es sich beim IconViewer ebenfalls nicht, vielmehr um ein Add-in des Eigenschaften-Dialogs einer jeden Datei. Der führt nach der IconViewer-Installation nämlich noch das zusätzliche Register *Icons*. Dort finden Sie sodann sämtliche Icons einer DLL-Datei – oder welchen Dateityp Sie auch immer anklickten. Wichtig ist hierbei die Nummer unter jedem Icon, denn aus ihr und dem Dateinamen setzt sich der Icon-Pfad zusammen. So ist das unten dargestellte Schildchen der Benutzerkontensteuerung beispielsweise als *imageres.dll,-106* anzugeben. Statt dem #-Zeichen wird also ein - gesetzt.

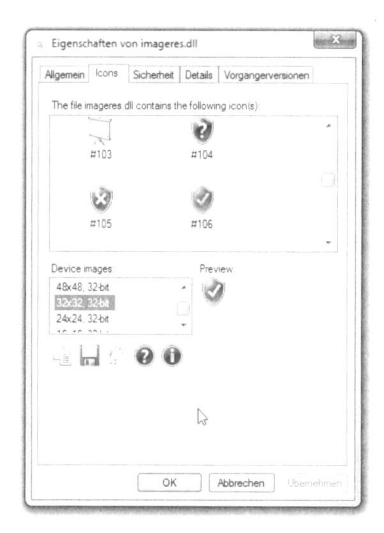

Lassen Sie sich von den unterschiedlichen Icon-Größen und Farbtiefen nicht beirren, denn in welcher Größe ein Icon dargestellt wird, entscheidet Windows automatisch.

Icons blitzschnell selbst erstellen

Kleine Icons sind eigentlich schnell erstellt. Schon Paint genügt, wobei Sie jedoch auf die richtige Auflösung achten müssen. Schneller geht es mit kostenlosen Tools zur Icon-Gestaltung. Noch besser ist aber beispielsweise der Webdienst *http://www.converticon.com*, der auf Wunsch auch JPEG-, GIF- oder PNG-Bilder in eine ICO-Datei umwandeln kann und dabei auch die nötigen Änderungen an der Farbpalette, Auflösung etc. vornimmt.

Den dpi-Wert ändern und die Lesbarkeit erhöhen

Wer schlechte Augen hat, kann Texte und Anzeigeelemente vergrößern. Die passende Konfigurationsmöglichkeit finden Sie in der Systemsteuerung unter *Darstellung und Anpassung*, dann *Text und weitere Elemente vergrößern oder verkleinern* (im Bereich *Anzeige*). Sie ändern damit den sogenannten dpi-Wert. Für Ressourcen-Hacker bedeutet das, dass andere Ressourcen ausgetauscht werden müssen, sofern es denn ein anderes Bildchen bzw. eine andere Button-Grafik sein soll. Meist finden Sie die entsprechende Ressource in direkter Nachbarschaft zu jener, die in den Ressourcen-Tauschtipps in diesem Buch angegeben sind. Es sind die gleichen Grafiken, nur eben etwas größer.

Drucker, Jugendschutz etc. mal anders: die Icons der Systemsteuerung ändern

Möchten Sie die Icons der Systemsteuerung anpassen, ist kein Ressourcen-Hack notwendig, sondern nur ein Ausflug in die Registry. Öffnen Sie doch mit dem Registrierungs-Editor einmal den Registry-Pfad *HKEY_CLASSES_ROOT\ CLSID*. Unter all den dort geführten CLSIDs befinden sich ebenfalls diejenigen der einzelnen Systemsteuerungs-Funktionen. So verbirgt sich hinter *HKEY_CLASSES_ROOT\CLSID\{36eef7db-88ad-4e81-ad49-0e313f0c35f8}* beispielsweise Windows Update. Dessen Icon können Sie ändern, indem Sie den *(Standard)*-Wert des Unterschlüssels *DefaultIcon* anpassen. In den Werkseinstellungen lautet er *%SystemRoot%\system32\wucltux.dll,-1* und kann aber nach Belieben verändert werden. Wie Sie den Pfad zu einem Icon angeben, erfahren Sie auf S. 252. Erstellen Sie noch eine Sicherheitskopie des *(Standard)*-Wertes, falls Ihnen das neue Icon dann doch nicht gefällt und es gegen das Original ersetzt werden soll. CLSIDs weiterer Systemsteuerungs-Funktionen, deren Icons Sie verändern können, finden Sie in nachstehender Tabelle.

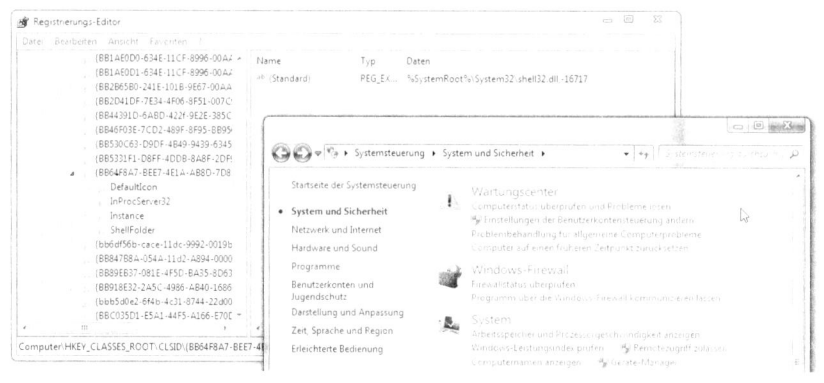

Na, was stimmt hier nicht? Genau – das Icon des Wartungscenters wurde ausgetauscht. Natürlich müssen Sie nicht auf die schon mit Windows 7 mitgelieferten Icons zurückgreifen, sondern können ebenso eigene verwenden, wenn Sie das möchten.

Name	CLSID
Anmeldeinformationsverwaltung	{1206F5F1-0569-412C-8FEC-3204630DFB70}
Anpassung	{ED834ED6-485A-4bfe-8F11-A626DCB6A921}
Anzeige	{C555438B-3C23-4769-A71F-B6D3D9B6053A}
Automatische Wiedergabe	{9C60DE1E-E5FC-4of4-A487-460851A8D915}
Benutzerkonten	{60632754-c523-4b62-b45c-4172da012619}
BitLocker und Laufwerkverschlüsselung	{D9EF8727-CAC2-4e60-809E-86F80A666C91}
Center für erleichterte Bedienung	{D555645E-D4F8-4c29-A827-D93C859C4F2A}
Datum und Uhrzeit	{E2E7934B-DCE5-43C4-9576-7FE4F75E7480}
Desktop-Gadgets	{37efd44d-ef8d-41b1-940d-96973a50e9eo}
Energieoptionen	{025A5937-A6BE-4686-A844-36FE4BEC8B6D}
Erste Schritte	{CB1B7F8C-C50A-4176-B604-9E24DEE8D4D1}
Farbverwaltung	{B2C761C6-29BC-4f19-9251-E6195265BAF1}
Geräte-Manager	{74246bfc-4c96-11d0-9bef-0020afgb0b7a}
Heimnetzgruppe	{67CA7650-96E6-4fDD-BB43-A8E774F73A57}
Indizierungsoptionen	{87D66A43-7B11-4A28-9811-C86EEE395ACF7}
Infobereichssymbole	{05d7b0f4-2121-4eff-bf6b-ed3f69b894d9}
Internetoptionen	{A3DD4F92-658A-410F-84FD-6FBBBEF2FFFE}
Jugendschutz	{96AE8D84-A250-4520-95A5-A46A7E3C548B}
Leistungsinformationen und -tools	{78F3955E-3B90-4184-BD14-5397C15F1EFC}

Name	CLSID
Maus	{6C8EEC18-8D75-41B2-A177-8831D59D2D50}
Netzwerk und Freigabecenter	{8E908FC9-BECC-40f6-915B-F4CAOE70D03D}
Ordneroptionen	{6DFD7C5C-2451-11d3-A299-00C04F8EF6AF}
Ortungs- und andere Sensoren	{E9950154-C418-419e-A90A-20C5287AE24B]
Problembehandlung	{C58C4893-3BE0-4B45-ABB5-A63E4B8C8651}
Programme und Funktionen	{7b81be6a-ce2b-4676-a29e-eb907a5126c5}
Region und Sprache	{62D8ED13-C9D0-4CE8-A914-47DD628FB1B0}
RemoteApp- und Desktop-verbindungen	{241D7C96-F8BF-4F85-B01F-E2B043341A4B}
Schriftarten	{BD84B380-8CA2-1069-AB1D-08000948F534}
Sichern und Wiederherstellen	{B98A2BEA-7D42-4558-8BD1-832F41BAC6FD}
Sound	{F2DDFC82-8F12-4CDD-B7DC-D4FE1425AA4D]
Spracherkennung	{58E3C745-D971-4081-9034-86E34B30836A}
Standardprogramme	{17cd9488-1228-4b2f-88ce-4298e93e0966}
Synchronisierungscenter	{9C73F5E5-7AE7-4E32-A8E8-8D23B85255BF}
System	{BB06C0E4-D293-4f75-8A90-CB05B6A77EEE}
Taskleiste und Startmenü	{0DF44EAA-FF21-4412-828E-260A8728E7F1}
Tastatur	{725BE8F7-668E-4C7B-8F90-46BDB0936430}
Telefon und Modem	{40419485-C444-4567-851A-2DD7BFA1684D}
Verwaltung	{D20EA4E1-3957-11D2-A40B-OC5020524153}
Wartungscenter	{BB64F8A7-BEE7-4E1A-AB8D-7D8273F7FDB6}
Wiederherstellung	{9FE63AFD-59CF-4419-9775-ABCC3849F861}
Windows CardSpace	{78CB147A-98EA-4AA6-B0DF-C8681F69341C}
Windows-Defender	{D8559EB9-20C0-410E-BEDA-7ED416AECC2A}
Windows-Firewall	{4026492F-2F69-46B8-B9BF-5654FC07E423}
Windows Update	{36eef7db-88ad-4e81-ad49-0e313f0c35f8}

Nicht zu verwechseln sind diese CLSIDs mit denen von S. 311, mit denen Sie noch viel mehr anfangen können.

Hübscher nachschlagen: So ändern Sie das Icon einer Bibliothek

Leicht kann eine neue Bibliothek erstellt werden, doch eine Einstellung für das Wichtigste einer neuen Bibliothek hat Microsoft vergessen: Das Icon lässt sich nicht verändern!

Klar, die wichtigste Einstellung ist dies wohl nicht. Trotzdem ärgerlich – und gut, dass Sie das Icon einer Bibliothek dennoch ändern können: Öffnen Sie dazu zunächst sowohl den Windows-Editor (*notepad.exe*) als auch den Explorer im Pfad *%appdata%\microsoft\windows\libraries*, was dem Standardverzeichnis Ihrer Bibliotheken entspricht. Ziehen Sie nun jene Bibliothek mit gedrückter linker Maustaste in den Windows-Editor, deren Icon Sie verändern möchten (also per Drag & Drop). Haben Sie's richtig gemacht, listet der Editor nun die Einstellungen der jeweiligen Bibliothek im XML-Format auf.

Einzig interessant ist hier jene Zeile, die mit *<iconReference>* beginnt und mit *</iconReference>* endet. Diese beiden „Tags" umschließen nämlich den vollen Pfad zu jener Datei, die das aktuelle Icon enthält. Möglicherweise finden Sie beide Tags aber auch gar nicht und müssen sie manuell hinzufügen. Haben Sie das gewünschte Icon als ICO-Datei vorliegen, geben Sie also beispielsweise *<iconReference>C:\Users\Nico\Desktop\DownloadBibliothek.ico</iconReference>* an. Möchten Sie stattdessen ein Icon aus einer DLL-Datei verwenden, fügen Sie hinter dem Dateinamen noch ein Komma sowie die Nummer des Icons in der DLL an – beispielsweise *<iconReference>C:\Windows\System32\shell32.dll,301</iconReference>* (siehe hierzu auch S. 248).

Replace Librarie Icons

Wer die Mühe des manuellen Weges scheut, kann auch ein Tool herunterladen, das die Icons von Bibliotheken verändern kann. Es heißt Replace Librarie Icons und ist in englischer Sprache unter der URL *http://bluefisch200.deviantart.com/art/Replace-Librarie-Icons-141648981* erhältlich.

4.3 Offizielle Themepacks von Microsoft herunterladen und selbst erstellen

Microsoft scheint bemüht, stets neue Designpakete, die sogenannten Themepacks, zur Verfügung zu stellen. Sie enthalten i. d. R. nicht nur allerlei Hintergrundbilder, sondern ebenfalls Theme-spezifische Sounds und entsprechende

Einstellungen für die Fensterfarbe etc. Für deutsche Windows 7-Nutzer sollte hierfür die offizielle deutschsprachige Webseite *http://windows.microsoft.com/ de-DE/windows/downloads/personalize* die erste Anlaufstelle sein. Leider steht deren Angebot dem englischsprachigen Themes-Portal ein wenig nach. Unter *http://windows.microsoft.com/en-US/windows/downloads/personalize*, dem englischsprachigen Pendant zur oben genannten Seite, finden Sie deshalb noch ein paar weitere farbenfrohe Designs.

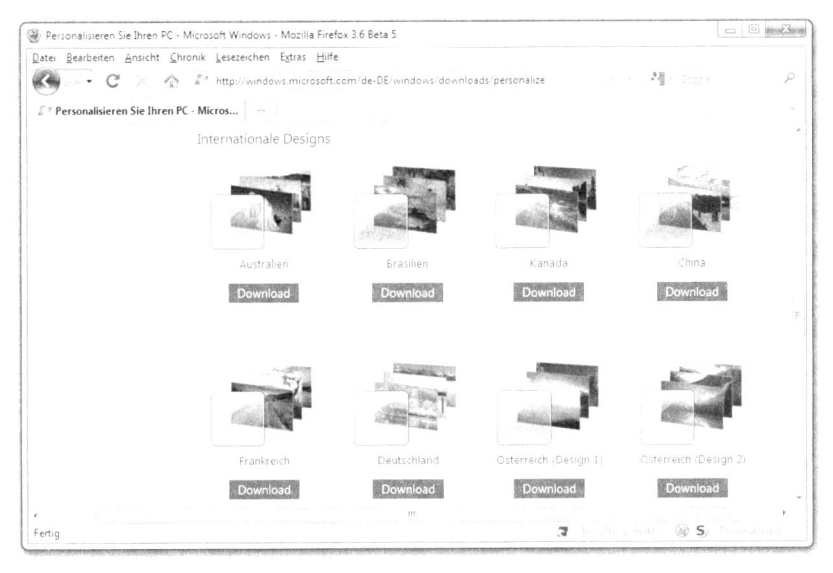

Sicher kennen Sie das Deutschland-Design, das Teil der deutschsprachigen Windows 7-Version ist. Anderssprachige Windows 7-Fassungen enthalten natürlich ein entsprechend anderes „Nationaldesign". All dies finden Sie aber nicht auf Ihrer Windows 7-DVD, sondern auf der bereits erwähnten Webseite.

Sounds, Wallpaper & Co. aus einem Themepack extrahieren

Die Designpakete gibt es eigentlich nur in einem Stück, als Dateien mit der Endung *.themepack*. Letztlich sind es aber auch nichts anderes als gepackte RAR-Archive, die Sie mit 7-Zip (*http://www.7zip.org*) o. Ä. entpacken können. Wer dafür 7-Zip einsetzt, muss gar nichts weiter vorbereiten: das Programm ist nämlich schon für den THEMEPACK-Dateitypen registriert. Entsprechend finden Sie im Kontextmenü der THEMEPACK-Dateien schon *7-zip, Dateien entpacken* etc. vor und können die Inhalte schnell einsehen. Verwenden Sie ein anderes Packprogramm wie WinRAR, öffnen Sie die Themepacks am schnellsten, indem Sie die Dateiendung *.themepack* in *.rar* ändern.

Eigene Designs festlegen

Wer selbst kreativ werden will, kann schon mit Windows 7 eigene Designpakete erstellen. Treffen Sie dazu zunächst die gewünschten Einstellungen in den Kategorien *Desktophintergrund*, *Fensterfarbe*, *Sounds* und *Bildschirmschoner* – also all den Konfigurationsmöglichkeiten von *Systemsteuerung/ Darstellung und Anpassung/Anpassung*, das auch per Rechtsklick auf den Desktop und *Anpassen* erreicht werden kann. Das hiermit erstellte, eigene Design wird zunächst als *Nicht gespeichertes Design* in der Designauswahl erscheinen. Klicken Sie mit der rechten Maustaste darauf, haben Sie jedoch über *Design für die Freigabe speichern* die Möglichkeit, es zu benennen und als THEMEPACK-Datei abzuspeichern. Vielleicht möchten Sie sie an Freunde weitergeben oder ins Internet laden – das bleibt Ihnen überlassen!

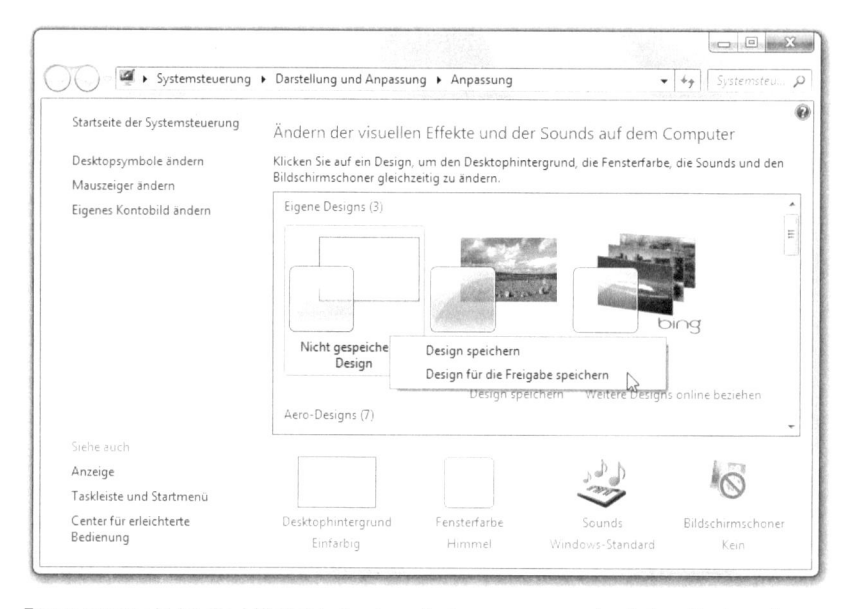

Etwas versteckt ist die Möglichkeit, ein selbst zusammengebasteltes Design als .themepack-Datei abzuspeichern. Das ergibt immer dann einen Sinn, wenn Sie sich mit allerlei Bildschirmhintergründen eingedeckt und diese als Slideshow arrangiert, zudem eigene Sounds festgelegt haben und dieses Designpaket nun in bequemer Form weitergeben möchten.

Nach der Wallpaper-Slideshow kommt nun noch die Farb-Slideshow

Themepacks für Windows 7 enthalten in der Regel gleich mehrere Hintergrundbilder, die in einer von Ihnen bestimmbaren Zeit automatisch wechseln. Häufig fallen die Themepacks ebenso durch ein vom Standard abweichendes Farbschema auf, das sich insbesondere in der Fensterfarbe äußert.

Leider kann ein Themepack zwar mehrere Hintergrundbilder enthalten, nicht jedoch unterschiedliche Farbschemata – die zugleich mit den Desktopbildern wechseln. Ein kleines Tool schafft aber Abhilfe und wechselt auch das Farbschema durch, wenn Sie das möchten. Das Programm heißt Windows 7 Color Changer und kann kostenlos unter *http://sourceforge.net/projects/w7cc/* heruntergeladen werden. Kleiner Wermutstropfen: Damit der Farbwechsel funktioniert, muss das Tool stets im Hintergrund laufen. Also ein Autostartprogramm mehr.

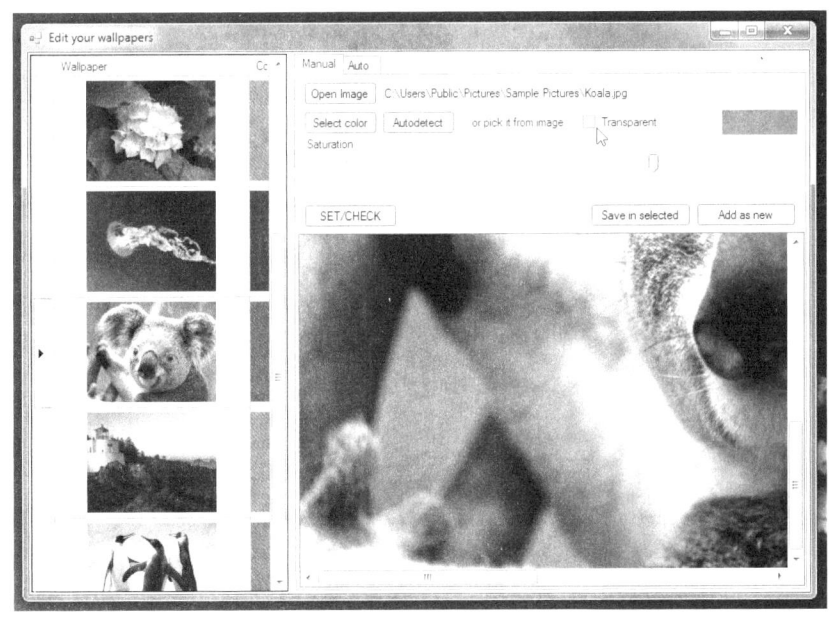

Per Autodetect-Funktion ermittelt das Programm ein zum jeweiligen Hintergrundbild passendes Farbschema. Zusätzlich können Sie aber noch weitere Einstellungen vornehmen, etwa die Sättigung der Farbe verändern oder die Transparenz der Fensterrahmen deaktivieren. Mit den richtigen Einstellungen lassen sich sehr schöne Effekte erzielen und die Wirkung schöner Hintergrundbilder noch einmal deutlich verstärken.

Noch ein kleiner Tipp: Doppelklicken Sie auf das Taskleistensymbol von Windows 7 Color Changer, wird zum nächsten Wallpaper gewechselt. Der Doppelklick hat somit die gleiche Funktion wie der *Next Wallpaper*-Eintrag im Kontextmenü.

4.4 Verifizierung geknackt: beliebige Themes verwenden

Jener Windows-Bereich, an dem Windows-Freaks wohl am meisten herumbasteln, ist die Optik bzw. grafische Oberfläche. Wer daran grundlegende Veränderungen vornehmen will, muss allerlei Dateien tauschen. Entsprechend hoch ist der Aufwand, muss doch mitunter sogar die *explorer.exe* ausgetauscht werden, um ein Design vollständig ans Laufen zu bekommen.

So knacken Sie die Theme-Verifizierung und nutzen Themes von Dritten

Windows 7 bringt eine Reihe von Designs schon mit, andere stellt Microsoft kostenlos im Internet zur Verfügung. Aber so richtig „anders" sind diese Designs alle nicht.

Designs bzw. Themes von Dritten – zumeist Privatpersonen – sind aber anders und auf Seiten wie *http://www.deviantart.com* zur Genüge zu finden. Leider müssen Sie aber zunächst die sogenannte Theme-Verifizierung von Windows 7 knacken, um diese Themes verwenden zu können. Microsoft möchte nämlich nicht, dass Sie selbst erstellte Themes von anderen einsetzen. Nur offizielle dürfen es sein, mit Signatur! Aber wen kümmert schon, was Microsoft will?

Zuständig für die Theme-Verifizierung sind die drei Systemdateien *uxtheme.dll*, *themeui.dll* und *shsvcs.dll*, die Sie im *Windows*-Verzeichnis finden. Um selbst erstellte Themes verwenden zu können, müssen Sie diese Dateien austauschen. Im Wesentlichen haben Sie dafür zwei Möglichkeiten: Entweder Sie tauschen sie manuell oder Sie verwenden die neue, ultimative Sorglos-Lösung UxStyle Core (*http://www.uxstyle.com*). Hierbei besteht aber inzwischen das „Problem", dass die Quelle für die gehackte *uxtheme.dll* & Co. in der Vergangenheit v. a. jener Windows-Freak war, der nun die (kostenfreie) Sorglos-Lösung UxStyle Core anbietet. Und seitdem er UxStyle Core entwickelt hat, veröffentlicht er keine geknackten *uxtheme.dll* & Co. mehr. Seine Sorglos-Lösung macht den manuellen Tausch nämlich überflüssig.

Theme-Verifizierung per Zusatzdienst geknackt

Nie wieder die drei Dateien patchen zu müssen, das verspricht das kleine Tool UxStyle (*http://www.uxstyle.com*). Es installiert einen Dienst namens Unsigned Themes, der die betreffenden Dateien mehr oder weniger „live" überschreibt. Solange der Dienst läuft, können deshalb Themes von Dritten problemlos verwendet werden.

Aber wie binden Sie diese Themes ein? Kein Aufwand: Laden Sie das Theme aus dem Netz und entpacken Sie die ZIP- oder RAR-Datei, in der die Dateien verpackt sind. Die ausgepackten Dateien kopieren Sie dann nach %WINDIR%\ *Resources\Themes*, wobei eine Theme-Datei i. d. R. direkt in %WINDIR%\ *Resources\Themes* liegt und außerdem ein Unterordner gleichen Namens im *Themes*-Verzeichnis abgelegt wird. So sähe es beispielsweise beim Theme Longhorn Full Glass for W7 von *http://buster67.deviantart.com/art/Longhorn-Full-Glass-for-W7-152823109* aus:

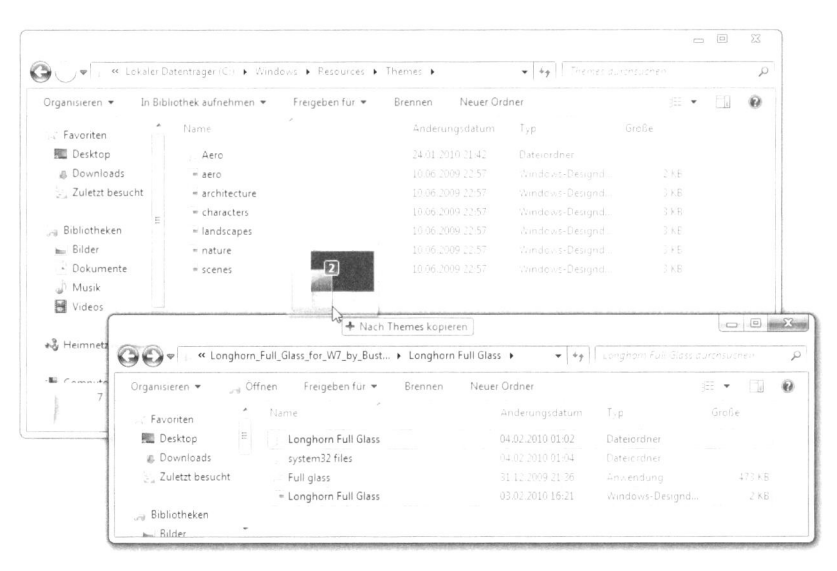

Bei den aufwendigeren Themes von Dritten ist es meist nicht mit dem Kopieren der üblichen Theme-Dateien getan. Häufiger müssen Sie zusätzlich noch Systemdateien wie die explorer.exe austauschen, wenn diese Themes auf „gehackte" Systemressourcen setzen. Das macht die Themes nicht nur aufwendiger zu installieren und gefährlicher (Viren!), sondern auch von der Rechnerarchitektur abhängig (32 oder 64 Bit).

Um nun das Theme zu aktivieren, führen Sie einen Doppelklick auf die entsprechende Theme-Datei durch oder nutzen den *Anpassen*-Dialog für Designs. Doch Achtung: Einige Themes bringen zusätzlich „gehackte" Systemdateien wie die *Explorer.exe* mit. Wer den kompletten Look dieser Themes auf dem eigenen Rechner haben will, muss also auch diese Dateien noch austauschen. Nötig ist das beispielsweise immer dann, wenn etwa der Start-Button oder Explorer-Look noch verändert werden soll.

Themes das Verändern von Mauszeiger und Desktop-Icons verbieten

Mit den Themes können viele Aspekte der Windows 7-Oberfläche angepasst werden. So auch der bzw. die Mauszeiger sowie die Desktop-Icons von Computer, Papierkorb & Co. Vielleicht möchten Sie aber gar nicht, dass ein Theme diese Dinge einfach so verändern kann. In der Registry finden Sie dazu im Pfad *HKEY_CURRENT_USER\Software\Microsoft\Windows\CurrentVersion\Themes* zwei DWORD-Werte namens *ThemeChangesDesktopIcons* und *ThemeChangesMousePointers*. Setzen Sie die Werte beider jeweils auf 0, um Themes das Verändern der Desktop-Icons bzw. Mauszeiger zu verbieten.

Sichere Quellen für Themes aus dem Netz

Ist die Theme-Verifizierung entfernt, fehlen Ihnen noch die passenden Designs. Verschiedene Webseiten sind dafür eine beinahe unerschöpfliche Quelle, beispielsweise die Visual-Styles-Galerie von deviantART, die Sie über *http://browse.deviantart.com/customization/skins/* erreichen. Besonders viele Themes, Wallpapers etc. offeriert auch die Webseite *http://vistastyles.org/category/windows-7-themes-skins-styles/*, der Sie unbedingt einen Besuch abstatten sollten.

Die kostenpflichtige Alternative: WindowBlinds

Beim Streifzug durch die Theme-Datenbanken sollten Sie immer darauf achten, dass Sie kein Skinpaket für die Software WindowBlinds von Stardock erwischen. Die ist nämlich nicht kostenlos, sodass Sie das Programm kaufen müssten, um die entsprechenden Skins nutzen zu können. Wollen Sie doch einmal einen Blick auf WindowBlinds werfen, finden Sie eine kostenlose Testversion unter der Adresse *http://www.stardock.com/products/windowblinds/*.

4.5 Der perfekte Desktop

Manche mögen ihn frei und aufgeräumt, andere nutzen ihn als Arbeitsfläche und legen eine Fülle von Dateien und Verknüpfungen ab – die Rede ist vom Desktop, der auch in Windows 7 noch ein zentraler Bestandteil beim Arbeiten mit einem PC ist. Einige Kniffe rund um den Desktop verraten Ihnen die folgenden Seiten.

Wenn Desktop-Icons verschwinden ...

Neues Windows, neue Probleme: Einige Windows-Nutzer beschweren sich über verschwindende Verknüpfungen auf dem Desktop. Vor allem Verknüpfungen zu Netzwerkfreigaben verschwinden regelmäßig vom Desktop. Ursache dieses Problems ist meist kein Fehler, sondern ein Windows 7-Feature. So prüft die Windows 7-Problembehandlung regelmäßig, ob die Verknüpfungen auf dem Desktop noch auf ein gültiges, also vorhandenes Ziel verweisen. Führen Verknüpfungen ins Leere, verweisen also auf eine nicht mehr existente Programmdatei, werden sie gelöscht. Damit soll der Desktop frei von Verweisen auf Programme gehalten werden, die sich nicht sauber deinstallierten. Eigentlich ganz nett. Problematisch ist das aber eben v. a. für Netzwerkfreigaben: Ist die Netzwerkressource offline, während die Problembehandlung die Verknüpfung prüft, wird die Verknüpfung eben als ins Leere führend gekennzeichnet und gegebenenfalls gelöscht. .

Verhindern können Sie das nur durch Abschalten der Problembehandlung. Öffnen Sie dazu die Systemsteuerung und klicken Sie sich dort durch *System und Sicherheit/ Problembehandlung für allgemeine Computerprobleme* und *Einstellungen ändern*. Setzen Sie anschließend die Einstellung im Bereich *Computerwartung* auf *Aus*.

Den lästigen Pfeil bei Verknüpfungen entfernen ...

Windows legt unschöne Pfeile über die Icons von Verknüpfungen. Mit einem Kniff können Sie diese leicht entfernen. Rufen Sie dazu in der Registry *HKEY_CLASSES_ROOT\lnkfile* (*l* = kleines L!) auf und benennen Sie die Zeichenfolge *IsShortcut* in *AriochIsShortcut* um. Nach einem Neustart des Explorers (s. S. 419) sind die Pfeile weg.

... oder gegen einen selbst gewählten Pfeil austauschen

Möchten Sie hingegen einen anderen, vielleicht selbst gestalteten Verknüpfungspfeil einsetzen, nutzen Sie am besten das Gratistool Vista Shortcut Manager. Eigentlich für Windows Vista gedacht, funktioniert's auch mit Windows 7 noch. Leider ist die offizielle Website des Tools nicht mehr online. Füttern Sie aber Google oder eine andere Suchmaschine mit dem Stichwort *Vista Shortcut Manager*, werden Sie schnell fündig.

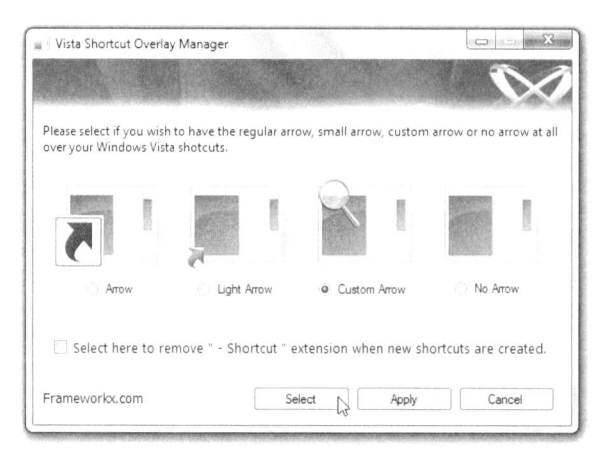

Per Custom Arrow und Select wählen Sie einen eigenen Verknüpfungspfeil, wobei allerdings nur das ICO-Dateiformat unterstützt wird. Und noch ein Tipp: Die Anwendung fordert nach der Änderung zur Neuanmeldung auf. Das können Sie ablehnen, denn ein Neustart des Explorers genügt schon.

Die Position der Desktop-Icons speichern und wiederherstellen

Liebevoll haben Sie die Symbole auf Ihrem Desktop angeordnet, doch als Sie Ihren Rechner an einen Beamer oder zweiten Monitor anschließen, ist alles wieder durcheinander. Zum Teil genügt schon die Installation eines neuen Treibers, um die Anordnung der Desktop-Icons durcheinanderzubringen. Wäre es da nicht toll, man könnte die Position der Icons speichern und bei Bedarf wiederherstellen?

Klar wäre das toll. Und alles, was Sie dafür machen müssen, ist, den Registry-Schlüssel *HKEY_CURRENT_USER\Software\Microsoft\Windows\Shell\Bags\ 1\Desktop* in eine REG-Datei zu exportieren, also zu sichern. Möchten Sie dann die gesicherten Icon-Positionen wiederherstellen, importieren Sie die Registry-Einstellungen einfach wieder. Beachten Sie aber, dass Sie die *explorer.exe* noch neu starten müssen, um die Icons endlich an ihre alte Position zu bringen. Manuell gelingt das leicht über den Task-Manager (s. S. 419).

So ginge es mit PowerShell

Möchten Sie den Spaß mit PowerShell automatisieren, gelingt das so: Speichern Sie zunächst die Icon-Positionen mit:

reg export "HKCU\Software\Microsoft\Windows\Shell\Bags\1\Desktop"
$env:USERPROFILE\Documents\Iconposition_Backup.reg /y
 # /y überschreibt Dateien ohne Nachfrage.

Obige Zeile könnten Sie etwa in ein Skript oder eine Funktion namens *Save-Iconpositions* packen. Natürlich bräuchten Sie noch ein Pendant, vielleicht mit dem Namen *Restore-Iconpositions* und diesem Code:

reg import $env:USERPROFILE\Documents\Iconposition_Backup.reg
stop-process -name explorer
start-process $env:Windir\explorer.exe

DesktopOK speichert auch unter Windows 7 64 Bit

Obiger Kniff klappt nicht so, wie Sie sich das vorstellen – oder ist zu umständlich? Dann probieren Sie doch einmal die deutschsprachige Software DesktopOK (*http://www.softwareok.de/?seite=Freeware/DesktopOK*), die auch mit Windows 7 64 Bit funktioniert.

Wenn einer nicht reicht: mehr Desktops = mehr Ordnung?!

Wer mehrere Programme gleichzeitig nutzt oder den PC sowohl zum Privatvergnügen als auch zum Arbeiten verwendet, kann auf Linux-User nur neidisch sein: In den meisten Distributionen stehen gleich zu Beginn bis zu vier Desktops zur Verfügung, sodass Privates leicht von Geschäftlichem getrennt werden kann. Unter Windows ist das mit Bordmitteln nicht möglich, aber mit kleinen Freewareprogrammen, die es überall im Netz gibt.

So beispielsweise mit Dexpot (*http://www.dexpot.de*), das gleich 20 Desktops anbietet und für den Privatgebrauch völlig kostenlos eingesetzt werden darf. Ein paar nette 3-D-Effekte zeigt das Programm beim Desktopwechsel auch, wenn man es möchte. Viel wichtiger sind aber die umfangreichen Konfigurationsmöglichkeiten für jeden einzelnen Desktop.

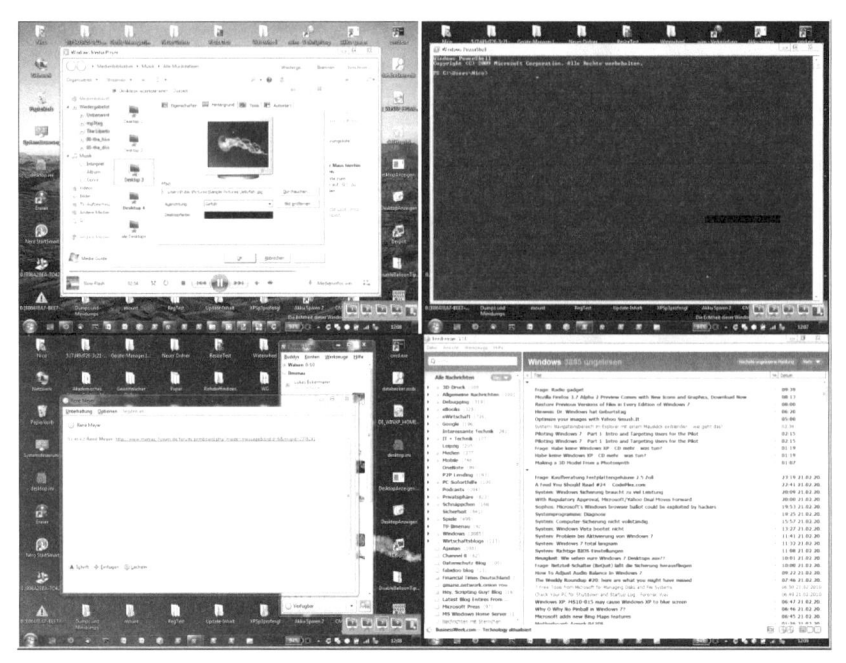

Bis zu 20 Desktops sind möglich, für diese Abbildung sollten aber vier schon genügen. Die unzähligen Einstellungen, die Dexpot bietet, sehen übrigens auch die Konfiguration unterschiedlicher Hintergrundbilder vor.

Videos als animierte Hintergrundbilder – völlig kostenlos!

Ein exklusiv für Windows Vista Ultimate entwickeltes Feature machte viele Nutzer der niedrigeren Vista-Versionen neidisch: Als sogenannte DreamScenes konnte man in der teuersten Vista-Version Videos als Bildschirmhintergrund abspielen lassen. Mehr als eine nette Spielerei ist das allerdings nicht gewesen. So dachte wohl auch Microsoft und strich das Feature für Windows 7 – selbst aus der Windows 7 Ultimate-Version.

Wer trotzdem ganz fasziniert von dem Gedanken ist, ein Video in Endlosschleife als Bildschirmhintergrund zu verwenden, soll nicht enttäuscht werden. So könnten Sie beispielsweise DeskScapes von Stardock nutzen (*http://www.stardock.com/products/deskscapes*), das wenigstens als kostenlose Demoversion erhältlich ist und sogenannte Dreams abspielt – ein proprietäres Format, das allein mit der Stardock-Software funktioniert.

Gehackte Dateien aus dem Untergrund

Oder Sie holen sich die DreamScene-Dateien von Windows Vista Ultimate aus dem Internet. So richtig legal ist das nicht und wird deshalb an dieser Stelle nicht behandelt. Wenn Sie allerdings nach *"Windows 7" dreamscene patch* o. Ä. googeln, werden Sie sicher fündig. Habe ich gehört.

VLC-Player als Gratisalternative

Eine Alternative zu Stardocks Bezahlsoftware und den für Windows 7 gehackten DreamScene-Dateien ist der kostenlose VLC media player (*http://www.videolan.org/vlc/*), der Videos ebenfalls in den Hintergrund bringen kann. Laden Sie zunächst die frischeste Version des VLC-Player von der offiziellen Webseite herunter, installieren Sie die Software und gehen Sie im Anschluss folgendermaßen vor:

1 Öffnen Sie mit dem VLC-Player die Videodatei, die Sie als animierten Desktophintergrund verwenden wollen.

2 Wählen Sie im *Extras*-Menü *Einstellungen* aus. Setzen Sie sogleich die Auswahl *Einstellungen anzeigen* auf *Alle*.

3 Erweitern Sie im *Einstellungen*-Dialogfenster den Punkt *Video* über *Ausgabemodule* hin zu *DirectX*. Setzen Sie dort ein Häkchen bei *Wallpapermodus aktivieren*.

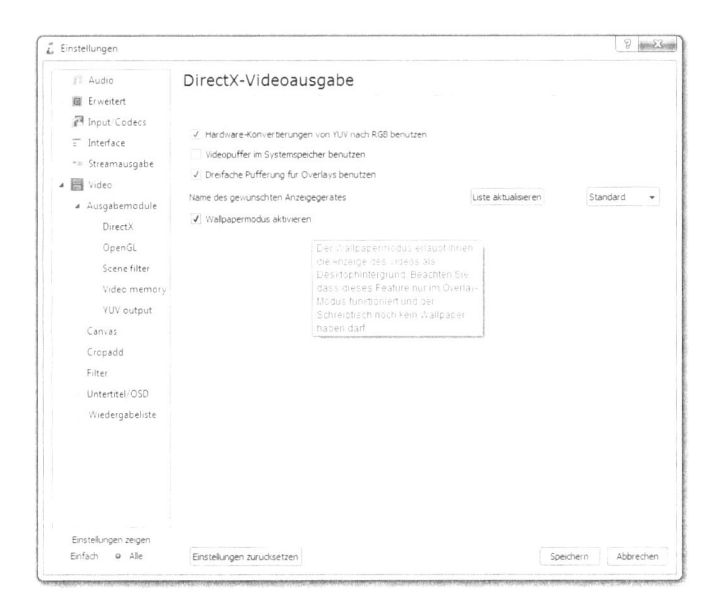

4 Nun wählen Sie in der linken Baumstruktur noch einmal *Ausgabemodule* aus. Legen Sie per Drop-down-Menü *DirectX Videoausgabe* als Videoausgabe-Modul fest.

5 Sobald Sie die Einstellungen mit einem Klick auf *Sichern* gesichert haben, sollten mit VLC wiedergegebene Videos künftig als Desktophintergrund abgespielt werden. Um VLC noch für den unauffälligen Betrieb in Endlosschleife einzurichten, folgen Sie den weiteren Schritten.

6 Wählen Sie über den Punkt *Ansicht* des *Datei*-Menüs die Wiedergabeliste.

7 Markieren Sie die Videodatei, die Sie in Endlosschleife als animiertes Wallpaper abspielen möchten. Wählen Sie dann den dritten kleinen Button von links mit der Mouseover-Beschriftung *Eines wiederholen*. Spielen Sie das Video erneut ab, wird es endlos wiederholt – bis Sie die Wiedergabe manuell unterbrechen.

8 Soll der VLC-Player künftig nur im Systemtray statt als voller Eintrag in der Startleiste erscheinen, öffnen Sie noch einmal die Einstellungen. Entblättern Sie dort den Punkt *Interface* und wählen Sie *Hauptinterface* und dann *wxWidgets* aus. Entfernen Sie nun das Häkchen bei *Task-Leiste* und setzen Sie dafür eines bei *Systray-Icon*.

9 Um das Wallpaper-Video bzw. VLC bequem per Verknüpfung oder gar bei jedem Systemstart aufzurufen, erstellen Sie zunächst noch eine neue Verknüpfung auf dem Desktop. Als *Ziel* geben Sie hier den Pfad zur *vlc.exe* an, danach folgt der Pfad zum Video, beides jeweils in Anführungszeichen. Im Beispiel würde die Zielangabe lauten: *"%PROGRAM FILES%\VideoLAN\VLC\vlc.exe" "%USERPROFILE%\Desktop\Silverlight_ Dusk_Widescreen_dreamscene.wmv"*.

Dennoch: Mehr als eine nette Spielerei sind animierte Hintergrundvideos aufgrund des Leistungshungers nicht!

Hier gibt's kostenlose DreamScenes!

Was nützt es Ihnen, wenn Sie Videos als Hintergrundbild bzw. -video abspielen können, aber gar keine passenden Videos haben? Kein Problem, unter *http://www.dreamscenes.org*, *http://www.vistadreams.org/preview/*, *http://istockdreams.com/category/free-dreamscenes.html* finden Sie bestimmt ein paar nette Videos – gratis, versteht sich.

Desktop-Slideshow in Slow Motion

Die neue Desktop-Slideshow ist ein tolles Feature, das für Abwechslung auf dem Desktop sorgt. Standardmäßig wechselt sie alle 30 Minuten zwischen den Hintergrundbildern eines Designs. Dieses Intervall können Sie leicht über die Einstellungen anpassen (Rechtsklick auf den Desktop, *Anpassen/Desktophintergrund/Bild ändern alle*). Nicht so leicht anzupassen ist die Zeitspanne, in der von einem Hintergrundbild in das nächste übergeblendet wird. In den Standardeinstellungen ist es eine Sekunde, die der Wechsel dauert – so geht der Wechsel zügig, aber dennoch flüssig.

Möchten Sie die Überblendzeit verändern, führt kein Weg an der Registry vorbei: Öffnen Sie einfach im Registrierungs-Editor den Pfad *HKEY_CURRENT_ USER\Control Panel\Personalization\Desktop Slideshow* und erstellen Sie darin einen neuen DWORD-Wert namens *AnimationDuration*. Dessen Dezimalwert soll die Zeit in Millisekunden angeben, die zum Überblenden genutzt wird. Idee: Setzen Sie den Wert für *AnimationDuration* auf *10000* (*Dezimal*), also 10 Sekunden, und setzen Sie auch das Intervall, in dem ein Bild gewechselt wird, auf 10 Sekunden (s. o., *Bild ändern alle*). So schaffen Sie einen Desktophintergrund, der ständig in Bewegung ist.

Die Kurznotizen formatieren

Endlich können Sie der Umwelt etwas Gutes tun und auf die vielen Post-its an Ihrem Monitor verzichten. Schließlich enthält Windows 7 doch nun ein neues Feature namens Kurznotizen, mit dem Sie digitale Post-its auf Ihren Desktop bringen. Das digitale Pendant der Klebezettel ist dabei ebenso funktional wie schlicht: Text reinschreiben, neue Notiz erstellen oder eine ausgewählte schließen, also löschen, oder die Farbe der Kurznotiz – viel mehr kann man mit dem Feature nicht machen. Zumindest auf den ersten Blick. Mit verborgenen Tastatur-Shortcuts ändern Sie nämlich geschwind die Formatierung:

[Strg]+[B] druckt den markierten Text fett, [Strg]+[I] hingegen kursiv und [Strg]+[U] unterstreicht ihn. Mit [Strg]+[T] streichen Sie eine Textstelle durch. [Strg]+[+] setzt einen ausgewählten Text tief, [Strg]+[Umschalt]+[+] stellt ihn hoch. Letzteres können Sie freilich ebenso zum Verkleinern der Schrift nutzen.

Jeden Tag ein neues Wallpaper – RSS-Feeds von Flickr & Co. machen es möglich

Genial: In Windows 7 können Sie erstmals Bildschirmhintergründe per RSS-Feed beziehen. Einen vernünftigen RSS-Feed – beispielsweise von Flickr –

vorausgesetzt, haben Sie so jeden Tag mindestens einen anderen Desktophintergrund. Das ist allerdings auch das Komplizierteste an diesem Kniff – einen vernünftigen RSS-Bilder-Feed zu finden, zumal auch nicht jeder technisch unterstützt wird. Der folgende Trick verweist aber bereits auf einen netten Feed, mit dem es garantiert funktioniert.

Am besten klicken Sie sich mit dem Explorer erst mal durch den Verzeichnispfad *%WINDIR%\Resources\Themes* durch. Im Ordner *Themes* angekommen, kopieren Sie eine der dort liegenden Theme-Dateien und benennen sie nach Belieben um. Nun öffnen Sie „Ihr" neues Theme mit NotePad o. Ä. und fügen folgende Zeilen ein:

[Slideshow]

Interval=1800000

Shuffle=1

RssFeed=[FEEDURL]

Den Platzhalter *[FEEDURL]* müssen Sie freilich durch die Adresse des Bilder-Feeds ersetzen, den Sie als Quelle Ihres wechselnden Bildschirmhintergrunds verwenden wollen. Verwenden Sie beispielsweise *http://feeds.feedburner.com/bingimages*, greifen Sie auf das Bilderarchiv des Bloggers Long Zheng zurück, das die teils atemberaubenden Hintergrundbilder der Suchmaschine Bing (*http://www.bing.com*) enthält. Noch zwei kurze Hinweise zu den anderen Angaben: Mit *Shuffle=1* zieht Windows die Bilder zufällig aus dem Feed. *Interval* gibt in Millisekunden an, wie oft der Hintergrund wechseln soll. Die *1800000* entsprechen demnach 30 Minuten.

Haben Sie die Änderungen an der Theme-Datei vorgenommen, speichern Sie diese. Sobald Sie das Theme per Doppelklick auf die Theme-Datei aktivieren, fragt Windows 7 nach: *Diesen RSS-Feed abonnieren?* Bestätigen Sie die Nachfrage mit *Anlagen herunterladen*. Das Theme sollte nun aktiviert sein. Je nach Internetverbindung kann es aber eine Weile dauern, bis das erste Wallpaper auf Ihrem Bildschirm erscheint.

Gibt's Probleme, lohnt ein Start des Internet Explorer. Die Bilder stellt er nämlich bereit bzw. er besorgt den Abruf der Feeds. Gehen Sie zunächst auf *Extras*, dann *Explorer-Leisten* und schließlich *Feeds*. In der neu geöffneten Seitenleiste sollte dann auch jener Feed aufgeführt sein, den Sie über das Theme abrufen.

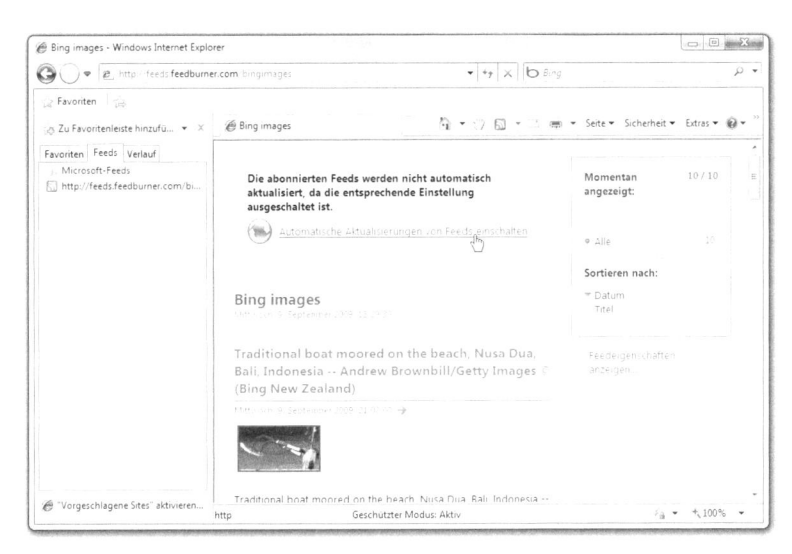

Probleme kann es beispielsweise geben, wenn der Feed nicht automatisch aktualisiert wird. Über die Einstellungen des Internet Explorer können Sie das aber leicht ändern.

Offizielles Theme bringt die Bing-Bilder ebenfalls auf den Bildschirm

Von den Windows-Themes, die zum Windows 7-Auslieferungszustand gehören, macht keines von der neuen RSS-Funktionalität Gebrauch. Erst das sogenannte BingDynamic Theme, das Microsoft nachträglich veröffentlichte, erfüllt obigen Kniff auf ähnliche Weise. Jede Woche lädt es zwei neue Hintergrundbilder der Bing-Suchmaschine herunter und fügt sie der Wallpaper-Sammlung des Themes hinzu. Den Download finden Sie unter *http://windows.microsoft.com/de-de/windows/downloads/bing-dynamic-theme*. Installiert wird das Theme gewohnt per Doppelklick. In der Design-Auswahl müssen Sie dann aber noch das automatische Herunterladen der RSS-Inhalte bestätigen. Wählen Sie dazu das heruntergeladene Bing-Design aus und bestätigen Sie die entsprechend aufploppende Windows-Anfrage.

Halten Sie Ihre Icons im Zaum – und Zaun!

Icons liegen ungeordnet auf Ihrem Desktop? Und auch die Sortieren-Funktion, mit der Sie Ordner, Verknüpfungen etc. auf dem Desktop nach Name, Größe usw. sortieren können, schafft keine rechte Ordnung? Das kenne ich. Wie wäre es, wenn Sie den Kram auf Ihrem Desktop thematisch ordnen – ja einzäunen – könnten?

Das kleine Programm Fences von Stardock ermöglicht das. In zwei Versionen erhältlich, hat die kostenlose Variante einen leicht geringeren Funktionsumfang als die kostenpflichtige. Beide können Sie unter *http://www.stardock.com/ products/fences/* herunterladen bzw. erwerben. Obwohl das Tool nur in englischer Sprache erhältlich ist, sollte es für keinen besonders schwer zu bedienen sein.

In den Standardeinstellungen zieht Fences bereits mindestens zwei Zäune auf, die Sie per Rechtsklick leicht konfigurieren können. Indem Sie mit der rechten Maustaste auf eine leere Stelle des Desktops klicken, die rechte Maustaste gedrückt halten und mit dem Mauszeiger ein Rechteck aufziehen, fügen Sie weitere Fences leicht hinzu.

Genial auch: Sind Icons erst einmal in einem Fence zusammengefasst, müssen Sie den Zaun mit dem Mauszeiger nur an der Beschriftung packen, um alle Icons des Fence auf einmal zu verschieben. Farblich sowie in Bezug auf die Transparenz können die Fences ebenfalls großzügig konfiguriert werden. Die folgende Abbildung zeigt dabei eine zurückhaltende farbliche Gestaltung. Kräftig knallbunt ist ebenfalls möglich.

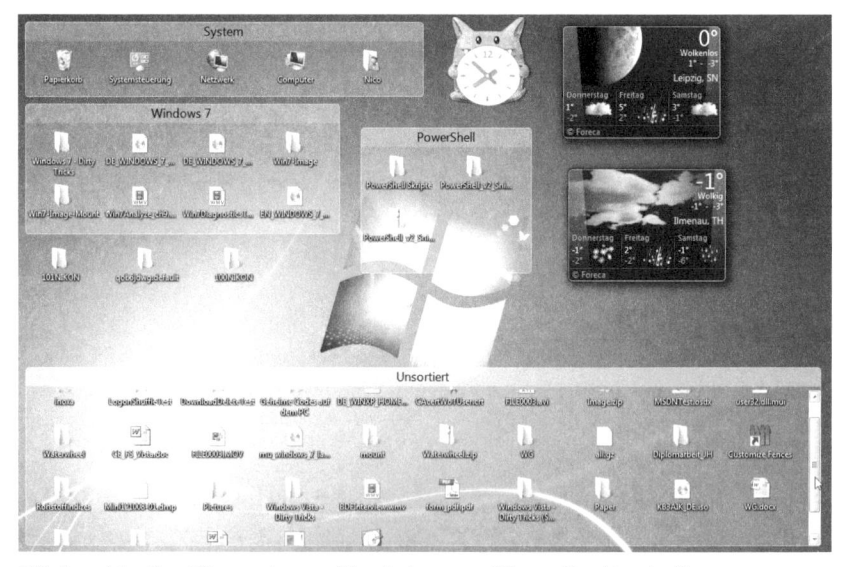

Mit den virtuellen Zäunen fassen Sie die Icons auf Ihrem Desktop in Gruppen zusammen. Dabei können die Fences so vollgepackt werden, dass darin sogar gescrollt werden kann, wie das Beispiel Unsortiert zeigt.

Was kann das Programm Fences noch? Zum Beispiel dies: Ein Doppelklick auf eine leere Stelle des Desktops lässt alle Icons ausblenden. Einzelne Fences können aber so konfiguriert werden, dass sie – mitsamt Inhalt – nicht ausgeblendet werden. Ein erneuter Doppelklick auf den leeren Desktop blendet die Desktopinhalte übrigens wieder ein.

Flip 3D: Wie viele Fenster dürfen es sein?

Der Fensterwechsel per Flip 3D ist grafisch recht aufwendig und wird deshalb limitiert: Egal wie viele Fenster geöffnet sind, gleichzeitig werden nur sechs hintereinander angezeigt. Dieses Verhalten können Sie mit einem Registry-Hack ändern. Öffnen Sie dazu den Registry-Pfad *HKEY_CURRENT_USER\Software\ Microsoft\Windows\DWM*. Darin liegt ein DWORD-Wert *Max3DWindows*, dessen Wert die Zahl der maximal angezeigten Fenster angibt. Ändern Sie ihn entsprechend. Vielleicht sogar nach unten, um Flip 3D auf langsameren Rechnern zu beschleunigen.

Flip 3D aufgebohrt

Viele lieben das mit Windows Vista eingeführte Flip 3D. Aber es geht noch nützlicher. Mit dem kleinen Tool Switcher (*http://www.insentient.net*) etwa. Was kann dieses Miniprogramm so viel besser?

- Es zeigt die offenen Fenster auf drei verschiedene Weisen an: *Tile* füllt den Monitor gleichmäßig mit allen geöffneten Fenstern. *Dock* hebt ein Fenster hervor und stellt alle anderen nur in einer Miniaturansicht dar, die mit Tab durchgeschaltet werden kann. Und *Grid* ist wohl die ordentlichste Darstellung von allen, da sie sämtliche Fenster in einem gleichmaschigen Gitter präsentiert. In allen drei Darstellungsformen können Sie das gesamte Erscheinungsbild zudem farblich verändern und etwa Ihrem Windows 7-Desktop-Theme anpassen.

- Verwenden Sie mehrere Monitore, macht Switcher davon Gebrauch. Programm-Thumbnails werden jeweils auf dem Monitor angezeigt, auf dem die Programmfenster geöffnet sind bzw. waren.

- Eine integrierte Suchfunktion ermöglicht das schnelle Auffinden der geöffneten Fenster. Fangen Sie einfach an, den Fenstertitel der gesuchten Anwendung einzugeben.

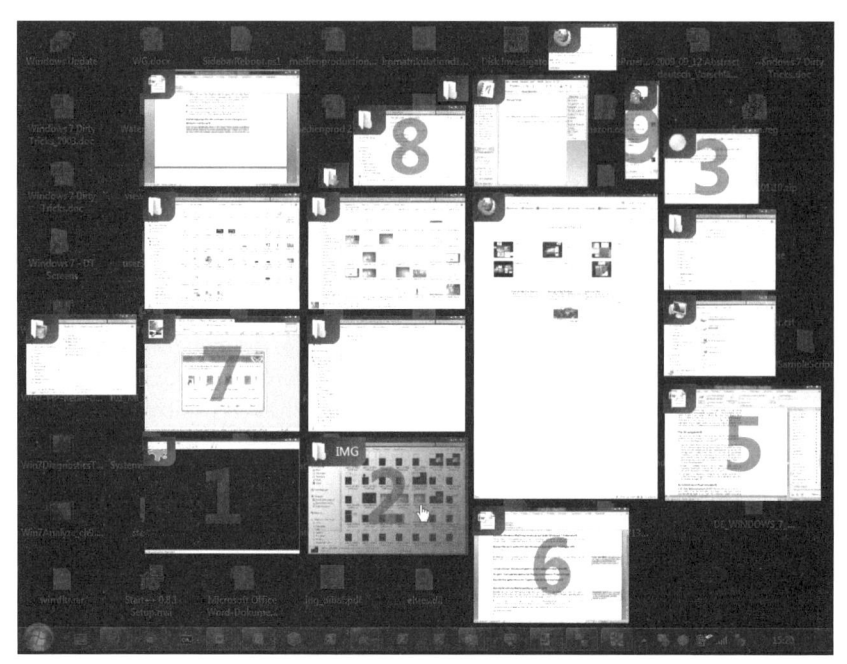

Eine der drei Ansichten des Switcher-Tools ist Tile, die Thumbnails sämtlicher auf einem Monitor geöffneter Fenster anzeigt. Die nummerierten Thumbnails können dabei besonders schnell aufgerufen werden, indem man die entsprechende Zahlentaste drückt.

4.6 Wunderbare Superbar – die neue Taskleiste optimal nutzen

Was ist denn Superbar? Na, der offizielle Name der neuen Windows 7-Taskleiste. Diese hat Microsoft so umgekrempelt, dass sie gleich noch eine neue Bezeichnung verdiente. Na gut, seriös wie man in Redmond ist, wird sie in den Menüs der deutschsprachigen Windows 7-Version natürlich immer noch als Taskleiste bezeichnet. Wenn Sie aber einmal im Netz nach neuen Kniffen suchen, sollten Sie den Begriff *Superbar* in Ihre Suche einschließen.

Die Gruppierung der Tasklisten-Icons entfernen – einmal anders

Sind mehrere Fenster eines Programms geöffnet, stapelt Windows 7 deren Buttons in der Taskleiste normalerweise übereinander. Mit dem folgenden

Kniff können Sie sie direkt nebeneinander anzeigen, wobei die Darstellung von *Nie gruppieren* abweicht. Sehen Sie selbst:

Aber Achtung: Dieser Registry-Hack funktioniert nur, wenn Sie die Schaltflächeneigenschaften der Taskleiste vorher auf *Gruppieren, wenn die Taskleiste voll ist* oder *Nie gruppieren* gesetzt haben. Mit *Immer gruppieren, Beschriftungen ausblenden* gelingt's leider nicht.

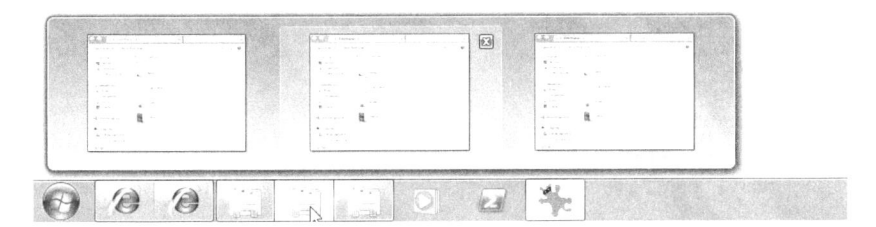

Öffnen Sie mit dem Registry-Editor den Schlüssel *HKEY_CURRENT_USER\ Control Panel\Desktop\WindowMetrics*. Dort finden Sie gegebenenfalls eine Zeichenfolge (*REG_SZ*) namens *MinWidth*. Ist sie nicht vorhanden, können Sie sie leicht erstellen. Der Wert der Zeichenfolge *MinWidth* gibt die Breite der Icons in Pixel an. Verwenden Sie die Taskleiste mit kleinen Icons, setzen Sie als Wert 38, bei großen Icons hingegen 52. Loggen Sie sich aus und wieder ein, um die etwaige Änderung zu vollziehen.

Lieber mittig? So zentrieren Sie die Taskleisten-Buttons

Normalerweise füllt Windows 7 die Taskleiste von links beginnend (mit Icons). So wie jedes Windows zuvor auch. Mit einem Kniff können Sie die Icons der Taskleiste aber zentrieren.

Erstellen Sie zunächst einen neuen Ordner, irgendwo auf Ihrem PC. Vielleicht unter *Eigene Dateien* oder auf dem Desktop. Lassen Sie ihn daraufhin künftig unberührt und unbefüllt, damit dieser Kniff funktioniert!

Sollte die Taskleiste noch fixiert sein, entfernen Sie das Häkchen bei der Funktion *Taskleiste fixieren*, die Sie im Kontextmenü der Taskleiste finden. Ebenso finden Sie in diesem Kontextmenü im Bereich *Symbolleisten* die Funktion *Neue Symbolleiste*. Wählen Sie diese aus und geben Sie sodann jenen neuen (und leeren) Ordner als Symbolleistenverzeichnis an, den Sie im vorherigen Schritt erstellt haben. Ziehen Sie nun die neue Symbolleiste zwischen Start-Button und Taskleisten-Buttons und vergrößern Sie die Leiste nach Belieben. Öffnen Sie anschließend per Rechtsklick auf die neue Symbolleiste deren Kontextmenü und entfernen Sie die Häkchen bei *Text anzeigen* sowie *Titel anzeigen*. Zu guter Letzt fixieren Sie die Taskleiste vielleicht wieder, um eine saubere Darstellung zu erlangen.

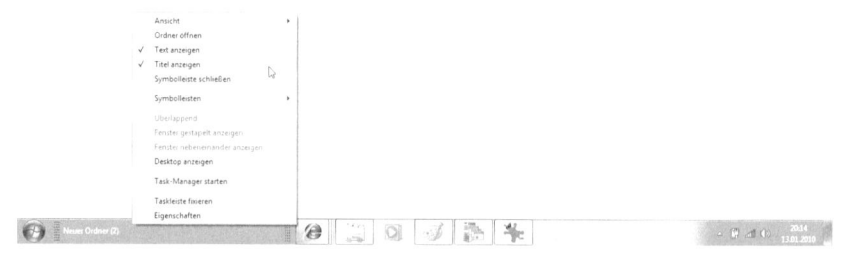

In dieser Abbildung sitzen die Buttons einigermaßen mittig. Je mehr Anwendungen geöffnet sind, desto weiter rutschen die Buttons natürlich nach rechts.

Wo sind eigentlich die angehefteten Programme gespeichert?

Die Verknüpfungen zu den angehefteten Programmen finden Sie im Verzeichnis *%USERPROFILE%\AppData\Roaming\Microsoft\Internet Explorer\Quick Launch\User Pinned\TaskBar*.

Die Taskleiste über mehrere Monitore ziehen

Verwenden Sie mehrere Monitore und wollen die Taskleiste auch auf dem zweiten, dritten, vierten ... Monitor anzeigen, ist das Tool UltraMon (*http://www.realtimesoft.com/ultramon/*) eigentlich die erste Wahl. „Eigentlich", denn das Programm ist mit 39,95 US-Dollar pro Lizenz nicht ganz billig. Auch angesichts des großen Funktionsumfangs und des deutschen Sprachpakets, mit dem Sie das Tool nachträglich eindeutschen können. Immerhin können Sie das Tool 30 Tage lang kostenlos testen.

Oder Sie probieren einmal Task Se7en (*http://se7en-soft.com/Products/Task Se7en/Downloads.aspx*). Das Tool ist zwar laut Entwickler nur eine Betaversion, funktioniert auf mehreren Rechnern aber dennoch ohne größere Schwierigkeiten.

Endlich eine kostenlose Alternative zu UltraMon: Die getestete Betaversion von Task Se7en funktionierte schon ganz gut. Warum man sich für die giftgrüne Färbung der Zusatz-Taskleiste entschied, bleibt aber ein Rätsel.

Einstellungen für mehrere Monitore

Mit [Win]+[P] oder durch Aufruf der *displayswitch.exe* öffnen Sie die Einstellungen für mehrere Monitore. Mithilfe von Parametern für die *displayswitch.exe* können Sie die Einstellungen aber auch direkt über die Eingabeaufforderung oder mit einer Verknüpfung vornehmen. Für Letzteres geben Sie im Verknüpfungs-Assistenten einfach einen der folgenden Werte als Speicherort des Elements an:

Verknüpfungsziel	Wirkung
%WINDIR%\system32\displayswitch.exe /external	Die Anzeige erfolgt nur über das angeschlossene Gerät, also etwa einen Beamer.
%WINDIR%\system32\displayswitch.exe /internal	Die Anzeige erfolgt nur über den Hauptbildschirm – etwa das Display eines Notebooks.
%WINDIR%\system32\displayswitch.exe /extend	Die Windows-Oberfläche wird auf das angeschlossene Ausgabegerät erweitert.
%WINDIR%\system32\displayswitch.exe /clone	Der Hauptmonitor und das angeschlossene Bildausgabegerät zeigen das gleiche Bild an.

Bei Apple abgeguckt: Dock statt Taskleiste

Viele Windows-Nutzer beneiden Apple-Besitzer um das sogenannte Dock des Apple-OS. Statt einer Taskleiste haben die nämlich nur eine kleine Leiste voller Icons. Da nützt dann auch die neue Windows 7-Taskleiste nichts. Mit kleinen Freewaretools können Sie aber auch unter Windows 7 ein Dock erstellen. Solch ein Gratis-Dock wäre beispielsweise RocketDock (*http://www.rocketdock.com*). Etwas komfortabler ist ObjectDock (*http://www.stardock.com/*

products/objectdock/), das die Standard-Taskleiste mitsamt Start-Button selbst ausblenden kann. Über die Language Options der ObjectDock Properties kann es auch eingedeutscht werden. Probieren Sie es einfach mal aus, wenn Ihnen die Dock-Idee gefällt.

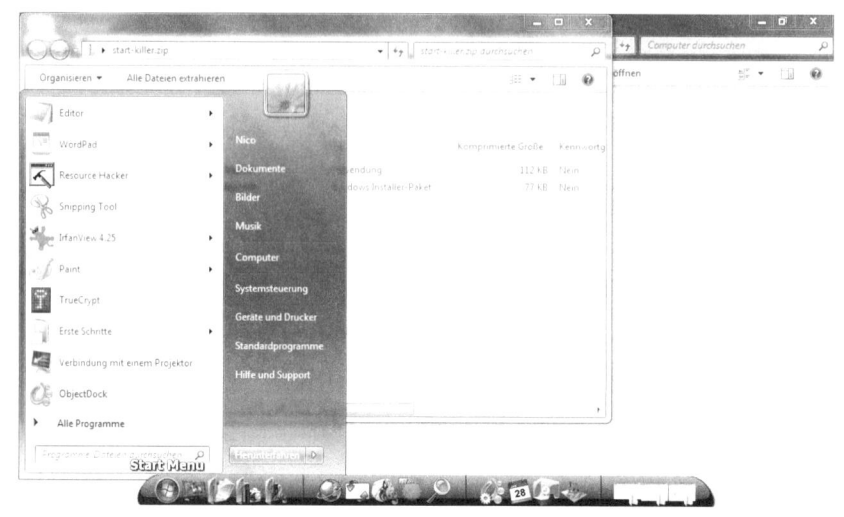

So sieht Stardocks ObjectDock aus. Es bringt sogar gleich einen Start-Button mit, allein das Startmenü liegt immer noch fast am linken Bildschirmrand an.

Die Taskleiste, aber nicht den Start-Button verstecken

Mögen Sie die Taskleiste nicht und wollen sie etwa durch ein Dock ersetzen, aber den Start-Button behalten, nutzen Sie am besten den Taskbar Eliminator (http://www.aviassin.com/taskbareliminator). Eine Alternative ist das kleine Tool Windows Taskbar Hide, das Sie unter der URL http://www.deviantart.com/download/170261823/Windows_TaskBar_Hide_by_BOMB.rar finden.

Taskleiste aus der Versenkung auftauchen lassen – so schnell Sie wollen

Manche lassen die Taskleiste verschwinden. Per Taskleiste automatisch ausblenden im Eigenschaften-Dialog der Taskleiste gelingt das ganz bequem. Weitere Einstellungen gibt's für diese sogenannte Auto-Hide-Funktion aber nicht. Hier setzt das kleine Programm Taskbar Activate (http://home.nordnet.fr/~pmdevigne/TaskbarActivate.html) an, mit dem Sie den Zeitraum definieren können, in dem die Taskleiste wieder am Bildschirmrand auftaucht, sobald Sie mit der Maus in deren Nähe kommen. So unterbleibt das nervige versehentliche Einblenden, sobald man sich auch nur kurz mit dem Mauszeiger der ausgeblendeten Taskleiste nähert.

Beschleunigen Sie die Thumbnails der Taskleiste

Fahren Sie mit dem Mauszeiger über das Taskleisten-Icon eines geöffneten Programms, dauert es nur einen Augenblick, bis ein oder mehrere Thumbnails der Anwendungsfenster angezeigt werden. Diesen Augenblick können Sie mit einem kleinen Registry-Hack noch weiter verkürzen. Öffnen Sie dazu einfach den Registry-Editor und klicken Sie sich durch *HKEY_CURRENT_USER\Control Panel\Mouse*. Im Schlüssel *Mouse* werden Sie eine Zeichenfolge *MouseHoverTime* entdecken, die in den Standardeinstellungen den Wert 400 trägt. Durch einen entsprechend niedrigeren Wert wird die Zeit, die bis zum Einblenden vergeht, verkürzt.

Die Vorschau-Thumbnails der Taskleiste deaktivieren

Sie mögen die Thumbnails nicht? Schalten Sie sie doch aus. Oder genauer: Verlängern Sie den Zeitraum, den Sie mit dem Mauszeiger über ein Taskleisten-Icon schweben müssen, um die Thumbnails anzuzeigen. Öffnen Sie dazu mit dem Registrierungs-Editor den Pfad *HKEY_CURRENT_USER\Software\Microsoft\Windows\CurrentVersion\Explorer\Advanced*. Erstellen Sie hier einen DWORD-Wert namens *ExtendedUIHoverTime*. Dessen Dezimalwert wird in Millisekunden definiert, sodass ein Wert von *1000* (*Dezimal*) einer Sekunde entspricht. Indem Sie einen ausreichend langen Zeitraum wählen – etwa *60000* für eine Minute –, deaktivieren Sie praktisch auch die Thumbnails. Melden Sie sich ab und wieder an, um die Änderung zu vollziehen.

So pinnen Sie einen einzelnen Ordner an die Taskleiste

Auf direktem Wege können Sie Ihre Lieblingsordner leider nicht an die Taskleiste pinnen, sondern höchstens in die Sprungleiste des Windows-Explorers. Mit einem kleinen Trick geht's aber doch.

Klicken Sie mit der rechten Maustaste auf eine freie Stelle (z. B. des Desktops) und erstellen Sie eine neue Verknüpfung (*Neu/Verknüpfung*). Ein Assistent bittet Sie nun um Angabe des Speicherorts des Elements. Geben Sie hier *%SYSTEMROOT%\explorer.exe /N,[PFAD]* ein, wobei Sie *[PFAD]* entsprechend ersetzen. Im Beispiel lautet die Eingabe *%SYSTEMROOT%\explorer.exe /N, "%USERPROFILE%\Desktop\Windows 7 Dirty Tricks"*. Bestätigen Sie die Eingabe, ist die Verknüpfung fertig. Per Rechtsklick auf deren Icon können Sie

sie nun leicht an die Taskleiste anheften (*An Taskleiste anheften*). Vielleicht wollen Sie aber vor dem Anheften noch das Icon der Verknüpfung ändern (Kontextmenü *Eigenschaften*, Button *Anderes Symbol*). Die meisten Ordner-Icons befinden sich übrigens in der *%SYSTEMROOT%\System32\shell32.dll*. Mehr Infos zu Icons gibt's ab S. 248.

So kommt Aero Peek schneller ...

Wandern Sie mit der Maus in die untere rechte Ecke des Bildschirms und lassen sie dort kurz verweilen, aktivieren Sie die Funktion Aero Peek. Alle geöffneten Fenster werden dabei vollständig transparent und der Blick zum Desktop wird frei. Wie lange Sie die Maus in der Ecke halten müssen, können Sie indes leicht mit einem Registry-Hack einstellen.

Öffnen Sie einfach den Registry-Editor und klicken Sie sich zu *HKEY_CURRENT_USER\Software\Microsoft\Windows\CurrentVersion\Explorer\Advanced* durch. Im Schlüssel *Advanced* erstellen Sie nun einen neuen DWORD-Wert mit dem Namen *DesktopLivePreviewHoverTime*. Dessen Wert (*Dezimal*) soll dann die gewünschte Verzögerung in Millisekunden betragen. Die Änderung wird nach einem Neustart wirksam.

Tastenkombination für Aero Peek

Am schnellsten aktivieren Sie Aero Peek freilich mit der Tastenkombination [Win]+[Leertaste].

... und so kommt Aero Peek gar nicht

Ein bisschen ätzend ist es schon, wenn man mit dem Mauszeiger versehentlich über die kleine Fläche in der rechten unteren Ecke fährt und sogleich das aktive Fenster zugunsten einer Desktopvorschau verschwindet. Klar, sobald Sie den Mauszeiger woandershin bewegen, ist alles wieder normal.

Wenn Sie von Aero Peek genauso genervt sind wie ich, deaktivieren Sie es doch. Wie immer führt der Weg in die Registry, am besten mit dem Registrierungs-Editor: Öffnen Sie zunächst den Pfad *HKEY_CURRENT_USER\Software\Microsoft\Windows\CurrentVersion\Explorer\Advanced*. Sie finden dort einen DWORD-Wert *DisablePreviewDesktop*. Setzen Sie dessen Wert auf 1, ist die Desktopvorschau in der rechten unteren Ecke deaktiviert. Nach wie vor funktioniert aber die *Desktop anzeigen*-Funktion der Schaltfläche, wenn Sie darauf klicken.

4.7 Personalisierter Windows-Start

Die einen wollen den Windows-Start möglichst schnell hinter sich bringen, andere legen wiederum auf einen individuellen Startvorgang Wert. Hübsche bunte Bildchen, eine andere Melodie – so lässt sich die lange Zeit überbrücken, die v. a. „ältere" Windows-Installationen zum Hochfahren benötigen. So geht's:

„Finger weg!" – einen Begrüßungstext für den Login-Bildschirm festlegen

Firmencomputern wird dem Login-Fenster oft eine Nachricht für den Benutzer vorgeschaltet, in der beispielsweise konkrete Sicherheitshinweise und -warnungen zum Firmennetzwerk gegeben werden. Vielleicht wollen Sie ebenfalls eine solche Nachricht verfassen. Gehen Sie dann wie folgt vor:

1 Öffnen Sie den Registrierungs-Editor und navigieren Sie durch die Registry-Struktur auf den Pfad *HKEY_LOCAL_MACHINE\SOFTWARE\Microsoft\ Windows\CurrentVersion\Policies\System*.

2 Der nun hoffentlich geöffnete Schlüssel *System* enthält die beiden Zeichenfolgen *legalnoticecaption* und *legalnoticetext*, denen zunächst kein Wert zugeordnet sein sollte. Das kann sich jedoch schnell ändern, indem Sie *legalnoticecaption* die gewünschte Begrüßungsüberschrift und *legalnoticetext* einen ruhig etwas längeren Text zuweisen.

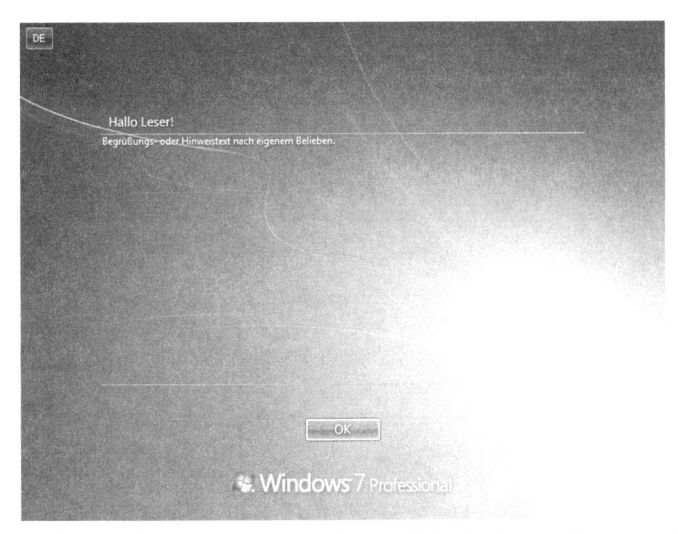

Und so sieht es dann aus. Jede Menge Platz für längere Hinweise ist auch gegeben.

Oder per Gratistool ...

Möchten Sie Ihren Begrüßungstext nicht in den Registrierungs-Editor hämmern, finden Sie im Windows 7 Logon Notifier ein passendes kleines Tool, mit dem Sie ebenfalls eine Login-Nachricht festlegen können. Den Download gibt's unter *http://www.thewindowsclub.com/windows-logon-notifier-lets-you-create-user-logon-messages-easily.*

So verändern Sie den Login-Bildschirm spielend

Windows 7 ermöglicht es zum allerersten Mal, den Hintergrund des Login-Bildschirms ganz ohne aufwendigen Hack zu verändern. Das heißt, solange Sie einen kleinen Registry-Hack nicht als aufwendig bezeichnen.

Dafür gibt's natürlich auch Tools

Haben Sie keine Lust auf den manuellen Weg, können Sie auch auf eines der vielen Tools zurückgreifen, die es im Netz gibt. Ganz passabel ist der Tweaks.com Logon Changer for Windows 7, den Sie unter der URL *http://tweaks.com/software/tweakslogon/* finden. Er packt das gewünschte Bild nicht nur an die richtige Stelle und erstellt den benötigten Registry-Eintrag, sondern bringt auch das ausgewählte Bild auf die richtige Auflösung und Dateigröße.

Werfen Sie mit dem Registrierungs-Editor zunächst einen Blick nach *HKLM\Software\Microsoft\Windows\CurrentVersion\Authentication\LogonUI\Background* und prüfen Sie, ob dort ein DWORD-Wert namens *OEMBackground* liegt. Damit dieser Hack gelingt, sollte er den Wert 1 führen. Falls nicht, ändern Sie den Wert entsprechend. Und sollte es *OEMBackground* gar nicht geben, erstellen Sie ihn im oben genannten Pfad und weisen den Wert 1 zu.

Sobald *OEMBackground* auf 1 gesetzt, also aktiviert wurde, versucht Windows 7 nun bei jedem Bootvorgang, ein JPEG-Bildchen aus dem Verzeichnis *%windir%\System32\oobe\info\backgrounds* zu laden, das zu der Displayauflösung Ihres PCs passt. Möglicherweise existiert in Ihrem *%windir%\System32\oobe*-Verzeichnis aber gar kein *info*-Ordner, geschweige denn darin ein Unterverzeichnis *backgrounds*. Sie müssten diese dann noch entsprechend erstellen.

Jene Bildchen, die Windows als Login-Hintergrund laden will, sind grundsätzlich nach dem Schema *background[AUFLÖSUNG].jpg* benannt, also heißen etwa *background1920x1200.jpg*.

Nun werden Sie Ihre Bildschirmauflösung sicher nicht so oft ändern und können auf den Default-Hintergrund zurückgreifen. Findet Windows nämlich im *background*-Ordner kein zur Auflösung passendes Bildchen, greift es auf eine sogenannte *backgroundDefault.jpg* zurück, die ebenfalls in diesem Ordner liegen muss und nicht größer als 245 KByte sein darf. Bringen Sie Ihr gewünschtes Login-Hintergrundbild also einfach auf die Größe Ihrer Bildschirmauflösung und speichern Sie es entsprechend qualitätsreduziert im JPEG-Format, sodass die Dateigröße nicht 245 KByte übersteigt.

Haben Sie alles wie beschrieben konfiguriert, können Sie mit [Win]+[L] prüfen, ob's auch geklappt hat.

Bei jedem Systemstart zufällig aus mehreren Login-Bildschirmen auswählen lassen

Sie mögen Abwechslung? Wie wäre es, wenn der Hintergrund Ihres Login-Bildschirms nach jedem Neustart wechselt? Ein kleines PowerShell-Skript macht's möglich. Beachten Sie aber die erwähnten Beschränkungen im vorangegangenen Absatz. (Sie finden dieses Skript online unter *http://7.inoxa.de/ PS/logonshuffle.ps1.*)

$Dir = "$env:USERPROFILE\Desktop\LogonShuffle"
  # Definiert das Verzeichnis, in dem sich sämtliche potenziellen Hintergrundbilder befinden.

$file = Get-ChildItem $Dir | Get-Random
  # Zieht aus dem Hintergrundbilder-Verzeichnis zufällig eines heraus.

$filepath = $Dir + "\" + $File

move-item $filepath -destination $env:WINDIR\system32\oobe\info\ backgrounds
  # Verschiebt das zufällig ausgewählte Hintergrundbild zunächst einmal in den Systemordner Backgrounds.*

move-item $env:WINDIR\system32\oobe\info\backgrounds\ backgroundDefault.jpg -destination $Dir
  # Das bisherige Hintergrundbildchen wird nun zu den anderen verschoben.

$newfilepath = $Dir +"\backgroundDefault.jpg"

rename-Item $newfilepath $filepath

$newlogonscreen = "$env:WINDIR\system32\oobe\info\backgrounds\" + $file

rename-Item $newlogonscreen "$env:WINDIR\system32\oobe\info\backgrounds\backgroundDefault.jpg"
Set-ItemProperty -path HKLM:\Software\Microsoft\Windows\CurrentVersion\ Authentication\LogonUI\Background\ -name "OEMBackground" -value 1
Zur Abwechslung wird an dieser Stelle einmal nicht mit der *reg.exe* in der Registry herumgefummelt, sondern direkt per PowerShell-Cmdlet.
Exit

Obiges Skript allein in einer PS1-Datei genügt natürlich nicht. Damit es wirklich bei jedem Systemstart ausgeführt wird, müssen Sie seine Ausführung natürlich noch entsprechend planen – s. S. 404.

Hintergrundrotation per Tool

Ist Ihnen obiges Skript zu aufwendig, nutzen Sie eben ein Tool. Beispielsweise den Windows 7 Logon Screen Rotator, der ebenfalls die Hintergrundbilder des Login-Screens durchwechseln kann. Den kostenlosen Download finden Sie u. a. hier: *http://www.lukepaynesoftware.com/lsrotator/*.

So passen Sie selbst die Schriftschatten und Buttons des Login-Bildschirms an

Ein kleiner Registry-Hack ermöglicht eine leichte kosmetische Veränderung der Schriftschatten und Buttons, die auf dem Login-Bildschirm dargestellt werden. Ein besonders wichtiger Kniff ist dies freilich nicht. Dennoch kann ein stärkerer Schriftschatten insbesondere bei helleren Login-Hintergründen sinnvoll sein, da dadurch beispielsweise Ihr Benutzername besser lesbar wird.

Erzeugen Sie im Registry-Pfad *HKEY_LOCAL_MACHINE\SOFTWARE\Microsoft\Windows\CurrentVersion\Authentication\LogonUI* einfach einen neuen DWORD-Wert namens *ButtonSet*. Für dessen Wert können Sie zwischen drei Möglichkeiten auswählen:

- 0 ist die Standardeinstellung und sorgt für leichte Schriftschatten und dunkle Buttons.
- 1 verstärkt die Schriftschatten, senkt aber die Deckkraft der Buttons.
- 2 zeigt gar keine Schriftschatten mehr an, erhöht aber die Deckkraft der Button-Farbe.

Aussehen und Position der Login-Bildschirmelemente verändern

Immer noch nicht genug? Es geht noch weiter. Mit kleinen Tools können Sie den Login-Bildschirm noch stärker verändern. So erlaubt der Windows 7 Logon Branding Changer (*http://www.door2windows.com/change-your-logon-screens-windows-branding-logo-in-windows-7/*) das Austauschen des Windows 7-Logos, das normalerweise am unteren Rand des Login-Bildschirms angezeigt wird. Idealerweise nehmen Sie als Austauschlogo dabei eine PNG-Grafikdatei mit transparentem Hintergrund.

Ist Ihnen das immer noch nicht individuell genug, gibt's noch den Win7 Logon Layout Tweaker. Mit dem verschieben Sie die einzelnen Elemente des Login-Bildschirms. Leider ist kein freies Verschieben möglich, sodass die Passworteingabe etc. nur vordefinierte Positionen einnehmen kann. Individueller wird's aber trotzdem.

Den Download für Windows 7 32 Bit finden Sie hier: *http://pc2012.deviantart.com/art/W7-x86-Logon-Tweaker-v5-0-196022806*. In einer 64-Bit-Variante gibt es das Tool indes unter diesem Link: *http://pc2012.deviantart.com/art/Win7-x64-Logon-Tweaker-v5-55-202002437*.

Haste Töne: einen anderen Startsound festlegen

Der Windows 7-Startsound ist kurz, beinah schon unauffällig – und über kein Menü austauschbar. Möchten Sie ihn ändern, gelingt dies nur per Ressourcen-Hack. Beachten Sie, dass nur WAV-Dateien unterstützt werden.

1 Kopieren Sie die Datei *imageres.dll* im Verzeichnis *%WINDIR%\System32* zunächst an eine beliebige Stelle Ihres Dateisystems – vielleicht auf den Desktop. Legen Sie zusätzlich eine Sicherheitskopie der Datei an.

2 Öffnen Sie nun die *imageres.dll* mit dem Resource Hacker.

3 Den Startsound finden Sie darin unter *WAVE\5080\1033*. Um wirklich sicherzugehen, dass es sich um die Startmelodie handelt, können Sie freilich einen Klick auf *Play WAVE* wagen.

4 Wählen Sie nun *Action* und danach *Replace other Resource*. Im nun geöffneten Fenster klicken Sie auf *Open file with new resource*, um die gewünschte neue Startmelodie in Form einer WAV-Datei auszuwählen. Ist das geschehen, werden noch drei Eingabefelder im Fenster eingeblen-

det. Für das Feld *Resource Type* wählen Sie *WAVE*, als *Resource Name* die Zahl *5080* und als *Resource Language* die *1033* für die deutsche Sprache. Klicken Sie danach auf *Replace*.

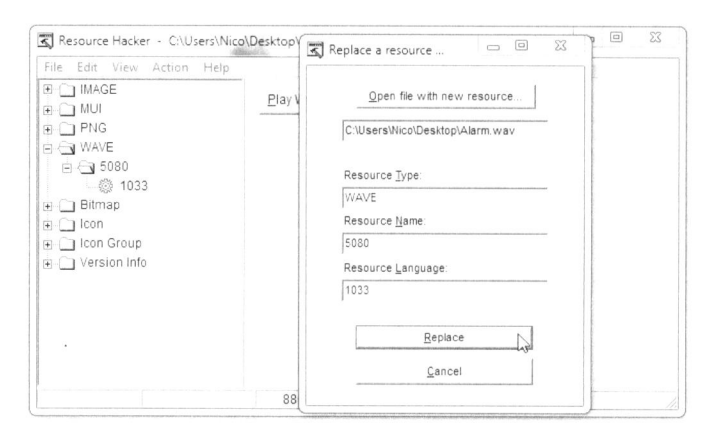

5 Mit Auswahl von *File* und schließlich *Save* speichern Sie die Änderungen. Dabei erstellt der Resource Hacker im gleichen Verzeichnis automatisch eine Sicherungskopie mit dem Zusatz _original. Die Urversion der *imageres.dll* wird somit als *imageres_original.dll* gesichert.

6 Leider können Sie die *imageres.dll* in *%WINDIR%\System32* nicht so einfach während des normalen Windows-Betriebs austauschen. Folgen Sie den Tipps von S. 419, gelingt's Ihnen aber sicher. Konnten Sie die Datei erfolgreich tauschen, sollte fortan die von Ihnen gewählte Melodie zum Windows-Start ertönen.

Detailliertere Informationen beim Hoch- und Herunterfahren einblenden

Etwas detaillierter gibt Windows beim Hoch- und Herunterfahren Auskunft, wenn Sie mit dem Registrierungs-Editor *HKEY_LOCAL_MACHINE\SOFTWARE\ Microsoft\Windows\CurrentVersion\Policies\System* öffnen, dort einen neuen DWORD-Wert namens *VerboseStatus* erstellen und ihm den Wert 1 zuweisen. Etwa für die Fehlersuche kann es eben ganz nützlich sein, zu sehen, in welchem Schritt Windows 7 beim Hochfahren stockt.

Was geschieht beim Hoch- und Herunterfahren von Windows 7? Ein kleiner Registry-Hack macht Windows / auskunftsfreudiger.

4.8 Aus, an, unterbrochen? De- und Reaktivieren der Aero-Oberfläche

Die Windows 7-Aero-Oberfläche ist ganz hübsch, verbraucht aber zugleich ein wenig Rechenleistung. Insbesondere die Grafikkarte wird durch die optischen Effekte beansprucht. Mit dem folgenden Kniff schalten Sie Aero blitzschnell aus – und bei Bedarf wieder an.

DWM abgeschmiert?

Wenn Ihnen der Desktop Window Manager (DWM) abgestürzt ist, müssen Sie nicht Ihren PC neu starten, um wieder in den Genuss (und die Funktionalität) der Aero-Oberfläche zu kommen. Öffnen Sie einfach die Eingabeaufforderung mit Administratorrechten und geben Sie *net stop uxsms*, danach *net start uxsms* ein. Der erfolgreiche Neustart des Desktop Window Manager sollte das Ergebnis sein.

Die Aero-Oberfläche per Knopfdruck de- oder reaktivieren

Kurz und knapp: Erstellen Sie eine neue Verknüpfung, bei der Sie als Speicherort des Elements den Wert *rundll32.exe dwmApi #104* angeben, wird diese Verknüpfung die Aero-Glass-Transparenzeffekte praktisch „per Knopfdruck" deaktivieren. Hingegen wird eine Verknüpfung, die auf *rundll32.exe dwmApi #104* verweist, Aero Glass wieder aktivieren.

Aero beim Start eines leistungshungrigen Spiels automatisch deaktivieren

Technisch anspruchsvolle Spiele können einen Rechner ganz schön in die Knie zwingen. Mithilfe der Kompatibilitätseinstellungen können Sie Aero aber jedes Mal automatisch deaktivieren lassen, wenn ein Spiel startet. Öffnen Sie dazu den Eigenschaften-Dialog der ausführbaren Datei der Anwendung. Setzen Sie dort im Register *Kompatibilität* ein Häkchen bei *Visuelle Designs deaktivieren* sowie *Desktopgestaltung deaktivieren* und speichern Sie die Änderung.

Weniger Ruckler bei angeschaltetem Aero

Ältere PCs können mit Aero Probleme haben. Dann stockt der Rechner, wenn Sie Fenster verschieben oder maximieren/minimieren – also ganz normal mit dem Rechner arbeiten. Vielleicht hilft das: Öffnen Sie die Systemsteuerung und darin *System und Sicherheit*, danach *System* und klicken Sie schließlich in der linken Spalte auf *Erweiterte Systemeinstellungen*. In den nun geöffneten Systemeigenschaften klicken Sie im Bereich *Leistung* des Registers *Erweitert* auf den Button *Einstellungen*. Nun ploppen die Leistungsoptionen auf. Entfernen Sie hier die Häkchen bei *Animation beim Minimieren und Maximieren von Fenstern* und *Fensterinhalt beim Ziehen anzeigen*. Bestätigen Sie die Änderung noch, sollte auch ein langsamer Rechner bei eingeschaltetem Aero nicht stocken, sobald Sie Fenster verschieben etc.

4.9 Das Media Center im komplett individuellen Look

Mit dem Windows Media Center enthält das Gros der Windows 7-Versionen eine leistungsfähige Multimediazentrale. Selbst in Windows 7 Professional ist es nun enthalten, blieb es doch Vista Business-Nutzern vorenthalten.

Den langweiligen blauen Hintergrund austauschen

Das Hintergrundbild Ihres Desktops tauschen Sie vielleicht regelmäßig oder nutzen gar mehrere Bilder in einer Slideshow, das Hintergrundbild des Windows Media Center wechselten Sie bislang aber sicher noch nicht. Es lässt sich nämlich gar nicht so einfach austauschen, da es eine Ressource der *ehres.dll* aus dem *%WINDIR%\ehome*-Verzeichnis ist.

Möchten Sie das Hintergrundbild also tauschen, benötigen Sie ein Tool wie den Resource Hacker (s. S. 422). Erstellen Sie zuvor aber eine Sicherheitskopie der *ehres.dll*! Und die obligatorischen Besitz- und Bearbeitungsrechte an der Datei benötigen Sie ebenfalls, wie das immer so ist.

Das Hintergrundbild an sich finden Sie in der *ehres.dll* unter *RCData\COMMON.ANIMATED.BACKGROUND.PNG\1033*. Die Auflösung dieses Bildes ist nicht besonders hoch – gerade einmal 500 x 300 Pixel ist es groß, wird also in der Vollbildansicht auf großen Bildschirmen ordentlich gestreckt. Möchten Sie die Grafik tauschen, können Sie jedoch auch größere Bilder verwenden. Nutzen Sie dazu die *Replace Resource*-Funktion. Für das Feld *Resource Type* wählen Sie *RCData*, als *Resource Name* die Zeichenfolge *COMMON.ANIMATED.BACKGROUND.PNG* und als *Resource Language* die *1033*. Obwohl der Name der Ressource anderes vermuten lässt, können Sie auch JPEG-Bilder o. Ä. hineinladen.

Achten Sie beim Austausch der Bilder auf das korrekte Seitenverhältnis. Gegebenenfalls müssen Sie die neue Grafik vor dem Tausch noch etwas zurechtschneiden, damit das Hintergrundbild nicht so gestaucht ist wie in dieser Abbildung.

Das komplette Media Center inklusive Startmenü umgestalten

Beim Hintergrund müssen Sie nicht stehen bleiben, denn die *ehres.dll* enthält praktisch alle Grafiken des Media Center. Und die können natürlich auch von Ihnen verändert werden. Stöbern Sie einfach mal darin. Nicht immer ist es natürlich einfach, die richtige Ressource zu finden. Einige werden beispielsweise nur bei besonders hohen Bildschirmauflösungen verwendet. Probieren geht hier über Studieren!

Eine recht einfach zu bedienende Software, die allein fürs Herumfummeln an der Optik des Media Center entwickelt wurde, ist das Media Center Studio (*http://www.adventmediacenter.com*). Im Grunde verändert das Tool auch nur die *ehres.dll*, bietet aber zugleich allerlei Einstellungsmöglichkeiten, die den Rahmen an dieser Stelle sprengen würden.

Haben Sie keine Lust, selbst aktiv zu werden, gibt's auch vorgefertigte Lösungen: Denn besonders Kreative haben im Netz natürlich schon allerlei Media-Center-Themes veröffentlicht. Eine gute Quelle ist beispielsweise *http://www.hack7mc.com/downloads?category=12*. Dort finden Sie die meisten Tools als *ehres.dll* oder ausführbare EXE, die die *ehres.dll* Ihres PCs automatisch austauscht.

Das Media Center blitzschnell direkt in die Lieblingsfunktion starten

Wer das Media Center startet, landet stets erst im Hauptmenü. Indem Sie spezielle Verknüpfungen anlegen, starten Sie das Windows Media Center aber ruck, zuck mit Ihrer Lieblingsfunktion.

Diese Parameter setzen Sie bei der Verknüpfungserstellung als Speicherort des Elements:

Funktion	Parameter für die Verknüpfung
CD/DVD-Wiedergabe	%WINDIR%\ehome\ehshell.exe /directmedia:discplayback (für den Vollbildmodus)
Einstellungen	%WINDIR%\ehome\ehshell.exe /homepage: Options.Home.xml /pushstartpage:true

Funktion	Parameter für die Verknüpfung
Fotobibliothek	%WINDIR%\ehome\ehshell.exe /homepage: Photos.xml /pushstartpage:true oder %WINDIR%\ehome\ehshell.exe /directmedia:pictures (für den Vollbildmodus)
Geplante Aufzeichnungen	%WINDIR%\ehome\ehshell.exe /homepage: VideoToBeRecorded.xml /pushstartpage:true
Live-TV	%WINDIR%\ehome\ehshell.exe /homepage: VideoFullscreen.xml /pushstartpage:true
Musikbibliothek	%WINDIR%\ehome\ehshell.exe /homepage: Audio.Home.xml /pushstartpage:true oder %WINDIR%\ehome\ehshell.exe /directmedia:music (für den Vollbildmodus)
Radio	%WINDIR%\ehome\ehshell.exe /homepage: Radio.xml /pushstartpage:true
TV-Aufzeichnungen	%WINDIR%\ehome\ehshell.exe /homepage: VideoRecordedPrograms.xml /pushstartpage:true oder %WINDIR%\ehome\ehshell.exe /directmedia:tv (für den Vollbildmodus)
TV-Programm (EPG)	%WINDIR%\ehome\ehshell.exe /homepage: VideoGuide.xml /pushstartpage:true
Videobibliothek	%WINDIR%\ehome\ehshell.exe /homepage: VideoCollection.xml /pushstartpage:true oder %WINDIR%\ehome\ehshell.exe /directmedia:video (für den Vollbildmodus)

5. Praktischer als Microsoft erlaubt – mit verborgenen Einstellungen zum „Super-Windows"

5.1	Alle Tastatur-Shortcuts im Blick	288
5.2	Tippen statt Klicken: die Dateinamen und Kürzel der wichtigsten Dienstprogramme und Einstellungen	299
5.3	Ihr optimierter und ganz individueller Explorer	301
5.4	Den Computer im Griff behalten	308
5.5	Rechtsklick so praktisch wie nie: eigene Sprungleisten und Kontextmenüs	320
5.6	Das Desktop-Kontextmenü voll im Griff	328
5.7	Die geheime Kommandozentrale für alle Windows-Aufgaben	331
5.8	Schneller finden – so tunen Sie die Suchfunktion	332

Mal hier klicken, mal da – während des gewöhnlichen Windows-Betriebs stoßen Sie kaum in die Untiefen der Windows-Menüstruktur vor. Aber wehe, eine spezielle, nicht alltägliche Funktion wird benötigt. Dann sind etliche Klicks erforderlich. Doch das muss nicht sein, wenn Sie die Bedientricks dieses Kapitels beherzigen.

5.1 Alle Tastatur-Shortcuts im Blick

Tastenakrobaten kommen in Windows 7 schneller voran. Denn wer die wichtigsten Tastenkombinationen kennt, spart täglich allerlei „Kilometer" mit der Maus. Folgende Seiten sollen Ihnen dabei die interessantesten Tastatur-Shortcuts aufzeigen. Einige davon werden Sie schon kennen, andere bestimmt noch nicht. Zu den Kennt-eigentlich-jeder-Kombinationen zählen etwa diese:

- [Strg]+[C]: kopiert die ausgewählte(n) Datei(en) oder den markierten Text.
- [Strg]+[X]: schneidet die ausgewählte(n) Datei(en) oder den markierten Text aus.

Praktisch – mit verborgenen Einstellungen zum „Super-Windows" | 289

- [Strg]+[V]: fügt die kopierte oder ausgeschnittene Datei oder den entsprechenden Text ein.
- [Strg]+[Z]: Machen Sie die letzte Handlung rückgängig.
- [Strg]+[Y]: Führen Sie die zuletzt rückgängig gemachte Handlung doch wieder durch.

Den Eigenschaften-Dialog blitzschnell öffnen

Mit der rechten Maustaste auf eine Datei oder ein Verzeichnis klicken, dann im geöffneten Kontextmenü wiederum *Eigenschaften* auswählen … das dauert Ihnen zu lang? Halten Sie doch dann mal die [Alt]-Taste gedrückt, während Sie einen Doppelklick auf eine Datei oder einen Ordner ausführen. So öffnen Sie den Eigenschaften-Dialog nämlich ebenfalls.

Generelle Windows-Funktionen

Die ersten paar Tastenkombinationen kennen sogar die meisten Computerneulinge. Die folgenden sind schon eher etwas für Fortgeschrittene, denn Einsteigern wird regelmäßig gar nicht bewusst sein, dass es die damit ausgelösten Funktionen überhaupt gibt.

- [Win] oder [Strg]+[Esc]: öffnet das Startmenü.
- [Win]+[Pause]: zeigt die Systemeigenschaften an.
- [Win]+[D]: zeigt den Desktop an.
- [Win]+[Pos1]: minimiert alle bis auf das gerade ausgewählte Fenster.
- [Win]+[G]: holt die Gadgets des Desktops in den Vordergrund und ermöglicht die Auswahl zwischen den Gadgets.
- [Win]+[M]: Minimieren Sie alle geöffneten Fenster.
- [Win]+[Umschalt]+[M]: Stellen Sie die minimierten Fenster wieder her.
- [Win]+[E]: öffnet den Explorer bzw. *Computer*.
- [Win]+[F]: öffnet die Suchfunktion für Dateien oder Ordner.
- [Strg]+[Win]+[F]: Hiermit öffnen Sie die Suche nach Computern in einem Netzwerk.
- [Win]+[L]: sperrt den Computer bzw. ermöglicht den Benutzerwechsel.

So sperren Sie den Rechner mit einem Mausklick

Eigentlich ist die Tastenkombination [Win]+[L] schon ein recht zügiger Weg, um den eigenen PC schnell zu sperren. Vielleicht möchten Sie aber lieber etwas anklicken? Kein Problem – erstellen Sie einfach eine neue Verknüpfung und geben Sie als Speicherort des Elements einfach *rundll32.exe user32.dll,LockWorkStation* an. Fortan sollte ein Doppelklick auf die Verknüpfung genügen, um den PC zu sperren. Heften Sie sie an die Taskleiste an, reicht sogar ein Klick.

- [Win]+[R]: öffnet den Ausführen-Dialog.
- [Strg]+[Umschalt]+[Esc]: öffnet den Task-Manager.
- [Strg]+[Win]+[B]: Wechseln Sie sofort zu jenem Programm, das eine Meldung im Benachrichtigungsbereich anzeigt.
- [Win]+[Leertaste]: zeigt die Vorschau auf den Desktop und hat somit die gleiche Funktion wie der kleine Button in der unteren rechten Ecke des Bildschirms.

Einen Screenshot nur vom aktiven Fenster machen

Dass man mit der [Druck]-Taste unter Windows einen Screenshot machen kann, der dann in der Zwischenablage liegend u. a. von Paint importiert werden kann, weiß jeder. Unbekannter ist, dass Sie durch Drücken von [Alt]+[Druck] lediglich das aktive (i. d. R. vorderste) Fenster „fotografieren". Probieren Sie es aus!

Die neuen Kommandos der neuen Taskleiste

Die neue Taskleiste von Windows 7 brachte allerlei Veränderungen in Optik und Funktionsweise. Natürlich mussten deshalb auch neue Tastatur-Shortcuts erdacht und alte mit geänderter Version versehen werden.

- [Win]+[T]: Hiermit wechseln Sie zwischen den Items der Taskleiste.
- [Win]+[1] bis [0]: Damit starten Sie jenes Programm, das in der Taskleiste an die Stelle gepinnt ist, die durch die Zahl angegeben wird. Ist das Programm bereits geöffnet, holen Sie es mit dieser Tastenkombination in den Fokus bzw. minimieren es, wenn es bereits im Fokus liegt. Sind mehrere Instanzen des Programms, beispielsweise des Explorers, geöffnet, wechseln Sie durch mehrmaliges Drücken der Tastenkombination zwischen den Instanzen.

- [Strg]+[Win]+[1] bis [0]: öffnet sofort die zuletzt benutzte Instanz des Programms, das an der durch die Zahlentaste ausgewählten Stelle gepinnt ist.
- [Alt]+[Win]+[1] bis [0]: Hiermit öffnen Sie die Sprungleiste derjenigen Anwendung, die an der angegebenen Stelle gepinnt oder geöffnet ist.
- [Umschalt] + Linksklick auf einen Button der Taskleiste: öffnet eine neue Instanz des angeklickten Programms.
- [Strg]+[Umschalt] + Linksklick auf einen Button der Taskleiste: öffnet eine neue Instanz des Programms mit Administratorrechten.
- [Umschalt] + Rechtsklick auf einen Button der Taskleiste: zeigt Ihnen das Fenster-Kontextmenü (mit den Funktionen *Wiederherstellen*, *Minimieren* etc.) der angeklickten Anwendung.
- [Umschalt] + Rechtsklick auf eine Gruppe von Objekten: zeigt das Fenster-Kontextmenü für die ganze Gruppe an, das u. a. Funktionen wie *Fenster gestapelt anzeigen* oder *Fenster nebeneinander anzeigen* enthält.
- [Strg] + Linksklick auf eine Gruppe von Objekten: ermöglicht das Durchschalten zwischen den gruppierten Fenstern.

Zwischen Anwendungen und Elementen hin und her schalten

Neben [Strg]+[C] und [Strg]+[V] ist [Alt]+[Tab] sicher die am häufigsten verwendete Windows-Tastenkombination. Dabei gibt es noch so viele weitere gleicher Couleur, die Sie unbedingt kennen sollten.

- [Alt]+[Tab]: Hiermit wechseln Sie zwischen den geöffneten Anwendungen. Mehrfaches Drücken von [Alt]+[Tab] wechselt jeweils um eine Anwendung nach rechts. Ebenso können Sie die Pfeiltasten zum Navigieren nutzen.

[Alt]+[Tab] im XP-Stil

Sehnen Sie sich nach dem [Alt]+[Tab] im XP-Style, das keine Thumbnails der Programme, sondern nur die Programm-Icons anzeigte? Kein Problem, mit einem Kniff können Sie es auch unter Windows 7 aufrufen: Halten Sie dazu die linke [Alt]-Taste gedrückt, während Sie [AltGr] kurz drücken und dann wieder loslassen. Bei immer noch gedrückter linker [Alt]-Taste drücken Sie nun noch [Tab] – schon können Sie im XP-Stil zwischen Anwendungen hin und her schalten.

- [Alt]+[Strg]+[Tab]: Diese Tastenkombination hat eine ähnliche Wirkung wie [Alt]+[Tab], nur müssen Sie die [Alt]-Taste dann nicht gedrückt halten, um die Übersicht über alle geöffneten Fenster eingeblendet zu lassen. So können

Sie in Ruhe nach dem Fenster suchen, das Sie wieder in den Vordergrund holen möchten.

- [Win]+[Tab]: Nutzen Sie das sogenannte Flip 3D, um zwischen den Anwendungen zu wechseln. Es funktioniert aber nur, wenn Ihr PC die Aero-Oberfläche darstellen kann.
- [Strg]+[Win]+[Tab]: Hiermit öffnen Sie ebenfalls Flip 3D, können nun aber die Pfeiltasten zur Auswahl zwischen den geöffneten Fenstern einsetzen.
- [Alt]+[Esc]: Hiermit wechseln Sie zwischen den geöffneten Anwendungen, wobei dies in der Reihenfolge geschieht, in der sie geöffnet wurden.
- [F6]: Wechseln Sie zwischen den Elementen des dargestellten Fensters oder des Desktops.
- [Strg]+[Tab]: Wechseln Sie vorwärts zwischen geöffneten Tabs, z. B. in Ihrem Browser.
- [Strg]+[Umschalt]+[Tab]: Wechseln Sie rückwärts zwischen geöffneten Tabs.
- [Tab]: Wechseln Sie zwischen den Optionen, z. B. denen eines Einstellungsfensters.
- [Umschalt]+[Tab]: Wechseln Sie zwischen Optionen rückwärts.

Unheimlich nützlich: die Shortcuts für Aero Snap und Freunde mehrerer Monitore

Aero Snap ist neu in Windows 7. Es ist jene Funktion, mit der Sie Fenster nur in einer Bildschirmhälfte maximieren. Grundsätzlich ist Aero Snap auch mit der Maus ganz gut zu bedienen. Nutzen Sie aber mehrere Monitore an einem PC, kommen Sie um die folgenden Tastatur-Shortcuts praktisch nicht herum. Denn der Übergang zwischen den Monitoren wird dann nicht mehr als Kante für Aero Snap erkannt. Zumindest nicht, wenn Sie die Fenster mit der Maus an den Rand ziehen. Mit diesen Tastaturkommandos geht's dann aber doch.

- [Win]+[↑]: maximiert das gerade ausgewählte Fenster.
- [Win]+[↓]: minimiert das fokussierte Fenster.
- [Win]+[←]: maximiert das ausgewählte Fenster in der linken Bildschirmhälfte.
- [Win]+[→]: maximiert das gewählte Fenster in der rechten Bildschirmhälfte.
- [Win]+[Umschalt]+[↑]: dehnt das gerade ausgewählte Fenster vom oberen zum unteren Bildschirmrand, ohne dessen horizontale Ausrichtung zu verändern.
- [Win]+[Umschalt]+[←] oder [→]: verschiebt das ausgewählte Fenster auf den jeweils anderen Monitor.

Aero Snap mit horizontaler Teilung?!

Leider gibt es keine Möglichkeit, Aero Snap so zu konfigurieren, dass es auch eine horizontale Teilung von Fenstern erlaubt. Dabei wäre das für Nutzer von Bildschirmen im Pivot-Modus, also um 90° hochkant gedreht, besonders praktisch. Nichtsdestotrotz: Eine nicht erst seit Windows 7 enthaltene, aber immer schon recht unbekannte Funktion ermöglicht eine Stapelung mehrerer Fenster: Öffnen Sie einfach sämtliche Fenster, die Windows übereinander anzeigen soll. Klicken Sie anschließend mit der rechten Maustaste auf eine freie Stelle der Taskleiste und wählen Sie *Fenster gestapelt anzeigen*.

Eine weitere Funktion, *Fenster nebeneinander anzeigen*, finden Sie an gleicher Stelle. Sie reiht die Fenster nebeneinander auf, ganz so wie Aero Snap. Nur mit dem Unterschied, dass so auch mehr als zwei Fenster auf einem Bildschirm geteilt dargestellt werden können. Probieren Sie es aus!

Ein großer 24-Zoll-Monitor, drei geöffnete Browserfenster und verschiedene Live-Feeds – so lässt sich eine Pressekonferenz hervorragend verfolgen. Technische Details des neusten Technik-Schnickschnacks aus Cupertino gehen dabei garantiert nicht verloren!

Ebenso besteht die Möglichkeit, im Task-Manager bei gedrückter [Strg]-Taste mehrere Anwendungen zu markieren und dann per Rechtsklick entweder überlappend, untereinander oder nebeneinander anzuzeigen.

Tastaturkommandos für den Windows-Explorer

Richtig praktisch sind diese Kommandos für die Arbeit mit dem Explorer, auch wenn die damit aufrufbaren Funktionen natürlich gar nicht so schwer zu erreichen sind.

- [Strg]+[N]: Diese Tastenkombination öffnet eine neue Instanz des Explorers.
- [Strg]+[Umschalt]+[N]: erstellt hingegen einen neuen (Unter-)Ordner im gerade geöffneten Verzeichnis.
- [Strg]+[W]: schließt das ausgewählte Explorer-Fenster.
- [Alt]+[P]: Hiermit blenden Sie den Vorschaubereich geschwind ein und wieder aus.
- [Alt]+[D]: setzt den Cursor in die Adresseingabeleiste.
- [Strg]+[F]: setzt den Fokus in die Sucheingabeleiste.

Sehschwierigkeiten? Die Windows-Lupe hilft!

Ein eher unbekanntes, weil auch selten benötigtes Feature ist die Windows-Lupe. Vielleicht haben Sie es ja auch einmal mit den Augen oder haben Ihre Brille verlegt – dann könnten folgende Tastenkombinationen sicher nützlich sein:

- [Win]+[+] oder [-]: aktiviert die Windows-Lupe und zoomt entweder hinein oder hinaus.
- [Strg]+[Alt]+[Leertaste]: zeigt eine Vorschau des Desktops, funktioniert aber nur, wenn Sie einen Bereich des Bildschirms bereits mit der Lupe vergrößert haben.
- [Strg]+[Alt]+[F]: wechselt zurück in die Vollbildansicht.
- [Strg]+[Alt]+[D]: Damit wechseln Sie in den sogenannten Verankert-Modus, wobei ein Teil der oberen Bildschirmhälfte den Bereich um den Mauszeiger vergrößert darstellt.
- [Strg]+[Alt]+[I]: Mit dieser Tastenkombination invertieren Sie die Farben der Lupenansicht.
- [Strg]+[Alt] + beliebige Pfeiltaste: Drehen Sie das Display in die Richtung der Pfeiltaste.
- [Strg]+[Alt]+[R]: Ändern Sie die Größe der Lupenlinse.
- [Win]+[Esc]: beendet die Lupenfunktion.

Maus kaputt? Den Rechner nur mit Tastatur bedienen

Mit Tastaturkommandos geht vieles, aber auch nicht alles. Blöd, wenn einmal die Maus kaputt oder deren Batterien leer sind. Damit Sie den Mauszeiger im Notfall immer noch bewegen können, bietet Windows eine Tastaturmaus.

Um diese zu aktivieren, drücken Sie gleichzeitig die linke [Alt]- sowie die linke [Umschalt]- und [Num]-Taste. Bestätigen Sie den aufklappenden Dialog mit *Ja*. Das funktioniert selbst mit der Tastatur recht gut. Fortan können Sie den Mauszeiger mit dem Nummernblock bedienen: Mit [8] geht's nach oben, die [6] bewegt den Cursor nach rechts, die [2] nach unten und die [4] nach links. Die [5] übernimmt dabei die Funktion der linken Maustaste, [+] die der rechten. [7], [9], [1] und [3] werden freilich nicht vernachlässigt und bewegen den Mauscursor in die Diagonale.

Weitere Einstellungen wie die Geschwindigkeit und Beschleunigung des Tastaturmauscursors finden Sie in der Systemsteuerung unter *Erleichterte Bedienung/Funktionsweise der Maus ändern* und schließlich *Maustasten einrichten*.

Sonstige zum Schluss

Bei diesen letzten Kombinationen fiel die Zuordnung in einer der vorgenannten Kategorien schwer. Schauen Sie einfach mal, ob für Sie etwas Interessantes dabei ist:

- [Win]+[P]: Wählen Sie den Präsentationsmodus bei angeschlossenem Zweitbildschirm oder Beamer.

- [Umschalt] fünfmal hintereinander: schaltet die Einrastfunktion ein. (Künftig müssen Sie dann z. B. nur einmal kurz auf [Umschalt] drücken, um einen Buchstaben groß schreiben zu können. Das Gedrückthalten ist nicht mehr nötig.)

- Acht Sekunden lang die rechte [Umschalt]-Taste gedrückt halten: Hiermit aktivieren Sie die Anschlagverzögerung, wodurch beispielsweise kurze oder wiederholte Tastenanschläge ignoriert werden.

- Linke [Umschalt] + linke [Alt]-Taste + [Druck]: Schalten Sie hiermit einen erhöhten Kontrast ein und aus.

Feststell-Taste per Registry deaktivieren

Wer nur die Feststell-Taste alias Caps-Lock deaktivieren möchte, braucht dafür kein AutoHotkey (s. folgenden Trick). Eine Registry-Einstellung tut's nämlich auch. Klicken Sie sich im Registrierungs-Editor zunächst zum Pfad *HKEY_LOCAL_MACHINE\ SYSTEM\ CurrentControlSet\ Control\ Keyboard Layout* durch. Erstellen Sie dort einen neuen Binärwert mit dem Namen *Scancode Map* und weisen Sie diesem den Wert *00 00 00 00 00 00 00 00 02 00 00 00 00 00 3A 00 00 00 00 00* zu. Nach einem Neustart ist die Feststell-Taste künftig ohne Funktion.

Neue Tastatur-Shortcuts selbst erstellen oder sogar die alten auf andere Tasten umlegen!

Mit Strg+C kopieren Sie Markiertes, mit Strg+X schneiden Sie es aus; Win+L sperrt den Rechner – die bekannten Windows-Tastenkürzel leiten sich vor allem von englischen Begriffen ab. Können Sie sich die Kürzel deshalb nur schlecht bis gar nicht merken, ist es durchaus möglich, Windows-Funktionen auf andere Tasten umzulegen. Hierfür hat sich vor allem eine kleine Freeware etabliert: AutoHotkey (*http://www.autohotkey.com*).

AutoHotkey kann vieles. An dieser Stelle soll aber eine Vorführung der simpleren Skripte genügen. Eine umfangreichere deutsche Dokumentation finden Sie im deutschsprachigen Bereich der Hersteller-Webseite, *http://de.autohotkey.com/docs/*.

Ein Skript erstellen

Im Grunde ist ein AutoHotkey-Skript nur eine Textdatei. Beim ersten Start bietet das Programm an, ein Beispielskript (*Sample script*) zu erstellen. Nehmen Sie das Angebot an, wird das Skript sogleich im Windows-Editor geöffnet und kann bearbeitet werden. Möchten Sie die Änderungen vollziehen, speichern Sie das Skript. Klicken Sie dann mit der rechten Maustaste auf das AutoHotkey-Icon im Infobereich und wählen Sie *Reload This Script*, um das überarbeitete Skript zu laden.

```
; IMPORTANT INFO ABOUT GETTING STARTED: Lines that start with a
; semicolon, such as this one, are comments. They are not executed.

; This script has a special filename and path because it is automatically
; launched when you run the program directly. Also, any text file whose
; name ends in .ahk is associated with the program, which means that it
; can be launched simply by double-clicking it. You can have as many .ahk
; files as you want, located in any folder. You can also run more than
; one ahk file simultaneously and each will get its own tray icon.

; SAMPLE HOTKEYS: Below are two sample hotkeys. The first is Win+Z and it
; launches a web site in the default browser. The second is Control+Alt+N
; and it launches a new Notepad window (or activates an existing one). To
; try out these hotkeys, run AutoHotkey again, which will load this file.

#z::Run www.autohotkey.com
#d::Run www.databecker.de

^!n::
IfWinExist Untitled - Notepad
    WinActivate
else
    Run Notepad
return

; Note: From now on whenever you run AutoHotkey directly, this script
; will be loaded. So feel free to customize it to suit your needs.

; Please read the QUICK-START TUTORIAL near the top of the help file.
; It explains how to perform common automation tasks such as sending
; keystrokes and mouse clicks. It also explains more about hotkeys.
```

Das Beispielskript gibt's leider nur mit englischen Erläuterungen. Wenn Sie wollen, können Sie sämtliche per Semikolon definierten Kommentare herauslöschen. Oder Sie belassen sie in der Datei und fügen Ihre individuellen Tastenkombinationen ein. So wie #d::Run http://www.databecker.de – um mit [Win]+[D] sofort die DATA BECKER-Website aufrufen zu können.

Tasten auf andere Funktionen umleiten

Was könnten Sie so „skripten"? Na, etwa eine Tastenweiterleitung. So machen Sie beispielsweise ganz leicht die unsägliche [Feststell]-Taste zu einer weiteren [Strg]-Taste: *Capslock::Ctrl*. Die Weiterleitung funktioniert also nach dem Muster *[Original]::[Ziel]*, wobei *[Original]* jene Taste bezeichnet, die Sie auf eine andere *[Ziel]* umleiten möchten.

Ebenso praktisch ist diese Umleitungsidee: *#Tab::AltTabMenu* weist AutoHotkey an, beim Aufruf von [Win]+[Tab] das Menü aufzurufen, das normalerweise beim Drücken von [Alt]+[Tab] geöffnet wird. Letztere Tastenkombination funktioniert dann aber natürlich immer noch.

Andere Ideen: Mit *RCtrl::Rwin* machen Sie beispielsweise aus der rechten [Strg]-Taste eine zweite [Win]-Taste. Aber auch Maus-Buttons können Sie verwenden und etwa die mittlere Maustaste zum Aufrufen von Flip 3D benutzen: *MButton::send ^#{Tab}*.

Sämtliche unterstützten Tastenkürzel finden Sie unter *http://de.autohotkey.com/docs/KeyList.htm*.

Per Tastendruck Anwendungen starten und Webseiten öffnen

Mit dem *Run*-Befehl öffnet ein Skript hingegen nicht nur Programme, sondern ebenso Dateien mit der für den Dateityp definierten Standardanwendung, aber auch Webseiten oder E-Mails. Ein Beispiel: *#T::Run %WINDIR%\System32\ calc.exe* startet den Windows-Taschenrechner, sobald man [Win]+[T] drückt. (Eigentlich könnten Sie den Pfad zur *calc.exe* auch weglassen, da AutoHotkey Systemprogramme wie die *calc.exe* auch so findet.) Eine Webseite öffnen Sie hingegen mit *Run [URL]*, also öffnet beispielsweise *#g::Run www.google.de* den Suchdienst Google per [Win]+[G] im Standardbrowser. Beachten Sie, dass Sie *http://* weglassen, da es sonst eine Fehlermeldung gibt.

Hotstrings – helfen beim Schreiben!

Schreiben Sie häufig Texte mit wiederkehrenden Phrasen, beispielsweise E-Mails (*Sehr geehrte Damen und Herren*; *Mit freundlichen Grüßen*) oder DATA BECKER-Bücher (*Öffnen Sie den Registrierungs-Editor*), könnten die sogenannten Hotstrings eine große Erleichterung sein. Entsprechend konfiguriert, verwandelt das Programm Abkürzungen in häufig verwendete Textbausteine. Aus dem Hotstring *MfG* wird so etwa völlig automatisch *Mit freundlichen Grüßen*.

Natürlich müssen Sie die Hotstrings vorher definieren. Dazu geben Sie in der AutoHotkey-Skriptdatei einfach für jeden Hotstring *::[ABKÜRZUNG]::[VOLLTEXT]* an. Zum Beispiel: *::MfG::Mit freundlichen Grüßen* führt oben erwähnten Hotstring ein. Künftig muss man also nur noch *MfG* schreiben (und ein Leerzeichen oder [Enter] folgen lassen), um es von AutoHotkey automatisch durch *Mit freundlichen Grüßen* ersetzen zu lassen.

Tastenkombis auf jedem Rechner

Über einen Compiler können Sie aus einem Skript übrigens auch eine ausführbare EXE-Datei machen, die auf jedem Rechner funktioniert – auch wenn AutoHotkey dort gar nicht installiert ist.

5.2 Tippen statt Klicken: die Dateinamen und Kürzel der wichtigsten Dienstprogramme und Einstellungen

Viele Einstellungen sind gut versteckt. Sollten Sie diese bei Ihren Streifzügen durch die Systemsteuerung nicht finden, suchen Sie sie vielleicht direkt auf. Denn beinahe jeden Bestandteil der Systemsteuerung erreichen Sie über ein Kürzel. Für die paar Einstellungen mit der Dateiendung *.cpl* genügt es, den Dateinamen inklusive Endung in die Suchleiste des Startmenüs einzugeben. Die Standardbezeichnung verwenden Sie hingegen so: *control.exe /name [Standardbezeichnung]*. Also öffnet beispielsweise *control.exe /name Microsoft. UserAccounts* die Einstellungen für die Benutzerkonten. Diesen Term können Sie nicht nur in die kleine Suchleiste des Startmenüs eingeben, sondern ebenfalls als Speicherort für Verknüpfungen oder in Skripten verwenden.

Name	CPL-Dateiname	Standardbezeichnung
Anpassung	-	Microsoft.Personalization
Anzeigeeinstellungen	Desk.cpl	-
Automatische Wiedergabe	-	Microsoft.AutoPlay
Begrüßungscenter	-	Microsoft.WelcomeCenter
Benutzerkonten	-	Microsoft.UserAccounts
BitLocker-Laufwerkverschlüsselung	-	Microsoft.BitLockerDriveEncryption
Bluetooth-Geräte	Bthprops.cpl	Microsoft.Bluetooth
Center für erleichterte Bedienung	-	Microsoft.EaseOfAccessCenter
Datum und Uhrzeit	Timedate.cpl	Microsoft.DateAndTime
Drucker	-	Microsoft.Printers
Energieoptionen	Powercfg.cpl	Microsoft.PowerOptions
Farbverwaltung	-	Microsoft.ColorManagement
Gamecontroller	Joy.cpl	Microsoft.GameControllers
Geräte-Manager	-	Microsoft.DeviceManager
Hardware	Hdwwiz.cpl	Microsoft.AddHardware
Indizierungsoptionen	-	Microsoft.IndexingOptions
Internetoptionen	Inetcpl.cpl	Microsoft.InternetOptions
iSCSI-Initiator	-	Microsoft.iSCSIInitiator

Name	CPL-Dateiname	Standardbezeichnung
Leistungsinformationen und -tools	-	Microsoft.PerformanceInformation-AndTools
Maus	*Main.cpl*	Microsoft.Mouse
Minianwendungen	-	Microsoft.WindowsSidebarProperties
Netzwerk- und Freigabecenter	-	Microsoft.NetworkAndSharingCenter
Netzwerkverbindungen	*Ncpa.cpl*	-
Offlinedateien	-	Microsoft.OfflineFiles
Ordneroptionen	-	Microsoft.FolderOptions
Personen in meiner Umgebung	*Collab.cpl*	Microsoft.PeopleNearMe
Problemberichte und -lösungen	-	Microsoft.ProblemReportsAndSolutions
Programme und Funktion	*Appwiz.cpl*	Microsoft.ProgramsAndFeatures
Regions- und Sprachoptionen	*Intl.cpl*	Microsoft.RegionalAndLanguageOptions
Scanner und Kameras	-	Microsoft.ScannersAndCameras
Schriftarten	-	Microsoft.Fonts
Sicherheitscenter	*Wscui.cpl*	Microsoft.SecurityCenter
Sichern und Wiederherstellen	-	Microsoft.BackupAndRestoreCenter
Sound	*Mmsys.cpl*	Microsoft.AudioDevicesAndSoundThemes
Spracherkennungsoptionen	-	Microsoft.SpeechRecognitionOptions
Standardprogramme	-	Microsoft.DefaultPrograms
Stift- und Eingabegeräte	-	Microsoft.PenAndInputDevices
Synchronisierungscenter	-	Microsoft.SyncCenter
System	*Sysdm.cpl*	Microsoft.System
Tablet PC-Einstellungen	*Tabletpc.cpl*	Microsoft.TabletPCSettings
Taskleiste und Startmenü	-	Microsoft.TaskbarAndStartMenu
Tastatur	-	Microsoft.Keyboard
Telefon- und Modemoptionen	*Telephon.cpl*	Microsoft.PhoneAndModemOptions
Text-in-Sprache	*Sapi.cpl*	Microsoft.TextToSpeech
Verwaltung	-	Microsoft.AdministrativeTools

Name	CPL-Dateiname	Standardbezeichnung
Windows Anytime Upgrade	-	Microsoft.WindowsAnytimeUpgrade
Windows CardSpace	*Infocardcpl.cpl*	Microsoft.CardSpace
Windows-Mobilitätscenter	-	Microsoft.MobilityCenter
Windows Side Show	-	Microsoft.WindowsSideShow
Windows Update	-	Microsoft.WindowsUpdate
Windows Defender	-	Microsoft.WindowsDefender
Windows-Firewall	*Firewall.cpl*	Microsoft.WindowsFirewall

5.3 Ihr optimierter und ganz individueller Explorer

Als Tor zum Dateisystem kommt dem Explorer eine ganz besondere Bedeutung zu. Insbesondere wenn Sie die Tricks dieses Buches durchprobieren, werden Sie öfter mit ihm zu tun haben. Wie gut, dass er auch selbst mit einigen Kniffen um praktische Funktionen erweitert bzw. optisch und funktional angepasst werden kann. Ein paar Anregungen finden Sie in diesem Unterkapitel.

Den Laufwerkbuchstaben vor dem Laufwerknamen anzeigen

Ulkiger kleiner Tipp: In den Werkseinstellungen werden die Laufwerkbuchstaben im Explorer hinter dem Namen des Laufwerks angezeigt. Etwa so: *Lokaler Datenträger (C:)*. Möchten Sie den Laufwerkbuchstaben davor anzeigen, öffnen Sie in der Registry *HKEY_LOCAL_MACHINE\SOFTWARE\ Microsoft\Windows\CurrentVersion\Explorer* und erstellen dort einen neuen DWORD-Wert namens *ShowDriveLettersFirst*. Geben Sie ihm anschließend den Wert 4. Melden Sie sich ab und wieder an, um die Änderung zu vollziehen. Oder starten Sie einfach neu.

Die Elemente der Explorer-Werkzeugleiste bearbeiten

In Bibliothek aufnehmen, *Freigeben für* – benötigt man diese Buttons unbedingt im Explorer? Ihnen wird sicher schon aufgefallen sein, dass die Funktionen in der Werkzeugleiste von Ordner zu Ordner variieren. Vielleicht haben Sie die eine oder andere Funktion vermisst, etwa *Einfügen* oder *Alles auswählen*. Mit diesem Kniff fügen Sie sie hinzu und können sogar noch einige Funktionen wie Diashow o. Ä. entfernen. So gelingt's:

Öffnen Sie den Registry-Pfad *HKEY_LOCAL_MACHINE\SOFTWARE\Microsoft\Windows\CurrentVersion\Explorer\FolderTypes*. Leider befindet sich dieser Registry-Bereich standardmäßig im alleinigen Besitz des TrustedInstaller. Sie müssen ihn daher erst in den Besitz Ihres Benutzerkontos überführen und anschließend noch die passenden Bearbeitungsrechte erlangen (s. S. 433).

Zurück zum angegebenen Pfad: Sie finden darin allerlei Unterschlüssel, die die verschiedenen Verzeichnistypen repräsentieren. Für jeden Schlüssel existiert dabei eine Zeichenfolge *CanonicalName*, die im weiteren Sinne die Typenbezeichnung des über diesen Schlüssel definierten Verzeichnistyps angibt. Allerdings auf Englisch. So führt die Zeichenfolge *CanonicalName* des Schlüssels *{0b2baaeb-0042-4dca-aa4d-3ee8648d03e5}* beispielsweise den Wert *Pictures.Library*. Der Schlüssel enthält also die Einstellungen für den Verzeichnistyp der Bibliothek *Bilder*.

In diesen Schlüsseln sind jeweils zwei Unterschlüssel, *TasksItemsSelected* sowie *TasksNoItemsSelected*, enthalten. Wo die beiden nicht existieren, können sie erzeugt werden. Etwa in *{5c4f28b5-f869-4e84-8e60-f11db97c5cc7}*, dem Schlüssel für die „Normalo"-Verzeichnisse.

So legt die *(Standard)*-Zeichenfolge in den Unterschlüsseln *TasksItemsSelected* den Inhalt und die Reihenfolge der Buttons in den Explorer-Werkzeugleisten des jeweiligen Verzeichnistyps fest, wenn eine Datei oder ein Unterordner des Verzeichnisses markiert ist. Der *(Standard)*-Wert des Unterschlüssels *TasksNoItemsSelected* beinhaltet hingegen die Funktionen, die angezeigt werden, wenn keine Datei markiert wurde. Die Funktionen selbst werden dabei in der Form *Windows.[FUNKTIONSNAME]* angegeben, mehrere hintereinander geschrieben und durch Semikolons, aber ohne Leerzeichen getrennt. Etwa so: *Windows.slideshow;Windows.print;Windows.email;Windows.burn;Windows.CscWorkOfflineOnline* in *TasksItemsSelected* von *{0b2baaeb-0042-4dca-aa4d-3ee8648d03e5}*. Das bedeutet allerdings noch nicht, dass der Explorer in der Bilder-Bibliothek auch wirklich alle fünf Funktionen einblendet. So gibt es einen *Email*-Button (*Windows.email*) nur, wenn ein E-Mail-Programm installiert ist, die Brennfunktion (*Windows.burn*) indes nur bei installiertem Brenner.

Obige Funktionen können Sie nun löschen, wenn Sie Platz für neue schaffen möchten. Etwa für *Windows.selectall*, die den Button *Alles auswählen* hinzufügt. *Windows.closewindow* bringt hingegen einen Button *Schließen* ein, der – Sie ahnen es – das Fenster schließt. Weitere Funktionen finden Sie im Registry-Pfad *HKEY_LOCAL_MACHINE\SOFTWARE\Microsoft\Windows\CurrentVersion\Explorer\CommandStore\shell*. Sinnvoll sind hier u. a. *Windows. copy* (*Kopieren*), *Windows.cut* (*Ausschneiden*), *Windows.paste* (*Einfügen*), *Windows.Rename* (*Umbenennen*), *Windows.delete* (*Löschen*), *Windows. properties* (*Eigenschaften*), *Windows.undo* (*Rückgängig*), *Windows.redo* (*Wiederholen*).

Praktische Funktions-Buttons für normale Verzeichnisse

Ein kleines Beispiel: Wie bereits erwähnt, liegen die Einstellungen für stinknormale Verzeichnisse in einem Schlüssel namens *{5c4f28b5-f869-4e84-8e60-f11db97c5cc7}*. Diesem Schlüssel fehlen die beiden Unterschlüssel *TasksItemsSelected* sowie *TasksNoItemsSelected*, sodass sie erst erstellt werden müssen. Tragen Sie doch dann in die *(Standard)*-Zeichenfolge der beiden Unterschlüssel das Folgende ein: *Windows.selectall;Windows.copy*; *Windows.cut;Windows.paste;Windows.closewindow*. Der Vorher-nachher-Vergleich der nachfolgenden Abbildung zeigt die Wirkung.

Oben vor dem Eingriff, unten danach. Besonders Besitzer von Breitbildmonitoren mit hohen Auflösungen können von zusätzlichen Funktionen profitieren, d. h., den sonst leeren Platz in der Leiste besser nutzen.

Leider können Sie die Werkzeugleiste auf diesem Weg nicht komplett umgestalten, aber immerhin ein wenig anpassen.

Das alte Explorer-Menü wieder permanent einblenden

Datei, Bearbeiten, Ansicht, Extras, ? – vermissen Sie das klassische Dateimenü des Explorers? Keine Sorge, Sie können es leicht reaktivieren: Klicken Sie im Explorer auf den *Organisieren*-Button und wählen Sie *Ordner- und Suchoptionen*. Das Register *Ansicht* enthält die Einstellung *Immer Menüs anzeigen*. Setzen Sie davor ein Häkchen, um künftig altes und neues Menü dauerhaft einzublenden.

Entfernen Sie die Werkzeugleiste des Explorers

Öffnen Sie mit einem Resource Hacker die Datei *%WINDIR%\Resources\Themes\Aero\Shell\NormalColor\shellstyle.dll* und navigieren Sie darin nach *UIFILE\1\1033*. Suchen Sie darin nach *<style resid="FolderBandStyle">* und fügen Sie auf diese Zeile folgend *<Element padding="rect(0rp,0rp,0rp,-32rp)" />* ein. Klicken Sie auf *Compile Script* und speichern Sie die veränderte Datei. Gegen das Original muss sie freilich ebenfalls noch getauscht werden. Melden Sie sich einmal ab und wieder an, um die Änderungen zu vollziehen.

Oben vor, unten nach dem Ressourcen-Hack – dabei ist die Werkzeugleiste doch so praktisch und kann sogar mit zusätzlichen Funktionen bestückt werden (s. S. 301).

Achtung: Am Dateipfad zur *shellstyle.dll* haben geübte Augen sicher schon gesehen, dass diese Einstellung Theme-abhängig ist. Wählen Sie ein anderes Theme als das Standard-Aero, ist das Ordnerband wieder da.

Die Info-Leiste nach oben setzen

Um nun die eigentlich immer am unteren Explorer-Rand befindliche Info-Leiste an den oberen Rand zu setzen, öffnen Sie im Resource Hacker die *shell32.dll* in *%WINDIR%\System32*. Hier suchen Sie in den Ressourcen *UIFILE\3\1033*, *UIFILE\4\1033*, *UIFILE\5\1033*, *UIFILE\6\1033*, *UIFILE\19\1033*, *UIFILE\ 20\1033*, *UIFILE\21\1033* überall nach dem Text *layoutpos="bottom"* und ersetzen ihn durch *layoutpos="top"*. Klicken Sie immer fleißig auf *Compile Script* und speichern Sie die geänderte Datei bzw. ersetzen Sie das Original. Sie müssen den Rechner neu starten, um die Änderung zu vollziehen.

Normalerweise befindet sich die schmale Informationsleiste am unteren Bildschirmrand, kann aber leicht nach oben umgesetzt werden. Der Kniff funktioniert übrigens auch dann noch, wenn Sie das Ordnerband eingeblendet lassen.

Die Info-Darstellung animieren

Lust auf ein wenig Bewegung im Explorer? So können Sie den Text in der Info-Leiste animieren: Öffnen Sie mit dem Resource Hacker die *shellstyle.dll* in *%WINDIR%\Resources\Themes\Aero\Shell\NormalColor*. Die Änderung ist wieder Theme-spezifisch und wird in diesem Beispiel für das Aero-Theme vorgenommen.

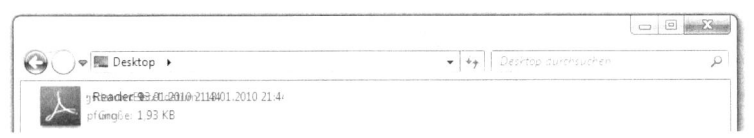

Nicht wundern: Die Info-Leiste wurde vorher mit dem Trick von S. 304 nach oben umgesetzt. Die Animationen werden aber freilich ebenfalls eingeblendet, wenn die Info-Leiste an ihrer normalen Position verbleibt.

Im Resource Hacker werfen Sie nun einen Blick auf die *UIFILE\1\1033*. Interessant sind darin die Codebereiche nach *<style resid="documentslayoutstyle">*, *<style resid="gameslayoutstyle">*, *<style resid="musiclayoutstyle">*, *<style resid ="photolayoutstyle">*, *<style resid="genericlayoutstyle">*. Nutzen Sie die Suchfunktion des Resource Hacker, um sie schnell zu finden. Nach jedem der fünf Codes fügen Sie dann den Animationscode ein. Folgendes ist möglich:

- Soll sich der Text diagonal von links oben nach rechts unten in das Info-Feld einblenden, fügen Sie nach jedem der obigen Codes *<element id="atom(animation)" animation="rectangle|exp|fast"/>* ein.

- Um den Text nach einigen Sekunden wieder auszublenden, nutzen Sie *<element id="atom(animation)" accessible="true" alpha="0" animation= "alpha|s|veryslow"/>*.

- Mit *<element id="atom(animation)" animation="position|exp|fast"/>* erzielen Sie einen ähnlichen Effekt wie mit dem ersten Code.

- Der Code *<element id="atom(animation)" animation="rectanglev|exp| fast"/>* blendet den Text hingegen von oben nach unten ein.

- Und mit *<element id="atom(animation)" animation="rectangleh|exp| fast"/>* wird er von links eingeblendet.

Die Codes enthalten immer mal die Angabe *fast* oder auch *veryslow*. Hiermit wird die Geschwindigkeit der Animation konfiguriert. Sie können mit diesen Werten also auch noch herumspielen und beispielsweise *<element id= "atom(animation)" animation="rectangleh|exp|veryslow"/>* statt *<element id="atom(animation)" animation="rectangleh|exp|fast"/>* eingeben. Möglich sind (von sehr langsam bis sehr schnell): *veryslow*, *slow*, *fast* und *veryfast*.

Tabbed exploring: Register statt vieler Fenster

Das sogenannte Tabbed Browsing ist nichts Neues. Statt immer neue Browserfenster zu öffnen und somit immer wieder neue Instanzen des Browsers zu starten, werden gleichzeitig geöffnete Webseiten in Tabs arrangiert. Diese Art zu surfen ist reichlich bequem und übersichtlich. Kein Wunder, dass sich die Tabs inzwischen auch in andere Programme einschleichen. Beispielsweise bei Instant Messengern wie QIP (*http://qipim.com/de/*).

Doch warum gibt es dieses Konzept eigentlich nicht für den Windows-Explorer? Eine gute Frage. Vielleicht werden Tabs ja dann als bahnbrechendes, innovatives Feature in Windows 8 integriert. Wer nicht so lange warten will, lädt in der Zwischenzeit QTTabBar (*http://sourceforge.net/projects/qttabbar/*) herunter und ergänzt den Explorer so nicht nur um Tabs bzw. Reiter, sondern auch um etliche andere Funktionen. Eindeutschen können Sie das Programm übrigens, indem Sie die deutsche Sprachdatei von *http://sourceforge.net/ projects/qttabbar/files/Language%20Files/* herunterladen und in den Optionen unter *General* als *Language file* auswählen.

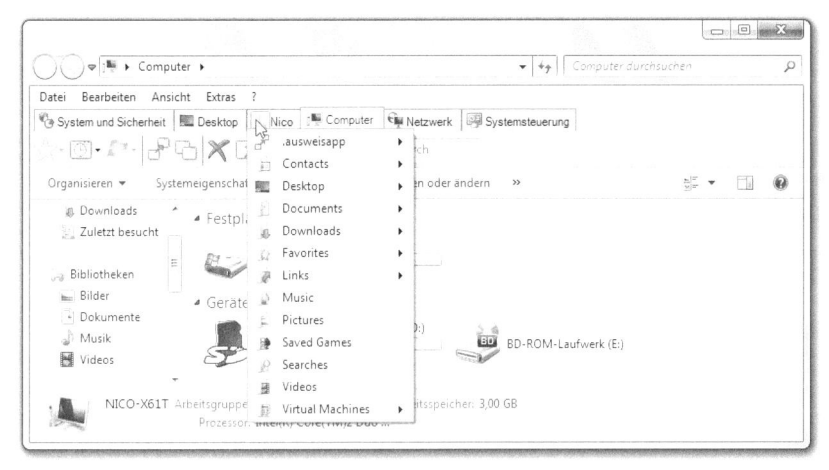

Die Fülle an Zusatzfunktionen, um die QTTabBar den Explorer bereichert, ist beachtlich. Probieren Sie das Tool am besten einmal aus und wühlen Sie sich durch dessen Optionen, die Sie u. a. per Rechtsklick auf den Tab-Bereich und Auswahl von Options aufrufen.

Kontrollkästchen zur Auswahl mehrerer Dateien verwenden

Ein Ordner voller Dateien, aber nur ein paar sind von Interesse? Mit gedrückt gehaltener [Strg]-Taste und einem Linksklick pro Datei können Sie Dateien nacheinander einzeln auswählen. Wenn Sie dabei versehentlich an die falsche Stelle klicken, war jedoch all die Arbeit umsonst.

Dabei ist die Mehrfachauswahl doch ebenfalls per Kontrollkästchen möglich. Klicken Sie dazu im Explorer auf *Organisieren* und wählen Sie *Ordner- und Suchoptionen*. Im Register *Ansicht* der *Ordneroptionen* entdecken Sie die Eigenschaft *Kontrollkästchen zur Auswahl von Elementen verwenden*. Setzen Sie dort ein Häkchen und bestätigen Sie die Änderung mit *OK*. In sämtlichen Ordneransichten sind die Kontrollkästchen nun verfügbar: in Listen vor dem Dateinamen, in Übersichten mit Symbolen jeweils in der linken oberen Ecke. Besonders praktisch ist das übrigens für Besitzer von Tablet-PCs, die manchmal gar keine [Strg]-Taste mehr haben.

5.4 Den Computer im Griff behalten

Lassen Sie sich nicht täuschen: Mit Computer ist an dieser Stelle jene Explorer-Ansicht gemeint, die unter Windows XP noch als Arbeitsplatz bezeichnet wurde. Nicht etwa Ihr ganzer PC – wobei es natürlich dennoch wünschenswert ist, dass Sie auch ihn im Griff behalten.

Den Computer um Einträge wie den Papierkorb etc. bereichern – oder erleichtern!

Früher hieß er Arbeitsplatz, seit Vista ist's der Computer. Traditionell beherbergt er Verknüpfungen zu sämtlichen Laufwerken bzw. Partitionen des PCs. Er kann aber mehr: beispielsweise den Papierkorb einblenden, wenn Sie dies wollen.

Die zentralen Einstellungen für die Zusatz-Icons des *Computer*-Fensters nehmen Sie in dem Registry-Schlüssel HKEY_LOCAL_MACHINE\SOFTWARE\ *Microsoft\Windows\CurrentVersion\Explorer\MyComputer\NameSpace* vor. Um neue Einträge im Computer einzublenden, müssen Sie in *NameSpace* nur einen neuen Schlüssel erstellen und ihn mit der CLSID des einzufügenden Eintrags benennen. Möchten Sie beispielsweise den Papierkorb im Computer einblenden, erstellen Sie in *NameSpace* schlicht einen neuen Schlüssel namens *{645FF040-5081-101B-9F08-00AA002F954E}*.

Weitere CLSIDs und somit mögliche Kandidaten für das Einbeziehen in den Computer finden Sie auf S. 311.

Ein Tool hilft beim Bearbeiten der Computeransicht

Mögen Sie nicht in der Registry herumfummeln, aber dennoch am Umfang der Computeransicht basteln, sollten Sie das kostenlose Tool Companel probieren. Mit ihm integrieren Sie bis zu 65 neue Menüpunkte in den „Computer" – oder entfernen diese wieder. Die englischsprachige Freeware finden Sie unter *http://downloadinformer.blogspot.com/2011/03/companel-add-to-remove-items-from.html*. Eine Installation ist nicht notwendig.

Eigene Verzeichnisse in die Computer-Ansicht integrieren

Ebenso wie der Arbeitsplatz, sein Vorgänger, ist der Computer für viele Windows-Nutzer der Ausgangspunkt für Ausflüge ins Dateisystem eines Rechners. Typischerweise führt er dabei nur alle Festplatten, Partitionen und andere Speichergeräte auf, die Windows erkennen und mit denen es arbeiten kann. Auf PCs mit großen Bildschirmen und wenigen Datenträgern ist das

Fenster des Computers praktisch leer. Wäre es da nicht schön, es noch ein wenig zu füllen? Etwa mit Ordnern, die man besonders häufig benutzt, aber tief im System vergraben hat? Ein Registry-Hack macht es möglich:

Öffnen Sie mit dem Registrierungs-Editor den Pfad HKEY_LOCAL_MACHINE\ SOFTWARE\Microsoft\Windows\CurrentVersion\Explorer\MyComputer\ NameSpace\. Um nun einen neuen Ordner in den Computer einzubinden, müssen Sie hier einen neuen Schlüssel erstellen, dessen Name aber einer CLSID entsprechen muss. Nennen Sie den neuen Schlüssel etwa {5399E694-6CE5-4D6C-8FCE-1D8870FDCBA0}, wird die Systemsteuerung eingebunden (s. S. 311). Indem Sie den (Standard)-Wert des neuen Schlüssels verändern, gönnen Sie der Verknüpfung noch einen anderen Namen. Um nun einen eigenen Ordner einzubinden, registrieren Sie diesen zunächst als Systemverzeichnis, wie auf S. 314 beschrieben. Die dabei festgelegte CLSID verwenden Sie in dieser Anleitung als Namen des neu zu erstellenden Schlüssels.

Netzwerkverbindungen im Computer anzeigen

Netzwerkverbindungen werden seit Vista gut in der Systemsteuerung versteckt. Vielleicht wollen Sie sie etwas hervorholen und schon im Computer anzeigen. Kein Problem: Öffnen Sie den Registry-Pfad HKEY_LOCAL_MA-CHINE\SOFTWARE\Microsoft\Windows\CurrentVersion\Explorer\MyComputer\NameSpace\ und erzeugen Sie darin einen neuen Schlüssel namens {992CFFA0-F557-101A-88EC-00DD010CCC48}. Schon führt der Computer beim nächsten Aufruf eine Verknüpfung zu den Netzwerkverbindungen auf.

Im Computer wirklich nur Laufwerke anzeigen lassen – und nichts weiter

Startmenü, Desktop, Schnellstartleiste – an diesen Orten machen sich viele Programme mit Verknüpfungen breit. Eine neuere Modeerscheinung scheint es zu sein, zusätzlich noch im Computer Verknüpfungen zu Programmfunktionen zu setzen.

Löschen können Sie diese Einträge offiziell nicht. Aber inoffiziell und analog zu der Vorgehensweise, mit der Sie im Computer neue Verknüpfungen entstehen lassen. Öffnen Sie einfach den Registrierungs-Editor und schlängeln Sie sich auf dem Pfad HKEY_LOCAL_MACHINE\SOFTWARE\Microsoft\Windows\CurrentVersion\explorer\MyComputer\NameSpace\ durch die Registry. Prüfen Sie nun, welcher Unterschlüssel von NameSpace in dessen (Standard)-Zeichenfolge den Namen der Verknüpfung enthält, die Sie aus dem Computer herausschmeißen möchten.

Diesen Unterschlüssel von *NameSpace* könnten Sie nun einfach löschen. Bestehen Ihrerseits aber Zweifel, ob Sie die Verknüpfung später nicht doch noch einmal gebrauchen, sollten Sie ihn vorher exportieren oder einfach umbenennen. Schließen Sie den Computer und öffnen Sie ihn sogleich wieder, um die Änderung sehen zu können.

Unliebsame Eingabehistorie des Explorers

Die Historie der Adressleiste des Explorers ist ein Verlauf, den man leicht löschen kann. Die Einträge, die der Explorer als „Vorschläge" aufführt, sobald Sie in dessen Adresszeile zu tippen beginnen, finden Sie nämlich im Registry-Pfad *HKEY_CURRENT_USER\Software\Microsoft\Windows\CurrentVersion\ Explorer\TypedPaths*. Löschen Sie hier die Pfade, von denen keiner etwas wissen soll. Nach einem Neustart ist die Eingabehistorie geleert.

Die Explorer-Suchhistorie löschen

Um die gesamte Suchhistorie des Explorers „auszulöschen", öffnen Sie mit dem Registrierungs-Editor den Pfad *HKEY_CURRENT_USER\Software\Microsoft\Windows\CurrentVersion\Explorer* und löschen darin einfach den Schlüssel *WordWheelQuery*. Und schon sind die Suchvorschläge weg.

Nur einzelne Einträge der Suchhistorie löschen

Möchten Sie einen Eintrag aus der Vorschlagsliste der Windows-Suche entfernen, tippen Sie zunächst etwas in die Suchleiste ein, sodass die Suchvorschläge angezeigt werden. Bewegen Sie den Mauszeiger dann einfach auf den zu entfernenden Suchvorschlag und drücken Sie dann [Entf]. Er wird sogleich gelöscht.

Die versteckte Dateivorschau nutzen, statt alles durchzuklicken

Haben Sie die Vorschaufunktion des Explorers überhaupt schon kennengelernt? Wer sie nicht kennt, weiß auch nichts von ihr. Öffnen Sie am besten einmal ein Verzeichnis, das Bilder o. Ä. enthält. Klicken Sie dann in der Funktionsleiste des Explorers auf *Organisieren*, wählen Sie *Layout* und setzen Sie ein Häkchen bei *Vorschaufenster*. Alternativ gibt's auf Höhe des *Organisieren*-

Buttons ein entsprechendes Icon, mit dem Sie die Vorschaufunktion ebenfalls aktivieren können. Markieren Sie nun eines der Bilder, sollte sofort eine Vorschau angezeigt werden.

Nichtssagende Dateinamen sind ein Fluch, besonders bei Dateitypen, die typischerweise recht träge sind. So wie PDF-Dateien. Gut, dass es im Explorer eine leistungsfähige Vorschau gibt. Die funktioniert allerdings nur, wenn der Adobe Reader installiert ist.

Für etliche Tricks zu gebrauchen: die wichtigsten CLSID-Werte zum Abkürzen

CLSID-Codes kann man für die verschiedensten Dinge verwenden. Ein Beispiel: Um eine leicht an die Taskleiste anheftbare Verknüpfung zu einer Systemsteuerungs-Funktion zu erstellen, klicken Sie mit der rechten Maustaste auf eine freie Stelle des Desktops oder Explorers und wählen *Neu*, dann *Verknüpfung*. Geben Sie im Assistenten dann als Speicherort des Elements *%WINDIR%\explorer.exe shell:::[CLSID]* ein, wobei *[CLSID]* durch den entsprechenden Wert aus unten stehender Tabelle zu ersetzen ist. Beispiel: *%WINDIR%\explorer.exe shell:::{36eef7db-88ad-4e81-ad49-0e313f0c35f8}* schafft eine Verknüpfung zu Windows Update.

Sie können eine solche Verknüpfung aber noch auf andere Art erzeugen: Erstellen Sie an beliebiger Stelle doch einmal einen neuen Ordner. Benennen Sie ihn ebenfalls beliebig und lassen Sie dem Namen dann einen Punkt sowie eine CLSID folgen. Etwa so könnte einer heißen: *Alle Aufgaben.{ED7BA470-8E54-465E-825C-99712043E01C}*. Sogleich wird aus dem Ordner eine Verknüpfung zu der Systemfunktion, die hinter der CLSID steckt. Probieren Sie es aus!

Sobald Sie einen Punkt und die entsprechende CLSID an den Verzeichnisnamen hängen, erzeugt Windows 7 die Verknüpfung. Sogar das passende Icon wird dabei automatisch vergeben.

Name	CLSID
Alle Aufgaben	{ED7BA470-8E54-465E-825C-99712043E01C}
Anmeldeinformationsverwaltung	{1206F5F1-0569-412C-8FEC-3204630DFB70}
Anpassen	{ED834ED6-4B5A-4bfe-8F11-A626DCB6A921}
Anzeige	{C555438B-3C23-4769-A71F-B6D3D9B6053A}
Benutzerkonten	{60632754-c523-4b62-b45c-4172da012619}
Biometriegeräte	{0142e4d0-fb7a-11dc-ba4a-000ffe7ab428}
BitLocker	{D9EF8727-CAC2-4e60-809E-86F80A666C91}
Computer	{20D04FE0-3AEA-1069-A2D8-08002B30309D}
Drahtlosnetzwerke verwalten	{1FA9085F-25A2-489B-85D4-86326EEDCD87}
Energieoptionen	{025A5937-A6BE-4686-A844-36FE4BEC8B6D}
Erleichterte Bedienung	{D555645E-D4F8-4c29-A827-D93C859C4F2A}
Geräte und Drucker	{A8A91A66-3A7D-4424-8D24-04E180695C7A}
Heimnetzgruppen-Einstellungen	{67CA7650-96E6-4FDD-BB43-A8E774F73A57}
Infobereichsymbole	{05d7b0f4-2121-4eff-bf6b-ed3f69b894d9}
Jugendschutz	{96AE8D84-A250-4520-95A5-A47A7E3C548B}
Leistungsbewertung	{78F3955E-3B90-4184-BD14-5397C15F1EFC}
.NET- und COM-Bibliotheken	{1D2680C9-0E2A-469d-B787-065558BC7D43}
Netzwerk	{F02C1A0D-BE21-4350-88B0-7367FC96EF3C}
Netzwerk- und Freigabecenter	{8E908FC9-BECC-40f6-915B-F4CA0E70D03D}
Netzwerk (WORKGROUP)	{208D2C60-3AEA-1069-A2D7-08002B30309D}
Netzwerkverbindungen	{992CFFA0-F557-101A-88EC-00DD010CCC48}

Name	CLSID
Ortungs- und andere Sensoren	{E9950154-C418-419e-A90A-20C5287AE24B}
Papierkorb	{645FF040-5081-101B-9F08-00AA002F954E}
Problembehandlung	{C58C4893-3BE0-4B45-ABB5-A63E4B8C8651}
Programme und Funktionen	{7b81be6a-ce2b-4676-a29e-eb907a5126c5}
Programminstallation über Netzwerk	{15eae92e-f17a-4431-9f28-805e482dafd4}
RemoteApp- und Desktop-verbindungen	{241D7C96-F8BF-4F85-B01F-E2B043341A4B}
Schriftarteneinstellungen	{93412589-74D4-4E4E-AD0E-E0CB621440FD}
Sichern und Wiederherstellen	{B98A2BEA-7D42-4558-8BD1-832F41BAC6FD}
Spracherkennung	{58E3C745-D971-4081-9034-86E34B30836A}
Standardaufenthaltsort	{00C6D95F-329C-409a-81D7-C46C66EA7F33}
Standardprogramme	{17cd9488-1228-4b2f-88ce-4298e93e0966}
Synchronisierungscenter	{9C73F5E5-7AE7-4E32-A8E8-8D23B85255BF}
System	{BB06C0E4-D293-4f75-8A90-CB05B6477EEE}
Systemsteuerung	{5399E694-6CE5-4D6C-8FCE-1D8870FDCBA0}
Systemwiederherstellung	{9FE63AFD-59CF-4419-9775-ABCC3849F861}
Verwaltung	{D20EA4E1-3957-11d2-A40B-0C5020524153}
Wartungscenter	{BB64F8A7-BEE7-4E1A-AB8D-7D8273F7FDB6}
Windows-Firewall	{4026492F-2F69-46B8-B9BF-5654FC07E423}
Windows Side Show	{E95A4861-D57A-4be1-AD0F-35267E261739}
Windows Update	{36eef7db-88ad-4e81-ad49-0e313f0c35f8}

So finden Sie das passende Icon

Sie haben auf Basis der CLSIDs eine neue Verknüpfung erstellt und suchen nun noch das passende Icon? Öffnen Sie die Registry im Pfad *HKEY_CLASSES_ROOT\CLSID* und suchen Sie dort nach der CLSID der verknüpften Funktion. Öffnen Sie den Schlüssel, finden Sie darin einen Unterschlüssel namens *DefaultIcon*, dessen *(Standard)*-Wert den Pfad zum passenden Icon enthält.

Eigene CLSID-Codes für verschiedene Kniffe selbst erstellen

Wichtige Systemfunktionen können Sie über eine CLSID direkt aufrufen oder in Systembestandteile wie den Computer einbinden, die normalerweise keine Konfiguration durch den Benutzer vorsehen. Vielleicht möchten Sie aber nicht nur die Systemsteuerung oder den Geräte-Manager im Computer aufführen, sondern auch eigene Verzeichnisse auflisten. Die folgende, leider etwas umfangreiche Beschreibung zeigt am Beispiel eines beliebigen Verzeichnisses, wie Sie eigene CLSIDs definieren können:

1 Wie so oft müssen Sie den Registrierungs-Editor öffnen. Navigieren Sie damit nach *HKEY_CLASSES_ROOT\CLSID*. Erstellen Sie dort eine neue CLSID, indem Sie einen neuen Schlüssel mit einer beliebigen, aber noch nicht vergebenen Bezeichnung anlegen. Einen kostenlosen Onlinegenerator für CLSIDs bzw. GUIDs finden Sie unter *http://www.guidgenerator. com/*. Er gibt etwa Zeichenketten wie *{256528a2-5aec-465a-9162-39c 10418fbb6}* aus. (Vergessen Sie die Klammern nicht!) Der *(Standard)*-Wert dieses neuen Schlüssels sollte dabei den Namen des Ordners tragen, den Sie künftig über die CLSID ansprechen wollen. Etwa *Windows 7 Dirty Tricks*. Jener Schlüssel wird fortan als Hauptschlüssel bezeichnet.

2 Erstellen Sie im Hauptschlüssel einen weiteren Schlüssel namens *DefaultIcon*. Dessen *(Standard)*-Wert soll der Pfad des Icons sein, das der CLSID zugewiesen wird. Hinweise zur Icon-Pfadangabe erhalten Sie auf S. 248.

3 Im Hauptschlüssel muss ein weiterer Schlüssel namens *InProcServer32* erzeugt werden. Dessen *(Standard)* muss den Wert *shell32.dll* erhalten. Weiterhin erzeugen Sie im *InProcServer32*-Schlüssel eine Zeichenfolge namens *ThreadingModel* und geben ihr den Wert *Apartment*.

4 Erstellen Sie nun innerhalb des Hauptschlüssels einen weiteren Schlüssel namens *Shell*, darin wiederum einen neuen Schlüssel mit beliebigem Namen (etwa *Windows 7 Dirty Tricks*) und darin wiederum noch einen Schlüssel namens *command*. Der *(Standard)* des letzten Schlüssels *command* muss dabei angeben, welches Programm beim Aufruf der CLSID gestartet werden soll. Da in diesem Beispiel ein Ordner im Explorer geöffnet werden soll, geben Sie hier etwa *explorer.exe /n,/e, "C:\Users\Nico\Desktop\Windows 7 Dirty Tricks\"* an.

Dieses neue Systemverzeichnis können Sie nun etwa durch Eingabe von *::[CLSID]* in die Adressleiste des Explorers aufrufen oder mit dem Kniff von S. 308 in den Computer integrieren.

Abkürzungen zu den wichtigsten Windows-Systemverzeichnissen

Neben CLSIDs gibt's auch noch andere Kürzel zu Systemverzeichnissen. Deren Abkürzungen tippen Sie entweder in die Suchleiste des Startmenüs oder in die Adressleiste des Explorers ein.

Systemordner	Abkürzung
Anwendungsdaten aller Benutzer	shell:Common AppData
Anwendungsdaten des Benutzers	shell:Local AppData
Anwendungsdaten des Benutzers	shell:AppData
Anwendungsdaten des Benutzers (Integrität Low)	shell:LocalAppDataLow
Autostart	shell:Startup
Autostart für alle Benutzer	shell:Common Startup
Beispielmusik	shell:SampleMusic
Beispielbilder	shell:SamplePictures
Beispielwiedergabelisten	shell:SamplePlaylists
Beispielvideos	shell:SampleVideos
Benutzer-Templates	shell:Templates
Benutzerordner	shell:UserProfiles
Benutzerverzeichnis	shell:Profile
Bilder	shell:My Pictures
Computer (ehem. Arbeitsplatz)	shell:MyComputerFolder
Cookies	shell:Cookies
Credentials	shell:CredentialManager
Desktop	shell:Desktop
Diashows des Benutzers	shell:PhotoAlbums
Dokumente des Benutzers	shell:Personal
Downloads	shell:Downloads
Druckerverknüpfungen	shell:PrintHood
Drucker	shell:PrintersFolder
Favoriten	shell:Favorites
Fonts (Schriftarten)	shell:Fonts
Gadgets, heruntergeladen	shell:Gadgets
Gadgets, vorinstalliert	shell:Default Gadgets

Systemordner	Abkürzung
Gespeicherte Spiele des Benutzers	shell:SavedGames
History	shell:History
Installierte Updates	shell:AppUpdatesFolder
Internet Explorer	shell:InternetFolder
Konflikte des Synchronisierungscenters	shell:ConflictFolder
Kontakte	shell:Contacts
Musik	shell:My Music
Netzwerk	shell:NetworkPlacesFolder
Netzwerkpfade	shell:NetHood
Netzwerkverbindungen	shell:ConnectionsFolder
Ordner des aktuellen Benutzers	shell:UsersFilesFolder
Original Images Windows Photo Gallery	shell:Original Images
Öffentliche Bilder	shell:CommonPictures
Öffentliche Dateien	shell:Public
Öffentlicher Desktop	shell:Common Desktop
Öffentliche Dokumente	shell:Common Documents
Öffentliche Downloads	shell:CommonDownloads
Öffentliche Musik	shell:CommonMusic
Öffentliche Templates	shell:Common Templates
Papierkorb	shell:RecycleBinFolder
Programme	shell:ProgramFiles
Programme (64 Bit)	shell:ProgramFilesX86
Programme-Unterordner *Common Files*	shell:ProgramFilesCommon
Programme-Unterordner *Common Files* (64 Bit)	shell:ProgramFilesCommonX86
Programm deinstallieren oder ändern	shell:ChangeRemoveProgramsFolder
Programme für alle Benutzer	shell:Common Programs
Programme im Startmenü des Benutzers	shell:Programs
Programme vom Netzwerk beziehen	shell:AddNewProgramsFolder
Protect-Verzeichnis	shell:DpapiKeys
Resources (z. B. Themes)	shell:ResourceDir
Schnellstartleiste	shell:Quick Launch
Senden an	shell:SendTo

Systemordner	Abkürzung
Spiele	shell:Games
Spiele-Explorer	shell:GameTasks
Spiele-Explorer, öffentliche Dateien	shell:PublicGameTasks
Startmenü	shell:Start Menu
Startmenü für alle Benutzer	shell:Common Start Menu
Suche	shell:SearchHomeFolder
Suchvorgänge	shell:Searches
Synchronisierungscenter	shell:SyncCenterFolder
Synchronisierungsergebnisse	shell:SyncResultsFolder
Synchronisierungspartnerschaften	shell:SyncSetupFolder
System32-Verzeichnis	shell:System
System32 auf 64-Bit-Systemen	shell:SystemX86
Systemsteuerung	shell:ControlPanelFolder
Systemzertifikate	shell:SystemCertificates
Temporary Internet Files (temporäre Dateien des Browsers)	shell:Cache
Temporärer Ordner für zu brennende Dateien	shell:CD Burning
Verknüpfungen	shell:Links
Verschlüsselungs-Keys	shell:CryptoKeys
Verwaltung	shell:Administrative Tools
Verwaltung, wichtigste Einstellungen	shell:Common Administrative Tools
Videos	shell:My Video
Wiedergabelisten des Benutzers	shell:Playlists
Windows-Ordner	shell:Windows
Zuletzt verwendet	shell:Recent

Der versteckte Dateientpacker für selbstextrahierende EXE-Dateien

Dass Windows schon seit XP mit ZIP-Dateien umgehen, sie also öffnen und letztlich auch erstellen kann, ist Ihnen mit Sicherheit bekannt. Vielleicht möchten Sie Dateien aber einmal auf andere Art zusammenschnüren? Etwa als selbstextrahierende EXE-Datei. Kein Problem, denn Windows 7 enthält einen versteckten Assistenten, mit dem Sie ruck, zuck mehrere Dateien in eine selbstextrahierende EXE-Datei verpacken können:

1 Geben Sie dazu zunächst *iexpress.exe* in die Suchleiste des Startmenüs ein. Der nun geöffnete *IExpress Wizard* ist leider nur in englischer Sprache verfügbar. Sei's drum – um ein neues EXE-Archiv zu erzeugen, wählen Sie *Create new Self Extraction Directive file* (und anschließend *Weiter*).

2 Im Schritt *Package purpose* bleibt für Sie eigentlich nur eine sinnvolle Option, *Extract files only*. Wählen Sie diese und geben Sie im nächsten Schritt einen Titel an, der später beim Entpacken dargestellt werden soll.

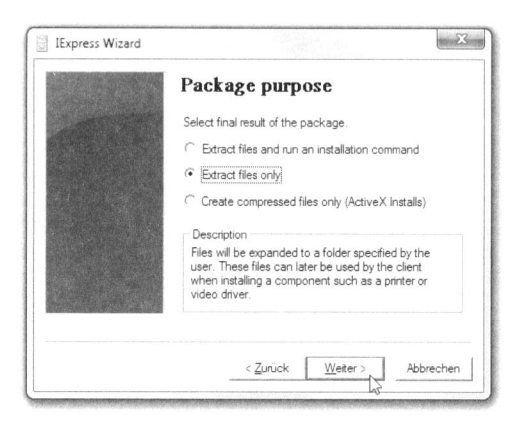

3 In den folgenden Schritten sind *No prompt*, daraufhin *Do not display a license* die unkompliziertesten Optionen.

4 Im Schritt *Packaged files* können Sie über *Add* endlich die Dateien auswählen, die in die EXE gepackt werden sollen. Viel mehr gibt es dazu nicht zu sagen.

5 Wählen Sie anschließend im Schritt *Show window* die Option *Default (recommended)*, daraufhin in *Finished message* am besten *No message*.

6 Unter *Package Name and Options* können Sie schlussendlich das Verzeichnis wählen, in das die EXE-Datei gespeichert werden soll. Klicken Sie danach noch zweimal auf *Weiter*, können Sie den Assistenten endlich beenden, das EXE-Archiv also fertigstellen.

Deutlicher darstellen, welche Verzeichnisse geöffnet sind

Ein Kniff zum Verzeichnisbaum des Explorers: Um den geöffneten Verzeichnispfad leichter nachvollziehen zu können, sollten Sie das Icon des geöffneten Ordners und seiner übergeordneten Verzeichnisse im Verzeichnisbaum automatisch gegen einen Pfeil – bzw. ein Pfeil-Icon – austauschen lassen. Per Registry-Hack gelingt das ganz leicht: Öffnen Sie mit dem Registrierungs-Editor den Registry-Pfad *HKEY_LOCAL_MACHINE\SOFTWARE\Microsoft\ Windows\CurrentVersion\explorer*. Falls noch nicht vorhanden, erstellen Sie darin einen neuen Schlüssel namens *Shell Icons*. In diesem erzeugen Sie wiederum eine neue Zeichenfolge (*REG_SZ*) namens *4*. Ihr Wert ist der Pfad zu dem Icon, das künftig vor den geöffneten Verzeichnissen eingeblendet werden soll. Sie könnten hierfür beispielsweise ein Icon der *shell32.dll* (*%WINDIR%\System32\shell32.dll*) verwenden – etwa: *%WINDIR%\ System32\ shell32.dll,-290*.

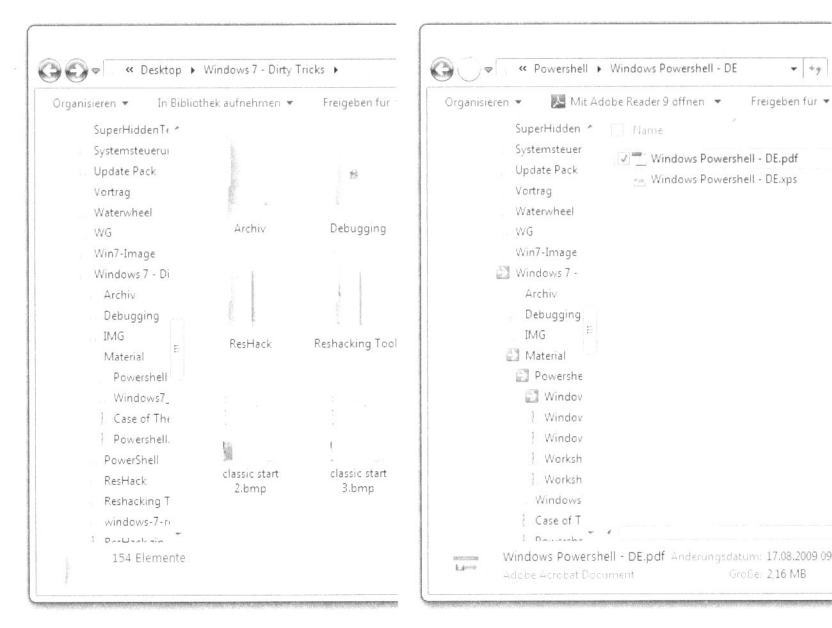

Links vor, rechts nach dem Registry-Hack. Ob der grüne Pfeil besonders schön ist, dürfen Sie selbst entscheiden – und zur Not ja auch ein ganz anderes Icon auswählen.

Navigation im Explorer im Verzeichnisbaum nachempfinden

Navigieren Sie in der rechten Spalte des Explorers durch die Verzeichnisse Ihrer Festplatte, passiert in der linken Spalte, die den Verzeichnisbaum darstellt, gar nichts. Dabei wäre es doch praktisch, wenn die Ordner „aufklappen" würden, durch die Sie sich rechts kämpfen. Mit einer kleinen Einstellung ändern Sie das: Klicken Sie im Explorer auf *Organisieren* und wählen Sie dann *Ordner- und Suchoptionen*. Im Register *Allgemein* setzen Sie nun ein Häkchen bei *Automatisch auf aktuellen Ordner erweitern*. Schon folgt die Verzeichnisstruktur in der linken Explorer-Spalte dem Geschehen in der rechten.

5.5 Rechtsklick so praktisch wie nie: eigene Sprungleisten und Kontextmenüs

In der englischen Windows 7-Version sind sie als Jumplists bekannt, bei uns heißen sie Sprungleisten: Das neue Taskleisten-Feature ist eine der sinnvollsten Neuerungen in Windows 7. Und die „alten" Kontextmenüs – manchen auch als „Rechtsklickmenüs" bekannt – gibt es ja auch noch. Was Sie sowohl mit den neuen Sprungleisten als auch mit den immer schon praktischen Kontextmenüs abseits offizieller Windows-Einstellungen so alles anfangen können, zeigen die folgenden Seiten.

Sprungleiste ohne Rechtsklick

Normalerweise öffnen Sie Sprungleisten einfach per Rechtsklick auf das Icon der jeweiligen Anwendung. Alternativ gelingt's aber ebenfalls, wenn Sie mit der linken Maustaste aufs Icon klicken, die Maustaste gedrückt halten und dann den Mauszeiger nach oben bewegen. Diese „Bedienungsalternative" wurde wohl im Hinblick auf die Touchscreen- bzw. Multitouch-Unterstützung kreiert.

Eine eigene Sprungleiste nach Belieben erstellen

Möchten Sie eine ganz eigene Sprungleiste zusammenstellen und diese etwa als Schnellstartmöglichkeit für unterschiedlichste Programme nutzen, kann Ihnen ein Tool wie der Jumplist-Launcher (*http://www.ali.dj/jumplist-launcher/*) behilflich sein.

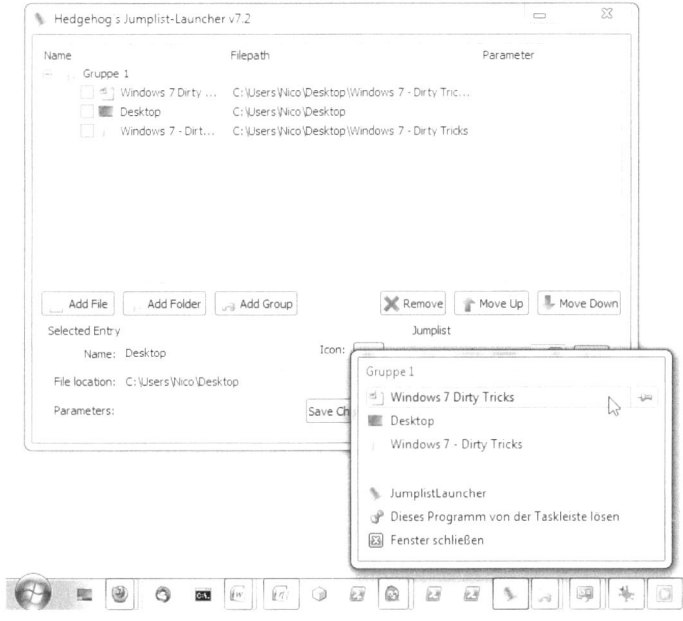

Damit Sie die mit dem Jumplist-Launcher erstellte Sprungleiste sinnvoll nutzen können, müssen Sie natürlich das Programm-Icon des Jumplist-Launcher an die Taskleiste anheften. Denn nur die eigene Sprungleiste kann das Tool bearbeiten, nicht die von anderen Programmen.

Ein ähnliches Tool, das allerdings nicht auf die Jumplist-Technologie von Windows 7 zurückgreift, sondern eine eigene Interpretation von Sprungleisten liefert, ist 7Stack (*http://www.alastria.com/index.php?p=software-7s*). Das kleine Gratistool ermöglicht es wie der Jumplist-Launcher, eine Art Sprungleiste nach eigenen Vorstellungen zusammenzusetzen. Ob die andere Darstellungsform nun unbedingt schöner ist, darüber mag man streiten. In jedem Fall ist sie flexibler, denn auch Gitter-Anordnungen von Icons sind damit möglich. Ebenso können die „Stacks" schon per Doppelklick auf eine Verknüpfung geöffnet werden, die Sie an eine beliebige Stelle packen können.

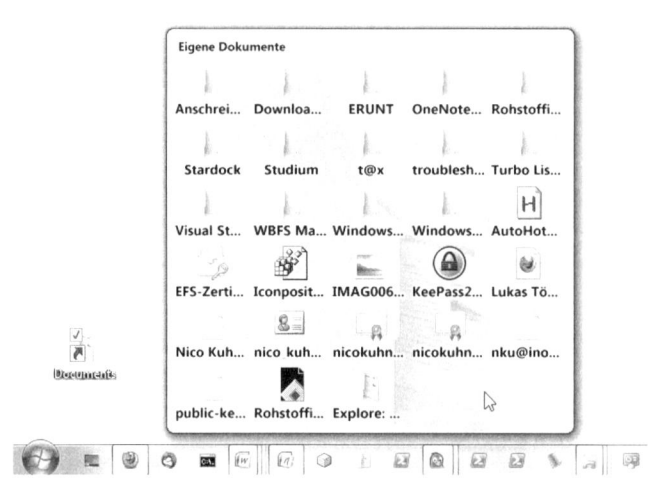

Hübscher, praktischer? 7Stack bietet eine andere Darstellungsform bei ähnlicher Funktionalität. Entscheiden Sie selbst, ob Ihnen das besser gefällt.

Da passt mehr rein: Ändern Sie die Zahl der Sprungleisteneinträge

Etwas verborgen liegt die Einstellung für den Umfang der *Zuletzt verwendet*-Einträge der Sprungleisten: Sie erreichen sie per Rechtsklick auf den Start-Button und dann durch Auswahl von *Eigenschaften*. Im nun geöffneten Fenster klicken Sie im Register *Startmenü* auf den Button *Anpassen*. Im unteren Bereich des neuen Fensters finden Sie sodann die Einstellung *Anzahl der zuletzt verwendeten, in Sprungleisten anzuzeigenden Elemente*. Ändern Sie sie nach Belieben.

Warum erscheinen manche Dateien nicht in einer Sprungleiste?

Dateien werden nur in die Sprungleiste einer Anwendung gepackt, wenn das Programm auch zum Öffnen des entsprechenden Dateityps registriert ist. So möchte man Datenmüll in den Sprungleisten vermeiden – also etwa Einträge von Dateien, die die Anwendung eigentlich gar nicht öffnen kann.

Shift schafft mehr Optionen: das erweiterte Kontextmenü

Halten Sie die [Umschalt]-Taste gedrückt, während Sie mit der rechten Maustaste auf eine Datei oder ein Verzeichnis klicken, öffnet Windows 7 eine erweiterte Variante des Kontextmenüs. Je nach Dateityp stehen verschiedene Optionen zur Wahl. Einige der praktischsten sind:

- *An Startmenü anheften* verknüpft die Datei mit dem oberen Bereich des Startmenüs, der in der Regel nur Verknüpfungen zu Browser und E-Mail-Programm enthält.

- *Als Pfad kopieren* ist vor allem für alle Freunde der Eingabeaufforderung und PowerShell interessant, kopiert es doch den vollständigen Pfad inklusive Dateinamen des ausgewählten Objekts. So ersparen Sie sich mühsames Navigieren in der Eingabeaufforderung. Der Pfad von Verzeichnissen kann ebenfalls auf diese Art kopiert werden.

- *Senden an* enthält wesentlich mehr Ziele, beispielsweise *Eigene Dateien*, *Eigene Bilder* etc.

- Das Kontextmenü für Verzeichnisse erhält beispielsweise den Zusatz *Eingabeaufforderung hier öffnen*. Eine recht selbsterklärende Funktion, die die Eingabeaufforderung jedoch leider nicht als Administrator ausführt.

- Beliebige ausführbare Dateien können Sie nach [Umschalt] und Rechtsklick über die entsprechende Option als anderer Benutzer ausführen.

- *In neuem Prozess öffnen* ist eine Funktion des erweiterten Kontextmenüs von Verzeichnissen. Damit öffnen Sie den Ordner in einer neuen Explorer-Instanz. Sollte er abstürzen, werden die anderen Explorer-Instanzen nicht in Mitleidenschaft gezogen.

Die praktischsten Funktionen immer einblenden lassen

Um die Zusatzfunktion *Eingabeaufforderung hier öffnen* immer sofort im Kontextmenü einzublenden, also auch ohne lästiges Gedrückthalten der [Umschalt]-Taste, genügt ein kurzer Ausflug in die Registry: Öffnen Sie mit dem Registrierungs-Editor einfach den Pfad *HKEY_CLASSES_ROOT\Directory\shell\cmd*. Dort finden Sie eine Zeichenfolge *Extended*, die Sie nur löschen müssen, um künftig auf die [Umschalt]-Taste zu verzichten.

Als Pfad kopieren – das können Sie über einen Umweg ebenfalls immer einblenden lassen. Erstellen Sie dazu im Registry-Pfad *HKEY_CLASSES_ROOT*\shell* einen neuen Schlüssel mit dem Namen *Als Pfad kopieren*, darin wiederum einen Unterschlüssel namens *command*. Seiner *(Standard)*-Zeichenfolge geben Sie den Wert *cmd.exe /c echo "%1"|clip*.

Unnütze Funktionen ins erweiterte Kontextmenü verbannen

Im Umkehrschluss können Sie auch wenig benutzte Funktionen aus dem „normalen" Kontextmenü ins erweiterte verschieben. Zumindest für einige Funktionen gelingt das. Suchen Sie dazu in *HKEY_CLASSES_ROOT* den Dateityp, für den Sie das Kontextmenü bearbeiten möchten, und erstellen Sie in dessen Unterschlüsseln *shell\cmd* eben eine neue Zeichenfolge namens *Extended*.

„Senden an" weitere Verknüpfungen hinzufügen

Um der beliebten Kontextmenüfunktion *Senden an* weitere Verknüpfungen hinzuzufügen, geben Sie einfach *shell:sendto* in die Suchleiste des Startmenüs oder Adressleiste des Explorers. Schon wird das *SendTo*-Verzeichnis geöffnet, das sonst auch über *%USERPROFILE%\AppData\Roaming\Microsoft\Windows\SendTo* zu erreichen ist.

Im Kontextmenü Neu aufräumen

Je mehr Anwendungen Sie installieren, desto mehr Einträge sammeln sich im Laufe der Zeit im Explorer-Kontextmenü unter *Neu*. Möchten Sie hier aufräumen, öffnen Sie die Registry im Pfad *HKEY_CLASSES_ROOT*. Hier suchen Sie den Eintrag jenes Dateityen auf, der nicht mehr über *Neu* angezeigt werden soll. Vielleicht möchten Sie bspw. auf den Eintrag *Textdokument* verzichten. Der zugehörige Schlüssel wäre sodann *HKEY_CLASSES_ROOT\.txt*. Sie finden darin einen weiteren Unterschlüssel *ShellNew*. Benennen Sie ihn nach Belieben um – etwa in *ShellNew_deaktiviert* –, verschwindet *Textdokument* sogleich aus dem *Neu*-Menü. Um es wieder einzublenden, benennen Sie den Unterschlüssel einfach wieder in *ShellNew* um.

ShellMenuNew räumt für Sie auf

Keine Lust auf die Registry? Mit dem kleinen Tool ShellMenuNew (*http://www.nirsoft.net/utils/shell_menu_new.html*) können Sie Einträge auch bequem per grafischer Oberfläche entfernen und hinzufügen.

Dateien und Verzeichnisse blitzschnell kopieren oder verschieben

Einen ganz neuen Weg, um Dateien und Verzeichnisse zu kopieren oder zu verschieben, richten Sie mit dem folgenden Registry-Hack ein, erweitert er doch das Kontextmenü um die zwei Einträge *In Ordner kopieren* und *In Ordner verschieben*.

1. Öffnen Sie mit dem Registrierungs-Editor den Registry-Pfad *HKEY_CLASSES_ROOT\AllFileSystemObjects\shelle\xContextMenuHandlers*.

2. Erstellen Sie hier zunächst einen neuen Schlüssel namens *Kopieren nach* o. Ä. Seiner *(Standard)*-Zeichenfolge geben Sie anschließend den Wert *{C2FBB630-2971-11d1-A18C-00C04FD75D13}*.

3. Erzeugen Sie in *ContextMenuHandlers* nun noch einen weiteren Unterschlüssel und nennen Sie ihn *Verschieben nach* o. Ä. Seiner *(Standard)*-Zeichenfolge geben Sie allerdings den Wert *{C2FBB631-2971-11d1-A18C-00C04FD75D13}*.

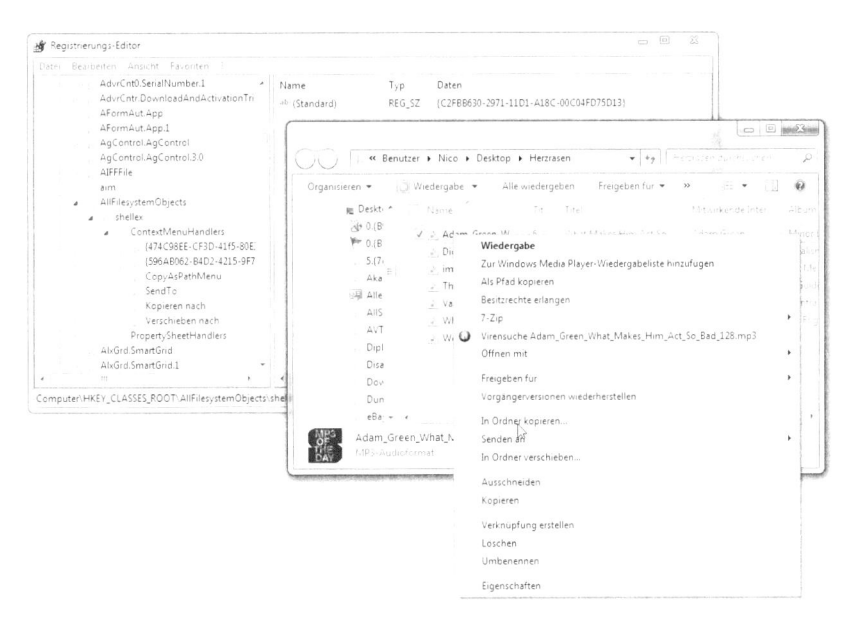

Ein Neustart ist nicht nötig. Fortan genügt ein Rechtsklick auf eine Datei oder einen Ordner, um ein Kontextmenü mit den beiden Funktionen *In Ordner kopieren* und *In Ordner verschieben* zu öffnen.

Den Hintergrund des Kontextmenüs anpassen

Nicht nur um neue Einträge und Funktionen kann das Kontextmenü erweitert werden – auch um ein neues Design. Wem das ewig graue Menü zu dröge ist, der greift nämlich zum 7ContextMenuImageChanger. Mit diesem Tool, das zur Drucklegung des Buches leider nur mit der 32-Bit-Variante von Windows 7 funktionierte, ändern Sie den Hintergrund des Kontextmenüs schnell. Laden Sie das Tool dazu einfach unter *http://frank1n.deviantart.com/art/7Context MenuImageChanger-202802862* herunter. Einmal mit Administratorrechten gestartet, wählen Sie zunächst *Install Dll* und können danach bereits ein passendes Hintergrundbild per *Browse Image* auswählen.

Na ja. Der Lesbarkeit der Kontextmenüeinträge ist ein Hintergrundbild in vielen Fällen wohl nicht dienlich. Aber hübsch sieht es aus!

Haben Sie keine Lust mehr auf ein hintergrundbebildertes Kontextmenü oder brennen Ihre Augen, machen Sie die vorgenommenen Änderungen einfach per *Uninstall Dll* rückgängig.

Besitz- und Bearbeitungsrechte per Rechtsklick übernehmen

Mit den von Windows 7 angebotenen Assistenten zum Ändern der Besitz- und Bearbeitungsrechte können Sie viel Zeit verbringen. Die Arbeit mit der *takeown.exe* (s. S. 78) und *icacls.exe* (s. S. 80) geht da wesentlich schneller.

Möchten Sie noch mehr Zeit sparen, fügen Sie die folgenden Registry-Hacks ein, die das Kontextmenü des Explorers um eine neue Funktion erweitern, mit der Sie ganz galant die Bearbeitungsrechte an einer Datei oder eines ganzen Ordners erhalten.

1 Öffnen Sie im Registrierungs-Editor den Pfad *HKEY_CLASSES_ROOT*\shell*.

2 *Erstellen Sie darin einen neuen Schlüssel namens runas.* Setzen Sie den Wert *(Standard)* des neuen Schlüssels *runas* auf *Bearbeitungsrechte erhalten* oder wählen Sie eine andere Bezeichnung, die später im Kontextmenü erscheinen soll.

3 In *runas* erzeugen Sie nun einen weiteren Schlüssel namens *command*. Seinem Eintrag *(Standard)* weisen Sie den Wert *cmd.exe /c takeown /f "%1" && icacls "%1" /grant Administratoren:F* zu. Erstellen Sie nun noch eine neue Zeichenfolge (*REG_SZ*) mit dem Namen *IsolatedCommand*. Diesem Eintrag geben Sie den gleichen Wert wie *(Standard)*, also *cmd.exe /c takeown /f "%1" && icacls "%1" /grant Administratoren:F*. Mit Copy & Paste kommen Sie hier schnell voran.

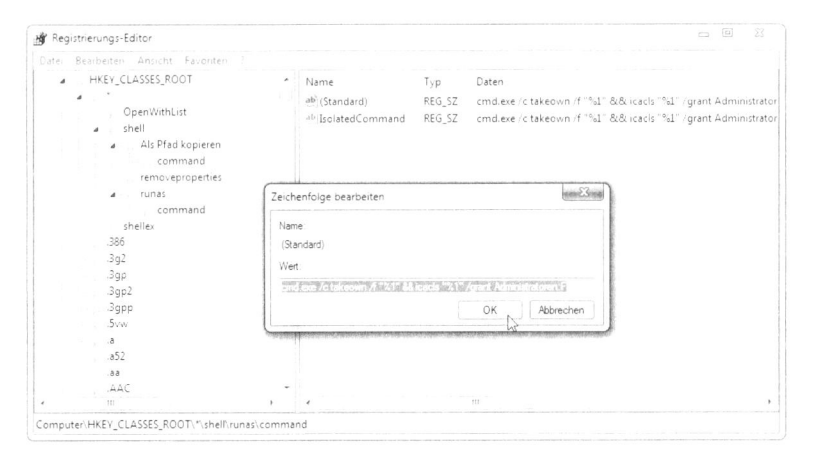

4 An anderer Stelle der Registry, unter dem Pfad *HKEY_CLASSES_ROOT\Directory\shell*, erstellen Sie ebenfalls einen Schlüssel *runas*. Auch seinem Eintrag *(Standard)* soll der Wert *Bearbeitungsrechte erhalten* zugewiesen werden.

5   Erstellen Sie auch in diesem Schlüssel einen Unterschlüssel *command*, der jeweils zwei Einträge *(Standard)* und eine Zeichenfolge *IsolatedCommand* mit dem Wert *cmd.exe /c takeown /f "%1" /r /d y && icacls "%1" /grant Administratoren:F /t* enthalten soll. Copy & Paste hilft Ihnen auch hier. Beachten Sie jedoch, dass sich dieser Wert durch die zusätzlichen Parameter */r /d y* von dem vorhergehenden unterscheidet.

5.6 Das Desktop-Kontextmenü voll im Griff

Ein Klick mit der rechten Maustaste auf eine freie Stelle des Desktops öffnet dessen Kontextmenü. Ich weiß nicht, wofür Sie es nutzen – bei mir sind es regelmäßig die Funktionen *Bildschirmauflösung*, *Minianwendungen* oder *Sortieren nach*, wenn der Desktop wieder allzu unübersichtlich mit etlichen Icons bepflastert ist. Und ansonsten? Ansonsten bietet das Desktop-Kontextmenü nicht so viele nützliche Funktionen. Das können Sie aber schnell ändern. Wenngleich ich warnen muss: Je mehr Funktionen und Verknüpfungen Sie hinzufügen, desto länger lädt das Kontextmenü.

Kein Bock auf Kontextmenüs?

Vielleicht sind Sie frisch aus der Mac-OS-Welt zu Windows 7 gestoßen – so was soll es durchaus geben – und können nichts mit der rechten Maustaste anfangen? Sind vielleicht gar irritiert von diesen praktischen Kontextmenüs mit all ihren Funktionen? Vielleicht haben Sie auch einen ganz anderen Grund, um die Windows 7-Kontextmenüs zu deaktivieren. Denn das funktioniert mit folgendem kleinen Registry-Hack ganz einfach: Sofern nicht bereits vorhanden, erstellen Sie im Registry-Pfad *HKEY_CURRENT_USER\Software\Microsoft\Windows\CurrentVersion\Policies* einen neuen Unterschlüssel namens *explorer*. Darin erstellen Sie wiederum einen neuen DWORD-Wert *NoViewContextMenu* und weisen ihm den Wert *1* zu, um die Kontextmenüs des Explorers zu deaktivieren. Mögen Sie auch das Kontextmenü der Taskleiste nicht, erzeugen Sie noch einen weiteren DWORD-Wert namens *NoTrayContextMenu*. Erhält auch er den Wert *1*, ist dieses Kontextmenü auch verschwunden.

Fügen Sie eine Verknüpfung zu Ihrer Lieblingsanwendung hinzu

Rufen Sie im Registrierungs-Editor den Schlüssel *HKEY_CLASSES_ROOT\Directory\Background\shell* auf und erzeugen Sie darin einen weiteren Schlüssel mit dem Namen der Anwendung, für die Sie eine Verknüpfung hinzufügen möchten. Erstellen Sie darin einen weiteren Schlüssel namens *command*, dessen Zeichenfolge *(Standard)* (Typ *REG_SZ*) den vollen Pfad zur Anwendung enthalten muss. Die Änderungen sind sofort wirksam.

Möchten Sie, dass die Verknüpfung nur im erweiterten Kontextmenü, also bei gedrückter [Umschalt]-Taste erscheint, erstellen Sie im zuerst erzeugten Schlüssel (mit dem Namen der Anwendung) einfach noch eine weitere Zeichenfolge (Typ *REG_SZ*) und nennen sie *Extended*.

Verknüpfungen zu beliebten Funktionen der Systemsteuerung erstellen

Mit obigen Kniff können Sie ebenso Verknüpfungen zu Funktionen der Systemsteuerung erstellen. Gehen Sie dabei wie oben vor, nur dass Sie als Anwendungspfad beispielsweise *control desk.cpl,,@desktop* eingeben, um etwa eine Verknüpfung zum schnellen Aufruf der Desktophintergrundauswahl zu erstellen. Weitere Parameter für die *control desk.cpl* finden Sie auf S. 299.

Ebenfalls funktionieren natürlich die CLSIDs von S. 311 als Anwendungspfad. Sie können hier kreativ sein und praktisch jede Verknüpfung einfügen, die Sie sonst auch per Parameteraufruf erstellen können. Eine Verknüpfung zur Systemsteuerung erstellen Sie beispielsweise, indem Sie den *(Standard)*-Wert von *command* mit *explorer.exe shell:::{5399E694-6CE5-4D6C-8FCE-1D8870FDCBA0}* füttern.

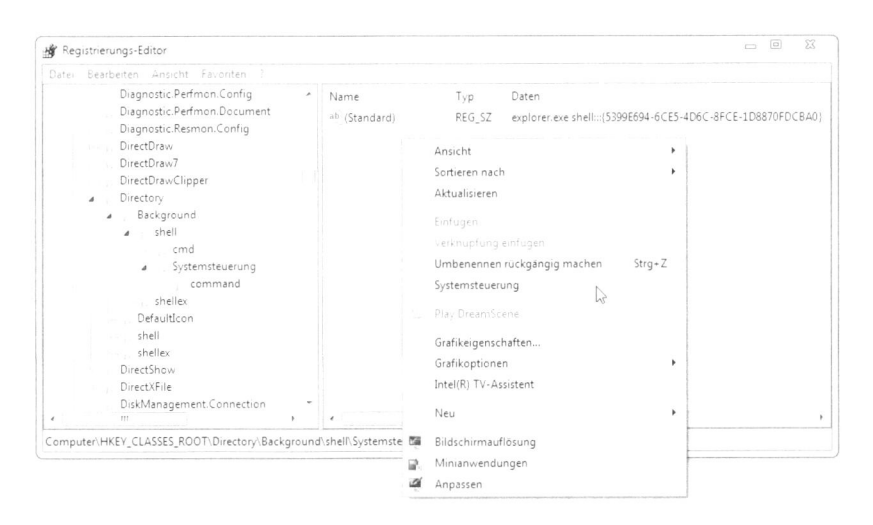

So zeigen Sie auch Icons im Kontextmenü an

Schöner wird es, wenn Sie die neu erstellten Verknüpfungen gleich noch mit einem Icon verschönern. Fügen Sie dazu in dem neu erstellten Schlüssel einen neuen REG_EXPAND_SZ (Wert der erweiterbaren Zeichenfolge) namens Icon hinzu. Dessen Wert enthält die Icon-Angabe, wie Sie sie von S. 248 kennen. Also beispielsweise shell32.dll,-137 fürs Icon der Systemsteuerung.

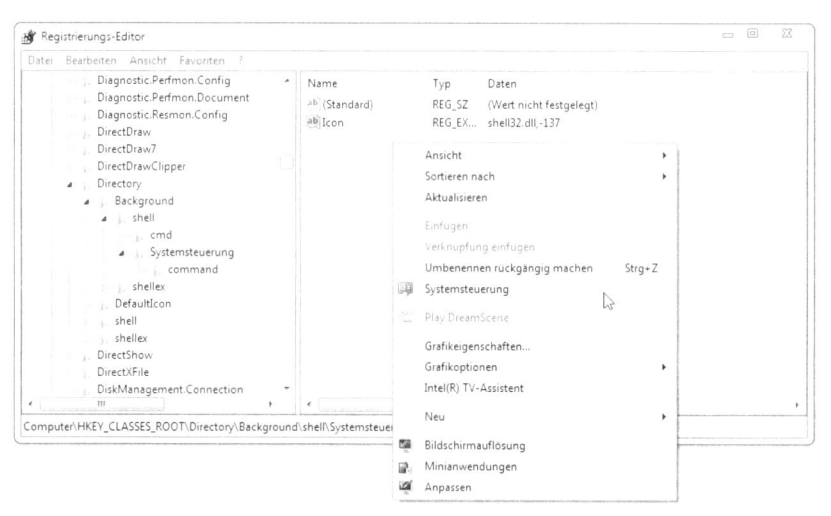

Und jetzt auch mit Icon. Die größte Schwierigkeit besteht hierbei darin, ein passendes Icon zu finden.

Unliebsame Einträge der Grafikkartensoftware & Co. rausschmeißen

Manchmal nistet sich ein Programm auch in den Kontextmenüs ein. Diese unliebsamen, oft zudem unnützen Einträge entfernen Sie so: Navigieren Sie im Registrierungs-Editor zu HKEY_CLASSES_ROOT\Directory\Background\ shellex\ContextMenuHandlers. Hier finden Sie die unliebsamen Einträge, allerdings etwas kryptisch benannt. Löschen Sie sie, um sie sofort aus dem Desktop-Kontextmenü zu schmeißen. Im Zweifelsfall sollten Sie einen Schlüssel aber vorher zur Sicherheit exportieren. Weitverbreitete Einträge sind beispielsweise *igfxcui* vom Intel-Grafiktreiber, *NvCplDesktopContext* von Nvidia oder *XXX Groove GFS Context Menu Handler XXX* für einen Eintrag von Microsoft Office Groove.

5.7 Die geheime Kommandozentrale für alle Windows-Aufgaben

Nicht über Menüs, sondern nur über ihre CLSID ist eine Funktion erreichbar, die über 250 Windows-Aufgaben aufführt – von Aufgaben der Anmeldeinformationsverwaltung bis zum Windows-Mobilitätscenter.

Um diese Kommandozentrale mit dem Namen *Alle Aufgaben* aufzurufen, geben Sie in die Adressleiste des Browsers nur *shell:::{ED7BA470-8E54-465E-825C-99712043E01C}* ein.

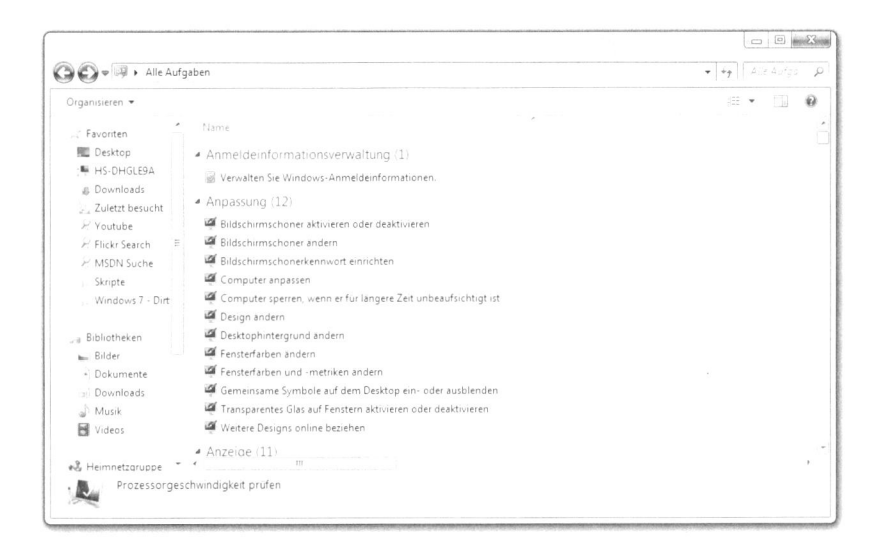

Natürlich können Sie die CLSID auch für andere Spielereien nutzen und *Alle Aufgaben* etwa einem Kontextmenü hinzufügen. Nutzen Sie dazu die Anleitung von S. 328, wobei als CLSID eben *{ED7BA470-8E54-465E-825C-99712043 E01C}* einzusetzen ist.

Oder Sie erzeugen an beliebiger Stelle ein neues Verzeichnis mit beliebigem Namen und hängen die Endung *.{ED7BA470-8E54-465E-825C-99712043E 01C}* an. Schon wird eine Verknüpfung zu *Alle Aufgaben* erzeugt.

5.8 Schneller finden – so tunen Sie die Suchfunktion

Seit Windows Vista gehört eine Suchindizierung zum festen Windows-Bestandteil. Sie ermöglicht eine blitzschnelle Suche nach Dateinamen oder auch den Dateiinhalt. Alles durchsucht sie aber nicht. Und alles kann sie auch gar nicht indizieren. Mit den folgenden Kniffen rüsten Sie die Suche auf.

Beachten Sie aber: Sobald Sie Änderungen an den Indizierungsoptionen vornehmen, beginnt die Indexerstellung stets von Neuem, was eine ganze Weile dauern kann. Ändern Sie also nicht zu viel, nicht zu oft – oder einfach gleich mehreres auf einmal.

Wirklich überall und nach jedem Dateityp suchen

Durchsucht die Windows 7-Suchindizierung wirklich alles? Keineswegs. Es beginnt schon bei den Orten, die in die Indizierung aufgenommen werden. Öffnen Sie doch einmal die Indizierungsoptionen. Am schnellsten finden Sie sie per Eingabe von *Indizierungsoptionen* in die Suchleiste des Startmenüs. Unter *Diese Orte indizieren* werden Sie dort voraussichtlich nicht viel finden. Und das ist eigentlich auch gut so, denn mehr Indizierungsorte bedeuten auch eine erheblich größere Indizierungsdatenbank, die mit wachsender Größe immer langsamer durchsucht wird.

Mit der Suchleiste des Startmenüs nur nach Programmen suchen

Zur vernünftigen Dateisuche ist die ins Startmenü integrierte Suche eigentlich nicht zu gebrauchen. Viel zu klein ist das Ergebnisfeld, viel zu nötig so manche Zusatzeinstellung, die nur die vollwertige Suche bietet. Richtig praktisch ist das Startmenü hingegen für die Suche nach Programmverknüpfungen. Statt beispielsweise die Verknüpfung zur Eingabeaufforderung lange unter *Alle Programme/ Zubehör* zu suchen, tippen Sie schnell *cmd* ein. Blöd nur, dass dann der gesamte Suchindex nach *cmd* durchsucht wird – Dateien, Favoriten und E-Mails inklusive. Doch das können Sie schnell ändern: Klicken Sie mit der rechten Maustaste auf eine freie Fläche des Startmenüs und wählen Sie *Eigenschaften*. Klicken Sie dann im Register *Startmenü* auf den Button *Anpassen*. Setzen Sie hier die Auswahl für *Andere Dateien und Bibliotheken durchsuchen* auf *Nicht suchen*. Bestätigen Sie Ihre Auswahl mit *OK* und finden Sie Programmverknüpfungen nun viel schneller. Sind Sie wirklich einmal auf der Suche nach einer Datei, können Sie die vollwertige Suchfunktion auch weiterhin über den Startmenüpunkt *Suchen* erreichen.

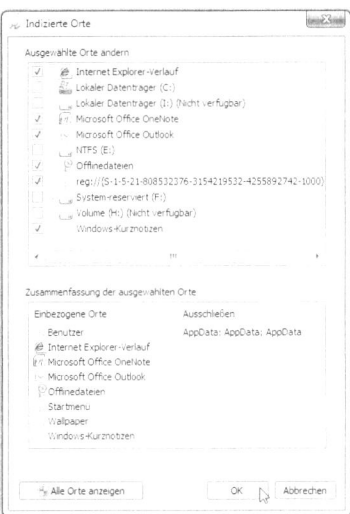

Das Benutzerverzeichnis (%USERPROFILE%) ist in den Standardeinstellungen der Suchindizierung der einzig ernst zu nehmende Indizierungsort. Über den Button Ändern könnten Sie freilich noch weitere hinzufügen, etwa das gesamte Verzeichnis C:\. Das lohnt sich aber nur, wenn Sie dort private Daten außerhalb des Benutzerverzeichnisses liegen haben.

Die Brachialmethode: „Lies, was du kannst"

Vielleicht haben Sie schon einmal eine EXE-Datei mit dem Editor (notepad.exe) geöffnet. Viel bringt das nicht, jedoch kann man im Zeichenwulst sehr wohl einige Dinge im Klartext erkennen, etwa die Bezeichnungen von Buttons oder Fenstern des Programms sowie davon eingeblendeten Text. Trotzdem meint die Windows 7-Suche, dass ein Indizieren des Dateiinhalts von EXE-Dateien nicht lohnt. Eigentlich auch nachvollziehbar. Vielleicht wollen Sie aber zum Test einmal EXE-Dateien in den Klartextfilter einbeziehen. Damit durchsucht die Windows 7-Suche EXE-Dateien wie eine Text- bzw. TXT-Datei und wird dabei neben viel Kauderwelsch auch ein paar lesbare Zeichen indizieren.

Sauber gelöst – für ausgewählte Dateitypen

Um die Suchfunktion von Windows 7 nicht brachial, sondern „sauber" mit weiteren Dateiformaten vertraut zu machen, müssen Sie für den Dateityp einen sogenannten iFilter auftreiben. Er erlaubt es dem Indizierungsdienst, diese Dateiformate zu lesen, sodass er mehr als nur deren Dateieigenschaften indizieren kann. Ein solcher Filter für PDF-Dateien wird beispielsweise bei der Installation des Adobe Reader mitinstalliert.

Achtung: Da EXE-Dateien recht häufig sind und ebenso recht groß, kann diese Einstellung die Indizierungsdatenbank aufblähen und künftige Suchen verlangsamen!

Problematisch ist, dass iFilter von Windows 7 64 Bit nur genutzt werden können, wenn diese explizit 64 Bit unterstützen. Bei den älteren iFiltern, die es etwa auf *http://www.citeknet.com* gibt, ist das nicht der Fall. Anders die iFilter von *http://www.ifiltershop.com* – sie unterstützen 64 Bit.

Adobe und die iFilter ...

Wie schwer es iFilter unter Windows 7 64 Bit haben, demonstriert Adobe mit dem PDF-Reader. Dessen Downloadpaket bringt nämlich nur einen iFilter für 32 Bit mit. Wer PDFs auch unter Windows 7 64 Bit indizieren will, muss deshalb erst noch bei Adobe vorbeischauen und die 64-Bit-Version des Filters laden: *http://www.adobe.com/support/downloads/detail.jsp?ftpID=4025*.

Schauen Sie doch einmal in die Indizierungsoptionen. Das populäre RAR-Format wird darin nicht aufgeführt. Auch nicht, nachdem Sie 7-Zip (*http://www.7zip.org*) installierten. Nun könnten Sie *rar* wenigstens als Neue Erweiterung in die Liste aufnehmen und zumindest für den Dateieigenschaftenfilter konfigurieren. Durchsucht werden die Archive damit aber nicht. Sie erhalten mit der Windows-Suche also keinen Einblick in die in den RAR-Archiven liegenden Dateien. Suchen Sie nach einer Datei, die nur in RAR verpackt auf Ihrer Festplatte liegt, werden Sie nie fündig.

Es sei denn, Sie installieren den passenden iFilter, mit dem die Windows-Suche auch RAR-Archive durchleuchten kann. Ganz so, wie sie es von Haus aus schon mit ZIP-Archiven kann. Ein passender und mit Windows 7 64 Bit kompatibler iFilter ist der RAR iFilter von *http://www.ifiltershop.com/rar-ifilter.html*. Für die nichtkommerzielle Nutzung (Desktop Edition) ist seine Nutzung kostenlos. Wenn Sie die Indizierungsoptionen nach abgeschlossener Installation wieder öffnen und im Register *Dateitypen* nach *rar* suchen, werden Sie als Filterbeschreibung *IFilterShop RAR IFilter* finden. Scheint also geklappt zu haben. Ob's wirklich funktioniert, erfahren Sie freilich erst nach einiger Zeit, wenn sich der Index entsprechend aktualisiert hat.

So schalten Sie die Suchvorschläge des Explorers aus

Verräterische Suchfunktion: Geben Sie in die kleine Suchbox des Explorer-Fensters etwas ein, macht Windows 7 einige Vorschläge, basierend auf Ihren vergangenen Suchvorgängen. Vielleicht möchten Sie das unterbinden. Öffnen Sie dazu die Registry im Pfad *HKEY_CURRENT_USER\Software\Policies\Microsoft\Windows\Explorer* und erstellen Sie dort einen neuen DWORD-Wert namens *DisableSearchBoxSuggestions*. Geben Sie ihm den Wert 1, um die Suchvorschläge zu deaktivieren. Achtung: Gegebenenfalls existiert der Schlüssel *Explorer* noch nicht, sodass Sie ihn noch vor *DisableSearchBoxSuggestions* erzeugen müssen.

Nie wieder Google aufrufen: Websuche direkt im Explorer oder Startmenü

Wird Suchmaschinen-Platzhirsch Google bald von der *explorer.exe* abgelöst? Sicher nicht. Trotzdem müssen Sie künftig nicht für jede kleine Websuche den Browser öffnen. So enthält Windows 7 nun ein sogenanntes Federated Search Feature, das auf dem neuen OpenSearch-Standard (*http://www.opensearch.org*) und RSS basiert. Damit lassen sich Webseiten vom Explorer wie Netzwerklaufwerke durchsuchen und die gefundenen Daten wie gewöhnliche Dateien öffnen.

Der Haken: Die betreffende Webseite muss OpenSearch anbieten bzw. unterstützen. Außerdem müssen Sie die Suche in Ihrem PC zusätzlich mit einer kleinen OSDX-Datei installieren, dem sogenannten Suchanbieter alias Search Connector oder Search Provider. Die Installation selbst gelingt denkbar einfach, indem Sie einen Doppelklick auf die jeweilige OSDX-Datei ausführen.

Je nach Geschwindigkeit des Internetzugangs und Art der gesuchten Daten kann es außerdem schon ein paar Sekunden dauern, bis der Explorer die ersten Suchergebnisse ausspuckt. Doch dafür sparen Sie sich auf Seiten wie Flickr u. a. den lästigen Seitenwechsel, um die nächsten Bilder zu sehen, oder lästige Werbeeinblendungen.

Aufbau eines Suchanbieters

Mit der kryptischen Dateiendung *.OSDX* sehen die Suchanbieter zunächst nicht so freundlich aus, lassen sich aber trotzdem ganz einfach im Windows-Editor (*notepad.exe*) o. Ä. öffnen und bearbeiten. Letztendlich basiert deren Aufbau auf dem XML-Standard und ist im Wesentlichen immer gleich und noch recht leicht nachzuvollziehen. Wer indes eigene Suchanbieter erstellen will, steht vor einem weit größeren Problem: Wie findet man die passenden URLs, die der jeweilige Webdienst nutzt? Nötig ist nämlich nicht nur die normale Anfragen-URL, wie Sie sie im Adressfeld der Browserleiste finden. Zum Beispiel: *http://www.google.de/#q=Windows+7+Dirty+Tricks*. Ebenso ist eine URL zu einem Skript gesucht, das die Suchergebnisse als RSS-Feed oder in einem der anderen unterstützten Feed-Formate ausgibt.

Am Beispiel des YouTube OpenSearch Connectors von *http://www.sevenforums.com/sfp/youtube.osdx* mögen Sie den Aufbau der Suchanbieterdatei einmal nachvollziehen. Sie können die OSDX-Datei ganz einfach mit dem Windows-Editor (*notepad.exe*) einsehen:

<?xml version="1.0" encoding="UTF-8"?><OpenSearchDescription
  xmlns="http://a9.com/-/spec/opensearch/1.1/"
  xmlns:ms-ose="http://schemas.microsoft.com/opensearchext/2009/">
<ShortName>Youtube</ShortName>
<Description>OpenSearch Youtube via Windows 7 Search.</Description>
<Url type="application/rss+xml" template="http://www.youtube.com/rss/tag
  /{searchTerms}.rss&num=10&output=rss"/>
<Url type="text/html" template="http://www.youtube.com/
  results.aspx?q={searchTerms}"/>
</OpenSearchDescription>

Interessant ist hierbei zunächst der Wert, der mit dem *<ShortName>*-Tag angegeben ist. Es ist der Name, mit dem der Suchanbieter nach erfolgreicher Installation in Windows 7 angezeigt wird. Gleich darauf folgt eine *<Description>*, also Beschreibung, die Sie leicht anpassen könn(t)en.

Mit *<Url type="application/rss+xml" template="[URL]"/>* wird hingegen die URL zum RSS-Feed angegeben, der die Suchergebnisse enthält. Hier liegt der Knackpunkt, denn einen solchen Feed gibt's von einer Webseiten-Suche i. d. R. nur, wenn sie explizit das OpenSearch-Modell unterstützt. Ach ja: *{searchTerms}* ist hierbei und in der nächsten Zeile der Platzhalter für die Suchbegriffe, nach denen Sie suchen und die vom Explorer o. Ä. übergeben werden.

Weitere Suchanbieter zum Download

Einige vorgefertigte Suchanbieter alias Search Connectors oder Search Providers finden Sie direkt als OSDX-Datei unter *http://www.sevenforums.com/tutorials/742-windows-7-federated-search-providers.html*. Einfach herunterladen und per Doppelklick installieren. Beachten Sie aber, dass diese Suchanbieter auf die englischsprachigen Angebote der jeweiligen Webangebote ausgerichtet sind. Einige können Sie aber vor der Installation verändern: einfach mit dem Windows-Editor öffnen und die URLs entsprechend anpassen, sodass sie auf die deutschsprachigen Angebote verweisen. Ja, ich weiß – das klingt einfacher, als es ist.

Da ist *<Url type="text/html" template="[URL]"/>* schon fast langweilig und definiert die gewöhnliche Suchabfragen-URL, wie Sie sie vielleicht schon von Start++ oder der Internetsuche im Startmenü (s. S. 339) kennen. Nur eben mit *{searchTerms}* als Platzhalter für die Suchbegriffe.

Mit Microsofts Bing doch alle Webseiten per Explorer durchsuchen

Nur die wenigsten Webseiten geben die Ergebnisse der webseiteninternen Suche als Feed aus, geschweige denn unterstützen OpenSearch offiziell. Über einen Umweg, nämlich über Microsofts Internetsuchmaschine Bing (*http://www.bing.de*), können Sie aber trotzdem jede Webseite über die Windows-Suche durchsuchen. Ein Beispiel: Öffnen Sie den Windows-Editor (*notepad.exe*) und geben Sie das Folgende ein:

<?xml version="1.0" encoding="UTF-8"?>
<OpenSearchDescription xmlns="http://a9.com/-/spec/opensearch/1.1/"
  xmlns:ms-ose="http://schemas.microsoft.com/opensearchext/2009/">
<ShortName>DATABECKER.de</ShortName>

```
<Description>DATABECKER.de OpenSearch per Bing.com</Description>
<Url type="application/rss+xml" template="http://api.bing.com/
    rss.aspx?source=web&amp;query={searchTerms}
    site:databecker.de&amp;web.count=50"/>
<Url type="text/html" template="http://www.bing.com/
    search?q={searchTerms}+site:databecker.de"/>
</OpenSearchDescription>
```

Speichern Sie den Text mit beliebigem Namen, aber mit der Endung *.osdx*! Also im Beispiel etwa als *Databecker.osdx*. Führen Sie dann im Explorer einen Doppelklick auf diese Datei aus, wird Windows 7 den Suchprovider nach Bestätigung einer kleinen Warnmeldung hinzufügen. Er wird dann in Form einer SEARCHCONNECTOR-MS-Datei in *%USERPROFILE%\searches* gespeichert, wobei der ShortName aus der OSDX-Datei als Dateiname verwendet wird. Im Beispiel wird in *C:\Users\Nico\searches* die Datei *DATABECKER.de.search connector-ms* angelegt. Interessanter ist aber sicher die Verknüpfung im Explorer, mit der Sie fortan ganz leicht eine Webseite durchsuchen können.

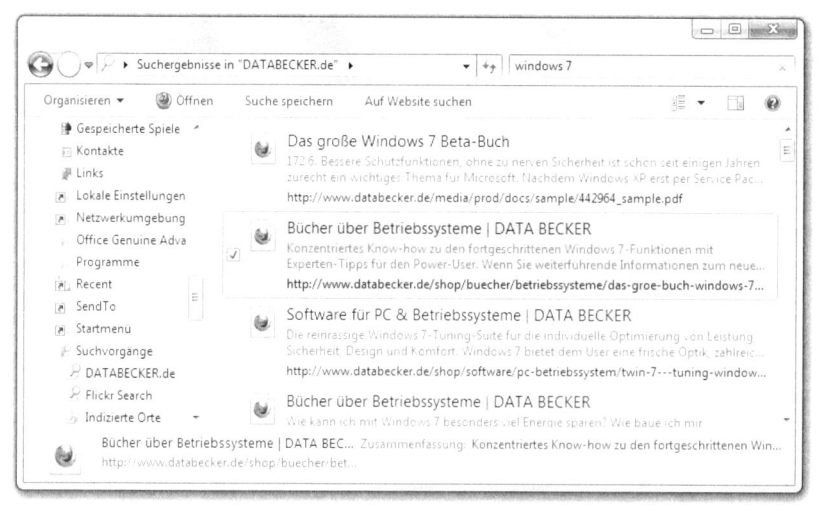

So einfach geht's dann: per Explorer http://www.databecker.de durchsuchen.

Die Internetsuche wieder ins Startmenü zurückbringen

Windows Vista brachte das neue Startmenü mit integrierter Suchleiste. Gab man dort einen Suchbegriff ein, konnte man über einen Klick auf *Internet durchsuchen* auch eine Websuche nach dem Begriff starten. Für Windows 7 deaktivierte Microsoft dieses Feature. Offiziell aktivieren kann man es dabei nur über die Gruppenrichtlinien, die natürlich nur in Windows 7 Professional und höher verfügbar sind. Natürlich gibt es aber einen Registry-Hack, der in allen Windows 7-Versionen funktioniert:

Öffnen Sie im Registrierungs-Editor *HKEY_CURRENT_USER\Software\Policies\Microsoft\Windows*. Falls noch nicht vorhanden, erstellen Sie hier einen neuen Schlüssel namens *Explorer*. In diesem Schlüssel erzeugen Sie wiederum einen neuen DWORD-Wert namens *AddSearchInternetLinkInStartMenu* und geben ihm den Wert 1. Nach einem Neustart führt das Startmenü wieder die aus Vista bekannte Funktion *Internet durchsuchen*.

Mit Google statt Bing suchen

Standardsuchmaschine für die Funktion *Internet durchsuchen* ist *http://www.live.com* bzw. nun *http://www.bing.com*. Sie können aber auch Google & Co. hinzufügen. Öffnen Sie dazu im Registrierungs-Editor den Pfad *HKEY_CURRENT_USER\Software\Microsoft\Windows\CurrentVersion\Policies\Explorer\SearchExtensions*. Erstellen Sie darin eine neue Zeichenfolge (REG_SZ) namens *InternetExtensionName*. Deren Wert ist die Zeichenfolge, die dann im Startmenü als Verknüpfung angezeigt wird. Geben Sie doch beispielsweise einmal *Google Deutschland* ein. Erstellen Sie sodann eine weitere Zeichenfolge mit dem Namen *InternetExtensionAction*. Deren Wert muss die URL zu den Suchergebnissen sein, wobei der Suchbegriff durch den Parameter %w eingefügt wird. Damit Sie nicht lange rätseln müssen, ein paar Vorschläge für beide Zeichenfolgen:

InternetExtensionName	InternetExtensionAction
Google Deutschland	*http://www.google.de/search?q=%w*
Yahoo! Deutschland	*http://de.search.yahoo.com/search?p=%w*
Bing Deutschland	*http://www.bing.com/search?q=%w*

Melden Sie sich ab und wieder an, um die Änderungen zu vollziehen. Beachten Sie zugleich: Die Suchmaschinen werden nur aufgerufen, wenn bereits ein Browser gestartet wurde. Sonst gibt's eine Fehlermeldung.

Noch mehr Websuchen per Startmenü

Erinnern Sie sich noch an die Suchanbieter (s. S. 335)? Auch die können Sie per Verknüpfung mit der Suchleiste des Startmenüs durchsuchen. Damit's gelingt, müssen Sie den jeweiligen Suchprovider aber vorher installieren. Wie das geht, haben Sie bereits auf S. 335 erfahren.

Öffnen Sie anschließend die Registry im Pfad *HKEY_CURRENT_USER\Software\Policies\Microsoft\Windows\Explorer*. Erstellen Sie darin eine neue Zeichenfolge (*REG_SZ*) und geben Sie ihr den Namen *Library0*. Ihr Wert ist schlicht der Pfad zur SEARCHCONNECTOR-MS-Datei des Suchproviders. Beispiel: *%USERPROFILE%\Searches\DATABECKER.de.searchConnector-ms*. Erstellen Sie außerdem noch einen neuen DWORD-Wert mit dem Namen *TryHarderPinnedLibrary* und geben Sie ihm den Wert 1. Melden Sie sich an und wieder ab, um die neue Suchverknüpfung in das Startmenü aufzunehmen.

Möchten Sie noch einen weiteren Suchprovider hinzufügen, erstellen Sie eine weitere Zeichenfolge namens *Library1* mit entsprechend anderem Wert.

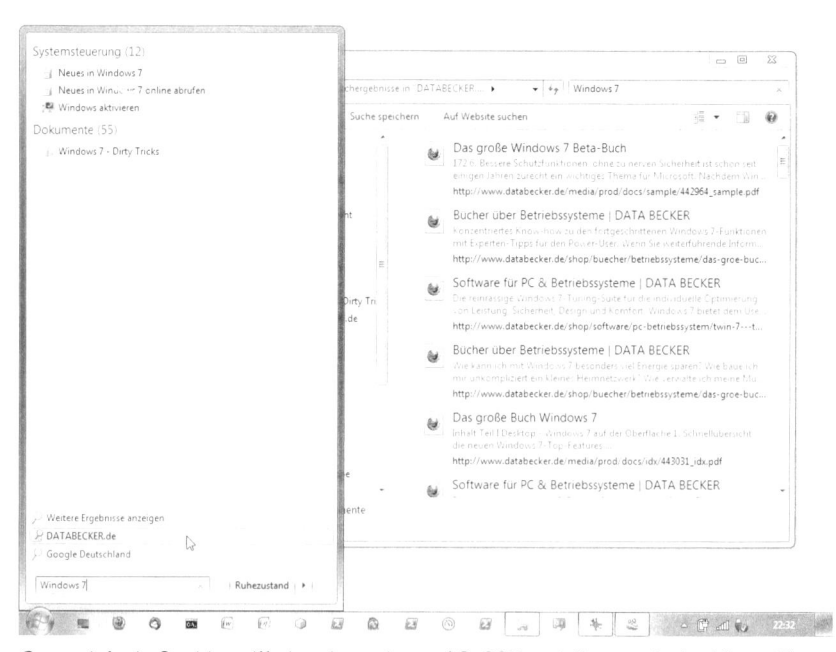

Ganz einfach: Suchbegriff eingeben, den auf S. 337 erstellten und mit obigem Tipp ins Startmenü eingebundenen Search Connector im Startmenü anklicken und sich auf die Ergebnisse freuen. Natürlich könnten Sie auch einen ganz anderen Search Connector verwenden.

Jedes Programm bequem über die Startmenü-Suchleiste starten

Tippen Sie *Internet Explorer* in die Suchleiste des Startmenüs oder den *Ausführen*-Dialog (Win+R), wird dieser normalerweise nach einem Enter-Anschlag gestartet. Warum das so ist? Weil Windows den Pfad zur ausführbaren EXE des Internet Explorer schon kennt. So wie auch die vieler anderer Programme.

Doch viele kleinere Tools sind Windows 7 unbekannt. Geben Sie deren Namen einfach so in die Suchleiste ein, erscheint nach dem Drücken der Enter-Taste allenfalls *Es wurden keine Suchergebnisse gefunden*.

Haben Sie ein solches kleines Tool, das Sie gern zügig über die Suchleiste starten möchten, führt Sie Ihr Weg wieder einmal in die Registry, und zwar zum Pfad *HKEY_LOCAL_MACHINE\SOFTWARE\Microsoft\Windows\CurrentVersion\App Paths*.

Dort sind sämtliche Pfade der Anwendungen gelistet, die Windows 7 zügig per Suchleiste starten kann. Und Sie können dort auch eigene Einträge hinzufügen. Beispielsweise einen für Paint.NET (*http://www.getpaint.net*), das ich gern als leistungsfähige und dennoch übersichtliche Alternative zu Microsofts Paint empfehle. So geht's:

1 Erstellen Sie in *HKEY_LOCAL_MACHINE\SOFTWARE\Microsoft\Windows\CurrentVersion\App Paths* zunächst einen neuen Schlüssel. Geben Sie ihm den Dateinamen der Anwendung, die Sie gern hinzufügen möchten. Wichtig ist, dass Sie den Schlüssel wirklich nach dem Dateinamen inklusive Dateiendung benennen. Im Beispiel wird ein neuer Schlüssel namens *paintdotnet.exe* hinzugefügt.

2 Im neu erzeugten Schlüssel editieren Sie zunächst dessen *(Standard)*-Zeichenfolge. Weisen Sie ihr den vollen Pfad zur Anwendungsdatei zu. Sie finden ihn durch Stöbern im Dateisystem heraus. Oder indem Sie die Eigenschaften einer Verknüpfung zum jeweiligen Programm aufrufen. Im Beispiel erhält *(Standard)* den Wert *C:\Program Files\Paint.NET\PaintDotNet.exe*.

3 Zum Schluss erstellen Sie noch eine weitere Zeichenfolge und geben ihr den Namen *Path*. Sein Wert soll noch einmal den Pfad des Verzeichnisses darstellen, in dem die ausführbare Programmdatei liegt. Im Beispiel: *C:\Program Files\Paint.NET*. Und fertig ist der neue Eintrag.

Tippen statt Klicken: die Dateinamen und Kürzel der wichtigsten Dienstprogramme und Einstellungen

Wer die kleine Suchleiste des Startmenüs richtig nutzt, erreicht viele Systemprogramme und -einstellungen viel schneller. Richtig nutzen – das bedeutet, dass eine oder andere Kürzel zu kennen, mit dem ein bestimmtes Systemprogramm gestartet werden kann. Die Kürzel für die nützlichsten Anwendungen sind in der folgenden Tabelle aufgeführt. Oft genügt es schon, die ersten paar Buchstaben des Programmnamens einzugeben, um die Anwendung zu finden und sofort per [Enter] starten zu können.

Beschreibung	Kürzel für das Startmenü
Eingabeaufforderung	cmd.exe
Gruppenrichtlinienobjekt-Editor (nur in Professional und höher)	gpedit.msc
Lokale Sicherheitsrichtlinie (nur in Professional und höher)	secpol.msc
Systemkonfiguration	msconfig.exe
Systemsteuerung	control.exe
Task-Manager	taskmgr.exe
Windows-Firewall mit erweiterter Sicherheit	wf.msc
Info über Windows	winver.exe
Systeminformationen	msinfo32.exe
Remoteunterstützung	msra.exe
Systemwiederherstellung	rstrui.exe
Computerverwaltung	compmgmt.msc
Ereignisanzeige	eventvwr.exe
Leistungsüberwachung	perfmon.exe
PowerShell	powershell.exe
Ressourcenmonitor	perfmon.exe /res

6. Privatsphäre zurückerobern – wo Windows Ihre Daten versteckt

6.1	So leicht können Benutzerpasswörter ausgelesen oder entfernt werden	343
6.2	Enthalten längst gelöscht geglaubte Daten: Volume-Schattenkopien	356
6.3	Private Daten wirklich wirksam löschen	360
6.4	Datenträger richtig säubern – simples Formatieren genügt nicht!	376
6.5	Welche Anwendung greift aufs Internet zu? So finden Sie es heraus! ...	378

Vielleicht haben Sie etwas zu verbergen. Und vielleicht haben Sie gedacht, einfach jene geheime Datei zu löschen, würde reichen. Gut – je nachdem, mit wem Sie es zu tun haben, mag das stimmen. Doch je technisch versierter der Gegner ist, desto schwieriger wird es, Daten vor ihm zu verbergen.

Selbst wenn Sie hoffentlich nie etwas zu verbergen haben – dieses Kapitel zeigt Ihnen die wichtigsten Windows-Datenlecks auf.

6.1 So leicht können Benutzerpasswörter ausgelesen oder entfernt werden

Die Absicherung der Benutzerkonten eines Windows-PCs scheint Microsoft nicht so wichtig zu sein. Eigentlich verständlich, denn mit einer Linux-Live-CD oder durch Anschließen der Festplatte an einen anderen Rechner kann man ohnehin ganz einfach auf die gespeicherten Daten zugreifen – sofern sie nicht verschlüsselt sind. Klar, dass Microsoft die Absicherung Ihres Benutzerpassworts nicht so genau nimmt.

Dabei hat Microsoft die Sicherung schon einmal überarbeitet und mit Windows XP den **NT-LAN-Manager(NTLM)**-Hash eingeführt, einen Nachfolger des leicht knackbaren LAN-Manager(LM)-Hashes. Er kommt auch in Windows 7 noch zum Einsatz. Damit gehashte Passwörter sind etwas schwerer zu knacken, inzwischen aber ebenfalls keine große Herausforderung mehr.

So werden die Passwort-Hashes angegriffen

Um das zu einem Passwort-Hash zugehörige Passwort herauszufinden, gab es schon immer zwei extreme Möglichkeiten:

- Variante „Brute Force": Sie berechnen für alle möglichen Zeichenkombinationen hintereinander weg den zugehörigen NTLM-Hash-Wert und vergleichen diesen mit jenem NTLM-Hash, den Sie „knacken" möchten. Stimmt der berechnete Hash-Wert nicht mit diesem überein, verwerfen Sie ihn. Sind beide Hashes allerdings identisch, haben Sie die Zeichenkombination gefunden, die wohl das Passwort ist. Leider kann dieser Vorgang ewig dauern und benötigt allerlei Rechenkapazität. Abhängig von der Länge und Zahl der Zeichenkombinationen müssen Sie daher möglicherweise mehr Zeit und Rechenkraft investieren, als Ihnen lieb ist bzw. zur Verfügung steht.

- Variante „riesige Festplatte": Sie berechnen schon vorher Hash-Wert-Tabellen, die zu allen möglichen Zeichenkombinationen den korrespondierenden Hash-Wert beinhalten. Das dauert natürlich ebenfalls ewig und benötigt allerlei Rechenleistung. Freilich könnten Sie ebenfalls auf Tabellen zurückgreifen, die andere bereits berechnet haben. Davon abgesehen, dass viele dieser Tabellen einiges kosten, benötigen sie – wie auch die selbst berechneten – jede Menge Speicherplatz. In aller Regel mehr, als Ihnen zur Verfügung steht.

Rainbow Tables als Wunderwaffe

Sie sehen schon: Beide Varianten sind nicht besonders praktisch. Gut, dass es inzwischen eine dritte Variante gibt, die sogenannten Rainbow Tables. Auch hiermit werden die gespeicherten Passwort-Hashes mit einer riesigen Hash-Klartext-Datenbank verglichen. Diese ist jedoch besonders konstruiert und im Vergleich zu herkömmlichen Hash-Wert-Tabellen deutlich kleiner.

Hinter den Rainbow Tables steckt ein relativ neues Konzept, das 2005 erst entwickelt wurde. Trotz seines jungen Alters inspirierte es aber unlängst allerlei Programmierer zur Veröffentlichung mehrerer Tools. So bildeten sie unter anderem die Basis für Ophcrack (*http://ophcrack.sourceforge.net*) und die Free Rainbow Tables Community (*http://www.freerainbowtables.com*).

Benutzerpasswörter knacken

Für das „schnelle Passwortknacken für zwischendurch" eignen sich Linux-Live-CDs wie Ophcrack. Dieser Passwortknacker nutzt besagte Rainbow Tables, um die als Hashes gespeicherten Benutzerpasswörter in Klartext umzuwandeln. Dabei werden zunächst – ganz ohne Installationszwang – die NTLM-Hashes gespeicherter Windows-Passwörter ausgelesen. Sofern es einfache Passwörter „aus dem Wörterbuch" sind, kann sie die Live-CD innerhalb weniger Minuten knacken. Dazu liegt ihr eine kleine, nur ein paar Hundert MByte große Rainbow Table mit den NTLM-Hash-Werten der „beliebtesten" Passwörter bei.

Zur Demonstration legte ich auf einem Windows 7-PC mehrere Benutzerkonten an. Mit den unter Windows 7 standardmäßig deaktivierten Benutzerkonten *Administrator* und *Gast* hatte Ophcrack insgesamt sechs Passwörter zu knacken:

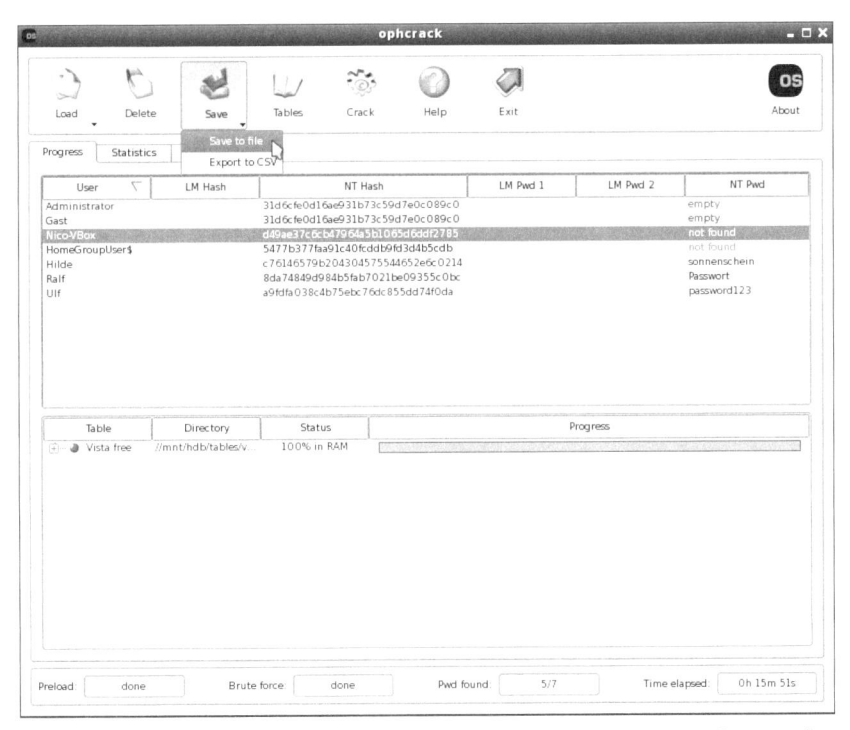

Alle Passwörter fand Ophcrack nicht, die trivialen wie „sonnenschein", „Passwort" und „password123" aber schon.

Hashes speichern statt abtippen

Wenn Ophcrack einen Hash nicht knacken kann, vermag es vielleicht ein anderes Tool oder eine Community wie die Rainbow Tables Community (*http://www.freerainbowtables.com*). Möchten Sie bspw. bei Letzterer Ihr Glück versuchen, benötigen Sie den Hash. Den könnten Sie nun entweder abtippen oder -schreiben oder aber auf der Festplatte Ihres PCs speichern. Markieren Sie dazu das entsprechende Benutzerkonto und klicken Sie auf *Save*, dann *Save to File*. Über *Computer*, /, *mnt* listen Sie sämtliche Laufwerke Ihres PCs auf. Ihre Systemplatte ist dabei vermutlich als *hda2* eingebunden. Klicken Sie sich ansonsten einmal durch, bis Sie den typischen Systemplatteninhalt mit den Ordnern *Users*, *Windows*, *Program Files* etc. finden. Dort können Sie dann direkt eine Textdatei hinterlegen. Beim nächsten Systemstart rufen Sie sodann nur *C:* auf und werden die Datei dort – hoffentlich – wiederfinden.

Jene Passwörter, die die kostenlose Ophcrack-Live-CD nicht ermitteln konnte, sind vor hartnäckigen Passwortknackern keineswegs sicher. Schließlich ist die Live-Variante von Ophcrack mit ihrer eher sehr kleinen Rainbow Table nur ein kleiner Vorgeschmack auf die wahre Power der Rainbow Tables.

Denn: Obwohl Rainbow Tables Speicherplatz sparen, indem sie nur eine Berechnungsgrundlage für eine Kette von Hashes legen, summiert sich der Speicherplatzbedarf umfangreicher Rainbow Tables schnell auf etliche GByte. Damit tut sich gleich ein weiteres Problem auf: die Tabellen müssen vorberechnet werden. Das verschlingt Rechenzeit. Und zwar eine ganze Menge. Mit nur einem PC werden Sie sehr lange benötigen, um eine einigermaßen brauchbare Rainbow Table vorauszuberechnen. Kommerzielle Anbieter von Rainbow Tables kommen Ihnen hier entgegen. Für teilweise mehrere Hundert Dollar gibt es Rainbow Tables zu erwerben. Das eine Problem, die nötige Rechenzeit, wird damit weitestgehend umgangen – das andere, der benötigte Speicherplatz, besteht aber weiterhin. Deshalb sind die angebotenen Rainbow Tables nicht besonders umfangreich, trotz ihres Speicherplatzbedarfs von teilweise mehreren GByte. Objectif Sécurité (*http://www.objectif-securite.ch/en/index.php*) bietet beispielsweise solche Rainbow Tables an. Ab 99 Dollar pro Tabelle. Hacker müssen inzwischen aber gar kein Geld mehr ausgeben, um auf umfangreiche Rainbow Tables zugreifen zu können. Kostenlose Rainbow Tables verteilt beispielsweise die Shmoo-Group auf der Website *http://rainbowtables.shmoo.com*.

Verschworene Community: Gemeinsam knackt es sich schneller

Es geht aber auch ohne Download riesiger Rainbow Tables. Die Free Rainbow Tables Community (*http://www.freerainbowtables.com*) nutzt ein weltweites Privat-PC-Netz, um immer größere Rainbow Tables zu generieren. Zur Drucklegung dieses Buches standen Tabellen für NTLM-Hashes und andere Hashes völlig kostenfrei zur Verfügung. Damit die Datenbank auch zukünftig wächst, ist die Community auf jeden einzelnen Privat-PC angewiesen. Ähnlich wie die SETI@Home-Fans, die per Bildschirmschoner nach Außerirdischen suchen, opfern die Mitglieder der Free Rainbow Tables Community einige Rechenzeit ihres Computers. Einerseits, um weitere Rainbow Tables zu generieren, und andererseits, um in den vorhandenen Rainbow Tables nach dem zu einem Hash passenden Klartext zu suchen. So kann ein jeder einen Hash über die Website des Projekts zur Suche „ausschreiben". Tatsächlich läuft die Suche aber automatisch ab, wobei die Anfragen besonders (rechen-)aktiver Community-Mitglieder bevorzugt werden. Aber auch ohne viel Rechenzeit zur Verfügung zu stellen, erhalten Sie schnell ein Ergebnis.

Wie schnell das PC-Netzwerk von Free Rainbow Tables einem MD5- oder LM/NTLM-Hash einen Passwortklartext zuordnen kann, ist aber dennoch von der Stärke des gewählten Passworts abhängig. Für einfache Kennwörter aus dem Wörterbuch benötigt das Netzwerk höchstens ein paar Stunden. Passwörter mit Sonderzeichen können hingegen tagelang unentdeckt bleiben oder werden zunächst gar nicht aufgespürt. Weil die Free Rainbow Tables Community aber beständig weitere Rainbow Tables generiert, mag auch der letzte unbekannte Hash irgendwann einmal in ein Klartextpasswort überführt werden. Schließlich „vergisst" die Community die ungeknackten Hashes nicht. Wurde eine neue Rainbow Table generiert, wird darin nämlich stets auch nach den bisher Unbekannten gesucht.

Benutzerpasswörter entfernen

Selbst das aufwendigste Benutzerkontopasswort schützt Ihre Daten nicht, wenn jemand physischen Zugriff auf Ihr Computersystem hat. Denn nach wie vor können Windows-Passwörter ganz leicht entfernt werden. Allein eine bootfähige CD mit einer speziellen Linux-Distribution ist dafür nötig. Wie einfach das funktioniert, sehen Sie im Folgenden.

Zum Entfernen von Windows-Passwörtern gibt es mehrere Lösungen, die einfach zu bedienen sind, aber eben ein paar Euro kosten. Eine kostenlose Möglichkeit stellt hingegen der Offline NT Password & Registry Editor dar. Lassen

Sie sich dabei von dem „NT" im Namen nicht täuschen: Ursprünglich für Windows NT entwickelt, funktioniert die Software auch mit Windows 7.

Den Offline NT Password & Registry Editor erhalten Sie auf der Homepage des Programmierers Petter Nordhal-Hagen: *http://pogostick.net/~pnh/ntpasswd/*. Das „Programm" liegt dort in Form eines ISO-CD-Abbilds vor. Haben Sie es mit der in Windows 7 integrierten ISO-Brennfunktion auf CD gebannt, gehen Sie wie im Folgenden beschrieben vor. Doch zunächst noch eine Warnung: Entfernen Sie Passwörter nicht zum Spaß, sondern nur, wenn es wirklich nötig ist. Es besteht stets die Gefahr, dass das gesamte Benutzerkonto zerstört wird.

1 Legen Sie die CD mit dem Offline NT Password & Registry Editor ins Laufwerk Ihres PCs und fahren Sie ihn herunter. Schalten Sie den Rechner dann wieder ein und unternehmen Sie im BIOS entsprechende Schritte, um von der CD zu booten – sofern das überhaupt nötig ist.

2 Der Offline NT Password & Registry Editor startet nun. Sobald eine Abfrage *boot:* eingeblendet wird, drücken Sie einfach auf [Enter].

3 Nun wird nach Ihren Festplatten bzw. Partitionen gesucht und selbige in der Auflistung *Disks:* hoffentlich auch aufgeführt. Eine Abfrage *Select:* fordert Sie jetzt dazu auf, die Festplatte bzw. Partition zu wählen, auf der Windows 7 installiert ist. Hier gilt es, aufmerksam zu sein. Standardantwort ist nämlich *1* und somit regelmäßig die versteckte und 100 MByte große Bootpartition. Sie wäre hier jedoch die falsche Wahl!

4 Im nächsten Schritt wird der Pfad zu den Registrierungsdateien abgefragt. Keine Sorge: In aller Regel ist die Standardeinstellung *windows\system32\config* schon richtig. Drücken Sie deshalb auf [Enter] oder ändern Sie den Pfad, wenn Sie Windows 7 damals nicht mit den Standardeinstellungen installiert haben.

5 Da Sie im Rahmen dieser Schrittanleitung vermutlich das Passwort Ihres Benutzerkontos entfernen möchten, wählen Sie im nächsten Schritt die Option *1 – Password reset [sam system security]*.

6 Langsam wird's spannend. Durch Auswahl von *1*, also *Edit user data and passwords*, kommen Sie der Vernichtung Ihres Benutzerpassworts ein Stück näher.

7 Nun werden endlich sämtliche Benutzerkonten aufgeführt. Tippen Sie den Namen des Benutzerkontos ein, dessen Passwort ausradiert werden soll. Auf die Klammern < und > verzichten Sie dabei.

```
<>========<> chntpw Main Interactive Menu <>========<>
Loaded hives: <SAM> <SYSTEM> <SECURITY>

  1 - Edit user data and passwords
  2 - Syskey status & change
  3 - RecoveryConsole settings
  -
  9 - Registry editor, now with full write support!
  q - Quit (you will be asked if there is something to save)

What to do? [1] -> 1

==== chntpw Edit User Info & Passwords ====

| RID -|---------- Username ------------- | Admin? |- Lock? --|
| 01f4 | Administrator                    | ADMIN  | dis/lock |
| 01f5 | Gast                             |        | dis/lock |
| 03ea | HomeGroupUser$                   |        |          |
| 03e9 | Nico                             | ADMIN  |          |

Select: ! - quit, . - list users, 0x<RID> - User with RID (hex)
or simply enter the username to change: [Administrator] Nico
```

Konnte die Registry richtig eingelesen werden, listet das Programm alsbald sämtliche Benutzerkonten auf, deren Passwort bearbeitet bzw. entfernt werden könnte. Für Angreifer besonders hilfreich ist freilich der Hinweis ADMIN, der Benutzerkonten der Gruppe Administratoren bezeichnet.

8 Sogleich wird um ein neues Passwort gebeten. Gleichzeitig rät der Offline NT Password & Registry Editor dazu, nur ein leeres Passwort zu erstellen. Befolgen Sie den Rat lieber, kann ich aus eigener leidvoller Erfahrung sagen. Um solch ein leeres Passwort einzurichten, geben Sie einfach nur * ein. Da der Offline NT Password & Registry Editor mit einem US-Tastaturlayout arbeitet, erreichen Sie das Sternchen über [Umschalt]+[8].

9 Bestätigen Sie die Abfrage *Do you really wish to change it?* mit einem *y* (bzw. der Taste [Z], da das US-Tastaturlayout verwendet wird). Oder haben Sie es sich doch noch anders überlegt?

10 Es wird Zeit, die Änderungen zu speichern. Tippen Sie zunächst *!* und dann bei der nächsten Eingabeaufforderung *q* ein, um das Programm so langsam zu verlassen.

11 Sobald Sie *Step FOUR: Writing back changes* erreicht haben, bestätigen Sie den Schreibvorgang mit *y* (also [Z]).

12 Erhalten Sie eine entsprechend positive Rückmeldung, entfernen Sie die CD des Offline NT Password & Registry Editor und starten den Rechner mit [Strg]+[Alt]+[Entf] neu.

Fürs WLAN & Co.: gespeicherte Passwörter blitzschnell herausfinden

Mit dem Notebook geht's zum Bekannten, das Passwort für sein Drahtlosnetzwerk will er Ihnen aber nicht verraten. Stattdessen tippt er es lieber ein. Zeigen Sie Ihrem Bekannten dann einmal WirelessKeyView von NirSoft (*http://www.nirsoft.net/password_recovery_tools.html*). Dieses kleine Tool liest die auf einem Rechner gespeicherten WLAN-Passwörter aus und zeigt sie nebst SSID (dem Netzwerknamen) in schönem Klartext an. Blöd für Ihren Bekannten, wenn sein WLAN-Passwort auch für andere Zugänge wie eBay & Co. taugt, es also sein Standardpasswort ist.

Damit WirelessKeyView unter Windows 7 funktioniert, starten Sie das Programm zunächst und öffnen dann über das Dateimenü *File* die *Advanced Options*. Setzen Sie anschließend ein Häkchen bei *Use code injection method (For Windows 7 only)*. Sogleich zeigt das Tool dann auch gespeicherte WLAN-Passwörter an.

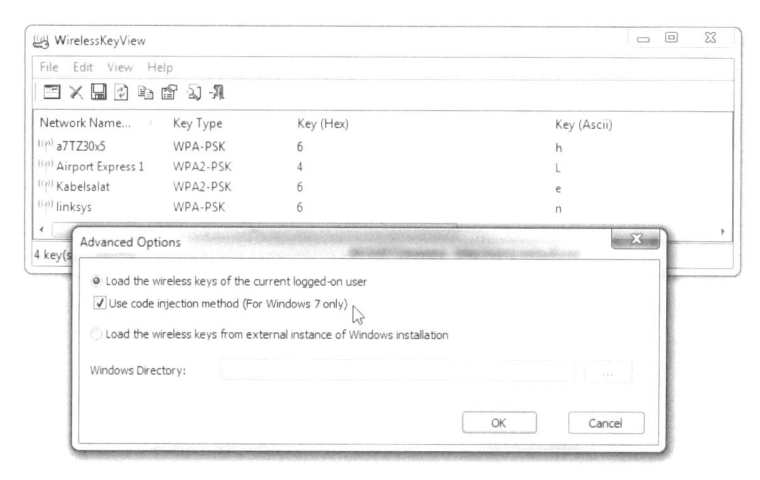

Nicht wundern: Für diese Abbildung wurden die Werte von Key (Hex) und Key (Ascii) bis zum ersten Zeichen retuschiert. Normalerweise würde WirelessKeyView unter Key (Ascii) also dennoch das volle WLAN-Passwort im Klartext darstellen.

Weitere Passwortaufspürer

WirelessKeyView ist nicht das einzige NirSoft-Tool, das in die Kerbe „Anzeigen gespeicherter Passwörter" schlägt. Tatsächlich listet die Webseite http://www.nirsoft.net/password_recovery_tools.html unter der Rubrik Password Recovery Utilities so einige Tools auf. Eine Auswahl:

- Asterisk Logger kann einige Passworteingabeboxen überlisten und statt den üblichen Sternchen das eingegebene Passwort im Klartext anzeigen. Moderne Software sollte für den von diesem Tool angewandten Trick eigentlich nicht mehr anfällig sein. Einige Programme sind es aber dennoch.
- Mail PassView zeigt die Passwörter sämtlicher E-Mail-Konten an, sofern diese in Windows Mail, Outlook Express, Mozilla Thunderbird etc. eingerichtet und die zugehörigen Passwörter gespeichert wurden.
- MessenPass: Sie nutzen Instant Messenger wie ICQ oder den Windows Live Messenger? Dieses Tool liest die dafür gespeicherten Benutzerpasswörter aus.
- IE PassView, PasswordFox und ChromePass lesen die vom Internet Explorer beziehungsweise Mozilla Firefox und Googles Chrome gespeicherten Passwörter für Webseiten aus. Für jene, die Webseiten-Accounts gern speichern, werden diese Tools zum Problem.

Passwörter sicher in einem Passwort-Safe hinterlegen

Sie haben Probleme, sich Ihre verschiedensten Passwörter einzuprägen? Sie wollen sie ebenso nicht niederschreiben, erst recht nicht von der jeweiligen Anwendung speichern lassen? Wie unsicher das ist, zeigte schließlich der vorangegangene Abschnitt.

Vielleicht kann Ihnen ein Passwort-Safe wie KeePass (http://www.keepass.info) helfen. Der „Safe-Bauer" ist ein Deutscher und heißt Dominik Reichl. Wohl gern lässt er sich bei der Entwicklung von KeePass über die Schulter schauen, denn das Programm ist komplett Open Source. Für „sicherheitskritische" Software ist das immer ein gutes Zeichen, denn so können Fehler von der gesamten Open-Source-Community gefunden werden.

Zur Drucklegung des Buches gab es sowohl eine Version 1.18 (Classic Edition) als auch eine 2.14 (Professional Edition). Beide sind völlig kostenlos und uneingeschränkt nutzbar. Version 2.14 enthält jedoch einige Zusatzfeatures, die das Microsoft .NET Framework ab Version 2.0 benötigen. In Windows 7 ist es schon integriert, sodass an dieser Stelle auch nur auf Version 2.14 eingegangen wird.

KeePass schützt Ihre Passwörter ziemlich gut. Wissenswert ist vor allem:

- Die Programmdatenbank ist komplett verschlüsselt. Es werden also nicht nur Ihre Passwörter und Schlüssel, sondern ebenfalls die von Ihnen angelegten Gruppen und Notizen zu den gespeicherten Kennwörtern chiffriert.
- Zur Verschlüsselung selbst setzt KeyPass den aktuellen Standard AES ein.
- Jenes Master-Passwort, das Ihnen den Zugang zu Ihren in KeePass gespeicherten Passwörtern ermöglicht, wird selbstverständlich ebenfalls nicht als Klartext im Computer hinterlegt, sondern in Form eines Hash-Wertes gespeichert. Um diesen Hash – und damit das Passwort – gegen Angriffe mit Rainbow Tables (s. auch S. 345) zu schützen, wird er zusätzlich „gesalzen".

Mehrere Möglichkeiten, die Datenbank zu schützen

Zusätzlich zum Master-Passwort können Sie eine sogenannte Schlüsseldatei anlegen. Dahinter verbirgt sich nichts anderes als eine bestimmte Datei, die ebenfalls auf dem Rechner oder einem angeschlossenen bzw. eingelegten Speichermedium vorliegen muss, um den Zugriff auf die KeePass-Datenbank zu gewähren. Selbstverständlich kann diese Datei kopiert und somit auf mehreren Speichermedien parallel abgelegt werden. Ebenso können Sie auf das Master-Passwort verzichten und nur den Key File verwenden. Insgesamt gibt es folgende Möglichkeiten, die Datenbank zu schützen:

- Nur mit dem Master-Passwort.
- Nur mit dem Key File beziehungsweise Kopien davon.
- Mit dem Master-Passwort und dem Key File: So müssen Sie sowohl das Master-Passwort eingeben als auch den Key File auf einem Speichermedium vorrätig haben, um den Zugriff auf Ihre Passwortdatenbank zu erhalten.

Weiterhin ist es möglich, die KeePass-Datenbank an einen Windows-Nutzer zu binden. Nur dieser spezielle Windows-Nutzer kann dann auf die Datenbank zugreifen. Ob es sich um den richtigen Nutzer handelt, macht KeePass dabei freilich nicht anhand des Benutzernamens, sondern der sogenannten SID fest.

Weil Windows-Benutzerpasswörter nicht besonders gut geschützt sind (s. auch S. 343), ist es keine gute Idee, nur die Bindung an das Benutzerkonto auszuwählen, da die Passwortdatenbank dann nur so sicher wie das Passwort Ihres Benutzerkontos ist.

KeePass einrichten

Das KeePass-Setup-Programm, das Sie am besten über die offizielle Webseite des Tools beziehen, ist zunächst nur in Englisch gehalten. Sehr wohl existiert aber ein deutsches Sprachpaket, das Sie als ZIP-Archiv auf der offiziellen Webseite erhalten (*http://keepass.info/translations.html*). Laden Sie es herunter und entpacken Sie es. Die darin befindliche *German.lngx* kopieren Sie anschließend einfach in das KeyPass-Programmverzeichnis (vermutlich *%PROGRAMFILES%\KeePass Password Safe 2*). Starten Sie anschließend wieder KeePass und wählen Sie im Programmfenster *View*, danach *Change Language*, anschließend können Sie *German* auswählen.

Der erste Start ist unspektakulär (wie die folgenden eigentlich auch). Kein Assistent ploppt auf. Stattdessen erscheint gleich das KeePass-Hauptfenster. Wählen Sie im Dateimenü *Datei*, dann *Neu*, um eine neue Datenbank anzulegen.

Haben Sie sich für einen Speicherort entschieden, fragt das Programm sogleich nach einem Master-Schlüssel. Sie können sich hier für ein Master-Passwort, eine Schlüsseldatei oder die Verknüpfung mit dem Windows-Benutzeraccount entscheiden – ebenso die Sicherheitsmechanismen miteinander kombinieren.

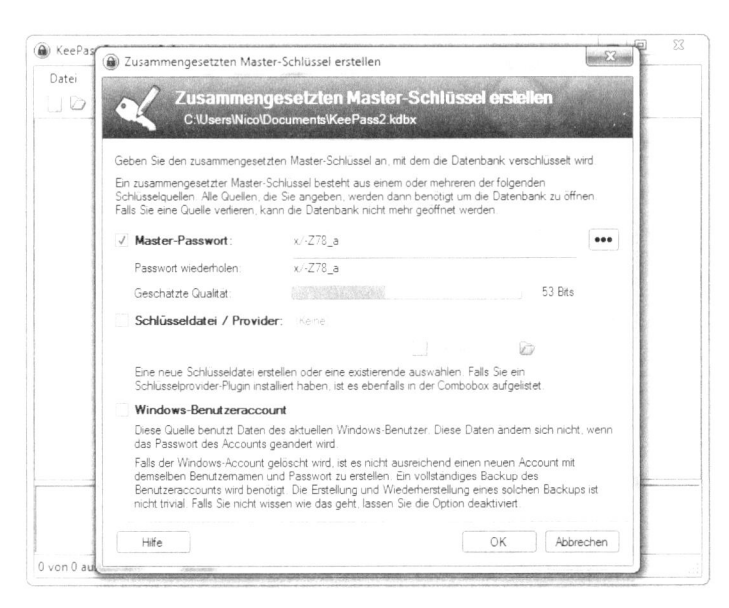

Selbst ein kryptisches Passwort wie x/-Z78_a kann den Passwortqualitätsschätzer von KeePass kaum beeindrucken. Es ist einfach zu kurz.

Sobald der Master-Schlüssel steht, dürfen Sie noch einige Einstellungen vornehmen, die nur auf die just erstellte Datenbank angewendet werden. Zwingend ist die Konfiguration jedoch nicht, zumal die für „Einsteiger" relevanten Einstellungen schon gesetzt sind.

Grundsätzlich ist die Bedienung des Programms sehr einfach. Mittels Schlüssel-Button können Sie Einträge hinzufügen, also eine Benutzernamen-Passwort-Kombination speichern. Wer KeePass parallel zur Registrierung bei einem Webdienst o. Ä. benutzt, kann sich für jenen Webdienst auch gleich ein Passwort vorschlagen lassen.

Integrierter Passwort-Generator

In neuen Datenbankeinträgen füllt KeePass das Passwortfeld automatisch aus. So handelt es sich um einen speziellen Service, für jene, die für den einzutragenden Dienst noch kein Passwort ausgewählt haben. KeePass fungiert somit nicht nur als Passwort-Safe, sondern ebenfalls als Generator. In den Standardeinstellungen sind die erzeugten Passwörter schon recht lang und pure Aneinanderreihungen von Groß- und Kleinbuchstaben. Leicht zu merkende Wörter sind darin natürlich nicht enthalten. Aber dafür haben Sie ja KeePass.

Möchten Sie den Passwort-Generator des Programms nicht nur Groß- und Kleinbuchstaben, sondern ebenfalls Sonderzeichen etc. verwenden lassen, gehen Sie so vor: Klicken Sie im Programmfenster zunächst auf *Extras*, dann *Passwort-Generator*. Im nun geöffneten Konfigurationsfenster des Passwort-Generators wählen Sie das Profil *Automatisch generierte Passwörter für neue Einträge*. Hier können Sie nun die Länge der generierten Passwörter angeben sowie entscheiden, ob etwa Sonderzeichen, Unterstriche etc. darin auftauchen sollen. Sobald Sie Häkchen setzen oder entfernen bzw. andere Aspekte des Profils ändern, wechselt der Profilname zu *Benutzerdefiniert*. Lassen Sie sich davon nicht beeindrucken. Wichtig ist, dass Sie nach Abschluss der Konfiguration auf das kleine Diskettensymbol klicken und *Automatisch generierte Passwörter für neue Einträge* zum Überschreiben auswählen.

Grundsätzlich klingt jede der Einstellungen nach einer guten Idee. Beachten Sie jedoch, dass einige Anwendungen oder Webdienste nicht mit Passwörtern zurechtkommen, die höhere ANSI-Zeichen verwenden. Ebenso ist die Passwortlänge gerade im Web beschränkt. Ansonsten spricht wohl nichts dagegen, ein Passwort so lang wie möglich zu wählen. Vorausgesetzt, Sie setzen KeePass tatsächlich als Passwort-Safe ein.

Passwortfelder automatisch ausfüllen

KeePass ist eine eigenständige Software und kein Bestandteil eines Browsers. Trotzdem können Sie KeePass so konfigurieren, dass Sie die Login-Felder von Webseiten, deren Zugangsdaten in der KeePass-Datenbank gespeichert sind, per Tastendruck automatisch ausfüllen können.

Möglich macht's die KeePass-Funktion Auto-Type, die in mehreren Ausprägungen funktioniert. Die einfachste sei Ihnen an dieser Stelle einmal vorgeführt.

1   Erstellen Sie in KeePass einen neuen Eintrag in der Kategorie Internet, etwa für eBay. Geben Sie Ihren eBay-Benutzernamen sowie das zugehörige Passwort an. Prüfen Sie zugleich im Register *Auto-Type*, ob Auto-Type für diesen Eintrag aktiviert ist und die Standardsequenz *{USERNAME} {TAB}{PASSWORD}{ENTER}* lautet.

2   Öffnen Sie in Ihrem Browser die Webseite, in die Sie sich einloggen möchten. Wichtig ist, dass sie im aktiven Tab dargestellt wird.

3   Setzen Sie nun den Cursor in das erste Feld des Logins.

4   Wechseln Sie sogleich ins KeePass-Programmfenster. Klicken Sie mit der rechten Maustaste auf den entsprechenden Eintrag für die Webseite und wählen Sie *Auto-Type ausführen*. KeePass öffnet sogleich das zuletzt geöffnete Fenster – also Ihren Browser mit dem geöffneten Login-Bildschirm – und trägt die Daten ein. Der Login müsste somit vollzogen werden.

Mit der Standardsequenz *{USERNAME}{TAB}{PASSWORD}{ENTER}* müssten Sie sich eigentlich fast überall einloggen können. Denn was macht KeePass im Rahmen dieser Sequenz? Es simuliert zunächst die Tastenanschläge, die zur Eingabe des gespeicherten Benutzernamens nötig sind, sendet dann das Signal für die [Tab]-Taste, anschließend die Tasten fürs gespeicherte Passwort. Schlussendlich wird ein Drücken der [Enter]-Taste simuliert und die Eingabe somit bestätigt.

Natürlich ist diese Art der Eingabe anfällig für Keylogger, die die – wenn auch nur simulierten – Eingaben von KeePass abfangen können. Das Programm bietet deshalb zusätzlich eine Zwei-Kanal-Auto-Type-Verschleierung, die Sie in den Optionen eines Eintrags im Register *Auto-Type* finden. Im Grunde sendet KeePass dabei während der Sequenz noch weitere Tastatursignale an andere Anwendungen und „verschleiert" somit die Login-Daten.

6.2 Enthalten längst gelöscht geglaubte Daten: Volume-Schattenkopien

Kennen Sie schon die sogenannten Volume-Schattenkopien, die mit Windows Vista auf den Windows-Endkundenversionen einzogen? Sie sind eine Art Schnappschuss Ihrer gesamten Festplatte (oder Partition). Tatsächlich speichern sie aber nur den Unterschied jener Dateien, die im Laufe der Zeit geändert oder gelöscht wurden. Es sind also sogenannte differenzielle Backups. Solche Schnappschüsse erstellt Windows 7 regelmäßig, teils sogar mehrmals am Tag.

Nutzen können Sie die Volume-Schattenkopien über den Eigenschaften-Dialog einer Datei oder eines Ordners. Wählen Sie hier das Register *Vorgängerversionen*. Sofern eine vorhergehende Version der Datei gespeichert ist, können Sie diese direkt öffnen, kopieren oder eben wiederherstellen. Seien Sie mit letzterer Funktion aber bitte vorsichtig – nicht dass Sie die „aktuelle" Version versehentlich überschreiben.

Wie weit die Volume-Schattenkopien zurückreichen, ist von verschiedenen Faktoren abhängig – verfügbarer Speicherplatz, Intensität, mit der Sie den Rechner nutzen, etc. Aber auch auf stark genutzten PCs gibt's immer wieder allerlei Vorgängerversionen, die lange zurückliegen.

Gelöschte Dateien wiederherstellen

Wie kommen Sie nun an die „Vorgängerversion" einer gelöschten Datei – wie können Sie sie also wiederherstellen? Ganz einfach: Öffnen Sie die Eigenschaften des Ordners, in dem die Datei gespeichert war, und wählen Sie dessen Vorgängerversionen. Über den Button *Öffnen* können Sie sodann mit dem Explorer in dem Verzeichnis stöbern und die gelöschte Datei herauskopieren.

Großzügige Speicherplatzvergabe

Aufgrund Microsoft'scher Großzügigkeit erstellt Windows 7 zwar nicht unbegrenzt viele Volume-Schattenkopien auf Ihrer Festplatte, geht mit Ihrem Speicherplatz aber dennoch recht freimütig um: Bis zu 15 % einer Festplatte können die Volume-Schattenkopien belegen, ohne dass das auf den ersten Blick sichtbar wäre. Einzig die beständig abnehmende freie Festplattenkapazität ist für jeden ein Zeichen dafür, dass Volume-Schattenkopien am Werke sind. Denn 15 % sind heutzutage ein ganz schöner Brocken: 15 % von 1 TByte sind schließlich 150 GByte. Selbst wenn die tatsächliche Kapazität einer 1-TByte-Festplatte nur 965 „echten" GByte entspricht – die 15 % werden nicht weniger.

Wie viel Platz belegen die Volume-Schattenkopien schon auf Ihrem PC?

Bevor Sie die Volume-Schattenkopien einschränken, sollten Sie zunächst prüfen, wie viel Platz die schon angelegten Volume-Schattenkopien verbrauchen.

1   Starten Sie die Eingabeaufforderung mit Administratorrechten.

2   Geben Sie nun *vssadmin list shadowstorage* ein, um sich über den in Anspruch genommenen Speicherplatz der Volume-Schattenkopien zu informieren.

Sie erhalten sogleich detaillierte Auskunft über den durch Volume-Schattenkopien verschlungenen Speicher. *Verwendeter Schattenkopie-Speicherbereich* informiert dabei über den tatsächlich genutzten Speicherplatz aller Volume-Schattenkopien; *Zugewiesener Schattenkopie-Speicherbereich* gibt an, wie viel Speicherplatz pro Volume-Schattenkopie genehmigt wird; und *Max. Schattenkopie-Speicherbereich* zeigt schließlich, wie viel Speicherplatz den Volume-Schattenkopien höchstens zur Verfügung steht.

Möchten Sie nun auch sehen, wie viele Volume-Schattenkopien schon angelegt wurden, geben Sie *vssadmin list shadows* ein und erhalten so eine entsprechende Aufschlüsselung.

Speicherhunger der Schattenkopien einschränken

Gibt es unter Vista keine Möglichkeit, die Volume-Schattenkopien per Menü einzuschränken, existiert sie aber nun unter Windows 7. Öffnen Sie dazu die Systemsteuerung, darin *System und Sicherheit*, dann *System* und klicken Sie schließlich links auf *Computerschutz*. Im Register *Computerschutz* der Systemeigenschaften markieren Sie das Laufwerk, für das Sie die Einschränkung vornehmen wollen. Klicken Sie anschließend auf *Konfigurieren*. Im Bereich *Speicherplatzbelegung* haben Sie nun per Schieberegler die Möglichkeit, die maximale Belegung zu verändern.

Beachten Sie aber: Die Systemwiederherstellung basiert auf den Volume-Schattenkopien. Je weniger Speicherplatz Sie den Volume-Schattenkopien also zugestehen, desto weniger Wiederherstellungspunkte können erzeugt werden.

So löschen Sie Dateien auch aus den Schattenkopien

Wenn Sie die Vorgängerversion eines Ordners öffnen, finden Sie darin gegebenenfalls Dateien, die Sie schon längst gelöscht haben und eigentlich gar nicht mehr auf dem Computer haben möchten. Leider gibt es keine Möglichkeit, die Dateien über den Explorer zu entfernen. Die einzig praktische Alternative: Sie müssen die gesamte Schattenkopie, die diese Datei(en) noch enthält, löschen. Das gelingt nur per Eingabeaufforderung:

Machen Sie sich zunächst klar, welche Volume-Schattenkopie Sie überhaupt löschen wollen. Suchen Sie also jene, die die unerwünschten Dateien noch enthält. Öffnen Sie sodann eine Eingabeaufforderung mit Administratorrechten. Per *vssadmin list shadows* lassen Sie sich zunächst alle vorhandenen Volume-Schattenkopien anzeigen.

In diesem Beispiel soll die Schattenkopie vom 13.01.2010 gelöscht werden, da sie noch eine inzwischen „unerwünschte" Datei enthält. Wichtig ist hierbei die Schattenkopiekennung. Im Beispiel lautet sie {0775579c-869e-4770-9b90-625700817d41}.

Mit *vssadmin delete shadows /shadow=[SCHATTENKOPIEKENNUNG]* wird die Schattenkopie gelöscht. Im Beispiel lautet die Eingabe also *vssadmin delete shadows /shadow={0775579c-869e-4770-9b90-625700817d41}*. Eine Nachfrage, ob die Schattenkopie wirklich gelöscht werden soll, müssen Sie aber noch bejahen. Die unerwünschte Schattenkopie der „sensiblen Datei" ist fortan gelöscht – mitsamt allen anderen Sicherungen, die in der konkreten Volume-Schattenkopie enthalten waren.

```
Administrator: Eingabeaufforderung
C:\Users\Nico>vssadmin delete shadows /shadow={0775579c-869e-4770-9b90-625700817
d41}
vssadmin 1.1 - Verwaltungsbefehlszeilenprogramm des Volumeschattenkopie-Dienstes
(C) Copyright 2001-2005 Microsoft Corp.

Soll(en) die 1 Schattenkopie(n) wirklich gelöscht werden (J/N): [N]? j
1 Schattenkopie(n) wurde(n) gelöscht.

C:\Users\Nico>
C:\Users\Nico>
```

Schnell ist eine Volume-Schattenkopie verschwunden – und so schnell kommt sie auch nicht mehr wieder. Denn in den Papierkorb wandern die Volume-Schattenkopien nicht. Natürlich könnte man sie immer noch mit teuren Wiederherstellungstools aufspüren ... Die Struktur der Volume-Schattenkopien machen's aber selbst Profis schwer. Schließlich werden in einer Volume-Schattenkopie keine Dateien an sich gespeichert, sondern nur die inkrementellen Veränderungen.

6.3 Private Daten wirklich wirksam löschen

Einschlägige TV-Serien aus dem Genre der Gerichtsmedizin bzw. Forensik beeinflussen heutzutage vielfach die Berufswahl junger Menschen. An die sogenannte Computer-Forensik denkt dabei aber keiner. Kein Wunder, beschäftigt die sich doch nicht mit menschlichen Leichen, sondern höchstens mit Dateileichen. Wichtig ist dieses Feld der Verbrechensaufklärung aber allemal: Finanzbetrug, Kinderpornografie oder der internationale (Daten-)Terrorismus sind typische Szenarien, in denen auch Computer-Forensiker einschreiten.

Wie die „richtigen" Forensiker, wollen Computer-Forensiker keine Spuren am „Tatort" hinterlassen – also auf einem Computer bzw. dessen Festplatte. Hier sollen im Rahmen der Analyse so wenig Änderungen erfolgen wie möglich. Dazu wird die Analyse nicht auf dem PC selbst, sondern anhand einer 1:1-Kopie der Festplatte durchgeführt. Copy & Paste funktioniert hierbei nicht, da dabei gespeicherte Zugriffszeiten überschrieben würden. Tatsächlich wird eine bytegenaue Kopie benötigt, die mit speziellen Tools erzeugt werden kann. Das soll aber nicht weiter Gegenstand dieses Buches sein. Vielmehr sollen Sie auf den folgenden Seiten einige „Datenverstecke" kennenlernen, die Sie mit Windows 7-Bordmitteln garantiert nicht einsehen können.

Unbekannt.exe – so finden Sie den Zweck jeder Datei heraus

Stoßen Sie auf eine unbekannte Datei, kann eine sogenannte String-Analyse über den Zweck der Datei oder deren Hersteller Klarheit verschaffen. Unter Windows nutzen Sie dazu am besten das kleine Tool *strings.exe* (*http://technet.microsoft.com/en-us/sysinternals/bb897439.aspx*) von SysInternals. Seine Funktionsweise ist schnell erklärt: Es extrahiert sämtliche lesbaren ASCII- und Unicode-Zeichenketten (Strings) aus binären Dateien wie etwa EXE- oder DLL-Dateien. So arbeiten Sie damit:

Öffnen Sie die Eingabeaufforderung mit Administratorrechten, navigieren Sie in das Verzeichnis, in dem sich die *strings.exe* befindet. Geben Sie nun *strings.exe [DATEI]* ein, wobei *[DATEI]* der Pfad bzw. Dateiname der zu untersuchenden Datei ist. Also etwa *strings.exe setup.exe*. Sogleich listet das Tool sämtliche Strings der Datei im Fenster der Eingabeaufforderung auf.

Tuesday, Wednesday ... aha, ZDFmediathek – dann ist ja klar, was in der setup.exe steckt, die strings für diese Abbildung auf lesbare Zeichenketten durchsuchte.

Virenautoren sind das Strings-Tool und ähnliche Anwendungen natürlich bekannt. Entsprechend versuchen viele, verräterische Zeichenketten in ihren Programmen zu vermeiden.

Stöbern mit dem Hex-Editor

Hex-Editoren gibt es je nach „Geschmacksrichtung" von allerlei Herstellern. Damit stöbern Sie beispielsweise in der Auslagerungsdatei *pagefile.sys* oder in der ebenso interessanten *hiberfil.sys*, die für den Ruhezustand eingesetzt wird. Ein recht bekannter ist WinHex, den Sie unter *http://www.x-ways.net/winhex/index-d.html* in einer funktional eingeschränkten Version kostenlos herunterladen können.

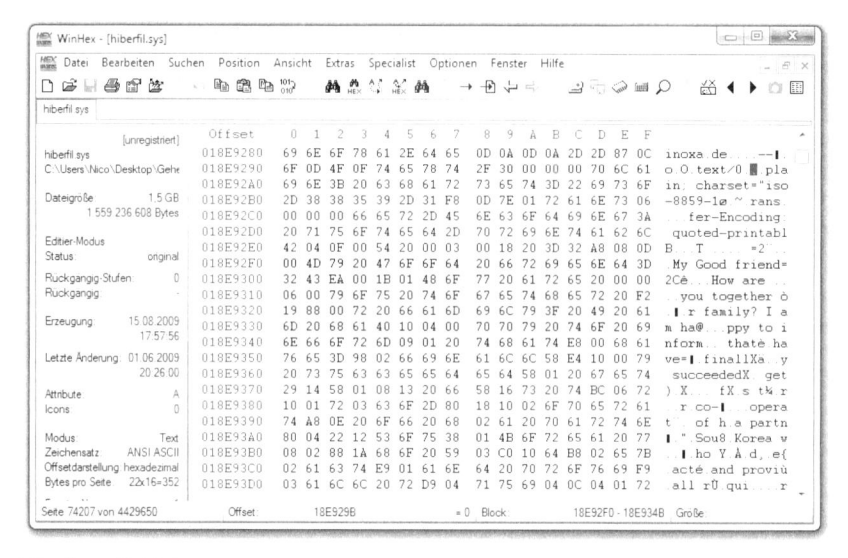

Für diese Abbildung wurde ein Blick in die Ruhezustandsdatei hiberfil.sys geworfen. Bei der Suche nach E-Mail-Adressen fand sich prompt auch der Inhalt einer Spam-E-Mail, die zum Zeitpunkt des Herunterfahrens im Rechner geöffnet war. Zwar ist der Zeichenwirrwarr nur schwer zu entziffern, doch können auch Laien schnell einen Überblick über die Anwendungen erhalten, deren Daten der Ruhezustand speicherte.

Noch kurz zur Funktionsweise: Die meisten Hex-Editoren sind vom Aufbau weitestgehend gleich, sodass die folgenden Worte nicht nur für WinHex gültig sind:

- Mittig sehen Sie die Bytes der betrachteten Datei. In der Regel sollten je 16 Bytes in einer Zeile nebeneinander stehen. Reicht der Platz auf dem Bildschirm nicht aus, blendet beispielsweise WinHex einige der letzten Bytes aus. Indem Sie auf den links davon stehenden Offset-Wert klicken, wechselt die Ansicht jedoch weiter zum Ende der Byte-Folge.

- Links der Bytes steht der bereits erwähnte Offset. Er gibt in hexadezimaler Schreibweise an, wie viele Bytes der jeweiligen Zeile bereits vorangegangen sind.

- In der rechten Spalte stellen Hex-Editoren wie WinHex typischerweise Klartext dar, sofern es denn welchen gibt. Per Einstellung – in WinHex über *Optionen* und dann *Zeichensatz* – legen Sie dabei fest, mit welchem Zeichencode die Bytes dekodiert werden sollen. Typischerweise ist ASCII voreingestellt und meist auch die richtige Wahl.

Vorsicht vor verräterischen Miniaturansichten!

Achten Sie beim Kopieren und insbesondere Versenden von Dateien darauf, die in einem Ordner evtl. vorhandene *thumbs.db* nicht mitzukopieren. Sie wird immer dann angezeigt, wenn Sie a) Miniaturansichten von Dateien sowie b) versteckte Dateien anzeigen lassen. Was ist daran so schlimm? Nun, die *thumbs.db* enthält Thumbnails aller Dateien eines Verzeichnisses. Kopieren Sie etwa nur ein paar Bilder aus einem Fotoordner und packen versehentlich die *thumbs.db* hinzu, kann ein Dritter in die *thumbs.db* schauen und zumindest die Thumbnails aller anderen in dem Ordner gespeicherten Bilder einsehen. Tools wie der ThumbsDbExtractor (*http://byphry.by.funpic.de/byphry/ programme.htm*) oder Thumbnail Database Viewer (*http://www.itsamples. com/thumbnail-database-viewer.html*) machen's möglich.

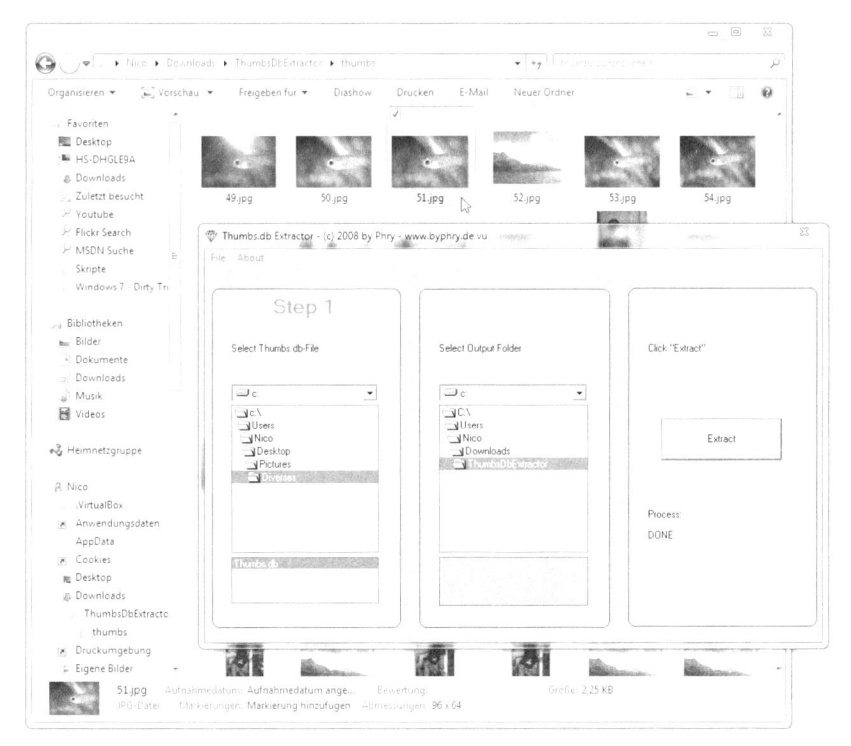

Längst gelöschte Bilder stellt der ThumbsDbExtractor wieder her – oder vielmehr Miniaturansichten der Bilder, die aber trotz geringer Auflösung schon interessant genug sein können. So wie die Fischfotos in dieser Abbildung, die eigentlich schon ein Jahr zuvor gelöscht worden sind. Alle Thumbnails kann das Tool aber trotzdem nicht wiederherstellen, wie der Thumbnail-Platzhalter verrät.

Miniaturansichten deaktivieren

Keine Lust mehr auf die verräterischen *thumbs.db* in jedem Verzeichnis? Öffnen Sie doch die Registry im Pfad *HKEY_CURRENT_USER\Software\ Microsoft\Windows\CurrentVersion\Explorer\Advanced* und setzen Sie den Wert des darin liegenden DWORD-Wertes *DisableThumbnailCache* auf 1. Fortan werden keine neuen Thumbnails mehr erzeugt, die alten bleiben jedoch in den *thumbs.db*-Dateien der Ordner erhalten und müssen zunächst noch manuell gelöscht werden. Da es sich um versteckte Dateien handelt, müssen Sie deren Einblendung natürlich erst noch einschalten (s. S. 82).

Die Auslagerungsdatei

Läuft der Arbeitsspeicher (RAM) über, lagert Windows die gerade nicht so nötig gebrauchten Daten in die Auslagerungsdatei *pagefile.sys* aus, die in den Windows-Menüs eher als virtueller Speicher bekannt ist. Die Auslagerungsdatei ist vor allem bei PCs mit wenig Arbeitsspeicher (RAM) sinnvoll. Sie stellt sicher, dass es später nicht einmal heißt: „Kein freier Arbeitsspeicher mehr für diese Anwendung verfügbar".

Als Auslagerungsort des Arbeitsspeichers kann sie natürlich potenziell allerlei interessante Daten enthalten. Zum Beispiel Texte aus geöffneten Fenstern, Passwörter und Zugangsdaten oder Dateien, die so lieber keiner hätte sehen sollen. Es ist kein Wunder, dass sie ein beliebtes Ziel forensischer Analysen ist.

Sofern nicht anders konfiguriert, liegt die *pagefile.sys* versteckt in *%SYSTEMROOT%*. Solange Windows läuft, ist ein Direktzugriff mit herkömmlichen Methoden jedoch nicht möglich. Indem Sie Ihren PC aber mit einem anderen Betriebssystem oder einer Linux-Live-CD starten, klappt's auch mit dem Blick in die *pagefile.sys*. Alternativ könnten Sie die *pagefile.sys* auch per Eingabeaufforderung der Systemwiederherstellungsoptionen kopieren und die Kopie dann unter Windows 7 einsehen.

Wo der Arbeitsspeicher in Ruhe ruht

Nutzt man den Ruhezustand, fährt der Rechner beim Ausschalten nicht ganz herunter. Stattdessen schreibt Windows den Inhalt des Arbeitsspeichers auf die Festplatte. Konkret: in die Datei *hiberfil.sys*. Sie liegt ebenfalls gut versteckt im Root-Verzeichnis Ihrer Systemfestplatte (vermutlich C:\). Schalten Sie den Rechner wieder ein, lädt Windows die Inhalte der *hiberfil.sys* wieder in den Hauptspeicher, stellt also den in dieser Datei gespeicherten Zustand wieder her.

Wer die *hiberfil.sys* mit einem Hex-Editor öffnet, kann deshalb fündig werden: Was hat der Anwender zuletzt getan, welche Anwendungen waren geöffnet, als der Rechner in den Ruhezustand überführt wurde? In der *hiberfil.sys* steht's drin. Wie die Auslagerungsdatei *pagefile.sys* ist auch sie aber vor Zugriffen geschützt, solange Windows läuft. Durch Booten einer Linux-Live-CD oder eines zweiten Betriebssystems können Sie sie aber kopieren.

Verräterische Zeitstempel von Dateien

Grundsätzlich steht das Kürzel MAC für vieles. Für die Computer von Apple Inc. oder die Hardwareadresse eines Netzwerkadapters. Das Kürzel MAC wird jedoch ebenso für Zeitstempel im Dateisystem verwendet. Das klingt zunächst etwas abstrus – also wofür steht MAC in diesem Fall genau?

- Modified: Wann wurde eine Datei das letzte Mal modifiziert? Diese Frage klärt dieser Zeitstempel, der immer dann aktualisiert wird, wenn sich die Inhalte einer Datei ändern. Wird sie hingegen nur kopiert oder verschoben, ihr Dateiname oder einzelne Dateiattribute geändert, bleibt dieser Zeitstempel unberührt.

- Accessed: Dieser Zeitstempel gibt an, wann eine Datei das letzte Mal geöffnet wurde oder jemand ihre Dateieigenschaften ansah.

- Created: Dieser Zeitstempel wird bei der Erstellung einer Datei oder Kopien einer Datei angelegt.

Verwenden Sie NTFS, existiert noch ein vierter Zeitstempel:

- MFT modified: Dieser Zeitstempel ist mit herkömmlichen Windows-Bordmitteln wie dem Explorer unsichtbar. Er wird immer dann aktualisiert, wenn sich der zur Datei zugehörige Eintrag in der **Master File Table** (MFT) verändert. Das geschieht beispielsweise beim Öffnen der Datei, beim Umbenennen oder Verschieben eben jener.

Die Analyse von Zeitstempeln ist häufig direkt in die Forensiksoftware eingebaut. Mitunter dient beispielsweise die Accessed-Angabe als Suchkriterium, wenn nur Dateien gesucht werden, die in einem bestimmten Zeitraum aufgerufen wurden.

Der File Slack – die Rumpelkammer des Dateisystems

Bevor im nächsten Absatz das Phänomen des File Slack erklärt wird, steht Ihnen eine kurze Einführung in Datenblöcke alias Sektoren und Cluster bevor. Und über die zwei grundlegenden Formatierungsarten lernen Sie auch noch etwas.

Was bei der Formatierung passiert

Die Formatierung zuerst: Grundsätzlich wird zwischen einer Low-Level- und einer High-Level-Formatierung unterschieden. Eine Low-Level-Formatierung teilt die physische Festplatte in Sektoren auf und wird typischerweise vor der Auslieferung an den Kunden durchgeführt. Ein Sektor hat dabei die Größe von 512 Byte. Mitunter kann eine solche Low-Level-Formatierung aber auch von einer Privatperson selbst durchgeführt werden, sofern der Festplattenhersteller dafür ein spezielles Tool bereitstellt. (Samsung bietet im Internet beispielsweise ein solches Tool an, das die Low-Level-Formatierung von Samsung-Festplatten unterstützt.)

Eine High-Level-Formatierung führt hingegen Ihr Betriebssystem durch. Windows arbeitet dabei im wahrsten Sinne „oberflächlich" und gruppiert je mehrere Sektoren einer Festplatte in eine neue Zuordnungseinheit, die Cluster. Außerdem wird eine File Allocation Table (kurz: FAT) beziehungsweise Master File Table (kurz: MFT) erstellt, die später einen Dateinamen die Cluster zuordnen kann, in dem die Datei gespeichert wurde.

Langsam wird es spannend: Jeder dieser Cluster hat eine bestimmte, festgelegte Größe. Die Cluster des modernen Windows-Dateisystems NTFS sind beispielsweise typischerweise 4 KByte, also 4.096 Byte groß. Ein Cluster im NTFS-Dateisystem umfasst somit in aller Regel acht Sektoren (8 x 512 Byte je Sektor = 4.096 Byte pro Cluster). Der Vorgänger FAT32, der heute auch noch häufig eingesetzt wird, ist bezüglich der Cluster-Größe variabel und orientiert sich in erster Linie an der Größe des Datenträgers. Hierbei sollten Sie sich zusätzlich eines vergegenwärtigen: Je kleiner die Cluster sind, desto mehr passen auf eine Festplatte. Und desto größer ist dann aber die von Windows verwaltete Zuordnungstabelle, die einem Dateinamen die physischen Speicherorte der zugehörigen Daten zuordnet.

So wird aufgefüllt

Weder benötigt kaum eine Datei genau nur 4.096 Byte Speicherplatz, noch hat sie eine Dateigröße, die genau durch 4.096 Byte – und somit ohne Rest – dividiert werden kann. Es bleibt somit in aller Regel ein kleiner Rest von weniger als 4.096 Byte übrig. Dieser Rest wird in den letzten Cluster, der zum Speicherort einer Datei gehört, geschrieben. Natürlich können sich die paar übrigen Daten nicht in dem letzten, sehr geräumigen Cluster nach Belieben breitmachen. Auch sie müssen sich den Regeln des Dateisystems fügen und, mit dem ersten freien Byte des Clusters beginnend, den Cluster nacheinander füllen. Nach dem letzten Byte einer Datei wird das sogenannte End of File (kurz: EOF) – also das Ende der Datei – markiert. Weil die letzten paar übrigen Bytes der Datei keinen 4.096 Byte entsprechen, bleibt im Cluster natürlich etwas Raum für weitere Daten. Dieser freie Speicher innerhalb eines Clusters wird als File Slack bezeichnet.

Windows nutzt Ihre echten Daten zum Vollschreiben

Den File Slack lässt Windows nicht einfach frei. Vielmehr wird er mit zufällig ausgewählten Daten gefüllt. Der Term „zufällig ausgewählt" ist Ihnen hierbei möglicherweise gleich ins Auge gesprungen, bedeutet er doch etwas ganz anderes als „zufällig generiert". Tatsächlich lässt Windows eben keinen Zufallsgenerator laufen, der jenen File Slack beliebig mit Nullen und Einsen füllt. Stattdessen werden echte Daten aus dem Arbeitsspeicher und von anderen Teilen der Festplatte genutzt, um den freien Speicher zu füllen.

Noch einmal ein kurzer Schwenk auf die Cluster: Im NTFS-Dateisystem sind sie typischerweise 4.096 Byte groß und setzen sich aus acht 512 Byte großen Sektoren zusammen. Natürlich unterscheidet Windows nicht nur zwischen Clustern, sondern erkennt deren innen liegende Sektoren ebenfalls als solche. Diese Kenntnis der Sektoren spielt beim Füllen des File Slacks eine Rolle. Den freien Platz jenes Sektors, in dem die allerletzten Datenbytes einer Datei liegen, füllt Windows nämlich mit Inhalten des Arbeitsspeichers – mit dem sogenannten RAM Slack. Alle übrigen freien Sektoren, die sich noch innerhalb eines Clusters befinden könnten, werden hingegen mit dem sogenannten Drive Slack aufgefüllt, hinter dem sich nichts anderes als andere Daten von anderen Bereichen der Festplatte verbergen.

Das Füllen des File Slacks können Sie weder verhindern noch deaktivieren oder konfigurieren. Allein regelmäßiges Überschreiben der gesamten Festplatte mit speziellen Datenkillern (s. S. 376) entfernt die Daten, die im Slack gespeichert sind. Dass dies überaus unpraktisch und umständlich ist, versteht sich von selbst.

So können Sie den File Slack unter Windows analysieren

Um den File Slack einer Festplatte zu untersuchen, gibt es verschiedene kostenpflichtige Programme. Doch es geht unter Windows auch gratis, beispielsweise mit dem Disk Investigator (*http://theabsolute.net/sware/dskinv.html*) von Kevin Solway.

Haben Sie den Disk Investigator heruntergeladen und installiert, können Sie loslegen: Starten Sie das Programm am besten mit Administratorrechten und stellen Sie die Einstellung *View* für einen ersten Test am besten auf *Directories*. Sogleich schaltet das Programm in einen Modus, in dem Sie jede beliebige Datei über den gewohnten Verzeichnispfad aufrufen können.

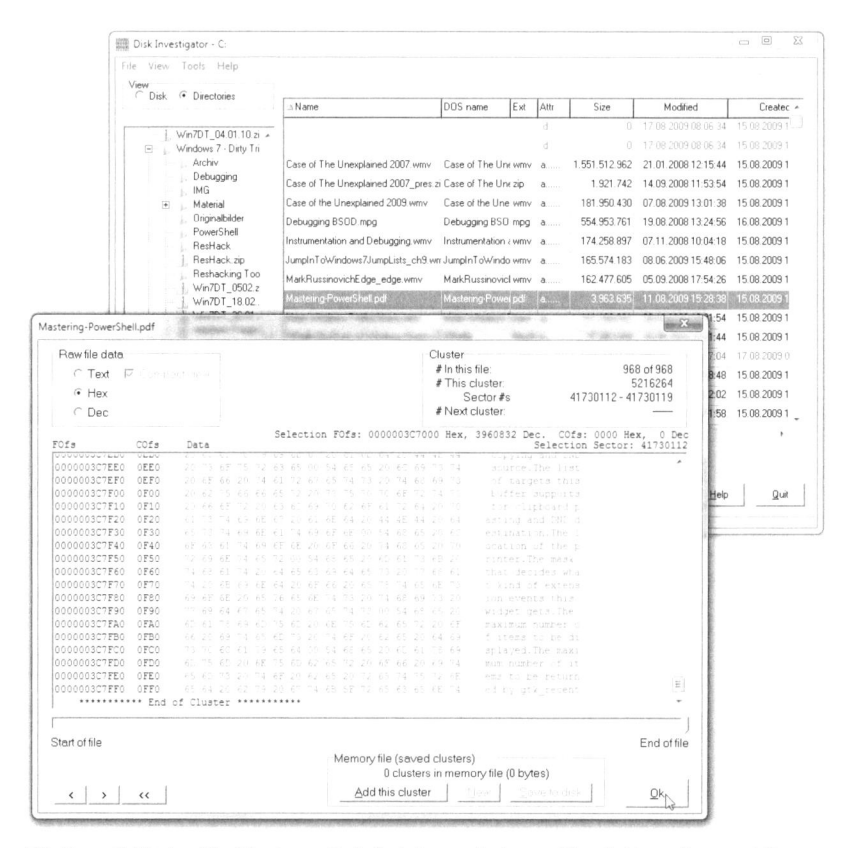

Häufig enthält der File Slack nur Zufallsdaten, mit denen Sie nichts anfangen können. Es dauert aber trotzdem nicht lange, um mal eine Datei zu finden, die auch ein paar „sinnvolle" Informationen enthält. So wie diese PDF-Datei, deren File Slack Daten enthält, die im PDF-Dokument selbst nicht enthalten sind.

Suchen Sie doch einmal eine, deren angehangenen File Slack Sie untersuchen möchten. Klicken Sie dann mit der rechten Maustaste darauf und entscheiden Sie sich im Kontextmenü für *View raw file contents*. Ein neues Fenster wird geöffnet. Wählen Sie darin *Hex*, stellt der Disk Investigator den Dateiinhalt wie ein Hex-Editor dar. Nur mit dem Unterschied, dass er den File Slack gesondert (rot) markiert. Um ihn zu sehen, müssen Sie jedoch erst zum Ende der Datei gelangen. Dazu nutzen Sie den unteren, horizontalen Schieberegler und ziehen diesen ganz nach rechts, zum *End of file*. Gegebenenfalls müssen Sie noch den gewohnten vertikalen Regler einsetzen, um die ersten rot gefärbten Bytes zu sehen. Der File Slack klebt eben ganz am Ende der Datei.

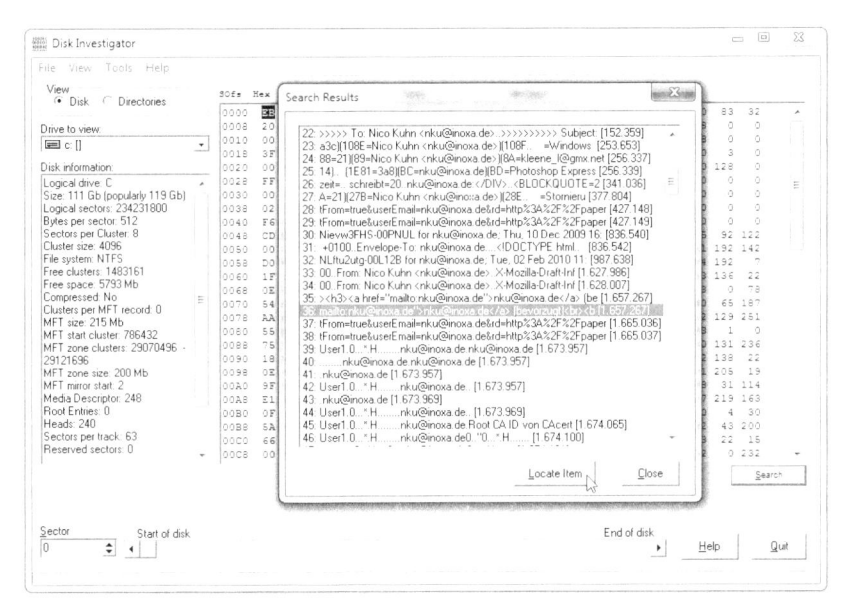

Ein anderes nettes Feature des Disk Investigator ist eine Suchfunktion, mit der Sie Ihre komplette Festplatte nach Stichwörtern durchsuchen können. Hier bietet es sich etwa an, mal nach dem eigenen (Standard-)Passwort zu suchen, um eventuell Dateien zu entlarven, in denen es im Klartext hinterlegt ist. Oder Sie suchen mal nach einer E-Mail-Adresse – so wie in obiger Abbildung.

Wahrscheinlich werden Sie nur selten Dateien finden, deren File Slack etwas Sinnvolles enthält. Machen Sie sich allerdings bewusst, dass die Profis noch über ganz andere Tools verfügen, die den File Slack sämtlicher Dateien auslesen und automatisch nach verwertbaren, also lesbaren Informationen suchen.

Dateiursprung: Internet – woher weiß Windows das?

Wenn Sie eine aus dem Netz geladene, ausführbare Datei starten, warnt Windows vor möglichen Sicherheitsrisiken. Doch woher weiß das Betriebssystem, dass Sie diese Datei aus dem Netz gesogen haben? Weil sie im Downloadverzeichnis liegt? Mitnichten. Vielmehr sorgen dafür Alternate Data Streams, ein relativ unbekanntes Feature des NTFS-Dateisystems. Mit dieser Technik wird heruntergeladenen Dateien ein sogenannter Zone.Identifier angehangen, der im Grunde nichts anderes als eine unsichtbar angeklebte Textdatei ist und einen Hinweis darauf enthält, dass die eigentliche Datei aus dem Internet heruntergeladen wurde.

Dateien, die als Alternate Data Stream an eine andere Datei angehangen wurden, sind mit herkömmlichen Mitteln nicht zu erkennen. Herkömmliche Mittel sind beispielsweise der Windows-Explorer, der diese Anhänge nicht darstellt. Seit Windows Vista kann die Eingabeaufforderung aber mit dem Zusatzparameter /r, der an den *dir*-Befehl angefügt wird, Alternate Data Streams anzeigen. Probieren Sie es in der Eingabeaufforderung doch einmal aus: *dir %userprofile%\downloads /r*. Neben jenen Dateien, die Sie aus dem Internet heruntergeladen haben, etwa einer *setup.exe*, finden Sie dort auch noch die Zone.Identifier angegeben. Beispielsweise als *setup.exe:Zone.Identifier:$DATA*.

Um den Inhalt eines Zone.Identifier einzusehen, müssen Sie ebenfalls die Eingabeaufforderung bemühen. Geben Sie dort *notepad [DATEINAME]:Zone. Identifier* ein, öffnet sich der Windows-Editor und zeigt den Zone.Identifier der jeweiligen Datei an.

Die oben abgebildete Sicherheitswarnung kennen Sie sicherlich bereits. Doch worauf sie beruht, nämlich auf den sogenannten Alternate Data Streams, ist relativ unbekannt.

Ändern Sie die *ZoneId* von *3* auf *1* und speichern entsprechend über *Datei\ Speichern*, erscheint die Nachfrage nicht mehr.

Daten und Dateien in Streams verstecken

Vielleicht möchten Sie ja auch einmal Daten in dem Alternate Data Stream einer Datei verstecken: Zunächst ein einfaches Beispiel, bei dem Sie eine neue Textdatei an eine bestehende anfügen und gleich noch ein wenig Text eingeben. Angenommen, die sichtbare Datei heißt *sichtbar.txt*. Füllen Sie sie mit Text oder lassen Sie sie leer.

Die zu versteckende Botschaft liegt hingegen in einer anderen Datei, vielleicht einer namens *unsichtbar.txt*. Öffnen Sie nun die Eingabeaufforderung und navigieren Sie darin zu dem Verzeichnis, in dem beide Dateien liegen. Geben Sie nun *type unsichtbar.txt>sichtbar.txt:unsichtbar.txt* ein, wird die *unsichtbar.txt* als Alternate Data Stream an die *sichtbar.txt* angehangen.

Mit dem Befehl *dir sichtbar.txt* lassen Sie sich schnell die Dateigröße der entsprechenden Datei anzeigen. Sie wird durch den Alternate Data Stream nicht verändert. Öffnen Sie die *sichtbar.txt* nun per Explorer oder durch Eingabe von *notepad sichtbar.txt*, können Sie deren Inhalt betrachten – der Inhalt der angehangenen *unsichtbar.txt* wird dabei nicht angezeigt.

Um indes den Inhalt der *unsichtbar.txt* mit NotePad einzusehen oder zu bearbeiten, geben Sie Folgendes ein: *notepad sichtbar.txt:unsichtbar.txt*. Über den Explorer können Sie diese Datei bzw. eben den Alternate Data Stream hingegen nicht einsehen.

Fast alle Dateitypen unterstützt

Als „sichtbare" Trägerdatei taugt jeder Dateityp – auch JPEG-Dateien. Es müssen also nicht immer TXT-Dateien sein. Etwas anders ist die Situation bei den zu versteckenden Objekten. Theoretisch können Sie zwar alle möglichen Datei(typ)en als Alternate Data Stream anhängen, doch kann nicht jeder Dateityp aus dem Alternate Data Stream heraus ausgeführt werden. In einen Alternate Data Stream angehangene EXE-Dateien werden beispielsweise geblockt. Das Risiko, dass dieses Feature für Viren missbraucht würde, wäre sonst zu groß.

Dateien aus Streams extrahieren

Wenn Sie schon kaum Dateien aus den Streams heraus starten können, möchten Sie vielleicht wenigstens in der Lage sein, sie zu extrahieren. Für diesen

Zweck eignet sich beispielsweise das kleine Freewaretool AlternateStreamView (*http://www.nirsoft.net/utils/alternate_data_streams.html*).

Geben Sie nach dem Start des Tools zunächst das Verzeichnis an, in dem die Datei liegt, deren Stream Sie extrahieren möchten. Anschließend sollte AlternateStreamView das Verzeichnis recht schnell scannen und sämtliche Dateien mit Alternate Data Streams anzeigen. Klicken Sie dann nur noch mit der rechten Maustaste auf jene Datei und wählen Sie *Export Selected Streams To*. Nach Angabe eines Speicherorts wird die Datei extrahiert.

Von außen im Windows-Papierkorb stöbern

Wie in richtigen Papierkörben landet im Windows-Papierkorb nicht nur reiner Datenmüll. Manch ganz interessante Information ist ebenfalls dabei. In Windows 7 heißt der Papierkorb alias Recycler *$Recycle.bin* und ist unter *C:\$Recycle.bin* zu finden. Doch wer in den erwähnten Pfad schaut, sieht zunächst nur gähnende Leere. Und auf die Unterordner des Papierkorbs kann nicht zugegriffen werden. Mit einer Eingabeaufforderung, die mit höheren Rechten gestartet wurde, gelingt's aber trotzdem.

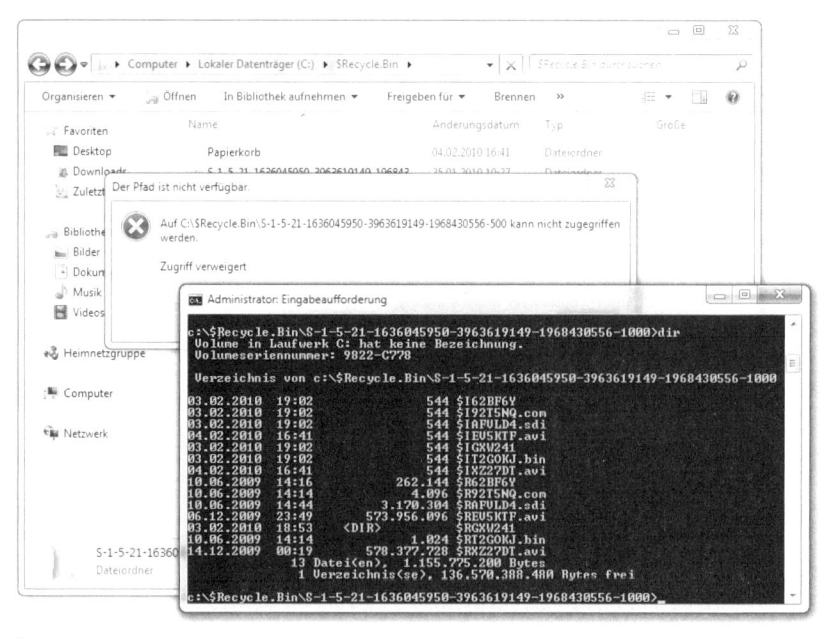

Über den Explorer wird Ihnen kein Einblick in die verborgene Struktur des Papierkorbs gewährt. Sehr wohl können Sie aber mit der Eingabeaufforderung darin stöbern.

Sobald eine Datei in den Papierkorb wandert, wird ihr Dateiname ersetzt. Lautete der Originaldateiname beispielsweise *Supergeheim.jpg*, wird die Datei in *$R*, gefolgt von einem Zufallswert und der Originaldateiendung, umbenannt. Sie könnte dann zum Beispiel *$RVD4996.jpg* heißen. Zusätzlich wird eine weitere Datei angelegt, die den ursprünglichen Namen und ehemaligen Speicherort jener gelöschten Datei enthält. Auch sie wird nach einer festen Regel benannt: Beginnend mit *$I*, folgt erneut der Zufallswert der $R-Datei sowie abschließend die Originaldateiendung. Beispielsweise *$IVD4996.jpg*. Diese I$-Dateien könnten Sie nun mit einem Hex-Editor öffnen und auslesen.

Warum das interessant ist? Sind Sie mit Ihrem Benutzerkonto an einem Windows-PC angemeldet, können Sie den Papierkorb natürlich auch so einsehen. Wer Ihr Benutzerpasswort jedoch nicht kennt und auch nicht herausfinden kann, hat keinen direkten Zugriff auf den Inhalt Ihres Papierkorbs. Kennt er aber obig beschriebene Arbeitsweise des Papierkorbs, kann er trotzdem darin stöbern. Leichten Zugriff aufs Dateisystem gibt's schließlich mit jeder Linux-Live-CD. Schützen tut allein – und wie so oft – nur eine Komplettverschlüsselung des Systems.

Ansichtssache: Freunde oder Feinde?

Eine Fülle von Dateiwiederherstellungsprogrammen gibt es im Internet. Um zu sehen, wie leistungsfähig schon die kostenlos erhältlichen Freeware-Wiederherstellungstools sind, können Sie ja einmal welche ausprobieren: etwa FreeUndelete (*http://www.officerecovery.com/freeundelete/index.htm*). Dessen Name gibt gleich Auskunft über die beiden wichtigsten Eigenschaften des Programms: Es ist kostenlos und es stellt gelöschte Dateien wieder her. Gleichwertig sind andere Wiederherstellungstools, etwa der PC Inspector File Recovery (*http://www.pcinspector.de*) und Recuva (*http://www.recuva.com*).

Mit den richtigen Tools Daten komplett entfernen

Ein Programm, das das unwiderrufliche Löschen von Dateien verspricht, heißt ganz schlicht ... Eraser (*http://eraser.heidi.ie*). In Vergleichstests wird diese Software immer wieder mit Lorbeeren geschmückt – und das, obwohl sie eine rein destruktive Aufgabe hat: Statt eine Datei einfach nur mit der Windows-Methode zu löschen, überschreibt Eraser noch mehrfach den Festplattensektor, in dem die Datei (physisch) gespeichert wurde.

Nach der Installation nistet sich Eraser u. a. im Kontextmenü aller Dateien ein und ermöglicht per *Eraser* und *Erase* das sichere Entfernen von Dateien.

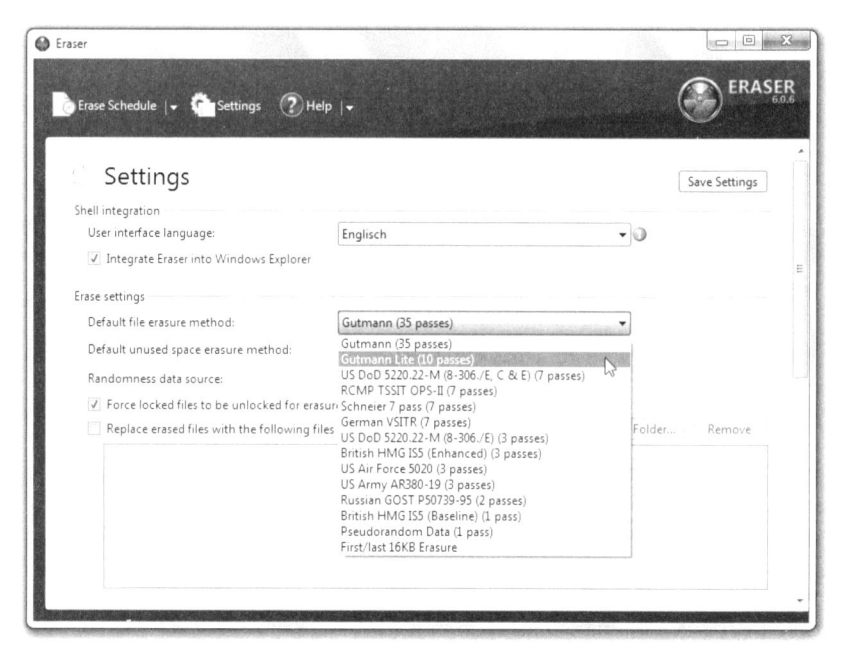

In den Einstellungen können Sie die Methode wählen, mit der das Programm eine Datei auslöscht. Standard ist der Gutmann Wipe mit 35 Durchläufen – ein ziemlich sicheres, aber bei großen Dateien zugleich langatmiges Verfahren.

Denken Sie aber daran: Zwar löscht der Eraser Daten zuverlässig von ihrem Speicherort, einfach nur ausradieren reicht aber nicht. die Volume-Schattenkopien gibt's schließlich immer noch – siehe S. 356! Und auch im File Slack könnten ein paar Daten versteckt sein. Oder eine Miniaturansicht eines brisanten Bildes in der *thumbs.db* (s. S. 363).

Hier müssten Sie überall Hand anlegen

Damit eine Datei wirklich verschwindet, müssen viele Stellen des Datenträgers angetastet werden. Separat über die gesamte Festplatte sind nämlich verstreut:

- der Name der Datei in der Master File Table (bei NTFS) oder File Allocation Table (bei FAT),
- das Datum, an dem sie erstellt wurde,
- das Datum, an dem auf sie zuletzt zugegriffen wurde,
- die Ordner, aus denen sie heraus- bzw. in diese hineinkopiert wurde,

- das Datum, an dem sie umbenannt wurde etc.,
- Kopien bzw. unterschiedliche Versionen der Datei in den Volume-Schattenkopien (s. S. 356),
- Kopien der Datei in der Windows-Auslagerungsdatei sowie
- temporäre Dateien, die bei der Erstellung oder Bearbeitung der Datei entstanden. Vielleicht auch beim Öffnen des übergeordneten Verzeichnisses – etwa wenn eine Miniaturansicht einer brisanten Datei in der *thumbs.db* eines Ordners erzeugt wurde (s. S. 363).

Fazit: Wer eine Datei verschwinden lassen will, muss den gesamten Datenträger, auf dem sie gespeichert ist oder war, sicher überschreiben oder eben verschlüsseln. Wurde sie beispielsweise zum Transport auf andere Datenträger kopiert, sind auch diese vollständig zu überschreiben.

Wer sicher löschen will, muss komplett verschlüsseln?!?

Die gewöhnliche Löschfunktion von Windows macht eigentlich überhaupt nichts. Sie ändert nur einen Eintrag in der Dateizuordnungstabelle (File Allocation Table), sodass die Bits der betreffenden Datei in Zukunft einmal überschrieben werden können. Die Datei selbst sowie alle oben genannten Daten dieser Datei bleiben tatsächlich zunächst weiterhin bestehen.

Genauso wenig hilft die gewöhnliche Formatierung eines Datenträgers, wollen Sie die Daten auf einem Datenträger sicher überschreiben. Auch sie überschreibt nur die Dateizuordnungstabelle. Konkreter: Deren Pointer werden auf null gesetzt. Daten oder Dateien wirklich löschen – das kann Windows nicht von allein. Und auf ein paar Schwachstellen von Löschtools wie dem Eraser habe ich Sie im vorherigen Abschnitt schon hingewiesen.

Der Unterschied zwischen Schnell- und normaler Formatierung

Der Unterschied, den Windows zwischen der Normal- und der Schnellformatierung eines Datenträgers macht, hat mit der grundsätzlichen Funktionsweise nicht viel zu tun. Allein eine gründliche Prüfung der Festplatte auf fehlerhafte Sektoren macht den Unterschied, der die Normalformatierung so lähmt. Im Sinne einer Spurenbeseitigung sicherer formatiert wird damit nicht.

6.4 Datenträger richtig säubern – simples Formatieren genügt nicht!

Einen Datenträger zu formatieren, ist aus Sicht der Datensicherheit nicht viel besser, als jede der darauf gespeicherten Dateien einfach nur zu löschen. Auch hierbei werden gespeicherte Daten nicht entfernt, sondern nur zum Überschreiben freigegeben.

Versteckte Tools der Festplattenhersteller helfen weiter

Anders bei der sogenannten Low-Level-Formatierung einer Festplatte, bei der tatsächlich sämtliche Bits überschrieben werden. Dazu bedarf es aber spezieller Tools, die nur der Festplattenhersteller bereitzustellen vermag. Da dabei irreversible Schäden an der Festplatte entstehen können – besonders bei falscher Anwendung –, verstecken die Hersteller solche Tools aber tief auf ihren Webseiten. Oder bieten sie gar nicht erst an.

Windows 7 bringt einen einfachen Datenschredder schon mit

Der folgende Abschnitt beschreibt Darik's Boot and Nuke als zuverlässiges Tool, um Datenträger „sicher" zu formatieren. Wenn Ihnen ein bloßes Überschreiben genügt, können Sie aber auch ein recht unbekanntes Systemprogramm einsetzen – die *cipher.exe*, die in Windows 7 zum festen Systembestandteil zählt. So schreddern Sie damit einen Systemdatenträger:

1   Öffnen Sie zunächst die Eingabeaufforderung mit Administratorrechten und geben Sie dann *format [LAUFWERKBUCHSTABE]: /FS:NTFS* ein, um das Laufwerk zu formatieren. Beachten Sie, dass Sie die Systempartition, von der Windows gerade ausgeführt wird, so leider nicht formatieren und später per *cipher* überschreiben können. Zwar funktioniert das *format*-Kommando etwa auch in der Eingabeaufforderung der *Computer reparieren*-Umgebung (also unter Windows PE), doch gibt's dort kein *cipher*-Tool. Möchten Sie also die Systempartition eines PCs sicher löschen, müssten Sie die Festplatte ausbauen und in bzw. an einen anderen Windows-Rechner stecken.

2   Wurde das Laufwerk formatiert, geben Sie nun *cipher /w:[LAUFWERKBUCHSTABE]* ein, um das frisch formatierte Laufwerk zunächst noch einmal mit Nullen, dann mit Einsen und schließlich mit Zufallszahlen zu überschreiben.

Für 1 GByte kann der Vorgang schon ein, zwei Minuten benötigen. Je nach Größe des Laufwerks kann der Vorgang eine ganze Weile dauern. Ist er abgeschlossen, können die einst auf dem Laufwerk gespeicherten Daten nur noch sehr schwer wiederhergestellt werden. Herkömmliche Datenwiederherstellungsprogramme werden es beispielsweise nicht mehr schaffen.

Sicheres Formatieren für jedermann

Um ganze Festplatten vor der Weitergabe oder dem Verkauf gründlich zu löschen, müssen Sie nicht in den Tiefen des Netzes nach den Low-Level-Formatierern eines Festplattenherstellers graben.

Sie können auch ein Tool wie Darik's Boot and Nuke (DBAN) einsetzen. DBAN ist streng genommen kein einzelnes Programm, sondern setzt auf einer Linux-Live-Distribution auf. Konkret heißt das: CD ein- und sogleich loslegen.

Darik's Boot and Nuke erhalten Sie kostenfrei über die offizielle Webseite des Programms: *http://www.dban.org*. Es wird dort in Form einer ISO-Datei angeboten. Brennen Sie diese und legen Sie den Datenträger im Anschluss in das CD/DVD-Laufwerk jenes PCs, dessen Festplatteninhalte Sie sicher entfernen möchten.

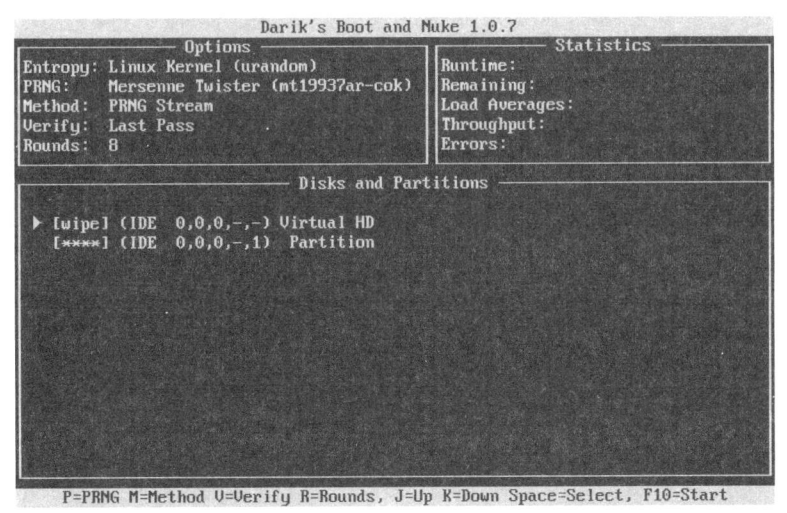

```
                        Darik's Boot and Nuke 1.0.7
 ─────────── Options ──────────────    ─────────── Statistics ──────────
 Entropy: Linux Kernel (urandom)       Runtime:
 PRNG:    Mersenne Twister (mt19937ar-cok)  Remaining:
 Method:  PRNG Stream                  Load Averages:
 Verify:  Last Pass                    Throughput:
 Rounds:  8                            Errors:

 ──────────────────────── Disks and Partitions ───────────────────────
 ▶ [wipe] (IDE  0,0,0,-,-) Virtual HD
   [****] (IDE  0,0,0,-,1) Partition




 ────────────────────────────────────────────────────────────────────
     P=PRNG M=Method V=Verify R=Rounds, J=Up K=Down Space=Select, F10=Start
```

Die Oberfläche von Darik's Boot and Nuke ist sehr trist, das Programm dafür aber trotzdem noch gut zu bedienen.

Standardeinstellung ist der Modus *DoD Short*, der laut Darik's Boot and Nuke eine mittlere Sicherheit bietet. Er sollte genügen, um die Daten für Otto-Normal-Wiederherstellungsprogramme unwiederbringlich zu löschen. Höchstens ein Forensik-Labor könnte sie noch finden. Wer dennoch eine andere Löschmethode nutzen möchte, drückt [M].

Am gründlichsten arbeitet der Gutmann Wipe, der insgesamt 35 Durchgänge durchläuft. Doch Obacht, denn der Gutmann Wipe ist schon ein paar Jahre alt und berücksichtigt nicht die Eigenheiten moderner Festplatten. Besser ist deshalb der PRNG Stream, bei dem die Festplatte mit Daten des Pseudozufallsgenerators von Darik's Boot and Nuke aufgefüllt wird. Hohe Sicherheit bietet der PRNG Stream aber nur bei einer Rundenzahl von mindestens acht Runden. Konfigurieren können Sie jene Rundenzahl mittels [R]. Bedenken Sie aber: Je mehr Runden und desto aufwendiger der Algorithmus, desto länger dauert der Löschvorgang.

Die physischen Grenzen der Spurenbeseitigung – und wie Sie diese durchbrechen

Was durchaus passieren kann: Moderne Festplatten erkennen, wenn einer ihrer Sektoren kurz vorm Versagen steht, und kopieren die darin enthaltenen Daten in einen neuen Sektor, ohne den alten zu löschen. Jener „Versager" ist dann mit herkömmlichen Methoden zwar nicht mehr auszulesen, was aber einen Computer-Forensiker nicht daran hindert, auf die dort ehemals gespeicherten Daten zuzugreifen.

Um diese Problematik der „sterbenden" Sektoren zu umgehen, sollte eine Festplatte deshalb von Anfang an – also gleich nach dem Auspacken – vollständig verschlüsselt werden. Beispielsweise mit BitLocker oder TrueCrypt (s. S. 34).

6.5 Welche Anwendung greift aufs Internet zu? So finden Sie es heraus!

Noch schickt Windows 7 nicht den gesamten Inhalt Ihrer Festplatte in die Firmenzentrale nach Redmond. Einige spezielle Daten aber schon. So beispielsweise, welche Musik Sie mit dem Windows Media Player anhören, ob Sie die Windows-Echtheitsüberprüfung durchgeführt oder abgebrochen haben etc. In Verbindung mit dem Lizenzschlüssel Ihrer Windows-Installation kann damit schon ein recht hübsches Profil erstellt werden.

Und dann gibt es ja noch Firmen wie Apple und Google – die üblichen Verdächtigen, wenn es um Datensammelei geht. Apples iTunes überträgt beispielsweise die Titelinformationen der abgespielten Lieder, wenn Sie den sogenannten Ministore verwenden. Und Google ist noch viel schlimmer: Sobald Sie den Google Desktop installieren, wird so einiges an die Google-Server übertragen. Zum Beispiel wann Sie ein Word-Dokument bearbeitet oder eine E-Mail geschrieben haben und welche Webseiten Sie häufig besuchen. All das fällt vielleicht nicht unter Spionage, aber unter Datensammelwut. Nicht umsonst trägt Google auch den Spitznamen „Datenkrake".

Die Plaudertaschenprogramme und ihre offene Ports – alle Prozesse mit Internet- oder Netzwerkzugriff auflisten

Programme kommunizieren mit dem Internet über Ports. Je nach Programm und Art der Datenübertragung wird ein anderer Port geöffnet, über den Ihr Rechner eingehende Daten empfängt und ausgehende versendet. Die Übertragung von Webseiten mit einem Browser geschieht beispielsweise über den Port 80, FTP-Programme legen standardmäßig an Port 21 an. Doch welche Programme öffnen noch Ports und kommunizieren vielleicht heimlich hinter Ihrem Rücken mit dem Internet? So finden Sie es heraus:

Wenn einzig von Interesse ist, mit welchen Webservern (bzw. IP-Adressen) ein Programm kommuniziert, genügt oft schon der Ressourcenmonitor. Sie finden ihn z. B. im Startmenü unter *Alle Programme/Zubehör/Systemprogramme*. Öffnen Sie dessen Register *Netzwerk*, zeigt er allerlei Informationen zu den Prozessen an, die aufs Internet zugreifen oder Ports – sogenannte Überwachungsports – geöffnet haben.

Den Weg der Daten verfolgen

Netstat zeigt Ihre lokale IP-Adresse und die des Remoterechners an. Dazwischen liegen aber etliche Stationen. Um die anzuzeigen, nutzen Sie *tracert*, ebenfalls ein Kommandozeilentool. Starten Sie dafür am besten eine zweite Eingabeaufforderung mit Administratorrechten. In aller Regel wird die Eingabe von *tracert* sowie einer IP-Adresse für Ihre Ansprüche genügen (z. B. *tracert 195.50.169.81*). Informationen über weitere mögliche Parameter erhalten Sie durch Eingabe von *tracert -?*.

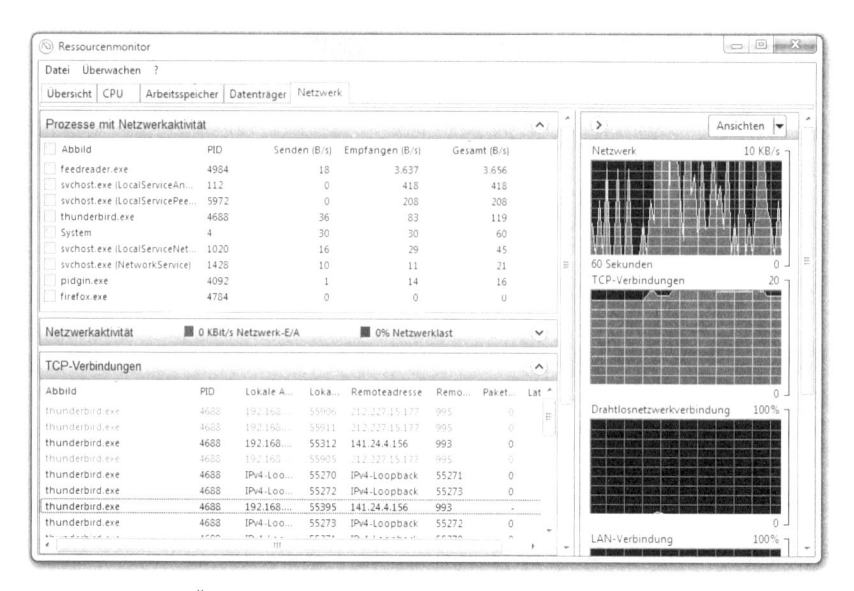

Um einen groben Überblick über alle Anwendungen zu erhalten, die auf das Internet oder Netzwerk zugreifen, genügt eigentlich schon der Ressourcenmonitor im Register Netzwerk.

Das alles erfahren Microsoft & Co. über Sie und Ihren PC!

Wie sicher sind Ihre Benutzernamen und Passwörter für Webdienste und E-Mail-Konten? Werden sie unverschlüsselt übertragen, brauchen Sie sich darum nicht zu sorgen – dann sind sie nämlich überhaupt nicht sicher.

Vielleicht finden Sie das nicht so schlimm, aber wenn Sie über ein WLAN-Netzwerk mit dem Internet verbunden sind, dieses zugleich nur mit WEP, einem unsicheren WPA-Passwort oder überhaupt nicht verschlüsselt ist, könnte jeder diese Zugangsdaten in die Finger kriegen! Den Datenverkehr abzufangen und später in aller Ruhe zu entschlüsseln, genügt schon. Wenn das WLAN-Netz unverschlüsselt ist, ist nicht einmal das nötig. Dann kann jeder in studiVZ Ihre Freunde gruscheln. In Ihrem Namen. Oder E-Mails abrufen.

Wollen Sie wissen, was Ihr PC so alles (unverschlüsselt) übers Heimnetzwerk und ins Internet überträgt, sei Ihnen das Tool Wireshark (*http://www.wireshark.org*) empfohlen. Im Grunde schneidet Wireshark lediglich den Datenverkehr mit, der über eine Netzwerkschnittstelle den PC verlässt oder darüber am PC eintrifft. Ob die Netzwerkschnittstelle nun herkömmlich kabelgebunden oder ein WLAN-Adapter ist, spielt keine Rolle. Wichtig ist aber, dass

Wireshark immer nur einen Netzwerkadapter abhören kann. Auch müssen Sie die Schnittstelle, also das Capture Interface, deren ein- und abgehende Pakete aufgezeichnet werden sollen, stets manuell wählen.

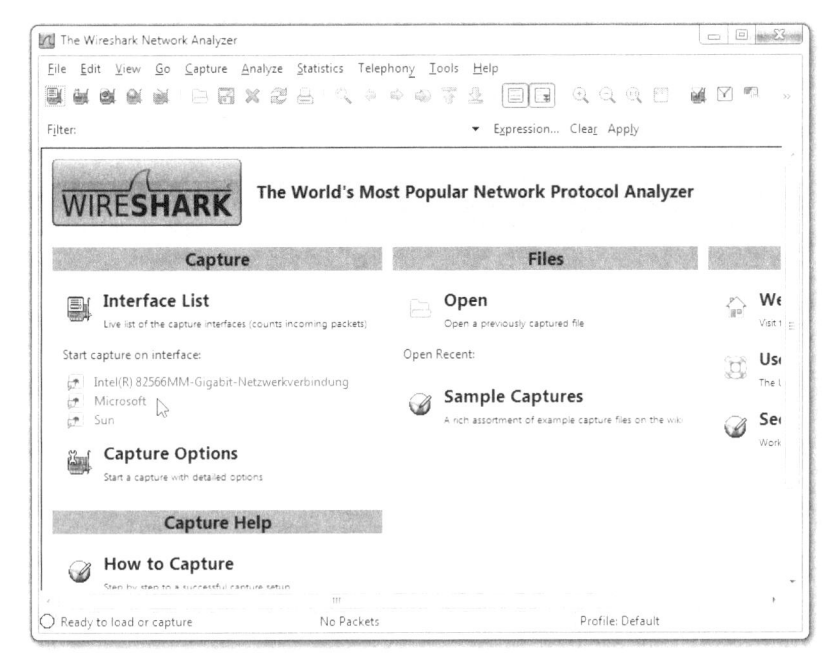

Bevor eine Aufzeichnung beginnen kann, muss ein Capture Interface, also die entsprechende Schnittstelle ausgewählt werden. Im Beispiel besteht zum Internet nur eine WLAN-Verbindung, die Wireshark wenig aussagekräftig als Microsoft aufführt.

Daran erkennen Sie eine sichere Verbindung

Sichere Anmeldungen auf Webseiten gewährleistet nur die SSL-Verschlüsselung. Ob eine Seite Daten per SSL überträgt, erkennen Sie schon an der URL: Statt mit *http://* beginnt sie mit *https://*. Der Mozilla-Firefox-Webbrowser hinterlegt die Adressleiste dann sogar gelb, sodass Sie noch etwas deutlicher auf die sichere Übertragung hingewiesen werden.

Die interessanten Pakete aus der Datenflut herausfiltern

Bei den Unmengen an Datenverkehr, die ein modernes Betriebssystem mit Internetanschluss heutzutage verursacht, ist es schwer, den Überblick zu behalten. Ohne eine ungefähre Ahnung und leistungsfähige Filtermöglichkeiten wäre das Herumschnüffeln im aufgezeichneten Datenverkehr eine Qual. Bloß gut, dass Wireshark einen recht starken Filter mit vielen Filtereinstellungen enthält.

Sobald Sie etwa mit dem Ressourcenmonitor (s. S. 379) herausgefunden haben, mit welchem Server das Programm von Interesse kommuniziert, können Sie mit der kleinen *Filter*-Box blitzschnell nur noch den Datenverkehr anzeigen lassen, der zwischen Ihnen und dem entsprechenden Server besteht. Geben Sie dazu *ip.addr == [Server-IP]* ein und klicken Sie anschließend auf *Apply*.

Möchten Sie hingegen nur die Pakete anzeigen lassen, die von einem bestimmten Protokoll wie POP oder SMTP abgeschickt werden, geben Sie einfach den Protokollnamen in die *Filter*-Box ein.

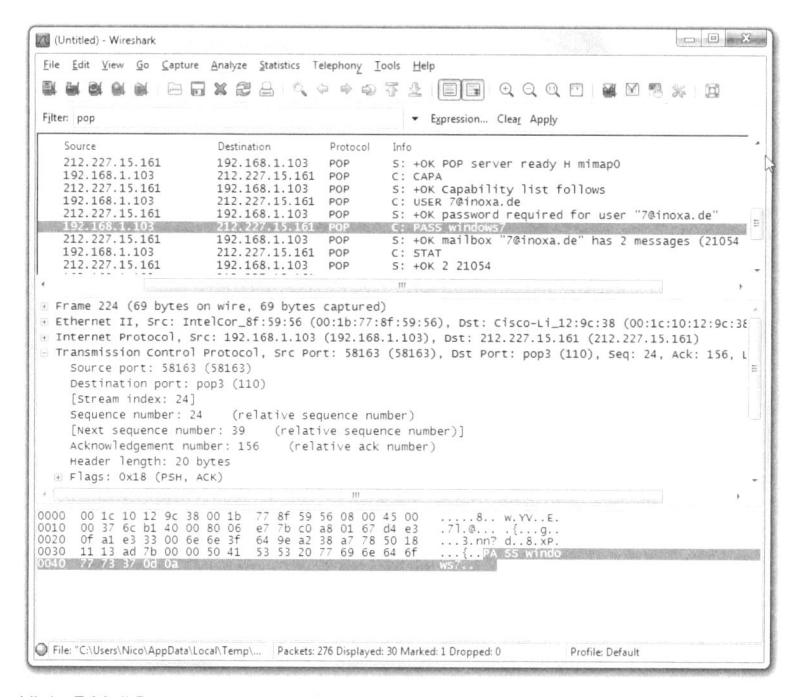

Viele E-Mail-Programme versuchen gar nicht erst, eine verschlüsselte Verbindung mit einem Mailserver herzustellen. Und viele E-Mail-Anbieter unterstützen gar keine verschlüsselten Verbindungen zu ihren Mailservern. Wie leicht dann ein Passwort ausgelesen werden kann, sehen Sie in dieser Abbildung.

Ganz interessant ist auch der Filter *http.request.method == "POST"*, mit dem Sie so manchen Webseiten-Login auslesen können, sofern die Webseite keine verschlüsselte Anmeldung unterstützt.

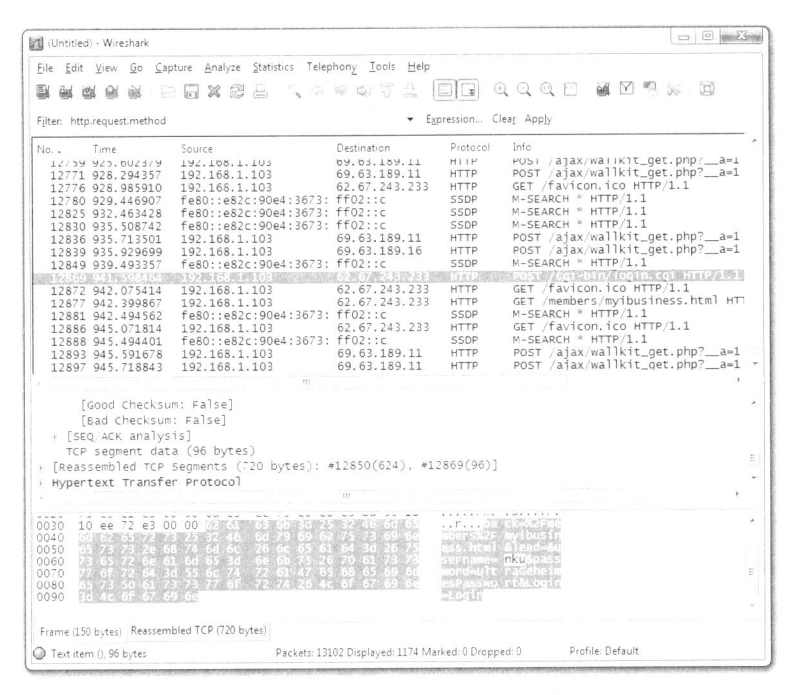

studiVZ & Co. haben nachgerüstet, einige andere Webdienste nutzen aber immer noch unsichere Techniken, um eine Anmeldung durchzuführen. Wer die Datenpakete zwischen Nutzer und Webdienst abfangen kann, findet so leicht das Passwort heraus. Hier: UltraGeheimesPasswort.

Wer steckt hinter einer IP-Adresse?

Mit der RIPE Database Search von *http://www.ripe.net* finden Sie manchmal heraus, welches Unternehmen hinter einer IP-Adresse steckt. „Manchmal" deshalb, weil die Ergebnisse der RIPE-Datenbank mitunter nur zu den Serverbetreibern der Webdienste einer Firma führen. Ach, und Vorsicht: Die Informationen der RIPE-Datenbank dürfen nicht zum Missbrauch verwendet werden!

Datendieben das Leben schwer machen: Schreib- und Lesezugriff auf Laufwerke und USB-Speichermedien sperren

Gefährlicher als jedes Virus oder Trojaner ist es für einen PC, wenn jemand physischen Zugriff darauf hat. Besonders durch die kleinen USB-Sticks wandern heutzutage viele Daten auf einen Rechner. Und genauso viele gehen auch davon ab. USB-Sticks und -Festplatten, CD- sowie DVD- und Diskettenlaufwerke etc. können Sie aber sperren bzw. den Lese- und Schreibzugriff auf diese Geräte unterbinden.

Öffnen Sie dazu den Registrierungs-Editor und navigieren Sie zu *HKEY_LOCAL_MACHINE\SOFTWARE\Policies\Microsoft\Windows*. Erstellen Sie darin einen neuen Schlüssel mit dem Namen *RemovableStorageDevices*. Um sämtliche Wechseldatenträger wie CDs/DVDs, USB-Medien etc. zu sperren, erstellen Sie in diesem Schlüssel einen DWORD-Wert (32 Bit) mit dem Namen *Deny_All*. Weisen Sie diesem noch den Wert 1 zu.

Datenträger eines bestimmten Typs sperren

Wer nicht pauschal sämtliche Wechseldatenträger blockieren will, sperrt die Medien nach Datenträgertyp. Mithilfe der folgenden Tabelle ist das recht leicht: Erstellen Sie einfach in *HKEY_LOCAL_MACHINE\SOFTWARE\Policies\ Microsoft\Windows\RemovableStorageDevices* einen Unterschlüssel mit dem entsprechenden Namen (Name des zu erstellenden Schlüssels). In diesen Unterschlüssel setzen Sie einen DWORD-Wert *Deny_Read* mit dem Wert 1, um den Lesezugriff zu unterbinden, oder aber einen DWORD-Wert *Deny_Write*, um den Schreibzugriff auf den entsprechenden Datenträgertypen zu blockieren.

Datenträgertyp	Name des zu erstellenden Schlüssels
CD und DVD	{53f56308-b6bf-11d0-94f2-00a0c91efb8b}
Diskette	{53f56311-b6bf-11d0-94f2-00a0c91efb8b}
USB-Wechseldatenträger und Speicherkarten	{53f5630d-b6bf-11d0-94f2-00a0c91efb8b}
Bandlaufwerke	{53f5630b-b6bf-11d0-94f2-00a0c91efb8b}
WPD-Geräte (Handys, MP3-Player)	{6AC27878-A6FA-4155-BA85-F98F491D4F33} und {F33FDC04-D1AC-4E8E-9A30-19BBD4B108AE}

Die Änderungen werden sofort wirksam.

Nur den Schreibzugriff auf Wechselspeichermedien sperren

Um nur den Lesezugriff auf sämtliche USB-Laufwerke zu gewähren, öffnen Sie mit dem Registrierungs-Editor *HKEY_LOCAL_MACHINE\System\Current ControlSet\Control*. Erstellen Sie dort einen neuen Schlüssel mit dem Namen *StorageDevicePolicies*. Legen Sie darin wiederum einen neuen DWORD-Wert namens *WriteProtect* an und geben Sie ihm den Wert 1. Nach einem Neustart ist die Änderung vollzogen.

7. Echte Hilfe bei Crashs statt kryptisch-blöder Fehlermeldungen

7.1	Hier hat Microsoft die wirklich nützlichen Tools zur Fehlersuche versteckt!	385
7.2	Schnelles Troubleshooting mit Windows 7	394

Ein Programm- oder gar Windows-Absturz ist immer ärgerlich. Besonders wenn man die Absturzursache nicht kennt, da diese aus einem Bluescreen immer nur schwer ablesbar ist. Mit den folgenden Kniffen gehen Sie Problemen auf die Spur.

7.1 Hier hat Microsoft die wirklich nützlichen Tools zur Fehlersuche versteckt!

In Windows Vista hatte Microsoft schon einige leistungsstarke Tools integriert, die beim Aufspüren von Fehlerursachen sehr behilflich sein konnten. Für Windows 7 wurden diese Tools noch einmal verbessert – sowohl in der Bedienung als auch im Funktionsumfang. Nur relativ gut versteckt sind sie immer noch.

Mit der Zuverlässigkeitsüberwachung Problemverursacher aufspüren

Windows-Nutzer mit schwachem Gedächtnis müssen beim Auftreten schwerer Fehler keine Kreuze mehr im Kalender eintragen, denn wie schon Vista enthält auch Windows 7 eine sogenannte Zuverlässigkeitsüberwachung. In dieser führt das System Informationen über jeden schwerwiegenden Fehler, aber auch über jede miss- und geglückte Anwendungs- sowie Treiberinstallation auf. Plagt Sie seit geraumer Zeit ein doofer Fehler, können Sie so in der „Problemhistorie" des Rechners zurückwandern und den Tag ausfindig machen, an dem das Problem das erste Mal auftrat. Vielleicht haben Sie an jenem Tag auch einen neuen Treiber installiert? Könnte er eventuell die Ursache des Problems sein?

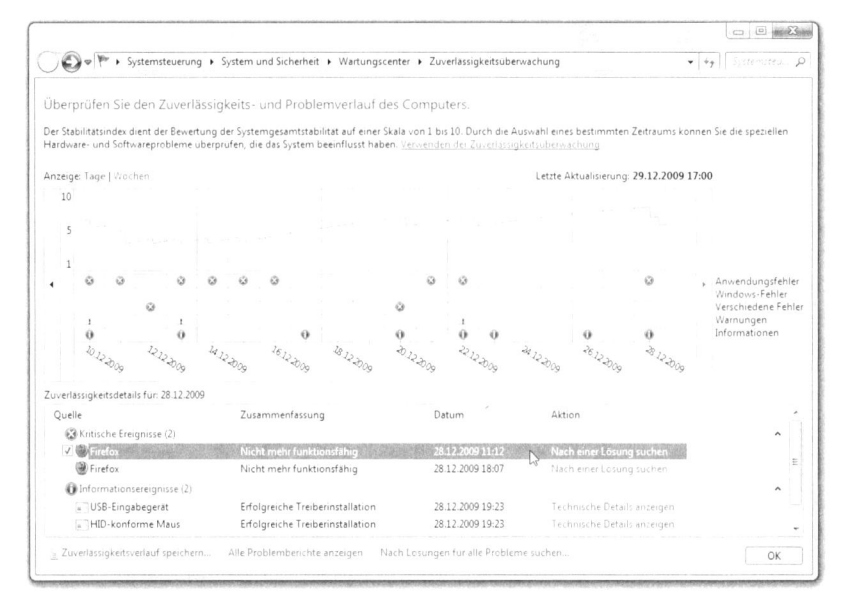

Mozillas Firefox stürzt auf diesem Rechner leider häufiger ab. Mehr als ein möglicherweise vermurkster Treiber wird wohl aber die Kombination „neuste Firefox-Beta + mehr als 300 geöffnete Tabs" die Ursache für die häufigen Abstürze sein.

Wie ein Fotoalbum zeigt die Zuverlässigkeitsüberwachung die wichtigsten Momente im Leben Ihrer Windows-Installation: Softwareinstallationen/-deinstallationen, Anwendungsfehler, Hardwarefehler, Windows-Fehler und sogar verschiedene Fehler! Stoßen Sie nach zu vielem Herumfummeln im System auf ein Problem, erhalten Sie anhand dieser Übersicht vielleicht den entscheidenden Hinweis zur Problemlösung. Ansonsten hilft bestimmt ein Wiederherstellungspunkt (s. S. 407).

Mit der Problemaufzeichnung lästige Hausbesuche sparen

Als vielleicht einziger „Computerprofi" des Freundes- und Bekanntenkreises werden Sie eventuell häufiger um Rat gefragt. Insbesondere wenn es um scheinbar unlösbare PC-Probleme geht. Es ist ärgerlich, wenn Sie dann wegen „Ich kann meinen Einsatzplan nicht öffnen" zum Hausbesuch antreten müssen, nur um dann festzustellen, dass bloß der entsprechende Dateityp aus irgendeinem Grund nicht mit Word oder OpenOffice verknüpft ist. Wie das Problem zu lösen ist, hätten Sie auch in wenigen Sätzen erklären können.

Vielleicht sollten Sie sich deshalb einmal mit der neuen Problemaufzeichnung beschäftigen. Mit diesem nur in Windows 7 verfügbaren Tool könnten Ihre unwissenden Freunde das Problem genauer beschreiben, nämlich mithilfe automatisch erzeugter Screenshots. Lassen Sie sich das aufgezeichnete Problem dann per E-Mail o. Ä. zuschicken, können Sie sich vielleicht den Besuch sparen.

Am schnellsten starten Sie die Problemaufzeichnung per Eingabe von *psr.exe* in die Suchleiste des Startmenüs und anschließendem Enter. Wirklich idiotensicher ist das natürlich nicht. Leider hat es Microsoft versäumt, eine entsprechende Verknüpfung in den *Zubehör*-Ordner des Startmenüs zu packen. Sehr wohl ist eine Verknüpfung aber in der Systemsteuerung versteckt. Klicken Sie dort auf *Probleme erkennen und beheben* (ein Unterpunkt von *System und Sicherheit*) und anschließend in der linken Spalte auf *Einen Freund fragen*. Eigentlich werden Sie auf diesem Weg zur Remoteunterstützung geführt. Am unteren Rand des Fensters finden Sie aber eine Verknüpfung zur Problemaufzeichnung.

Nun könnte man per Klick auf *Aufzeichnung starten* eben dieses tun und das Problem nachstellen bzw. demonstrieren. klar und selbsterklärend – ebenso *Aufzeichnung beenden*. Beachten Sie, dass Problemchen mit Anwendungen, die Administratorrechte benötigen, nur aufgezeichnet werden, wenn die Problemaufzeichnung selbst mit administrativen Rechten ausgeführt wird. Das Programm gibt aber ebenfalls einen entsprechenden Hinweis, sofern gerade Anwendungen als Administrator ausgeführt werden.

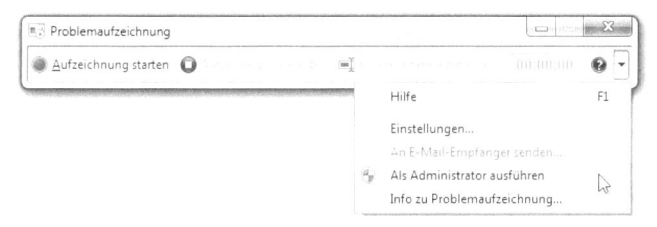

Soll ein Problem mit einer Anwendung oder Funktion aufgezeichnet werden, die Administratorrechte benötigt, muss auch die Problemaufzeichnung mit höheren Rechten ausgeführt werden. Über den kleinen Pfeil neben dem Hilfe-Button öffnen Sie ein Menü, das diese Möglichkeit bietet.

Wurde die Problemaufzeichnung beendet, muss sie sogleich in Form einer ZIP-Datei an beliebiger Stelle gespeichert werden. Anschließend besteht über das kleine Drop-down-Menü des Programms noch die Möglichkeit, die ZIP-Datei per E-Mail zu versenden. Dabei wird automatisch eine neue E-Mail geöffnet und die Datei sofort angehangen. Das funktioniert nicht nur mit den Microsoft-E-Mail-Programmen, sondern ebenfalls mit Thunderbird & Co.

Was stellt der Empfänger der ZIP-Datei mit ihr an? Er entpackt sie natürlich. Enthalten ist eine Datei im MHT-Format, die Sie mit dem Internet Explorer öffnen können. Neben ein paar technischen Informationen enthält sie v. a. zu jedem Klick einen Screenshot. Diese sind zwar recht stark komprimiert, zeigen aber auch den Mauszeiger des Nutzers und farbige Markierungen, die die Problemaufzeichnung automatisch hinzufügt und die Problemfindung – hoffentlich – erleichtert.

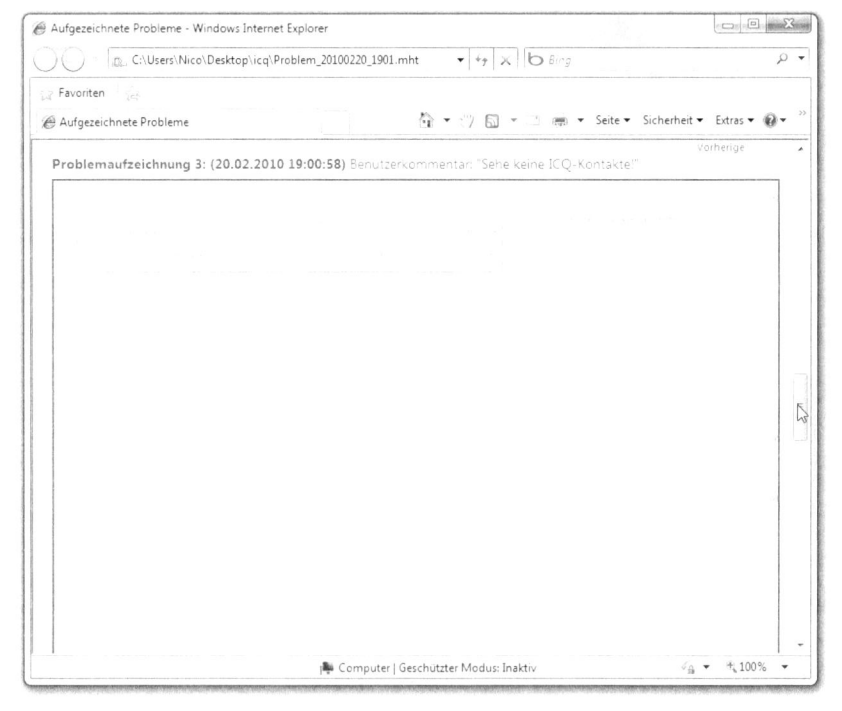

Bei der Aufzeichnung können auch Kommentare gesetzt werden. Das ist sicher ganz nützlich, denn nicht alle von der Problemaufzeichnung gemachten Screenshots sind besonders aussagekräftig.

Die Windows-Problembehandlung kennt die gängigsten Probleme und deren Lösungen

Mit der Windows-PowerShell zogen in Windows 7 auch die sogenannten Troubleshooting Packs ein. In der deutschen Sprachversion heißen sie Problembehandlungspakete. Es sind im Endeffekt auch nur PowerShell-Skripte, mit denen eine ganz bestimmte Problemstellung gelöst werden soll. Das Problembehandlungspaket *Wiedergeben von Audiodateien* prüft beispielsweise, ob der Audiodienst läuft, der Ton nicht versehentlich stummgeschaltet oder die Lautstärke auf 0 % heruntergeregelt wurde. Das klingt zwar recht banal, kann Computereinsteigern aber sehr helfen.

Sämtliche schon installierten Problembehandlungspakete finden Sie in der Systemsteuerung unter *Probleme erkennen und beheben* (im Bereich *System und Sicherheit*). Klicken Sie hier auf eine Kategorie, sucht der Rechner in der Onlinedatenbank nach weiteren Paketen.

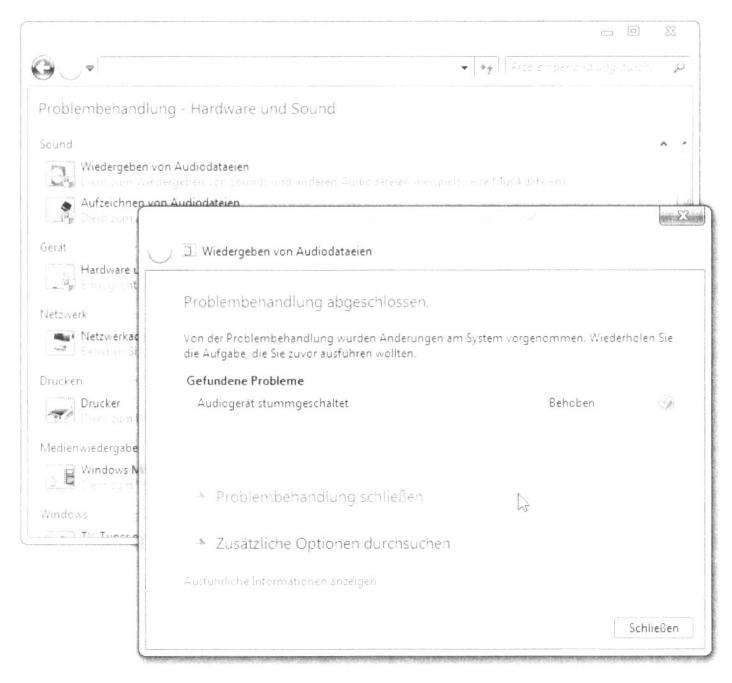

Ach, das Gerät war stummgeschaltet ... kein Wunder, dass nichts aus den Lautsprechern tönte. Computereinsteigern kann das schon eine große Hilfe sein. Und unabhängig davon lösen die Problembehandlungspakete ja auch knifflige Probleme und erkennen etwa abgeschaltete Dienste.

Problembehandlungspakete müssen nicht unbedingt von Microsoft bereitgestellt werden. Auch Dritte können sie anbieten, etwa als Support-Ergänzung für eine Anwendung. Damit die Pakete dann aber auf „normalen" Windows 7-PCs eingesetzt werden können, müssen sie mit einem teuren Zertifikat digital signiert werden. Das kennen Sie ja schon von Treibern und Systemdateien ... Sie können also davon ausgehen, dass Sie in Webforen nur wenige bis gar keine selbst programmierten Problembehandlungspakete finden werden, da selbst die fachkundigen User dort wohl eher nicht in ein Zertifikat investieren werden. Vielleicht ist das aber auch besser so, denn ein „bösartiges" Problembehandlungspaket könnte als Quasivirus selbst zum Problem werden.

Treiberleichen entfernen

Probleme bei der Treiberinstallation können manchmal auf Treiberleichen zurückgeführt werden. Aber auch sonst ist es für Sie vielleicht ganz interessant, einen Überblick über sämtliche installierten Treiber zu erhalten. Mit der Zeit sammeln sich nämlich so einige Treiber an, die Sie vielleicht gar nicht mehr benötigen, weil Sie die zugehörige Systemkomponente nicht mehr besitzen. Als erste Anlaufstelle für Geräte und deren Treiber kommt Ihnen sicher der Geräte-Manager (*Systemsteuerung/System und Sicherheit/Geräte-Manager*) in den Sinn. Leider zeigt er aber in der Standardkonfiguration nur die Geräte an, die an den PC angeschlossen sind. Klicks auf *Ansicht* und *Ausgeblendete Geräte anzeigen* ändern daran nichts. Wohl aber diese Schrittanleitung:

1 Öffnen Sie zunächst die Systemsteuerung und klicken Sie darin weiter auf *System und Sicherheit*, *System* und anschließend in der linken Spalte auf *Erweiterte Systemeinstellungen*. Damit öffnen Sie die Systemeigenschaften im Register *Erweitert*. Wählen Sie hier *Umgebungsvariablen*.

2 Klicken Sie nun im Bereich *Systemvariablen* auf *Neu*, um eben eine neue Systemvariable zu erstellen.

3 Geben Sie der neuen Systemvariablen den Namen *devmgr_show_non present_devices* und den *Wert* 1. Bestätigen Sie anschließend sämtliche offenen Dialoge mit *OK*.

4 Öffnen Sie nun den Geräte-Manager und wählen Sie in dessen *Datei*-Menü erst *Ansicht*, dann *Ausgeblendete Geräte anzeigen*. Fortan werden in etwas blasserem Farbton auch die Geräte angezeigt, die gar nicht (mehr) angeschlossen sind. Per Rechtsklick können die Geräte bzw. deren Treiber sodann leicht deinstalliert werden.

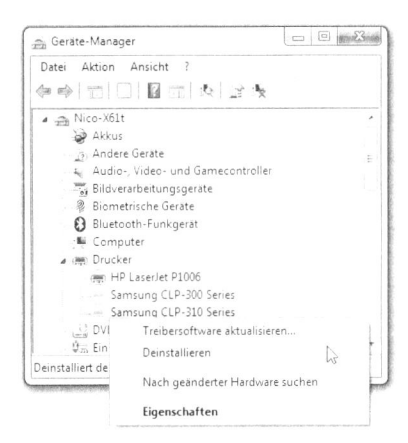

Links: Vor dem Hinzufügen der neuen Systemvariable zeigte der Geräte-Manager nur den angeschlossenen Drucker. Nach dem Durchlaufen der Schrittanleitung zeigt er jedoch auch schon längst nicht mehr vorhandene Geräte an.

Wo hängt's: die Performance beim Hoch- und Runterfahren sowie Umschalten in den Stand-by- und Ruhezustand messen

Was passiert eigentlich beim Hochfahren – und wie lange dauert es? Bringt ein Performance-Tweak überhaupt irgendwas? Finden Sie es doch heraus! Mit dem Windows Performance Analyzer können Sie die Geschehnisse und Performance beim Windows-Start, Herunterfahren oder Wechseln in den Stand-by-Modus bzw. Ruhezustand unter die Lupe nehmen. Besonders einsteigerfreundlich ist das Programm zwar nicht, doch können Sie sich ja trotzdem einmal daran wagen. Kostet auch nichts – und ich mache es kurz.

Leider ist der Windows Performance Analyzer kein Bestandteil von Windows 7, sondern vom Windows Performance Toolkit. Und das wiederum gehört zum Windows 7 SDK (s. S. 95). Haben Sie das Windows 7 SDK heruntergeladen und installiert, ist das Windows Performance Toolkit selbst noch nicht installiert. Stattdessen finden Sie zunächst nur die nötigen Setup-Dateien für das Toolkit in *%PROGRAMFILES%\Microsoft SDKs\Windows\v7.0\Bin*: Nutzen Sie hierbei die *wpt_x86.msi* für Windows 7 32 Bit oder die *wpt_x64.msi* für Windows 7 64 Bit.

Eine Performancemessung durchführen

Ist das Windows Performance Toolkit endlich installiert, kann es losgehen: Öffnen Sie eine Eingabeaufforderung mit Administratorrechten und geben Sie nun das Folgende ein, wobei *[PFAD]* stets durch den Pfad zu ersetzen ist, in dem der Performance-Bericht erzeugt werden soll, etwa *C:\Performance*. Beachten Sie, den Pfad nicht mit einem \ abzuschließen, da die Berichtaufzeichnung sonst nicht funktioniert.

- *xbootmgr -trace boot -traceFlags BASE+CSWITCH+DRIVERS+POWER -resultPath [PFAD]* muss eingetippt werden, wenn Sie das Hochfahren des Rechners überwachen und messen wollen.

- *xbootmgr -trace shutdown -noPrepReboot -traceFlags BASE+CSWITCH+ DRIVERS+POWER -resultPath [PFAD]* erzeugt hingegen einen Performancebericht fürs Herunterfahren.

- Mit *xbootmgr -trace standby -traceFlags BASE+CSWITCH+DRIVERS+ POWER -resultPath [PFAD]* testen Sie den Stand-by-Modus Ihres PCs.

- Und zu guter Letzt erzeugt *xbootmgr -trace hibernate -traceFlags BASE+ CSWITCH+DRIVERS+POWER -resultPath [PFAD]* einen Bericht über den Wechsel in den Ruhezustand.

Was geschieht nun konkret? Ein Beispiel: Sobald Sie etwa *xbootmgr -trace boot -traceFlags BASE+CSWITCH+DRIVERS+POWER -resultPath C:\Performance* eingegeben haben, startet der Rechner neu. Dabei wird der gesamte Bootvorgang protokolliert. Sobald Sie mit dem Benutzerkonto angemeldet sind, zeichnet das Performancetool noch weitere zwei Minuten auf. Denn wie Sie wissen, ist der Startvorgang mit Erreichen des Desktops noch lange nicht abgeschlossen. Dann legen die Autostartprogramme erst einmal richtig los!

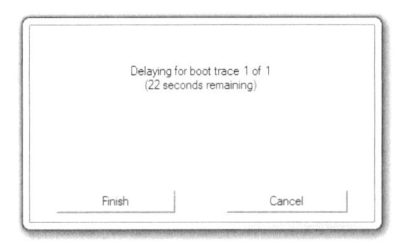

Nach dem Neustart läuft die Aufzeichnung noch einige Augenblicke weiter. Lassen Sie den Rechner dabei am besten in Ruhe rödeln, um die Performanceaufzeichnung nicht zu verfälschen.

Den Bericht öffnen und einsehen

Wurde die Protokollierung beendet, können Sie einen Blick in das Verzeichnis werfen, das Sie als *[PFAD]* angegeben haben. Den Performancebericht finden Sie dort im ETL-Dateiformat, das mit dem Windows Performance Analyzer verknüpft ist. Ein Doppelklick auf die Datei sollte selbigen deshalb sogleich öffnen.

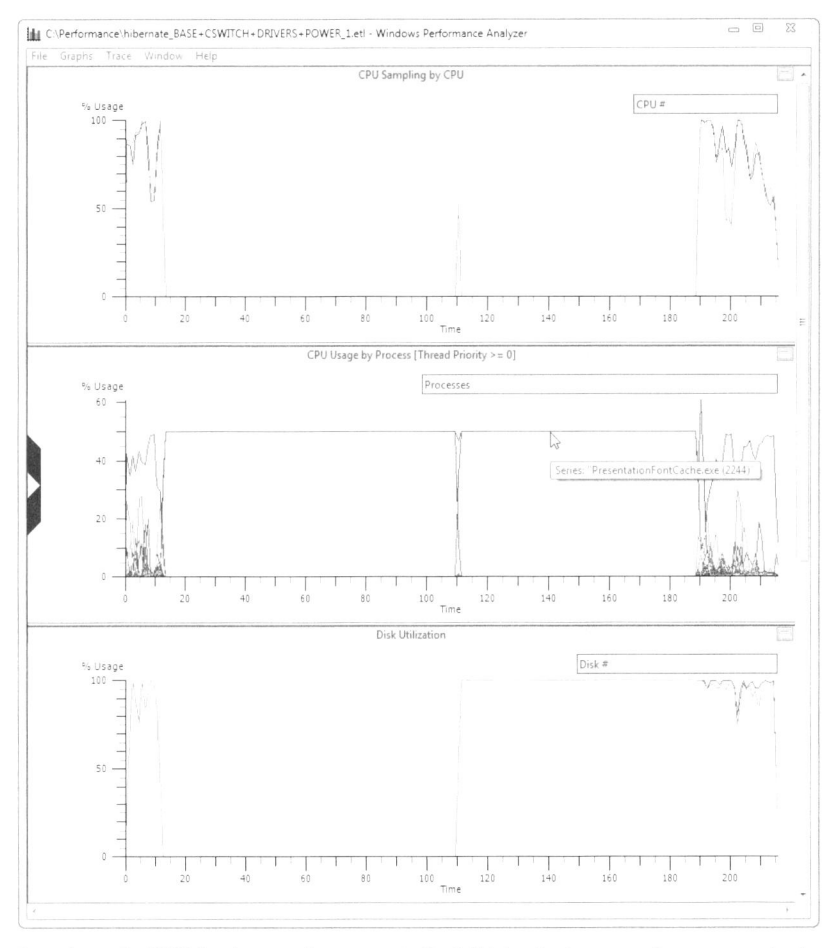

So sehen die CPU-Auslastung insgesamt, die CPU-Auslastung pro Prozess sowie der Festplattenzugriff beim Wechsel in den und Aufwachen aus dem Ruhezustand aus. Der Windows Performance Analyzer stellt beides zusammen in einem Bericht dar.

Allerlei Graphen werden vom Windows Performance Analyzer sofort dargestellt, weitere können Sie über dessen Dateimenü *Graphs* mit einem Häkchen versehen und somit einblenden.

Interessant ist dabei natürlich vor allem die Länge des beobachteten Vorgangs, die stets auf der horizontalen Achse angegeben ist. Auch die CPU-Auslastung während des beobachteten Vorgangs kann etwa Rückschlüsse auf mögliche Startbremsen ermöglichen. Schauen Sie sich einfach einmal in Ruhe um!

7.2 Schnelles Troubleshooting mit Windows 7

Der erstmals mit Windows Vista eingeführte Ressourcenmonitor wurde für Windows 7 nochmals verbessert und erweitert. So zeigt er beispielsweise im Register *CPU* unter *Prozesse*, wie stark eine einzelne Anwendung den Prozessor auslastet und wie viele Threads je Prozess ausgeführt werden. Indem Sie einen Prozess per Häkchen markieren, setzen Sie für die folgenden Funktionen dieses Registers einen Filter.

Direkt darunter, im Bereich *Dienste*, listet der Ressourcenmonitor alle derzeit ausgeführten Dienste auf. Logisch! Auch hier wird eine durchschnittliche CPU-Auslastung angezeigt.

Die Funktion *Zugeordnete Handles* haben Sie schon an anderer Stelle dieses Buches kennengelernt. Damit können Sie herausfinden, welche Dateien von einem Prozess geöffnet und somit blockiert sind. Nutzen Sie die Suchfunktion, um herauszufinden, welcher Prozess eine bestimmte Datei blockiert.

Zugeordnete Module zeigt nur etwas an, wenn Sie vorher einen Prozess per Häkchen markieren. Im Wesentlichen werden Ihnen hier sämtliche DLL-Dateien (Module) angezeigt, auf die ein Prozess zurückgreift.

Das Register *Arbeitsspeicher* unterscheidet nun in Windows 7 zwischen verfügbarem, in Stand-by gehaltenem und freiem Arbeitsspeicher. Schließlich kamen von Windows Vista-Nutzern immer Klagen, das Betriebssystem würde sämtlichen RAM belegen – dabei wurde nur verfügbarer RAM für SuperFetch & Co. benutzt, aber sofort wieder freigegeben, sobald eine Anwendung den Arbeitsspeicher wirklich benötigte.

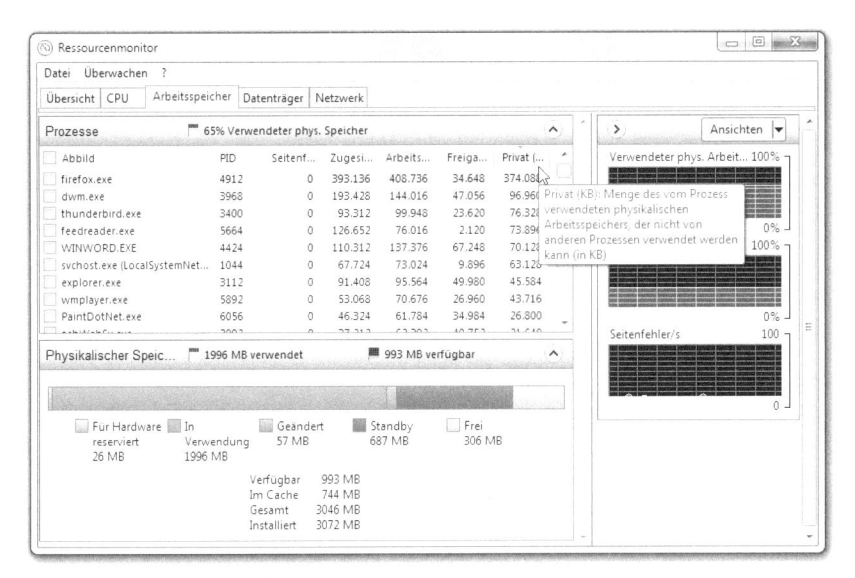

Echte Hilfe bei Crashs statt kryptisch-blöder Fehlermeldungen | 395

Mit der sehr detaillierten Übersicht des Ressourcenmonitors entlarven Sie Speicherfresser blitzschnell. Nicht minder interessant ist die Darstellung unter Physikalischer Speicher: Wie viel RAM ist verfügbar, wie viel davon wird für SuperFetch und andere Beschleunigungstechnologien verwendet?

Was gibt's noch zu sehen? Im Register *Datenträger* erfahren Sie, wie intensiv jede einzelne Anwendung auf die Festplatte(n) zugreift. Rödelt die Platte permanent – finden Sie hier vielleicht den Verursacher des ununterbrochenen Festplattenzugriffs. Letztlich zeigt das Register *Netzwerk*, mit welchen Internetservern die laufenden Programme über welche Ports kommunizieren und wie viele Daten sie dabei übermitteln.

Hängenden Prozessen auf den Zahn fühlen

Ein nettes Feature des neuen Ressourcenmonitors ist die Funktion *Warteschlange analysieren*. Hängt ein Prozess, wird er im Ressourcenmonitor rot gefärbt dargestellt. Klicken Sie mit der rechten Maustaste darauf und wählen Sie *Warteschlange analysieren*. Sogleich werden die Threads des Prozesses aufgeführt und jener Thread benannt, der den Prozess zum Stillstand brachte. Sie können ihn dann beenden und darauf hoffen, dass die Anwendung dann wieder läuft.

Die Ereignisanzeige zum Troubleshooten nutzen

Unbemerkt vom Otto Normalnutzer protokolliert Windows eine ganze Menge. So auch jedes Fehlerchen, das im Computeralltag auftritt. Mit der Ereignisanzeige können Sie diese sogenannten Ereignisse einsehen und bei Störungen eventuell wertvolle Hinweise auf deren Ursache erhalten. Eine Verknüpfung zur Ereignisanzeige finden Sie unter *Systemsteuerung/System und Sicherheit* und dort im Bereich *Verwaltung* (*Ereignisprotokolle anzeigen*).

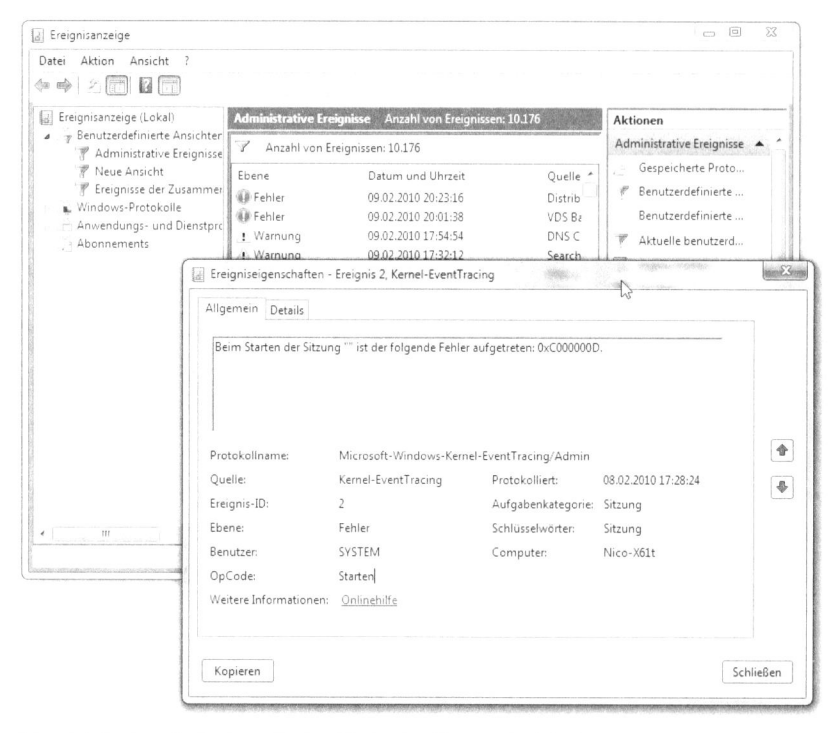

Die wichtigsten Ereignisse finden Sie in der Kategorie Administrative Ereignisse unter Benutzerdefinierte Ansichten. Haben Sie ein vernünftiges Antivirenprogramm installiert, finden Sie hier auch Hinweise über gefundene Viren und Trojaner. Mittels Benutzerdefinierte Ansicht erstellen können Sie zudem einen Filter anlegen und etwa nur bestimmte Ereignisse anzeigen lassen.

Lieber Bluescreen als automatischer Neustart!

Statt einen Bluescreen anzuzeigen, starten alle Windows-Versionen seit Windows XP einfach neu. Manchmal ist es aber ganz sinnvoll, die Fehlermeldung lesen zu können, um etwa Problemen auf die Schliche zu kommen, die den

PC regelmäßig zum Absturz bringen. Gut, das finden Sie hoffentlich mithilfe der folgenden Seiten auch so schon heraus.

Dazu müssten Sie aber erst einmal wissen, was da gerade passierte – und dass Ihr PC abstürzte. Nicht selten wunderte ich mich nach kurzer Abwesenheit, dass alle Programme geschlossen oder der Login-Bildschirm zu sehen war. Was war geschehen? Ein Systemabsturz – mit sofortigem Neustart. Es scheint mir daher sinnvoll, den automatischen Neustart zu deaktivieren. Das geht ganz schnell:

1   Öffnen Sie die Systemsteuerung. Wählen Sie den Menüpunkt *System und Sicherheit* und anschließend *System*. Klicken Sie dann in der linken Spalte auf *Erweiterte Systemeinstellungen*.

2   Im Register *Erweitert* des nun geöffneten Einstellungsfensters finden Sie unter *Starten und Wiederherstellen* den Button *Einstellungen*. Klicken Sie darauf.

3   Entfernen Sie unter *Systemfehler* das Häkchen bei *Automatisch Neustart durchführen*. Bestätigen Sie die Änderung und warten Sie fortan gespannt auf den nächsten schweren Systemfehler. Sollte der nicht gleich eintreten, probieren Sie einfach noch den einen oder anderen Kniff aus diesem Buch ;-).

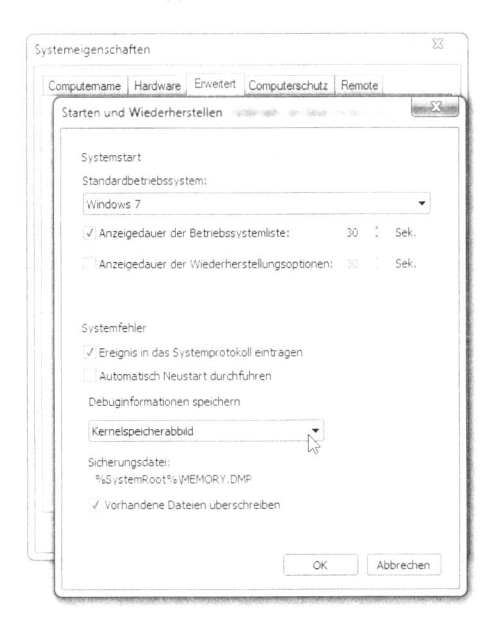

Wie viel RAM zur Absturzanalyse gesichert wird

Standardeinstellung für *Debuginformationen speichern* ist *Kernelspeicherabbild*. Damit erzeugt Windows 7 bei jedem Absturz eine *MEMORY.DMP* in *%SYSTEMROOT%*, also dem Systemverzeichnis. Dieses Speicherabbild ist über 200 MByte groß und wird zur Bluescreen-Analyse benötigt. Achten Sie darauf, dass das Häkchen bei *Vorhandene Dateien überschreiben* gesetzt ist. Haben Sie viele Abstürze, füllt sich sonst ganz schnell die Festplatte.

Wenn Sie Speicherplatz sparen möchten, können Sie die Einstellung *Debuginformationen speichern* aber auch auf *Kleines Speicherabbild* setzen. Hiermit werden wesentlich kleinere Dumps, eben nur ein paar KByte große Dumps erzeugt, die für die Anleitungen in diesem Buch eigentlich genügen. Grundsätzlich gilt aber natürlich: Je größer das Abbild, desto mehr potenzielle Informationen zum Absturz sind darin enthalten.

Anhang – diese Basics muss jeder kennen!

Platzhalter und Pfadangaben	399
Keine Angst vor der Kommandozeile – so einfach bedienen Sie die Eingabeaufforderung	401
Programme oder Skripte automatisch oder versteckt ausführen	404
PC-Notfallhilfe: gegen PC-Pannen richtig vorbeugen und Probleme zuverlässig lösen	407
Endlich für alle: die vollautomatische Windows-Sicherung	415
Systemdateien austauschen	419
Das richtige Werkzeug zum Systemdateien-Hack	422
Extrem flexibel: Umgebungsvariablen wie %WINDIR% statt harter Pfade nutzen!	423
Im Herzen von Windows 7 Änderungen vornehmen	427

Viele der in diesem Buch beschriebenen Kniffe nutzen Windows-Komponenten und Programme, denen man im Otto-Normal-Windows-Betrieb nicht begegnet. Das wären beispielsweise die Eingabeaufforderung mitsamt ihrer kleinen Kommandozeilenprogramme, der Registrierungs-Editor oder der sogenannte Resource Hacker. Häufig auftauchende Fragen wie „Wie erlange ich die Besitz- und Bearbeitungsrechte einer Datei?" und „Wie funktioniert der Registrierungs-Editor?" sollen deshalb noch einmal auf den folgenden Seiten beantwortet werden, um sie im vorangestellten „Rest" des Buches nicht immer wieder beantworten zu müssen. Sie finden deshalb im Folgenden noch einmal die eine oder andere wichtige Erläuterung, die Sie sich nicht entgehen lassen sollten – die Sie aber zugleich möglicherweise schon kennen, wenn Sie zuvor bereits Windows Vista nutzten.

Platzhalter und Pfadangaben

Sie finden in diesem Buch immer mal Ausdrücke, die in Großbuchstaben und Klammern gesetzt sind. Dabei sehen Ausdrücke wie *[PFAD]* natürlich nicht besonders schön aus, fallen aber auf. Hierbei handelt es sich um Platzhalter, die bei einer tatsächlichen Eingabe durch entsprechend sinnvolle Ausdrücke ersetzt werden müssen. Steht cd *[PFAD]* da, geben Sie eben stattdessen *cd "%USERPROFILE%\Desktop\Windows 7 Dirty Tricks"* o. Ä. an. Was eine sinnvolle Eingabe ist bzw. welche Art von Eingabe den Platzhalter ersetzen soll, erfahren Sie stets in der entsprechenden Anleitung.

Pfadangaben fürs Dateisystem wie *C:\Windows\System32* sind Ihnen sicher geläufig. Nach ähnlichem Muster sind die Angaben für Pfade in der Registry angegeben. Auch hier öffnen Sie etwa bei *HKEY_CURRENT_USER\Software\ Microsoft\Windows\CurrentVersion\Explorer\Advanced* zunächst *HKEY_ CURRENT_USER*, dann *Software*, dann *Microsoft* usw.

Wird der Weg zu einer versteckten Einstellung in der Systemsteuerung beschrieben, handelt es sich dabei grundsätzlich um den Weg, den Sie in der Standardansicht (*Kategorie*) der Systemsteuerung zurücklegen müssen. Dabei beziehen sich die einzelnen Teile der Wegbeschreibung auf Verweise oder Buttons, die irgendwo in dem aktuell geöffneten Fenster zu finden sind. Gegebenenfalls müssen Sie deshalb auch mal eine paar Sekunden suchen, bevor Sie das Ziel des nächsten Klicks aufgespürt haben. Dass dabei auch immer mal ein neues Fenster aufgeht und dann darin fortgesetzt werden muss, wird nicht immer erwähnt. Aber das bekommen Sie schon hin.

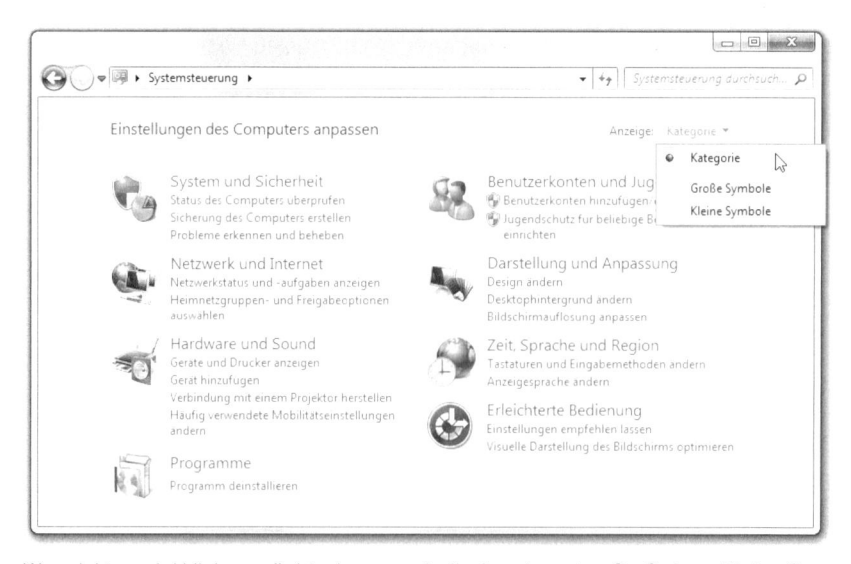

Wer nicht so viel klicken möchte, kann auch die Anzeigearten Große bzw. Kleine Symbole auswählen. Beachten Sie aber, dass die Schrittanleitungen dieses Buches sich allein auf die Anzeige Kategorie beziehen.

Keine Angst vor der Kommandozeile – so einfach bedienen Sie die Eingabeaufforderung

Wer braucht denn schon noch die Eingabeaufforderung? Na, Sie! Teils arbeiten Sie damit viel schneller als mit der Maus. Außerdem sind viele Systemprogramme ohnehin nur über eine Eingabeaufforderung bedienbar, sind also nicht mit einem GUI ausgestattet.

Diese uralten Befehle sollten Sie kennen, um mit der Eingabeaufforderung – oder auch in der PowerShell – zurechtzukommen:

Die PowerShell als Nachfolger der Eingabeaufforderung

Die Windows PowerShell, ein fester Bestandteil aller Windows 7-Versionen und designierte Nachfolgerin der Eingabeaufforderung *cmd.exe*, finden Sie im Startmenü unter *Alle Programme/ Zubehör/ Windows PowerShell*. Per Rechtsklick auf den Startmenüeintrag können Sie die PowerShell schließlich auch als Administrator ausführen. Vielleicht pinnen Sie die PowerShell-Konsole aber auch gleich an die Startleiste. Deren Sprungleiste führt nämlich gleich einen Eintrag *Als Administrator ausführen*, mit dem die PowerShell recht zügig mit höheren Rechten ausgeführt wird. Mehr zur PowerShell erfahren Sie auf S. 175.

Öffnen Sie die Eingabeaufforderung, ist deren Startverzeichnis entweder *%USERPROFILE%*, also beispielsweise *C:\Users\Nico*, oder *%WINDIR%\System32*, wenn Sie die Eingabeaufforderung mit Administratorrechten starteten. Möchten Sie ein Verzeichnis wechseln, geben Sie *cd [PFAD]* ein, wobei *[PFAD]* eben der vollständige Pfad des Verzeichnisses ist, in das Sie wechseln möchten. Direkt von *C:\Windows\System32* zu *C:\Users\Nico\Desktop\Windows 7 – Dirty Tricks* gelangen Sie etwa durch Eingabe von *cd "C:\Users\Nico\Desktop\Windows 7 – Dirty Tricks"*.

Beachten Sie hierbei die Anführungszeichen, die immer dann notwendig sind, wenn in dem Pfad ein Leerzeichen auftritt. Ansonsten erkennt die Eingabeaufforderung den Pfad nur bis zum ersten Anführungszeichen und missinterpretiert den Rest als Parameter, der dies aber natürlich nicht ist.

```
Administrator: Eingabeaufforderung
Microsoft Windows [Version 6.1.7600]
Copyright (c) 2009 Microsoft Corporation. Alle Rechte vorbehalten.

C:\Windows\system32>cd "%USERPROFILE%\Desktop\Windows 7 - Dirty Tricks\"

C:\Users\Nico\Desktop\Windows 7 - Dirty Tricks>
```

Bei langen Pfaden und Befehlen weniger tippen müssen

Sobald Sie die ersten Zeichen eines Dateinamens oder Befehls eingegeben haben, können Sie sie per [Tab] automatisch vervollständigen lassen. Ist der erste Vorschlag kein Treffer, drücken Sie [Tab] mehrfach.

Wollen Sie nur in einen Unterordner des aktuellen Verzeichnisses wechseln, genügt übrigens cd *[NAME DES UNTERORDNERS]*. Auf die volle Pfadangabe können Sie dann also verzichten.

Um den Inhalt eines Verzeichnisses einzusehen, geben Sie schlicht *dir* ein. Sind's sehr viele Dateien, kann sich die Eingabe von *dir /p* lohnen – damit wird die Darstellung unterbrochen und erst per Druck auf die [Enter]-Taste fortgesetzt.

Einen Verzeichniswechsel nehmen Sie vor, indem Sie nur den Laufwerkbuchstaben, beispielsweise *D:*, eintippen. Auf einen Backslash (\) ist dabei zu verzichten.

Hilfe zu den Befehlen der Eingabeaufforderung erhalten Sie i. d. R., indem Sie den Befehl eingeben und ein */?* anhängen. Beispiel: *ren /?* zeigt die Hilfe fürs Umbenennen-Kommando *ren* an.

Mit den Pfeiltasten [↑] und [↓] können Sie zwischen den bereits in einer Sitzung eingebebenen Befehlen hin und her schalten. Statt ähnlich Befehle immer wieder neu einzugeben, rufen Sie hiermit die vorherige Eingabe wieder auf und bearbeiten sie einfach.

Größe, Schriftart und -farbe etc. anpassen

Die Größe der Eingabeaufforderung können Sie mit der Maus nur eingeschränkt ändern. Indem Sie aber mit der rechten Maustaste auf den Fensterkopf klicken und die Eigenschaften auswählen, finden Sie ein paar nette Einstellungen.

Praktische Tastatur-Shortcuts für die Eingabeaufforderung

Die Maus nützt Ihnen überhaupt nichts, sobald Sie mit der Eingabeaufforderung arbeiten. Dafür erleichtern und reduzieren die folgenden Tastenkürzel die Tipperei ungemein:

Tastaturkürzel	Wirkung
[Tab]	Autovervollständigung von Ordner- und Dateinamen. Beispiel: Geben Sie im Pfad *C:\Windows* nur *sys* ein und drücken Sie die [Tab]-Taste, um *System32* bzw. *system* als Vorschlag zu erhalten.
[F7]	Alle vorherigen Eingaben der aktuellen Session anzeigen.
[Alt]+[F7]	Alle vorherigen Eingaben der aktuellen Session löschen.
[F1]	Das erste Zeichen der vorherigen Eingabe laden. Halten Sie die Taste gedrückt, um die vorherige Eingabe Zeichen für Zeichen wiederherzustellen.
[F2]	Lädt die vorherige Eingabe bis zu dem Zeichen, das Sie in der Aufforderung *Kopieren bis Zeichen* angeben.
[F3]	Lädt die vorherige Eingabe.
[Esc]	Die aktuelle Eingabe löschen.
[↑]	Lädt die vorherige Eingabe.
[↓]	Lädt die nachfolgende Eingabe.
[Bild↑]	Zeigt die erste Eingabe der aktuellen Session.
[Bild↓]	Zeigt die letzte Eingabe der aktuellen Session.
[Strg]+[←]	Ein Wort nach links springen.
[Strg]+[→]	Ein Wort nach rechts springen.
[Pos1]	Zum Anfang der Eingabe springen.
[Ende]	Zum Ende der Eingabe springen.

Den Explorer sofort im geöffneten Pfad starten

Sie sind mit der Eingabeaufforderung weit in die Dateistruktur vorgedrungen, befinden sich nun in *C:\ Windows\ Resources\ Themes\ Aero\ Shell\ NormalColor\ de-DE\ Timbuktu* o. Ä. und möchten hier nun doch lieber mit dem Explorer weiterarbeiten? Kein Problem. Geben Sie einfach *explorer .* ein, um den Windows-Explorer gleich im aktuellen Verzeichnis zu öffnen.

Programme oder Skripte automatisch oder versteckt ausführen

Mancher Kniff ist mit einem Registry-Hack nicht getan, sondern gelingt nur mithilfe eines Tools – oder eines Skripts. So müssen Sie Ihren PC dazu bewegen, das Skript von Seite 279 bei jedem Neustart durchzuführen. Hierfür können Sie die Aufgabenplanung nutzen, wie sie im Folgenden beschrieben ist.

Oder Sie möchten eine Anwendung ausführen, aber nicht von deren Programmfenster gestört werden. Auch das kann PowerShell in Verbindung mit einem Skript sein. Etwa dem von Seite 226, mit dem Sie die Laufzeit Ihres Notebook-Akkus verlängern können, das aber wie jedes PowerShell-Skript zunächst die PowerShell-Konsole aufploppen lässt, sobald Sie es per Verknüpfung starten. Mit dem Tool HStart, das auch auf den folgenden Seiten beschrieben wird, bekommen Sie von der Skriptausführung gar nichts mit.

Eine Anwendung für Ihren PC zur regelmäßigen Arbeitsaufgabe machen

Die relativ unbekannte Aufgabenplanung können Sie nutzen, um Programme oder Skripte regelmäßig und völlig automatisiert ausführen zu lassen. Wie einfach Sie eine neue Aufgabe erstellen können, soll dieses Beispiel demonstrieren.

1 Eine Verknüpfung zur Aufgabenplanung finden Sie im Startmenü unter *Alle Programme/Zubehör/Systemprogramme*. Alternativ nutzen Sie die Suchleiste mit dem Suchwort *Aufgabenplanung*.

2 In der nun geöffneten Aufgabenplanung klicken Sie in der ganz rechten Spalte auf *Einfache Aufgabe erstellen*.

3 Weisen Sie der Aufgabe per Eingabefeld *Name* einen Titel zu.

4 In nächsten Schritt *Aufgabentrigger* legen Sie fest, wie oft die Aufgabe ausgeführt werden soll. Beachten Sie hierbei *Beim Start des Computers*, womit die Aufgabe auch ausgeführt wird, wenn noch kein Benutzer angemeldet ist.

5 Abhängig vom gewählten Trigger legt die Aufgabenplanung einen Zwischenschritt ein. Haben Sie beispielsweise eine tägliche Ausführung gewählt, müssen Sie nun noch die Uhrzeit angeben, zu der die Aktion ausgeführt werden soll.

6 Welche Aktion Ihr Rechner überhaupt automatisch ausführen soll, legen Sie im nächsten Schritt *Aktion* fest. Um ein Programm oder ein Skript automatisiert zu starten, müssen Sie hier in jedem Fall *Programm starten* auswählen.

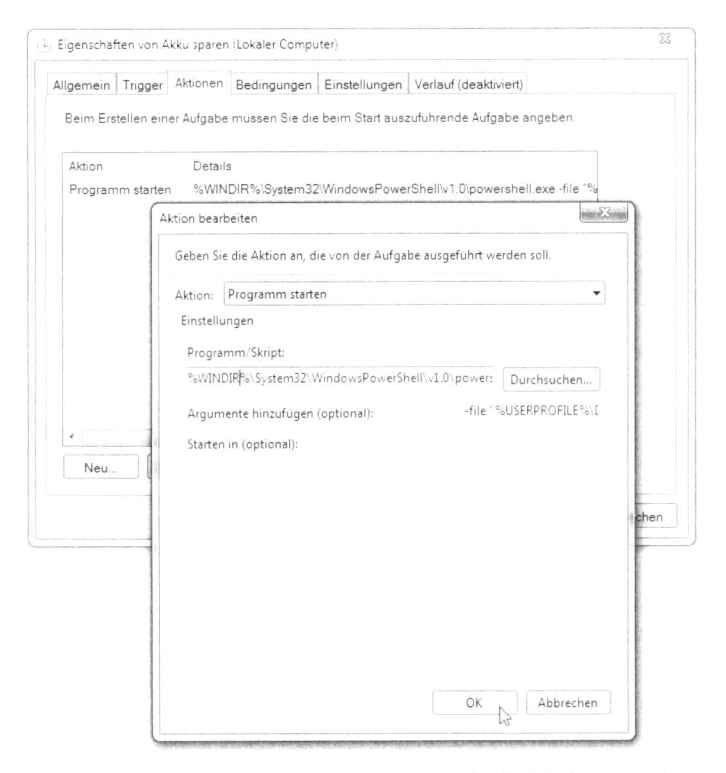

Sie können die Parameter hintereinander weg in die Pfadangabe eintippen. Der Assistent bricht die Eingabe automatisch auf, füllt also das Feld Argumente hinzufügen (optional) von ganz allein.

7 Geben Sie nun den Pfad zum auszuführenden Programm oder Skript an. Folgende Auflistung gibt Ihnen hierzu ein paar Anregungen:

- Möchten Sie beispielsweise eine Synchronisation mit SyncToy durchführen (s. S. 417), tippen Sie als Argument den Parameter *-R* ein, damit SyncToy automatisch alle festgelegten Ordnerpaare synchronisiert. Wollen Sie nur ein Paar abgleichen, geben Sie das Argument in dieser Form an: *-R"[PAARUNGSNAME]"*, wobei *[PAARUNGSNAME]* natürlich entsprechend zu ersetzen ist. Beachten Sie außerdem, dass zwischen dem *R* und dem ersten Anführungszeichen kein Leerzeichen gesetzt werden darf. Beispiel: *-R"Windows 7 Dirty Tricks"*. Künftig sollte Ihr Rechner SyncToy nun zum festgelegten Zeitpunkt völlig automatisch starten und wieder beenden. Weitere Interaktion ist also nicht nötig, um die Synchronisierung in Gang zu setzen.

- Möchten Sie eine Eingabe in die Eingabeaufforderung automatisieren, gelingt das, indem Sie als Pfad *%WINDIR%\System32\cmd.exe -c"[EINGABE]"* eintippen. So können Sie beispielsweise auch BAT-Dateien (Batchdateien) automatisiert ausführen lassen, wenn Sie für *[EINGABE]* den vollen Pfad zu Batchdatei setzen.
- Ein PowerShell-Skript starten Sie automatisiert, indem Sie als Pfad *%WINDIR%\System32\WindowsPowerShell\v1.0\powershell.exe -file [PFADZUMSKRIPT]* angeben. Ein Beispiel: *%WINDIR%\System32\ WindowsPowerShell\v1.0\powershell.exe -windowstyle hidden -file "%USERPROFILE%\Desktop\PowerShell Skripte\LogonShuffle.ps1"*.

Um die erstellte Aufgabe zu löschen oder nachträglich zu ändern, öffnen Sie die Aufgabenplanung, klicken dann aber gleich in der ganz linken Spalte auf den Eintrag *Aufgabenplanungsbibliothek*. In der oberen Liste des mittleren Fensterteils werden dann sämtliche von Ihnen erstellten Aufgaben aufgelistet und können entsprechend bearbeitet werden.

Eine Anwendung im Verborgenen ausführen

Manche Programme möchte man zwar gern (automatisiert) ausführen lassen, aber deren Programmfenster lieber nicht sehen. Beispielsweise PowerShell-Skripte, die unbemerkt im Hintergrund eine Aufgabe ausführen sollen. Das kleine Tool Hidden Start (kurz: *Hstart*) von NTWind Software macht's möglich. Den offiziellen Download für Windows 7 32 und 64 Bit finden Sie unter *http:// www.ntwind.com/software/utilities/hstart.html*.

Ganz schlicht ermöglicht es dieses Tool, sämtliche Kommandos der Eingabeaufforderung auch im Verborgenen auszuführen, indem Sie *Hstart* mit dem Parameter */nowindow* ausführen und das Kommando in Anführungszeichen setzen.

Mit der Zeile *Hstart /nowindow "dir c:\ | clip"* kopieren Sie beispielsweise eine Liste des Inhalts des Laufwerks C:\ in die Zwischenablage. (Mehr zum neuen *clip*-Befehl finden Sie auf S. 76.) Hingegen startet *Hstart /nowindow "powershell -command "& '%USERPROFILE%\Desktop\PowerShell Skripte\ AkkuSparen.ps1'"* (s. S. 226) bei mir unbemerkt ein PowerShell-Skript.

PC-Notfallhilfe: gegen PC-Pannen richtig vorbeugen und Probleme zuverlässig lösen

Auf den folgenden Seiten finden Sie keine Allheilmittel für sämtliche PC-Probleme, sehr wohl aber einige Hinweise für die Standard-Pannenhilfen von Windows 7. Nicht alle, aber die meisten Probleme lassen sich damit lösen – insbesondere wenn sie auf fehlgeschlagene Hacks und Tricks zurückzuführen sind ;o).

Systemwiederherstellungspunkte setzen

Bei größeren Veränderungen des Systems, etwa bei der Installation eines Treibers, erstellt Windows 7 normalerweise völlig automatisch Wiederherstellungspunkte, damit Sie zurückspringen können, falls bei der Treiberinstallation etwas schieflief. Wer aber an der Registry herumfummelt, löst diesen Automatismus nicht aus. Es kann daher sinnvoll sein, Wiederherstellungspunkte manuell zu setzen.

Die klassische Methode führt über *Systemsteuerung/System und Sicherheit/ System* und den Eintrag *Computerschutz* in der linken Spalte, mit dem Sie ein kleines Fenster öffnen. Markieren Sie dort das Laufwerk, für das Sie einen Wiederherstellungspunkt erzeugen möchten – regelmäßig wird das C: sein –, und klicken Sie auf *Erstellen*.

Einige Klicks sind schon nötig, um einen Wiederherstellungspunkt zu erzeugen. Vielleicht richten Sie sich daher eine Verknüpfung ein, wie im folgenden Kniff beschrieben.

Wiederherstellungspunkte jederzeit mit einem Klick erstellen

Beim Herumspielen im und am System sind Wiederherstellungspunkte sehr nützlich. So richtig komfortabel können sie aber nicht erstellt werden. Mit einem kleinen Visual-Basic-Skript und einer Verknüpfung ändern Sie dies, sodass Sie Wiederherstellungspunkte künftig nur mit einem Doppelklick auf die Verknüpfung erstellen können. Und wenn Sie besagte Verknüpfung in die Schnellstartleiste ziehen, reicht sogar schon ein einfacher Klick. So gehen Sie vor:

1 Öffnen Sie einen Texteditor wie *notepad.exe* und tippen Sie die folgenden Zeilen ein:

- *WP = "Von " & WScript.ScriptName & " erstellter Wiederherstellungspunkt"*
- *GetObject("winmgmts:\\.\root\default:Systemrestore").CreateRestorePoint WP, 0, 100*

2 Speichern Sie Ihr Werk als VBS-Datei. Dateiname und Speicherort spielen dabei eigentlich keine Rolle. Für das Beispiel wurde der schon fast unanständig lange Dateiname *Wiederherstellungspunkterstellungsskript.vbs* gewählt. (Sie finden dieses Skript auch online unter *http://7.inoxa.de/VBS/Wiederherstellungspunkteerstellungsskript.vbs*.)

3 Erstellen Sie nun eine neue Verknüpfung, deren Speicherort des Elements sich aus *wscript.exe* und dem Pfad zur eben erstellten VBS-Datei zusammensetzt. Im Beispiel also: *wscript.exe "%USERPROFILE%\\Desktop\Wiederherstellungspunkterstellungsskript.vbs"*. Den Namen der Verknüpfung wählen Sie hingegen wieder beliebig – *Wiederherstellungspunkt erstellen* erscheint beispielsweise ganz tauglich.

4 Damit Windows 7 nun mithilfe des Skriptes einen Wiederherstellungspunkt erstellt, werden Administratorrechte benötigt. Damit die Verknüpfung automatisch danach verlangt, öffnen Sie deren Eigenschaften, klicken im Register *Verknüpfung* auf *Erweitert* und setzen schließlich ein Häkchen bei *Als Administrator ausführen*.

Sobald Sie die Verknüpfung ausführen und die Anfrage der Benutzerkontensteuerung bestätigen, wird ganz still und leise ein Wiederherstellungspunkt erzeugt. Der Vorgang dauert ein paar kurze Augenblicke, eine Bestätigung gibt es leider nicht. Um den Erfolg zu überprüfen, starten Sie die Systemwiederherstellung und betrachten die Liste der verfügbaren Wiederherstellungspunkte.

Wiederherstellungspunkte per Skript erstellen und einsehen

Um einen Wiederherstellungspunkt mit der PowerShell zu erzeugen, nutzen Sie einfach das Cmdlet *Checkpoint-Computer*. Eine Eingabe könnte beispielsweise so lauten: *Checkpoint-Computer -description "[BESCHREIBUNG]"*, wobei Sie als *[BESCHREIBUNG]* etwas Markantes einsetzen. Beispiel: *Checkpoint-Computer -description "Vor der Fummelei an den Windows-Diensten"*. Während der Wiederherstellungspunkt erzeugt wird, zeigt die PowerShell-Konsole einen „Fortschrittsbalken" an. Nach der Fertigstellung gibt es jedoch keine Rückmeldung.

Einzig eine Fortschrittsanzeige unmittelbar bei der Wiederherstellungspunkterzeugung lässt erahnen, dass das Kommando ausgeführt wird. Nach der Fertigstellung gibt es aber keine Rückmeldung.

Aber gut – wer benötigt schon eine Rückmeldung, wenn *Get-ComputerRestorePoint* doch sämtliche vorhandenen Wiederherstellungspunkte auflistet?

Besonders viele Wiederherstellungspunkte sind auf diesem PC nicht vorhanden, da der für Volume-Schattenkopien und die Systemwiederherstellung verfügbare Speicherplatz mit dem Trick von S. 358 eingeschränkt wurde.

Im Notfall die Systemwiederherstellung nutzen

Im Windows-Alltag geht öfter etwas schief, das wissen Sie. Schwere Fehler treten außerdem etwas häufiger auf, wenn Sie an Ihrem System „herumschrauben". Sollte ein größerer Fehler auftreten, ist die Systemwiederherstellung meist ein Retter in der Not. Seit Vista ist sie richtig nützlich und kann viele Probleme beseitigen – nicht so wie die Schmalbrustwiederherstellung von Windows XP. Für Windows 7 wurde die Systemwiederherstellung erneut überarbeitet und kann nun außerhalb von Windows 7 auch ohne Installationsmedium genutzt werden. Doch der Reihe nach:

Falls Windows noch startet

Wenn Windows 7 zickt und Sie sich eine Besserung durch die Systemwiederherstellung erhoffen, sollten Sie zunächst die Systemsteuerung und darin *System und Sicherheit/System* und den Eintrag *Computerschutz* in der linken Spalte aufrufen. Hier finden Sie einen Button *Systemwiederherstellung*, mit dem Sie einen Assistenten öffnen, der Sie durch die Systemwiederherstellung geleitet. Alternativ geben Sie schlicht *rstrui.exe* in die Suchleiste des Startmenüs ein, um die Systemwiederherstellung aufzurufen. In aller Regel wird Ihnen der vormarkierte Wiederherstellungspunkt schon helfen. Soll es hingegen ein älterer Wiederherstellungspunkt sein, setzen Sie ein Häkchen bei *Weitere Wiederherstellungspunkte anzeigen*.

Je nachdem, wie viel Speicher Sie dem Computerschutz zugestehen (s. S. 358), sind auf einem Rechner mal mehr, mal weniger Wiederherstellungspunkte verfügbar.

Eine Systemwiederherstellung geht zügig vonstatten. Im Gegensatz zum normalen Backup haben Wiederherstellungspunkte nämlich drei entscheidende Vorteile: Sie sind schnell erstellt, belegen bedeutend weniger Speicherplatz und setzen beim Zurückspielen wirklich nur das System und nicht den gesamten PC inklusive Ihrer persönlichen Daten zurück. Natürlich ist die Systemwiederherstellung kein Allheilmittel. Ein System ist schnell so zerstört, dass selbst Wiederherstellungspunkte nichts mehr richten können. Einen Versuch ist es aber wert.

Wenn Windows nicht mehr starten will – die neue Computer-reparieren-Funktion

Doch was ist, wenn Windows 7 gar nicht mehr starten will oder so unbenutzbar ist, dass Sie den Wiederherstellungs-Assistenten nicht mehr aufrufen können? Keine Panik – auch außerhalb eines laufenden Windows 7 können Sie eine Wiederherstellung durchführen. Halten Sie dazu beim PC-Start [F8] gedrückt. In einer Liste allerlei Optionen erscheint die in Windows 7 neue Option *Computer reparieren*.

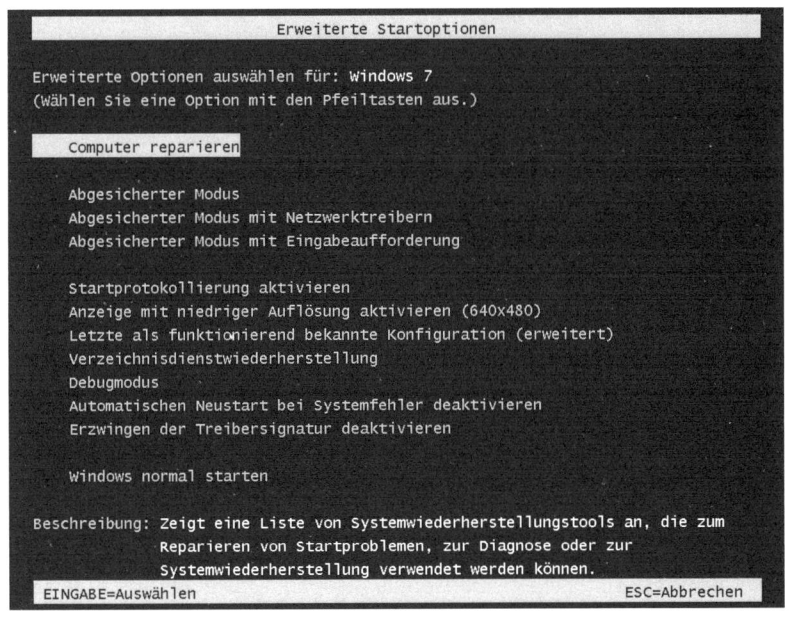

```
                    Erweiterte Startoptionen

Erweiterte Optionen auswählen für: Windows 7
(Wählen Sie eine Option mit den Pfeiltasten aus.)

  Computer reparieren

  Abgesicherter Modus
  Abgesicherter Modus mit Netzwerktreibern
  Abgesicherter Modus mit Eingabeaufforderung

  Startprotokollierung aktivieren
  Anzeige mit niedriger Auflösung aktivieren (640x480)
  Letzte als funktionierend bekannte Konfiguration (erweitert)
  Verzeichnisdienstwiederherstellung
  Debugmodus
  Automatischen Neustart bei Systemfehler deaktivieren
  Erzwingen der Treibersignatur deaktivieren

  Windows normal starten

  Beschreibung: Zeigt eine Liste von Systemwiederherstellungstools an, die zum
                Reparieren von Startproblemen, zur Diagnose oder zur
                Systemwiederherstellung verwendet werden können.

  EINGABE=Auswählen                                          ESC=Abbrechen
```

Windows Vista führte eine starke Systemwiederherstellung ein, für die man nur den Installationsdatenträger benötigte. Windows 7 führt die Systemwiederherstellung noch weiter, indem auf dem PC eine Computer-reparieren-Funktion installiert wird, für die man keine Windows 7-DVD o. Ä. benötigt.

Sie bietet mehrere Funktionen, die in älteren Windows-Versionen nur über die Reparaturoptionen einer Installations-DVD verfügbar sind: Neben der Systemwiederherstellung per Wiederherstellungspunkt wird auch eine Systemstartreparatur, Backup-Wiederherstellung oder Speicherdiagnose angeboten. Wer's lieber manuell mag, kann auch auf eine Eingabeaufforderung zurückgreifen. Installiert ist dieses kleine „Reparatursystem" übrigens auf einer ca. 100 MByte großen Partition, die bei der Windows 7-Installation weitestgehend unbemerkt installiert wird und innerhalb von Windows auch nur mit der Datenträgerverwaltung (*Systemsteuerung/System und Sicherheit/Verwaltung/Computerverwaltung*) sichtbar ist. So wird gewährleistet, dass es auch bei einer völlig zerknallten Windows-Installation noch ausgeführt werden kann.

Reparatursystem als Live-System für Systemdateitausch verwenden

Im Rahmen mancher Tricks müssen Sie Systemdateien tauschen, die während des Windows-Betriebs „blockiert", also schlichtweg geöffnet sind. Um sie austauschen zu können, müssen Sie den Rechner mit einem anderen Betriebssystem wie etwa einer Linux-Live-CD oder eben mit der neuen Computer-reparieren-Funktion starten. Mehr Informationen finden Sie auf S. 419.

Reparatur per Installations-DVD oder -USB-Stick

Über die Windows 7-Installations-DVD sind oben genannte Tools natürlich auch weiterhin abrufbar. Booten Sie Ihren Rechner dazu einfach von DVD oder USB-Stick etc. und wählen Sie nach der Sprachauswahl die Computerreparaturoptionen. Wählen Sie anschließend noch die Windows-Installation aus, die Sie reparieren möchten – i. d. R. wird es wohl ohnehin nur eine geben. Anschließend können Sie eine Systemstartreparatur oder die Systemwiederherstellung etc. ausführen.

Keine Setup-DVD zur Hand? Einen Reparaturdatenträger erstellen!

Zum Lieferumfang Ihres PCs gehörte keine Windows 7-DVD – und eine 3 GByte große Windows 7-Installations-ISO wollen Sie ebenfalls nicht herunterladen? Dann erstellen Sie doch einen sogenannten Reparaturdatenträger. Öffnen Sie in der Systemsteuerung *System und Sicherheit*, dann *Sichern und Wiederherstellen*. Sie finden dort eine Verknüpfung namens *Systemreparaturdatenträger erstellen*, die einen gleichnamigen Assistenten startet. Mit ihm können Sie dann direkt eine leere CD/DVD in einen Reparaturdatenträger verwandeln.

Grundsätzlich bietet der Reparaturdatenträger die gleiche Funktionalität wie die in Windows 7 neue Computer-reparieren-Funktion. Wenn aber der Bootsektor Ihrer Festplatte defekt ist, wird Ihnen die auf der Festplatte abgelegte Computer-reparieren-Funktion nicht viel nützen. Von einer Reparatur-CD/DVD können Sie dann aber immer noch booten – die entsprechenden Einstellungen im BIOS vorausgesetzt.

Wenn's schon beim Booten hängt

Wenn Windows 7 nicht mehr startet und Sie diesen Assistenten nicht mehr erreichen können, hilft nur die externe Wiederherstellung. Hier gibt es nun mehrere Möglichkeiten:

Die erste: Halten Sie beim Hochfahren des Rechners [F8] gedrückt, um zwischen mehreren Bootoptionen auswählen zu können. Neu in Windows 7 ist hierbei die Option *Computer reparieren*. Sie sollte Ihr erster Anlaufpunkt sein, wenn nur noch eine „externe" Systemwiederherstellung in Betracht kommt.

Drücken Sie [F8] immer zu früh, zu spät, zu kurz oder zu lang – schlicht: kommen Sie also nicht in das Bootoptionsmenü –, ist das keine Schande. Dies passiert mir nämlich auch immer wieder und es ist auch von Rechner zu Rechner unterschiedlich schwer zugänglich. Nutzen Sie dann die Wiederherstellung per Installationsdatenträger:

1 Booten Sie von der Windows 7-Installations-DVD oder einem anderen Windows 7-Installationsmedium.

2 Wählen Sie eine Sprache aus – in aller Regel wird es die deutsche Sprache sein. Sie können dabei völlig unbesorgt bleiben, denn die Setup-Routine beginnt damit noch nicht.

3 So sind es nun die Computerreparaturoptionen, die Sie aufrufen möchten. Bestimmt! Der Dialog *Systemwiederherstellungsoptionen* bietet Ihnen nun mehrere Tools und Möglichkeiten. Die Wiederherstellungspunkte erreichen Sie über *Systemwiederherstellung*.

4 Ein paar Zwischenschritte führen Sie schließlich zur Auswahl der Wiederherstellungspunkte. Hier wählen Sie den, der Ihnen am besten gefällt. In aller Regel dürfte das der zuletzt erstellte sein. Mit einem Klick auf *Weiter* werden die entsprechenden Schritte zur Wiederherstellung eingeleitet und Windows 7 schließlich gestartet. Viel Glück!

Die Systemwiederherstellung abschalten

Ich empfehle es nicht, aber so geht's: Möchten Sie die Systemwiederherstellung ganz abschalten, öffnen Sie in der Systemsteuerung *System und Sicherheit/System* und klicken Sie links auf *Computerschutz*. Wählen Sie nun Ihr Systemlaufwerk aus und klicken Sie auf *Konfigurieren*. Anschließend setzen Sie die Auswahl auf *Computerschutz deaktivieren*. Fortan werden keine Systemwiederherstellungspunkte mehr erstellt, alle vorhandenen zudem gelöscht.

So schützen Sie sich vor Viren und kaputten Downloads

Beim Stöbern durch Downloadportale sind Ihnen bestimmt schon mal ulkige Zahlen- und Buchstabenkombinationen aufgefallen. MD5, Checksum, Hash – das sind Begriffe, mit denen diese Zeichenfolgen beschrieben werden. Dahinter stecken i. d. R. Hashes – vereinfacht als Prüfsummen zu bezeichnen –, die Ihrer Sicherheit dienen.

Und so funktioniert's: Mit einem mathematischen Verfahren werden alle Bits und Bytes einer Datei zu einer kurzen Zeichenfolge zusammengefasst. Wird nur eine Kleinigkeit an der Datei verändert, spuckt das Berechnungsverfahren eine andere Zeichenfolge, also einen anderen Hash-Wert aus. Indem Sie den Hash der auf Ihren PC heruntergeladenen Datei mit dem vergleichen, den der Programmautor auf seiner Webseite veröffentlichte, stellen Sie leicht fest, ob da auf Ihrem PC auch die Datei liegt, die der Autor ursprünglich zur Verfügung gestellt hat. Wozu dient der Hash hier also? Er beweist, dass eine Datei bei der Übertragung nicht verfälscht, verändert oder beschädigt wurde. Mehr leider nicht.

Hashes unter Windows prüfen und ermitteln

Zur Ermittlung und zum Vergleich von Hash-Werten eignet sich das kleine und kostenlose Tool HashTab (*http://implbits.com/Products/HashTab.aspx*) ganz besonders. Es integriert sich als zusätzliches Register *Hashwerte* in den Eigenschaften-Dialog einer jeden Datei. Um den Hash einer Datei zu ermitteln, klicken Sie also nur mit der rechten Maustaste auf die Datei, wählen *Eigenschaften* und das Register *Hashwerte*. Mit der Standardeinstellung generiert HashTab zunächst nur eine CRC32-Prüfsumme sowie den MD5- und SHA-1-Hash der Datei. Indem Sie mit der rechten Maustaste in die Auflistungsbox klicken, erreichen Sie per *Einstellungen* ein Konfigurationsfenster, in dem noch weitere Hash-Algorithmen zur Auswahl stehen. Je mehr Hash-Werte Sie zur Anzeige markieren, desto länger dauert das Hashen einer Datei. Beschränken Sie sich daher vielleicht auf die gebräuchlichsten Hash-Algorithmen wie MD5, SHA-1 und SHA-512.

Das Änderungsdatum schwindelt

Lassen Sie sich nicht übers Ohr hauen. Das Änderungsdatum einer Datei, beispielsweise der *uxtheme.dll*, sagt nichts darüber aus, ob etwa ein Windows Update sie veränderte oder ersetzte. Einzig ein Vergleich der Hash-Werte kann Ihnen Gewissheit geben, dass die konkrete Datei noch jene ist, die sie nach Ihrem Willen sein soll.

Endlich für alle: die vollautomatische Windows-Sicherung

Viele PC-Nutzer legen keine Backups an, nicht einmal ihrer wichtigsten Dateien. Pure Faulheit oder gar Unwissenheit? Dabei werden Backups mit der zunehmenden Digitalisierung immer wichtiger, zum Beispiel für private Digitalfotos. Was früher allenfalls durch einen Hausbrand verloren ging, verschwindet heute schon durch einen schweren Hardwarefehler. Oder durch einen falsch angewendeten Trick dieses Buches.

Mit Windows 7 hat Microsoft nun endlich eine leistungsfähige Backup-Lösung in alle Windows 7-Versionen integriert. Es wurde auch Zeit! Leistungsfähig heißt hierbei, dass das Backup-Programm von Windows 7 den gesamten Rechner als Image sichern kann – als eine Art Spiegelbild, wenn Sie so wollen, bei dem das zu sichernde System mehr oder weniger 1:1 gespeichert wird. So können Sie das Backup auch wieder auf eine absolut leere Festplatte zurückspielen. Regelmäßige Backups werden dabei über sogenannte inkrementelle Sicherungen durchgeführt. Dabei wird nicht immer wieder der gesamte Festplatteninhalt gesichert, sondern nur jene Bereiche, die sich auch tatsächlich geändert haben.

Eine Windows-Sicherung erstellen

Sie finden das Image-Backup in der Systemsteuerung unter *System und Sicherheit/Sichern und Wiederherstellen*. Dort können Sie eine Sicherung einrichten. Beachten Sie aber, dass Sie neue Sicherungen nur auf einem (physisch) anderen Laufwerk anlegen können – oder ab Windows 7 Professional auf einer Netzwerkfreigabe. Eine Windows-Sicherung auf der Festplatte, die Ihre Systempartition enthält, ist nicht möglich. Microsoft will Sie so zu einem sicheren Backup zwingen. Denn was nützt schon eine Sicherung, wenn mit einer kaputten Systemfestplatte auch das Backup flöten ging? Besonders interessant ist die Möglichkeit, eine Sicherung per Zeitplan zu automatisieren. Sie finden dazu unter *Sicherung einrichten* die Option *Zeitplan ändern*.

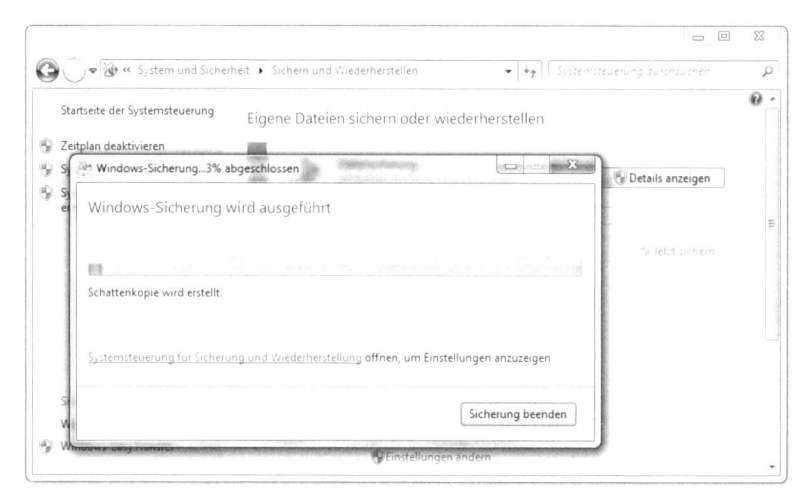

Die Windows-Sicherung per Abbild basiert auf den Volume-Schattenkopien. Damit's gelingt, dürfen diese deshalb nicht deaktiviert werden. Wenn sich die Windows-Sicherung verweigert, haben Sie die Volume-Schattenkopien also höchstwahrscheinlich abgeschaltet (s. S. 356).

Den PC im Verborgenen als Image sichern

Mit einer kurzen Zeile können Sie Systemsicherungen auch über die Eingabeaufforderung starten. Öffnen Sie dazu einfach die Eingabeaufforderung mit Administratorrechten. Geben Sie dann hier *wbadmin start backup -allcritical -backuptarget:[ZIELLAUFWERK] -vsscopy -quiet* ein, um eine Abbildsicherung im Verborgenen zu starten. *[ZIELLAUFWERK]* tauschen Sie dabei freilich noch gegen den entsprechenden Pfad aus, unter dem die Sicherung hinterlegt werden soll. Ein Beispiel: *wbadmin start backup -allcritical -backuptarget:D: -vsscopy -quiet*.

Na ja, wenn eine Zeile in der Eingabeaufforderung genügt, um alle wichtigen Daten (*allcritical*) zu sichern, lässt sich der Spaß natürlich auch entsprechend per Skript aufrufen und/oder mit der Aufgabenplanung automatisieren. Folgen Sie dazu der Schrittanleitung auf S. 404, geben Sie dann aber als Pfad etwa dies hier ein: *%WINDIR%\System32\cmd.exe -c"wbadmin start backup -allcritical -backuptarget:D: -vsscopy -quiet"*. Passen Sie die Eingabe alternativ an Ihre Anforderungen an.

Den PC per Sicherung wiederherstellen

Wenn der Rechner komplett „verfriemelt" ist, sich also weder booten noch per Systemwiederherstellung in einen funktionstüchtigen Zustand wiederherstellen lässt, haben Sie hoffentlich einen Windows 7-Installations- oder Rettungsdatenträger zur Hand. Booten Sie dann damit Ihren PC und wählen Sie die *Computerreparaturoptionen*. In den Systemwiederherstellungsoptionen entscheiden Sie sich sodann für *Stellen Sie den Computer mithilfe eines zuvor erstellten Systemabbilds wieder her* und wählen das entsprechende Abbild aus. Es ist hierbei auch möglich, auf Sicherungen zurückzugreifen, die auf einer Netzwerkfreigabe liegen.

Statt Backup: Synchronisieren statt Sichern

Möchten Sie die Windows 7-Backup-Funktion nicht nutzen, können Sie sich aber vielleicht für das kleine Microsoft-Tool SyncToy begeistern. Es ist eigentlich gar nicht für Backups gedacht, aber zur schnellen Sicherung wichtiger Dateien prima geeignet. Dabei ist der Name Programm: SyncToy – ein kleines Spielzeug (Toy) zum Synchronisieren (Sync), also zum Abgleichen von Daten. Im konkreten Fall sind es wohl regelmäßig zwei Verzeichnisse, deren Inhalt sich gleichen soll. In der Version 2.1 ist das Tool sowohl für 32 als auch 64 Bit Windows 7 kostenlos über die URL *http://www.microsoft.com/downloads/details.aspx?familyid=c26efa36-98e0-4ee9-a7c5-98d0592d8c52&displaylang=en* erhältlich. Eine deutsche Version gibt es leider nicht. So schwer ist es aber auch nicht zu bedienen.

Eine Synchronisierungspartnerschaft einrichten

Gleich nach der Installation können Sie damit beginnen, Synchronisierungspartnerschaften zu erstellen. Starten Sie dazu das Programm.

1 Um eine neue Synchronisierungspartnerschaft einzurichten, klicken Sie auf den Button *Create New Folder Pair*.

2 Zunächst geben Sie als *Left Folder* den ersten Ordner des Paares an. Wollen Sie SyncToy für Backups nutzen, ist dies vermutlich der Ordner, dessen Inhalt Sie sichern wollen. Nutzen Sie die *Browse*-Funktion, um sich durch den Verzeichniswald Ihres PCs zu wühlen. Der „rechte Ordner" (*Right Folder*) ist das Gegenstück und sollte ebenfalls über den *Browse*-Button ausgewählt werden.

3 Wurden beide Verzeichnisse ausgewählt, legen Sie die wohl wichtigste Einstellung fest: die Art und Weise, wie SyncToy mit den Inhalten der beiden Ordner umgehen soll. Drei Aktionen kennt das Programm:

SyncToy Action	Bedeutung
Synchronize	Die beiden Ordner werden synchronisiert, d. h., Änderungen in einem Ordner auch im anderen durchgeführt.
Echo	Änderungen im linken Ordner werden auch im rechten durchgeführt. Neue Dateien werden ebenfalls von links nach rechts kopiert. In anderer Richtung findet jedoch keine Änderung statt. Diese Einstellung eignet sich für simple Backups am besten.
Contribute	Neue und geänderte Dateien werden von links nach rechts übertragen, ebenso Änderungen von Dateinamen. Gelöscht wird im rechten Ordner aber nichts. Auch findet keine Übertragung irgendwelcher Änderungen von rechts nach links statt.

4 Haben Sie sich für eine Synchronisierungsart entschieden, muss das Ordnerpaar nur noch benannt und die Konfiguration per *Finish* gespeichert werden.

Fortan können Sie den Abgleich mit einem Klick auf den *Run*-Button starten. Oder dank Aufgabenplanung vollautomatisch ausführen lassen. Folgen Sie dazu der Schrittanleitung von S. 404 und passen Sie die anzugebenden Werte nach Belieben an.

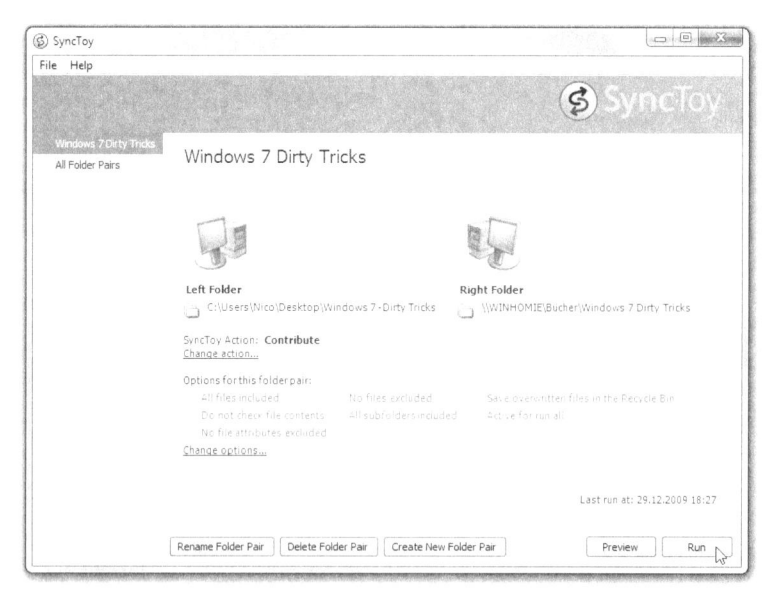

Ganz praktisch ist SyncToy zum regelmäßigen Abgleich von Arbeitsverzeichnissen. Insbesondere wenn Sie mit mehreren Rechnern am gleichen Problem „arbeiten", die dafür nötigen Daten aber auf jedem Rechner speichern möchten.

Als Aktion wählen Sie natürlich *Programm starten*. Bezüglich des Pfades ist dann Folgendes zu beachten:

Wenn nicht anders ausgewählt, installiert sich SyncToy 2.1 im Verzeichnis *%PROGRAMFILES%\SyncToy 2.1*. Darin finden Sie eine *synctoycmd.exe*, die Sie für diesen Zweck als ausführbare Datei verwenden können. Hängen Sie den Parameter *-R* an, werden sämtliche Paare synchronisiert, die als *Active for run all* definiert sind. Das sind standardmäßig alle neu erstellten Paare. Über *Change options* können Sie dies aber auch ändern.

Möchten Sie sowieso nur ein Ordnerpaar synchronisieren, verwenden Sie *-R "[PAARNAME]"*, wobei *[PAARNAME]* natürlich durch den in Schritt 4 definierten Namen zu ersetzen ist. Ein Beispiel für die vollständige Pfadangabe: *%PROGRAMFILES%\SyncToy 2.1\synctoycmd.exe -R "Windows 7 Dirty Tricks"*.

Systemdateien austauschen

Bevor Sie eine Systemdatei austauschen, erstellen Sie stets eine Sicherheitskopie der Datei! Die können Sie nennen, wie Sie wollen. Hauptsache, Sie finden sie auch wieder. Ganz praktisch ist es, den originalen Dateinamen beizubehalten und einfach ein *_original* an die Dateiendung zu hängen.

Änderungen eines Systemdateientauschs wirksam machen

Ein Systemdateientausch genügt oft nicht, denn häufig müssen Sie den Rechner noch neu starten oder sich zumindest mit Ihrem Benutzerkonto ab- und wieder anmelden – nicht *Benutzer wechseln*! Für manche Kniffe genügt es aber schon, einfach den Explorer neu zu starten. Am schnellsten gelingt das, indem Sie den Task-Manager öffnen ([Strg]+[Umschalt]+[Esc]), dort die *explorer.exe* und per Rechtsklick *Prozess beenden* auswählen. Wählen Sie dann im *Datei*-Menü des Task-Managers *Neuer Task (Ausführen ?)*. Hier tippen Sie nun nur noch die *explorer.exe* ein und starten nach anschließender Bestätigung eine neue Explorer-Instanz. Auf diesem Weg können Sie den Explorer übrigens auch leicht neu starten, falls er einmal die Hufe hochlegte, also abstürzte. Ein Neustart des gesamten PCs ist nämlich meist unnötig.

Eine weitere Möglichkeit, die *explorer.exe* zu beenden: Öffnen Sie das Startmenü und klicken Sie dann bei gehaltener [Umschalt]- und [Strg]-Taste mit der rechten Maustaste auf eine freie Fläche des Startmenüs. Das daraufhin aufploppende Menü enthält sodann eine selbsterklärende Funktion *Explorer beenden*.

Der simple Umbenennen-Trick

Normalerweise sind Systemdateien während des Windows-Betriebs schreibgeschützt und können – theoretisch – nicht überschrieben bzw. ersetzt werden. Mit einem banalen Trick geht's aber doch. Sofern Sie Ihrem Benutzerkonto die Besitz- und Bearbeitungsrechte an der Datei zugewiesen haben, können Sie die Datei zwar immer noch nicht direkt ersetzen, dafür aber umbenennen! So benennen Sie etwa die *shellstyle.dll* in *%WINDIR%\Resources\Themes\Aero\Shell\NormalColor* zunächst in *shellstyle.dll_original* o. Ä. um. Sogleich können Sie die „gehackte" *shellstyle.dll*, mit der Sie das Original ersetzen wollen, in das Verzeichnis kopieren. Starten Sie den Rechner neu, wird dann beim nächsten Hochfahren die „neue", d. h. „gehackte" Systemdatei geladen.

Dateientausch mit Gratistool

Ist Ihnen obige Methode zu umständlich, können Sie den Systemdateientausch ebenso per Gratistool durchführen. Etwa mit dem Windows Se7en File Replacer (*http://www.xptsp.com/fixit/replacer.php*), der auch eine Backup-Funktion für die auszutauschenden Systemdateien enthält.

Schwierige Fälle werden extern ersetzt!

Manche Systemdateien können Sie nicht einfach so löschen, überschreiben oder eben umbenennen, selbst wenn Sie schon die notwendigen Rechte haben. Denn wenn besagte Dateien in Verwendung sind, werden sie selbst für allmächtige Administratoren gesperrt. Starten Sie den Rechner dann neu, und zwar im abgesicherten Modus. Dazu halten Sie während des Windows-Bootvorgangs die F8-Taste gedrückt – aber nicht zu spät, sonst entgeht Ihnen der Auswahlbildschirm mit den verschiedenen Windows-Modi!

Ohne F8 in den abgesicherten Modus starten

Können Sie den abgesicherten Modus nicht erreichen, weil Ihnen „das Drücken mit der F8-Taste" nicht gelingt? Kein Problem, öffnen Sie doch einmal die Systemkonfiguration. Am schnellsten geschieht das, wenn Sie *msconfig.exe* in die Suchleiste des Startmenüs eintippen. Im Register *Start* setzen Sie dort ein Häkchen bei *Abgesicherter Start* und belassen die Auswahl am besten bei *Minimal*. Nach einem Neustart bootet der Rechner ohne weiteres Zutun in den abgesicherten Modus. Und er tut das auch nach dem nächsten Neustart – so lange, bis Sie das Häkchen wieder entfernen.

Können Sie die Systemdatei selbst im abgesicherten Modus nicht austauschen, sollten Sie zunächst die Computer-reparieren-Funktion ausprobieren, und starten Sie daraus die Eingabeaufforderung.

Aber Achtung: Die i. d. R. als C:\ bezeichnete Systempartition wird in der Systemwiederherstellung als Laufwerk D:\ gelistet. Entsprechend müssen Sie bei der Arbeit mit der Eingabeaufforderung umdenken.

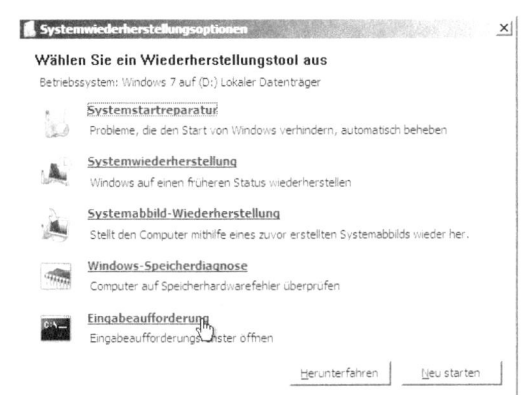

Achten Sie in diesem Fenster auf die Zeile Betriebssystem: Windows 7 auf (D:) Lokaler Datenträger. Schon wissen Sie, mit welchem Laufwerkbuchstaben Ihre Windows 7-Systempartition hier eingebunden wurde. C:| ist es nämlich regelmäßig nicht.

Alternativ gelingt's auch mit einer Linux-Live-Distribution wie Ubuntu (*http://www.ubuntu.com*). Für solche recht einfachen Dateioperationen sind moderne Live-Distributionen inzwischen mit grafischen Oberflächen und einfachen Werkzeugen ausgestattet, sodass Sie für diesen Zweck eigentlich keine Linux-Kenntnisse benötigen.

Dateien „zurückspielen"

Sollten Sie einmal eine Datei wie die *ExplorerFrame.dll* bearbeitet bzw. ausgetauscht haben und der Rechner bzw. Explorer daraufhin nicht mehr starten, nutzen Sie die Eingabeaufforderung der Computer-reparieren-Umgebung, um die bearbeitete Datei wieder durch das gesicherte Original zu ersetzen. Etwa per *xcopy "D:\Windows\System32\ExplorerFrame.dll_original" "D:\Windows\System32\ExplorerFrame.dll"*. Alternativ versuchen Sie's mit der Systemwiederherstellung, müssen dabei aber in Kauf nehmen, dass noch weitere, gegebenenfalls eigentlich erwünschte Änderungen zurückgesetzt werden.

Vista-Systemdateien ohne vorhandenes Vista auftreiben

Einige Tricks verlangen, dass Sie Windows 7-Systemdateien gegen ihre Pendants aus Windows Vista tauschen. Aber was, wenn Sie Vista nie besaßen?

Kein Problem. Grundsätzlich gibt es die nötigen Dateien immer auch in den dunkleren Ecken des Internets. Eine gezielte Websuche führt Sie dahin. Blöd nur, dass der Download aus der „Grauzone" immer ein Risiko birgt. Viren und so – Sie wissen schon.

Etwas legaler wird der Systemdateientausch, wenn Sie Vista direkt von Microsoft beziehen. Gratis, versteht sich. So gibt's auch für Windows Vista noch kostenlose Demos, die natürlich eigentlich zur Kompatibilitätsprüfung des Internet Explorer gedacht sind. Aber wen stört das schon. Die kostenlosen Downloads finden Sie unter *http://www.microsoft.com/downloads/details.aspx?FamilyId=21EABB90-958F-4B64-B5F1-73D0A413C8EF&displaylang=en*. Es handelt sich dabei um vorkonfigurierte „virtuelle Maschinen" für den Microsoft Virtual PC (s. S. 52), die leider nur in englischer Sprache erhältlich sind.

Das richtige Werkzeug zum Systemdateien-Hack

Um die sogenannten Ressourcen wie DLL- und MUI-Dateien zu bearbeiten, benötigen Sie ein entsprechendes Tool. Der Klassiker hierfür heißt schlicht Resource Hacker (*http://www.angusj.com/resourcehacker/*) und wurde von Angus Johnson programmiert.

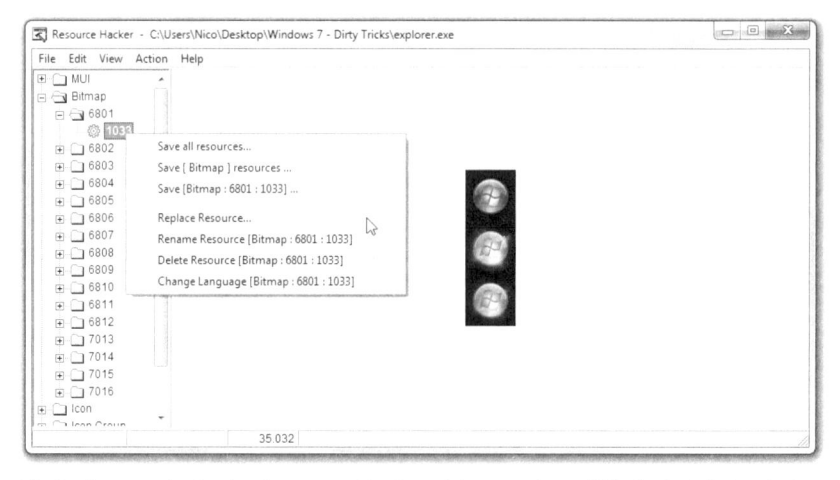

Ein Bedienwunder ist der Resource Hacker nicht, so schwer fällt die Arbeit damit aber trotzdem nicht. Auch wenn es das Tool nur in englischer Sprache gibt.

Eigentlich seit 2002 nicht mehr aktualisiert, konnte das Programm bis Ende 2009 nur Ressourcen von 32-Bit-Betriebssystemen verändern. Ein großes Problem. Gott sei Dank entschied sich Johnson nun doch, das Tool noch einmal zu aktualisieren und für 64-Bit-Ressourcen fit zu machen. Offiziell wird die Version 3.5.2 dabei nur als Beta angeboten, funktioniert aber auch unter Windows 7 einwandfrei.

Natürlich existieren ebenfalls allerlei Alternativen, die ebenfalls mit 64-Bit-Systemdateien umgehen können. Etwa der Anolis Resourcer, den Sie kostenlos auf der Webseite *http://anolis.codeplex.com* herunterladen können. Eine Installation ist nicht notwendig. Leider sind die meisten Ressourcen-Hacker allenfalls als Probierversion gratis. So etwa der Restorator (*http://www.bome.com/products/restorator*), der als 30-Tage-Testversion erhältlich ist. Eine ähnliche (kostenpflichtige) Alternative ist der Resource Tuner (*http://www.heaventools.com/rt-tour-resource-editor.htm*).

Extrem flexibel: Umgebungsvariablen wie %WINDIR% statt harter Pfade nutzen!

Das Verzeichnis *C:\Users\Nico\AppData\Local\Temp* erreichen Sie entweder über den angegebenen Pfad oder über *%TMP%*, eine sogenannte Systemvariable. Genau wie *C:\Users\Nico\AppData\Local\Temp* können Sie auch nur *%TMP%* in die Adressleiste des Explorers eingeben und landen am gleichen Ort. Weitere Systemvariablen von Windows 7 sind beispielsweise *%SYSTEMROOT%* oder *%WINDIR%* für (in der Regel) *C:\Windows* sowie *%USERPROFILE%* für den Ordner Ihres Benutzerkontos, also beispielsweise *C:\Users\Nico*.

Variablen wie %APPDATA% und die PowerShell ...

An vielen Stellen dieses Buches werden Variablen wie *%APPDATA%* oder *%USERPROFILE%* verwendet. Die PowerShell kann mit diesen Variablen zwar grundsätzlich etwas anfangen, kommt in der Form, wie Sie diese Variablen bspw. in den Explorer eingeben, aber nicht zurecht. Möchten Sie also z. B. *%APPDATA%* als Pfadangabe verwenden, schreiben Sie in die PowerShell *$env:Appdata*. Statt dem nicht funktionierenden *get-item "%APPDATA%\Microsoft\Windows\Recent\AutomaticDestinations\"* schreiben Sie also *get-item "$env:APPDATA\Microsoft\Windows\Recent\AutomaticDestinations\"* o. Ä. Schon funktioniert's auch mit den Variablen.

Sparen Sie das Eintippen und Durchklicken langer Pfade, indem Sie eigene Systemvariablen festlegen

Möchten Sie eigene Variablen als Abkürzung zu Ihren Lieblingsordnern setzen, öffnen Sie *Systemsteuerung/System und Sicherheit/System*. Klicken Sie daraufhin in der linken Spalte auf *Erweiterte Systemeinstellungen*. Das Register *Erweitert* enthält nun einen Button *Umgebungsvariablen*, den Sie einmal anklicken sollten. Wählen Sie dann im Bereich der Benutzervariablen noch den Button *Neu*, um *Name der Variablen* sowie *Wert der Variablen* (Verzeichnispfad) angeben zu können. Denkbar wäre beispielsweise eine Variable *%PWS%*, die auf das Verzeichnis Ihrer PowerShell-Skripte verweist.

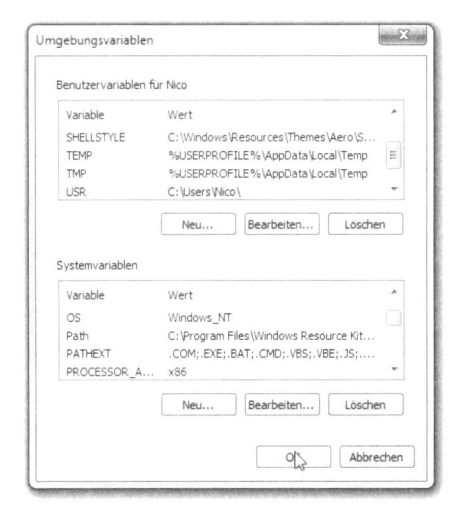

Streng genommen müsste man zwischen Benutzervariablen, die nur für ein Benutzerkonto gelten, und Systemvariablen für alle Benutzerkonten unterscheiden. Leider listet der Umgebungsvariablen-Dialog auch nicht alle Variablen auf. %USERPROFILE% suchen Sie in den Listboxen beispielsweise vergeblich.

Umgebungsvariablen in der Registry definieren

Eigene, nur für Ihr Benutzerkonto gültige Umgebungsvariablen können Sie auch in der Registry definieren. Öffnen Sie dazu den Schlüssel *HKEY_CURRENT_USER\Environment* und erstellen Sie dort eine neue Zeichenfolge (*REG_SZ*) mit dem Namen, den die Systemvariable tragen soll. Nennen Sie die Zeichenfolge also beispielsweise *PWS*, wenn Sie sie später per *%PWS%* aufrufen möchten. Als Wert der Zeichenfolge definieren Sie hingegen das Verzeichnis, auf das die Variable verweisen soll. Beispielsweise *%USERPROFILE%\Desktop\PowerShell Skripte*.

Systemweite, d. h. für alle Benutzerkonten gültige Variablen legen Sie hingegen nach gleichem Muster in *HKEY_LOCAL_MACHINE\SYSTEM\CurrentControlSet\Control\Session Manager\Environment* an.

Systemvariablen per PowerShell setzen

Beim Herumfummeln im System können die teils langen Pfade ganz schön nerven. Oder möchten Sie nach einem Neustart immer wieder *%USERPROFILE%\Desktop* und *%WINDIR%\Resources\Themes\Aero\Shell\NormalColor* in die Eingabeaufforderung oder PowerShell-Konsole eingeben, weil Sie die *shellstyle.dll* gegen eine neue Version ausgetauscht haben (s. auch S. 304)? Das nervt ganz schön! Kurzerhand habe ich mir daher ein kleines Skript geschrieben und als Funktion *set-env* ins Profil eingebunden (s. S. 181). Damit können Umgebungsvariablen gesetzt werden, die die Eingabe von langen Pfaden überflüssig machen.

$Name = $args[0]
Diese und die folgende Zeile sind eigentlich unnötig, da Sie in der dritten Zeile statt *$Name* genauso gut *$args[0]* bzw. statt *$Wert $args[1]* verwenden könnten. So ist's aber etwas leichter nachzuvollziehen, denke ich.
$Wert = $args[1]
[Environment]::SetEnvironmentVariable($Name, $Wert, 'User')
'User' definiert hier die Kategorie der Umgebungsvariable.

Benutzt wird set-env so: *set-env [VARIABLENNAME] [ZIEL]*. *[VARIABLENNAME]* können Sie hierbei beliebig wählen, das *[ZIEL]* ebenso. Achten Sie darauf, Verzeichnispfade mit einem Leerzeichen im Namen in Anführungszeichen zu setzen. Im Beispiel gab ich dann *set-env SHELLSTYLE "%WINDIR%\Resources\Themes\Aero\Shell\NormalColor\"* ein, um statt des langen Pfades künftig nur noch *%SHELLSTYLE%* bzw. *$env:SHELLSTYLE* (in der PowerShell) eingeben zu müssen.

Die mit diesem Skript erstellten Variablen können Sie über den Umgebungsvariablen-Dialog einsehen und auch wieder löschen. Füllen Sie Ihren Rechner also nicht zu sehr mit Umgebungsvariablen auf!

Symbolische Verknüpfungen verstehen und nutzen

Wenn Sie im Explorer *%SYSTEMROOT%* öffnen, finden Sie darin allerlei Verzeichnisse. Unter anderem auch *Benutzer* und *Programme*. Doch beide sind gar keine „richtigen" Verzeichnisse, sondern nur sogenannte Symlinks (symbolische Verknüpfungen) auf die in *%SYSTEMROOT%* liegenden Verzeichnisse *Users* bzw. *Program Files*. Kritisch ist das beispielsweise bei der Arbeit mit der Eingabeaufforderung, die eben kein *C:\Benutzer* oder *C:\Programme* kennt. Stattdessen müssen Sie hier stets die tatsächlichen Verzeichnisnamen verwenden. Hintergrund ist wohl, dass Microsoft das Betriebssystem möglichst an die jeweilige Sprache der Installation anpassen, in der deutschen Fassung also „eindeutschen" wollte. Diese Art der Lokalisation wurde bereits unter Windows Vista eingesetzt und findet sich auch im Benutzerverzeichnis (*%USERPROFILE%*). Statt *C:\Benutzer\Nico\Eigene Bilder* heißt der Pfad nämlich eigentlich *C:\Users\Nico\Pictures*.

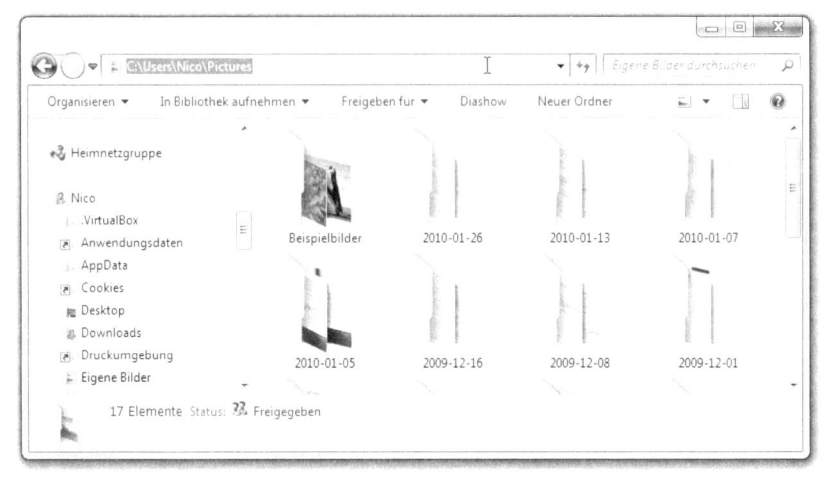

Von wegen C:\Benutzer\Nico\Eigene Bilder\ – den wahren Pfad erfahren Sie etwa durch einen Klick in die Adressleiste des Explorers.

Weitere Symlinks gewährleisten die Kompatibilität mit älterer Software. So liegt in *%SYSTEMROOT%* beispielsweise ein geschütztes Systemverzeichnis namens *Dokumente und Einstellungen* bzw. *Documents and Settings*. Sie können es einblenden, indem Sie das Häkchen bei *Geschützte Systemdateien ausblenden* im Register *Ansicht* der Ordner- und Suchoptionen des Explorers entfernen. XP-Anwendungen, die etwa auf das Vorhandensein von *C:\Dokumente und Einstellungen* vertrauen, diesen Pfad also fest im Programmcode verankert haben, werden über die Symlinks „heimlich" von Windows 7 umgeleitet. Symlinks arbeiten so wie Verknüpfungen, jedoch auf einer Ebene unter dem Explorer – schon im Dateisystem.

Eine symbolische Verknüpfung erstellen

Relativ einfach können Sie symbolische Verknüpfungen erzeugen: Öffnen Sie dazu die Eingabeaufforderung mit Administratorrechten und nutzen Sie das *mklink*-Kommando in der Form: *mklink /D [VERKNÜPFUNG] [ZIEL]*. Der Parameter */D* zeigt *mklink* dabei an, dass eine symbolische Verknüpfung zweier Ordner durchgeführt werden soll. Aber Achtung: Der als *[VERKNÜPFUNG]* angegebene Ordner darf noch nicht existieren!

Eine Eingabe könnte beispielsweise so aussehen: *mklink /D "C:\Windows 7 – Dirty Tricks\" "%USERPROFILE%\Desktop\Windows 7 – Dirty Tricks\"*. Damit wird auf C:\ eine Verzeichnisverknüpfung namens *Windows 7 – Dirty Tricks* erstellt, die die Inhalte des Ordners unter *%USERPROFILE%\Desktop\ Windows 7 – Dirty Tricks* enthält. Der Parameter */D* teilt *mklink* dabei mit, dass eine symbolische Verknüpfung für ein Verzeichnis erzeugt werden soll. Andere Parameter verrät die Hilfe unter *mklink /?*.

Symbolische Verknüpfungen per Tool generieren

Das Herumfummeln mit symbolischen Verknüpfungen ist ein wenig nervig. Wer dafür wenig Zeit oder Nerven hat, greift zum kleinen Gratistool Directory Linker (*http://dirlinker.codeplex.com/*). Zwar nur in englischer Sprache erhältlich, ist das Programm aber recht selbsterklärend.

Im Herzen von Windows 7 Änderungen vornehmen

Für Computer-Freaks ist die Registry kein Neuland; Tricks und Tipps – auch viele dieses Buches – führen häufig in die Unweiten der Windows-Registry hinab. Sie enthält praktisch alle relevanten Einstellungen für Windows und die meisten relevanten Programme. Wer also in der Registry herumfummelt, sollte große Vorsicht walten lassen. Denn falsche oder fehlende Einträge in der Windows-Registrierungsdatenbank können sich katastrophal auf die Stabilität des Systems auswirken. Entsprechend wichtig sollte es für Sie sein, die Registry vor jeder Änderung oder zumindest regelmäßig zu sichern. Wie das funktioniert, erfahren Sie ab S. 432.

Gruppenrichtlinienobjekt-Editor und Lokale Sicherheitsrichtlinie – auf diese Professional-Extras können Sie verzichten!

Neben vielen Features fehlen den günstigeren Windows 7-Versionen zwei wichtige Konfigurationsmöglichkeiten: der Gruppenrichtlinienobjekt-Editor oder die Lokale Sicherheitsrichtlinie. Beide bleiben nur Windows 7 Professional und höher vorbehalten, sind zugleich aber (leider) recht nützlich. So können einige Kniffe nur über den Gruppenrichtlinienobjekt-Editor vorgenommen werden. Sie sind dann gesondert gekennzeichnet. Aber nicht verzagen: Auf die meisten Konfigurationsmöglichkeiten müssen Sie auch mit Home Premium oder Starter nicht verzichten, sondern können diese auch über die Registry vornehmen. Um nicht für viele Tricks zwei Methoden beschreiben zu müssen, wird dabei im Folgenden stets das Vorgehen über die Registry erläutert.

Der Registrierungs-Editor als einfachste Möglichkeit, die Registry zu editieren

Den Registrierungs-Editor rufen Sie am schnellsten auf, indem Sie *regedit* in die Suchleiste des Startmenüs eingeben. Er benötigt in jedem Fall höhere Rechte, sodass Sie zusätzlich eine Anfrage der Benutzerkontensteuerung bestätigen müssen.

Mehrere Instanzen des Registry-Editors

Normalerweise dürfen Sie immer nur eine Instanz des Registrierungs-Editors geöffnet haben. Ist der Editor also schon offen und geben Sie noch einmal *regedit* in die Suchleiste des Startmenüs oder den *Ausführen*-Dialog ein, startet kein zweites Programmfenster des Registrierungs-Editors, sondern wird allenfalls das geöffnete wieder in den Fokus gerückt. Mit dem Zusatzparameter */m* gelingt aber auch das Öffnen mehrerer Instanzen. Geben Sie also für jede weitere, zu öffnende Instanz des Registrierungs-Editors *regedit /m* in die Suchleiste des Startmenüs ein.

Der Editor ähnelt ein wenig dem Explorer. In der linken Spalte finden Sie eine Baumstruktur der gesamten Registry-Hierarchie, in der rechten jeweils die Inhalte des ausgewählten Bereichs. Die kleinste Einheit sind dabei aber nicht Dateien, sondern Zeichenfolgen und Werte. Und statt Verzeichnissen enthält die Registry Schlüssel, die diese Zeichenfolgen und Werte beinhalten. Ein Überblick:

Registry-Bestandteil	Datentyp	Erläuterung
Schlüssel	-	Registry-Schlüssel sind mit den Ordnern des Dateisystems vergleichbar. Sie enthalten sämtliche Wertearten oder selbst wieder einen Schlüssel, sodass ein richtiger Pfad entstehen kann. Beispielsweise *HKEY_LOCAL_MACHINE\SOFTWARE\ Microsoft\Windows\CurrentVersion*.
Zeichenfolge	REG_SZ	Zeichenfolgen sind die angenehmsten Werte, denn sie enthalten Klartext, zum Beispiel Dateipfade oder Befehlsketten. Nichts macht mehr Spaß, als eine Zeichenfolge zu erstellen! Im Rahmen vieler Registry-Hacks erfahren Sie das mit Sicherheit selbst.
Binärwert	REG_BINARY	*Werte mit hexadezimalen Inhalten (z. B. 00 und FF). Sie werden Ihnen kaum begegnen. Um einen Binärwert der Form 00 00 00 00 00 00 00 00 02 00 00 00 00 3A 00 00 00 00 00 einzugeben, tippen Sie die Zeichen einfach hintereinander und ohne (!) Leerzeichen ein.*
DWORD-Wert (32 Bit)	REG_DWORD	In vielen Registry-Tricks dieses Buches müssen Sie den einen oder anderen DWORD-Wert bearbeiten oder erstellen. Diese Werte bestehen nur aus Zahlen mit hexadezimaler oder dezimaler Basis. Wenn nicht anders angegeben, werden die Werte in diesem Buch im dezimalen Zahlensystem angegeben.
QWORD-Wert (64 Bit)	REG_QWORD	Daten in Form einer 64-Bit-Zahl. Sie werden in diesem Buch nicht weiter behandelt.
Wert der mehrteiligen Zeichenfolge	REG_MULTI_SZ	Eine Zeichenkette mit mehreren Parametern, die beispielsweise durch Leerzeichen oder Kommas voneinander getrennt sind.
Wert der erweiterbaren Zeichenfolge	REG_EXPAND_SZ	Eine Zeichenfolge mit Variablen wie *%USERNAME%*, die bei der Abfrage des Wertes automatisch ausgefüllt bzw. ersetzt werden.

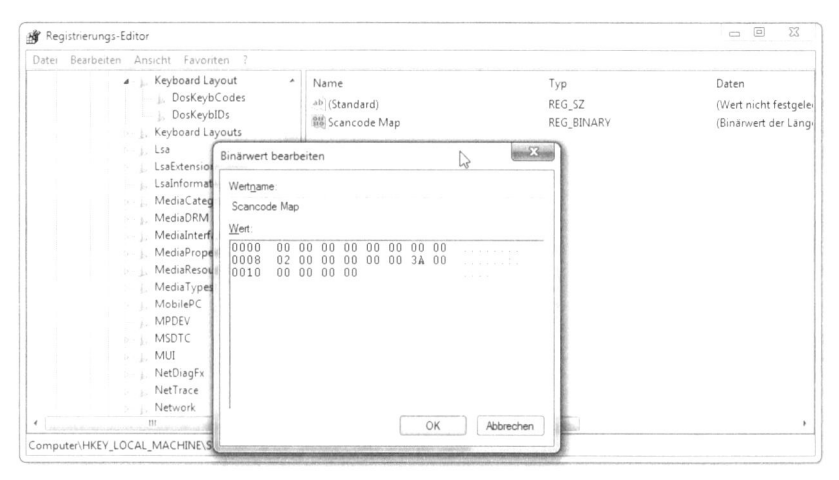

Binärwerte sehen etwas unheimlich aus, sind aber trotzdem ganz leicht einzugeben. Tippen Sie einfach in einem Rutsch. Ins richtige Format bringt der Registrierungs-Editor die Eingaben von allein.

Die fünf Bereiche der Registry – das steckt drin

Die Windows 7-Registry besteht nach wie vor aus fünf großen Bereichen. Jeder enthält Werte mit einem bestimmten Aufgabenbereich.

Registry-Bereich	Erläuterung
HKEY_CLASSES_ROOT (HKCR)	Dieser Bereich enthält sämtliche Informationen über Dateien und Dateitypen und damit beispielsweise die Programmzuordnung – also welche Dateien mit welchem Programm geöffnet werden.
HKEY_CURRENT_USER (HKCU)	HKEY_CURRENT_USER enthält sämtliche Informationen zum gerade angemeldeten Benutzer inklusive Hardwarekonfiguration für Kameras, Scanner etc.
HKEY_LOCAL_MACHINE (HKLM)	Statt um den Benutzer dreht sich hier alles um das System und Windows: Systemeinstellungen, Treiberkonfigurationen und weiterer Hardwarekram.
HKEY_USERS (HKU)	HKEY_USERS enthält Informationen und Einstellungen für sämtliche Benutzer eines Systems. Also ebenfalls sämtliche Inhalte von HKEY_CURRENT_USER, das nur ein kleinerer Liveausschnitt von HKEY_USERS ist.
HKEY_CURRENT_CONFIG (HKCC)	Dieser Bereich enthält kaum nützliche Einträge, sondern verweist lediglich auf andere Schlüssel und Einträge der Registry.

Kürzel statt Langversion

Sollten Sie irgendwann einen Schlüsselpfad von Hand eintippen müssen, können Sie zumindest bei der Eingabe des Registry-Bereichs abkürzen und die jeweilige Abkürzung aus der oben stehenden Tabelle verwenden. Aus *HKEY_LOCAL_MACHINE\SOFTWARE* wird so *HKLM\SOFTWARE*.

Registry-Pfade und deren Speicherort im Dateisystem

Natürlich müssen auch die Daten der Registry irgendwo im Dateisystem Ihres Computers abgelegt sein. Und sie sind es auch. Die Speicherorte der wichtigsten Registry-Bereiche finden Sie in nachfolgender Tabelle. Kommen Sie nie auf die Idee, diese Dateien zu löschen oder zu verschieben!

Registry-Pfad	Zugehörige Datei
HKEY_LOCAL_MACHINE\SAM	*%WINDIR%\System32\config\Sam*
HKEY_LOCAL_MACHINE\Security	*%WINDIR%\System32\config\Security*
HKEY_LOCAL_MACHINE\Software	*%WINDIR%\System32\config\Software*
HKEY_LOCAL_MACHINE\System	*%WINDIR%\System32\config\System*
HKEY_USERS\DEFAULT	*%WINDIR%\System32\config\Default*
HKEY_CURRENT_USER	*%USERPROFILE%\ntuser.dat*

Einen neuen Schlüssel oder Wert erstellen

Der Vergleich mit dem Windows-Explorer hilft an dieser Stelle. Denn genau wie im Explorer klicken Sie sich zu dem Schlüssel durch, der die übergeordnete Rolle spielen soll, und öffnen mit einem Rechtsklick darin – oder darauf – ein Kontextmenü. Abhängig davon, ob Sie den Schlüssel in der linken Baumstruktur mit der rechten Maustaste anklicken oder in der rechten Spalte einen Rechtsklick setzen, ist das Kontextmenü etwas anders aufgebaut. Der Eintrag *Neu* inklusive eines Untermenüs mit sämtlichen erstellbaren Objekten ist aber immer dabei.

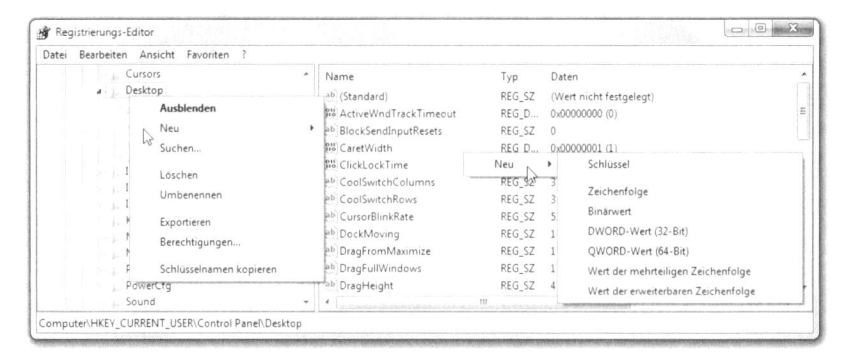

Lassen Sie sich von der Bildmontage nicht verwirren: Links sehen Sie das Kontextmenü beim Rechtsklick auf einen Schlüssel die Baumstruktur, rechts hingegen bei einem Rechtsklick auf den Inhalt eines ausgewählten Schlüssels.

Sicherung von Einträgen oder der kompletten Registry – schnell und manuell

Bevor Sie einen Schlüssel oder eine Zeichenfolge in der Registry verändern, sollten Sie das Original sichern. Am schnellsten geht das für einen einzelnen Eintrag, wenn Sie ihn in eine Datei exportieren. Klicken Sie dazu mit der rechten Maustaste auf den Schlüssel und wählen Sie *Exportieren*. So können Sie einen oder – sofern entsprechend markiert – auch mehrere Einträge in eine REG-Datei sichern.

Nicht nur die Sicherung von Einträgen gelingt damit schnell und unkompliziert, sondern auch die Wiederherstellung. Öffnen Sie zur Wiederherstellung der Originaleinträge einfach die gespeicherte REG-Datei mit einem Doppelklick. Um in eine solche Datei hineinzusehen, öffnen Sie sie mit einem beliebigen Texteditor wie *notepad.exe*. Andersherum funktioniert es ebenfalls, etwa wenn Sie eine REG-Datei aus dem Internet herunterladen.

Komplette Sicherung der Registry

Die Funktion *Exportieren* öffnet das Dialogfenster *Registrierungsdatei exportieren*. Hier haben Sie die Möglichkeit, *Alles* als Exportbereich auszuwählen, um die Registry komplett in eine Datei zu schreiben.

Noch besser ist der Einsatz eines Sicherungstools wie ERUNT (*http://www.larshederer.homepage.t-online.de/erunt/*), das von dem Deutschen Lars Hederer entwickelt und gepflegt wird. Läuft etwas schief und schlägt sogar die Systemwiederherstellung fehl, könnten Sie probieren, ein mit ERUNT erstelltes Registry-Backup durchzuführen. In neuerer Version kann das Tool auch automatisch bei jedem Systemstart eine Sicherung durchführen.

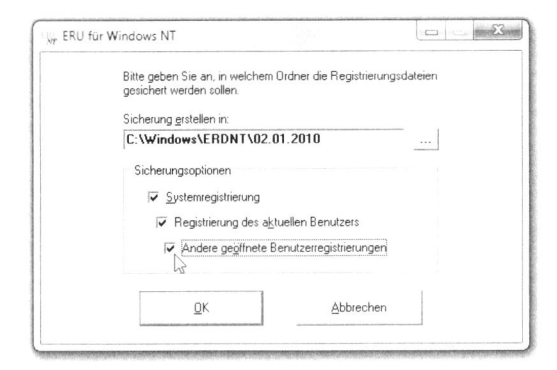

Möchten Sie ebenfalls andere geöffnete Benutzerregistrierungen sichern – also ein möglichst vollständiges Backup erstellen –, muss die Anwendung mit administrativen Rechten ausgeführt werden.

Damit Sie mit ERUNT nicht nur die Registry-Bestandteile Systemregistrierung und Registrierung des aktuellen Benutzers, sondern auch die Registry-Zweige für andere Benutzer sichern können, müssen Sie das Tool allerdings mit höheren Rechten ausführen. Der Autor Lars Hederer empfiehlt sogar, die Benutzerkontensteuerung vorübergehend zu deaktivieren. Wie das funktioniert, erfahren Sie auf S. 68.

Besitz- und Bearbeitungsrechte in der Registry

Auch für Zweige der Registry können Ihnen die Berechtigungen fehlen, Einträge zu erstellen oder zu ändern. Versuchen Sie doch einmal, in *HKEY_LOCAL_MACHINE\SOFTWARE\Microsoft\Windows\CurrentVersion\Explorer\FolderTypes* einen neuen Schlüssel zu erstellen. Funktioniert nicht! Wie immer müssen Sie zunächst der Besitzer der Registry-Einträge werden. So kurios das auch klingen mag, zunächst ist nämlich nur der *TrustedInstaller* der Besitzer des genannten Registry-Pfads.

Die beiden Systembefehle *takeown* und *icacls* ermöglichen leider keine Bearbeitung der Besitz- und Bearbeitungsrechte der Registry. Am einfachsten ist daher der grafische Weg:

1 Öffnen Sie den Registrierungs-Editor und navigieren Sie damit zu demjenigen Schlüssel, dessen Berechtigungen Sie bearbeiten möchten. Klicken Sie mit der rechten Maustaste auf den Schlüssel, können Sie den Menüpunkt *Berechtigungen* auswählen.

2 Wählen Sie nun zunächst *Erweitert* und wechseln Sie anschließend in das Register *Besitzer*. Vermutlich wird hier der *TrustedInstaller* als aktueller Besitzer eingetragen sein. Wählen Sie Ihr Benutzerkonto aus und klicken Sie auf *Übernehmen* bzw. *OK*.

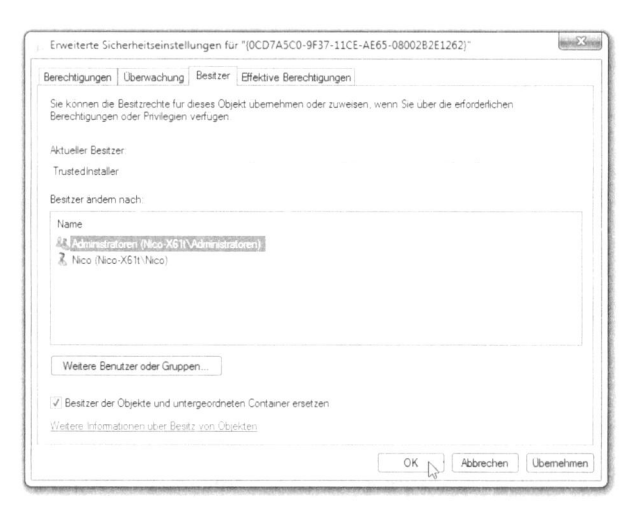

Ungünstig: Besitzer des Schlüssels HKEY_CLASSES_ROOT\CLSID\{0CD7A5C0-9F37-11CE-AE65-08002B2E1262} ist der TrustedInstaller. Bevor Sie ihn im Rahmen des Kniffs von S. 132 löschen können, müssen Sie erst mal den Besitzer ändern und sich anschließend noch die nötigen Berechtigungen geben.

3 Nun liegt der Fokus erneut auf dem Dialog *Berechtigungen für [SCHLÜSSEL]*. Wählen Sie hier im Bereich *Gruppen- oder Benutzernamen* erneut Ihr Benutzerkonto aus und geben Sie sich per Häkchen den Vollzugriff. Vergessen Sie schlussendlich die Bestätigung per *OK* nicht!

Haben Sie den Besitz vom Trusted-Installer übernommen, können Sie sich endlich den Vollzugriff gewähren.

Alternative zum Registrierungs-Editor: reg.exe

Der Registrierungs-Editor ist einfach und funktionell, aber eben nur mit der Maus wirklich gut zu bedienen. Tastatur- und Kommandozeilen-Junkies greifen daher lieber über die Eingabeaufforderung auf das kleine Windows-Tool *reg.exe* zurück, mit dem sie nicht nur Einträge der Windows-Registrierung lesen, sondern zugleich auch schreiben können. Gleichzeitig stellt es eine relativ bequeme Möglichkeit dar, mit der Skriptsprache PowerShell auf die Registry zuzugreifen. Dazu später aber mehr.

Wollen Sie mit *reg.exe* nur in der Registry lesen oder nur in den Bereich *HKEY_CURRENT_USER* schreiben, können Sie die Eingabeaufforderung ganz normal starten. Für den vollen Schreibzugriff benötigen Sie hingegen Administratorrechte, sodass Sie die Eingabeaufforderung als Administrator ausführen müssen.

Registry-Einträge auslesen

Zum Lesen in einem Pfad genügt die Eingabe von *reg query [Schlüsselpfad] /s*. Den *[Schlüsselpfad]* geben Sie dabei in der Form an, wie er in diesem Buch an vielen Stellen angegeben wird, zum Beispiel so: *HKEY_LOCAL_MACHINE\SOFTWARE\Microsoft\Windows\CurrentVersion\Policies*. Um nun beispielsweise die Inhalte dieses Pfades in der Eingabeaufforderung auszugeben, genügt die Eingabe von *reg query HKEY_LOCAL_MACHINE\SOFTWARE\Microsoft\Windows\CurrentVersion\Policies\ /s*. Übrigens: Lassen

Sie den Parameter /s weg, werden nur die darin enthaltenen Schlüssel, nicht aber deren Werte angezeigt.

```
Administrator: Eingabeaufforderung

HKEY_LOCAL_MACHINE\SOFTWARE\Microsoft\Windows\CurrentVersion\Policies\Ratings
HKEY_LOCAL_MACHINE\SOFTWARE\Microsoft\Windows\CurrentVersion\Policies\System
    ConsentPromptBehaviorAdmin    REG_DWORD    0x5
    ConsentPromptBehaviorUser     REG_DWORD    0x3
    EnableInstallerDetection      REG_DWORD    0x1
    EnableLUA      REG_DWORD    0x1
    EnableSecureUIAPaths          REG_DWORD    0x1
    EnableUIADesktopToggle        REG_DWORD    0x0
    EnableVirtualization          REG_DWORD    0x1
    PromptOnSecureDesktop         REG_DWORD    0x0
    ValidateAdminCodeSignatures   REG_DWORD    0x0
    dontdisplaylastusername       REG_DWORD    0x0
    legalnoticecaption    REG_SZ
    legalnoticetext       REG_SZ
    scforceoption    REG_DWORD    0x0
    shutdownwithoutlogon          REG_DWORD    0x1
    undockwithoutlogon            REG_DWORD    0x1
    FilterAdministratorToken      REG_DWORD    0x0
    DisableCAD     REG_DWORD    0x1
HKEY_LOCAL_MACHINE\SOFTWARE\Microsoft\Windows\CurrentVersion\Policies\System\UIP
I
```

Die Darstellung von Registry-Einträgen ist nicht unbedingt eine Stärke von reg.exe. Dafür gelingt das Setzen und Bearbeiten von Einträgen relativ zügig.

Registry-Einträge hinzufügen oder ändern

Mit dem Befehl *reg add [Schlüsselpfad]* fügen Sie schnell neue Schlüssel hinzu. So erstellt die Beispieleingabe HKEY_LOCAL_MACHINE\SOFTWARE\ Microsoft\Windows\CurrentVersion\Policies\Dirty\Tricks\Test\ im Schlüsselpfad HKEY_LOCAL_MACHINE\SOFTWARE\Microsoft\Windows\CurrentVersion\Policies einen weiteren Schlüssel *Dirty* und in diesem wiederum einen Unterschlüssel *Tricks*, der noch einen Unterschlüssel *Test* erhält.

Um nun einen Wert zu setzen, benötigt *reg.exe* ein paar Angaben mehr. Eine Eingabe der Form *reg add [Schlüsselpfad] /v [Name] /t [Datentyp] /d [Daten]* genügt aber schon. Der *[Schlüsselpfad]* bedarf dabei keiner Erläuterung mehr, statt *[Name]* setzen Sie den Namen für den zu erstellenden Wert ein, der *[Datentyp]* ist beispielsweise *REG_SZ* für eine Zeichenfolge (sämtliche Datentypen sind in der Tabelle auf S. 429 aufgeführt), und anstelle von *[Daten]* tippen Sie die Daten ein, die der Wert erhalten soll.

Als Beispiel soll der Kniff „Detailliertere Informationen beim Hoch- und Herunterfahren einblenden" von S. 282 dienen: *reg add HKEY_LOCAL_MACHINE\ SOFTWARE\Microsoft\Windows\CurrentVersion\Policies\System\ /v Verbose Status /t REG_DWORD /d 1* wäre die korrekte Eingabe, um den Trick per *reg.exe* und nicht per Registrierungs-Editor durchzuführen.

Sollte ein Eintrag schon vorhanden sein, fragt das *reg.exe*-Tool, ob Sie ihn überschreiben wollen. Bestätigen Sie mit *J* oder brechen Sie mit *N* ab. Alternativ hängen Sie noch ein */f* an, um das Überschreiben ohne Nachfrage zu erzwingen.

Alle Befehle für reg.exe im Blick

Sämtliche möglichen Argumente erhalten Sie übrigens, wenn Sie einfach nur *reg.exe / ?* in die Eingabeaufforderung eintippen. Die Beschreibung liegt sogar in deutscher Sprache vor, ist allerdings sehr lang.

Veränderungen an der Windows-Registrierung aufspüren

Fast jedes Programm greift auf die Registry zu und schreibt darin. Um „live" nachzuvollziehen, was ein Programm in der Registry verändert oder daraus ausliest, verwenden Sie am besten den Process Monitor von Sysinternals bzw. Microsoft.

Dieses Tool überwacht dabei nicht nur die Registry, sondern auch Zugriffe auf das Dateisystem. Die Zahl der Zugriffe wächst in jeder Sekunde. Damit veranschaulicht der Process Monitor sehr genau, wie viel Datenverkehr überhaupt auf Ihren Festplatten und in der Registry fließt. Ohne Filter, der die für Sie interessanten Dinge herausfiltert, ist der Process Monitor nur schwer bis gar nicht zu gebrauchen. Denn selbst wenige offene Anwendungen erzeugen in Windeseile Tausende von Registry- und Dateisystemzugriffen.

Um einen neuen Filter zu erstellen, wählen Sie den Punkt *Filter* des *File*-Menüs und schließlich noch einmal *Filter*. Ein kleines Fenster öffnet sich, das zunächst komplizierter aussieht, als es ist.

1 Möchten Sie nach dem Prozessnamen filtern, wählen Sie in der äußerst linken Drop-down-Box *Process Name*. Belassen Sie die darauf folgende Box bei *is*. Die dritte von links listet nun sämtliche gestarteten Prozesse auf. Wählen Sie hier jenen, der Sie interessiert.

2 Haben Sie die Filtereinstellungen vorgenommen, klicken Sie zunächst auf *Add* und schließlich auf *Apply*. Mit Letzterem wird der Filter angewendet, sodass nur noch die Operationen des ausgewählten Prozesses aufgeführt werden.

3 Mit einem weiteren Filter reduzieren Sie den Datenwust weiter. Interessiert Sie beispielsweise nur, welche Werte ein Programm in die Registry schreibt, sollten Sie einen weiteren Filter anlegen. Er würde entsprechend *Operation is RegSetValue* lauten, wie in der unteren Abbildung gezeigt. Neben *RegSetValue* können Sie noch etliche weitere Operationen filtern. Spielen Sie einfach mal mit den Filtereinstellungen herum.

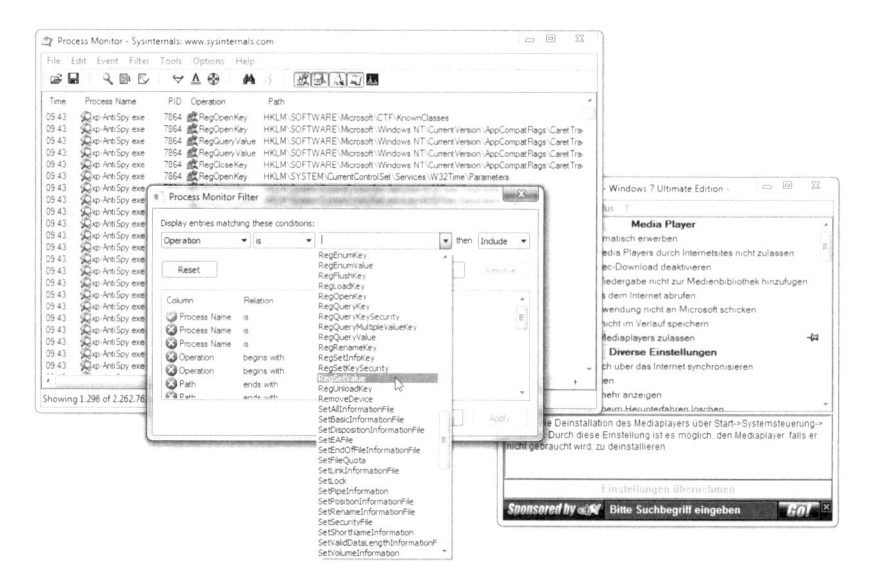

Statischer Vergleich mit RegShot

Ist Ihnen die Arbeit mit dem Process Monitor zu aufwendig, macht Ihnen das Programm RegShot vielleicht mehr Spaß. Es erstellt auf Wunsch zwei Abbilder der Registry und vergleicht sie miteinander. Um nun zu sehen, welche Einträge ein Programm hinzugefügt oder editiert hat, erstellen Sie also einfach ein Abbild vor und eines nach der Änderung. Mittels mehrerer Darstellungsformen können Sie die Änderungen dann relativ komfortabel nachvollziehen und vergleichen. Den Download der kostenlosen Software finden Sie unter dieser Adresse: *http://regshot.sourceforge.net*.

Registry-Pfade direkt per Skript öffnen

Doof: Der Registrierungs-Editor (*regedit.exe*) unterstützt keine Möglichkeit, Registry-Pfade direkt per Parameter aufzurufen. Über einen Umweg gelingt es aber. Wenn Sie häufiger mit dem Registrierungs-Editor arbeiten, ist Ihnen bestimmt schon aufgefallen, dass er beim Neuaufruf i. d. R. in jenem Registry-Pfad öffnet, den Sie zuletzt bearbeiteten.

Besonders lang ist das Skript nicht, mit dem Sie Registry-Pfade direkt über die PowerShell im Registrierungs-Editor öffnen können. Beachten Sie, dass hinter den Rautenzeichen (#) jeweils nur Kommentare stehen, die natürlich nichts zur Funktionsweise des Skriptes beitragen. Sie können zur Not also auch darauf verzichten. Sie finden das Skript ebenfalls online unter *http://7.inoxa.de/PS/open-reg.ps1*.

param ($RegistryPfad)
    # Nimmt den Parameter an, der in diesem Skript der zu öffnende Registry-Pfad ist, und überträgt ihn in den String *$RegistryPfad*.

reg add HKEY_CURRENT_USER\Software\Microsoft\Windows\CurrentVersion\Applets\Regedit /v LastKey /t REG_SZ /d ("Computer\" + $RegistryPfad) /f
    # Nutzt die *reg.exe*, um die *LastKey*-Zeichenfolge in den Pfad zu ändern, den Sie als Parameter beim Skriptaufruf angeben.

start-process $env:WINDIR\regedit.exe
    # Startet den Registrierungs-Editor, dessen ausführbare Datei im Windows-Verzeichnis (*%WINDIR%*) liegt. Zur Darstellung von Umgebungsvariablen in der PowerShell siehe auch S. 423.

Mit *.\open-reg.ps1 [Registry-Pfad]* können Sie dieses Skript nun verwenden. Starten Sie das Skript mit höheren Rechten, sparen Sie sich die Nachfrage der Benutzerkontensteuerung beim Öffnen des Registrierungs-Editors. Eine weitere Möglichkeit wäre es, dieses Skript als Funktion zu deklarieren und so stets bequem über die PowerShell per *open-reg* o. Ä. öffnen zu können. Wie Sie neue Funktionen erstellen, zeigt S. 181 anhand dieses Beispiels.

Achtung: Der Spaß funktioniert leider nur, wenn Sie die Zweignamen wie *HKEY_CURRENT_USER* voll ausschreiben, d. h. auf die Abkürzungen wie *HKCU* verzichten. Natürlich könnte man dieses Skript aber auch so erweitern, dass es die Abkürzungen entsprechend in die Langversion umwandelt.

Stichwortverzeichnis

4-GByte-Beschränkung von
   Windows 7 32 Bit entfernen 86
   64 Bit 84
   Ruhezustand mit 8 GByte RAM 85
   Upgrade von 32 Bit 218

A

Abgesicherter Modus 420
Abgesicherter Modus ohne F8-Taste 420
Accounts Tuner 74
Administrator-Freigabe 65
Administratorkonto
   aktivieren 64
   umbenennen 65
Aero
   automatisch deaktivieren lassen 284
   Fensterränder komplett transparent 153
   per Knopfdruck de- und reaktivieren 283
   völlig transparente
     Systemanwendungen 242
Aero Glass nicht verfügbar 29
Aero Peek
   beschleunigen 276
   deaktivieren 276
Aero Shake deaktivieren 145
Aero Snap deaktivieren 145
AkkuSparen.ps1 226
Alle Aufgaben 331
Alternate Data Streams 370
Altes Explorer-Menü permanent
   einblenden 304
Animierte Hintergrundbilder 40
   DreamScenes 263
   VLC-Player als DreamScenes-
     Alternative 263
Animierte Hintergrundbilder bzw.
   -videos 262
Anwendung im Verborgen ausführen 406
Anwendungen immer als
   Administrator ausführen 77
Anwendungspriorität festlegen 166
Anytime Upgrade 103

AppCrashView 135
Arbeitsplatz .... *siehe* Computer
Arbeitsspeicher
   mehr als 4 GByte RAM unter
     Windows 7 32 Bit nutzen 86
   RAMDisk 159
Aufgabenplanung 404
Auslagerungsdatei 364
   beim Herunterfahren löschen 170
   deaktivieren 170
AutoHotkey 296
Automatische Windows-Anmeldung 190
Automatischen Neustart bei
   Systemcrash deaktivieren 396
Autoruns 193
Autostart-Programme auflisten 191
Avira UnErase Personal 373

B

Backups 415
   PC per Kommandozeile sichern 416
   PC wiederherstellen 417
   synchronisieren statt sichern 417
   Windows-Abbild sichern 415
Balloon-Tipps deaktivieren 121
Bearbeitungsrechte
   erlangen 80
   im Kontextmenü 326
Benutzerkonten
   Administratorkonto aktivieren 64
   automatische Anmeldung 190
   Benutzerpasswort entfernen 347
Benutzerkontensteuerung 66
   Alternative Windows SteadyState 69
   Anwendung immer als
     Administrator ausführen 77
   besser Standardbenutzerkonten
     verwenden 69
   deaktivieren 68
   Einstellungen in der Registry 73
   für einzelne Anwendungen
     deaktivieren 70
   restriktiver machen 67

sicherer Desktop 72
Sicherheit erhöhen 68
Benutzerpasswörter entfernen 347
Benutzervariablen
.... *siehe* Umgebungsvariablen
Besitz- und Bearbeitungsrechte
in der Registry 433
Besitzrechte
erlangen 78
im Kontextmenü 326
Bibliotheken
anderen Explorer-Startordner
festlegen 145
aus dem Explorer rausschmeißen 146
Icons ändern 252
Netzlaufwerk einbinden 154
Bildschirmschoner
Energy 39
versteckte Einstellungen 236
BitLocker
Alternative für alle Versionen 34
Bluescreens statt Neustart 396
BLUntrl 42

C

cipher.exe als Datenschredder 376
Classic Shell 156
Cloud 48
CLSIDs 311
CLSIDs selbst festlegen 314
Color Changer 255
Computer
eigene Verzeichnisse integrieren 308
Netzwerkverbindungen einblenden 309
überflüssige Einträge entfernen 309
Computer-Forensik 360
Auslagerungsdatei 364
File Slack 366
Hex-Editoren 361
Papierkorb 372
Ruhezustandsdatei 364
Zeitstempel 365
Computerschutz deaktivieren 414
Concurrent Sessions, mehrere
Benutzer gleichzeitig 58
CPL-Dateien 299

D

Darik's Boot and Nuke 377
Datei
Handles herausfinden 83
selbstextrahierende EXE-Dateien
erzeugen 317
stammt von einem anderen
Computer 129
unwiderruflich löschen 373
wird verwendet 83
Dateien wiederherstellen
Avira UnErase Personal 373
Dateien unwiderruflich löschen 373
Dateiendungen einblenden 83
Dateisystem beschleunigen 163
Dateivorschau 310
Dateizugriff verweigert 420
Datenausführungsverhinderung (DEP) 134
Datenschredder
in Windows 7 integriert 376
sicher formatieren mit Darik's
Boot and Nuke 377
Datenträgerbereinigung 188
Defragmentierung 172
ins Kontextmenü einbinden 173
Designs .... *siehe* Themes
Desktop
animierte Hintergrundbilder 40, 262
Hintergrundbild der
Starter Edition ändern 230
Hintergrundbilder per RSS-Feed 265
Icon-Positionen speichern und
wiederherstellen 260
Icons einzäunen 267
Kurznotizen 265
Slideshow in Slow Motion 265
Verknüpfungen verschwinden 259
Versionsnummer anzeigen und
ändern 244
virtuelle Desktops 261
vorladen 192
Desktop-anzeigen-Icon
wiederherstellen 140
Dienste
Abschalten kann Ärger machen 167
deaktivieren 205

Fehler beheben 209
  im Task-Manager 198
  individuelle Dienstprofile 207
  Kurzüberblick 199
  regelmäßiges Prüfen auf neue
    Dienste 208
  Starttypen 198
Dimmer 224
DISM 185
Displayswitch.exe 273
Downgrade von höherer
  Windows 7-Version 107
dpi ändern statt Auflösung
  herabzusetzen 249
DreamScene Activator 40
DreamScenes 40, 262
Dropbox 48

E

EasyTransfer 219
ei.cfg 104
Eigene Designs exportieren 254
Eingabeaufforderung
  als Administrator ausführen 76
  mit höheren Rechten ausführen 76
  Navigation im Dateisystem 401
  PowerShell-Konsole als
    CMD-Ersatz 175
  Tastatur-Shortcuts 403
Energiesparpläne 223
  per Eingabeaufforderung ändern ... 225
Ereignisanzeige 396
Ersetzen-Dialog ersetzen 156
Erzwingen der Treibersignatur
  deaktivieren 93
Explorer
  Abstände verringern 150
  altes Dateimenü permanent
    einblenden 304
  anderen Startordner festlegen 145
  Bibliotheken aus Navigationsbereich
    entfernen 149
  Bibliotheken rausschmeißen 146
  Dateiendungen einblenden 83
  eigene Verzeichnisse in Computer
    integrieren 308
  Eingabehistorie der Adressleiste
    löschen 310

Favoriten entfernen 149
Info-Leiste animieren 305
Info-Leiste verschieben 304
Navigationsbereich aufräumen 148
Netzwerk aus Navigationsbereich
  entfernen 149
Netzwerkverbindungen in
  Computer einblenden 309
neu starten 419
Suchhistorie löschen 310
Tabs für den Explorer 306
Werkzeugleiste bearbeiten 301
Werkzeugleiste entfernen 304

F

Farb-Slideshow 255
Federated Search 335
Fensterränder komplett transparent .. 153
Feststell-Taste deaktivieren 296
File Slack 366
File Slack unter Windows auslesen .. 368
Firewall Control 44
Flip 3D
  Anzahl eingeblendeter Fenster
    anpassen 269
  leistungsstärkere Alternative 269
Formatieren 376
  cipher.exe als Datenschredder 376
  Darik's Boot and Nuke 377
  Low-Level-Formatierung 376
Free Rainbow Tables Community ... 347
Freier Festplattenspeicher nimmt ab .. 357

G

Gadget, Sidebar 144
Geosense 42
Geräte-Manager, ausgeblendete
  Geräte anzeigen 390
Geschützte Systemdateien einblenden 82
Gruppenrichtlinienobjekt-Editor 428

H

Hashes 414
HashTab 414
Heimnetzgruppen-Feature
  deaktivieren 147

Stichwortverzeichnis | 443

Herunterfahren
 beschleunigen 196
 PC automatisch herunterfahren 196
Hex-Editoren 361
hiberfil.sys 186, 364
HiddenStart 406
Hoch- und Herunterfahren
 detaillierte Informationen
  einblenden 282
 Startsound austauschen 281

I

Icon-Positionen auf dem Desktop
 speichern und wiederherstellen 260
Icons
 auslesen 248
 Desktopverknüpfungen
  verschwinden 259
  selbst erstellen 249
iFilter 333
Indizierungsoptionen 332
Infobereich
 alte Icons und Einstellungen
  löschen 120
 Netzwerk-Icon wiederherstellen 141
 vollständig deaktivieren 120
 Wartungscenter-Warnungen
  deaktivieren 119
Installation
 32 und 64 Bit auf einer DVD 106
 beliebige Version installieren 104
 direkt in eine VHD installieren 116
 Downgrade von höherer
  Windows 7-Version 107
 jede Version auf nur einer DVD 104
 ohne DVD-Laufwerk 97
 Produktschlüssel auslesen 105
 Service Pack in den
  Installationsdatenträger
  integrieren 110
 unbeaufsichtigte Installation
  einrichten 216
  vom USB-Speicher 98
  zurücksetzen 117
 Internet Explorer 9 in den
  Installationsdatenträger integrieren 113
 Internet Explorer Compatibility Images 27

Internet-IP des Rechners herausfinden 59
Internetsuche wieder im Startmenü
 anzeigen 339
Internetverbindung teilen 230

J

Jumplist deaktivieren 154

K

KeePass 351
Klassisches XP-Startmenü 137
Kommandozeile *siehe* Eingabeaufforderung
Kompatibilitätsmodus 24
Kontextmenü
 deaktivieren 328
 Eingabeaufforderung hier öffnen
  immer einblenden 323
 Hintergrund festlegen 326
 Icons anzeigen 330
 in Verzeichnis kopieren und
  verschieben 325
 Neu-Menü bearbeiten 324
 unerwünschte Einträge entfernen 330
 unnütze Funktionen ausblenden 324
 verborgene Menüpunkte 323
 Verknüpfung zu Anwendungen
  hinzufügen 328
 Verknüpfung zu Systemsteuerungs-
  Funktion hinzufügen 328
Kontrollkästchen zur Dateimarkierung 307
Kopieren-Dialog ersetzen 156
Kurznotizen formatieren 265

L

LAN-Manager-Hash 343
Live Mesh 48
LM-Hash 343
Login-Bildschirm
 Buttons und Schriftschatten 280
 Hintergrundgrafik ändern 278
 zufällige Hintergrundgrafik bei
  jedem Systemstart 279
LogMeIn Free als Alternative zur
 Remoteunterstützung 60
Lokale Sicherheitsrichtlinie 428

M

MAC (Zeitstempel) 365
Media Center
  Hintergrundbild austauschen 284
  komplett umgestalten 286
  Verknüpfungen zu Media Center-
  Funktionen 286
Media Portal 229
MEMORY.DMP 398
Minianwendungen, Sidebar
  wiederherstellen 142
Miniaturansichten, verräterische
  Thumbnail-Datenbank thumbs.db 363
Mit mehreren Benutzern gleichzeitig
  einloggen 58
mklink 425
Mobilitätscenter für Desktop-PCs 163
Möchten Sie diese Datei ausführen?
  (Windows-Frage) 129

N

Netzwerk, halb offene Verbindungen 211
Netzwerk-Icon wiederherstellen 141
NTKRNLPA.exe 87
NT-LAN-Manager-Hash 343

O

OEM-Informationen anpassen 243
Offene Ports finden 378
Offline NT Password & Registry Editor 347
Offline-Updates 124
OpenDNS 210–211
open-reg als Funktion 181
Ophcrack 345
Ortsbasierte Dienste 42
OSDX 335

P

pagefile.sys 364
pagefile.sys .... *siehe* Auslagerungsdatei
Papierkorb 372
  Dateien schneller löschen 134
  in Computer einblenden 308
  in die Taskleiste einbinden 139

Passwörter
  gespeicherte Passwörter auslesen 350
  Ophcrack 345
  Passwort-Generator 354
  Passwort-Safe 351
PC automatisch herunterfahren 196
PC Safeguard 69
Performance beim Hoch- und
  Runterfahren etc. messen 391
Portable Programmversionen 49
PowerShell 175, 178, 401
  # (Kommentare) 176
  AkkuSparen.ps1 226
  als Administrator ausführen 76
  Execution Policy 177
  Funktionen einfügen 181
  Get-YouTube.ps1 180
  Hilfe aufrufen 177
  ISE 178
  mit höheren Rechten ausführen 76
  neue Funktionen definieren 181
  PowerShell-Konsole als CMD-Ersatz 175
  Registry bearbeiten 184
  Skript per Verknüpfung starten 179
  Skriptausführung aktivieren 177
  Skripte automatisieren 404
  Skripte in der Konsole ausführen 178
  Umgebungsvariablen nutzen 423
  Umgebungsvariablen setzen 425
PowerShell-Skript
  zufällige Hintergrundgrafik für
  den Login-Bildschirm 279
PreFetch 168
Priorität zuweisen 166
Probierversion 103
Problemaufzeichnung 386
Problembehandlung 389
ProcessMonitor 437
Produktschlüssel auslesen 105
Prozessorkern zuweisen 165

Q

QTTabBar 306
Quick Launch 138

R

Rainbow Tables 344
Rainbow Tables, Free Rainbow
   Tables Community 347
RAMDisk 159
ReadyBoost 161
   ohne ReadyBoost-Zertifikat 162
   Performance eines USB-Sticks 162
Registry 427
   Alternative zum Registrierungs-
      Editor 435
   Bereiche 430
   Besitz- und Bearbeitungsrechte
      in der Registry 433
   Bestandteile 429
   Einträge sichern 432
   Komplettsicherung 432
   komprimieren und entrümpeln 171
   reg.exe 435
   Registrierungs-Editor 428
   Registry-Hacks in Installations-
      medium integrieren 216
   Registry-Pfade direkt öffnen 438
   Schlüssel und Werte erstellen 431
   Speicherorte im Dateisystem 431
   Veränderungen nachverfolgen 437
Reparaturdatenträger erstellen 412
Resource Hacker 422
Ressourcen bearbeiten 422
Ressourcenmonitor 379, 394
Rettungspartition erstellen 100
Robocopy 165
RT Se7en Lite
   Windows abspecken 212
Ruhezustand deaktivieren 186
Ruhezustandsdatei 364

S

Schnellstartleiste wiederherstellen 138
Search Connectors 335
Selbstextrahierende EXE-Dateien
   erzeugen 317
Sensor and Location Platform
   Geosense 42
Sensor and Location-Platform 41
   BLUntrl 42

Service Pack
   in den Installationsdatenträger
      integrieren 110
   Installationsreste entfernen 186
Shell-Verzeichnisse 315
shutdown.exe 196
Sicherer Desktop 72
Sicherheitslücken finden 123
Sidebar wiederherstellen 142
Slipstream des Service Packs 110
Soluto 195
Speicherabbild 398
Spiele-Explorer, Systembewertung
   ändern 245
Sprechblasen Pop-ups .... *siehe* Balloon-Tipps
Sprungleiste
   Anzahl der Einträge anpassen 322
   deaktivieren 154
   eigene Sprungleisten erstellen 321
SSD per TRIM voll ausreizen 164
Start-Button austauschen 237
Starter Edition 223
Startmenü
   alle Programme wie bei XP
      anzeigen 135
   Animationen fürs Startmenü 239
   Internetsuche reaktivieren 339
   klassisches XP-Startmenü 137
   Rahmen um Benutzerbildchen
      entfernen 240
   Start-Button austauschen 237
   Verknüpfungen hinzufügen 133
Startsound austauschen 281
Steganografie, Alternate Data Streams 370
strings.exe 361
Suchanbieter 335
Suchanbieter, alle Webseiten
   durchsuchen 337
Suche nach unbekannten
   Dateiendungen deaktivieren 130
Suchfunktion
   iFilter 333
   Klartextfilter für EXE-Dateien & Co. 333
   Kürzel der wichtigsten
      Dienstprogramme 342
   neue Filter hinzufügen 333
   Programme für einfachen
      Programmstart definieren 341

Stichwortverzeichnis

Suchindizierung 332
SuperFetch 168
Superhidden Files 82
Symbolische Verknüpfungen 425
SyncToy 417
  Synchronisierung einrichten 417
Sysinternals Suite 41
Sysprep 117
Systembewertung ändern 245
Systemdatei austauschen 419
Systemdateien
  Änderungen vollziehen 419
  austauschen per Umbenennen-Trick ... 420
  bearbeiten 422
  extern austauschen 420
  Vista-Systemdateien 421
  zurückspielen 421
System-reserviert-Partition nicht
  erstellen 108
Systemsteuerung
  alle Aufgaben 331
  eigene Systemsteuerung 299
  Icons ändern 249
Systemvariablen *siehe* Umgebungsvariablen
Systemverschlüsselung 34
Systemwiederherstellung 410
  Computer reparieren 411
  deaktivieren 414
  mit PowerShell 409
  per Setup-DVD 412
  Reparaturdatenträger erstellen 412
  System extern wiederherstellen 413
  Wiederherstellungspunkt
    zurückspielen 410
  Wiederherstellungspunkte mit
    einem Klick erstellen 408
  Wiederherstellungspunkte setzen ... 407

T

Taskbar Activate 274
Taskleiste 270
  auf mehreren Monitoren darstellen ... 272
  Desktop anzeigen wiederherstellen ... 140
  Dock statt Taskleiste 273
  Einblendzeitraum festlegen 274
  einzelnen Ordner anpinnen 275
  Icon-Gruppierung einmal anders 270

Icons zentrieren 271
klassische Taskleiste
  wiederherstellen 138
Media Player-Steuerung aktivieren 38
Miniaturansichten schneller
  anzeigen 275
Schnellstartleiste reaktivieren 138
Thumbnails deaktivieren 275
Tastaturmaus 295
Tastenkombinationen 288
Tastenkombinationen, neue erstellen ... 296
Testmodus
  aktivieren 95
  deaktivieren 95
  Wasserzeichen entfernen 96
Themes 256
  eigene Designs exportieren 254
  offizielle Designs von Microsoft 252
  Quellen für Themes 258
  Sounds, Wallpaper & Co.
    extrahieren 253
  UxStyle Core 257
  Verifizierung knacken 256
Thumbnail-Datenbank thumbs.db 363
tracert 379
Transparenzeffekte nachrüsten 29
Treiber, Treiberleichen entfernen 390
Treibersignierung 91
  nicht mehr vollständig abschaltbar ... 93
  per Testmodus umgehen 94
TRIM 164
TrueCrypt 30
  deutsches Sprachpaket 30
  Systemverschlüsselung 34
  Traveler-Disk-Installation 31
  USB-Verschlüsselung 31
TrustedInstaller 79
Tuning-Legenden, Prozessorkernwahl
  zur Bootbeschleunigung 173
TWIN 7 Tweaker 21

U

Umgebungsvariablen 423
Updates 125
  ausblenden 126
  einblenden 127
Upgrade sauber installieren 102

Stichwortverzeichnis | 447

V

Variablen statt langer Pfade 423
Verbindungslimit
   halb offene Verbindungen 211
Verknüpfungen
   Verknüpfungspfeil austauschen........... 259
   Verknüpfungspfeil entfernen 259
   zu Media Center-Funktionen 286
Versteckte Dateien anzeigen 82
Verstecktes Administratorkonto
   aktivieren 64
Verzeichnisse
   Ordnerposition wieder speichern
      lassen 151
   Ordnertypen auf Standard
      zurücksetzen 131
VHD ins System einbinden 56
VHD-Boot 115
VHD-Boot, direkt in eine VHD
   installieren 116
Virtual Wi-Fi........ 230
Virtuelle Desktops 261
Virtuelle Maschinen........ 50
   auf andere Festplatte auslagern........ 53
   Internet Explorer als virtuelle
      Anwendung........ 56
   Linux probieren 58
   Lizenzbestimmungen 51
   NTFS-Kompression........ 53
   virtuelle Anwendungen im
      Host-System nutzen 54
   VMware Server........ 58
   Windows XP-VM kostenlos........ 27
   zweites Windows 7 zum
      sicheren Surfen........ 53
VLC-Player........ 263
VMware Server........ 58
Volume-Schattenkopien 356
   Dateien aus Volume-Schattenkopien
      löschen 359
   Größe des belegten Speichers
      einschränken 358
   verbrauchter Speicherplatz........ 357

W

WAIK herunterladen 106
Warteschlange analysieren........ 395
Wartungscenter, Warnungen
   deaktivieren........ 119
Webseite zum Buch........ 22
Wechselspeichermedien
   aussperren........ 383
   mit Schreibschutz versehen........ 384
Wiederherstellungspunkte 407
   System zurücksetzen........ 410
Windows
   abspecken........ 212
   Versionsnummer anzeigen
      und ändern........ 244
Windows 7 Color Changer........ 255
Windows 7 ISOs legal herunterladen........ 98
Windows 7 Starter 228
   Aero-Transparenzeffekte
      nachbilden........ 228
   andere Themes verwenden 229
   Einschränkungen umgehen 228
   Hintergrundbild ändern........ 230
   Media Center-Alternative 229
Windows 7-Basis-Theme austauschen........ 29
Windows Automated Installation Kit,
   WAIK 106
Windows Defender ausschalten........ 121
Windows EasyTransfer........ 219
Windows Error Reporting 135
Windows Experience 239
Windows Live Essentials-Alternativen 155
Windows Live Mesh 48
Windows Mail statt Windows Live Mail 155
Windows Media Center........ 284
Windows Media Player........ 38
   Hintergrundbild ändern........ 39
   Taskleisten-Steuerung aktivieren 38
Windows Performance Analyzer 391
Windows PowerShell .... *siehe* PowerShell
Windows schnell starten........ 192
Windows SDK........ 95
Windows SteadyState........ 69

Windows Update
  automatische Neustarts verbieten 122
  Herunterfahren bei neuen Updates
    deaktivieren 126
  Offline-Updates 124
  Updates ausblenden 126
  Updates deinstallieren 125
  Updates wieder einblenden.................... 127
  Was aktualisiert ein Update?................... 128
Windows Virtual PC, Host-Taste ändern 57
Windows XP-Modus.......................................25
Windows.old sicher entfernen 187
Windows-Firewall..43
  ausgehende Regeln erstellen 47
  ausgehende Verbindungen blocken 45
  Firewall-Control 44
Windows-Funktionen
  entfernen... 185
  per Eingabeaufforderung entfernen 185
Windows-Funktionen dauerhaft
  entfernen... 215
Windows-Kalender statt Windows Live
  Kalender 156

Windows-Sicherung .... *siehe* Backups
Windows-Sicherung, VHD in
  Windows 7 einbinden...................................56
WirelessKeyView.. 350
Wireshark.. 380
WSUS Offline Update 124

X

XP Style reaktivieren 156
XP-Modus..25

Y

YouTube-Downloader mit PowerShell 180

Z

Zeitstempel... 365
ZIP-Archive nicht wie Ordner
  behandeln 132
Zugriff auf Datei verweigert......................... 420
Zuverlässigkeitsüberwachung 385